dtv

Im Exil, in Brünn, vor allem aber in New York, schrieb Oskar Maria Graf sein schönstes und, wie er auch selbst meinte, wichtigstes Buch. Thomas Mann nannte es »ein wahres Monument der Pietät und Liebe«, und Hugo Hartung zählt es zu den schönsten literarischen Denkmälern, die Müttern errichtet wurden. In einem weit ausholenden Bogen beschreibt Graf aber nicht nur das Leben seiner Mutter, sondern in Rückblicken zudem die jahrhundertelange Geschichte einer oberbayerischen Bauernfamilie und mit ihr ein Stück deutscher Geschichte.

Oskar Maria Graf, geboren am 22. Juli 1894 in Berg am Starnberger See, gehörte zu den aktiven Kämpfern für die Revolution von 1918. Als engagierter Antifaschist ging er 1933 ins Exil. Über Wien und Prag gelangte er 1938 nach New York, wo er am 28. Juni 1967 starb. Werke u. a.: ›Die Chronik von Flechting‹ (1925), ›Der harte Handel‹ (1935), ›Anton Sittinger‹ (1937), ›Das Leben meiner Mutter‹ (1940), ›Die Flucht ins Mittelmäßige‹ (1959).

Oskar Maria Graf

Das Leben meiner Mutter

Mit einem Nachwort
herausgegeben von Wilfried F. Schoeller

Deutscher Taschenbuch Verlag

Von Oskar Maria Graf
sind im Deutschen Taschenbuch Verlag erschienen:
Wir sind Gefangene (1612)
Die Erben des Untergangs (11880)
Bolwieser (12310)
Anton Sittinger (13567)

Ungekürzte Ausgabe
November 1982
23. Auflage November 2008
Deutscher Taschenbuch Verlag GmbH & Co. KG,
München
www.dtv.de
 · ISBN 3-471-77686-9
Die vorliegende Fassung folgt der im Kurt Desch Verlag, München,
erschienenen ersten deutschen Ausgabe von 1946 und ist der von –
Wilfried F. Schoeller herausgegebenen ›Oskar Maria Graf Werkausgabe‹
im List Verlag, Band V, München 1994, entnommen.
Umschlagkonzept: Balk & Brumshagen
Umschlagbild: ›Mädchen mit weißem Kopftuch‹ (1875/77) von
Wilhelm Leibl (Joachim Blauel/ARTOTHEK)
Gesetzt aus der Stempel Garamond 10/11,25· (Winword 7.0)
Gesamtherstellung: Druckerei C. H. Beck, Nördlingen
Gedruckt auf säurefreiem, chlorfrei gebleichtem Papier
Printed in Germany · ISBN 978-3-423-10044-1

Inhalt

Zweiter Teil

Mutter und Sohn

Vorwort

In diesem Buch erzählt ein Sohn das einfache Leben seiner Mutter von ihrer Geburt bis zu ihrem Tode. Forschung und Erinnerung waren ihm dabei behilflich.

Der erste Band, ›Menschen der Heimat‹ hält sich an schriftliche und mündliche Überlieferung, der zweite, ›Mutter und Sohn‹, ist notgedrungen autobiographisch geworden.

In einer Zeit, da allenthalben versucht wird, durch alte und neue Schlagworte den gesunden Menschenverstand gleichsam epidemisch zu verwirren, spricht dieses Buch nur von jenen unbeachteten, natürlichen Dingen, die – mögen auch noch so scheinbar entscheidende historische Veränderungen dagegen wirken – einzig und allein das menschliche Leben auf der Welt erhalten und fortzeugend befruchten: von der stillen, unentwegten Arbeit, von der standhaften Geduld und der friedfertigen, gelassenen Liebe.

Mag sein, daß damit das Leben der Mütter in allen Ländern erzählt worden ist.

New York City, August 1940 *Oskar Maria Graf*

»Unser Leben währet siebenzig Jahre, und wenn es hoch kommt, so sind es achtzig Jahre, und wenn es köstlich gewesen ist, so ist es Mühe und Arbeit gewesen; denn es fähret schnell dahin, als flögen wir davon.«

Psalm 90, Vers 10

Erster Teil

Menschen der Heimat

Verwickelte Fäden

Sie hieß Theres Heimrath oder vielmehr Resl, wie man sie in gewohntem Dialekt nannte, und war die vierte von neun Geschwistern. Zwei davon waren, kaum halbjährig, gestorben, bevor sie zur Welt gekommen war, und wiederum zwei, darunter der einzige Sohn, starben, als sie noch nicht zur Schule ging. Man schrieb den 1. November 1857. Am Nachmittag dieses Allerheiligentages, da die Leute nach altem Brauch im Gottesacker des nahen Pfarrdorfes Aufkirchen die Gräber ihrer Verstorbenen aufsuchten, erblickte sie das Licht des Tages. Ihre Mutter soll, so wird erzählt, schon in den Wehen gelegen haben, als der Bauer und die Dienstboten das Haus verließen. Die religiöse Pflicht erschien ihnen wichtiger als bedrängte Mutterschaft und Kindsgeburt. Niemand war in der Ehekammer als die einjährige Genovev, die plappernd auf dem Boden herumkroch, manchmal ans Bett der Mutter kam, deren heiße, verkrampfte Hände betastete, verwundert aufschaute, erschreckt von den wimmernden Wehlauten der Gebärenden, zu weinen anfing und wieder wegtappte. Zwischen Tod und Leben schwebend, betete die Heimrathin in ihrem Schmerz und überstand alles. Erst beim Hereinbruch der Dunkelheit kamen die Ihrigen zurück und fanden neben der erschöpften Mutter das neugeborene, schreiende Kind. Die kleine Genovev hatte sich unter einer Bettstatt verkrochen.

Vielleicht war die Nachwirkung all dieser Umstände der Grund, weshalb der Tod im Leben der Resl, wie im Leben aller durchaus gesunden Menschen, eine so beherrschende Rolle spielte. Sie fürchtete ihn als Kind ebenso wie als Greisin, und sie empfand ihn, wenn er nicht sie und die Ihren bedrohte, stets als den großen gerechten Ausgleicher, der den Armen auslöscht und auch nicht halt macht vor Glanz und Reichtum, vor Macht und Größe.

Nachdem mit der Zeit die Gesichtszüge des Kindes deutlicher geworden waren und insbesondere die breiten, stark hervortretenden Backenknochen mit den tief dahinterliegenden kleinen graugrünen Augen das Eigentümliche des Geschlechtes mehr und mehr sichtbar machten, meinte sein Vater mitunter, die Resl sei durch und durch eine echte Heimrathische. Er sagte es sicherlich nicht aus irgendeiner besonderen Hinneigung, denn mit den Kindern machte man beim Heimrath kein großes Aufheben. Jedes Jahr wurde eins geboren. Starb es, so war es schade darum, blieb es am Leben, war es gut. Wahrscheinlich erinnerte das Gesicht der Resl den Bauern an seine Väter und Urväter und heimelte ihn an.

Die Heimraths lebten seit Jahrhunderten auf dem einsamen Bauernhof in Aufhausen. Es gab dort nur noch das weit kleinere Lechnerhaus, und erst in den letzten Jahren nach dem Weltkrieg ist ein gräfliches Gut dazugekommen. Die alte, breite Fahrstraße, die vom hochgelegenen, weithin sichtbaren Aufkirchen in südöstlicher Richtung talabwärts läuft, führt am Hof vorbei, rinnt kurz darauf in einen weit ausgedehnten Fichtenwald und erreicht schließlich nach langen Windungen durch eine triste Moorgegend, in welcher nur wenige niedere, winklige Häuser armer Torfstecher stehen, den ansehnlichen Marktflecken Wolfratshausen. Aufhausen liegt in einer tellerflachen Mulde, die linkerseite sich aufschließt und schräg abfällt. Weite grüne Wiesen, fruchtbare Äcker und friedliche Wälder, die die fernen, leicht gewellten Hügel verdunkeln, breiten sich rundherum aus. Auf der einzigen Straße ächzen schwere Fuhrwerke dahin. Wandernde Zigeuner ziehen am Hof vorüber und kampieren mitunter einige Tage am Waldrand. Fremde städtische Menschen tauchen ganz selten auf. Gleichgültig schauen sie die paar Häuser an und gehen weiter. Es mag vorkommen, daß einmal ein Hausierer nach langem Gerede in Aufhausen etwas von seiner Ware absetzt. Hin und wieder kommt der Pfarrer, oder ein Bettelmönch tritt in die verrußte, geräumige Kuchl. Sie werden ehrfürchtig empfangen und in die nebenanliegende, helle, selten benützte gute Stube geführt.

Gleich und gleich blieben Zeit und Leben für Aufhausen. Deshalb sind auch die Überlieferungen der Heimraths ziemlich spärlich. Für sie muß es nie etwas anderes gegeben haben als Geborenwerden, Aufwachsen, unermüdliche Arbeit, demütige Gottesgläubigkeit und Sterben.

Während des Dreißigjährigen Krieges, in den Jahren 1632 und 34, verwüsteten die Schweden zweimal die Dörfer und Höfe der katholischen Pfarrei Aufkirchen. Die Wiesen waren erstmalig gemäht, die noch grünen Getreideäcker standen prall da und versprachen eine reiche Ernte. Die Bauern verließen Haus und Feld und flohen in die dichten Wälder. Der Pfarrer Georg Colonus irrte von einem Haufen Flüchtender ab und wurde von feindlichen Reitern ergriffen. Sie hieben erbarmungslos auf ihn ein, banden seinen blutig zerschundenen Körper an einen Strick, befestigten diesen am Sattelknopf und schleiften den unglücklichen Geistlichen so lange mit, bis er sich nicht mehr rührte. Kurz vor Aufhausen ließen sie ihn liegen. Er erwachte nach einiger Zeit, kroch mühsam weiter und fand schließlich die Seinigen im Wald. Wie durch ein Wunder blieb er am Leben und wurde wieder gesund. Nach dem ersten Abzug der Schweden zeichnete er gewissenhaft die Namen der 23 Bauern auf, die von den feindlichen Soldaten ermordet worden waren. Darunter befand sich auch der Lechner von Aufhausen. Die Heimraths waren davongekommen.

Zwei Jahre darauf, anno 34, ergriff Colonus beim Wiedereindringen der schwedischen Scharen in den Aufkirchner Gau die Flucht und blieb neun Wochen fort. Nach seiner Rückkehr legte er abermals eine genaue Liste der getöteten Pfarrangehörigen an. In diesen Aufzeichnungen sind auch alle Verwüstungen durch den Feind der Reihe nach angegeben. Das nahe Schloß in Bachhausen, das dem kaiserlich-bayrischen Generalkriegskommissar Graf von Rüpp gehörte, die meisten Dörfer und Einzelhöfe wurden schonungslos niedergebrannt. Die Heimraths mußten auch diese schreckliche Zeit ohne sonderlichen Schaden überlebt haben. Merkwürdig, ihr Hof – alleinstehend, ansehnlich, kaum eine Viertelstunde vom Pfarrdorf entfernt, an der Fahrstraße liegend – konnte den rachsüchtigen, beutegierigen Feinden doch nicht entgangen sein! Er war doch unmöglich zu übersehen!

Allem Anschein nach aber ist er verschont geblieben, denn Colonus berichtet nichts Gegenteiliges, ja, er erwähnt die Heimraths nicht einmal mit einem einzigen Wort. Wenngleich dies nun durch nichts belegt werden kann, bei einiger Verwegenheit der Vorstellung könnte man fast annehmen, der Aufhauser Bauer habe zur Rettung seines Hab und Gutes einen anderen Weg als die kopflose Flucht in die Wälder eingeschlagen. Vielleicht sagte er sich in stumpfer Gelassenheit: »Krieg ist eben Krieg, und alles hängt vom Zufall ab. Was hab' ich schon davon, wenn ich davonlaufe und beim Zurückkommen statt meines schönen Hofes einen Aschenhaufen finde! Lieber gleich als Heimrathbauer sterben, bevor ich ein Leben lang als Bettler im ungewissen herumlaufe. Bleiben wir und schauen wir, was wird! Besser ist's, einiges einzubüßen, als alles sinnlos zugrunde gehen zu lassen.«

Vielleicht ließ er Tür und Tor offen und empfing die rauhen Kriegsleute unerschrocken wie ein biederer Wirt, bot ihnen bereitwillig Speis und Trank an und ließ sie kaltblütig gewähren. Eine so abgebrühte, breit lachende, bezwingend-schlaue Bauernfreundlichkeit, die ein Heimrath dem anderen von Generation zu Generation vererbte, mag vielleicht auf die hitzigen Schweden derart verblüffend gewirkt haben, daß sie nach all dem wilden Fliehen und hilflos bittenden Jammern, das ihnen bis jetzt überall begegnet war, eine solche Einkehr als angenehme Abwechslung empfanden und schließlich abzogen. Demütig und gar nicht eitel darüber, daß sein kluger Einfall sie vor dem Schlimmsten bewahrt hatte, aber doch tief zufrieden, wird der Heimrath mit den Seinen dem Allmächtigen gedankt haben.

Denn nichts vermochte der Mensch, alles stand in »Gottes Hand«.

Gewiß sind das nur Mutmaßungen, dennoch ist eine so kühne Schlußfolgerung, wenn man alles scharf überdenkt, nicht ganz von der Hand zu weisen.

In den darauffolgenden zwei Jahren raffte die Pest, die mit dem unseligen Krieg in die Gaue gekommen war, zahlreiche Familien dahin. Das pfarramtliche Totenregister enthält keinen Namen Heimrath. Zum ersten Male wird einer von ihnen im Zusammenhang mit einer Aufzeichnung aus dem Jahre 1645 im sogenannten Mirakelbuch der Aufkirchner Pfarrchronik namentlich erwähnt. Es heißt da, einer seiner Knechte habe sich in der Christnacht noch einmal im Stall bei den Pferden zu schaffen gemacht und dabei durch ein Guckloch in den dunklen, rauhreifüberzogenen Obstgarten geschaut. Da sei »ein rotfeuriger böser Geist« durch dieses Loch gefahren, habe den Knecht gewaltmäßig gepackt, ihn hin und her geworfen, in den Garten hinausgezerrt und in den Brunnen werfen wollen. In seiner Not habe sich der Knecht der gnadenspendenden Gottesmutter von Aufkirchen »versprochen« und daraufhin sei der endlich vom Bösen losgelassen worden. Den Bauern aber – so dichteten fromme Leute dazu – wahrscheinlich, weil er zugelassen hatte, daß der Knecht in der hochheiligen Nacht noch etwas arbeiten wollte, soll später der Teufel geholt haben. Es ist anzunehmen, daß dieser Heimrath kein anderer gewesen ist als jener, der seinerzeit den letzten Schwedeneinfall unbetroffen überstanden hatte. Was aber nun die abträgliche Hinzufügung der Leute anlangt, die einer förmlichen Verfemung des Hofes gleichkam, so überzeugt sie auch dann noch nicht, wenn man den fanatisch übersteigerten katholischen Glaubenseifer, der die Aufkirchener Pfarrkinder in jener unduldsamen Kriegszeit ergriffen hatte, bei der Begründung zu Hilfe nimmt. Viel eher scheint einzuleuchten, daß böser Neid dabei eine bestimmte Rolle gespielt haben mag. Erst zwölf Jahre waren seit dem blinden Wüten der Schweden vergangen. Immer noch tobte der grausige Krieg an den Grenzen des Landes und konnte jederzeit wieder in die Gaue treiben. Viele waren damals umgekommen. Die Überlebenden waren tief verängstigt und litten noch schwer an vielfach erduldetem Unglück. Sicherlich wußte jeder genau, auf welche wenig gutzuheißende Weise sich der Heimrath damals der gefährlichen Feindesplage entledigt hatte. Alles war ihm geblieben. Er stand unangefochten und fest da wie sein uralter Hof. Wer weiß, am Ende spottete er sogar über die Hasenfüße, die einst so unbesonnen alles liegen und stehen gelassen und Reißaus genommen hatten. Das alles zusammengenommen kann ihm vielleicht zum Verhängnis geworden sein. Er starb, doch der Fluch lebte weiter. Das hatte eine düstere, bedrückende Wirkung. Nun nämlich zog, vermischt mit engem Aberglauben, eine scheue Bußfertigkeit ins Haus. Ein verzehrendes Schuldbewußtsein ergriff die Ersten und Letzten der Familie. Hilflos und ängstlich wurde jeder in religiösen Dingen, und die kranke Bigotterie wirkte noch weit hinein in die Reihen der Enkel. Etliche davon gingen ins Kloster, und ich kannte ein paar von ihnen, die nahe am Wahnsinn waren. In meiner Kinderzeit sah ich noch das ausgebröckelte Loch in der Stallmauer des Heimrath-Hofes, das seither gleichgelassen worden war. Jeder ging scheu und schnell daran vorüber und bekreuzigte sich stumm. Alljährlich am Tag der Heiligen Drei Könige kam der Pfarrer und weihte die Räume ...

Noch einmal, ungefähr sechzig Jahre später, im österreichischen Erbfolgekrieg, wurde der Pfarrgau Aufkirchen von Mord und Plünderung, von Jammer und langem Elend heimgesucht. Wie zu jeder Zeit, so ging es auch damals nur um trübe Machtansprüche einiger besitzgieriger Herrscherhäuser, um weitabliegende Interessen und Dinge also, die den friedlich arbeitenden Völkern unbekannt und völlig gleichgültig waren: um einen freigewordenen Königsthron in Spanien, auf den die Habsburger einen Österreicher, Frankreich dagegen einen Bourbonen setzen wollten. Die großen Mächte suchten die kleinen für ihre Zwecke zu gewinnen und lockten sie mit glanzvollen Versprechungen. Redlichkeit ist bei einer solchen Handelschaft stets eine fremde Sache. Erfolg hat dabei immer nur derjenige, welcher am schnellsten handelt, über eine unverblüffbar gewissenlose Überredungskunst verfügt und das meiste bietet.

Der kriegsberühmte bayrische Kurfürst Max Emanuel war bis jetzt treu kaiserlich gewesen und hatte Österreich in den Türkenkriegen oftmals ausschlaggebenden Beistand geleistet, aber er war vom Kaiser schlecht entlohnt worden. Durch seine vielen kriegerischen Unternehmungen und seine ungemein verschwenderische Prachtliebe war er in hoffnungslose Verschuldung geraten und suchte vergeblich nach einem Ausweg. Das von ihm beherrschte bayrische Volk war bis an die Grenze des Möglichen ausgepreßt und gänzlich verarmt. Die Wiener Hofkanzlei, vom Kurfürsten schon öfter an die Einlösung der einstigen kaiserlichen Versprechungen erinnert, blieb taub oder vertröstete. In dieser kritischen Zeit bot König Ludwig XIV. dem bedrängten Max Emanuel, falls er mit Frankreich ein Bündnis schlösse, die Niederlande oder zum mindesten die erbliche Statthalterschaft über dieses reiche, ergiebige Land an. Das erschien dem Kurfürsten als glänzende, mühelose Rettung aus aller Not. Der Krieg begann, und er schlug sich auf Frankreichs Seite. Am Schellenberg bei Donauwörth lieferte er am 2. Juli 1704 der kaiserlichen Reichsarmee die erste und einzige Schlacht und verlor sie. Sechstausend Bayern gingen dabei mit gehorsam-stumpfer Standfestigkeit für eine fremde Sache in den Tod.

Ihr Kurfürst floh, wurde vom Kaiser geächtet, mußte das Land verlassen und verlebte als Statthalter von Brüssel viele Jahre ungemindert verschwendungssüchtig. Die wilden Regimenter der Panduren und Kroaten der kaiserlichen Reichsarmee überfluteten Südbayern und hausten grausamer und zügelloser als einst die Schweden. Bayern wurde zunächst als von Habsburg verwaltetes Reichsland erklärt. Die fremden Beamten erpreßten unmögliche Kontributionen und Steuern, die kriegerischen Eindringliche brandschatzten ganze Gegenden, nahmen Rekrutenaushebungen für die kaiserliche Armee vor und folterten oder füsilierten Widerspenstige zu Hunderten.

Seit jeder nur denkbaren Zeit war das überwiegend bäuerliche Volk dieser hart heimgesuchten Landschaften fast gleichgültig obrigkeitstreu gewesen. Das hatte seine Ursache darin, daß seinen Menschen der Gott der katholischen Kirche stets näher lag als irgendeine vergängliche weltliche Macht. Altgewohnt erfüllten sie die Pflichten, die ihnen ihr Glaube auferlegte. Religiöse Einrichtungen allein waren ihnen geläufig und wichtig. Den Namen des Bischofs und des jeweiligen Papstes wußten sie, den des Landesherrn nur in den seltensten Fällen. Mit friedlicher, geduldiger Ruhe hatten sie bis jetzt jede Herrschaft – ob sie nun ein Fremder oder ein Einheimischer ausübte, ob sie gut oder schlecht, ungerecht oder selbst grausam sein mochte – widerstandslos ertragen. Das Blutregiment der Kaiserlichen aber war ohnegleichen in ihren Erinnerungen. Das ertrugen auch sie nicht mehr. Etwas noch nie Dagewesenes ereignete sich: die gepeinigten Oberländer Bauern erhoben sich gegen ihre Unterdrücker!

Man weiß, daß ihr finsterer Heerbann – dreitausend zu allem entschlossene Männer – in der Christnacht anno 1705 gegen München zog, aber schon vorher von einem frommeifrigen Pfleger aus Starnberg verraten worden war und beim Dorfe Sendling vergeblich verblutete. Nach dem unbeschreiblichen Gemetzel durchstreiften berittene Panduren-Abteilungen in rachsüchtigem Blutdurst das umliegende Land und kamen auch in die Aufkirchener Gegend. Überall suchten sie nach Rebellen, denn es war ruchbar geworden, daß einige Überlebende der Schlacht elend fliehend durch die Gaue zogen und sich in Wäldern oder abgelegenen Heuhütten versteckt hielten. Es gab hochnotpeinliche Verhöre, gräßliche Schindereien, Häuser brannten nieder und Menschen wurden umgebracht.

Das schon erwähnte Aufkirchener Mirakelbuch gibt einige Namen von Flüchtlingen an, die nach vielem Schrekken mit dem nackten Leben davongekommen waren. Unter anderen wird – der damaligen Schreibweise entsprechend – ein Georg Heimbrath aus Beuerberg genannt, der im dortigen Kloster Bäcker gewesen sein soll. Viele Stunden hatte er sich, bis zum Halse in der eiskalten Jauchegrube stehend, immer wieder den Kopf untertauchend, verborgen gehalten.

Es ist höchst zweifelhaft, ob dieser aufrechte Mann mit dem Heimraths von Aufkirchen verwandt war. Soviel man auch forschen mag, nie findet man unter ihnen einen, der etwas anderes gewesen ist als Bauer, und nach ihrer durch Generationen verfolgbaren Veranlagung waren sie alle unkriegerisch, ganz und gar nicht rebellisch, stumpf obrigkeitsgetreu und gottergeben. Seitdem der Fluch auf ihrem Hause lastete, schien jener fein witternde, schlaue, sichere Instinkt, der ihren Vorfahr aus dem Dreißigjährigen Krieg ausgezeichnet hatte, in jedem von ihnen verweht zu sein. Wie angstvoll lammfromm und engstirnig untertänig sie sich in der Pandurenzeit verhielten, geht schon daraus hervor, daß die Heimraths als einzig sichere Leute vom Pfarrer dazu auserkoren wurden, mit ihrem Fuhrwerk das bedrohte Gnadenbild im Sommer 1704 in die Augustinerkirche nach München zu fahren, und am 24. März 1705 abermals den Auftrag erhielten, dieses heilige Bild von der Hauptstadt an der Spitze einer feierlichen Prozession zurückzubringen. Diese erste sichtbare Ehrung durch die Kirche blieb bei ihnen unvergessen, und der Vater der Resl, der jetzige Heimrath, der damals noch gar nicht zur Welt gekommen war, erinnerte sich noch genau an die Schilderung, die er als kleiner Knabe aus dem Munde seines eisgrauen Großvaters gehört hatte. So als sei er selbst leibhaftig dabei gewesen, berichtete er sie wieder seinen Kindern, und wie oft er es auch erzählen mochte, jedesmal wurde es fast feierlich still in der Kuchl. Die Kinder hatten große Augen und offene Mäuler, und schließlich wurde ein Vaterunser gebetet.

Wenn nun auch der jetzige Heimrath seinen Vorgängern ziemlich wesensgleich war, einige Eigentümlichkeiten unterschieden ihn doch deutlich von diesen. Vor allem war er ein heiterer, stets zu Späßen aufgelegter Mensch. Streit vermied er ängstlich. Er gab lieber nach. Bei aller eingewurzelten Frömmigkeit war er derb, schlau und keineswegs einfallslos, wenn es um seinen Vorteil ging. Er hatte eine etwas drastische Art, sich über Veranlagung und Fähigkeit anderer Menschen Gewißheit zu verschaffen. Wenn ein Knecht erstmalig bei ihm vorsprach – und er kümmerte sich nur um Knechte, die Mägde waren Sache der Bäuerin –, dann musterte er den mit freundlich-blinkenden Blicken von oben bis unten, von unten bis oben und lächelte die ganze Zeit überaus einnehmend. Er las die Zeugnisse genau und ließ den Bewerber ausführlich erzählen. Er unterbrach ihn höchstens einmal, indem er fast respektvoll lobend meinte: »Soso, beim Jani bist vier Jahr' gewesen? ... Jaja, da kennt man, was Arbeit ist.« Nachdem der Knecht endlich nichts mehr an sich zu rühmen wußte, sagte der Heimrath fast vertraulich: »Weißt du was? Geh mit mir in'n Obstgarten ... Geh weiter! Aber recht schnell, ja?« Der fremde, verblüffte Mensch folgte, und sie schlichen durch den Stall hinten hinaus, ohne daß die Bäuerin etwas merkte. Im Obstgarten schlüpfte der Bauer aus seiner Joppe, warf sie ins Gras und sagte ganz gelassen: »Ich hab' gar nichts auszusetzen an dir ... nicht das allermindeste, aber bevor ich dich einstehn laß', möcht' ich doch deine Kraft ausprobieren.« Er machte sich bereit und der Knecht konnte nicht mehr anders. Sie rauften so lange miteinander, bis einer von ihnen endgültig überwunden auf dem Boden lag. War es der Bauer, dann sagte er unversteckt und arglos: »Jetzt, ich will dir was sagen, Hans – ich hab' nicht gern einen Knecht, der mich wirft ... Denn wenn ich regieren will, da zieh' ich den kürzeren. Nichts für ungut, Hans, ja?«

Der Knecht mochte noch so beteuern und haufenweise reden, der Heimrath blieb dabei und nahm ihn nicht.

Raunzerische, eigensinnige Leute mochte der Bauer nicht. Kränkelnde oder wirklich kranke Menschen machten ihn hilflos. Vielleicht waren sie ihm sogar zuwider und unbequem. Bei seiner fast unglaublichen Gesundheit war er unempfindlich für eigenen und fremden Schmerz und kannte nichts als Arbeit, aber nie eine Müdigkeit. Er, die Bäuerin, die Dienstboten und die Kinder – wenn sie einmal acht oder neun Jahre alt waren – standen täglich um 2 Uhr in der Frühe auf. Gebetet wurde, dann die Mehlsuppe gegessen, und die einen gingen in den Stall oder aufs Feld zum Mähen. Außer den üblichen sehr einfachen Mahlzeiten gab es kein Rasten mehr bis tief in die Dunkelheit hinein. Das war im Sommer und im Winter so. Wenn rundum noch alles stumm und nachtschwarz war, in der beißend kalten Frühe, ging der Bauer mit einer Stall-Laterne auf die Tenne und hängte das trübe Licht an einen hohen Balken. Dann riß er das frostverkrustete mächtige zweiflügelige Tor auf. In dichten Schwaden strömte die kalte Luft in die dämpfige Tenne, vermischte sich mit dem Staub und wurde zu einem alles verhüllenden, dicken, nebligen Dunst, der beim Einatmen beständig zum Husten reizte. Laut und munter schrie der Bauer den Mägden und Kindern, und die mußten nun Tag für Tag mit Handflegeln das Getreide ausdreschen. Die Knechte fuhren Dünger und Jauche auf die Äcker und Wiesen, oder sie gingen mit den Bauern zum Ausholzen in die dichtverschneiten Wälder.

So verlief die erste Jugend der Resl. Zum Lernen war bei der vielen Arbeit freilich nur wenig Zeit, aber die Schule stellte auch nicht allzu große Ansprüche, und was man von den Dingen des Glaubens wissen mußte, bekamen die Kinder von Anbeginn mit auf die Welt. Aufhausen und die nächste Umgebung blieben für sie die Welt. Zum Schulbesuch, an den Sonn- und Feiertagen, bei Begräbnissen und sonstigen kirchlichen Anlässen kamen sie nach Aufkirchen. Die alljährlichen Bittgänge führten sie hin und wieder in entferntere Dörfer, es mochte auch vorkommen, daß sie einmal an einem sonnigen Nachmittag bis zum Seeufer gingen, doch alles erschien ihnen dort so ungewohnt fremd, daß sie sich fast davor fürchteten und ungesäumt den Heimweg antraten. Sie wurden erst wieder froh, wenn sie den Aufhauser Hof erreicht hatten.

Anfangs unterschied sich die Resl nicht sonderlich von ihren am Leben gebliebenen Schwestern Genovev, Marie und den Zwillingen Anna und Katharina, aber sie war die kräftigste und gesündeste von ihnen und darum vielleicht mochte sie der Heimrath gern. Die Genovev, die – nachdem der einzige Sohn mit kaum sieben Jahren gestorben war – als Älteste einmal den Hof bekommen sollte, war ihm zu mißlaunisch und bigott, die Marie zu einfältig, von den Zwillingen sagte er, die Anna sei zwar dürr, aber zäh, und wegen ihrer Kleinheit werde sie nie eine rechte Bäuerin, die schwerfällige Katharina glich wieder zu sehr der Genovev. Bei der Resl hingegen zeigte sich sehr bald, daß sie ganz ihrem Vater nachgeriet. Schon mit elf und zwölf Jahren mähte sie – wie man sich beim Heimrath ausdrückte – »jeden Knecht in Grund und Boden«, und sie war selbst nach der schwersten Arbeit noch ausgeglichen heiter wie am Anfang.

»Müllerisches hat sie gar nichts«, warf der Heimrath manchmal hin, denn seine Bäuerin war eine Tochter des Müllers März in Berg, einem kleinen Ort am weitbekannten Starnberger See, den man von Aufkirchen überschauen konnte. Glatt und ruhig lag er in einem weiten, langgezogenen Tal, und viele kleinere und größere Dörfer belebten seine leicht ansteigenden, waldreichen Uferhänge. Berg hatte einen besonderen Anziehungspunkt, der die Ortschaft über das rein Bäuerliche etwas hinaushob: ein königliches Schloß, das in früheren Zeiten den altbayerischen Geschlechtern der Hörwarth und Ligsalz gehört hatte und schließlich in den Besitz der Krone übergegangen war. Max II. hatte es renovieren und umbauen lassen, und seit seinem Tode wohnte sein Nachfolger, der blutjunge, überaus merkwürdige Ludwig II. oft wochenlang darin. Zu solchen »Königszeiten« herrschte regeres Leben in Berg. Staatliche Würdenträger, hohe Militärs und reiche Fremde verbrachten ihre Sommerfrische an den Ufern des Sees, und der König fuhr oft in seiner prunkvollen, von sechs blanken Schimmeln bespannten Karosse in schnellem Trab durch die Dörfer. In Aufhausen ließ er meistens halten und sich ein Glas Wasser reichen. Beim Heimrath schlugen sich die Knechte um diese Ehre, allerdings schien ihnen mehr an der Belohnung zu liegen, denn jedesmal gab es dafür einen Silbertaler.

Der Müller und der Huber waren die größten Bauern in Berg. Sonst gab es dort nur Häusler, einige Fischer, einen Schuster und Wagner und den sonderbaren Stellmacher Graf mit seinem schweigsamen Weib und sieben hungrigen Kindern. Darunter befand sich ein zurückgebliebener Zwerg, den die Stellmacherin durch einen Schreck zu früh geboren hatte. Der Graf machte hölzerne Heugabeln und Rechen für die Bauern und brachte sich kümmerlich fort. Vier seiner Geschwister hatten sich in ferneren Gegenden zerstreut. Sein Bruder Andreas, ein Mann voll witternder Unternehmungslust und Unrast, dem es gelungen war, eine gefährlich kränkelnde Bauerntochter zu heiraten, die bald darauf starb, hauste als Witwer auf seinem verwahrlosten Weiler »Maxhöhe«, und die lediggebliebene, stille Schwester Kreszenz, die als Weißnäherin in der Leinenkammer des königlichen Schlosses arbeitete, lebte daheim. Außerdem war beim Graf noch ein weit über sechzig Jahre alter Oheim, der einst Soldat Napoleons gewesen war und den russischen Feldzug anno 1812 mitgemacht hatte. Er hieß Peter und wurde wegen seines dichten, struppigen, noch kaum angegrauten Haares der »schwarze Peter« genannt. Quer über sein breites Gesicht lief eine tiefe Schramme, die von einem Säbelhieb stammte. Eingedrückt war die rote Nase, und ihre großen Löcher standen fast flach zwischen den vielbehaarten, äderigen Backen. Verwegen funkelten Peters dunkle, stechende Augen. Er war ein mächtig gebauter, schwerfälliger Mensch und strotzte vor Gesundheit. Hin und wieder machte er Botengänge. Dabei hielt er sich gern länger in den Häusern auf, bekam auch manchmal eine Scheibe Brot mit saurer Milch und erzählte den Kindern Kriegsgeschichten aus seiner bewegten Vergangenheit, wobei er französische Ausdrücke und fremdartige Redewendungen seltsam ineinander mischte. Zwar noch immer napoleonisch und antiösterreichisch gesinnt, begeisterte er sich seinerzeit am Krieg Österreichs und Bayerns gegen die »schandmäßig gottverfluchten Prussiens« und erklärte allen dessen Zweck und Strategie in seiner phantasievollen Art. Nach dem Frieden von 1866 sagte er giftig: »Ich hab's immer gesagt, Bavarski und Austria taugt zu nichts! ... Geflenn und Meßämter bringen diesen muschkotischen Prussien Bismarck nicht um!« In jenen Jahren nämlich beteten die Leute in allen bayrischen Kirchen, der Allmächtige möge ihr Land vor diesem »finsteren, grundfalschen, verderbten lutherischen Antichrist« gnädigst bewahren.

Die Urahnen der Grafs waren einst aus dem Salzburgischen nach Bayern eingewandert und hatten sich nach allerhand Irrfahrten am Seeufer seßhaft gemacht. Niemand wußte Genaueres über ihre Herkunft, doch noch jetzt galten sie nicht als rechtmäßige Einheimische. Sie wurden gemieden und waren verachtet wegen ihrer Armut. Beim Müller war zuerst der hämische Schimpf über sie aufgekommen: »Sie wimmeln wie die Wanzen und saugen sich, wenn man nicht acht gibt, an jedem fest.«

Die Müllerischen hatten seit jeher als grobschlächtig nüchtern, unbarmherzig bauernstolz und rechthaberisch gegolten. Sie waren im Gegensatz zu den breitschulterigen, gedrungenen Heimraths große, hagere, starkknochige Menschen mit humorlosen Gesichtern.

Der Heimrath ließ seine Bäuerin gern regieren, aber er machte im Grunde genommen doch stets, was er für gut hielt. Darum kamen die Eheleute gut miteinander aus.

»Man braucht ja nicht streiten«, sagte er listig, »man muß bloß nicht alles sagen und die anderen reden lassen.«

Er war der letzte männliche Heimrath, und wenn es wahr ist, daß oft nach Jahrhunderten in irgendeinem einzigen späten Nachkommen alles das, was das ganze Geschlecht ausgezeichnet hat, ungebrochen zum Vorschein kommt – von ihm hätte sich das sagen lassen. Die Resl hatte viel von ihm.

Begebenheiten

Zweifellos bleibt das Bild der Kindheit in einem Menschen bis zu seinem Tode gleichmäßig lebendig. Mag sein, daß mit der Ausgeglichenheit des Älterwerdens die Erlebnisse von damals, soweit sie scheinbar unvermerkt aus der täglichen Umgebung und Gewohnheit hervorgegangen sind, nun, da sie ihrer Bestimmung gemäß den Menschen geformt haben, die Kraft der Eindringlichkeit und das unmittelbar Überraschende ein wenig eingebüßt haben. Das Liebliche oder Drangvolle, ja sogar der Geruch der einstigen Empfindung sind dennoch geblieben. Der Schmerz ist verweht, und auch die Freude ist nur noch milde Erinnerung, aber nichts ist vergessen, die Farben auf dem Bild sind nur leicht verblaßt. Sie gewinnen sogleich wieder die ursprüngliche Leuchtkraft, wenn uns ein ähnlicher Schmerz überfällt oder eine gleichartige Freude beglückt. Um wieviel heftiger aber erst ergreift uns der unverlöschte Schauder von einst, wenn wir uns an ungewöhnliche Erlebnisse aus jener Zeit erinnern!

An einem verregneten Abend in der zweiten Hälfte des Septembers trugen die Heimrath-Zwillinge unausgesetzt das Werg des eben gebrochenen Flachses in die gute Stube. Die Haufen auf dem Boden wurden höher und höher und reichten zuletzt fast bis zur Decke. Die Spinnräder standen da. Nach der Stallarbeit, nach dem Nachtmahl und Gebet pflegten im Herbst und im Winter die Bäuerin und ihre zwei ältesten Töchter, die Genovev und die Resl, noch etliche Stunden zu spinnen. Wenngleich dadurch der Faden für das feste, grobe Leinen gewonnen wurde, das die Töchter später einmal in die Ehe mitbekommen sollten – diese beschauliche Beschäftigung, wobei man sitzen konnte, galt im Haus nicht viel. Man hielt sie für eine Art spielerisches Ausruhen.

Es wurde stockdunkle Nacht. Der Heimrath, die Knechte, die Mägde und die zwei jüngsten Kinder waren zu Bett gegangen. Der dichte Regen rauschte eintönig hernieder. Die dicken Tropfen trommelten sanft auf die Fensterscheiben. Die Petroleumlampe, in der Mitte der Stube hängend, verbreitete ein spärliches Licht. Die buntbemalte Uhr an der Wand tickte einschläfernd gemächlich, und hin und wieder bellte der Hund im Hof kurz auf, knurrte noch eine Weile und verstummte. Nur die Spinnräder surrten, und ab und zu quietschten sie auch leise.

»Morgen heißt's früher raus!« sagte die Heimrathin einmal nebenher, befeuchtete die breiten Innenflächen ihres Daumens und Zeigefingers und zwirbelte damit den unregelmäßig gewordenen Faden glatt: »Die Aufhauser und Aufkirchener sind die ersten bei der ewigen Anbetung.« Einer alten kirchlichen Anordnung zufolge traten alljährlich am 20. September die Dörfer des Sprengels dem Alphabet nach in der mit Birkenzweigen geschmückten Pfarrkirche jeweils zu einem stundenlangen Litanei- und Rosenkranzbeten an. Genau genommen sollte diese »ewige Anbetung« eigentlich erst um zwölf Uhr mittags beginnen und abends um sieben Uhr enden, doch die Pfarrei mit ihren vielen Dörfern konnte eine solche Aufgabe nur dann bewältigen, wenn sie in der Frühe damit anfing.

Der müden Bäuerin fielen schon manchmal die Augen zu. Sie gähnte und ihr Spinnrad stockte.

»Voller Schlaf bin ich schon«, meinte sie wiederum und hielt inne.

»Geh nur ins Bett! Deinen Knäuel wickle ich dir schon auf«, sagte die Resl. Die Bäuerin stand auf und streckte ihren steifgewordenen Körper. »Jaja, ich geh«, gähnte sie abermals, nahm einen Spritzer Weihwasser an der Tür, bekreuzigte sich und verließ die Stube. Die beiden Mädchen hörten ihre dumpfen Schritte über die knarrende Holzstiege hinauf. »Ja, ich hab's auch gleich«, sagte die flink hantierende Resl zur Genovev nach einiger Zeit und setzte dazu: »Morgen ist auch noch ein Tag.« Sie kniff endlich mit den Fingernägeln den Faden ab, und nachdem sie die Knäuel auf die Ofenbank gelegt hatte, ging auch sie zu Bett. Die Genovev werkelte mißmutig weiter. Durch ihre Langsamkeit war sie weit hinter den anderen zurückgeblieben und wollte aufholen. Sie saß da, hörte und sah nichts.

Draußen hatte sich ein Wind erhoben und rüttelte am Gartentor. Der Regen peitschte jetzt viel vernehmbarer auf die Fensterscheiben. Die Hängelampe schwankte ein ganz klein wenig hin und her. Eine dicke, schwarze Rußsäule stieg aus dem gläsernen Zylinder und das Licht verlosch. Die Genovev murrte kurz und tappte tastend durch die Dunkelheit. In der finsteren Kuchl fand sie einen dürren Span. Im Herd glommen noch einige Brocken unter der Asche. Sie blies und blies, ging schnell mit dem erflammten Span in die Stube und zündete die Lampe wieder an. Abermals trat sie das hölzerne Pedal ihres Spinnrades. Es quietschte und schnurrte. Ganz selbstvergessen zog und drehte die Genovev den dünnen Faden. Nach einer Weile verlosch das Licht wieder. Die Genovev wurde ganz ärgerlich, zündete es von neuem an, prüfte Zylinder und Docht und sah, daß noch reichlich Petroleum im runden Behälter war.

»Hm«, machte sie, schüttelte den Kopf und lauschte kurz. Der Wind trieb noch gleichermaßen den Regen hernieder. Die Genovev ging auf ihr Spinnrad zu, doch plötzlich wurde es wieder stockdunkel und jemand sagte: »Gehst du denn noch nicht ins Bett, wo morgen Anbetung ist?« Es war eine ganz gewöhnliche Stimme. Sie klang weder laut noch leise, weder unheimlich noch getragen. Das Mädchen aber war so erschrocken, daß es sich nicht rühren konnte. Ein rieselnder Schauer überlief seinen Körper.

Es blieb stumm und schwarz in der Stube. Etliche Dachschindeln, die der heftige Wind losgerissen hatte, flatterten durch den Regen, schlugen leicht klappernd an die Holzwand der gegenüberliegenden Wagenremise und fielen herab. Dadurch bellte der Hund wieder auf.

Die Genovev zuckte zusammen und spürte etwas wie Würgen an ihrem Hals. Sie wollte schreien und konnte nicht, gewann aber endlich die Herrschaft über ihre erlahmten Glieder, bekreuzigte sich geschwind und rannte, in einem fort die Worte »Jesus, Maria hilf« herausstoßend, hinauf in die Kammer der Resl. Sie schnaubte, wie vom Tode bedrängt, brach ins Knie und fing laut weinend zu beten an.

Nach und nach erwachten alle im Haus und gingen nicht mehr zu Bett. In der Kuchl wurden geweihte Wachsstöcke angezündet, rundherum knieten die Heimraths mit ihren Kindern, Knechten und Mägden und beteten einen Rosenkranz um den anderen, bis es Zeit war, zur Anbetung zu gehen. Ein peinigender Schrecken hielt sie alle nieder. Niemand versuchte sich den Vorfall zu erklären, und wahrscheinlich erinnerte sich jeder nur an das Loch in der Stallmauer, an Teufel und Fluch.

Am andern Tag mußte der Pfarrer ins Haus kommen. Unablässig das Weihrauchfaß schwingend und irgendwelche lateinischen Worte vor sich hinsummend, ging er mit den Heimraths durch Tenne und Stall, in den Keller und in die Kuchl, durch die Stube und in alle Kammern, zum Schlusse erteilte er der Familie den Segen. Die ängstlichen, zugleich aber auch vorsorglichen Eheleute blieben dennoch beunruhigt. Mißtrauisch und fast lästerlich zweifelnd sagten sie sich: »Für dieses eine Mal mag ja der Böse verscheucht sein, aber hat so eine kleine Weihe auch wirklich Kraft genug, ihn in Zukunft fernzuhalten?« So erwogen sie und gaben sich in ihrem frommen Eifer nicht zufrieden. Sie und ihre Kinder traten der Erzbruderschaft vom schwarzen, ledernen Gürtel der heiligen Monika unter dem Namen »Maria zum Troste« bei, und der Heimrath ließ in jenem Jahr die kleine Feldkapelle erbauen, die heute noch an der Straße zwischen Aufkirchen und Aufhausen steht. Ihrem Namen entsprechend verlangt die Gemeinschaft »Maria zum Troste« von jedem Mitglied, daß es zeitlebens einen geweihten, dünnen, schwarzledernen Gürtel um den bloßen Leib trage und sich streng an ihre religiösen Vorschriften halte. Am letzten Sonntag eines jeden Monats finden sich die Gürtelbrüder zu einem feierlichen Hochamt ein, gedenken im Gebet der in den letzten Jahren verstorbenen Mitglieder, und nachmittags findet eine Vesper mit einer Prozession an die Seitenaltäre der Pfarrkirche und in die Bruderschaftskapelle statt. Kein Heimrath hat, seit er den Gürtel trug, jemals gebadet.

Das darauffolgende Frühjahr brach mit Schnee und Regen herein. Die tieferliegenden Wiesen und Äcker standen größtenteils unter Wasser. Schon seit einer Woche war der Heimrath einsilbig und lachte selten. An einem Nachmittag kam er patschnaß und ein wenig schlotternd in die Kuchl.

»Der Hans fahrt für mich Mist«, sagte er und verzog sein Gesicht ein wenig. »Ich versteh's nicht – mir ist die ganze Woche schon nicht wohl.« Er ging in die Stube, holte den Taubeerschnaps vom Ofenbrett, setzte sich hin und nahm einen starken Schluck. Die Bäuerin rief durch die halboffene Tür: »Zieh das nasse Zeug aus und hock dich zum warmen Herd her!«

Der Heimrath gab nicht an und nahm noch einmal einen Schluck. Die Hitze stieg ihm ins Gesicht, inwendig drückte das Blut gegen sein schwer arbeitendes Herz.

Er schnaubte hart.

»Geh weiter!« sagte die Bäuerin abermals, »so patschnaß dahocken kann doch auch nicht gut sein!«

Am runden eschernen Tisch in der Stube sitzend, schüttelte der Heimrath den Kopf, preßte ihn ein paarmal mit den groben Händen zusammen und versuchte, sich aufzurichten.

»Ja, was ist denn das bloß? Was ist denn das? ... Herrgott, Herrgott!!« stieß er halblaut aus sich heraus und sackte wieder zusammen. Er hielt den Hals der dunklen Flasche fest umspannt, dennoch zitterte seine Hand. Dicke Schweißperlen standen auf seiner eckigen Stirn. Mit glasigen Augen schaute er geradeaus. Jedes Ding verschwamm ihm.

Die Bäuerin, die jetzt im Türrahmen auftauchte, blieb stehen, sah ihn leicht verwundert an und fragte: »Was fehlt dir denn?« Er aber machte nur eine schnelle, wegwerfende Handbewegung und gab keine Antwort. Hörbar knirschte er mit den Zähnen, raffte alle seine Kräfte zusammen und stand endlich. Ein ganz klein wenig wankte er.

»Hast am End' zu schnell und zu viel eingenommen von dem Schnaps?« fragte die Bäuerin, er aber überhörte es und machte etliche steife Schritte.

»Ich glaub', es ist besser, ich leg' mich nieder«, brachte er ziemlich tonlos heraus, kam zur Tür, zog sie auf und wieder zu und torkelte unsicher wie ein Betrunkener die Stiege hinauf.

»Du wirst doch nicht krank werden«, meinte die hinter ihm dreingehende Heimrathin, und es klang leicht besorgt. Als sie in der Ehekammer angekommen waren, brach der Bauer auf sein Bett nieder, schwer und ganz hilflos. Er war nicht imstande, sich auszuziehen, ließ stumm mit sich geschehen und bekam mit der Zeit ein erschreckend abweisendes Geschau. Steif lag er zuletzt im Bett, mit fest aufeinandergepreßten Lippen. Er starrte zur Decke und schnaubte fast pfeifend. Die Heimrathin sah, wie seine Nasenflügel sich dabei dehnten. Sie besprenkelte ihn mit Weihwasser. Er zuckte mit keiner Wimper dabei.

»Brauchst was?« fragte sie bekümmert. Er rührte sich nicht.

Drunten knarrte die Kuchltür und fiel ins Schloß. Die Schulkinder waren heimgekommen und lärmten geschäftig. Auf der Straße fuhr der Knecht mit dem vollen Düngerwagen vorüber. Die Räder knirschten im aufgeweichten Sand.

Die Heimrathin ging zur Tür und rief den Kindern. Rumpelnd kamen sie daher und verstummten jäh, als sie ihnen sagte: »Der Vater ist krank.« Scheu, fast behutsam drückten sie sich in die Ehekammer, bekamen ernste Gesichter und große, erschreckte Augen. Sie blickten auf den reglos daliegenden Kranken, dessen Brust sich mühevoll hob und wieder senkte, und falteten benommen die Hände.

Seit sie Bäuerin von Aufhausen war, hatte die Heimrathin ihren Ferdinand, wie das allenthalben dem Brauch entsprach, »Bauer« genannt. Diese Bezeichnung war dem sich freiwillig unterordnenden Respekt gemäß. Jetzt ging sie zum Bett hin, beugte sich über den Kranken und sagte wie einst in ihrer Jugend, vor ihrer Verheiratung, aber ratlos schmerzlich: »Ferdl? ... Wie geht's dir denn, Ferdl?« Da geschah etwas unerwartet Schreckliches, und es geschah so überstürzt, daß die Kinder laut aufschreiend aus der Kammer liefen. Dem Heimrath brach der Mund knackend weit auf, blutvermischte Schaumblasen traten auf seine zuckenden Lippen, die kleinen Augen wurden kugelrund, verdrehten sich und drohten aus den Höhlen zu quellen, fingerdick schwollen seine Schläfenadern an, und der Bauer schrie furchtbar, grauenhaft, unausgesetzt. Es waren unregelmäßige, bald langgezogene, bald kurze, gurgelnde, gehemmte, gräßliche Schreie, die durch Mark und Bein gingen und sich anhörten wie das hilflose Brüllen eines verendenden Tieres. Der Kranke warf die zitternden Arme gegen die hölzerne Kopfwand des Bettes und umspannte deren Kanten krampfhaft. Brust und Bauch wölbten sich, der ganze kräftige Körper streckte sich konvulsivisch, und die versteiften Beine stießen derart hart auf die Endseite, daß das Bett krachend auseinandersplitterte. Schwer plumpste der dicke Strohsack mit seiner Last auf den quietschenden Boden, der brüllende Bauer schleuderte die zerbrochene Kopfwand gegen die Fensterseite der Kammer und schlug wie ein Rasender um sich.

In den ersten Augenblicken war die Heimrathin so fassungslos, daß sie wie gelähmt dastand. Ganz verstört sah ihr schreckensbleiches Gesicht aus. Endlich rang sie laut jammernd die Hände und rief zum Himmel auf: »Ja, um Gottes Himmels Christi willen! Ferdl! Mein Ferdl!« Mit blindem Mut versuchte sie ein paarmal die herausschlagenden Arme des Tobenden aufzufangen und festzuhalten, bekam aber dabei zwei oder drei so heftige Hiebe, daß sie taumelnd auf die Kammerwand zu sank und nur noch um Hilfe schreien konnte. Dickes Blut quoll aus ihrer Nase, die Haare hingen ihr ins Gesicht, ihre eine Wange schwoll an, und sie weinte zerstoßen, als der erste Knecht und zwei Mägde mit den angstverwirrten Kindern in die Kammer kamen.

»Den Pfarrer! Den Pfarrer!« schrie sie, »schnell den Pfarrer holen!« und kam wieder halbwegs zu sich. Der

Heimrath lag, blau und rot angelaufen, mit steif verrenkten Gliedern auf dem zerwühlten, zerfetzten Strohsack und rührte sich nicht mehr. Aber er röchelte noch. Der Knecht bekreuzigte sich schnell und lief weg, um den Geistlichen zu holen, die Mägde und die Bäuerin fingen zu beten an, und die Kinder weinten zwischenhinein. Einmal noch gab es dem Kranken einen Ruck, alle verstummten, er rülpste, als müsse er sich erbrechen, sein Kopf zuckte und sank auf die entblößte, haarige Brust. Einen Augenblick lang überlegte die Heimrathin, seufzte schmerzhaft und wischte ihr Haar aus dem verweinten Gesicht, dann aber besprenkelte sie den Sterbenden wiederum nur mit Weihwasser und fuhr fort mit dem Gebet.

Als später der Pfarrer kam, wichen alle schweigend und scheu zur Seite. Der Knecht versuchte den verrenkten Bauer zurechtzulegen und merkte, daß er schon ganz erkaltet war. Trotzdem versah ihn der Geistliche mit der letzten Ölung, segnete ihn und sprach dabei die üblichen lateinischen Worte.

»Er ist schon verstorben«, lispelte er der Heimrathin zu, als er damit fertig war und blieb mit gefalteten Händen stehen. Alle hatten es gehört. Die Bäuerin weinte nicht mehr. Ihr Gesicht war wieder hart und geduldig gefaßt, und klanglos ruhig sagte sie: »Herr, gib ihm die ewige Ruhe!« – »Und das ewige Licht leuchte ihm«, fielen die anderen ebenso ein.

Erst spät am Nachmittag des anderen Tages kam der Doktor aus Wolfratshausen und bestätigte den Tod.

Im hohen Alter erzählte die Resl manchmal von diesem Sterben, wenn irgendein Ereignis sie darauf brachte. Es machte aber stets den Eindruck, als spräche sie nur ungern davon, als zittere immer noch ein nicht überwundener Schrecken in ihr.

»Geheißen hat's, der Vater sei am hitzigen Gallfieber gestorben«, sagte sie dabei und setzte dazu: »Ich seh's noch wie heute ... Seine Hände sind noch dreckig vom Mistausfahren gewesen ... Drei Finger der rechten Hand hat er ausgestreckt gehabt und an einem ist noch der Ehering zu sehen gewesen.«

Viel lieber redete sie von allgemeinen und am allerliebsten von lustigen Begebenheiten.

Nach dem Tode des Bauern war die Heimrathin gezwungen, einen Verwalter ins Haus zu nehmen, der die ganze Arbeit und alles, was damit zusammenhing, von Grund auf verstand und die Knechte regieren konnte. Einem alleinigen, verwitweten Weibsbild gegenüber hätten sie sich wahrscheinlich im Verlauf der Zeit nicht mit dem nötigen Respekt benommen. Unleugbar, das Müllerische lag der Heimrathbäuerin tief im Blut, grob und nüchtern war sie und wußte immer, was sie wollte. Sie konnte sich, wenn es galt, gegen jeden Widerstand durchsetzen. Um aber auf so einem großen Hof die rechte Ordnung aufrecht zu erhalten, dazu gehörten vier Augen und zwei Hirne. Ein Mann für den Stall und die Felder, ein Weib fürs Haus. Zudem waren fünf unmündige Töchter da, die sich zwar beständig besser einfügten und zunächst keine weiteren Sorgen machten, doch die meisten von ihnen waren, da sie ja durch ihre Arbeit fast stets mit ihm zu tun gehabt hatten, seit jeher mehr am Vater als an ihrer Mutter gehangen. Wie Wachs oder Teig ist ein junger Mensch. Geformt wird er von dem, der sich daran macht, ihn zurechtzukneten. Dazu hatte die Heimrathin weder Geduld noch Zeit.

Den Verwalter nannte man damals »Baumeister«. Es läßt sich denken, daß sich alle möglichen Männer aus der näheren und weiteren Umgebung um den Posten bewarben. Zum ersten Male kamen zum Teil gänzlich fremde Menschen auf den Hof, und die Kinder fanden eine solche Abwechslung unterhaltlich. Anfänglich musterten sie den Bewerber mit geschwinden, scheuen Blicken und grüßten kaum, nach und nach aber – insbesondere, wenn dieser sich allzu bieder und unterwürfig zeigte – schauten sie viel dreister drein, fanden im Benehmen des Fremden allerhand Komisches, gingen aus der Stube und ahmten unter lautem Gelächter seine Gesten und seine Stimme nach. So laut lärmten sie, daß der betroffene Bewerber nicht selten den übermütigen Spott vernehmen konnte und eine peinliche Miene bekam.

Der erste Baumeister, welcher der Heimrathin vom Pfarrer empfohlen wurde, war ein unverheirateter Bruder vom Jani-Bauern in Farchach. Dieses Dorf liegt östlich von Aufkirchen, in einem tiefen Kessel des Tales. Nur der spitze Kirchturm ragt daraus hervor. Noch jetzigerzeit sagt man von den Farchnern, sie seien uralt, denn nichts hat sie und ihr Dorf verändert. Wenn wirklich einmal ein Fremder dorthin kommt, so schauen ihn die Leute abweisend und ungut an, als wollten sie sagen: »Was suchst denn du bei uns? Haben wir dir vielleicht geschrien? Mach bloß, daß du weiterkommst!«

Der Jani-Hans war ein baumlanger, etwas linkischer Mensch mit glotzigen Augen und schon angegrauten, kurzen Stachelhaaren. Er mochte ungefähr fünfundvierzig Jahre alt sein. Überall kannte man ihn als einen ungewöhnlich bigotten Menschen, der – wie viele wissen wollten – das fromme Gelübde abgelegt hatte, nur dann zu heiraten, wenn seine Zukünftige sich bereit fände, mit ihm eine »Josephs-Ehe« zu schließen. Eine solche wie üblich von der Kirche geweihte Ehe unterscheidet sich von der gewöhnlichen dadurch, daß die beiden Gatten sich verpflichten, jeden Geschlechtsverkehr miteinander zu vermeiden. Mann und Weib haben sich meist schon vor Jahren mit einem oder einer Heiligen »verlobt«, und das Vermögen der beiden fällt nach ihrem Ableben der Kirche zu.

Der Jani-Hans kam in die Kuchl vom Heimrath, streckte den langen, dicken Finger seiner riesigen Hand bedächtig in das an der Wand hängende Weihwasserfäßchen, bekreuzigte sich stehenbleibend und sagte: »Gelobt sei Jesus Christus, Heimrathin! ... Der hochwürdige Herr Pfarrer hat mich wissen lassen, ich soll bei dir Baumeister werden.« – »In Ewigkeit, Amen!« antwortete die Heimrathin, und es klang sehr spöttisch. Es lag ihr fern, fromme Ausdrücke frevelhaft herabzumindern, indessen Bigotterie, obendrein bei einem Mannsbild, war ihr zuwider. Außerdem brachte der Jani-Hans, den sie wohl schon öfter gesehen, aber nie näher kennengelernt hatte, alles so aufdringlich gottselig mit seiner hellen Weiberstimme hervor, daß sie – die lebhafte, handfeste, etwas rauhe Männer schätzte – schon ärgerlich war.

»Hock dich nur her!« forderte sie den zerschlissen grinsenden Jani-Hans auf, »zum Rosenkranzbeten ist Zeit, wenn wir handelseins sind.« Und als der baumlange Mensch nun langsam auf die Bank zuging und im Niedersitzen »Vergelt's Gott, Heimrathin« herausplapperte, sagte sie ganz grob: »Mit'm Löffel hat man bei euch die Flinkheit kaum gefressen, was?«

Trotz alledem stellte sie den Hans ein, und es erwies sich, daß es kein Fehlgriff war. Der Baumeister war der erste in der Frühe und der letzte des Nachts, wenn die Arbeit getan war. Eine beharrliche, fast schleichende Umsicht zeichnete ihn aus. Keine Nachlässigkeit der Knechte und Mägde entging ihm, und merkwürdigerweise verstand er es, wenngleich es anfangs geschienen hatte, als nehme man nichts an ihm ernst, sich bei allen Autorität zu verschaffen. Er schimpfte nie, fluchen konnte er überhaupt nicht, er blieb immer gleich sanft und grinste gewöhnlich. Gewiß, er war ein wenig langsam, aber von einer fast unglaublichen Ausdauer, von einer Genauigkeit, die in Erstaunen setzte. Er war ein vorzüglicher Rechner und Abschätzer und verriet dabei einen Instinkt, der den Nutzen und Schaden einer Sache schon erkannte, ehe andere überlegen konnten. Er sparte mit dem, was ihm anvertraut worden war, als sei es seine eigene Sache, und blieb dabei fast gänzlich bedürfnislos für sich. Dadurch gab er allen, wenn auch kein bequemes, so doch ein gutes Beispiel. Er überhob sich über keinen, doch er blieb für sich. Auch das erwies sich als richtig. Wenn ihn auch die Knechte nicht sonderlich mochten und insgeheim viel über seine Bigotterie spotteten, sie gehorchten ihm doch, denn niemand konnte ihm je nachsagen, daß seine Arbeit darunter litt. Die Heimrathin war zufrieden mit ihm. Er hatte nur einen Fehler: er rauchte unausgesetzt Pfeife, und da ihm der Tabak zu teuer war, vermischte er ihn stets mit dürren, zerriebenen Blättern oder getrocknetem Pferdemist. Der Qualm davon stank unerträglich.

Der Sommer stieg herauf und reifte eine pralle Ernte. Jeden Tag hieß es: mähen, mähen, mähen! In der dunklen Frühe sangen die Sensen der Aufhauser immer zuerst in den Roggen- und Weizenfeldern. Rauschend sanken die gemähten Büschel zur Erde, sanken und sanken. Langsam wurde es rot über dem fernen Hügelkamm hinter Bachhausen und Farchach. Die Lerchen stiegen trillernd ins Hohe. Die Vögel fingen zu singen an. Der leichte Dunst über den Äckern verwich, und es wurde unbestimmt hell. Schließlich strahlte die aufgehende Sonne schief über die tauglitzernden, wogenden gelben Flächen.

Während des Mähens pflegte der Jani-Hans seine Pfeife an den Ackerrain zu legen, um sie bei der Brotzeit um neun Uhr gleich wieder bei der Hand zu haben.

»Resei«, wisperten einmal die Knechte der Resl zu: »Jetzt geh hin ... Jetzt geht's grad noch!« Sie kicherten, und die Resl kicherte. Sie stapfte über das mit hohen Büscheln bedeckte Stoppelfeld an den Rain, lugte ein paarmal wie zufällig herum und erwischte die noch warme Pfeife. Sie kicherte wieder und setzte sich darüber, den offenen Pfeifenkopf unter ihren breiten Rock haltend. Eine Weile blieb sie so geduckt hocken und konnte das Lachen kaum verhalten. Als sei nichts weiter gewesen, kam sie in die Reihe der Mähenden zurück und biß, den blinzelnden Knechten zunickend, fortwährend auf ihre Lippen. Die Sonne stieg höher und höher. Die Körper dampften.

Die Zwillinge kamen den Hang herab und brachten Milch und Brot. Erst nachdem sie den Ackerrain erreicht hatten, schrie der Jani-Hans »Brotzeit!« und alle hielten ein. Jeder schob die blinkende Klinge seiner Sense unter ein eben gemähtes Getreidebüschel, wischte sich veratmend mit der Hand den triefenden Schweiß vom Gesicht und ging hinter dem Baumeister drein. Der hatte es eilig, um zu seiner Pfeife zu kommen. Bei den großen, schnellen Schritten, die er mit seinen langen, stelzigen Beinen machte, war es kein Wunder, daß die anderen zurückblieben. Er hockte, während diese allmählich herankamen, schon eine Weile da, stocherte mit dem Finger im gefüllten Pfeifenkopf, zündete ein Schwefelhölzchen nach dem andern an und zog, zog und zog, was er nur konnte. Der feuchte Tabak wollte nicht brennen. So feucht war er, daß der Hans bei jedem Zug den gallebitteren Saft auf die Zunge bekam und ärgerlich ausspuckte. »Hmhm!« brummte er, »will und will nicht, hm!« Er drückte den Zeigefinger noch fester in den Pfeifenkopf, zündete den Tabak erneut an und zog und zog. Vergebens. Wieder spuckte er kräftig, schier angeekelt und verzog seinen breiten, lefzigen Mund. Sein Gesicht sah aus, als habe er auf einen bitteren Stechapfel gebissen. Er schluckte und zog wiederum. Die Herumsitzenden kauten an ihrem Brot, sagten kein Wort und grinsten einander unvermerkt an. Aufmerksam und unverdächtig verfolgten sie die Manipulationen des Rauchers, der immer unruhiger und eifervoller wurde.

»Tja, hm! ... Jetzt kenn' ich mich nicht mehr aus! ... Hm, scheußlich! Was ist denn jetzt das?« fing der zu raunzen an, musterte seine Pfeife genauer, merkte, daß sie und daß seine Hände naß waren, schaute forschend auf den Platz, auf dem sie gelegen hatte, und rückte ein wenig zur Seite, indem er murrte: »Hm, alles ist patschnaß da, hm! Wo mag denn jetzt das herkommen?« Eine kleine Wasserlache glänzte auf dem Boden. Die Herumsitzenden hatten zu kauen aufgehört und würgten ihr Lachen hinunter. Der Hans glotzte immer noch auf die Wasserlache, schüttelte den Kopf, überlegte, roch an seinem Tabak und an seinen Händen und knurrte kurz. Da konnten die anderen sich nicht mehr zurückhalten und lachten gleicherzeit hellauf.

»Wa-was ist's denn?« fragte der erstaunte Hans, hob das Gesicht und musterte die Runde leicht verärgert, »warum lacht ihr denn so saudumm?«

»No?« rief der erste Knecht übermütig und lachte den Hans dreist an: »No? Wie raucht er sich denn heut', dein Tabak, Hans? ... Muß doch einen besondern Geschmack haben? Er hat doch eine Jungfrauntauf' kriegt!« Da wurde das Gelächter der Herumsitzenden zu einem Bellen. Jeder schüttelte sich, und der Hans, der nun endlich begriffen hatte, bekam eine recht blamierte Miene, wußte nicht gleich, wie er sich verhalten sollte, spuckte und spuckte und fing endlich selber zu grinsen an. Prasselnd überschüttete ihn eine Lachwelle um die andere.

»Hundsbande, windige!« brummte er und lachte schließlich halbwegs. »Malefizlumpen, elendige! Nichts als Dummheiten fallen euch ein!« Jeden und jede blickte er ratend an und sagte zum Schluß gutmütig polternd zur Resl, der vor Gelächter die Tränen über die braunen Backen rannen: »Das hast du wieder gemacht, Lausmadl! Wart, wart! Die Bäuerin wird dir die Leviten schon lesen!« Er wußte genau, daß er damit bei der Heimrathin kaum etwas auszurichten imstande war, denn niemand haßte dieses fortwährende stinkende Paffen so wie sie. Er hatte es auch gar nicht ernst gemeint. Die Resl jedenfalls verschluckte sich in diesem Augenblick und spie ihr ganzes zerkautes Brot in großem, auseinanderspritzenden Bogen aus sich heraus. Sie schien fast zu platzen, so ausgelassen lachte sie. Ihr Atem kam nicht mehr nach.

Der Hans trug ihr nichts nach. Er räumte nur in aller Eile seine Pfeife aus, wischte sie an die durchschwitzten Hosen, nahm ein Bündel Gras, trocknete das Innere des porzellanenen Pfeifenkopfes und füllte ihn neu. Er kam aber nur noch zu etlichen behaglichen Zügen. Von da ab steckte er vorsichtshalber seine Pfeife stets in den Hosensack.

Diese Geschichte erzählten die Leute im weiten Gau stets unter großem Gelächter, wenn die Rede auf die Heimrath-Resl kam, und sie lebte noch lange, lange fort. Jeder Mensch freute sich arglos über das »lustige Luder« unter den Aufhauser Töchtern, und es war bezeichnend für sie und ihre ganze Art, daß die Resl noch im hohen Alter, wenn sie eine geruhige Stunde hatte, den lustigen Streich stets mit der derbsten Eindringlichkeit und ungemein vergnügt zum besten gab. Der »schwarze Peter«, den der Stellmacher Graf einmal mit drei neuen Heurechen nach Aufhausen schickte, erfuhr als einer der ersten davon. Dröhnend lachte er darüber. Er lachte noch immer, als er in die Berger Stellmacherwerkstatt zurückgekehrt war. »Diable! Diable! Respekt!« schloß er seinen Bericht belustigt, schnalzte mit der Zunge und rühmte die Keckheit der Resl. »Respekt! Schon als Schulmädl kommt sie auf so brillante Ideen! Die kann was werden! Mit siebzehn, achtzehn Jahren hätt' so eine gewitzte Weibsperson zu meiner Zeit schon zur Marketenderin avancieren können!«

Er übersah ganz und gar, daß sein Neffe, der Stellmacher, kaum das Gesicht verzogen hatte und einen Brief in der Hand hielt, dessen Inhalt ihn allem Anschein nach sehr ernsthaft beschäftigte. Der Andreas, der zufällig zu Besuch da war und auf einem Haufen unbearbeiteter Rechenstiele hockte, lachte auch nur halbwegs und brummte: »Wenn nur einer recht saftige Dummheiten macht, das freut dich! Weiter geniert dich überhaupt nichts!«

Den Peter ärgerte die Humorlosigkeit der beiden Neffen, und er fragte polternd: »Warum, ihr bocksteifen Holzköpfe? Was gibt's denn schon wieder! Hat wieder einmal eine Nummer nicht gezogen?« Seit nämlich der Stellmacher gegen sein hoffnungsloses Elend so zäh und vergeblich ankämpfte, spielte er in der Lotterie. Wie alle Menschen in seiner Lage glaubte er nur noch an eine Rettung aus all dem Jammer durch ein jähes Glück, ein Wunder. Derart verbissen, ja besessen hing er an diesem peinigenden Glauben, daß ihn die zwingende Not seiner Familie gleichgültig ließ. Oft trieb er die hungrigen Kinder in aller Frühe bei kältestem Winter aus den Betten, gab ihnen die letzten Kreuzer und schickte sie zum Bezirksort Starnberg, um ein Los, dessen Nummer er geträumt hatte, zu holen. Er war abergläubisch und erbarmungslos und duldete keinen Widerspruch. Das Jammern der Seinen beirrte ihn nicht, es machte ihn nur gereizt. Sackgrob wurde er zuguterletzt, und sein Jähzorn war gefährlich.

»Ah! Red nicht! Was interessiert mich dein Unsinn!« fuhr der Stellmacher den Peter an und gab ihm den Brief. »Da, der Maxl schreibt: Krieg gibt's! Er muß mit.« Auch der Andreas schaute wieder ernst drein.

»Krieg? Krieg?! Gegen wen? Gegen die Prussiens?! – Krieg?!!« schrie der Peter wie elektrisiert und las den Brief nicht. Im Nu war er verändert. »Krieg!!« schrie er erneut und wie beseligt. »Attacken und Bataillen gegen diese gottverfluchten Muschkotenschädel! Krieg! Grandios!« Seine Augen blitzten. Sein Gesicht wurde frischrot, als sei er zwanzig. Noch vor etlichen Jahren, anno 66, hatte er mitgewollt gegen die verhaßten Preußen. Er reckte sich.

»Revanche! Endlich Revanche diesen Kartoffelschädeln!« brüllte er, reckte die Fäuste, fuchtelte und machte einen kurzen Sprung. »Krieg! Krieg! ... Endlich besinnt sich Bavarski! Krieg mit Feuer und Schwert gegen das Pack! Attacken! Bataillen! Bravo! Respekt! Respekt!« Mittenhinein aber sagte der Stellmacher trocken: »Nicht gegen die Preußen! Gegen die Franzosen soll's gehen, verrückter Stier, verrückter!«

»Wa-was?« stockte der Peter und riß seine hitzigen Augen weit auf. »Wasss? Und ...« – »... unser König macht mit«, ergänzte der Stellmacher und fuhr fort: »Er geht mit den Preußen ... der Maxl schreibt's.« Bleich, erregt und kopfschüttelnd begann der Peter den Brief zu lesen und bekam ein immer enttäuschteres Gesicht.

»Mon dieu! Mon dieu!« stotterte er schmerzlich aus sich heraus, wurde benommen und griff sich an den massigen Kopf. »Mon dieu! Verrückt, glatt verrückt ist die Welt! Wie kann einer mit den beschissenen Prussiens gegen die grande armée gehen! Mon dieu! Mon dieu, die macht doch heut noch mit allen tabula rasa, wenn's sein muß! Mon dieu! Mon dieu!« Er hatte einen traurigen Blick. Da stand er wie ein Mensch, den man unverdienterweise schwer beleidigt hat und der nun nicht gleich weiß, was er tun soll.

»Die Welt ändert sich eben! Und was die Großen tun, muß uns recht sein!« warf der Andreas hin.

»Mon dieu! Mon dieu! Armer Maxl!« rief der Peter wehmütig. Er starrte abwesend in die Leere.

Der Maxl, der älteste der Stellmachersöhne, stand jetzt im vierundzwanzigsten Lebensjahr und war schon lange in der Fremde. In München hatte er das Bäckerhandwerk erlernt und sich als Gehilfe auf die Wanderschaft begeben. Manchmal schickte er ein wenig Geld. Sein Brief kam aus Germersheim, einer damals befestigten Stadt an der badisch-pfälzischen Grenze. Dort war er vor einiger Zeit zum Militär eingezogen worden.

»Heißen tut es, wir kommen bald fort. Sehen kann ich Euch nicht mehr, liebe Eltern und Geschwister, aber hoffen wir das beste«, lautete ein Satz in seinem Brief.

»Nicht einen Schuß ist dieser muschkotische Bismarck wert! Nicht einen!« stieß der schwarze Peter wütend heraus, als er gelesen hatte, und war immer noch fassungslos. »Die grande armée hat doch wieder einen Napoleon! Ach, ich seh' schwarz! Hmhm, nicht zu verstehn ist dieses ganze Gevölke bei uns! Zuerst verdrischt sie dieser Bismarck nach Strich und Faden, dann seift er sie ein wie ein lumpiger Roßhändler! Und jetzt gehn sie für ihn in die Bataille! Pfui Teufel! Fi donc!« Er machte eine rasche Wendung, spuckte aus, schüttelte sich wie von einem Ekel erfaßt und stampfte aus der Werkstatt ...

Ein ungelöstes Rätsel

In Berg war es schon eine ganze Woche lang sonderbar rege zugegangen. Viel zahlreicher als bisher, bei Tag und bei Nacht, sprengten berittene königliche Kuriere dorfein- und dorfauswärts. Sie grüßten kaum noch und hatten, soweit sich das in der Geschwindigkeit erkennen ließ, ernste, verwichtigte Mienen. Mit verhängten Zügeln, in wildem Galopp jagten sie dahin, daß die Leute erschrocken auswichen. Ihre Pferde schäumten und dampften, und wenn die klappernden, eisenbeschlagenen Hufe auf einen Stein schlugen, blitzten winzige Funken auf. Sie hatten Befehl, den jungen König zu suchen, der sich wie so oft in einer seiner vielen phantastisch ausgeschmückten, durchaus nicht für diesen Zweck bestimmten Jagdhütten im Gebirge aufhalten mußte. Unverrichteter Dinge kehrten sie ins Berger Schloß zurück. Dort waren während des Tages die Minister, die hohen Militärs und auch Bismarcks preußischer Gesandter eingetroffen. Ihre eleganten, geschlossenen Kutschen, die – von Starnberg herkommend – fast stündlich in den Schloßhof rollten, sausten an den staunenden Bergern vorüber und hinterließen dichtwirbelnde Staubwolken. Die vornehmen, ordengeschmückten Herren blieben im Schloß und warteten mit banger Ungeduld. Einigen von ihnen konnte man es vom Gesicht ablesen, daß sie nicht wenig aufgebracht waren über den erstaunlich sorglosen Monarchen, der in dieser kritischen Zeit nicht im geringsten an seine Pflichten dachte und in der Gebirgseinsamkeit seinen sattsam bekannten verstiegenen Träumen nachhing. Bei den Landleuten, denen ihre jeweiligen Herrscher bis jetzt fremd und gleichgültig geblieben waren, erfreute sich der kaum fünfundzwanzigjährige König einer ungemeinen Beliebtheit. Er war der erste Wittelsbacher, der sein Leben fast ausschließlich in ihren Gauen verbrachte und den Bauern viel von seiner Pracht und Größe sinnfällig zeigte. Sie hörten wohl hin und wieder allerhand dunkle Geschichten über ihn und redeten auch darüber, aber sie glaubten doch an nichts Abträgliches. Sie zweifelten schon deshalb daran, weil der sonst so leutscheue König sich offenbar zu ihnen hingezogen fühlte und oft wider alles Erwarten in einer jähen Anwandlung von spielerischer Volkstümlichkeit einen Bauern besuchte oder mit Holzknechten im Gebirge beisammen saß, sich freundlich mit ihnen unterhielt und dem einen oder anderen irgendein Geschenk machte.

Ganz anders dachte über den König seine nächste Umgebung, denn was hatte dieser schwer lenkbare Herrscher im Lauf seiner kurzen Regierungszeit all den würdigen Männern nicht schon für schwierige Rätsel aufgegeben.

Er war ein maßloser Phantast und ein störrisches Kind zugleich. Das meiste, was seine Vorfahren ausgezeichnet hatte, verabscheute er. Er mochte militärisches Gepränge und Uniformen nicht, trug fast immer Zivilkleider und liebte dennoch zuweilen pompöse, von Gold, Silber und Hermelin strotzende Krongewänder und Mäntel, ja, er legte nicht selten eigens angefertigte, prunkende Ritterrüstungen an, wenn er einsam träumte. Dabei haßte er alles Blutvergießen und Kriegerische. Nirgends in seinen Gemächern oder Jagdhütten fand sich eine moderne Schießwaffe, dagegen blinkende Brustwehren, Helme und altertümliche Schwerter. Jagd, Manöver, Kanonendonner und Krieg waren ihm ein Greuel. Wiewohl er über Riesenkräfte verfügte, hielten ihn viele für feig. Im Krieg von 1866 war er nie an der Front gewesen und hatte auch niemals ein Verwundeten-Lazarett besucht. Er litt nicht etwa am krassen Elend des Krieges, er schob alle diese Dinge nur weit weg. Er wollte nichts von ihnen hören und sehen. Er war weibisch und eitel wie keiner seines tausendjährigen Geschlechtes. Jeden Tag machte er stundenlang Toilette, ließ sich seine fast bläulich schimmernden, dichten schwarzen Haare täglich sorgfältig brennen und locken, benützte Salben und Pasten und die teuersten Parfüms.

Als er nach einer strengen, engen und einsichtslosen Erziehung vor knapp sechs Jahren seinem jäh verstorbenen Vater auf den Thron gefolgt war, berückte er alle durch seine wahrhaft strahlende Jünglingsschönheit. Gebieterisch groß und gertenschlank, um die hohe Stirn das Lockenhaar, mit von dichten Brauen beschatteten tiefblauen Augen, ein gleichsam gemeißeltes, bartloses, bleiches, frauenhaftes Gesicht voll starker Anmaßung und doch wieder irgendwie entwaffnend – so sah ihn das jubelnde Volk der Hauptstadt in hingerissener Erstaunung und huldigte ihm wie noch keinem Wittelsbacher, obgleich er es tief mißachtete und jede billige Leutseligkeit haßte. Sehr bald mußten alle, die mit ihm zu tun hatten, erkennen, wie schwierig der Umgang war, wie unberechenbar die Launen des höchsten Herrn waren. Der unvorbereitete, neunzehnjährige König schien sich für alle erlittene Unbill seiner Jugendzeit an den Menschen rächen zu wollen. Er herrschte, und alle hatten widerspruchslos zu folgen. Er ließ nichts gelten als seine eigene Meinung und verbat sich jeden wohlmeinenden Rat. Zudem verfuhr er völlig wahllos mit seiner Umgebung. Den Ministern und Kabinettssekretären trat er meist mißgelaunt und gereizt entgegen und forderte oft Unmögliches von ihnen. Dann wieder lieh er sein Ohr bereitwillig einem Stallmeister oder unterwürfigen Lakai. Außer seinem häßlichen, eisgrauen, genialischen Großvater, dem ersten Ludwig, welcher im wilden Jahr 48 wegen seiner Liebschaft mit der spanischen Tänzerin Lola Montez dem Thron hatte entsagen müssen, konnte der junge König keinen Verwandten leiden. Er mied sie alle. Jener alte Ludwig ging noch einige Jahre als unauffälliger, schäbig gekleideter Privatmann in München herum und war auch hin und wieder in Berg zu sehen. Die Überlieferung will wissen, daß er den jüngeren bewunderte, aber mehr noch um ihn bangte; denn alles, was sein Enkel tat, war von einer fremdartigen, schaurigen Großartigkeit, die eher an einen asiatischen Sultan denn an einen europäischen Landesherrn gemahnte. Er hatte einen wildwuchernden Geschmack für starre, leere, majestätische Pracht. Blau und Silber in jeder Verarbeitung bevorzugte er, und in wirren, prallen Ornamenten, in welchen stets Schwäne oder Pfauen die tragende Rolle spielten, konnte er sich nicht genug tun. Im ersten Stockwerk der altehrwürdigen Münchner Residenz hatte er, trotz allen Abratens der Fachleute, die eine Einsturzgefahr befürchteten, ein riesiges Schwimmbassin errichten lassen, umgeben von dichten exotischen Pflanzen. Der Plafond darüber war tiefblau, und silberne Sterne prangten darin. Ein schwanenförmiges Boot schwamm auf der künstlich erleuchteten Wasserfläche. Der König saß darin, angetan mit einer Ritterrüstung, und er lauschte einem unsichtbaren Orchester. Im Berger Schloß waren fast alle Räume in Blau gehalten, und blau ausgestrichen war auch das weite, hohe Bad mit einer Decke, die einen überlebensgroßen Schwan mit ausgebreiteten Flügeln zeigte. Alle königlichen Kutschen waren mit blauem Samt gepolstert, dazwischen viel aufdringliches Silber.

Viel böses Blut hatte Ludwig erregt, als er kurz nach seinem Regierungsantritt den bis dahin ziemlich verkannten, verzweifelten, von allen Nöten gepeinigten Richard Wagner, dessen Kompositionen und Persönlichkeit ihn geradezu magisch anzogen, nach München berief. Der junge König bezahlte alle Schulden des Meisters, erfüllte ihm bedenkenlos jeden Wunsch, setzte ihm einen lebenslänglichen Staatsgehalt aus, ließ seine bisher vollendeten und dann die folgenden Opern im Hoftheater mit beispiellosem Glanz aufführen, veranstaltete kostspielige Separatvorstellungen derselben, denen nur er und der Komponist beiwohnten, vernachlässigte alle Staatsgeschäfte und trieb einen derart überspannten, fast abgöttischen Kult mit Wagner, daß nicht nur die Minister und Prinzen mit dem hohen Klerus, sondern auch die zahlende Münchner Bürgerschaft ärgerlich und rebellisch wurden. Giftige Gerüchte verbreiteten sich, wobei behauptet wurde, Wagner komme vom Teufel und habe den König behext. Außerdem wurde bekannt, daß Wagner, der nunmehr entschiedener Royalist und »Großdeutscher« war, in der Revolution von 1848 auf den Dresdner Barrikaden gestanden, eine Schrift über Revolution geschrieben, sich überhaupt seit jeher politisch verdächtig verhalten hatte und sogar steckbrieflich verfolgt gewesen war. Der Komponist wurde auf den Münchner Straßen angeflegelt und sogar bedroht. Diejenigen, die deswegen verhaftet und abgestraft worden waren, betrachteten die erregten Bürger als aufrechte Männer und den »Lolus« – wie sie den Komponisten in herabmindernder Anspielung auf Lola Montez nannten – verdammten sie. Der darüber verstimmte König zog seinen Schützling an den Starnberger See, in eine Villa, nicht weit entfernt vom Schlosse Berg. Doch der Sturm in der Hauptstadt hörte nicht auf, obgleich der König unnachgiebig blieb und Wagner immer neue Beweise seiner grenzenlosen Gunst lieferte. Ein mächtiges Richard-Wagner-Festspielhaus sollte nach den Entwürfen des Architekten Semper an der Isar erbaut werden. Es wurde schließlich, nachdem sich alle wegen der großen Kosten offen empört hatten, in veränderter, bescheidener Form im stillen Bayreuth errichtet. Der nervenschwache, überreizte König litt in jenen Jahren, da er zu fühlen bekam, daß seine Macht auch Grenzen hatte, fürchterlich und verfiel zeitweise in eine blinde Raserei, die Furcht und Schrecken unter seiner hilflosen Dienerschaft verbreitete. Er mied seine Hauptstadt und drohte mit Abdankung, wenn sein Wille nicht geschehe. Jedem mißtraute er und wurde noch weit anmaßender, noch viel menschenscheuer. Er vergaß überhaupt jede Repräsentationspflicht und verstimmte allerorts. Bei erzwungenen Banketten verbarg er sein düsteres Gesicht hinter einem mächtigen Blumenstrauß, der auftragsgemäß vor ihm auf den Tisch gestellt worden war. Oft stand er mitten in einer solchen Tafelei auf, ging schweigend davon und hinterließ eine ratlose, verlegene Gesellschaft. Er vertrug immer weniger Menschen um sich. Er war nur noch glücklich bei Wagnerscher Musik, sie berauschte und bezauberte ihn jedesmal von neuem. Und er war wahrhaft krank verliebt in seinen Meister, so selbstvergessen diesem seinem Menschenidol hingegeben, daß ihm nur dessen Wort und Ratschläge etwas galten. Diese hochgestimmte, kaum mehr faßbare Freundschaft aber fing an, in eine maßlose Eifersucht umzuschlagen, als er merkte, daß der Komponist, der zum Ärger seiner Widersacher nach und nach alle seine Verehrer, Mitarbeiter und Freunde nach München gezogen hatte, im Begriff stand, die Frau des weitbekannten Dirigenten und Kapellmeisters Hans von Bülow zu heiraten. Das blieb den vereinigten Prinzen, Ministern und Klerikern nicht verborgen, und sie benutzten diesen günstigen Zeitpunkt. Es gelang ihnen endlich, den eigensinnigen, gekränkten König dazu zu bewegen, Wagner nahezulegen, er möge Bayern wenigstens für einige Jahre verlassen. Der enttäuschte Meister zog mit seiner Frau Cosima in die nahe Schweiz. Der tief verwundete König flüchtete in die geliebten Berge und schrieb seinem Freund beschwörende Briefe, wieder nach München zurückzukehren. Wagner indes hielt es für ratsam, in seiner abgeschiedenen Ruhe zu arbeiten und sagte behutsam ab.

Von da ab zeigte der König fast gar kein Interesse mehr für sein Amt. Seine Menschenscheu schien zum finsteren Menschenhaß gereift zu sein. Die Minister hatten anfangs nichts dagegen, daß er der Hauptstadt fern blieb, doch Ludwig kam oft unverhofft und machte, wie es seiner abrupten Art entsprach, ihre mühsam erdachten Beschlüsse und Maßnahmen durch einen Federstrich zunichte. Er lebte abwechselnd in Berg oder Hohenschwangau und ließ überall jene sonderbaren Jagdhütten aufstellen, in welchen er sich vor der lauten Welt verbarg. Nach einiger Zeit ging er dazu über, prunkvolle, überladene Burgen und Schlösser, halb in altdeutschem, halb in französisch-bourbonischem Stil zu bauen, und nahm dabei weder Rücksicht auf seine geschrumpfte Zivilliste noch auf die Staatskasse.

Einmal noch, etliche Jahre später, setzte er seine Umgebung und das ganze Volk in freudiges Erstaunen. Gegenüber dem Berger Schloß, am anderen Seeufer, schimmerte der idyllische Herrensitz des Herzogs Max von Bayern aus dem dichten Grün uralter Eichen. Eine Tochter des Herzogs war Kaiserin Elisabeth von Österreich geworden, eine ebenso schöne wie zartbesaitete Wittelsbacherin, die als einzige Frau Ludwigs ganzes Vertrauen genoß. Es war die Freundschaft zweier Seelen, die sich in manchem glichen, vor allem in ihrer schwärmerischen Veranlagung, ihrem Menschenüberdruß und in ihrem Hang zur Einsamkeit. Die ältere Elisabeth war freilich weit gesünder als Ludwig, hatte mehr Beherrschung und übte einen wohltuenden Einfluß auf ihn aus. Sie lebte auch vernünftiger als ihr Vetter, der die Bewegung nicht liebte und meistens die Nacht zum Tage machte. Sie schwamm viel im See, trieb ausgiebigen Rudersport und war eine wilde, elegante, extravagante Reiterin. Auch ihr geistiger Horizont war weiter als der Ludwigs. Sie hatte viel umfassendere Interessen und ein feines, künstlerisches Empfinden. Sie liebte ganz besonders den vielgelästerten Heinrich Heine, dem sie sogar auf Korfu ein Denkmal hatte setzen lassen, und sie las manchen modernen Erzähler. Oft gab sich der König mit ihr ein Stelldichein auf der einzigen Insel des Sees, auf welcher er einen Pavillon und eine prachtvolle Rosenzucht hatte anlegen lassen. Die Insel wurde deswegen die »Roseninsel« genannt und behielt ihren Namen. So nahe waren die beiden Verwandten einander in diesen träumerischen Stunden, wenn sie durch den berückend duftenden, weltverlorenen Garten schritten, daß sie sich »Taube« und »Adler« nannten.

Elisabeth hatte eine um zehn Jahre jüngere, liebreizende, leicht entflammbare Schwester namens Sofie, die ihr sehr ähnlich sah. Freilich war sie weder so gescheit noch so gefühlstief wie sie. Sie gefiel dem König deshalb, weil sie eine große, wenn auch ziemlich oberflächliche Wagner-Verehrerin war. Vor etlichen Jahren, als er in Bad Kissingen die Kaiserin von Rußland besucht hatte, war davon gesprochen worden, daß er eine Großfürstin zu heiraten beabsichtige. Ludwig aber hatte nach einem zweiten Besuch plötzlich und sehr verletzend jede Beziehung zum Zarenhaus abgebrochen. Niemand wußte weshalb.

Ob nun der Einfluß Elisabeths dabei mitgewirkt haben mochte, oder ob Ludwig aus freien Stücken handelte, ist schwer zu sagen: der König verlobte sich sehr schnell mit Sofie, und überall war man hocherfreut darüber. Es wurden die ausgedehntesten Vorbereitungen getroffen und die Verlobung gefeiert. Der Maler Franz Lenbach malte das Bild der Braut, Medaillen wurden geprägt, und – was man kaum mehr zu hoffen gewagt hatte – der König gab prächtige Feste in der Residenz. Er war etwas voller geworden, und sein

Gesicht zierte jetzt ein dunkler Schnurr- und ein kurzer Vollbart, der in der Mitte geteilt war. Er sah jetzt noch stattlicher und anziehender aus in der Uniform mit den vielen Orden und erschien mit seiner jungen Braut oft in der Oper. Er nannte sie Elsa und schien der Vorstellung anzuhängen, als sei er Lohengrin.

Die Hochzeit wurde für den August angesetzt und auf Oktober verlegt. Ludwig war aufgefrischt, schien sehr verliebt und kam fast jeden Tag mit seiner Jacht »Tristan« nach Possenhofen. Er überschüttete die junge Braut mit Geschenken, und deren Eltern waren sehr erbaut von ihm. Er konnte reizend sein und zeigte einen bezwingenden Charme.

Endlich kam sogar Richard Wagner mit den vollendeten ›Meistersingern‹ wieder zu Besuch nach München. Seine neue Oper sollte zur Hochzeit aufgeführt werden. Zwar empfing ihn der König aufs herzlichste, doch das alte Verstehen der beiden schien im Schwinden begriffen zu sein. Ludwig redete bei den Proben drein und verstieg sich zu manchem taktlosen Tadel. Es gab Mißverständnisse, Reibereien und oberflächliche Versöhnungen. Wagner und Cosima besuchten Sofie, und das beunruhigte merkwürdigerweise den König aufs äußerste. Er wurde wieder jäh mißgelaunt, argwöhnisch und scheu. Unangesagt und inkognito als Graf Berg fuhr er zur Weltausstellung nach Paris, wo auch sein kunstsinniger Großvater weilte und allgemein gefeiert wurde. Frankreich suchte Bayern für seine zukünftige Politik zu gewinnen. Napoleon III. empfing den jungen König, der seit der Niederlage von 1866 nichts mehr für Preußen übrig hatte, und zeigte ihm die Prachtbauten der Bourbonen. Ein Taumel erfaßte Ludwig beim Anblick dieser Schlösser, dieser Gärten und Wasseranlagen. Er begeisterte sich für das Haus Bourbon und wurde ein geradezu heftiger Freund alles Französischen.

Er kam zu seiner Braut zurück. Die Hochzeitsvorbereitungen waren beendet, der Hofstaat der künftigen Königin zusammengestellt, die goldene Staatskarosse bereit, und farbig gedruckte Bilder des Brautpaares wurden im ganzen Land verteilt.

Doch was war das nur? Eine amtliche Verlautbarung besagte, daß die Hochzeit abermals verschoben worden sei. Irgendein Termin wurde nicht genannt. Ludwig floh auf einmal wieder ins Gebirge, und schließlich hörte man nichts mehr. Ganz im stillen hatte der König den beleidigten Herzog Max wissen lassen, daß die Verlobung gelöst sei. Nach vielem Gemunkel und Aufsehen verlief alles im Sande. Der König führte wieder sein ungewöhnliches Einsiedlerleben und wurde zum finsteren Frauenverächter.

Und jetzt stand der Krieg vor der Tür. Der Krieg mit Frankreich, das Ludwig liebte und verehrte, dessen Königen er nachzustreben versuchte.

Kein Wunder also, daß die im Berger Schloß versammelten Minister und Militärs unruhig waren. Kein Wunder erst recht, daß der preußische Gesandte sehr nervös im weiten Park hin- und herging. Gewiß, kurz nach dem Friedensschluß von 66 hatte es Bismarck fertiggebracht, mit Bayern ein Militärbündnis abzuschließen. Es war ihm auch nur deshalb gelungen, weil er dem König die vertrauliche Mitteilung gemacht hatte, daß Napoleon seinerzeit, bei Ausbruch dieses unseligen deutschen Bruderkrieges, für seine Neutralität von Preußen einen Streifen bayerischen Landes verlangt habe. Das bewog den im ersten Augenblick bitter empörten Ludwig, den antifranzösischen Vertrag zu unterzeichnen. Nun waren aber Jahre darüber vergangen und der Groll des Königs längst vergessen, im Gegenteil, seit er Napoleon persönlich kennengelernt und Frankreich gesehen hatte, schwärmte er dafür.

Man geht nicht fehl, wenn man annimmt, daß die Herren im Schloß – ungewiß, wie der unberechenbare Monarch sich entschließen würde – all diese Dinge durchsprachen und alle Möglichkeiten erwogen. Es läßt sich auch denken, daß es Bismarck während jener ungewissen Tage nicht allzu wohl in seiner Haut war.

Der König wurde endlich in einer Jagdhütte in der Nähe

von Hohenschwangau gefunden und verständigt. Nur widerwillig kehrte er nach Berg zurück und blieb anfangs völlig unzugänglich. Seinen Minister Holnstein und den preußischen Gesandten wies er fürs erste barsch ab. Die Herren waren in heller Verzweiflung. Der König sperrte sich in sein blaues Zimmer auf der Seeseite, ging grübelnd hin und her und trat manchmal auf den offenen Balkon. Er sah auf das still daliegende Wasser, schaute hinüber nach Possenhofen, knirschte und ballte die Fäuste.

Aber von all dem wußten die Landleute nichts. Sie hatten nur die dahinsausende Karosse des Königs gesehen. Einige Reiter folgten ihr.

Zwei Tage darauf trieb der Postillon von Aufkirchen, der täglich in der Frühe nach Starnberg fuhr und tief am Vormittag wieder zurückkam, seine Pferde ungeduldig an, und gegen alle Gepflogenheit blies er heute kein Lied auf dem Posthorn. Als er aus dem Wald kam, schnellte er von seinem Bocksitz hoch und schrie laut in die Felder: »Krieg ist! Krieg! Krieg!« Die Leute schauten nach ihm, als zweifelten sie an seinem Verstand. Schneller und schneller rollte die wacklige hohe, gelbschwarze Kutsche auf der staubigen Straße dahin, und immer, immer wieder schallte der klanglose Ruf über die prallbesonnten Flächen. Mitten am Vormittag fingen auf einmal die Glocken von Aufkirchen und von den umliegenden Kirchen zu läuten an. Jetzt erst horchten die Erntenden bang auf, schauten einander an, blickten fragend auf die Nachbarn in den anderen Feldern, ließen die Arbeit liegen und fragten von Feld zu Feld, was denn vorgefallen sein möge.

»Krieg ist! Krieg! Krieg ist!« schrie der Mesner, der eben aus dem Pfarrdorf kam und auf die abschüssigen Felder der Aufkirchener und Aufhauser trat.

»Krieg? Gegen wen denn?« wollten die zunächst Arbeitenden wissen.

»Gegen die Franzosen!« antwortete der Mesner und sah nichts als verständnislose Gesichter.

»Gegen die Franzosen?...Ja, die haben uns doch nie was

gemacht?« meinte der Jani-Hans, und schon umstand ein Ring von Neugierigen, die aus den Getreideäckern herbeigelaufen waren, den Mesner, der nun erzählte, daß der Postillon eben die ministeriellen Verordnungen gebracht habe.

»Hängt schon alles beim Fink im Gemeindekasten!« berichtete er weiter. Der Fink war der Wirt, Posthalter und Bürgermeister zugleich. »Alles muß einrücken! Jedes Mannsbild muß fort! ... Es hilft nichts!« sagte der Mesner wiederum und setzte dazu: »Überall weiß man's schon.« Eine kurze Weile wurde es stumm. Niemand machte ein gutes Gesicht. Jetzt erinnerten sich etliche, wie auffällig schnell der König vor einigen Tagen gefahren sei. Dann sagte der Jani-Hans: »Hm, jetzt Krieg? So mitten im Sommer, wo die meiste Arbeit ist! Jetzt so was, hm! Dümmer hätten sich die Herren die Zeit nicht aussuchen können! Akkurat jetzt fällt ihnen so was ein, hmhm!« An allen Mienen war zu sehen, daß man seiner Meinung war.

»Ja, mein Gott, was will man da machen!« schloß der Mesner fast verlegen, als habe er den Krieg gemacht, »jetzt ist's schon wie's ist!« Brummend und leicht verärgert gingen die Leute wieder an die Arbeit. Aller Eifer war verwichen. Gleichgültig fielen die gewohnten Handgriffe aus. Jeder Mensch war tief verstimmt, wenn er dem anderen die Neuigkeit zurief.

Am übernächsten Tag brachte der »schwarze Peter« in jedes Haus die Stellungsbefehle für die wehrtauglichen Männer. Stets schimpfte er dabei geradezu staatsgefährlich über so eine »absolute Hirnlosigkeit« des Königs, über seine Minister und über die Bayern im allgemeinen, die sich mit den »Prussiens« in eine derart aussichtslose Sache eingelassen hatten.

Kein Mensch mochte die Preußen. 66 war nicht vergessen. Der Peter fand viel Beifall, erhitzte sich immer mehr und prophezeite eine schreckliche Niederlage der vereinigten deutschen Heere. Die »grande armée« meinte er, verstehe zu vergelten, und die Zukunft falle düster aus. Dann wurden die Gesichter seiner Zuhörer bekümmert und bedrückt und mancher sagte: »Unser armer König! Der hat das nicht wollen! Den haben die sauberen Herren bloß übertölpelt!«

Noch am selben Tag wurde in der Pfarrkirche eine feierliche Abschiedsmesse für die ins Feld gehenden Männer abgehalten. Verdrossen beteten die alten Bauern, wehe Gesichter hatten die Weiber und Jungfrauen, und ab und zu weinte eine davon.

In der übernächsten Frühe mußten die drei Knechte vom Heimrath fort. Die Bäuerin, ihre Tochter, der Jani-Hans und die zwei Mägde standen im Hof und drückten jedem die schwielige Hand.

»Hm«, machte die Heimrathin mürrisch, »mitten aus der Arbeit reißt man die besten Mannsbilder! Daß das unser Herrgott will, das sagt mir keiner! Viel Glück, Sepp! Viel Glück, Hans! Viel Glück, Xaverl! Wir nehmen euch schon ins Gebet auf, daß euch nichts passiert.«

»Vergelt's Gott, Bäuerin!« dankten die Knechte ernst.

Der Jani-Hans schenkte jedem von ihnen ein kleines, verzinktes, geweihtes Medaillon, das sie um den Hals hängen sollten. Die gnadenreiche Mutter Gottes von Aufkirchen war auf der einen und die Pfarrkirche auf der anderen Seite aufgeprägt.

Die Zwillinge hatten nasse Augen, und auch die erste Magd, die Liesl, war sehr rot und weinte. Die Genovev stand mit mißmutigem Gesicht da, und um ihre Finger war der Rosenkranz gewickelt. In einem fort wisperte sie leise Gebete und schob dann einen Stein des Rosenkranzes durch die Finger. Die Resl sagte bewegt und kindlich: »So gut haben wir uns aneinander gewöhnt, und jetzt ist alles aus! Schad' Sepp, so lustig sind wir immer gewesen! Grad lustig! Viel Glück! Recht viel Glück!«

Noch eine Weile schauten alle den Davongehenden nach. Sie gingen nach Aufkirchen, von wo sie wagenweise nach Starnberg fuhren.

»Unser Herrgott wird's schon wieder gut machen!« murmelte der Jani-Hans schließlich, und die Aufhauser gingen wieder an ihre Arbeit ...

Schwere Zeiten

Die Heimraths hatten wenig Zeit, an den Krieg zu denken. Die Ereignisse, die sich weit weg im französischen Land abspielten, blieben ihnen zum größten Teil unbekannt und kümmerten sie auch nicht. Nur wenn manchmal mitten am Tag die Glocken der Pfarrkirche läuteten, weil wieder irgendwo ein Sieg erfochten worden war, hielten die Erntenden inne. Die Männer nahmen den verschwitzten, breitkrempigen Strohhut vom Kopf, und alle bekreuzigten sich. Es kam wohl auch vor, daß sie mitunter die Hände falteten, kurz und ernst zum Himmel aufschauten und etliche fromme Worte vor sich hinflüsterten. Die aber galten nie dem Sieg, sondern nur allen jenen Bekannten und Verwandten, die fortgemußt hatten, auf den Schlachtfeldern in Not und Gefahr standen und vielleicht schon gefallen waren.

Es gab jetzt viel mehr Arbeit auf dem Hof als früher. Neue brauchbare Knechte hatten sich nicht mehr auftreiben lassen, und der Jani-Hans war einmal in den »Vilz« – wie der Torfstich hinter Aufhausen allgemein genannt wurde – hinübergegangen, um einige alte Männer auf Taglohn anzustellen. Die halfen nunmehr, so gut und schlecht sie es eben vermochten, die Ernte unter Dach und Fach zu schaffen. Bei Anspannung aller Kräfte hätte sich die Arbeit auch halbwegs bezwingen lassen, doch gegen Ende August tauchte plötzlich eine militärische Kommission in der Gegend auf, musterte die besten Pferde aus und gab den strikten Befehl, sie am nächsten Tag zur Sammelstelle nach Wolfratshausen zu treiben. Die Herren – zwei Offiziere und ein nobel gekleideter, bebrillter Zivilist –, welche vom Bürgermeister Fink und einem Gendarm begleitet waren, bestimmten nach eigenem Gutdünken kurzerhand den Preis und händigten jedem Bauern irgendeinen amtlichen Zettel aus, worauf die Kaufsumme stand, die nach einigen Monaten vom Wolfratshausener königlichen Rentamt einverlangt werden konnte. Es läßt sich denken, daß man der Kommission, die so mitten während der dringendsten Arbeit daherkam, allerorten mit sichtlichem Unmut begegnete, aber die Herren waren sehr überheblich und barsch. Der Heimrathin, die ratlos und verdrossen auf den verlegen dastehenden Bürgermeister schaute und mißmutig sagte: »Ja, das geht doch nicht! Was sollen wir denn jetzt anfangen? Da verdirbt uns ja jedes Korn auf dem Feld!« fuhr ein Offizier grob über den Mund und drohte ihr scharf: »Das geht Sie gar nichts an! Nehmen Sie sich zusammen, sonst lasse ich Sie abführen, verstanden?! Im Krieg gibt's nur einen Standpunkt: Was braucht das Vaterland!« Im Nu wurde es stumm in der Runde. Der Fink war noch betretener geworden und wagte nicht mehr, die Bäuerin anzuschauen. Die stand feindselig eingeschüchtert und vergrämt neben dem Jani-Hans und der Resl und sagte nichts mehr. Alle drei waren blaß geworden und schauten halb erstaunt und halb erschreckt auf die Herren. Auf ihren verschlossenen Gesichtern lag eine dumpfe Ergebung, und wahrscheinlich zerbrachen sie sich vergeblich den Kopf darüber, was denn das sei, »Vaterland« und »Krieg«, den doch keiner im ganzen Gau gewollt und der ihnen nichts als Sorge und Schaden gebracht hatte. Ihnen war nur erinnerlich, daß der Pfarrer Aigner jeden Sonntag nach der Predigt ein Totengebet für einen gefallenen Krieger aus der Umgegend sprach, in das sie traurig mit einstimmten. Dabei vergegenwärtigten sie sich, wie gesund und arglos der junge Mensch fortgezogen war.

Bislang hatten sich alle beim Heimrath stets auf den Kornkaffee, den sie an solchen Sonntagnachmittagen nach der Vesperandacht bekamen, gefreut. Jetzt war das Korn auf einmal rar und teuer geworden. Seither sott die Bäuerin ein braunes, gallebitteres Gebräu aus gedörrten Eicheln, das sogar dann noch nicht schmackhafter wurde, wenn man doppelt soviel Milch und einen Löffel Honig beimischte. Jeder gab dem »schwarzen Peter« recht und allen wurde bang zumute, wenn er sagte: »Diable! Diable! Genau wie anno 12 in Rußland! Bis Moskau war's das reinste Pläsier, aber dann – zum Grausen! Das Débacle wird kommen. Es kommt! Diable! Diable!«

»Und wie lang wird's denn noch dauern?« fragten einige Bauern den Peter. Es war nach dem sonntäglichen Hochamt auf dem Platz zwischen Kirche und Wirtshaus, wo üblicherweise alle noch eine Weile beisammenstanden und sich unterhielten.

»Wie lang?« rief der Peter laut und bekam dabei eine höhnische Miene: »Kurz oder lang! Jeder wird's spüren! Alle kommen noch dran!«

Männer und Weiber schauten einander kurz in die Augen, und der Pfleger von Bachhausen schüttelte bedenklich den Kopf, indem er brummte: »Für was das bloß gut sein soll!«

»Für uns nicht«, antworteten einige. Es hätten auch alle sein können.

Einsilbig gingen die Leute auseinander, alle talwärts vom Pfarrort aus, die einen gen Osten oder Westen, andere nach Süden oder Norden, ihren Dörfern zu. Auf den ausgefahrenen Wegen und Fußpfaden schritten sie durch die weiten, hängenden Felder. Auf vielen Getreideäckern standen noch, dichten Strohzelten gleich, die aufgestellten, aneinander gelehnten Bündel, und fast nirgends war man bis jetzt dazugekommen, das Grummet der Wiesen zu mähen.

»Ist bloß gut, daß sich das Wetter noch hält. Das Gebirg' hat, Gott sei Dank, einen Schleier«, murmelte ab und zu ein Bauer und schaute verdrießlich über die Flächen hinweg ins Weite. Wie noch einmal so weit weggeschoben verschwammen die Gipfel der fernen Alpen in zartem, milchfarbigem Dunst. In der Nähe aber war die Luft glasklar, kein Windhauch bewegte sie, und jedes Ding, das sie umschloß, ob Feld, ob Wald, ob Hügel oder Haus, erschien dem Auge fast überdeutlich. Nicht ein Wölkchen stand im ausgeblaßten Himmel. In den nahen Laubwäldern roch es nach Herbst, die Blätter hatten sich bereits verfärbt, und nur hin und wieder zirpten da und dort noch einige Vögel schüchtern im Gezweige. Dunkel und stumpf stahlgrau, nicht mehr frischblau wie an sonnigen Sommertagen, schwamm der reglose See im breiten Tal.

»Der hochwürdige Herr Pfarrer sagt, wenn einer nicht an die Unfehlbarkeit unseres Heiligen Vaters glaubt, begeht er eine Todsünd' ... Wer das anzweifelt, sagt er, der hochwürdige Herr Pfarrer, der ist ein Gottesräuber. Er wird exkommuniziert«, ereiferte sich der Jani-Hans während des Heimgehens, und die Heimraths, die teils neben, teils hinter oder vor ihm gingen, hörten interessiert zu. Weit mehr als der Krieg beschäftigte die Leute des Pfarrsprengels der derzeitige heftige Meinungsstreit innerhalb der katholischen Kirche, welcher dadurch hervorgerufen worden war, daß das seit dem Jahre 69 tagende ökumenische Konzil in Rom die Unfehlbarkeit des Papstes zum Dogma erhoben hatte. Es war schwer zu sagen, warum immer nur solche geistlichen Dinge so tief in die Seelen der sonst ziemlich gleichmütigen Gläubigen drangen, auf welche Weise sie dermaßen in die Breite wirkten und selbst den weltabgeschiedensten Bauern in Erregung zu bringen vermochten. Niemand verkündete sie laut und auffällig, der Streit tobte hauptsächlich in den Reihen der Theologie-Gelehrten, unter den Landleuten schien man nichts von ihm zu merken, kein Bauer las je einen Traktat der sich befehdenden Parteien, es kam höchstenfalls einmal vor, daß der Pfarrer in seiner Predigt dunkle Andeutungen gegen das »neumodische Ketzertum« machte oder mit einem besonders eifrigen Gläubigen einige Worte darüber wechselte. Das war eigentlich alles.

Der Jani-Hans nahm seine qualmende Pfeife aus dem rechten Mundwinkel, spuckte aus, neigte sein Gesicht näher der Heimrathin zu und sagte gedämpfter: »Und unser König, der ist auch nicht der richtige ...«

»Der König? ... Der?« fragte die Bäuerin, und auch ihre Töchter schauten jetzt neugieriger auf.

»Ja, unser König!« nickte der Hans und vergaß sogar weiterzurauchen. »Kein Mensch versteht's! Nicht jagt er die Hetzer gegen unseren Heiligen Vater davon. Jeden laßt er auf seinem Posten! Das bringt ihm kein Glück! Das geht noch recht schlecht aus!« Und er, der sich Tag für Tag außer seiner Arbeit mit nichts anderem als Beten und ähnlichen Religionsübungen zu beschäftigen schien, nannte auf einmal nie gehörte Namen von Gegnern des päpstlichen Dogmas. Insbesondere schimpfte er gegen den weltberühmten Theologen Ignaz Döllinger, den der König trotz des vatikanischen Widerspruchs auf seinem Münchner Lehrstuhl belassen hatte.

»Der ist ärger wie jeder Lutherische!« knurrte der Hans, zog wieder fest an seiner Pfeife und sagte laut, als wolle er alle warnen: »Der hochwürdige Herr Pfarrer sagt, wir sollten nur genau aufpassen, daß uns keiner was ins Haus bringt, was von dem Lumpen herkommt. Wo Döllinger draufsteht, sagt er, das sollen wir gleich verbrennen! Es kommt direkt von der Höll'.«

»Wer soll denn so was schon zu uns bringen!« meinte darauf die Heimrathin, der dieses Eifern schon langsam zuwider wurde, »bei uns wird doch das ganze Jahr nicht gelesen!« Dafür hatten die Aufhauser wirklich weder Zeit noch Interesse. Schul- und Meßbücher waren seit jeher ihre einzige Lektüre.

Der Hans aber beruhigte sich keineswegs. Er kam auf die zwei Taglöhner aus dem Vilz zu sprechen, die sich stets über seine Frömmigkeit lustig machten und sogar manchmal die Heimrath-Töchter damit ansteckten. Wiederum zitierte er einen Ausspruch des Pfarrers, wonach der Höllische sich in »verschiedenster Gestalt« an Gläubige heranmache, die nicht wachsam genug seien.

»Und der schwarze Peter, der?« rief er fast zänkisch, »kaum, daß er noch vom Fleck kommt, aber er rennt herum und hat's kreuznotwendig!« Und er berichtete über eine Unterhaltung zwischen dem Peter und dem einen Vilzler, dem Much-Girgl, die ihm sehr verdächtig vorgekommen war. Der Peter, der stets die derbsten Ausdrücke gebrauchte, wenn über Kirche und Religion gesprochen wurde, hatte den Girgl gefragt: »Eins möcht' ich wissen – sag' mir, warum geht diesen Dickschädeln bloß das Pfäffische ein? Warum hält sich die Pfafferei so lang?«

»Hm«, hatte der Girgl bedächtig grinsend erwidert, »hm, so was ist doch ganz einfach! Weil's so uralt ist wie nichts auf der Welt, und weil's nie gewechselt hat! An so was kann sich der Mensch halten! Aber alles andere, das bleibt doch nie lang! Bis sich einer richtig dran gewöhnt hat, ist's meistens schon wieder aus damit. Bauernleut' mögen bloß was Reelles! Was ewig wechselt, ist nichts wert, und man kennt sich auch nie aus damit.« Der Peter, so erzählte der Jani-Hans mißgünstig, habe darauf gestutzt, böse glänzende Augen bekommen, sich mit der Hand aufs Hirn geschlagen und respektlos laut gesagt: »Hm, Diable! Grandios! Du bist ein heller Kopf, Girgl! Jetzt versteh' ich die ganze Raffinesse erst!«

Die Resl und die kleinere Anna, die allem Anschein nach nur wenig begriffen hatten, kicherten dennoch verstohlen in sich hinein. Ihnen waren der sonderbare Peter und der aufgeweckte Much-Girgl viel lieber als der Jani-Hans. Sie hatten Einfälle und brachten immer etwas Neues oder Lustiges in das eintönige Leben. Der Hans dagegen war in der letzten Zeit recht unleidlich geworden. Nichts konnte man ihm mehr gut genug machen. Die schier unbezwingbare Arbeit ging ihm viel zu langsam. Fortwährend nörgelte er, und er übertrieb seine Frömmerei derart, daß sie zu guter Letzt jedem auf die Nerven ging.

Deswegen nahm die Heimrathin auch sein jetziges Gerede nicht allzu ernst. Der Peter, meinte sie nur, sei ein alter Narr und der Girgl ein Luftikus, die keinem Menschen etwas in den Weg legten. Endlich war man auch in Aufhausen angelangt und der Disput hatte ebenfalls sein Ende.

Die letzten Oktoberwochen brachten kalte Regengüsse. Zum Glück waren die Heimraths noch mit dem Einernten fertig geworden. Bald mischten sich in den Regen große Schneeflocken, die lautlos herniederfielen und sogleich wieder zergingen. Während die dumpfen Schläge der

Dreschflegel wie ein gleichmäßiges Klopfen das ganze Haus erfüllten, stand die Bäuerin in der Kuchl und kochte die zwiebelduftende Brennsuppe. Der würzige Geruch des frischen Krautes mischte sich darein, und die geriebenen, mit Mehl vermengten Kartoffeln schmorten in einer umfänglichen Pfanne auf dem Herd. Die weiß-schwarze Katze kroch, sich streckend, aus dem Ofenloch und schmiegte ihren glatten Körper an den Fuß der Heimrathin. An die nassen, angelaufenen Fensterscheiben flatterten von Zeit zu Zeit hungrige Spatzen und piepsten geschäftig. Draußen auf dem hohen, warm dampfenden Düngerhaufen standen, barfuß und mit hochgeschürztem Rock, die Resl und eine Magd, die Liesl. Sie beluden die Wagen, die der Much-Girgl und der Jani-Hans auf die Äcker und Felder fuhren. Wenn der Girgl zurückkam, lachten die zwei, halfen ihm bereitwillig beim Aus- und Einspannen der Pferde und machten allerhand harmlose Späße dabei. Kam der Hans, so rührten sie sich nicht, blieben stumm, und jede von ihnen machte dieselbe griesgrämige Miene wie er.

Der Hans benahm sich seltsam. Oft, bevor er mit dem vollen Wagen wegfuhr, ging er in die Kuchl oder in den Stall und schien irgend etwas zu suchen. Erst nach einer Weile kam er wieder zum Vorschein und hatte eher ein noch grämlicheres Gesicht. Knurrend trieb er die Pferde an. Das fiel der Liesl und der Resl auf.

»Was er bloß in einem fort herumgeistert!« sagte die Magd, als er weggefahren war, und setzte unfreundlich dazu: »Er hat wieder was im Sinn.«

»Jaja, kann schon sein«, meinte die Resl gleichgültig, »bei dem kennt sich ja nie einer aus.«

»Wirst auch nichts verraten, Resl, wenn ich dir was sag? Ganz gewiß nicht?« wandte sich die Liesl kurz an sie, und die Augen der beiden begegneten einander.

»Ich? – auf Ehr' und Seligkeit nicht, Liesl!« schwor die Resl, und da erzählte ihr die Magd halblaut und in aller Schnelligkeit, daß der Hans, der falsche bigotte Tropf, nichts anderes im Kopf habe, als Heimrathbauer zu werden. Die

Resl, die eben eine Gabel voll Dünger auf den Wagen werfen wollte, hielt inne und bekam ein sonderbares Gesicht.

Sie war in diesem Mai aus der Schule gekommen und nunmehr dreizehn Jahre alt. Sie war voll erblüht, weit kräftiger als ihre Schwestern, und sie sah auch beträchtlich älter aus. Ohne ihr Zutun, einzig und allein durch die Art ihrer täglichen Arbeit und durch das ständige Zusammensein mit älteren Leuten, hatten sich ihr die scheinbar geheimnisvollen Dinge des Lebens auf natürliche Weise enthüllt. Arglos sahen die Kinder zu, wenn der Stier auf die Kuh gelassen wurde, wenn der wiehernde Hengst sich ungeschlacht über die Stute wölbte oder der Hahn beinahe gravitätisch auf eine Henne sprang. Oft und oft hatte die Resl beim Kälberziehen mitgeholfen, und sie war mit ihren Schwestern neugierig und lustig schwatzend am Roß-Stand gestanden, wenn die Männer sich an der gebärenden Stute zu schaffen machten. Endlich entquoll dem aufgeblähten Leib des unruhig schnaubenden Pferdes eine rotzige, haarige Masse, bewegte sich kurz darauf und war auf einmal ein Fohlen, das linkisch seine klebrigen, stelzigen Beine streckte. Der Knecht trug es aus dem umplankten Stand, legte es auf frisches Stroh und wusch es mit warmem Wasser. Die Stute schaute danach, und alle freuten sich über ihre zärtlich besorgten Augen. Aufmerksam – vom schmatzenden Aussaugen des Mutter-Euters bis zum ersten Austrieb – wurde das Aufwachsen des Jungviehs verfolgt.

Ebenso deutlich erinnerte sich die Resl an die Zeit, da ihre Mutter noch manchmal dicker und dicker geworden war, sie entsann sich der Worte ihres verstorbenen Vaters, der dann meistens lächelnd sagte: »Jetzt wird bald wieder einmal der Ofen einbrechen.« Ohne geringste Nebengedanken begriffen die Kinder, daß mit »Ofen« der unförmige, schwere Leib ihrer Mutter gemeint war, und sie fanden nichts dabei, wenn der Bauer sie bat, sie sollten der Schwangeren die schweren Arbeiten abnehmen und sie möglichst in Ruhe lassen, damit – wie er sich ausdrückte – »sie was Festes und Gesundes austragen könne«.

Der Mensch war nichts anderes als das Tier. Die Pflanzen des Gemüse- und die Bäume des Obstgartens, der Wald, die Äcker und Felder unterlagen denselben Wandlungen. In dieser Allgegenwart von Keimen, Reifen und Vergehen lebten die Aufhauser Kinder seit Anbeginn, und jahrauf, jahrab nahmen der Sinn und das Auge diesen ewigen, gleichmäßigen Wechsel ohne Staunen und ohne Ergriffenheit wahr. Eins nur schien ihnen unwandelbar: das Bild von Vater und Mutter.

Die Resl mußte auf einmal sehr traurig geworden sein, denn die Liesl beeilte sich zu sagen: »Er hat's schon im Sinn, aber die Bäuerin, glaub' ich, treibt ihn eher davon, ehe sie so was tut!«

»Hm, ja ... unsere Mutter –«, stammelte die Resl nur abwesend, und sie arbeitete wieder weiter. Jetzt aber schaute sie den Jani-Hans jedesmal versteckt böswillig an, und es machte auch ganz den Eindruck, als weiche er ihren Blicken aus. –

Die Resl vermied auch sichtlich, sich mit der Liesl über das eben Gesagte in ein weiteres Gespräch einzulassen, und die Magd war gescheit genug, dies zu begreifen. Sie wechselten nur noch gleichgültige Bemerkungen. Der Tag ging zu Ende wie jeder andere. Auch ihren Schwestern sagte die Resl nichts. Sie behielt alles für sich, und niemand merkte, daß sie nun schärfer auf alles hörte, daß ihre argwöhnischen Augen rascher erfaßten. Vielem Unauffälligen legte sie eine besondere Bedeutung bei.

Der Jani-Hans redete jetzt nach Feierabend, wenn alle strickend oder Strümpfe stopfend in der spärlich beleuchteten Kuchl saßen, machmal von der ungewissen Zukunft, die der Krieg bringen würde. Er nannte all die Gefallenen aus der nächsten Umgebung und brümmelte teilnahmsvoll: »Unser Herrgott hab' sie selig!« Dabei bekreuzigte er sich, und die meisten machten es ebenso. Seine Stimme und seine Miene wurden weinerlich. Mitleidig schaute er auf die Bäuerin, überflog beiläufig die Gesichter der Kinder und winselte abermals weiberhell: »Mein Gott und Herr Jesus, wo das noch hinführen wird! Alle Mannsbilder weg und nichts als Wittiberinnen! Überall Kinder und nirgends mehr ein Vater!« Die Resl lugte geschwind zu ihm hinüber. Im dunklen Schatten der Ofenbank aber sah sie nichts als den Rauch der qualmenden Pfeife.

»Der schwarze Peter sagt, daß die Unsrigen überall obenauf sind«, warf die Heimrathin hin und lächelte, ohne aufzusehen, indem sie den Kopf schüttelte. »Und ärgern kann er sich drüber, daß er blau wird – grad zum Lachen ist's!« Gleichgültig klangen die Worte. Der Hans bekam unvermerkt einige Stirnfalten.

»Was der schon daherplappert!« sagte er ungut, schaute wieder eine Zeitlang trübselig vor sich hin, sog schneller an seiner Pfeife und blies wahre Wolken aus sich heraus.

»Unser Sepp, hat die Liesl gesagt, liegt im Spital«, meinte die Genovev, »und vom Stellmacher von Berg der Maxl, den soll's auch erwischt haben.«

»Jaja, sagen tut man's«, gab die Heimrathin ungerührt zurück. Es blieb eine Weile gemächlich still. Nur das Paffen vom Jani-Hans war vernehmbar. Der räkelte sich und brümmelte wieder: »Heilige Mutter Gottes, man mag gar nicht nachdenken! So wenn's weitergeht, da stirbt der ganze Bauernstand aus in dem Krieg! Und kein Mensch fragt danach, was aus all den Anwesen wird ...« Die Resl hörte sicher heraus, worauf er hinaus wollte, die anderen aber schienen das nicht zu merken.

»Jaja, ewig wird er ja doch nicht dauern, der Krieg«, sagte die Heimrathin noch immer gleichermaßen unbeteiligt, »und jedem ist ja die Kugel nicht bestimmt. Es wird in Gottes Namen schon wieder einmal anders werden.«

»Anders schon, aber besser nicht«, meinte der Hans und fuhr fort: »Unser hochwürdiger Herr Pfarrer meint, wenn man's recht anschaut, müßt' ja der Krieg schon lang aus sein. Nicht einmal bei Hof in Berg kennt man sich aus, was die Preußen im Sinn haben. Der König soll ganz kritisch sein und läßt sich überhaupt nicht mehr sehen ... und alle Augenblick' kommen fremde Herren zu ihm.«

Nach Auffassung des Geistlichen nämlich war der Krieg durch die Gefangennahme des französischen Kaisers bei der Kapitulation von Sedan entschieden. Ein Staat und ein Heer ohne Herrscher sei geschlagen. Wenn dieser Bismarck nach einer solchen Niederlage noch weiterfechten lasse, so sei das nicht nur gewissenlos wegen der vielen Menschenopfer, sondern auch höchst verdächtig, weil ja kein Mensch wisse, was »der hinterlistige Dickkopf« im Sinne habe.

»So was, daß unser König unsere bayrischen Feldsoldaten nicht heimkommen laßt, das versteht er nicht, sagt der hochwürdige Herr Pfarrer«, schloß der Hans, schwieg etliche Sekunden lang nachdenklich, schüttelte den Kopf und setzte mißtrauisch hinzu: »Grad ist's, als wenn der Bismarck unser Militär nicht mehr rausgeben will, daß er machen kann, was er will. Und unser König tut nichts dagegen! Mein Gott und Herr Jesus, ich glaub', er bringt uns alle noch ins Verderben, der lutherische Tropf, der lutherische!« Die Heimrathin, die zwar immer noch dasselbe gleichmütige Gesicht hatte, wunderte sich doch ein wenig, wieso der Hans in der letzten Zeit ein solch auffälliges Interesse für Krieg und Politik zeigte. Sie hob den Kopf und schaute zu ihm hinüber.

»Jaja«, sagte sie, »so was Ähnliches hat der schwarze Peter auch immer gemeint. Zuletzt, wenn's schlecht geht, trifft's uns.«

»Ah, der Peter! Der weiß ja nie, was er will!« brummte der Jani-Hans wiederum ärgerlich, »der hat nie was gehabt und braucht sich nichts kümmern. Wer nichts hat, dem kann man nichts nehmen. Angst kann einem bloß werden, wenn man an so einen Hof wie Aufhausen denkt. Mit Weibsbildern springt man anders um wie mit einem rechten Bauern.« Das war deutlich. Die Resl schaute auch wieder auf den Hans. Die Heimrathin aber sagte ziemlich unbetroffen: »Wer will da was sagen! Unser Herrgott wird's schon recht machen. Arbeiten haben wir bis jetzt müssen, arbeiten werden wir auch weiter müssen.« Da wand sich der Jani-Hans aus dem Tisch, murmelte sein »Gelobt sei Jesus

Christus« und ging zu Bett. Erst nach einer langen Weile meinte die Heimrathin, den gestopften Strumpf auf die escherne Tischplatte legend und ihn glatt streichend: »Hm, jetzt kümmert ihn auf einmal die ganze Welt, den Hans! Grad' notwendig hat er's, wenn er mit'm hochwürdigen Herrn Pfarrer beisammen ist.«

Keines von den Kinder sagte etwas darauf. Die Resl schnaufte nur ein paarmal hörbarer ...

Der schwarze Peter, der schon lange nicht mehr gekommen war, hätte jetzt allerhand erzählen können, denn die deutschen Heere standen vor Paris, Frankreich war eine Republik geworden, und man munkelte, Deutschland werde ein Kaiserreich, das alte Geld gelte nichts mehr, und bald gäbe es ein neues. Der König sauste wohl einige Male mit seinem Prunkschlitten am Aufhauser Hof vorüber, aber er ließ nicht mehr anhalten, sein Stallmeister holte kein Glas Wasser mehr. Hin und wieder hörten die Leute auch, daß es bald Frieden gebe. Der diesmalige Winter indessen war so hart und so reich an Schneemassen, daß die Kirchgänger nur mit größter Mühe des Sonntags ins Pfarrdorf gelangten. Langsam und ungemein spärlich sickerten die Nachrichten über den Krieg durch. Es schien, als fänden sie den Weg durch die dicken Eis- und Schneedecken nicht, als erfrören sie darin. Um es aber gleich zu sagen, der schwarze Peter hätte auch nicht mehr kommen und erzählen können, denn er war kurz vor Weihnachten verstorben. Mochte man ihm auch noch so oft sagen, wie schlecht es mit den Franzosen stünde, bis zum letzten Atemzug hatte er unerschütterlich das Gegenteil geglaubt. Man hätte füglich meinen können, er habe aus Ärger und Gram über die Untüchtigkeit der »grande armée« und »seine« Franzosen nicht mehr weiterleben mögen. Nichts von Kranksein bemerkten die Stellmachers an ihm. Noch am Abend hockte er in der Stube am Tisch und trommelte mit den Fingern auf die Platte. Düster schaute er ins Leere, begann die Melodie des Liedes von den »zwei Grenadieren« zu summen, schlug nach und nach immer heftiger mit den Fingern auf und sang zuletzt deutlich und laut: »... Dann steig' ich bewaffnet hervor aus dem Grab, den Kaiser, den Kaiser zu schützen!«

Er brach ab, stand auf und ging wortlos aus der Stube.

Am andern Morgen kam er nicht mehr aus seiner eiskalten Kammer, und als die Grafs nachschauten, lag er kalt im rotweißkarierten Bett. Starr, aber seltsam glänzend waren seine Augen, und ein leichter Schimmer von stolzer Melancholie lag auf seinen Zügen.

Recht ärmlich war sein Begräbnis. Nur die Stellmachers standen vollzählig um die aufgeworfene Erdgrube. Mit gleichgültiger Geübtheit, dennoch aber fast ärgerlich geschwind, verrichtete der Geistliche die allernötigsten Zeremonien und ging wieder rasch in die Kirche zurück. Grimmig kalt pfiff der Schneewind durch die Reihen der verwehten Grabsteine. In ihren abgewetzten Joppen und vielgeflickten Hosen, mit hochgezogenen Schultern und tropfenden Nasen standen die Grafs fröstelnd und schlotternd da. Nur der Stellmacher hatte einen zerschabten blauen Mantel an. Erst als der Pfarrer am darauffolgenden Sonntag, beim Gebet für die Verstorbenen, auch den Namen Peters nannte, erfuhren die Leute von diesem unkriegerischen Tod.

Ungefähr drei Wochen nach Neujahr gab es in der Pfarrkirche ein ungewohnt feierliches Hochamt. Viele Würdenträger aus dem Berger Schloß waren in goldgeschmückter Gala-Uniform erschienen. Die Orgel brauste noch einmal so voll und laut durch das hohe Kirchenschiff, und der Gesang des Chores schien weit belebter zu klingen. Auch der Pfarrer trug diesmal das schöne, reichbestickte Meßgewand, das er nur an bedeutsamen kirchlichen Feiertagen anzulegen pflegte. Die Leute waren ein wenig verwundert darüber, aber ihre ernsten Gesichter wurden keineswegs anders, als der Geistliche seine Predigt mit den Worten begann: »Gott dem Allmächtigen und Ihrer Majestät, unserem vielgeliebten König, hat es gefallen, ihr gnädigstes Einverständnis dazu zu erteilen, daß die Länder des deutschen Bundes von nun ab ein Kaiserreich genannt werden! Ihre Majestät, König Wilhelm von Preußen, haben die ehrenvolle, allgemein gewünschte Wahl zum Kaiser der Deutschen huldvollst angenommen und geruhen, alle Stämme der deutschen Gaue, die in tapferem Heldenmut die unvergeßlichen Siege im Feindesland errungen haben, vertrauend auf Gott, den Allmächtigen, und mit gnädigstem Dank zu grüßen. Mit Gott für Kaiser und Vaterland!« An dieser Stelle erhoben sich die Würdenträger sehr geräuschvoll in ihren Betstühlen, daß die Bauern, Weiber und Kinder noch verwunderter auf sie schauten und erst nach und nach aufstanden. Als aber jetzt, mitten in der Feierlichkeit, einige Offiziere ihre Säbel zogen und ein Hoch auf den Kaiser und auf unser gemeinsames großes deutsches Vaterland aus sich herausschmetterten und endlich gar das Lied ›Deutschland, Deutschland über alles‹ zu singen begannen, da bekamen alle Leute halb erschrockene, halb ärgerliche Mienen. Sie kannten weder den Text noch die Melodie. Für sie klang alles unkirchlich und und unangebracht weltlich. Sie blieben stumm mit gefalteten Händen stehen, und nur die Offiziere und Würdenträger sangen. Es hörte sich blechern an. Die Worte schlugen an die frosterstarrten Kirchenwände und schienen zu zerklirren.

Das Tedeum am Schluß des Hochamtes, das alle sangen, erfüllte freilich den ganzen Raum, dennoch fehlte ihm die sonstige Feierlichkeit. Die Leute gingen diesmal ungesäumt nach Hause, vielleicht wegen der scharfen Kälte, jedenfalls aber erwarteten sie von diesem Kaiserreich, unter welchem sie sich nichts Genaues vorstellen konnten, nicht viel Gutes. »Und vom Frieden hört kein Mensch was!« sagten viele und brummten: »Ja, ein anderes Geld bringen sie auf, die Preußen! Und überall haben sie das erste Wort!«

Sehr beunruhigt ging der Jani-Hans herum. Für ihn war nunmehr überhaupt alles ungewiß. Bei jeder Gelegenheit jammerte er, was das alles werde, alles sei für den Bauernstand verloren.

Tiefer Schnee lag rundherum. Alles Laute schien zwischen Himmel und Erde weggescheucht zu sein. Die Mägde und Töchter beim Heimrath hatten eben ihre Vespermilch ausgelöffelt, waren aufgestanden und wieder an ihre Arbeit gegangen. Der Much-Girgl zerkaute den letzten Brotbrokken und ging in die Remise hinüber, um einige Sack Getreide zum Müller nach Berg zu fahren. Nur der Jani-Hans hatte es diesmal sonderbarerweise nicht eilig. Unverdächtig langsam zündete er seine ausgegangene Pfeife an und sagte, nachdem sie allein waren, in fast demütig dringendem Tone zur Heimrathin: »Sagen kannst gewiß nicht, daß ich dir einmal schlecht geraten hab', Bäuerin! Ganz gewiß nicht! ... Und um das, was die Kinder mitkriegen, soll vollauf gesorgt sein, hat der Hochwürden Herr Pfarrer ausdrücklich versprochen. Versteh mich recht, Bäuerin, ich will doch bloß das Beste! Ich will doch nicht das mindeste für mich! Gar nichts will ich, aber der Hof, Bäuerin! ... Und du, so eine alleinige Wittiberin!« Er schaute bitthaft auf die Heimrathin. Schon wollte er wieder zu reden anfangen. Da aber musterte ihn die Heimrathin fest und sagte klar und scharf wie stets, wenn sie keinen Widerspruch mehr duldete: »Und wenn er's hundertmal will, der Hochwürden! Es bleibt ganz einfach, wie's ist! So lang ich leb', red' ich, basta! Es wird besser sein, Hans, du gehst auf Maria Lichtmeß. So tut's nicht mehr gut!« Das war alles. Der Hans hatte ein tief benommenes Gesicht bekommen und wußte nicht mehr, wo er hinschauen sollte. Verdattert stand er auf und brümmelte: »Zwingen kann man nichts! In Gottes Namen! Ist mir auch recht.« Er tappte durch die hintere Türe und ging in den Stall hinüber.

Erst etliche Tage vor Maria Lichtmeß erfuhren alle im Haus, daß der Jani-Hans seine Baumeisterstelle verlasse. Die Resl, die Liesl und der Much-Girgl freuten sich insgeheim darüber, aber sie verrieten es niemals selber. Als es am Maria-Lichtmeß-Tag wirklich ernst wurde, war man aber doch allseits ein bißchen traurig. Ein gewohnter Mensch ging vom Hof, der nie etwas Schlechtes getan und gewollt hatte, und es war nicht die beste Zeit. Weiß Gott, was nach ihm für einer kam. Nicht umsonst hieß es: »Es kommt nie etwas Besseres nach.« Die Genovev, die in frommen Dingen stets mit dem Hans übereingestimmt hatte, weinte, und auch die Kathrein bekam nasse Augen, als dieser jedem die Hand drückte und unter vielen gottseligen Redensarten der Bäuerin Glück für alle weitere Zeit wünschte.

»Jaja! Vergelt's Gott! Auch ich wünsch' dir das Beste, Hans«, dankte die Heimrathin, und es huschte sogar ein freundlicher Schimmer über ihr hartes, ernstes Gesicht, als sie geschwind durchs Fenster schaute. Fast nachtdunkel war es in der Kuchl, so dickflockig fiel draußen der Schnee. »Jetzt geh nur, sonst kommt der Girgl nicht mehr durch«, sagte die Bäuerin leichter.

Draußen im Hof, auf dem niederen Schlitten, hockte der Much-Girgl und hielt die Zügel der unruhigen Pferde straffgespannt in den Händen. Um und um war er schon eingeschneit wie ein Schneemann. Der große, hölzerne, braun angestrichene Koffer vom Jani-Hans lag hinter ihm. »Brr! – Sst, Herrgottnochmal! Brr!« knurrte er ein um das andere Mal die Pferde an und riß noch fester an den Zügeln. Endlich kam der Hans aus der Kuchl-Tür und ging schnell auf den Schlitten zu.

»Jetzt ist's aber Zeit! Es schneit uns ja faktisch ein!« brummte ihn der Girgl an, als er sich auf den Platz neben ihn schwang. Im Rahmen der offen gelassenen Tür, eng aneinandergedrückt, standen die Heimrath-Töchter und schauten zu, wie der Schlitten sich lautlos hinweghob. Nur die Resl war nicht dabei. Die Pferde griffen scharf aus. Schon nach wenigen Minuten verschwand das Gefährt im dicht fallenden Schnee.

»Hallo, hallo! Weiter an die Arbeit! Die Tür zu!« kommandierte die Heimrathin, und ihre Töchter folgten.

»Wer wird denn jetzt Baumeister?« fragte die Genovev noch immer trübselig. – »Jetzt? ... Vorläufig überhaupt keiner!« erwiderte die Bäuerin ungut und verschlossen. »Wir müssen's jetzt schon allein zwingen. Es wird auch gehn!« – »Seine Arbeit weiß ja jeder«, meinte die Resl ein wenig altklug, aber es klang gut.

Freilich munkelten die Mägde, wenn die Bäuerin und ihre Töchter außer Hörweite waren, weswegen der Jani-Hans den Hof habe verlassen müssen. Sie dichteten auch einiges dazu. Der Much-Girgl machte öfters die zweideutige Bemerkung, daß der Hans im Grunde genommen kein unrechter Mensch, aber ein armer, dummer Tropf gewesen sei, der durch seine geplante Josephs-Ehe nur dem Pfarrer und der Kirche ein saftiges Trumm Hof einbringen hätte sollen. Und er rühmte dabei die couragierte Heimrathin, die alles so schnell durchschaut und nicht zugelassen hatte. Nie versäumte er, sich bei solchen Gelegenheiten ins rechte Licht zu setzen. In den ersten Wochen erwies er sich als recht verläßlich und überraschte durch eine Tüchtigkeit, die man bis jetzt nie bei ihm bemerkt hatte. Er fand auch für jeden den passenden Ton. Nach und nach aber, als er schließlich merkte, daß sich die Bäuerin nicht dazu bestimmen ließ, ihn an die Stelle von Jani-Hans zu setzen, ließ sein Eifer beträchtlich nach. Die Heimrathin fand viel an ihm auszusetzen und fuhr ihn oft grob an. Er begehrte nicht auf dagegen. Er war schlau genug zu begreifen, daß es für ihn als alten, verarmten Torfstecher in solchen Zeiten am besten war, sich auf dem Aufhauser Hof zu halten. Seit langer Zeit war er Witwer und stand schon nahe an den Sechzigern. Seine zwei Söhne waren gleich am Anfang des Krieges gefallen. Sie hatten ihn nie gemocht und ihn hungern und frieren lassen im kleinen Austragsstübchen des baufälligen Häuschens im Vilz drüben. Er mußte als Taglöhner sein bißchen Brot verdienen, und als – um mit seinen Worten zu reden – »die zwei Schindluder« gefallen waren, hatte er das Häusl gegen lebenslängliches Wohnrecht einem Nachbarn verkauft. Er machte aber, seit er beim Heimrath arbeitete, von diesem Recht keinen Gebrauch mehr. Er schlief in der Aufhauser Knechtkammer, und eigentlich hätte seinetwegen der Krieg ewig dauern können, denn bis jetzt war es ihm ganz gut gegangen. Er bangte nur davor, nach der Heimkehr der Knechte vielleicht wieder in sein kahles, kaltes Stübchen zurückzumüssen. Die jetzigen Besitzer seines

Häuschens erwarteten das auch kaum noch und begegneten ihm, wenn er zufällig an einem Sonntagnachmittag daherkam, mit so bedenklich unguten Mienen, daß er schnell und gern wieder davonging. Selbst ein verbrieftes Recht bedeutete für einen armen Menschen nichts anderes als Ärger und Enttäuschung. Schon einmal hatte der Girgl um seinen Posten beim Heimrath gezittert. Das war im vorigen Herbst, als die Bäuerin den anderen Vilzler, den Gauzner-Michl, deswegen, weil er etliche Male kleine Kornsäcke heimlich mitgenommen hatte, kurzerhand vom Hofe jagte. Schon längst wußte der Girgl von diesen Diebstählen, doch er verriet nichts, er spielte den Verwunderten, als alles ruchbar wurde und tat auch leicht empört, wenn der Michl es nicht sah und hörte. Als dieser weg mußte und er bleiben durfte, dankte der Girgl – der nie ein allzugroßer Beter gewesen war – dem Herrgott aufrichtig dafür, daß er zum Glück auch Diebe geschaffen hatte. Seither war er vollauf zufrieden, denn was wollte er eigentlich mehr? Er war noch gesund und rüstig, die Arbeit tat ihm nicht weh, er hatte sein tägliches Essen und den üblichen Knechtlohn, er lebte unter gewohnten, verträglichen Menschen, und es ging oft recht lustig her. Mochte die Heimrathin, die – wie sich bei der vielen Arbeit und angespannten Umsicht wohl denken läßt – jetzt immer gereizter wurde, auch manchmal schimpfen, der Girgl dachte gelassen bei sich: »Laß sie greinen und keifen! Der Mensch hat zwei Ohren. Bei einem geht das Geplärr hinein und beim anderen wieder hinaus.« Es war schon deshalb gut mit ihm auszukommen, weil er niemandem etwas nachtrug, stets schnell versöhnt und voll heiterem Witz war. »Bei einem Weibsbild ist's gut, wenn's schön und fidel ist«, pflegte er zu sagen. »Ein Mannsbild kann ausschaun, wie's will. Es muß auch Fidelität haben, aber dazu ein bißl Hirn. Erst wenn der Mensch raunzerisch und muffig wird, geht's mit ihm aufs Grab zu.« Er grinste dabei, und seine zerfressenen Zahnstumpen wurden sichtbar. Das zusammengedrückte, lederfarbene, vielzerfaltete Gesicht mit der vorspringenden Nase wurde noch furchiger, er zwickte seine kleinen, lebhaften blaugrauen Augen zu und fuhr mit der Hand durch den spitzhaarigen grauen Seehundsbart. Er reckte seine breitschulterige, schon etwas gebückte Gestalt, öffnete die Augen wieder und schaute demjenigen, der gerade vor ihm stand, luchshaft ins Gesicht. Dann schluckte er kurz, daß sein längliches, herausgedrücktes Halszäpfchen auf und nieder ging, streckte seinen kugelrunden Kopf vor und lächelte bedächtig: »Jaja, das hat der alte Girgl gesagt! Das sagt er!« Daraufhin fing er erfrischter zu arbeiten an. Mit der Resl freundete er sich im Lauf der Zeit mehr an als mit jedem anderen Menschen. Er sprach mit ihr nie wie mit einer Dreizehn- oder Vierzehnjährigen. Für ihn war sie ein ausgewachsener, vernünftiger Mensch. Mag sein, daß er ihre stets gleichmäßig heitere Veranlagung schätzte. Wie sie eine Arbeit anfing und bezwang, das bewunderte er im stillen. Am meisten aber rührten und bewegten ihn ihre Gutmütigkeit und ihr gänzlicher Mangel an engstirnigem Bauernstolz, der besonders bei der Genovev sehr ausgeprägt war. Für die Resl waren zeitlebens Menschen, die hart und rechtschaffen arbeiteten, gleich. Blieben sie trotz alledem arm, so tat ihr das weh bis ins Innerste. Waren sie wohlhäbig, so freute sie sich darüber. Es blieb ihr immer unverständlich, daß solche Leute einen Unterschied zwischeneinander machten.

Der Girgl vertraute ihr manches an, was er niemandem sagte. Sie hörte ihm zu und widersprach nie. Man hätte meinen können, sie bliebe gleichgültig, wenn er etwas Trauriges erzählte, etwa von seinen gefallenen Söhnen, die ihn so kujoniert hatten, oder von den Leuten, die jetzt auf seinem Häuschen waren und ihn stets so unfreundlich, verletzend und mißgünstig empfingen, von seinem Alleinsein auf der Welt, von seiner Heimatlosigkeit in diesem Alter. Ein müdes, bedrängtes Herz indessen ist meistens froher über echtes Mitleid als über einen hilfreichen Rat. Die Resl hatte dabei nur eine wehmütige Miene und sagte: »Mein Gott, Girgl, du bist eine arme Haut.« Der alte Mann schluckte kurz, wurde leicht verlegen, räkelte sich, sagte manchmal auch: »Jaja, da hast wohl recht, Resei«, und er war wieder der gleiche, er hing irgendeine lustige Bemerkung daran.

Die letzten Februartage brachten unvermutet warme Winde. Der Schnee schmolz, und wie riesige Geschwüre brachen die braunen Äcker und Wiesenflächen aus der weiten weißen Decke. Tiefe, weite Rinnsale zeigten sich auf den glattgefahrenen, eisverkrusteten Wegen und Straßen. Klares Wasser rann darin, und wenn ein schwerer Schlitten oder Wagen darüberfuhr, brach er ein. Hochauf spritzte das Wasser. Am Himmel trieben durchsichtige Wolken, zogen sich aber nach und nach zusammen, und die Nächte wurden stürmisch. Regenvermischter Schnee fiel noch ab und zu, zerging aber sogleich und überschwemmte die Talwiesen.

»Wenn's bloß nicht mehr friert«, meinte die Heimrathin besorgt, »das Abwaschen ist ja soweit ganz gut, und je eher 's Frühjahr kommt, um so besser.« Sie saßen in der Stube, an den Spinnrädern. Kartoffeln lagen ja genug im Keller, zwei unangebrochene Sack Mehl lehnten in der Speise, aber das Saatgetreide war durch die letzten Pflichtlieferungen ans Heer zu knapp geworden, und ob das Heu für Viehfutter noch bis zum ersten Schnitt reichte, ließ sich nicht gewiß sagen.

»Herrgott, der Krieg! Der kann aufhören!« seufzte die Bäuerin einhaltend und schaute abwesend ins Leere. Der Wind drückte hart gegen die Hauswände. Die lockeren Fensterscheiben klirrten manchmal leise. Gestern hatte der Weber von Bachhausen endlich die zehn Ballen Leinwand gebracht. Sie lagen sauber aufeinander geschichtet draußen in den umfänglichen Schränken im Hausgang.

»Schön hat er's diesmal gemacht, der Weber, aber lang hat er 'braucht«, sagte die Bäuerin zufriedener, und die Resl meinte, die heurigen Ballen seien viel glatter als die vorjährigen.

Zeit war es, zu Bett zu gehen. Die Stube leerte sich. Die Bäuerin löschte als letzte die Lampe aus, verriegelte die Kuchltür, und still wurde es im dunklen Haus. Alles schlief. Niemand hörte durch das pfeifende Heulen des Windes den

Hund, der einige Male aufbellte und noch eine Weile nachknurrte. Dem Much-Girgl war es einmal, als höre er ein Quietschen und Kratzen, aber es konnte vom Wind sein. Später wachte er wieder auf und wußte nicht weswegen. Er schälte sich aus der dampfenden Bettdecke und ging von der ebenerdigen Knechtkammer in den warmen, dunklen Stall hinüber. Ein Roß schnaubte schwer, die schlafenden Kühe rührten sich leicht. Jetzt quietschte es wieder. Der Girgl lauschte, ging schnell in die Knechtkammer zurück, nahm sein feststehendes Messer und kam mit der Stall-Laterne daher. Er schaute prüfend die Viehstände an. Es fehlte nichts. Er kam in den Hausgang und sah, die Leinenschränke waren offen. Er lief zur Haustüre – sie war zu, aber der Riegel nicht vorgeschoben. Er kam wieder zu den Schränken. Die gähnten leer von oben bis unten. Einige Augenblicke blieb er fassunglos stehen, dann schrie er über die Stiege hinauf: »Bäuerin! He, Liesl, he! Bäuerin!« Nach kurzer Zeit rumpelten alle Weibsleute daher, und die Heimrathin, ihre Kinder und die Mägde schrien laut auf. Wirklich, die harte Bäuerin weinte bitterlich.

»Ich spann' ein und fahr' überall umeinander!« sagte der Girgl endlich und setzte dazu: »Mit soviel Leinwand kann der Lump nicht weit kommen!«

»Jaja, ja!« erwiderte die Heimrathin noch immer ziemlich hilflos, und sie verfluchte den Krieg, der ihr ein einziges, alleiniges altes Mannsbild auf dem großen Hof gelassen hatte. Sie war totenblaß und mehr niedergeschlagen als wütend.

»Draußen im Feld gehn die besten Leut' zugrund, und daheim stehlen die Lumpen die Häuser aus!« rief sie und weinte immer wieder, sobald sie in die leeren Schränke schaute.

Der Girgl spannte auch wirklich ein. Er solle den alten Lechner mitnehmen, der habe ein Schießzeug, meinte die Bäuerin, und wenn sie nicht den Dieb erwischten, sollten sie gleich nach Wolfratshausen fahren und bei der Gendarmerie Anzeige erstatten. Mit dem leichtesten Wagen fuhr der Girgl im Galopp durch die zerzauste, dunkle Nacht. In der grauen Frühe kamen er und der alte Lechner zurück. Gefunden hatten sie nichts, aber der Oberwachtmeister von Wolfratshausen hatte versprochen, mit zwei Gendarmen die verdächtigen Häuser im Vilz abzusuchen, denn – war seine Meinung gewesen – »bloß die Gegend, wo nichts als nichtsnutzige Lumpen hausen, sei dringend verdächtig«. Der Girgl als Vilzler mochte ihn wohl etwas betroffen angesehen haben, doch der Oberwachtmeister polterte derart drauflos, daß es geraten schien, ihn allein zu lassen. Die Suche der Gendarmen brachte nicht das mindeste zutage. Der Oberwachtmeister kam grimmig nach Aufhausen und stellte ein langes Verhör an. Er fuhr die Bäuerin an, er fuhr die Kinder an, den Girgl und die Mägde. Er notierte alles und ging davon. Als er weg war, ging der Girgl zur Bäuerin in die Kuchl. Da stand die Resl.

Er besann sich kurz, dann fing er behutsam an: »Bäuerin, ich will nichts sagen ... Nei – nein, ich möcht' keinen verdächtigen, aber –« Er brach ab.

»Was aber?« fragte die Heimrathin und sah ihn scharf an.

»Ich habe hin und her überlegt. Es kann doch bloß einer gewesen sein, der sich im Haus aus'kennt hat«, tastete der Girgl weiter und wurde schon wieder ängstlich, »aber nein – nein, ich will nichts gesagt haben! Mir ist bloß so ...«

»Du meinst, der Gauzner-Michl?« sagte die Heimrathin geradeheraus. Der Girgl machte ein sehr betretenes, unglückliches Gesicht und sagte weder »Ja« noch »Nein«, er bat nur wiederum, sie sollten um Gottes willen nur ihn nicht ins Gerede bringen. Zwei Tage darauf fuhr die Heimrathin mit dem alten Lechner nach Wolfratshausen und gab den Michl als dringend verdächtig an. Die Gendarmen kamen zu ihm ins Haus und suchten und fragten stundenlang. Vergeblich. Alle weiteren Nachforschungen machten unter den Vilzlern nur böses Blut, und nichts kam dabei heraus. Im Gegenteil! Der Heimrathin kam sogar einmal zu Ohren, sie sollte nicht allzu neugierig sein, besser sei es, sie würde aufpassen, daß nicht eines Nachts ihr Hof zu brennen anfinge. Diese böse Drohung machte die verschreckten Aufhauser noch unsicherer. Am unglücklichsten war der Girgl. Er bereute bitter, daß er so vorschnell geredet hatte. Bedrückt ging er herum und lugte, wenn er allein war, stets scheu nach allen Seiten. Er wagte nicht mehr, in den Vilz hinüberzugehen und vermied ängstlich, sich zur Nachtzeit vom Hof zu entfernen. Er wußte nur zu genau, wie locker das Messer bei den Torfstechern saß. Ein armer Mensch betrügt sich immer selber, mag er auch noch so behutsam rechnen. Hält er sich zu auffällig an seinen Brotgeber, dann feinden ihn die an, die seinesgleichen sind. Schlägt er sich auf die Seite der Seinen, so trifft ihn die Ungnade des ersteren. Unruhig und mißmutig sagte der Girgl einmal zur Resl: »Bloß weil jedes von euch so geflennt hat, hab' ich mich hinreißen lassen! Jetzt hock' ich in der Patsche! Wenn mir was passiert, da hilft kein Mensch!«

Die Resl schaute nur trübselig drein und wußte nichts zu erwidern. Die Heimraths schickten sich schließlich in ihr Unglück. Zum Oberwachtmeister, der noch einige Male kam, sagte die Bäuerin: »Unser Herrgott wird den Lumpen schon strafen. Mich kümmert er nimmer.«

»Pflicht ist ganz einfach Pflicht! Wir erwischen den Kerl schon noch!« rief der Oberwachtmeister, doch die Heimrathin tat gleichgültig und meinte, sie lege keinen Wert mehr darauf, Glück bringe dem Dieb das Leinen gewiß nicht.

Gleich dem ungestüm hervorbrechenden Frühjahr, das allenthalben die letzten Winterreste hinwegfegte, so überflossen auch dieses Ereignis andere Dinge. An einem kalten Sonntag, der von einem klar erblauten Himmel überwölbt war, stand der Bürgermeister Fink auf der Treppe seiner Wirtshaustüre und schrie den Leuten, die aus der Pfarrkirche kamen, laut und belebt entgegen: »Der Krieg wird bald aus sein! Bloß noch ein bißl Militär muß im Feindesland bleiben! Das meiste kommt heim! Unsere Männer werden bald wieder da sein! Unsere Majestät, der König Ludwig, er lebe hoch! hoch!« Er hatte ein verwichtigt rotes Gesicht und fuchelte mit seinen kurzen Armen.

»Hoch!« schrie er abermals mit seiner fetten Stimme, und es klang förmlich schimpfend, weil niemand mit einstimmte. Erst jetzt riefen da und dort einige, aber ihr trokkenes »Hoch« klang eher erzwungen als begeistert. Wie der Fink berechnet hatte, so kam es. Die älteren Bauern suchten seine Wirtsstube auf, dort erfuhren sie Genaueres. Sie kamen in ihre Dörfer zurück und brachten die Botschaft, daß der Waffenstillstand abgeschlossen sei, in Frankreich gehe es drunter und drüber, und dadurch lasse sich der Friede jetzt leicht machen, jedes Mannsbild komme heim.

»Gott sei Dank!« sagte die Heimrathin aufatmend, als der Girgl erzählte, und sie setzte angebittert dazu: »Wenn er noch lang gedauert hätt', der Krieg, weiß Gott, was da bei uns noch alles passiert wär'! Froh bin ich, daß wieder Mannsbilder ins Haus kommen! Mit dir allein ist nicht viel aufgesteckt!« Der Girgl machte eine ungewisse Miene. Es mochte ihm wohl durch den Kopf gehen, daß er nun, wenn wieder Knechte auf den Hof kämen, überflüssig sei und in den Vilz zurück müsse. Was ihn dort erwartete, ließ sich leicht erraten. Die Resl schaute auf ihn und sagte auf einmal fast bittend zu ihrer Mutter: »Aber der Girgl wird doch bei uns bleiben, oder?« Einige Sekunden wurde es zwischen den dreien stockstumm, dann aber nickte die Bäuerin und sagte in weit besserem Ton: »Jaja, Girgl! ... Alte Leute wegjagen, das hat noch keinem Menschen Glück gebracht.« Der Girgl schluckte und brachte kein Wort mehr heraus. Er hatte ein noch verlegeneres Gesicht bekommen. Ein paar Mal zwickte er die Augen zu. Dann dankte er schließlich bewegt: »Vergelt's Gott, Bäuerin!« Er lugte fast schüchtern auf die Resl und rief freier und beruhigt: »Und du, Resei – dir soll's deiner Lebtag gut gehn!«

Ein windiger, regnerischer April tobte sich auf den keimenden Fluren aus. Die noch laublosen Obstbäume bogen sich im Sturm. Ihre Äste schlugen aufeinander, als schüttelten sie das letzte Frieren ab. Langsam sprossen zarte Blättchen und Knospen auf. Endlich durchbrach die siegreiche Sonne der ersten Maitage die Wolkendecke des unruhigen Himmels, gleichmäßig grün wurden die Felder und Äcker, und in den aufblühenden Bäumen und Büschen sangen die Vögel mit erfrischtem Wohlklang.

Um die Monatsmitte war wieder einmal ein feierliches Hochamt in Aufkirchen, bei welchem die ordensgeschmückten Würdenträger des Berger Schlosses anwesend waren. Der Pfarrer verkündete, daß in Frankfurt der Friede geschlossen worden sei. Zwar mußten die feinen Herrschaften aus Berg noch immer ihr ›Deutschland, Deutschland über alles‹ allein singen, aber das ›Tedeum‹ am Schluß des Hochamtes klang mächtiger als je in der hohen Kirche. Einige Berger, die in der Hofgärtnerei arbeiteten, erzählten von dem, was sie durch königliche Diener und Beamte erfahren hatten. Der König sei in München bei den Siegesfeierlichkeiten auf einem Schimmel vor den zurückkehrenden Truppen erschienen und ungeheuer bejubelt worden. Wunderbarer als irgendwann habe er ausgesehen, aber er sei allen Banketten und Festlichkeiten, die unter großem Kostenaufwand ihm zu Ehren vorbereitet worden waren, ferngeblieben und sofort wieder nach Berg zurückgekehrt. Weiß Gott, was ihn wieder verdrossen habe. Er sei mürrisch und düster. Die Leute hörten ziemlich gleichgültig zu. »Er hat den Krieg nie mögen und wird auch froh sein, daß er aus ist! Er will eben seine Ruh' haben!« sagte der Schmied von Farchach, und viele nickten. Es schien ganz ihre Meinung zu sein. Auch in ihr Leben hatte der Krieg nie gehört. Sie waren sichtlich erleichtert darüber, daß er ihre friedliche Arbeit nicht mehr störte. Schon während des Heimgehens vergaßen sie, was gewesen war, so fern lag es ihnen.

Das Leben bekam wieder sein ruhiges, gewohntes Gesicht. Und als sei alles nur ein düsterer Traum gewesen, als habe sich im Grunde genommen nichts verändert – auch die königliche Karosse, die man lange Zeit nicht mehr zu sehen bekommen hatte, hielt nun wieder regelmäßig in Aufhausen an. Der Girgl kam öfter zu einem blanken Taler, und auch die Resl reichte etliche Male dem Stallmeister Hornig das frische Wasser für den bleichen, schwarzbärtigen, ernsten königlichen Herrn. Viel später ließ sie die drei Silberstücke, die sie dafür erhalten hatte, vom Wolfratshausener Goldmacher zu einer Brosche fassen und trug sie bis an ihr Lebensende bei feierlichen Anlässen ...

Veränderungen

Einer, der ganz abseits stand, hatte schon lange gesehen, gespürt und gleichsam gerochen, daß die Zeit nicht stehengeblieben war, daß die großen Ereignisse das kleine Leben der Menschen in dieser Gegend und das Gesicht ihrer Landschaft ungeahnt wandeln mußten: der Andreas Graf, den die Leute wegen seiner unbegreiflich waghalsigen Grundstücksspekulationen und wegen seiner fast anrüchig erscheinenden Baulust den »Kastenjakl« nannten. Die Bezeichnung mochte vielleicht auch davon herrühren, weil der Andreas früher einmal, als er noch nicht verheiratet war, einige vielbewunderte Schränke angefertigt hatte, bei welchen nach dem Absperren der Schlüssel von selbst verschwand, so daß nur derjenige, welcher das Geheimnis des Mechanismus erfuhr, wieder öffnen konnte.

Im Gegensatz zu seinen ellenlangen Brüdern und Schwestern war der Kastenjakl kaum etwas über ein und einen halben Meter groß, keineswegs so eckig, breitschulterig und langsam wie sie, aber kräftig und behende, stets lebhaft, geschwind begreifend und ebenso rasch handelnd, voll seltsamer Ideen und begabt mit einem boshaften, oft ätzenden Witz. In seinen jüngeren Jahren hatte er noch etwas darauf gegeben, durch ordentliche Kleidung und gute Haltung Eindruck zu machen, nun legte er schon lange keinen Wert mehr darauf. Er trug an Sonntagen zum Kirchgang, oder wenn er es sonst für nötig hielt, den langen, enganliegenden blauen

Tuchmantel mit den Silberknöpfen, und seine derben, kurzen Stiefel waren dann blank gewichst. Im allgemeinen aber sah man ihn nur im abgeschabten, vernachlässigten Werktagsgewand aus festem dunklen Stoff, dessen eigentliche Farbe nicht mehr zu erkennen war. Er ging ein wenig nach vorne gebeugt und machte kleine, schnelle Schritte, wobei der Eindruck aufkam, als bewege sich sein ganzer Körper unablässig. Sein gedrängtes, vielfurchiges Gesicht mit der kurzen, gesattelten Knorpelnase, den etwas geschlitzten grüngrauen Äuglein und dem wirren Schnurrbart durchlief beim Denken, Sprechen und Verhandeln alle Wandlungen des Ausdrucks, dennoch blieb der Kastenjakl immer gewaffnet und unverblüffbar. Er liebte die Menschen nicht, aber er suchte sie beständig. Er brauchte sie wie der Bauer den Pflug, wie der Soldat das Gewehr. Schon nahe an den Fünfzig hatte er seinerzeit die einzige, grundhäßliche Hupfauer-Tochter von der »Maxhöhe« überraschend schnell geheiratet. Die Hupfauer-Geschwister waren alle kränklich und nacheinander weggestorben. Eng, scheu und stumpfsinnig wirtschafteten die Annamarie und ihre eisgraue Mutter weiter. Ihre östlich von Aufkirchen gelegene, versteckte Einöde war ein ziemlich unansehnliches Gehöft, zwar vernachlässigt, aber schuldenfrei. Niemand in der ganzen Pfarrei beachtete die Maxhöher. Der Andreas tauchte öfter bei ihnen auf und half beim Einernten mit. Eines Sonntags kam er ins Stellmacherhaus nach Berg zurück und war gut gelaunt.

»Lorenz«, sagte er verborgen hämisch zu seinem Bruder, »du wirst auch froh sein, wenn ich endlich beim Teufel bin, oder? . . . Notschnapper sind keine guten Freund' zueinander, und sie haben auch recht.« Über sein Gesicht huschte ein leichtes Grinsen. Der schwarze Peter, der damals noch vollsaftig lebte, der Stellmacher und sein Weib, das dem Zwerg die Milchbrocken eingab, schauten ihn fragend an.

»Ich heirat' nämlich jetzt. Ein Goldfischl hat an'bissen, zappeln tut's auch und gar lang wird's mir nicht bleiben«, meinte der Andreas und erzählte, daß er mit der Hupfauer-Annamarie einig geworden sei. »Und«, setzte er abgebrüht dazu, »die Alte pfeift auch schon auf'm letzten Loch.« Solche Töne gefielen dem schwarzen Peter. Er nickte und sagte: »Respekt, Anders, Respekt! Diable, die Bataille ist grandios! Fegt den Feind radikal weg! Grandios! ... Und bei uns wird ein Brotfresser weniger!« Der Stellmacher aber furchte ein paarmal die Stirn. Dann sagte er trocken: »Naja, du mußt ja wissen, was dir gut tut, Anders, ... mich geht's nichts an.« Der Zwerg plapperte blöde, weil die Stellmacherin vergessen hatte, ihm die Milchbrocken weiter einzugeben.

Wie der Kastenjakl überlegt hatte, so ging die Rechnung aus. Die alte Hupfauerin starb noch im selben Jahr, und nach wiederum ein und einem halben Jahr war er Witwer auf der Maxhöhe. Pläne hatte er, immer neue Pläne, und was er sich einmal in den Kopf gesetzt hatte, das führte er stets mit behutsam wägender List und großer Beharrlichkeit durch. Herz schien er wenig zu haben. Rührung war ihm fremd, und noch in Trauer und Schmerz vergaß er den Spott nicht, doch er wog genau ab, wen er vor sich hatte. Mit wem er auch zusammentraf – ob zufällig oder in Geschäften –, er fand immer das richtig betonte, gewinnende Wort, um den anderen gesprächig zu machen und geschickt ausforschen zu können. Vielleicht war er im Innersten ein haßtiefer Feigling, vielleicht verachtete er aus einem nicht erhellbaren Grunde alles, was Menschenantlitz trug. Da er aber nie klagte und meist lustig zu sein schien, kam er mit jedermann gut aus, und die Leute hatten ihn nicht ungern. Zudem erwies er sich in manchen Fällen als äußerst brauchbar. Er wußte Bescheid in Rechts- und Geldangelegenheiten, kurierte erfolgreich Vieh und Mensch und fand faßbare Erklärungen für manches, was der Tag und die Zeiten mit sich brachten. Allzuviel wollte freilich niemand mit ihm zu tun haben, und keiner nahm ihn und das, was er tat, besonders ernst. Doch den Kastenjakl focht das nicht an. Wo hätte er mit einer solch nutzlosen Empfindlichkeit hinkommen sollen? Wahrscheinlich nur wieder in das gleiche Elend, das seinen Bruder Lorenz seit eh und je bedrückte.

»Ein armer Mensch ist doch nicht geschätzt!« sagte er oft und oft zum Stellmacher und erklärte weiter: »Wir müssen hinauf, ganz gleich wie, verstehst du? Ah, ich weiß ja, das hörst du nicht gern! Davon willst du nichts wissen, jaja! Aber treibst du was anderes als ich? Du spielst in der Lotterie – ich halt' mich an reellere Sachen ... an den König, an die feinen Herrschaften. Die bringen den Segen zu uns ... Hinauf müssen wir, Lorenz! Bloß vor dem hat man Respekt, der's zu was bringt. Wie er dazu kommt, das geniert nicht. Mich geniert's überhaupt nicht, und die Leute – ah, mach dir doch nichts vor! –, die sehn uns erst für voll an, wenn wir soweit sind wie sie!«

Das war nicht gelogen von ihm. Er handelte danach. Er übersah nicht die geringste Kleinigkeit und berechnete alles. Kein Wunder, er mußte manchmal recht krumme Wege gehen, und darum war es ihm ganz angenehm, als Mensch angesehen zu werden, der nicht über einen vollgültigen Verstand verfügte. Dadurch fielen seine mitunter gefährlichen Machenschaften weniger auf, und er konnte sich manches erlauben, was einem anderen bitter verargt worden wäre.

Es ging auf und nieder mit dem Kastenjakl, schroff veränderte sich seine Lage oft, zu guter Letzt aber fand er doch immer wieder einen gangbaren Ausweg. Zur Überraschung aller, die ihn kannten, hatte er unmittelbar nach seiner Verheiratung – scheinbar sinn- und zwecklos – auf ein Grundstück am See-Ufer, das den Hupfauers gehörte, ein herrschaftliches Landhaus bauen lassen und dabei sein ganzes Bargeld geopfert. Das soll, wie erzählt wurde, der alten Hupfauerin das Leben gekostet haben; denn sie hatte sich mit aller Kraft vergeblich dagegen gewehrt und ihren Schwiegersohn überall als niederträchtigen Erbschleicher bezeichnet. Man wollte sogar wissen, die alte Bäuerin und der Kastenjakl seien deswegen einige Male handgemein miteinander geworden. Wie dem auch gewesen sein mochte, jedenfalls erstand das »Seewiesenhaus« in Leoni, einem kleinen Uferort südlich des Berger Schlosses, nach Andreas' ei-

kaufte es der Schriftsteller Wilhelm Hackländer für einen Preis, der das Doppelte der Gestehungskosten ausmachte. Die Leute begriffen rasch, was der Kastenjakl im Sinne gehabt hatte, und – wie das stets zu sein pflegt – sichtbarer Erfolg übertüncht sehr schnell die dunklen Flecken auf dem Charakterbild eines Menschen. Insgeheim bekam man Respekt vor dem weitsichtigen Maxhöher. Bald verstummten die üblen Nachreden wegen der Hupfauerin. Leoni nämlich, das so geheißen wurde, weil vor Jahren ein italienischer Kammersänger gleichen Namens sich direkt ans Ufer eine pompöse, aufdringlich beherrschende Villa hatte bauen lassen, war schon lange ein begehrter Fremdenort. Schroff dahinter stieg eine fast senkrecht steile Hügelwand – halb Wiesengrund und halb Laubwald – empor, welche auf ihrer Höhe flachen Feldern Raum gab, die sich nach kurzer Unterbrechung wieder hügelan bis nach Aufkirchen hinaufzogen. Südwärts des Hochplateaus, wieder auf einem dunkelbewaldeten Hügel, lag der herrliche Besitz des in den fünfziger Jahren verstorbenen berühmten Malers Karl Rottmann, dessen Erben schon lange einen Käufer dafür suchten, und die das weitläufige, flachdachige, an das Versailler Königsschloß gemahnende Gebäude langsam verwahrlosen ließen. In Leoni, im gastfreien Haus des kunstsinnigen Baumeisters Himsel, verbrachten viele Maler wie Wilhelm Kaulbach und Moritz von Schwind den Sommer und schmückten zum Dank die Fassade dieses Hauses mit schönen, farbenreichen Fresken. Nur zwei Fischer, der Schropp und der Gastl, waren alteingesessene »Leoniger«. Als in den sechziger Jahren das erste Dampfboot den Starnberger See befuhr, bekam der Ort einen Anlegesteg, und der Gastl wurde Stegwart.

Der Sommer brach diesmal schnell herein und zeitigte eine pralle Ernte. Nach dem erfolgreichen Krieg regte sich das Leben ebenso voll, so prall und zuversichtlich. Es verbreitete sich allenthalben die Meinung, daß der König durch sein Zusammenfechten mit den Preußen recht gewinnreich spekuliert hatte. Er aber zeigte überhaupt keinen politischen Ehrgeiz mehr, lebte noch einsiedlerischer und ließ seine Minister regieren. Er kümmerte sich nur noch um die Verwirklichung seiner Baupläne, die nach und nach ungeheure Dimensionen annahmen. Seine Verschwendungssucht war ebenso sinnwidrig wie maßlos. Das Land war reich und gab viel her, aber er wollte mehr. Er duldete keine Beschränkung. Noch immer kam er unangesagt und plötzlich in die Hauptstadt und ließ sich in seinem Theater allein eine Wagner-Oper vorspielen. Niemand als die unmittelbar Beteiligten durften davon Kenntnis haben. Sorgfältig und in immer veränderter Auffassung wurden diese Musikdramen aufgeführt. Die Kulissenschieber trugen Filzpantoffeln, das Theater war in Finsternis und Schweigen gehüllt, auf ein Zeichen, das seine Ankunft ankündigte, begann die geisterhafte Vorstellung. Noch in derselben Nacht verließ Ludwig die Hauptstadt ebenso unbemerkt, wie er gekommen war. Obgleich er immer noch, unbegreiflich bezaubert davon, an Wagners Musik hing und dem fernen Freund empfindsam verstiegene Briefe schrieb, er war in diesen wenigen Jahren doch ein anderer geworden. Seine alte Liebe zu den Bourbonen war wieder mit fast erschreckender Macht in ihm erwacht. Er bildete sich nun ein, ein direkter Nachfahr des Sonnenkönigs Ludwig XIV. zu sein und versuchte es ihm gleichzutun. Die Schwäne und Rittergestalten aus den Wagneropern verschwanden aus den Ornamenten, die bourbonische Lilie trat ihr Erbe an. Er führte die überladene, gespenstische französische Hofetikette ein, und alle seine Bauten hatten einen solchen Stil.

Kurz vor dem Krieg war vieles, das er begonnen hatte, ins Stocken geraten. Sogar die Landleute munkelten davon. Arglos fragte die Heimrathin den Wolfratshausener Oberwachtmeister einmal in jener Zeit, ob es denn wirklich wahr sei, daß der König kein Geld mehr habe. Der Oberwachtmeister stutzte und sagte schließlich herablassend zurechtweisend: »Was red'st du denn da, Bäuerin!? So was geht dich doch nichts an! Glatt müßt' ich dich da wegen Majestätsbeleidigung mitnehmen!«

»Ja, man fragt doch bloß, ob's wahr ist?« meinte die Bäuerin. Da wurde der Wachtmeister ärgerlich und fuhr sie streng an: »Das Maul halt, zum Teufel hinein! ... Das kann dich doch Kopf und Kragen kosten! Majestät sein und kein Geld haben? Begreifst du denn nicht, daß das ein Unsinn ist! Wer so was sagt, dem kann's schlecht gehen!« Die Heimrathin trat kopfschüttelnd in die Kuchl und brummte vor sich hin: »Hm, es muß also doch was dran sein! Der Kastenjakl hat's doch gesagt, daß der König nimmer weiterbauen kann. Wenn schon bei Hof kein Geld mehr da ist, mein Gott!«

»Was?« fragte die Resl, die eben das kochende Saufutter vom Herd herunternahm.

»Ah nichts, unserm König geht's schlecht«, meinte die Heimrathin.

»Warum? Ist er krank? Was fehlt ihm denn?« wollte die Resl wissen.

»Ah, krank nicht. Geld soll er keins mehr haben«, gab die Bäuerin zurück, und da hielt die Resl erstaunt inne und sagte: »Was, der König? Der kein Geld mehr? Das gibt's doch gar nicht!«

»Ich versteh's auch nicht«, schloß ihre Mutter.

In Aufhausen wurde während der ganzen Kriegszeit viel über den »armen König« gesprochen. Stets hieß es dabei, nur die schlechten Preußen und der Bismarck hätten ihn ins Unglück gebracht, und heimlich betete wohl der oder jener von den Heimraths, daß es ihm bald besser gehen möge.

Diese Ungewißheit war nun vorüber. Nicht nur dem Kastenjakl kam es so vor, es spürten's förmlich alle Menschen im weiten Gau: Der Goldstrom bei Hof floß wieder überreichlich. »Es rührte sich wieder was«, wie die Leute sagten, denn fühlbarer Reichtum wirkt allenthalben belebend auf die Gemüter. Niemand wußte, woher das viele Geld so plötzlich gekommen war. Die meisten meinten eben, der siegreiche Krieg habe es gebracht, aber es war da, und das war gut, wen sollte seine Herkunft schon bekümmern? Höchstenfalls einige unversöhnliche, treu welfisch gesinnte

Hannoveraner, deren ehemaliges Königreich Bismarck nach 1866 – wie die unauffälligen damaligen Berichte besagten – samt dem Millionenschatz der Welfen Preußen einverleibt hatte. Wer wußte überhaupt, wo Hannover lag, und Bismarcks Ansichten waren nicht recht viel anders als diejenigen des Kastenjakl, der gesagt hatte: »Bloß vor dem hat man Respekt, der's zu was bringt. Wie er dazu kommt, das geniert nicht.« Die Leute hatten schon richtig geraten: zu Anfang des Jahres 71 war es um die Finanzen des Bayernkönigs sehr schlecht gestanden. Alle kargen Einkünfte des Landes fraß der Krieg. Ludwig wurde ärgerlich, die Siege interessierten ihn nicht, all seine Pläne schienen zunichte, und verbittert zog er sich in die Einsamkeit zurück. Als Bismarck die Wahl des Preußenkönigs zum Deutschen Kaiser vorschlug, lehnte sie Ludwig anfänglich ungewöhnlich schroff ab. Da griff Bismarck tief in die streng geheim gehaltene Schatzkasse des »Welfenfonds«, und überraschend schnell trat eine Sinnesänderung bei König Ludwig II. ein. Er hatte seine langgesuchten Millionen für die geplanten und begonnenen Bauten, und der Kanzler die huldvoll königliche Einwilligung zur Kaiserwahl. In der Tat, jetzt »rührte sich wieder viel«. Eine Zeit war angebrochen, wie geschaffen für den unternehmungshungrigen Kastenjakl. Er lobte den Krieg und den Frieden, ja sogar den ungeliebten Bismarck, am meisten jedoch rühmte der den großzügigen König.

»Für uns ist das alles bloß gefundenes Kapital, Lorenz«, sagte er oft zu seinem Bruder. »Wir geben nichts dazu, aber wir nehmen davon, soviel wie wir erwischen.« Der mürrische Stellmacher konnte das nicht begreifen. Sein Maxl lag wie viele andere als Kriegsverletzter mit einer durchschossenen, steif gewordenen Hand in Bad Aibling und kämpfte hartnäckig um eine kleine Pension. Sein zweiter Sohn Lorenz war kurz vor dem Friedensschluß zum Militär eingezogen worden und konnte nicht mehr in der Werkstatt mithelfen. Zwei Töchter hatten sich, Gott sei Dank, schon verheiratet und waren in die Stadt gezogen, doch die anderen zwei und der Zwerg lebten noch daheim und konnten bei allem guten Willen die Not nicht geringer machen.

»Ich spür' nichts von Kapital und Segen«, brummte der Stellmacher seinen Bruder an und stand von der Schnitzbank auf. »Bei uns bleibt's gleich und gleich.« Er hatte den vorwitzigen Andreas nie leiden mögen. Unvergeßlich war ihm, wie zynisch und gewissenlos er sich an die Hupfauertochter herangemacht und deren Geld und Hof an sich gerissen hatte. Der Lorenz Graf war ein starrer, stolzer Mann, und jede Hilfe seines Bruders hätte er abgelehnt. Tief im Innersten aber kränkte es ihn doch bitter, daß Andreas noch nie auf einen solch naheliegenden Gedanken gekommen war. Er tauchte nur ab und zu auf, redete von allen möglichen Plänen und machte zwischenhinein böse Witze.

»Du schwatzt daher, es geht vorwärts! Jaja, ich seh's! Meine Rechen und Gabeln sind jedem zu teuer. Die Bauern gehn nach Starnberg und Wolfratshausen und kaufen eiserne, die in der Fabrik gemacht werden. Das ist der Segen für mich!« sagte der Stellmacher wiederum verdrossen. Er ließ den Kastenjakl stehen und ging in die Stube. Der blieb eine ganz kurze Weile mit leicht betroffener Miene auf dem Fleck, dann tappte er aus der Werkstatt.

Es war tief am Nachmittag. Langsam neigte sich die glühheiße Sonne auf das westliche See-Ufer zu. Auf allen Feldern standen hohe Getreidefuhren. Die unruhigen Ochsen und Rösser davor wehrten sich mit Schwanz und Füßen gegen die lästigen Stechfliegen. Auf jeder Fuhre hockte eine Magd oder sonst ein Weibsbild und fing die mächtig volle Gabel, die der Knecht heraufschwang, auf, ordnete die Garben und drückte sie fest nieder. Der Kastenjakl grüßte hin und wieder und sagte etliche beiläufige Worte. Auf der Wegkreuzung, wo die Straße und der Weg, der von Leoni nach Aufkirchen führt, sich überschneiden, blieb er stehen, wischte sich den Schweiß aus dem Gesicht und hob einen Halm vom Boden auf. Er zerrieb die volle Ähre und schrie den Heimraths zu: »Recht viel wert ist das Korn nicht. Der windige Sandboden gibt nichts her!« Die Resl, die auf der hohen Fuhre einhielt, grüßte herüber, und der Much-Girgl spöttelte: »Jaja, dafür wachst auf deinem lumpigen Grund recht viel!« Alle wußten, daß der Kastenjakl seine paar Äkker ziemlich verwahrlosen ließ und nur den Knecht und die alte Pflegerin vom nahen Siechenhaus aufs Feld schickte. »Für mich ist's Sach' genug!« gab der Andreas grinsend zurück. »Aber bei euch ist's kaum wert, daß ihr wegen so einem bißl fast dreiviertel Stunden von Aufhausen herüberlaufen müßt ...« Das traf zu. Das war der weitest abgelegene Heimrath-Acker.

»Wo man was hat, da holt man's«, meinte der Much-Girgl und lachte.

»Warum nicht!« lächelte der Kastenjakl ebenso und schaute hinauf zur Resl. »Aber, Resei, sagst es nicht selber, zu meinem Haberacker auf'm Aufkirchener Hang wär's leichter ...« Auch das traf zu. Zur Maxhöhe gehörte ein schmaler, langer Ackerstrich unterhalb von Aufkirchen, der mitten in den weiten Feldern vom Heimrath lag. Kaum ein richtiger Weg führte dorthin.

»Aha!« spöttelte der Much-Girgl erneut, »ich hör' dich schon schleichen; willst schon wieder einmal handeln, Tropf, windiger!« Der Kastenjakl lächelte gemütlich und rief erfrischter zur Resl empor: »Ich will doch einmal reden mit deiner Mutter, Resei ..., nachher braucht ihr nimmer so weit laufen.«

»Jaja, aber paß auf, daß sie gut aufg'legt ist«, rief ihm die Resl nach, als er weiterging. Die Heimrathin war sehr oft kritisch gelaunt, und wer ihr bei solcher Gelegenheit in den Weg lief, der erriet es schlecht. Auch ihre Kinder standen alle mit den Dienstboten auf vertrauterem Fuße als mit ihr. Der Kastenjakl wußte das sehr gut. Er spekulierte schon lange darauf, den Acker oberhalb Leoni gegen den seinen einzuhandeln, aber bis jetzt war ihm das noch nicht gelungen. Alles mögliche hatte er schon probiert. In finsteren Nächten umschritt er manchmal das Grundstück, blieb stehen am Rand des steil abfallenden Hügelkammes und schaute hinunter auf die weite, stille Fläche des Sees. Er knirschte mit den Zähnen und brummte: »Es muß mir gehören, es muß!« Er schleppte einen Sack mit, lauter Steine waren darin. Er schlich spähend über den sprossenden Acker und übersäte ihn mit den Steinen. Die Sensen der Aufhauser wurden schartig davon. Er grub Engerlinge aus und pflanzte sie heimlich in den Heimrath-Acker. Am liebsten hätte er nachts nach der Aussaat Gift gestreut oder den reifen, wogenden Segen angezündet. Doch das war zu riskant.

Er freute sich, daß heuer das Korn auf dem Leoniger Heimrath-Acker so miserabel ausgefallen war. Schneller und schneller ging er. Er schaute nicht mehr nach links und nicht mehr nach rechts. Eine Villa nach der anderen wuchs in Leoni auf. Der Fischer Gastl hatte dem Stellmeister Hornig ein Stück Laubwald verkauft, und schon wieder arbeiteten Maurer auf dem Baugrund.

Der Kastenjakl kam in der Maxhöhe an, grüßte den Knecht kaum und verschwand sogleich in seiner Stube, in die er noch nie jemanden hineingelassen hatte. Er riegelte die Türe zu, ging an die Kommode, zog eine Schublade auf und holte zusammengerollte Papiere hervor. Er war seltsam erregt, und seine Augen funkelten. Er breitete einen Plan über den Tisch, der die Grundrisse eines schloßähnlichen Gebäudes zeigte. Er hockte sich hin und fing zu rechnen an, prüfte, maß und rechnete bis tief in die Nacht hinein. Das dünne, durchsichtige Dunkel stand regunglos vor den Fenstern, der hohe Mond warf sein bleiches Licht schräg durch die Obstbäume, die Sterne blinkten, und es war totenstill in der Stube und draußen. Nur das Lispeln des rechnenden Andreas und das Rascheln des Papieres unterbrachen diese Stille manchmal. Eine längere Weile saß er nachdenklich da und schaute vor sich hin, endlich stand er auf, ging vor die Tür, holte tief Atem und schaute in die Gegend, wo der Heimrath-Acker lag.

Am andern Sonntag war Jahrmarkt in Aufkirchen. Die ganzen Leute der Pfarrei waren zusammengeströmt und tummelten sich auf dem Platz zwischen der Kirche und dem Finkschen »Gasthaus zur Post«. Laut und lustig ging es hier und in der übervollen Wirtsstube zu. Der Kastenjakl drückte sich durch das Menschengewühl, das die Verkaufsbuden umlagerte, und stand schließlich vor den zwei ältesten Heimrath-Töchtern, der Genovev und der Resl, die sich einen Rosenkranz kaufen wollten.

»Resei! Vevei! Geht's her!« sagte er fidel und zog seinen Beutel. Die herumstehenden Burschen lachten. Jeder Heimrathtochter kaufte er einen Rosenkranz, dann zog er die stämmige Resl weiter, schenkte ihr ein großes Lebkuchenherz und führte sie zum Met wie ein Junger.

»Schaut's ihn an, den alten Knacker! Schau, schau! Auf was Junges ist er aus!« rief einer der Burschen spöttisch, und wieder lachten alle auf. Knapp über fünfzehn Jahre war die Resl erst alt und sah in ihrem schmucken Mieder und Silbergeschnür schon aus wie eine Heiratsfähige. Sie lachte arglos, und ihr volles, gesundes braunes Gesicht bekam dabei einen fraulich guten Ausdruck. Die langnasige, ungewiß dreinblickende Genovev stand zögernd seitab und betrachtete ein um das andere Mal ihren neuen, schönen Rosenkranz.

»Resei? Wie ist sie denn heut' aufgelegt, die Bäuerin?« raunte der Kastenjakl einmal geschwind und blinzelte vielsagend. »Ich will heut zu euch kommen.«

»Jaja«, meinte die Resl ebenso, »heut ist schon zu reden mit ihr.« Niemand hatte es bemerkt und gehört. Die Resl stellte das geleerte Metglas hin, wischte mit der zerarbeiteten Hand über ihren Mund und sagte fidel: »Jetzt langt's aber! Tropf, elendiger, mir hängst keinen Rausch an!« Schon ein ganz klein wenig glasig waren ihre Augen.

»Aber das will ich doch ganz und gar nicht! Woher denn, Resei!« beteuerte der Kastenjakl bieder und überließ das Mädchen den herandrängenden Burschen. Auch die wollten sich nicht lumpen lassen, doch die Resl schüttelte energisch den Kopf und ging mit ihrer Schwester davon.

Am Nachmittag, nach der Vesper, kam der Kastenjakl nach Aufhausen und war die Freundlichkeit selber. Er erzählte allerhand lustige Neuigkeiten und Witze. Sogar die Heimrathin mußte mitunter karg lachen. Es wurde allmählich Zeit zur Stallarbeit. Die Kuchl wurde leer, nur die Bäuerin stand noch da, und der Kastenjakl ging nicht.

»Jetzt laß' ein Wort mit dir reden, Bäuerin«, fing er an und kam, wie so oft, wieder auf das Ackertauschen zu reden. Die Heimrathin wehrte diesmal nicht ab, im Gegenteil, sie wurde langsam nachdenklich.

»Jaja«, sagte sie schließlich und ging mit ihm in die gute Stube, »jaja, dein lumpiger Haberacker hat mich schon oft geärgert! Recht dumm zwängt er sich in unsere Gründ' ...«

»Und weiß Gott wie weit weg ist euer Leoniger Acker. So hätt'st alles schön beieinander«, sekundierte der Kastenjakl geschickt. Sie redeten hin und her.

»Da, Bäuerin«, sagte er wiederum und legte hundert Gulden auf den Tisch, »dein Acker ist größer. Ich will nicht, daß du als Wittiberin zu kurz kommst.« Sie wurden handelseins.

Als der Kastenjakl wegging, traf er im Hof den Much-Girgl, der vom Marktbesuch heimkam und ein wenig angeheitert war.

»Hoho!« lachte der Girgl, »was hat denn dich hertrieben!«

»Du nicht! Aber grad nichts Schlechtes!« gab der Kastenjakl zurück und ging rasch davon.

»Ein durchtriebener Tropf, ein durchtriebener! Was er wieder im Sinn gehabt hat, der Planer!« murmelte der Girgl gemütlich und torkelte um die Stallecke. –

Im Frühjahr fingen etliche Arbeiter an, auf dem Leoniger Acker eine abgesteckte Grundfläche auszuheben Der Kastenjakl half oft mit. Nichts ging ihm schnell genug. Von der ersten Frühe bis nach Feierabend war er auf dem Platz und regierte hartnäckig. Wenn die Arbeiter heimgegangen waren, sah man ihn zuweilen mit einem Plan auf dem Grundstück herumgehen. Er sah prüfend auf das Papier und dann musterte er wieder die Gräben. Zuletzt trat er an den Rand des Ackers und sah von dieser steil abfallenden Stelle aus hinunter auf Leoni, auf den ruhigen See, auf die anderen Ufer, die langsam im Dämmer verschwammen. Dann bekam er ein zufriedenes Gesicht.

Um jene Zeit kam auch der Stellmacher-Maxl heim nach Berg. Er hatte seine Sache günstig durchgefochten und sich von den Demobilmachungs-Instanzen nicht mit einer einmaligen Schadensersatz-Summe abfertigen lassen. Er war Inhaber des Eisernen Kreuzes II. Klasse und bezog jetzt eine monatliche Kriegerpension. Halbwegs konnte er seine steife rechte Hand noch bewegen. Aber was sollte er eigentlich daheim in all der drückenden Not anfangen? Fast siebenundzwanzig Jahre war er alt, hager, mittelgroß und zäh, aber unbäuerlich, weil ihn das schwere Leben draußen in der weiten Welt zurechtgeschliffen hatte. Er dachte eigensinnig und selbständig, wurde mitunter hemmungslos jähzornig und ertrug es nicht, daß die Eingesessenen verächtlich auf ihn und alle Grafs herabschauten. Er ging bedrückt herum und war die meiste Zeit unleidlich. Sicherlich überlegte er allerhand. Vielleicht plante er, wieder in die Fremde zu gehen, doch einen Bäckergesellen mit einer steifen Hand – wer sollte den nehmen? Und wie wollte er es hier zu etwas bringen? Wohin er auch schauen mochte, überall regte sich das neu erweckte, ungestüme Leben, nur mit dem Gewerbe seines Vaters, das er kaum kannte, schien es immer mehr abwärts zu gehen. Die Bauern hatten sich längst an die billigeren eisernen Erntegeräte gewöhnt, die in den neuerstandenen Fabriken der Städte hergestellt wurden.

Zuweilen machte es ganz den Anschein, als sei der Max Graf so ein Sonderling wie der Kastenjakl, mit dem er zum Leidwesen des alten Stellmachers sehr gut auskam und vieles besprach. Manchmal wiederum saß er einen ganzen geschlagenen Tag und eine halbe Nacht in der niederen Stube, kramte in allen möglichen Papieren und machte irgendwelche Niederschriften. Deswegen gab es oft Streit zwischen seinem Vater und ihm, und auch die Stellmacherin murrte, denn das Petroleum war rar und teuer. In seinem Zorn schrie der Max bedenklich laut: »Gut! Ich zahl' mir mein Öl und meine Lampe selber!« Und er tat es auch wirklich. Aber, meinte der Stellmacher erbost, was er denn da schon heraussuche aus den unsinnigen Papieren, ob ihm das vielleicht was eintrage?

»Ja!« sagte der Max fest, »du hast dich nicht darum gekümmert, und wenn ich nicht nachgeschaut hätt', könnt' ich wieder fortgehn.« Und er erinnerte den Alten an die Bäckerei-Gerechtsame, die auf dem Haus liege, wovon seinerzeit der »schwarze Peter« selig manchmal gesprochen habe. »Und?« fragte der Stellmacher erstaunt, »und? Was willst damit sagen? Kannst du vielleicht eine Bäckerei anfangen? Du? Ohne Geld und Werkzeug?« – »Und wo jeder Bauer sein Brot selber backt!« warf die Stellmacherin ebenso hin. Der Max aber schaute starr in die leere Luft, knirschte mit den Zähnen und antwortete entschlossen: »Und wenn der Teufel alles holt, ich probier's! Es bleibt mir schon nichts anderes übrig.« Er ging auf und davon und suchte den Kastenjakl auf. Er saß lange mit ihm beisammen. Sie schrieben die nötigen Eingaben an das Bezirksamt.

»Maxl«, sagte der Maxhöher, »du weißt ja, dein Vater mag mich nicht! Er schämt sich wegen mir. Ich bin ein Lump für ihn. Er ist einer, der lieber verhungert, eh' er wo zugreift. Er sieht und hört und merkt nichts, daß wir eine andere Zeit haben, und ich wett', er wird dir's hart machen, bloß deswegen, weil er weiß, daß ich dir beispring' . . .« Er hielt einen Augenblick inne und setzte leicht boshaft dazu: »Lump muß man sein, Maxl! Nur als Lump zwingt man die lumpige Welt. Laß dich nicht irr' machen, Maxl – zuletzt heißt's doch, man ist ein recht ordentlicher, tüchtiger Mensch gewesen.«

Die Alten und die Jungen

Der Backofen vom Heimrath, der ungefähr zwanzig Schritt weit entfernt vom Stall im sanft abwärtshängenden Obstgarten stand, sah fast wie eine kleine Kapelle aus. Das fensterlose viereckige Gemäuer war weiß getüncht und hatte vorne ein niederes zweiflügeliges Tor. Das bemooste Ziegeldach lief spitz wie eine Tüte zusammen, und aus dieser Spitze ragte der verrußte Kamin empor. Heute stand das Tor weit offen, im Lehmofen verglommen die Reste der verbrannten Scheite, und im dünn aufsteigenden Rauch flogen manchmal winzige Funken, die nach kurzer Weile auf das Dach oder ins satte Grün des Gartens herniedersanken und verlöschten.

In der Kuchl formte die Resl den roggigen Teig zu großen Laiben, legte sie auf mehlbestreute Bretter, bestrich ihre glatten Oberflächen mit einem nassen Flederwisch, streute Kümmel und Anis darauf und stach mit dem weitzahnigen Haarkamm, den die ganze Familie benützte, reihenweise Löcher in die Laibe. Sehr eilig hatte sie es, denn es war ein heißer Tag im späten August, und sie mußte noch aufs Feld. Da sie aber die Kräftigste war, den schweren Teig am besten zu kneten verstand, und ihr Brot stets gleichmäßig geriet, beauftragte die Heimrathin, die mit der Zeit schon ein wenig altersmüd geworden war, sie stets mit dieser Arbeit. Das Ausbacken besorgte die Bäuerin selber.

Die Resl dampfte vor Schweiß. Die Tür zum Hof und die Tür zum Gang zwischen dem Stall waren offen. Die durchziehende Luft trug nur noch mehr Hitze in den Raum. Die Resl steckte ihre teigverklebten Hände ins Mehl und rieb sie trocken.

»Laß es nicht lang stehen«, sagte sie zu ihrer Mutter, betastete noch einmal die Laibe und meinte, bei einer solchen Hitze ginge die Gärung arg schnell. Als sie an den Pumpbrunnen vor der Türe gehen wollte, fuhr der Bruder der Heimrathin, der jetzige Müller von Berg, in den Hof und brachte drei Säcke Mehl. Der lange, hagergesichtige Mensch grüßte die Resl, sie erwiderte kurz, er bückte sich und schaute in die Kuchl, nahm einen Sack auf die Schultern und trug ihn in die Speise.

»Soso, du machst's Brot«, sagte er beim zweiten Sack zur Resl und lächelte schief, »soso, du ... und grad schön sind deine Laib'. Jaja, aber das soll jetzt ganz aus der Mode kommen. Jetzt baut der Stellmacher-Maxl eine neumodische Bäckerei, und er will uns zeigen, wie man richtiges Brot backt, der vorlaute, siebengescheite Notschnapper!« Er lugte auf sie und setzte spöttisch dazu: »Hm, wenn du soviel vom Backen verstehst, kannst ja einmal Bäckerin von Berg werden.«

Die Resl, die den hämischen Müller nicht mochte, nickte nur beiläufig, wischte mit dem groben Schurz über ihr nasses Gesicht und strich sich die Haare zurecht. An allem und jedem hatte dieser Vetter etwas auszusetzen. Nur fest eingesessene Bauern galten bei ihm, arme Leute betrachtete er stets als Gesindel. Selbst dann, wenn so einem armen Menschen ein Unglück zustieß, fand der Müller kein mitleidiges Wort.

»Mit was baut er denn, der Maxl?« fragte die Heimrathin ihren Bruder, der jetzt mit dem Sackschleppen fertig war. »Wo nimmt er denn das Geld her? Beim Stellmacher hat man doch nie was gehabt?«

»Wo er's Geld her hat, weiß kein Mensch, aber er baut«, erwiderte der Müller. »Der Kastenjakl soll dahinterstecken. Der alte Stellmacher ist ganz kritisch darüber.«

»Der Kastenjakl? Ah! ... Der hat sich doch selber übernommen! Er kann doch schon nicht mehr weiterbauen auf der Leoni-Wiese. Heißen tut's, er ist bankrott«, warf die Heimrathin ein. Das entsprach der Wahrheit. Schon seit einem Monat stockte die Arbeit auf dem Bau vom Kastenjakl.

»Jaja! Und du bist so dumm g'wesen und hast ihm deinen schönen Acker 'geben«, hielt ihr der Müller entgegen und schimpfte weiter: »Mit so einer Bagage sollte man sich nicht einlassen. Ich hab's immer gesagt.« Dann kam er wieder auf den Stellmacher-Max zu sprechen und erzählte weiter: »Bei mir ist er g'wesen, der windige Lump, und hat sich erkundigt, ob ich ihm Mehl geben will, wenn er mit der Bäckerei anfangt. Haha, direkt lachen hab' ich müssen und sag' zu ihm, ich mahl' bloß für Bauernleut'. Da geht der Kerl ganz frech weg und sagt, ich hätt' keine Angst haben brauchen, er zahlt bar ... Ha, hm, da weiß man doch faktisch nimmer, was man sagen soll!«

Die Resl schaute ihn kurz an. Außer dem Kastenjakl kannte sie keinen von den Stellmachers näher, dem Maxl war sie beim Kirchgang und auf dem Jahrmarkt etliche Male begegnet und hatte gefunden, daß er ein sehr lauter – wie ihr scheinen mochte –, etwas frecher, respektloser Bursch war. Dennoch begriff sie nicht recht, warum ihm der Müller gegen gutes bares Geld kein Mehl geben wollte. Für ihn wie für alle Bauern wog doch jeder Kreuzer schwer. Bei den Heimraths und ganz besonders bei diesem Oheim war Geld etwas ungemein Geschätztes, fast Ehrfurcht Einflößendes, das man nahm und gleich versteckte, das man wohl behütete und nur ungern sehen ließ. Im alleräußersten Fall, nach vielem Zögern und Wägen, wurden vielleicht einige Gulden ausgegeben.

Die Resl aber sagte nur: »Ja, ich geh' jetzt!« Und sie verließ die Kuchl. Aus der Remise holte sie einen Rechen, schulterte ihn und ging durch die fruchtstrotzenden Baumreihen des schattigen Obstgartens hinunter zum Bachhauser Weizenacker, wo die Aufhauser Getreide aufluden. Eine gestockte Hitze brütete über den Flächen. Es roch nach trokkenem Stroh, und ein leises, träges Summen von Fliegen und Bienen durchzog die reglose Luft.

Nachdenklich schritt die Resl dahin. Offenbar gingen ihr die bösen Worte ihres Vetters durch den Kopf. Vielleicht fiel ihr auch der Kastenjakl ein, der ihr auf dem Jahrmarkt den schönen Rosenkranz, das Lebkuchenherz gekauft und Met bezahlt hatte. Am Ende dachte sie darüber nach, wie das sei, »bankrott« zu sein, von Haus und Hof weg zu müssen und auf einmal keinen Kreuzer Geld mehr zu haben. Sicher sah sie den Kastenjakl vor sich: ein Mensch wie jeder andere – und da kommt er nun daher und bettelt, jeder schaut ihn schief an, weicht ihm aus, keiner mag ihn mehr, und man redet über ihn wie vom größten Lumpen ...

Das Gesicht der Resl sah aus, als sei es von flüchtiger Rührung überschattet. Zwischenhinein kam ihr womöglich der aufdringlich freche Stellmacher-Maxl in den Sinn, und ganz nebenher, gleichgültig und verschwommen im Hirn auftauchend und wieder hinschwindend, fiel ihr vielleicht das dumme Gerede des Müllers von der zukünftigen Bäckerin von Berg ein. Wahrscheinlich begriff sie das Wort »heiraten« in seinem nüchternen Umfang noch gar nicht und gestand sich doch: »Hm, den heiraten? Ich? ... Der? ... Der verdirbt doch noch einmal, genau so wie der Kastenjakl samt seinem frechen Mundwerk!« Und überhaupt – heiraten! Bis jetzt war das weder der Bäuerin noch ihren Töchtern irgendwie in den Sinn gekommen.

Die Resl kam auf dem Weizenacker an und begann, das verstreute Getreide zusammenzurechen. Als man später im Schatten der vollen Fuhren das Vesperbrot verzehrte, erzählte sie die Neuigkeiten, die der Müller gebracht hatte. Die über den Kastenjakl wußte schon jeder. Davon sprachen sie kaum. Nur der Much-Girgl sagte: »Da hat er's jetzt, der Kastenjakl! Ein komischer Kerl! Bauer will er nicht sein, und was anderes ist er erst recht nicht! Mit seinem ewigen Spekulieren hat er sich doch recht saudumm verrechnet! Jetzt weiß er nicht mehr weiter und ist verdorben!« Und gleichgültig setzte er nach einer Weile hinzu: »Für einen Baugrund mag ja der Leoni-Acker ganz gut taugen, sonst war er nichts wert. Froh bin ich, daß wir wegen dem bißl, was wir von da jedes Jahr heim'bracht haben, nicht mehr so weit laufen brauchen. Das hat er gut gemacht, der Kastenjakl!«

Viel mehr interessierten sich alle für den waghalsigen Stellmacher-Maxl von Berg, und auch sie rätselten herum, wo er das Geld zum Bauen herbekommen habe. Der Sepp, der rothaarige Knecht mit den großen Pferdezähnen und den vielen Sommersprossen, war am vergangenen Sonntag in Berg gewesen und meinte: »Grad großartig wird's, das lumpige Stellmacherhäusl, und der Maxl ist übermütig wie ein junges Roß!«

»Mit seiner Kriegspension wird er das kaum machen können«, meinte der Much-Girgl und zerkaute das altbackene Brot.

»No«, meinte die Liesl, »vielleicht hat er sich schon eine Bauerntochter rausgesucht und baut auf Kredit. Wenn sie dann Geld mitbringt, ist's gleich weg.«

»Er ist ja so kein unrechter Mensch, der Maxl«, murmelte der Much-Girgl. »Recht lustig kann er sein. Er schlägt gar nicht ins Stellmacherische, eher hat er schon was vom Kastenjakl, und dumm ist er auch nicht.«

»Aber wer will ihm denn sein Brot abkaufen?« warf die Genovev hin.

»Jaja, das ist eine andere Frag'«, sagte der Much-Girgl, aber die Liesl war der Ansicht, daß es doch am See drunten eine Menge feiner Leute gäbe, da sei vielleicht doch ein Geschäft zu machen. Die Resl wiederum sagte: »Vielleicht geht's ihm grad so wie dem Kastenjakl. Es schaut aus, als wie wenn er grad so hoch hinaus will wie der!« Da schaute der Much-Girgl verstohlen grinsend um die Runde, musterte jede Heimrath-Tochter grinsend und spöttelte: »No, was kann man sagen. In Aufhausen seid ihr allein schon fünf, und die Zeit vergeht. Dürft's dazutun. Vielleicht wird gar eine Bäckerin von Berg!«

»Ja, freilich! ... Von uns wird eine so einen vorlauten Notschnapper nehmen«, rief die Genovev und fügte dazu: »Und mit'm Glauben ist's beim Stellmacher auch nicht weit her.«

»Ein armer Mensch kann's auch zu was bringen«, schloß die Liesl. Der, von dem sie so lebhaft sprachen, wurde in der ganzen Pfarrei viel beredet, und er gab auch manchen Anlaß dazu. Wiewohl er – was niemandem verborgen blieb – mit seinen Eltern und Geschwistern wegen seines Vorhabens hartnäckig herumhaderte, wenngleich er fast knauserig sparen und berechnen mußte und keineswegs sicher war, ob die Bäckerei sich rentieren würde, nichts focht ihn an. Wenigstens schien es so. Seinen alten Vater, der immer griesgrämiger und eigensinniger wurde, schrie er während eines Streites einmal grob an: »Was verstehst denn du, Herrgott! – Hundertmal hab' ich mich als Handwerksbursch halbtot gehungert! Vom Krieg, hab' ich gemeint, komm' ich nicht mehr heim! Wie sie mich bei Orleans durch die Hand geschossen haben, bin ich zwei Tag' und zwei Nächt' auf'm Acker gelegen und hab' gemeint, jetzt ist's aus! Und wie sie mich gefunden haben, bin ich angefroren gewesen. Gemeint haben sie, ich bin mausetot und werfen mich zu den Leichen! Und gerührt hab' ich mich! Und jedesmal bin ich aus dem Dreck und Schlamassel 'rausgekommen! Herrgott nochmal. Vater! Versteh' mich doch! Unsereins kann doch gar nichts Elendigeres mitmachen! Unsereins sagt sich: Den Kopf kostet's nicht, basta! ... Das Ärgste ist doch bloß, daß ihr mir auch noch Prügel zwischen die Füß' werft!«

Weit heftiger stritt er mit seinen Geschwistern, die ihm dauernd Vorwürfe machten, er richte auch noch ihr »bißl Heimat« zugrunde. In Berg selber begegnete man ihm überall mit giftig-hämischer Feindschaft. Er galt als dreister Eindringling, als zweifelhafter Spekulant, welcher gleichsam das ganze Dorf mit Schande beflecke. Was sei es zu guter Letzt, redeten die Nachbarn: ein schändlicher Bankrott käme heraus, und man könne die ganze Stellmacher-Sippe als Dorfarme erhalten.

Und dabei erwogen schon manche, für welchen Preis sie das Stellmacherhaus einsteigern könnten. Sie teilten auch schon den schmalen Wiesenstreifen und den Kartoffelacker auf, der dazugehörte.

Dem Maxl entging das alles nicht. Scharf waren seine Augen und hellhörig seine Ohren. Aber er trug den Kopf hoch. Er zeigte sich überall, und nicht nur das! Sein hungriger Magen rumorte, die Sorgen und Ungewißheiten nagten in ihm, er aber gab sich stets beinahe herausfordernd heiter und lärmend gesellig. Er versoff nicht selten blutenden

Herzens an den Sonntagen in der Postwirtschaft von Aufkirchen seine letzten paar Gulden, und jeder Kumpan war ihm dabei recht: arme Kriegskameraden, schlecht angeschriebene Kleinhäusler, Taglöhner, Maurer, Knechte und verrufene Vilzler. Andere gesellten sich sowieso nicht zu ihm, und im übrigen – nachdem man auseinandergegangen war, wußte der eine meistens nichts mehr vom andern. Je mehr dem Maxl bei einem solchen Zusammensein das Bier zu Kopf stieg, um so ausgelassener wurde er. Er schrie, als sitze nur er allein in der Wirtsstube. Er verstand es, sich jedem Ton anzupassen, und hatte zuweilen ein abstoßend unflätiges Mundwerk. Er schien ein abgebrüht zynischer Mensch zu sein, dem in solchen Augenblicken nichts heilig war, dem es nur darauf ankam, durch schlagfertige Antworten, Redewendungen und Witze Heiterkeit zu erzeugen und Beifall einzuheimsen. Oft ging es in der Runde, in welcher er saß, so heftig und ernsthaft zu, daß die Bauern an den Nebentischen ungut und gefährlich herüberschauten. Der Maxl schrie irgendeinen seiner Partner barsch an, warf ihm die beleidigendsten Schimpfworte an den Kopf, stand auf und plärrte noch drohender. Der Beschimpfte hatte sich ebenfalls erhoben. Jeder hielt den steinernen Maßkrug in der Hand, und einer überbrüllte den andern. Wie tolle Kampfhähne standen sie einander gegenüber. Alle in der Stube waren aufs höchste gespannt und machten sich auf eine wilde Rauferei gefaßt. Auf einmal aber schwang der Maxl den Krug, stieß mit seinem Kumpan an, und beide lachten krachend aus sich heraus: »Prosit, du Hundling, du gußeiserner! Sauf, windiger Haderlump, bevor ich dich niederschlag'!« Die Runde brach gleichfalls in ein wüstes Gelächter aus, und die zwei setzten sich wieder. Verärgert steckten die Bauern die Köpfe zusammen und gingen davon. In der späten Nacht trug der Wind manchmal den Lärm und Gesang der krawallsüchtigen Tischrunde nach Aufhausen hinunter. Dann murrten sie beim Heimrath mit Abscheu: »Schon wieder der versoffene Stellmacher-Maxl! So ein nichtsnutziges Mannsbild! Pfui Teufel!« Nicht nur die Heimrathin, alle Bauern waren darüber einig, daß das Weib, das den Kerl einmal zum Manne bekommen würde, wahrhaft höllenmäßig gestraft sei. Und, meinten die Leute, die Jungen, die vom Krieg heimgekommen wären und die jetzt aufwüchsen, das sei schon der Anfang vom Antichrist.

Auch an den Markttagen machte sich der Maxl sehr bemerkbar, und – wenngleich man ihm überall zu verstehen gab, daß er unerwünscht sei – er schämte sich nicht einmal, in die umliegenden Dörfer zu kommen, wenn Kirchweih gehalten wurde. Nach dem Herkommen mußte an einem solchen Tag, da man dem Schutzpatron des Dorfes seine fromme Ehrerbietung darbrachte, jeder Bauer Verwandte und zufällige Gäste mit Speis' und Trank bewirten und konnte niemanden abweisen. Da gab es ausnahmsweise Fleisch, in Schmalz gebackene Nudeln und sogar Braten zur Mittags- und Nachtmahlzeit, und am Bier durfte nicht gespart werden. Zum Schluß bekamen die Gäste meistens noch Nudeln mit auf den Weg. Es läßt sich denken, daß der Maxl oft sehr angeheitert von einer solchen Kirchweih zurückkehrte. Gierig verzehrten die Stellmacherischen alles, was er mitbrachte, dennoch sagte Maxls Schwester, die Stasl, einmal sehr herabmindernd zu ihm: »Pfui Teufel, Charakter hast du überhaupt keinen! Keiner will dich, aber das merkst du gar nicht!«

Der Maxl stand ein wenig schwankend da, schaute sie glasig an und lachte scheinbar unangefochten: »Charakter dürfen wir nicht haben! So was ist bloß für die feineren Leut' ...«, und mit spitzem Hohn setzte er dazu: »Aber die Nudeln sind gut, was? ... Sie schmecken euch.« Die Stasl wurde hochrot und ging aus der Stube. Der alte Stellmacher schwieg und maß seinen Sohn in ohnmächtigem Grimm. Maxls Mutter malmte mit ihren zahnlosen Kiefern und schluckte trocken. Schon lange hatten sich alle Grafs miteinander verfeindet, jeder von ihnen stand gegen den Maxl, aber es war nicht zu verkennen, er mit seiner Zähigkeit gewann langsam das Übergewicht. Das mochte vielleicht daran liegen, daß er im Gegensatz zu allen im Hause der Not nicht nachgab und selbst in den schwierigsten Lagen mannhaft und zuversichtlich handelte. Im Grunde genommen nämlich war das, was er begonnen hatte, nichts anderes gewesen als eine völlige Auslieferung des väterlichen Besitzes an Fremde. Der Kastenjakl hatte ihm seinerzeit fünfhundert Gulden gegen die Bürgschaft seines Anteils am Stellmacherhaus geliehen und suchte nun schon monatelang eine Belehnung seines halbfertigen Baues auf dem Leoni-Acker. Sollte es ihm einfallen, sein Geld zurückzuverlangen, so fing der Bankrott schon an. Zum zweiten war der Kastenjakl auch auf die Idee gekommen, den Maxl damals, als er zu ihm um Rat und Hilfe gekommen war, zu fragen, ob dieser nicht irgendeinen Kriegskameraden in der Stadt habe, der ihm in der Beschaffung einer Bankhypothek behilflich sein könne. Der Maxl erinnerte sich auch, fand nach einigem Herumsuchen und brieflichen Anfragen einen gewissen Irlinger in München, der in seiner Kompanie gewesen war, und der glückliche Zufall wollte es, daß dieser Mann Mehlreisender für zwei große Münchner Kunstmühlen war. Gegen das schriftliche Versprechen, daß der Maxl nach Eröffnung seiner Bäckerei das Mehl ausschließlich durch ihn beziehe, versuchte der Irlinger, ihm zu einer Bankhypothek in Höhe von zweitausend Gulden zu verhelfen. Gewiß hatte der siegreiche Krieg viel Geld ins Land gebracht. Es wollte wirken, es suchte sich schnell und mühelos zu vermehren, es floß als ergiebiger Kredit in alle möglichen Kanäle, nährte Vermittler und förderte gewiegte Spekulanten, es schuf neuartige, weitverzweigte Handelsunternehmungen und verhalf einer teils ins Stocken geratenen und teils erst entstehenden Industrie zu raschem Aufschwung. Allein es fand nur langsam seinen Weg zum kleinen Mann, dem die Gewiegtheit abging und der außer seiner Tüchtigkeit kaum eine Bürgschaft bieten konnte.

Bitter schwere, demütigende Verhandlungen begannen damals für den Maxl. Es half nichts anderes als allen Jähzorn zu ersticken, jeden Stolz zu vergessen und Herz und Nerven beständig im Zaum zu halten. Anfänglich sah seine

Sache völlig hoffnungslos aus, denn die Sachverständigen der Bank, die das armselige Stellmacherhaus eines Tages besichtigten, erregten nicht nur unliebsames Aufsehen im Dorf und Ärger im Haus, ihre Erkundigungen über Maxls Vertrauenswürdigkeit zeitigten nichts Gutes für sie. Sie waren nicht wenig empört über die Dreistigkeit des zukünftigen Bäckers von Berg, der etwas belehnen lassen wollte, das noch nicht einmal ihm gehörte. Sie errechneten die Winzigkeit, die ihm nach der Übergabe des elterlichen Anwesens und nach der Hinausbezahlung der Geschwister verbleiben würde, und die Bank gab einen abschlägigen Bescheid. Sie blieb unzugänglich. Der Maxl war fürs erste ziemlich ratlos. Wut und Weh kochten in ihm, und nichts durfte er zeigen. Das Gerede der Seinen und der Dörfler zermürbte ihn, er wollte niemanden triumphieren lassen und mußte den Zuversichtlichen spielen. Endlich wußte der gewitzte Irlinger doch einen Ausweg: der Maxl bot der Bank als Sicherheit seine Kriegspension und erhielt tausend Gulden. Diese Summe reichte nicht hin und nicht her. Insgeheim verpfändete der Maxl dem Irlinger alles, was ihm nach dem Ableben der Eltern verbleiben sollte und verschwieg wohlweislich, daß er bereits dem Kastenjakl das Anrecht darauf gegeben hatte. Irlinger ließ sich überreden und gab gegen einen etwas höheren Zins noch ein persönliches Darlehen von fünfhundert Gulden.

Wie es der Maxl nun auch ansehen mochte, er stand buchstäblich nach alledem im verzehrenden Nichts und konnte, wenn es offenbar wurde, sogar als gemeiner Schwindler ins Gefängnis kommen. Und warteten nicht alle schadenfroh darauf, daß dieses schlimme Ende über ihn hereinbreche?

Indessen er baute und wagte. Er zeigte nie, was ihn plagte. Ausgehungert und knochendürr war er und sah weit älter aus als Menschen in seinem Alter. Er hatte auch ganz andere Ansichten und Interessen als sie. Das stärkte und isolierte ihn zugleich. Er las hin und wieder eine Zeitung, welche die Sommerfrischler mitbrachten, beschäftigte sich mit den zwei oder drei Geschichtsbüchern, die er aus dem Aiblinger Spital heimgebracht hatte, und er war der einzige, der offen seine Sympathie für Bismarck bekundete. In diesem Mann, den er in Frankreich zweimal gesehen hatte, sah er – ohne dabei an dessen Kriegerisches zu denken – gleichsam eine Art von Vorbild. Er verglich sich im Innersten mit dem kühnen Kanzler. Was dieser im Großen, in der Politik, mitunter für listige Wege einschlug und wie er sich zum Schlusse doch immer wieder gegen eine Welt von Widersachern durchsetzte, das schien dem Maxl auch für das kleine Leben richtig und tauglich zu sein. Heiter schrie er manchmal in die Runde seiner Wirtshaus-Kumpane: »Ah was! ah was! Es gibt keine Not! Man braucht ihr bloß keinen Schwung lassen!« Und wiewohl er mit Eltern und Geschwistern beständig auf dem Kriegsfuß stand, er versuchte nicht selten, ihnen seine Pläne begreiflich zu machen. Er war kein kalter Menschenverachter und Rechner wie der Kastenjakl, dessen Unternehmungslust er schätzte und bewunderte, den er aber nicht sonderlich mochte. Er ging nur deshalb so freundlich und behutsam mit ihm um, weil er dabei lernte und gewann. Der Maxl hätte oft und gerne von irgendwem ein gutes Wort gehört und wäre tief dankbar dafür gewesen. Er hungerte nach Anteilnahme und suchte echte Freunde, denn schließlich kann niemand das eisige Alleinsein ertragen. Es zerbricht ihn oder es macht ihn vor der Zeit düster und krank.

»Versteht mich doch«, sagte er einmal zu seiner jüngeren Schwester Kathl, die sich als Flicknäherin kümmerlich fortbrachte und meistens außer Haus arbeitete, »ich bin doch kein Bauer, ich bin ein Geschäftsmann! Das ist doch ein Unterschied! Ich muß saufen, ich muß beliebt werden! Beliebtheit ist genau so ein Kredit wie bares Geld, und ohne Kredit ist kein Geschäft zu machen!« Mit der Kathl, welche die Streitigkeiten im Hause gewissermaßen immer erst aus zweiter Hand erfuhr, war noch am ehesten zu reden.

»Du mußt es ja wissen, Maxl«, sagte sie nicht kalt und nicht warm, »zuletzt wird man es ja sehen.« Die Stasl, die schweigend daneben saß und einen Strumpf stopfte, hob den Kopf nicht und warf feindselig hin: »Ja, wenn unser ganzes Zeug beim Teufel ist!« Der Maxl stockte kurz, stand auf und rief mit verhaltener Wut: »Am End' seid ihr alle noch froh, wenn ich euch aus dem Dreck helf'!« Er ging zur Türe.

»Schau nur, daß du aus dem Dreck kommst! Wir brauchen dich nicht!« höhnte die Stasl. Er schlug krachend die Tür zu.

Eine Weile schwiegen die Schwestern.

»Er sollt' heiraten«, brummte die Kathl, »es gibt doch Bauerntöchter genug.« – »Der? – Den nimmt doch in Ewigkeit keine! Und eine mit Geld schon gar nicht!« erwiderte die Stasl und setzte dazu: »Und daß er genau so eine Notige 'reinbringt, wie wir sind, dafür dank' ich schön.«

»Mein Gott!« meinte die Kathl müd' und versöhnlich, »oft schaut er aus, der Maxl, als ob er sich selber nicht mag! Ich möcht' nicht in seiner Haut stecken.«

»Ja, wenn er daheim ist! Im Wirtshaus ist er kreuzlustig!« antwortete die Stasl, und sie kamen auf Lorenz, ihren anderen Bruder, zu sprechen, der nun bald vom Militär heimkommen mußte.

»Gott sei Dank!« schloß die Stasl, »der ist doch wenigstens ein Mannsbild! Der kommt auf gegen ihn! Mit uns treibt er ja rein Schindluder!«

In vieler Hinsicht geriet die Stasl dem alten Stellmacher nach. Sie war unnachgiebig und verrannt. Ihr wenig ansprechendes Gesicht mit der energischen Sattelnase und den ekkigen Backenknochen verriet viel eher männliche Herrschsucht als frauenhafte Anpassung. Der breite, starklippige Mund verlieh ihm einen leicht ordinären Zug, und die grauen Augen unter den dichten schwarzen Brauen sahen kalt drein, unbarmherzig und höhnisch. Sie war größer als der Maxl, trotz ihrer sonstigen Hagerkeit vollbusig, und sie besaß dieselben geraden, breiten Schultern wie der Stellmacher. Nichts an ihr war zart. Ihre Stimme hatte keinen Klang, ihre Bewegungen waren unweiblich. Sie kannte nur ihre allereigensten Interessen und kam sich stets betrogen vor. Es war unmöglich, sie vom Gegenteil zu überzeugen. Nichts haßte sie am Maxl so als seinen heiteren Trotz und die überlegene Intelligenz, die ihr Instinkt witterte. Darum suchte sie Verbündete gegen ihn und war nicht wählerisch in den Mitteln. Darum erwartete sie Lorenz' Heimkommen mit Ungeduld. Dieser Bruder schien ihr brauchbar zu sein. Er war ein etwas stumpfer, ruhiger, gutmütiger und vor allem ein sehr starker Mensch, der sich im Notfall stets auf seine Körperkraft verließ. Ihn zu lenken konnte nicht allzu schwer fallen. Es kam nur darauf an, ihn von Anfang an entsprechend heftig zu beeinflussen. Indessen die Stasl erlebte eine arge Enttäuschung. Der Lorenz, dem seit jeher alles Streiten zuwider gewesen war, wollte nichts wissen von dem häuslichen Hader. Er sah, daß die Not daheim nur noch größer geworden war, und wollte schnell etwas verdienen. Schon vor seiner Militärzeit hatte er als Zimmermann gearbeitet, der Dienst bei den Ingolstädter Pionieren war ihm fachlich zugute gekommen, und jeder Mensch kannte seinen Fleiß. Noch dazu war er selbst mit dem wenigsten zufrieden. Der Maxl kam gut mit ihm aus, und auch er hing an seinem Bruder. Zunächst holte der Kastenjakl den Lorenz, daß er ihm die Zimmerer-Arbeiten auf seinem Bau mache. Der Maxl sah das nicht gern, aber er konnte nicht recht dawider sein, denn der Kastenjakl, der endlich wieder durch irgendeine geschickte Machenschaft Geld bekommen hatte, drängte darauf, seine Villa fertigzustellen, und war in letzter Zeit meist übellaunig. Jedesmal, wenn er in Berg auftauchte, zitterte der Maxl innerlich davor, er möchte am Ende um die Einlösung seiner fünfhundert Gulden anhalten. Zum Glück tat er's nie.

Nach Feierabend half der Lorenz seinem Bruder und fügte das Gebälk des Dachstuhls zusammen. Der Maxl bezahlte ihn trotz allen Dawiderredens wie jeden Fremden und erfuhr dabei, daß der Kastenjakl ein schändlicher Knauser und Ausnützer sei, aber er verbarg seine Empörung und tröstete den Lorenz, indem er sagte: »Er hat auch schwer zu kämpfen, der Anders. Er ist sonst nicht so! Ich wett', wenn er seine Villa gut verkauft, daß er an dich denkt!« Der Lorenz sagte nichts darauf. Er nickte nur ein paarmal. Schließlich, als weder beim Kastenjakl noch auf dem Bäckereibau etwas zu tun war, fand der stille Mann durch die Empfehlung des Bauleiters Fischhaber bei der Sägemühle der Rambeckschen Bootswerft in Starnberg eine dauernde Beschäftigung gegen Taglohn. Er ging in aller Frühe aus dem Haus und kam erst nach Hereinbruch der Nacht zurück. Er war müde, verzehrte schweigend die paar kalten Kartoffeln, die übriggeblieben waren, oder er brachte sich ein kleines Stück sehr gepfefferter Blutwurst mit, wovon er etliche Rädchen für Vater und Mutter abschnitt. Er redete in seiner langsamen Art über die naheliegenden Dinge und Vorkommnisse und ging alsbald zu Bett.

Der umfängliche Backofen wurde fertig, die neu angebauten Mauern schlossen sich an das Stellmacherhaus, die Dachdecker arbeiteten, und ein hoher Kamin krönte die vollendete Bäckerei von Max Graf. Der Irlinger kam etliche Male und war sehr zufrieden. Großzügig gewährte er eine dreimonatige Frist bis zur Begleichung der ersten Mehllieferung. Eines Tages stieg dicker Rauch aus dem stolz emporragenden Kamin, der Maxl arbeitete mit aufgeweckter, beflissener Eile in der funkelnagelneuen Backstube, und bald darauf roch es in weitem Umkreis nach frischgebackenem Brot. Die Nachbarn schnupperten erstaunt in die Luft. Am frühen Vormittag kam der Maxl mit erfrischtem Gesicht aus dem Haus und trug einen vollen Korb. Glänzende Wecken und knusperige Semmeln lagen darin. Hinter den Fensterscheiben standen die Dörfler und schauten ihm ungut nach. Er ging die ziemlich steil abfallende Dorfstraße, welche zum See-Ufer führte, hinunter. »Was? ... Möcht' der freche Kerl vielleicht gar unserm König sein lumpiges Brot verkaufen?« murrten die mißgünstigen Berger, doch sie irrten. Der erst siebenundzwanzigjährige Monarch hatte äußerst schlechte Zähne und pflegte nur weiches Weißbrot zu verzehren, das der reitende Bote jeden zweiten Tag aus München brachte. Der Maxl ging in die seit zirka einem

Jahr eröffnete »Schloßwirtschaft« vom Karl Wiesmaier, wo das niedere Hofgesinde verkehrte. Den noblen Wirt kannte er seit einiger Zeit. Er schien ihm gewogen zu sein. Es ließ sich gut an, denn die Hofleute saßen eben beim zweiten Frühstück in der holzgetäfelten Gaststube. Jeder schaute gutwillig auf den eintretenden Bäcker, jeder nahm etliche Semmeln aus dem dargereichten Korb, und der Wiesmaier füllte die Brotteller auf den Tischen.

»Das ist ja ausgezeichnet! Prachtvoll! Und wie schön rösch! Und doch weich! Großartig!« rief der Leibdiener, eine Semmel verzehrend, und wandte sich herablassend an den Maxl: »Der Starnberger Bäcker bringt so was nicht fertig. Drum hat er auch kein Glück gehabt, aber dies Brot kann man ja direkt Seiner Majestät empfehlen! Prosit, Herr Bäckermeister! Auf gut Glück!« Das klang wie Musik in Maxls Ohren. Er wußte zwar von den Bemühungen des Starnberger Bäckers, aber er kannte den Grund seines Mißgeschicks nicht. Er merkte sich jedes Wort genau und schaute dankbar in das runde, glattrasierte Gesicht des Leibdieners. Er war hochrot und verlegen geworden und konnte nichts sagen. Als der Wiesmaier das Geld hinzählte, wurde er sicherer. Er faßte sich vollends, setzte das beste Gesicht von der Welt auf und sagte im Hinausgehen: »Besten Dank, die Herren! Und beehren Sie mich wieder! Grüß Gott, die Herrschaften!«

Als er im Freien stand, holte er kurz und tief Atem. Sein Herz schlug schneller. Er begriff, was er zwar wußte, aber nie zu hoffen gewagt hatte: er war der Erste auf diesem Platz, der Starnberger hatte sich nie weiter um das Ostufer des Sees gekümmert; jeden Tag frische Semmeln und neues Schwarzbrot waren hier unbekannt, waren wahrhaft eine Rarität. Das Gefühl einer guten Zukunft dämmerte in ihm auf, als er weiterging. Jede Unsicherheit des Anfangens wich. Ohne Scheu suchte er die Kabinett-Villa auf, und sogar der Hofgärtner, dessen Geiz bekannt war, wog einen Wecken in der Hand und kaufte ihn.

Der Maxl kam wieder den Berg herauf, nahm die zu

Hause noch vorhandenen Semmeln mit und wanderte nach Leoni. Seine Ahnungen täuschten ihn nicht. Mit wahrer Freude nahmen ihm die Herrschaften das Brot ab, und schnell wurde sein Korb leichter. Als er auf dem Bauplatz der Kastenjakl-Villa ankam, empfingen ihn die Maurer, die gerade beim Mittagessen zusammen saßen, wie einen alten Bekannten. Jeder hatte schon mit ihm getrunken.

»Oj-oj-oj!« grunzte der dicke Öttl-Hans, packte einen Wecken und schnitt ihn gleich an: »Da schau her! Der Maxl wird ein ordentlicher Mensch! Schau, schau! Respekt!« Ein anderer probierte eine Semmel und schrie: »Ja, das ist ja die reinste Herrschafts-Mehlspeis'!« Alle kauften. Die Kreuzer klimperten in Maxls Hosentasche. Als er weiterging, raunte ihm der Kastenjakl zu: »Nur nicht zuviel hoffen. Vorläufig sind sie bloß neugierig auf dein Brot.« Der Maxl aber erwiderte zuversichtlich: »Probieren geht über Studieren, und riskieren muß man überall was!« Er marschierte mit schnellen Schritten den Hügelweg hinan, und in Aufkirchen trat er schon bedeutend selbstbewußter in die Finksche Postwirtschaft. Er stellte seinen leichtgewordenen Korb hin und antwortete dem Wirt auf die Frage, was er denn am hellichten Werktag bei ihm wolle, mit schlagfertiger Keckheit: »Eine Hand wäscht die andere! Bis jetzt hab' ich dir genug Bier weggesoffen! Jetzt mußt auch du mein Brot nehmen, da!» Die ganze Familie Fink kam in die Wirtsstube und betastete neugierig das Brot. »Und wieviel nimmst du?« fragte der Maxl, und wenn er auch nicht wußte, wer das bei ihm essen wollte, der Fink nahm doch schließlich einen Wecken und für jeden eine Semmel.

Draußen, vor der Tür der Metzgerei, stand die Heimrath-Resl mit einem unruhig herumspringenden Schlachtkalb, das der Fink vor einigen Tagen in Aufhausen gekauft hatte. Der Maxl lachte ihr breit entgegen und ging rasch auf sie zu. Es genierte ihn gar nicht, daß das erschreckte Kalb noch wilder herumsprang.

»Resi?« rief er und griff in seinen Korb, »da schau! Die paar Semmeln hab' ich eigens für dich aufgehoben! Da!

Magst sie?« Offen schaute er in das straffe, sonngebräunte Gesicht der Resl. Die aber fand zu nichts mehr Zeit. In diesem Augenblick riß sich das Kalb los und rannte in stelzigen Sätzen über den Platz und auf die abschüssige Wiese vor der Postwirtschaft. Der Maxl stellte schnell seinen Korb auf den Boden und lief der Resl nach. Die stolperte und fiel in gestreckter Länge hin. Beinahe wäre er über sie gefallen, konnte gerade noch ausweichen und rannte weiter, ohne sich um sie zu kümmern.

»Damischer Tropf, damischer!« schimpfte die Resl verärgert, richtete sich rasch auf, wischte mit den Händen über den dickverstaubten Rock und sah und hörte nicht, wie die Finks, die vor die Türe getreten waren, hellauf lachten. Mit wütendem Gesicht lief sie dem Maxl nach, der endlich das störrische Kalb im Feld erwischt hatte. Jetzt blieb sie stehen und schaute den näherkommenden Burschen mit unbestimmter Miene an. Es mochte ihr vielleicht gefallen, daß der ganz wie ein Bauer mit dem wilden Jungvieh umging und es so schnell zu beruhigen verstand. »So, Resei, da haben wir den Wildfang! Geh nur weiter!« rief er fidel, führte das zitternde Kalb bis zur Schlachthaustüre, übergab es dem Metzgergesellen, der damit verschwand. Die Resl war hinterdrein gegangen und jetzt, da der Maxl sich umdrehte, abermals in den Korb griff und ihr die zwei Semmeln reichte, wußte sie nicht gleich, was sie tun und sagen sollte.

»Da! Jetzt genier dich doch nicht so, Resei! Nimm's nur! Da!« drängte ihr der Maxl die Semmeln auf, »sie kosten gar nichts! Eine ist für dich und eine bringst deiner Mutter heim!« Die Resl griff zögernd danach, musterte das Backwerk zweifelnd und lächelte leicht verschämt: »Du bist aber splendid! Sind die von dir? Hast die gar etwa du gemacht?« – »Freilich! Wer denn sonst! Probier's nur!« erwiderte der Maxl keck, während die Resl die Semmel bedächtig zerdrückte, ein Stück abbrach und es in den Mund steckte, ohne es gleich zu zerkauen. Ungewiß, halb spöttisch und halb neugierig, blickte sie auf den lustigen Maxl, und endlich bewegten sich ihre Kiefern. Sie schluckte bedächtig und sagte fast kindlich: »Das ist aber was Gutes! Was ganz Feines ist das!« Immer noch lächelte sie, und ihre Augen spiegelten sich in Maxls Augen. Sie wurde ein ganz klein wenig rot dabei.

»Jaja!« rief der Maxl, »so was mach' ich jetzt jeden Tag! Sag's nur herum, Resei! Der Maxl kann nicht bloß saufen, er hat auch was Ordentliches gelernt.« Er grüßte und ging weiter. Gleichsam von hinten sah man's ihm an, daß er sehr zufrieden war. Die Resl stand noch immer auf dem gleichen Fleck, zerkaute ein Stück Semmel nach dem anderen und verschluckte es, und nachdenklich schaute sie dem Davongehenden nach. Sonderbar, besser als jede Schmalznudel schmeckte ihr die Semmel, ganz aus feinem weißen Mehl war sie, billig konnte sie gewiß nicht sein – und der arme Schlucker verschenkte so etwas! Endlich steckte sie die andere Semmel behutsam, als handele es sich dabei um eine zarte Kostbarkeit, in die tiefe Tasche ihres vielfaltigen Rockes und machte sich auf den Heimweg. Sie ging dahin, und von Zeit zu Zeit huschte immer wieder ein erwecktes Lächeln über ihr Gesicht. Dann machte sie einige schnellere Schritte.

Daheim vergaß sie ganz und gar, von dem davongelaufenen Kalb zu erzählen. Ihre mitgebrachte Semmel machte bei allen das größte Aufsehen. Die Heimrathin gab jedem ein winziges Stück zum Probieren, und jeder kaute daran, als wäre es eine fremdartige Delikatesse. Mit einer gewissen Wichtigkeit kam die Resl immer wieder auf den Maxl zu sprechen.

»Und er hat dir die Semmeln einfach geschenkt?« fragte der Much-Girgl zwischenhinein und schaute die Resl vieldeutig an, »nichts hat er dafür verlangt?« – »Gar nichts! Nichts kosten sie, hat er gesagt«, erwiderte sie arglos, aber da der Girgl verstohlen blinzelte, wurde sie seltsamerweise verlegen und wußte nicht warum.

Wie das schon zu gehen pflegt, wenn ein richtiger Anstoß die Gemüter belebt – ein Wort gab das andere. Nicht ohne Respekt äußerten sich einige über den Maxl. Der Girgl meinte, wenn erst der königliche Hof von ihm das Brot beziehe, dann sei er schnell über Wasser und werde vielleicht ein reicher Mann.

»Ja, für die Herrschaften mag so was ja ganz gut sein, aber bei unsereinem kann er da kein Geschäft machen«, warf die Heimrathin hin, und die Genovev meinte: »Ah! Wie wird's denn so ein nichtsnutziger Kerl zu was bringen! Der versauft doch alles! Und Glück kann er auch nicht haben. Beim Stellmacher glaubt doch keiner was!« Dagegen redeten nun wieder die Liesl und der Girgl, die die bigotte, raunzerische Genovev nicht mochten. Ganz lebhaft ging es in der Heimrath-Kuchl zu. Wegen »nichtsnutzig«, äußerte sich der Girgl, die Semmeln mache dem Maxl keiner nach, und die Liesl machte den spöttischen Einwurf, jeder Gläubige sei eben nicht darauf aus, seine Frömmigkeit besonders auffällig zu zeigen. Die Resl sagte einmal aus irgendeinem Nachdenken heraus: »Ja, wenn der jetzt jeden Tag sein teures Mehl verbackt und bringt die Semmeln nicht an, was tut er denn da? Da muß er ja verderben.« Sie schaute sonderbar sinnend vor sich hin.

»Jaja, das denk' ich mir ja auch«, schloß die Heimrathin und mahnte endlich daran, zu Bett zu gehen. –

Schmerzhafte Zwischenfälle

Langsam und lautlos verblich der schwermütige Herbst in den Wäldern und auf den Fluren. Noch in der Novembermitte zeigten die nur schwach entlaubten Birken- und Buchenbäume ihre farbige Pracht. Das bewegte, helle Gelb der einen und das tiefe Weinrot der anderen leuchtete wunderbar aus dem starren Dunkel der Fichten und Tannen. Die Bauern klagten darüber, denn was half ihnen all die unbeachtete, gewohnte und durchaus zwecklose Schönheit! Um diese Zeit konnte man sonst in den Wäldern schon im dürren Laub waten, und das gab reichlich gute, billige Einstreu fürs Vieh.

Weithin ausgeflacht oder hügelan und hügelab streckten sich die abgeernteten Stoppelfelder, auf welche von Zeit zu Zeit dichte Krähenschwärme niederflogen und Würmer und Engerlinge aus der Erde pickten. Auf den kurzgrasigen, schmutzig grünen Wiesenflächen weidete das Vieh. Seitab um ein qualmendes Feuer hockten Kinder, die hüteten, und die blechern klingenden Kuhglocken verhallten seltsam melancholisch in der reglosen Luft. Die leeren Kartoffel- oder frischgepflügten Getreideäcker mit ihren langen, regelmäßig gezogenen Furchen glichen braunschwarzen, riesigen, dicken Trauerteppichen, die düster zwischen die Wiesen gebreitet waren. Manchmal ackerte noch ein Bauer. Ein Knecht fuhr mit dem Jauchewagen über ein Feld, oder Mägde streuten den gehäuften Dünger umher. Ganz nah, wie scharf aus der Landschaft herausgemeißelt, erschienen die Häuser und Kirchen der Dörfer, und über alles wölbte sich, einer hohen Kuppel gleich, das zarte, liebliche Blau des glasklaren Himmels. Der glatte See im weiten Tal hatte seine stumpfe, dunkle, unbestimmbare graugrüne Herbstfarbe angenommen.

Schwerbeladene Torffuhren ächzten am Heimrathhof vorüber. Die davorgespannten Pferde oder Ochsen der »Vilzler« sahen ausgemergelt aus und prusteten schwer. Die Tage wurden immer kürzer, dicht und immer dichter wurden die Morgen- und Abendnebel, kalte Fröste überzogen die Flächen mit Reif, und an einem Tag fiel dünner Schnee, setzte den Gartenpfählen weiße Kapuzen auf, blieb liegen auf den Dächern und vermummte allmählich die ganze Gegend.

Beim Heimrath wollte der Verdruß in jenen Monaten nicht abreißen. Einmal an einem Herbsttag, als nur die Bäuerin allein im Haus war, waren zwei unheimliche, braunhäutige Zigeunerinnen mit einem noch gefährlicher aussehenden Mann in die Kuchl gekommen und hatten sie so zerredet, bedrängt und eingeschüchtert durch ihre beschwörenden Drohungen, daß sie sich nicht mehr zu helfen wußte. Weglaufen auf die weitverstreuten Felder, um Hilfe zu holen, schien nicht geraten. Die unheimlichen Besucher hätten nicht nur haufenweise gestohlen, sie wären wahrscheinlich auch in den Stall gegangen, hätten irgend etwas ins Futter gemischt und das Vieh verhext. Also ergab sich die Bäuerin, wenn auch noch so abweisend und zögernd, in ihr Mißgeschick. Sie spendete Milch und Nudeln, sie füllte einen Sack Mehl und einen Sack Hafer ein, sie holte Geld und beschwor, nicht mehr zu haben. Eine Zigeunerin ergriff ihre zitternde Hand, überflog die Linien derselben und schielte die Bäuerin von unten her mit funkelnden Augen an, indem sie kauderwelschte: »O Jeusas Chrischt! ... O Jeusas Chrischt, schlächt spriacht Bairin! Koin Glick wird kummen über sie! Tuifelach ist schon auf der Weg!« Und immer krampfhafter umspannte sie die Hand der Heimrathin, immer näher rückte sie mit Gesicht und Körper auf sie, verdrehte die Augen und hauchte sie an mit heißem Atem, während die anderen zwei, das jüngere Weib und der Mann, in der Kuchl herumspähten.

»Bairin kann gäbn und wird greußes Glick, wird haben Sägen, wenn sie arme, gute Zigeiner Spend gibt!« rief die beschwörende Zigeunerin abermals, und je mehr die Heimrathin zurückwich, um so aufdringlicher rückte sie ihr auf den Leib.

»Stall vuller Viehch!« glaubte die Heimrathin einmal zu verstehen, und schaute ängstlich auf den Mann, der schon auf die hintere Tür zugehen wollte.

»Um Gottes Himmels Christi willen, bleibt's da! Ich hab' nichts mehr! Ich kann euch nichts mehr geben!« schrie sie, und da gaben ihr die drei zu verstehen, daß sie doch fünf ausgewachsene Töchter habe, die alle schönen Schmuck hätten.

»Glick wird sein, und es werd sein Sägen, und werden jedes erwuschen guten Mann, aber gäbert ihr Silberzeig!« forderte die alte Zigeunerin und grimassierte bald drohend, bald freundlich: »a sunsten bäser Fluch und Unglick über dich und Haus und Hof!« Der sonst so groben, couragierten Bäuerin standen die Schweißperlen auf dem Gesicht, und sie gab jeden Widerstand auf. Sie holte die fünf golddurchwirkten Riegelhauben, die Silberschnüre und Anstecknadeln samt den reichbestickten Miedern ihrer Töchter, legte noch zwei Laib Brot und den letzten Klumpen Butter dazu, und endlich zogen die drei schrecklichen Besucher nach allerhand sonderbar klingenden Dank- und Segensworten ab. Der Hund rührte sich nicht, als sie über den Hof gingen und auf die Straße traten. Die Heimrathin wagte nicht, ihnen nachzuschauen. Etliche Augenblicke lang stand sie verstört da, dann brach sie erschöpft auf die Knie nieder und fing, zerstoßen in sich hineinweinend, laut zu beten an. Es fiel ihr nichts anderes ein, denn Zigeuner waren wie ein Fatum. Etwas gegen sie zu unternehmen, brachte erst recht Fluch und Unglück. Sie ging schließlich mit der Weihwasserflasche durch alle Räume und besprengte sich, das Vieh, die Wände und die Möbel.

Als am Abend die Aufhauser von den Feldern zurückkamen, erzählte sie ihr Unglück. Ihre Töchter schauten angstvoll demütig drein, und auch die Liesl schwieg benommen. Der Much-Girgl und der erste Knecht jedoch schlugen vor, gleich nach Wolfratshausen zu fahren und bei der Gendarmeriestation alles anzuzeigen. Die Heimrathin verbot ihnen das streng und barsch, denn – meinte sie – es sei mit dem Unglück schon genug. Sie suchte am andern Tag den Pfarrer von Aufkirchen auf, und der riet ihr, sie sollte doch wieder einen Baumeister nehmen. Im übrigen kam er und weihte Hof und Stall und Haus von neuem. Dafür ließ die Bäuerin drei Messen lesen.

Am darauffolgenden Sonntag – es fing gerade zu schneien an – ging der Much-Girgl nach langer Zeit wieder einmal in den Vilz hinüber. Die Drohungen von einst waren längst verweht und vergessen. Es wurde Zeit zur Stallarbeit, wurde Nacht und Frühe, und der Girgl war immer noch nicht zurückgekommen. Die zwei Heimrathknechte fuhren ins Holz und fanden seitab von der Wolfratshausener Straße einen eingeschneiten Toten. Sie drehten ihn um und erkannten den Girgl. Er war voller Blut und wies vier Messerstiche im Rücken auf. Die Knechte luden ihn auf das Fuhrwerk und brachten ihn nach Aufhausen. Da gab es ein großes Klagen. Die Resl weinte am meisten. Die Heimrathin faßte sich endlich und fing zu raten an. Für sie stand dieser Mord einzig und allein mit den Zigeunern in Zusammenhang. Sie mußten gewittert haben, daß der Girgl sie anzeigen wollte. Nun hatte ihn ihre Rache erreicht.

»Da hat er's jetzt! Ich hab's euch gleich gesagt, daß sowas schlecht ausgeht!« sagte die Bäuerin ungut zu den Knechten, und die schauten betroffen drein. Wieder ging sie auf der Stelle zum Pfarrer nach Aufkirchen. Voller Bangnis und ganz ratlos war sie. An den toten Girgl dachte sie dabei am allerwenigsten, sie ärgerte sich sogar darüber, daß er vorgestern in den Vilz gegangen sei. Sie erwog nur, was nun noch alles über sie, über die Ihrigen und den Hof hereinbrechen würde. Soviel sie sich aber auch dagegen wehren mochte, der geistliche Herr bestand darauf, daß die Untat ungesäumt bei der Wolfratshausener Gendarmeriestation zur Anzeige gebracht werden müsse. Bedrückt fügte sich die Bäuerin darein und schickte den ersten Knecht dorthin. Im letzten Augenblick ließ sie noch den zweiten, den Hans, mitfahren, denn – weiß Gott – es konnte wieder was vorfallen. Im Pfarrdorf und in der Umgegend hatte sich der Mord schon herumgesprochen. Allgemein wurde der Girgl betrauert, überall waren die Leute empört über die Mörder.

Am Nachmittag fuhren die zwei Knechte in den Aufhauser Hof ein, und der Oberwachtmeister mit zwei Gendarmen saßen auf dem Fuhrwerk. Alle Heimraths ließen die Arbeit liegen, und dumpfe Aufregung füllte ihr Gemüt. Sie kamen in die Kuchl. Da saß, flankiert von den Gendarmen, der dicke Oberwachtmeister und hatte bereits mit dem Ausfragen begonnen. Scheu schauten die Heimrathtöchter auf die uniformierten Amtsleute und schlugen, wenn sie merkten, daß ein Gendarm sie musterte, die Augen nieder. Der Oberwachtmeister hatte zu all dem keine Zeit. Er bedrängte die Heimrathin mit Fragen, und es war wirklich auffällig, wie unsicher und wortkarg diese stets antwortete.

»Na! Nana! Du bist doch sonst nicht so maulfaul!« rief der Oberwachtmeister, »ich freß' dich doch nicht! Raus mit der Sprach! Also ist einige Tage vorher oder eine Woche vorher was Auffälliges passiert bei euch? Was plagt dich denn so, Bäuerin?« Jeder, der in der Kuchl stand, richtete seinen Blick auf die Heimrathin. Außer den Amtsleuten bekamen alle gespannte, benommene Mienen. Eine stockende Pause war eingetreten. Der Wachtmeister ließ die Bäuerin nicht aus den Augen und bekam nach und nach ein argwöhnisches Gesicht. Er sah auf die Herumstehenden und fragte: »Kann vielleicht von euch jemand was angeben?« Schweigen.

»Ja, beim Teufel!« brauste der Polizeimann leicht auf, »Heimrathin? Bäuerin?! Was verschweigst du?« Sein runder, kurzgeschorener Kopf war nach vorne gereckt, beide Hände hatte er flach auf die Tischplatte gepreßt, und wiederum rief er fast warnend: »Heimrathin!!«

Es war nichts anderes mehr möglich, sie mußte von den Zigeunern erzählen. Deutlich ließ sich da und dort ein Aufatmen vernehmen, und der Oberwachtmeister, der zunächst wild darüber schimpfte, daß man dies nicht sofort angezeigt habe, sagte während des Notierens überlegen: »Aha! Aha, also da läuft die Spur! Jetzt ist die Sache ja sehr einfach! Die Sippschaft kommt nicht weit! Die haben wir gleich!«

Da alle ziemlich das gleiche aussagten, erschien ihm die ganze Angelegenheit sonnenklar. Als er fertig war, drückte er der Bäuerin freundlich herablassend die Hand und gab ihr die tröstlichsten Zusicherungen. Die stellte sich wohl beruhigt, sie war es aber keinesfalls. Als Oberwachtmeister und Gendarmen weg waren, machte sie sich, ohne die Herumstehenden anzusehen, an die Arbeit und rief bekümmert: »Die machen auch nichts besser! Weiß Gott, was noch alles rauskommt dabei.« Wortlos und betreten verließen alle die Kuchl.

Eine gerichtsmedizinische Kommission sezierte die Leiche Girgls, die im Aufkirchener Schauhaus lag. Tage- und wochenlang redeten die Leute der ganzen Pfarrei von nichts anderem als von der gräßlichen Untat. Alle möglichen Mutmaßungen wurden laut. Die Gendarmeriestationen in weitem Umkreis wurden von der Wolfratshausener Polizei verständigt. Es erfolgten auch zahlreiche Verhaftungen herumziehender Zigeuner. Jene, die in Aufhausen gewesen waren, konnten nicht ermittelt werden, das heißt, die Heimrathin, die einmal in Wolfratshausen, einmal in Starnberg und einmal sogar in München solchen Verhafteten gegenübergestellt wurde, konnte sich nicht erinnern an ihre Gesichter. Ihre Geschnüre und Mieder bekamen sie nicht mehr. Sie war froh darüber, denn sie hätte sie nur gezwungenermaßen angenommen, aber nie wieder heimgebracht. An einem Zigeunerdiebsgut klebte der Fluch.

Nach all diesem erfolglosen Nachforschen begann die Wolfratshausener Polizei eine andere verdächtige Spur zu verfolgen, auf die sie durch das Gerede der Leute aufmerksam geworden war. Sie tauchte wieder im Vilz auf, nahm fast alle Torfstecher ins Verhör und kam schließlich auch in die baufällige Hütte vom Gauzner-Michl. Der aber lag todkrank im schmutzigen Bett seiner armseligen, frostfeuchten Stube und erkannte die Gendarmen kaum. Offenbar hielt er sie für Leichenmänner oder Ministranten, denn er phantasierte in einem fort mit heiserer Stimme: »Jaja! – Ja, ja, ich hab's ja gleich! Noch ist's nicht ganz aus mit mir . . . Ich bitt' euch gar schön – der ho-ho-hochwürdige He–Herr Pfarrer so–soll kommen! . . . Beichten will ich, und mei-meine Sterbsakramente brauch' ich noch!« Ein Gendarm tat ihm den Gefallen und verständigte den Aufkirchener Pfarrer. Der kam und tat seine ernste Pflicht. Mitten im Wort schnappte der Michl nach Luft, dann sank sein Kopf haltlos auf die Seite. Hastig versah ihn der Geistliche mit der Letzten Ölung, ging in ein Nachbarhaus und sagte, sie sollten den Verstorbenen für das Begräbnis herrichten. Der Schnee wehte dicht und unbarmherzig über das öde Geviert des Torfstichs, mannshoch lag er im Wald, daß kaum durchzukommen war. Durchfroren und ziemlich erschöpft erreichte der Pfarrer Aufhausen und trat in die Heimrathkuchl. Die Bäuerin wollte ihm eine Schüssel Kornkaffee wärmen, doch er lehnte ab. Es wurde schon dunkel, und er wollte bald daheim sein.

»Heimrathin«, sagte er, nachdem er sich halbwegs erwärmt hatte, »der Michl hat mir eine letztwillige Mitteilung gemacht. Sie betrifft dich.« Ernst und erstaunt sah die Bäuerin ihn an, und er berichtete, daß ihm der Verstorbene während der Beichte ausdrücklich Dispens erteilt habe, in Aufhausen zu melden, daß er – der Gauzner-Michl – damals die Leinenballen gestohlen habe. Er bitte in seiner Sterbestunde um gnädige Vergebung, und das Leinen sei von ihm noch in derselbigen Nacht an fahrende Stoffhausierer verkauft worden, die gleich Reißaus genommen hätten. Er habe aber für seine arme sündige Seele in der Wolfratshausener Pfarrkirche eine alljährliche Messe bestellt.

»Also doch! Doch hat der Girgl selig recht gehabt!« platzte die Heimrathin heraus, indessen, als sie in das würdige Gesicht des Pfarrers schaute, änderte sie im Nu ihre Miene.

»Herr, vergib ihm seine Sünden«, sagte der Geistliche mit milder Stimme, und sie bekreuzigte sich ...

Diese so unerwartet aufeinander gefolgten Vorkommnisse veranlaßten die Heimrathin, aufs neue einen Baumeister zu nehmen. Der vom Pfarrer empfohlene Blasl-Peter kam auf den Hof. Er schrieb sich eigentlich Peter Wach, doch das Haus in Aufkirchen, aus dem er stammte, wurde allgemein »beim Blasl« genannt. Er war kaum dreißig Jahre alt, mittelgroß und kräftig, hatte ein unfrohes Sommersprossengesicht mit spitzzulaufender gebogener Nase, brandrote Haare und einen ebensolchen Schnurrbart. Das auffallendste an ihm waren die großen, fast runden, stark herausgedrückten wasserblauen Glotzaugen, die an einen Frosch erinnerten. Froschig – hätte man sagen können – war auch Peters Naturell. Nicht etwa ein behender, hurtiger Laubfrosch, sondern eine plumpe, beharrliche Kröte war er, der gewissermaßen der dickste Dreck nichts anzuhaben vermochte, die immer wieder obenauf kam. Er sprach langsam und sehr wenig. Gewiß sonderte er sich nicht ab, doch er blieb ein ungeliebter Fremder inmitten der Heimrathleute. Er nahm nicht teil an ihren Freuden und Leiden. Jede Gemütlichkeit ging ihm ab. Unergründlich abwesend schien sein einfältiges, grämlich starres Gesicht zu sein, und dieser Eindruck wurde noch dadurch verstärkt, daß er leicht schielte. Sein Geschau zielte ständig ins Leere, wenn er mit jemandem redete. Mechanisch bewegten sich dabei seine Lippen, kein Wort hatte irgend einen besonderen Ton, die Miene blieb gebärdenlos, und nicht einmal bis zu einem gefrorenen Grinsen brachte es der Peter jemals. Die einen glaubten, er sei tückisch, die anderen hielten ihn für blöde, keiner jedoch kannte sich mit ihm aus. Er arbeitete stur und stets gleichmäßig. Nie war ihm etwas zu viel, und Müdigkeit kannte er nicht. Er verstand sie auch bei anderen nicht. An Knauserigkeit überbot er den Jani-Hans weit, und was dessen Frömmigkeit anlangte, so stand ihm der jetzige Baumeister nicht nach. Nur war diese Eigenschaft bei Peter von anderer Art: unaufdringlich und scheinbar absichtslos, nüchtern wie eine uralte Gewohnheit und unverrückbar starr.

Die Genovev war die einzige, der das alles zu gefallen schien. Die Heimrathin wußte mit dem neuen Baumeister nicht viel anzufangen, allein sie war mit den Jahren und besonders durch die letzten verdrießlichen Erlebnisse kleinmütig und müde geworden und überließ ihm, nachdem sie gesehen hatte, daß er es recht machte, gerne das Regiment über die Dienstboten. Der Peter handelte auch nie gegen sie, im Gegenteil, er besprach stets alles Wichtige mit ihr, machte nur höchst selten einen Einwurf und blieb im wesentlichen immer nur der Ausführende ihrer Anordnungen und Ansichten. Mit ihm aber zog etwas Muffiges, Unlustiges, fast Greisenhaftes in den Heimrathhof. Wer genau zu beobachten verstand, merkte alsbald, wie die ehemals so lebendige, in sich geschlossene Gemeinschaft langsam zerbröckelte. Die lebhafteren unter den großgewachsenen

Töchtern, die Resl, die Marie und die Nani (wie die spindeldürre Anna geheißen wurde), entfremdeten sich der Mutter immer mehr und schlugen sich ganz auf die Seite der Dienstboten. Die Genovev und die Kathl bildeten mit dem Peter einen eigenen Kreis, und die Bäuerin stand wiederum als zwar beherrschende, keineswegs aber beeinflussende Kraft allein da. Sie hatte nie etwas Gewinnendes gehabt, nun aber – vielleicht aus verborgener, unbewußter Ahnung – wurde sie immer enger, eigensinniger, schroffer und sogar tyrannisch, was zur Folge hatte, daß ihr jeder Mensch vorsichtig aus dem Wege ging. Altgewohnt folgten ihr die Aufhauser, indessen ein Tyrann findet keine Liebe mehr. Aus Not oder Friedfertigkeit widerspricht man ihm nicht, verschweigt ihm alles und belügt ihn stets. Insgeheim gibt man ihm immer tief unrecht.

Es war aber nicht nur beim Heimrath so. Überall, wo die Jungen heranwuchsen und die Alten mit rechthaberischer Hartnäckigkeit an den Überlieferungen festhielten, keimten verschwiegene oder offene Feindschaften auf. Und die Zeit, die hereingebrochen war, tat ein Erkleckliches dazu, ja, sie war in den meisten Fällen die treibende Ursache all dieser Auseinandersetzungen. Noch mehr: sie formte und stärkte die nachstrebenden Jungen und zermürbte die Alten, die alles an ihr unhaltbar und teuflisch fanden.

Oft und oft, wenn die Bauern an den Sonntagen in der Finkschen Wirtsstube beisammensaßen, klagten sie mürrisch: »Es ist nichts mehr heutzutag ... Glauben und Ehrlichkeit sind ausgestorben! Bloß Schwindel und Schlechtigkeit gibt's noch.« Und dann kamen sie auf diesen »höllischen« Bismarck zu sprechen, der sogar die katholische Kirche abschaffen wolle und dem Heiligen Vater nicht mehr folge.

»Da hat man's jetzt, weil man mit ihm Krieg geführt hat!« schimpfte der Jani-Hans, der jetzt wieder daheim bei seinem Bruder war, »die beste Geistlichkeit sperrt er ins Zuchthaus oder treibt sie aus'm Land, und die Lumpen setzt er ein, der lutherische Saukopf, der!« Mochte ihn auch der vorsichtige Fink warnen, er hielt nicht zurück mit seiner Meinung, und alle Bauern verteidigten ihn. Was hatte denn dieser freche, antichristliche Kanzler, seitdem man ihm zur Macht verholfen, alles an niederträchtiger Schlechtigkeit begangen, zählte der Hans auf: die heiligen Jesuiten vertrieben, die katholischen Orden, Klöster und Kongregationen aufgehoben, nur die Pfarrer und Bischöfe, die nach seinem Kopf und Sinn wären, wolle er einsetzen und anerkennen, und heiraten könne jetzt jeder Lump ohne kirchliche Genehmigung. Ob er was habe und was er sei, danach werde nicht mehr gefragt, die Hauptsache sei seine Unterschrift beim Standesamt.

Unbestreitbar, der Kanzler hatte durch seine gesetzgeberischen Maßnahmen einen giftigen Kampf mit dem Papst und seiner Kirche begonnen, dessen Wirkung auf das gläubige Volk äußerst heftig und unabsehbar war. In allen Gegenden Deutschlands rebellierten die Katholiken offen gegen ihn, wenngleich mit Rücksicht auf die drohend unzufriedenen Massen in den verschiedenen Bundesländern des Reiches die Kanzler-Erlasse keinesfalls hinreichend durchgeführt wurden. Zwar waren allenthalben die ehemaligen Feinde des päpstlichen Unfehlbarkeits-Dogmas als »Altkatholiken« staatlicherseits anerkannt. Noch immer lehrte Ignaz von Döllinger unangefochten in München, und viele gleichgesinnte Theologen wirkten als Pfarrer, Professoren und Bischöfe im ganzen Reich – aber das breite Volk wußte kaum etwas von ihnen und war streng papsttreu geblieben.

Nachdem der Jani-Hans einmal ungemein ausfällig auf König Ludwig geschimpft hatte, wurde er von einem anwesenden Gendarm abgeführt. Es kam zu einer wüsten Schlägerei, so daß schließlich etliche Wachleute des königlichen Schlosses eingreifen mußten. Der Hans konnte von Glück sagen, daß seine gefährlichen Worte nicht höheren Orts bekannt wurden. Das Amtsgericht in Starnberg verurteilte ihn zu fünf Monaten Gefängnis, aber die Bauern sahen in ihm einen wahrhaften Märtyrer der guten katholischen Sache. Er litt keinen Mangel in seiner Zelle.

War denn das, was er gesagt hatte, etwa gelogen? – Nein!

König Ludwig schien sich in allem dem gewalttätigen Kanzler zu fügen. Auf einmal mußten viel mehr junge Leute zum Militär, plötzlich durften die Pfarrer nicht mehr so ausgiebigen Religionsunterricht geben in den Schulen, und jetzt kam auch noch das neue Geld auf. Statt des guten, gewohnten Guldens, der nach und nach verschwand, kursierte jetzt die Silber- und Goldmark, und kein Bauer kannte sich mehr aus beim Rechnen. Sie versteckten ihre Ersparnisse noch ängstlicher und wollten anfänglich überhaupt keine Mark annehmen. Erst nach und nach, als sie sahen, daß sie wirklich für dieses windige Geld in Starnberg und Wolfratshausen ohne Widerspruch alles zu kaufen bekamen, was sie verlangten, gewöhnten sie sich daran. Freilich untereinander rechneten sie wie seit eh und je nach Gulden und Kreuzer.

In dieser unduldsamen Zeit erging es dem Stellmacher-Maxl von Berg mit seinen Lobworten auf Bismarck und seinem oftmaligen Absingen des Liedes ›Bei Sedan ...‹ nicht gut. Zweimal prügelten die aufgebrachten Bauern ihn und seine Zechgenossen aus der Aufkirchener Wirtsstube. Einmal trug er ein Loch im Hinterkopf davon und hatte so ein verquollenes Gesicht, daß er sich eine ganze Woche lang nicht mehr sehen lassen konnte. Die Leute freuten sich nicht wenig darüber. Gottlob, inzwischen hatte sich beim Stellmacher – oder wie man jetzt sagte, beim Bäcker Graf – einiges geändert, was dem Maxl zugute kam. Die starrköpfige Stasl, ungewiß, wie sie sich nützlich machen sollte, hatte dem Zureden ihrer Eltern nachgegeben und sich herbeigelassen, dem Bruder das Brot auszutragen. Es war ihr nichts anderes übriggeblieben, denn Maxls Geschäft ernährte jetzt die ganze Familie halbwegs. Der alte Stellmacher spaltete jetzt das tägliche Brennholz für den Backofen, und sein Weib tat sich auch leichter im Hauswesen. Mehl und Brot waren immer da, und der Maxl kannte keine Knauserei. In diesem Winter starb die Schwester des Stellmachers, die stille Kreszenz. Durch ihre Näharbeit in der

Leinenkammer des königlichen Hofes hatte sie sich über fünfhundert Gulden erspart und vererbte sie ihrem Bruder. Die Stasl erwartete, daß der Vater das Geld anlegen oder unter die Kinder aufteilen würde. Nach ihrer Meinung war das nicht mehr als seine billige Pflicht und Schuldigkeit. Gleich fing sie wieder an, sich insgeheim mit der Kathl und dem Lorenz zu bereden. Die Kathl ließ sich auch gewinnen, der Lorenz hingegen sagte gar nichts dazu. Das Barometer stand – wie man zu sagen pflegt – im Grafhaus wieder auf Sturm. Die Stasl benahm sich dem Maxl gegenüber bockig und gereizt. Allein es kam anders.

»Maxl«, sagte der Stellmacher einmal, als sie alle in der Stube beisammensaßen, »da, zahl was von deinen Schulden ab, aber denk dran, wenn ich einmal nimmer da bin, daß deine Geschwister nicht zu kurz kommen.« Er zählte das Geld hin. Alle stockten. Die Stasl rief auf einmal dazwischen: »Der und an uns denken!? – Wenn das nicht notariell gemacht wird, gehn wir alle leer aus!« Sie sah nur ihren Vater an. Auch die Kathl hatte eine zustimmende Miene, doch sie schwieg genau so wie der Lorenz.

So sagte der Maxl gereizt zur Stasl: »Ich hab' bis jetzt nichts gebraucht von euch und ich komm' auch so weiter! Aber fragen möcht' ich doch, was eigentlich du gemacht hast, daß wir aus'm Dreck 'kommen sind?« Er war bleich vor Zorn.

»Da! Da hören wir's ja schon! Unser Lebtag werden wir das hören müssen. Haben wir dir vielleicht gesagt, du sollst eine Bäckerei aufmachen?« warf die Stasl giftig ein, plötzlich aber gab ihr der ergrimmte Stellmacher einen heftigen Stoß mit dem Ellenbogen, daß sie laut aufschreiend vom Stuhl fiel und weinend aus der Stube lief.

» Himmel Herrgott Sakrament! Scheißweiber!« knurrte der Stellmacher und zitterte. In solchen Augenblicken war er gefährlich und fragte nicht mehr nach den Folgen.

»Da, Maxl! Nimm das Geld! Ich möcht' doch wissen, wer Herr ist im Haus! Da!!« stieß er dumpf heraus und schob seinem Ältesten die Silberstücke hin. Es war so still in der Stube geworden, daß man das klagende Weinen der Stasl durch die Wände dringen hörte.

»No, Vater, vergelt's Gott«, sagte schließlich der Maxl und sah ihm unverwandt in die Augen, »verlaß dich drauf, ich weiß, was meine Pflicht und Schuldigkeit ist.« – Die Stellmacherin, die dem Zwerg den Semmelschmarrn eingab, brümmelte verdrießlich vor sich hin: »Im ersten Bad soll man seine Kinder ertränken, dann gäb's keinen Verdruß.«

»Ma-Maxl, vi-viel Geld!« plapperte der Zwerg und grinste seltsam. Der Maxl streichelte mit der steifen Hand über ihren runden Kopf und sagte geruhig: »Jaja, Resl, jaja ... Da gibts noch oft Semmelschmarrn.« Der Zwerg nickte und nickte, kniff die verfalteten Augenlider aufeinander und lachte breit. Alle bekamen wieder gleichmäßige Gesichter ...

Etliche Tage darauf brachte der Maxl dem Kastenjakl dreihundert Gulden und meinte, der Rest werde nicht mehr lange auf sich warten lassen. Nicht ohne Staunen sagte der Andreas: »Hmhm, da schau! Das geht aber geschwind bei dir! Deine Semmeln werden schneller zu Geld als meine Häuser.« – Er baute noch immer an seinem »Schloß«. Ein sonderbar aussehendes viereckiges Gebäude mit vier kleinen Türmen sollte es werden, doch vorläufig standen die Maurer erst beim ersten Stockwerk. Der Kastenjakl kratzte sich an den Schläfen und bekam eine leicht besorgte Miene.

»Hast du auch schon was läuten hören? Krieg soll's wieder geben! Der Bismarck will den Franzosen ganz den Garaus machen!« sagte er, und der Maxl nickte. Eine Weile blieben sie stumm. Wahrscheinlich überdachte in diesem Augenblick jeder seine Sorgen.

»Hm, wenn er sich bloß nicht übernimmt, der Bismarck! So ein Krieg kann einmal gut gehen, die meiste Zeit bleibt er ungewiß, und für unsereinen bringt er bloß Schaden«, meinte der Kastenjakl und zeigte dem Maxl einige Zeitungen. Dicke Überschriften standen da: ›Herausfordernde Haltung Frankreichs!‹ – ›Freche Revanche-Reden im Pariser Parlament!‹ – ›Unsinnige Verstärkung der französischen

Armee!‹ – ›Bruch des Frankfurter Friedensvertrages! Verdächtige Truppenkonzentrationen an der Grenze!‹ – Schnell überflog sie der Maxl. Von Wort zu Wort bekam er ein ernsteres Gesicht. Freilich wußte weder er noch der Kastenjakl, daß der Kanzler nun, nachdem er erleben mußte, wie schnell sich Frankreich erholt hatte, allerorten den sogenannten »prophylaktischen Krieg« gegen diesen beunruhigenden Feind empfahl. Daß die Zeitungen des ganzen Reiches durch Bismarck gezwungen wurden, eine solche säbelrasselnde Sprache zu gebrauchen, um das zufriedene deutsche Volk aufzuhetzen, das blieb für den kleinen Mann ein Geheimnis. Er nahm das alles hin als lautere Wahrheit, fragte nicht nach ihren Gründen und überlegte nur bang, was im Ernstfall für ihn und sein kleines Leben dabei herauskomme. Eins nur war für Maxl gewiß: Bismarck spaßte nicht. Ihm war alles zuzutrauen.

»Ich kann dir sagen, Maxl, schön schaut das nicht aus ... Überall spürt man's auch schon. Die Herrschaften fangen schon wieder zu sparen an. Bei Hof kennt sich auch keiner aus, und das Baumaterial wird wieder teurer«, erzählte der Kastenjakl und setzte dazu: »Wie ich das Bauen angefangen hab', da ist oft angefragt worden, da hat's gewimmelt von Interessenten! Jetzt ist's wie abgeschnitten.« Der Maxl konnte zwar nicht klagen. Sein Brot hatte sich eingeführt, der Kreis der herrschaftlichen Kundschaften war geblieben, aber der Irlinger drängte in der letzten Zeit stets auf baldige Bezahlung der Mehlrechnungen. Das war nicht immer leicht, denn der Wiesmaier zum Beispiel, der viel Brot bezog, beglich seine Schulden stets erst nach Verlauf eines Monats und verlangte außerdem, daß der Maxl jede Woche eine ergiebige Zeche machte. Auch einige Herrschaften zahlten meist nach dem Ersten.

»Und ins Schloß? Mag man da dein Brot nicht?« fragte der Kastenjakl. »Hm, jaja«, drückte der Maxl herum, »zu machen wär' das vielleicht schon, aber ich kann doch nicht.«

»Warum? Wer steckt denn da dahinter?« forschte der Kastenjakl und wurde neugierig. – »Der Wiesmaier meint, ich müßt' öfter zu ihm kommen und Zechen geben für die Dienerschaft ... Wo soll ich denn das Geld hernehmen?« klagte der Maxl, »vorläufig geht's bei uns grad um. Ich muß mich arg drehen und wenden, daß wir durchkommen.« – Da bekam der Kastenjakl eine undurchsichtige Miene und strich das Geld, das bis jetzt auf dem Tisch gelegen hatte, in die Schublade. »Jaja, so hat eben jeder sein Kreuz«, brummte er ablenkend, und bald gingen sie auseinander. Wenn der Maxl auch auf seinen Bismarck baute und, ohne genauer darüber nachzudenken, dessen Politik gegen die Franzosen für ganz richtig hielt, sein Kopf war diesmal doch voll düsterer Ahnungen. Manchmal blieb er kurz stehen, schaute geradeaus in die Luft und atmete bedrückt.

Monatelang waren die Zeitungen voll von Gerüchten über den nahen Kriegsausbruch. Beim Wiesmaier und beim Fink debattierten die Leute auch öfter etwas lebhafter, dennoch schien niemand besorgt zu sein. Nur der Maxl blieb bei diesen Gesprächen gegen seine sonstige Gewohnheit meist wortkarg und redete gleich wieder von etwas anderem.

Weit erregter waren die Leute über den nun erst voll entbrannten, hartnäckigen und weit verzweigten Kampf zwischen Katholizismus und Kanzler. Unnachgiebig, mit wahrer Berserkerwut, bekämpften sich die feindlichen Mächte. Bismarck, der offenbar einen so kühnen Widerstand der Geistlichkeit nicht erwartet hatte, schreckte vor keinem Mittel zurück. In Preußen war der Katholik ein geächteter Mensch, und nicht wenige Kleriker saßen wegen Mißachtung der damaligen »Maigesetze« im Gefängnis. Die breiten Gläubigenmassen aber waren mit ihnen. Keine Drangsal und Verfolgung schreckte sie. In seiner Maßlosigkeit ging der Kanzler so weit, die katholische Bevölkerung ganz Deutschlands als »übernational, staatlich unzuverlässig und vaterlandsfeindlich« zu verleumden. Papst Pius IX. gab seine berühmte Enzyklika heraus und, obgleich dies staatlicherseits streng untersagt worden war, alle Bistümer leiteten sie weiter, in allen deutschen Kirchen verlasen die unerschrockenen Priester diese Bannschrift, welche die verfolgten Glaubensbrüder ermutigte und die Massen aufstachelte. Ohne daß sie es gewahr wurden, ergriff die eifernden Bauern die Politik. Nicht mehr um Gott und Glauben ging es ihnen, sondern um das weltliche Recht ihrer Pfarrer und Bischöfe. Der Jani-Hans war endlich aus der Haft zurückgekommen und galt als mannhafter Glaubensstreiter. Auf ihn hörten die Leute. Ihn versorgte der Pfarrer mit Nachrichten und Belehrungen, die vom Klerus für das Landvolk bestimmt waren. Zum ersten Mal erfuhren die Bauern dadurch von der Reichstagspartei aller Katholiken, vom »Zentrum«, und die ganze Pfarrei verstand den Hans, wenn er am Schluß jedes Hochamts mit lauter Stimme anhub: »Lasset uns beten gegen die höllische Anfechtung und wider die unrechtmäßige Verfolgung unserer christkatholischen Mitbrüder, auf daß Gott, der Allmächtige, sie errette und in unsere Mitte zurückführe! Lasset uns beten, auf daß der Herr, unser gnädiger Gott, die Ungläubigen bekehre und unsere blinden Feinde verdamme!« Ergriffen beteten alle fünf Vaterunser und wünschten nur eines dabei: der Teufel möchte doch recht bald den heidnischen Bismarck holen. Zweifellos, das Land blühte auf, der Wohlstand wuchs ins Breite, doch der wilde Mann in Berlin herrschte zu fühlbar. Jeder Mensch spürte seinen harten Druck. Nicht weniger nämlich als die Katholiken drangsalierte er die städtischen Arbeitermassen, die als »Sozialdemokratische Partei« um mehr Rechte und bessere Löhne kämpften. Nur die Reichen, die Herren der Fabriken, die ostelbischen Junker und Militärs jubelten dem Kanzler zu. Das Volk hatte er tief verstimmt und gereizt.

Auch in Aufkirchen gab es jetzt viele Menschen, die sich oft nach einigen Worten unversöhnlich verfeindeten. Sie hatten einander nie etwas getan, waren nicht etwa wegen einer schlechten Handelschaft gegeneinander aufgebracht – nein, es war nur irgendeine politische Bemerkung gefallen, und nun haßten sie sich mit aller Kraft.

Die Leute munkelten auch, daß dieser teuflische Bismarck den lieben, guten, aber ach so erbarmungswürdig blinden König verhext habe. Auch der war dadurch der ewigen Verdammnis verfallen. Kein Wunder, daß die Heimraths sich recht scheu benahmen, wenn sie der Majestät das übliche Glas Wasser reichten. War seine Karosse außer Sichtweite, so bekreuzigten sie sich, schauten zum Himmel auf und murmelten bitthaft: »Herr, erlöse unsern König und steh ihm bei in seiner Not!«

So verlief ein friedloses Frühjahr, und der Sommer stand wieder heiß über den reifenden Feldern. Maxls Nachbar in Berg, der alte Konrektor Kernaller – ein höchst scheuer Mann, der anno 48 mitgekämpft hatte und mit knapper Not dem Hochgericht entgangen war –, tauchte wieder in seinem kleinen Vorgärtchen auf. Das tat er nur in politisch ruhigen Zeiten. Nichts verachtete er so sehr wie die Deutschen, die – wie er mitunter hervorzischte – nur »knechtselige Hundsfötter« seien. An einem schönen Tag grinste er über seinen Zaun und schrie dem Maxl zu: »Jetzt ist's aus mit Kriegsgefahr und Geplärr! Endlich hat die kultivierte Welt diesem Säbelhelden Bismarck auf die Finger geklopft!« Freilich verstand der Maxl diese dunklen Andeutungen nicht, aber offenbar hatte der Kernaller recht. Die Kriegsgefahr schien sich wirklich verflüchtigt zu haben. Während im vorigen Jahr nicht wenig Herrschaften ausgeblieben waren, bezogen sie heuer wieder vollzählig ihre Landsitze. Sogar bei den beiden Fischern in Leoni mieteten städtische Familien die besseren Kammern. Viel Arbeit gab's beim Maxl, doch Stasl, mit der er sich nach vielfachen Reibereien immer wieder halbwegs ausgesöhnt hatte, konnte und wollte dem Maxl nicht mehr helfen. Ein böhmischer Maurer auf dem Kastenjakl-Bau hatte sie geschwängert und ihr die Heirat versprochen, wenn sie mit ihm nach Amerika ginge. Sie wurde dick und immer dicker und ging nicht mehr aus dem Haus. Die Nachbarn redeten ungut, der alte Stellmacher war außer Rand und Band, jeden Tag gab es heftigen Streit, und eines Tages ging die Stasl nach Starnberg und fuhr zu ihrer verheirateten Schwester Viktorl in die Stadt. Durch einen Advokaten ließ sie dem Maxl einen Brief schreiben, worin sie ihre Heiratsabsichten mitteilte und ohne Umschweife fünfhundert Gulden als Anzahlung auf ihr später zu erwartendes »Vermögen« verlangte. Das nun schreckte den Bruder nicht, denn wenn ihm auch faktisch das Stellmacherhaus gehörte, übergeben hatten die Alten noch nicht. Es war also Sache des Vaters, sich mit der Stasl auseinanderzusetzen. Freilich fiel letzten Endes doch alles wieder auf den Maxl, doch er zerbrach sich vorläufig nicht den Kopf darüber.

»Ah!« besänftigte er seinen wütenden Vater, »ah, die hat ja der Rappel 'packt! Die weiß nicht mehr, wo ihr der Kopf steht! Schwangere Weiber kennen sich ja nie aus! Vorläufig wird's gut sein, wenn wir gar nichts machen. Sie wird schon wieder zur Vernunft kommen.« Er mußte alle Überredung aufwenden, um den zornigen Stellmacher vom Stadtfahren abzuhalten. Dabei wäre nichts Gutes herausgekommen.

Bedrückt war der Maxl nur über den Verlust der brauchbaren Arbeitskraft. Die couragierte Stasl hatte es von Anfang an verstanden, die Kundschaften zu gewinnen und richtig zu behandeln. Notgedrungen trug jetzt die Kathl das Brot aus, aber es zeigte sich sehr schnell, daß die Herrschaften sie nicht mochten. Die Kathl war launisch und einsilbig, sie konnte nicht für jede Kundschaft ein freundliches Gesicht aufsetzen, und sie gab sich auch keine Mühe, die dienernd Beflissene zu spielen. Zudem war sie ein schwaches Ding, die den Brotkorb nicht allzu voll nehmen konnte, und dann brauchte sie zur Tour der Stasl den ganzen Tag. Gewohnt, regelmäßig ihr Frühbrot zu erhalten, beschwerten sich die Herrschaften über ihr Zuspätkommen, und da die Kathl sich nie entschuldigte, bestellten manche ab. Mit Hangen und Bangen erwartete der Maxl jeden Tag die Rückkehr seiner Schwester. Sie brachte Semmeln zurück und hatte nur ein paar Wecken verkauft. Er redete ihr gut zu, er beschwor sie, allmählich aber stritten sie, und die Kathl weigerte sich, weiterhin das Brot auszutragen.

Zum erstenmal in seinem Leben fühlte der Maxl

schmerzlich, wie schwierig und bitter es sei, allein zu sein. Der Schauer und die Wucht dieser Gewißheit waren stärker als alle sonstigen Sorgen. Er sah Vater und Mutter an, sah die Kathl, den Lorenz und den Zwerg an. Die Stasl, die verheirateten Schwestern in der Stadt und der Kastenjakl fielen ihm ein. Der Irlinger kam ihm in den Sinn, und er erinnerte sich an alle Menschen, mit denen er bis jetzt in Berührung gekommen war: an seinen ehemaligen Münchner Lehrmeister, an Gesellen und flüchtige Bekanntschaften von einst, an Handwerksburschen, die mit ihm gewandert waren, an Kriegskameraden und Zechkumpane, an die Nachbarn und die Leute in der Pfarrei.

Keiner dieser Menschen war jemals sein Freund gewesen. Das gewohnheitsmäßige Zusammenleben mit den einen oder geschäftliche Notwendigkeit im Umgang mit den anderen hatten wohl hin und wieder eine gewisse, zweckbestimmte Vertraulichkeit ergeben. Nie aber war das ganze Menschenherz dabei, Maxls gepeinigtes, wehes Herz, das sich mitteilen wollte und tief beunruhigt nach einem hingebenden Herzen verlangte.

»Nein, so wie der Kastenjakl – das ist kein Leben. Das hat keinen Sinn! Das kann ich nicht! Der Mensch ist doch nicht deswegen da, daß er eben da ist! Er kann doch nicht bloß Häuser bauen oder Semmeln backen und verkaufen, und wenn er dann gestorben ist, ist alles aus, alles weggewischt und wie nie gewesen! Nein, nein! Das kann doch nicht sein! Das ist ja ganz und gar sinnlos!« mochte er in diesen zermürbenden Augenblicken wohl denken. Und dann fiel doch wieder das plumpe Nächstliegende über ihn her. Es blieb ihm keine andere Wahl. Er ging wieder zur Kathl, fing zu reden an und redete geradezu inständig bittend auf sie ein. Er gab ihr recht, selbst wo sie offensichtlich im Unrecht war. Er würgte jeden aufsteigenden Zorn hinunter. Er gab seiner Schwester dreißig neue Markstücke und machte ihr Versprechungen, die er nie zu halten imstande war. Er dachte an nichts anderes als nur jetzt weitermachen, nur aushalten!

»Gut«, sagte die Kathl endlich und setzte dazu, »nicht daß es heißt, ich hab' dich im Stich gelassen! Aber du siehst doch, ich taug' nicht dazu! Du mußt dir doch endlich wen nehmen! Oder heirat' doch endlich! Jetzt ist's doch nicht mehr so wie früherszeiten! Jetzt macht eine mit dir doch gar keine so schlechte Partie mehr!« »Jaja! Jaja! Das ist leichter gesagt als getan!« nickte der Maxl, »glaubst du denn, daß ich das nicht schon oft selber überlegt hab'? ... Aber du siehst's ja, so einfach geht das nicht ... Die ganze Sippschaft mag uns doch nicht und ist uns neidig!«

Dieses bescheidene »uns« stimmte die Kathl endgültig um. Sie trug das Brot wieder aus und gab sich alle Mühe, es den Kundschaften und Maxl recht zu machen.

Das Alte stirbt

In diesen kritischen Tagen fing der alte Stellmacher zu kränkeln an. Aussah er mit seinen achtundfünfzig Jahren schon lange wie ein abgezehrter, steifknochiger Greis. Seine spärlichen, langen, dünnen Haare waren schlohweiß und das eingefallene, unheimlich gelbe Gesicht glich einem Totenkopf. Nur die dunkeln, tiefliegenden, sonderbar friedlos glänzenden Augen lebten noch darin. Seine hünenhafte Gestalt war leicht zusammengeschrumpft und nach vorne gebeugt. Er hüstelte fortwährend, und dabei überlief ein feines Zittern seinen gekrümmten Rücken. Während er früher manchmal eine gute Weile grübelnd dagesessen und überhaupt in allen seinen Bewegungen eine eigentümlich eckige Langsamkeit gezeigt hatte, konnte er jetzt kaum mehr ruhig bleiben. Es erging ihm wie den meisten Menschen, die von der panischen Furcht des nahen Todes ergriffen werden, – er suchte sich immerzu mit irgend etwas zu beschäftigen, gleichsam als wolle er feststellen, daß noch Leben in ihm sei. Schon öfter hatten ihn der Maxl und die Stellmacherin gebeten, er solle sich niederlegen oder wenigstens an den prallsonnigen Sommertagen sich auf die schattige Bank vors Haus setzen. Er gönnte sich keine Rast. Er wollte keine Stille. Beständig ging er herum, bald begann er in der Werkstatt eine Arbeit und ließ sie nach einiger Zeit wieder liegen, bald spaltete er Brennholz für den Backofen im Schuppen, auf einmal fiel es ihm ein, in den Wald zu gehen, ohne daß er recht wußte, zu welchem Zweck, und zum Schluß kam er auf den schmalen Kartoffelacker, betrachtete die grünen Stauden, riß ein Büschel aus der Erde und prüfte die noch winzigen Knollen daran. Die Stellmacherin mußte ihm einen gallebitteren gemischten Kräutertee kochen. Er trank ihn heiß in sich hinein und kam ins Schwitzen. Er schnaubte schwer und brummte: »Ah, das tut mir wohl.« Ganz kurz starrte er unruhig ins Leere und rührte sich plötzlich wieder ruckhaft, fast erschreckt.

In der Frühe an einem Tag richtete er sich auf in seinem Bett und ächzte kaum vernehmbar. Er brach wieder auf das Kissen nieder, atmete tief und versuchte sich abermals aufzurichten. Es ging nicht. Die Stellmacherin, die schon aus dem Bett gestiegen war und dürr und gekrümmt dastand in ihrer Nachtjacke, schaute ihn an und fragte: »Ist dir was?« Ihr Gesicht war grämlich und bekümmert. Der Alte klagte über starkes Ohrensausen. Er war sehr blaß und bewegte sich nicht.

»Sollen wir den Starnberger Doktor holen?« fragte sie. Er machte eine abwehrende Bewegung mit der rechten Hand und meinte: »Was der schon sagt! Verlangt bloß einen Haufen Geld, und helfen tut's doch nicht.«

»Ich bring' dir deinen Tee«, gab die Stellmacherin zurück und ging aus der Kammer. Nach einigen Minuten kam der Maxl an das Bett des Kranken. »Vater? Was ist's denn?« fragte er, »ich lass' den Doktor kommen.« Der Alte sah ihm in die unruhigen Augen und sagte wehmütig: »Hm, Maxl? Jetzt hab' ich meiner Lebtag gerackert und gespart. Nicht gesoffen und gelumpt hab' ich. Nicht einmal sechzig Jahr bin ich alt, und jetzt soll ich sterben, hm ...« Seine schmalen Lippen klappten zu, bebten ein wenig, und die spitzen Schnurrbarthaare erzitterten mit.

»Ah, sterben? So schnell geht das nicht, Vater!« wollte ihn der Maxl trösten, aber über die Züge des Alten huschte eine solche Ungläubigkeit, daß er schwieg. Stumm sahen sie einander an. Die aufsteigende Sonne fiel schräg durch die leicht verstaubten Fenster und erhellte den niederen Raum. Aus der offenen Stalltüre des Nachbarhauses drang das dumpfe Muhen der Kühe.

»So eine Kuh hab' ich immer haben wollen. Es hat nie gelangt dazu«, murmelte der Stellmacher wie aus einem ohnmächtigen Schmerz heraus und atmete schwer. »Maxl, eine Kuh ist viel wert, wenn so viel Leut' im Haus sind ...« Die Stellmacherin kam mit der großen, dampfenden Teetasse zur Türe herein. Ein Geruch von Lindenblüten und Kamillen durchzog die Kammer. Der Maxl öffnete einen Fensterflügel. Der jubelnde Gesang der Vögel belebte die klare Frühluft. Beim Kramerfeicht drüben schob die Fanny den vollen Mistkarren auf den Düngerhaufen. Das Rad quietschte. »Soso, trink nur! Laß ihn nicht kalt werden! Trink!« sagte die Stellmacherin und flößte dem Alten, dessen steifen Oberkörper der Maxl in die Höhe gerichtet hatte, den Tee ein. Hart und vernehmbar schluckte der Kranke. Immer wieder hielt er inne und holte Atem. Die Kathl tauchte im Türrahmen auf und kam zögernd ans Bett. Der Lorenz war schon weggegangen. Durch das rasche Hineintrinken des heißen Tees war der Stellmacher belebter geworden. Ein tiefes Rot überzog seine eingefallenen Bakken und, als ihn der Maxl sacht auf das Kissen gleiten ließ, lächelte er müd und sagte: »Geh nur an deine Arbeit! Ich riech' das Brot schon.« Es war auch höchste Zeit. Einige Wecken im Backofen waren angebrannt. Hastig arbeitete der Maxl, um den Ofen leer zu bekommen. Er holte den Korb und zählte für die Kathl die Semmeln ein. Als seine Schwester endlich kam, fragte er kurz nach dem Befinden des Kranken, und als die Kathl meinte, er fühle sich offenbar ein bißchen besser, sagte er, sie solle sich heute beeilen heimzukommen, er wolle den Doktor holen.

Der hinsiechende Stellmacher lag noch eine ganze Woche so da. Zeitweise fühlte er sich besser, dann wieder fiel er in eine stumpfe Lethargie. Der Doktor wußte nicht viel darüber zu sagen. Es könne wieder vorübergehen oder auch nicht, äußerte er und bemerkte dazu, bei alten Leuten lasse sich nichts voraussagen. Einmal kam der Kastenjakl und verbrachte mit dem Maxl eine ziemliche Weile vor dem Krankenbett. Unangerührt, fast spöttisch, sagte er: »Lorenz, wir sind zäh wie Juchtenleder! Und wenn's schon dahingehen muß – der Maxl hat's gut gemacht! Der Tropf hat uns alle übertrumpft.« Er grinste leicht und meinte wiederum: »Früher oder später müssen wir ja alle ins Gras beißen. Wer weiß, für was so was gut ist!« Der Kranke sah ihn dabei nur kalt an. Es schien, als habe er die Lippen fest aufeinandergepreßt. Der Maxl war wutblaß, dämmte allen Zorn zurück und sagte: »Es wird schon wieder besser, Vater! Und nachher mußt es dir gut gehn lassen.« Er zupfte den Kastenjakl, gab ihm unbemerkt einen Wink mit den Augen, und sie gingen aus der Kammer. Bald darauf erschien der Pfarrer und versah den Kranken mit den Sterbesakramenten. In der zweiten darauffolgenden Nacht, gerade als sie einschlafen wollte, hörte die Stellmacherin ihren Mann schmerzhaft röcheln. Er bewegte sich kurz, stöhnte langgedehnt das Wort »Ma-a-axl« und gab nicht mehr an. Sie zündete zitternd die Kerze an, rüttelte an ihm, stand auf und holte den Maxl von der Backstube herauf. Der Stellmacher war verschieden. Ruhig, ohne die geringsten Anzeigen eines vorangegangenen Todeskampfes, lag er da. Nur der Glanz seiner Augen schien erstarrt. Der Maxl drückte ihm die Lider zu. Nach und nach kamen die Kathl, der Lorenz, und auch den Zwerg, der keinen Toten sehen mochte und sich heftig dagegen wehrte, holte die Stellmacherin. Sie beteten ein Vaterunser und besprengten den Verstorbenen mit Weihwasser.

Zum Begräbnis kamen die zwei verheirateten Schwestern

aus der Stadt und teilten mit, daß die Stasl vor zwei Tagen eine schwere Geburt überstanden habe, das Kind sei nach einigen Stunden verstorben, es tue ihr weh, ihrem Vater nicht das letzte Geleit geben zu können, und sie lasse alle grüßen. Das stimmte den Maxl offenbar versöhnlich, denn er sagte: »Sagt's ihr nur, sie kann jederzeit wieder heimkommen.« Als man am Nachmittag in der Stube beisammensaß, ging es recht nüchtern her. Die Viktorl, die Oberlehrersgattin in München war, meinte: »Ja, mein Gott, Maxl, jetzt, wo es soweit ist, jetzt muß natürlich die Hinterlassenschaft advokatorisch geregelt werden. Die Annamarie und ich, wir können ja vorläufig auf das bißl, das uns zufällt, warten. Wir wollen dir keine neuen Schwierigkeiten machen. Aber die andern – die Stasl, der Lorenz und du, Kathl –, von euch wird keins warten können. Ich mein', Maxl, ich will ja da nicht streiten, nein-nein! Aber es muß doch, wie es überall ist, da auch bei uns eine Ordnung werden, sonst wird ja ewig kein Frieden, und für dein Geschäft ist das schlecht.« – Die beiden Münchnerinnen schauten auf ihre Mutter und fragten, was denn sie dazu meine. Die aber wackelte nur traurig mit dem Kopf und brümmelte: »Ich bin ein altes Weib und werd' auch bald neben meinem Lorenz liegen. Der Maxl wird schon wissen, was er zu tun hat.« – Damit aber gaben sich die Fragerinnen nicht zufrieden, und auch die Kathl schlug sich auf ihre Seite. Sie meinten es gar nicht böse, sie beharrten nur darauf, daß bald über alles Klarheit geschaffen würde. Allmählich kam eine Gereiztheit auf. Der Verstorbene schien vergessen. Nur das wenige, das er hinterlassen hatte, interessierte noch. Oft und oft, während des hitzigen Aufeinanderprallens der Meinungen, schüttelte die alte Stellmacherin den Kopf und zerdrückte eine Träne. Neben ihr hockte der Zwerg, glotzte teilnahmslos drein, verstand nicht ein Wort und plapperte ab und zu unverständliche Laute heraus.

»Es wird auch alles beim Advokaten gemacht«, sagte der Maxl fest und schaute auf die Schwestern, »nur keine Angst, ich hintergeh' euch nicht! Es soll keiner zu kurz kommen, aber zuerst muß sich doch einmal herausstellen, was vom Vater selig ist und was ich mir selber geschaffen hab'. Ich brauch' doch auch gar nichts mehr davon. Meine Bäckerei, die Mehlkammer und das Kammerl über dem Backofen sind Sach' genug für mich, wenn's sein muß.« – Da lenkten die Schwestern wieder ein und hielten ihm entgegen, ob er denn die Grundfläche, auf der die Bäckerei stünde, für wertlos halte, ob er vielleicht verlangen wolle, daß Stasl, Kathl und Lorenz in die Stube, die Kuchl, in die winzige Kammer und väterliche Werkstatt des alten Hauses einheiraten sollten, ob denn der Mutter nach der Übergabe nicht ein ausreichendes Leibgedinge zustehe, und überhaupt, was sei denn mit den zwei Grundstücken, dem Kartoffelacker und dem Schlag Holz? Die müßten eben verkauft und von dem Geld die Geschwister hinausbezahlt werden, Recht bleibe Recht, basta! Da wurde der Maxl wütend und schlug auf den Tisch.

»Nichts wird verkauft! Nicht was Schwarzes unter einem Fingernagel ist, verkauf' ich!« schrie er und fing zu fluchen an. Er war Meister im Fluchen. Wenn er einmal anfing, kam niemand mehr zu Wort. Die Geschwister ließen zunächst den ärgsten Sturm verbrausen, aber sie wurden nicht umgestimmt. Im Gegenteil, jetzt verbissen sie sich erst recht in ihre Ansichten.

»Lorenz, die Werkstatt nimmst du!« schrie der Maxl seinen schweigsamen Bruder an und wandte sich wieder an alle, »und wenn der Advokat alles ausgemacht hat, richt' ich mich danach. Verkauft wird nichts! Hab' ich's soweit 'bracht, daß wir aus dem Dreck heraus sind, nachher wird's auch weitergehn! Aus!« Verfeindet ging man auseinander. Nur der Lorenz stand beim Maxl, oder vielmehr, er mischte sich nicht in diese Auseinandersetzungen. Die Kathl blieb noch tagelang mürrisch und aufsässig, nachdem die Schwestern weggefahren waren. Da sie aber der Maxl gerecht entlohnte und jedes böse Wort vermied, da sie in diesen Sommertagen nicht das mindeste mit ihrer Näherei verdiente, so fügte sie sich vorläufig darein. Sie war ja nie so starrköpfig wie die

Stasl und auch nicht so gewitzigt wie die anderen Schwestern in der Stadt. Sie ließ sich immer nur mitreißen von diesen. Und sie hatte die wohltuende Eigenschaft, Streitigkeiten und Feindschaften alsbald wieder zu vergessen. Sie war eine leicht empfindsame, nachdenkliche Natur, zeitweise überaus lustig und heiter, und da sie auch recht gut aussah, warfen viele Männer einen begehrlichen Blick auf sie, wenn sie – adrett gekleidet – zur Kirche ging oder auf einem Tanz erschien. Nur eins machte sie sogleich abweisend und verschlossen: wenn sie merkte, daß jemand auf sie herabsah wie viele von den Herrschaften und deren Gesinde.

Wenn der Maxl bei den Auseinandersetzungen seinen drängenden Schwestern nicht recht gegeben hatte, in Augenblicken des Nachdenkens erkannte er die Billigkeit ihrer Ansprüche an und war voller Sorgen. Wie sollte er nunmehr auch all diese schweren, fast untragbaren Verpflichtungen übernehmen, ohne das, was ihm bis jetzt auszubauen gelungen war, ernstlich, ja tödlich zu gefährden? Er zermarterte sich den Kopf und fand keinen Ausweg. Verdrossen werkelte er weiter.

Der Zwerg, der an solchen Sonnentagen öfter auf der Dorfstraße auftauchte, jagte den Herrschaftskindern stets Schrecken ein. Sie erblickten ihn, schrien auf und ergriffen die Flucht vor ihm. Er blieb stehen und grinste kurz. An einem Nachmittag tappte er wieder so dahin. Auf halbem Weg zum See-Ufer begegnete ihm die königliche Karosse, auf die er, stehenbleibend, schaute. Der König beugte sich aus den himmelblauen Sammetpolstern und blickte durch das Wagenfenster. Der Zwerg verzog seinen breiten, lefzigen Mund, lächelte teigig und plapperte irgend etwas. Da hielt die Karosse an, und etwas, das sich noch nie ereignet hatte, geschah. Der blasse, dunkelbärtige, hochgewachsene Monarch und sein ordenbesternter Begleiter stiegen aus und näherten sich dem seltsam verunstalteten Menschenkind, das die beiden Männer ohne Scheu mit trägen, leeren Blikken anglotzte.

»Wo bist du denn her? Wie heißt du denn?« fragte der

König freundlich lächelnd, beugte sich nieder und griff nach dem Zwerg: »Na, sag schön deinen Namen!« Der aber bekam ein ärgerliches Gesicht, schob seine lefzige Unterlippe schmollend vor und stieß mit dem Ellenbogen gegen den Arm des hohen Herrn.

»Na, na, ich tu' dir doch nichts! Sag schön deinen Namen, bitte!« wiederholte der sonst so reizbare Monarch zum Erstaunen seines Begleiters und der Kutscher und wandte sich an den ersteren: »Fragen Sie! Vielleicht haben Sie mehr Glück!« Der Herr mit den vielen Orden erfaßte einen Arm des sich heftig sträubenden Zwergs und nahm das verkrüppelte Wesen auf den Schoß: »Na, hörst du! Sag schön, wie du heißt! ... Kriegst ein schönes Talerstück! Sag schön!« Der König lächelte, die Kutscher wagten herabzuschauen und grinsten ebenfalls lautlos. Der Zwerg stieß und stemmte seine kurzen Arme gegen die Ordensbrust des fremden Menschen, der sie festhielt. Er schimpfte, fing zu jammern und schließlich zu weinen an, und von all dem, was er aus sich herausplapperte, war nur »Lau'bua! Ruah lo'n!« zu verstehen. Einer von den Grafs, wenn er dabeigestanden hätte, wäre nicht wenig erschrocken, denn die Worte hießen: »Lausbub! In Ruh' lassen!« Doch der König schien an alldem größten Gefallen zu finden. Er befragte die Kutscher über die Herkunft des Zwergs, streichelte der Kleinen über die Backen und fuhr wieder weiter.

Niemand im Ort hatte den Vorfall gesehen. Kein Wunder also, daß es ein starkes Aufsehen machte, als am andern Tag der Kabinettssekretär des Königs ins Stellmacherhaus kam, sich außerordentlich leutselig mit dem Maxl unterhielt und die alte Stellmacherin aufforderte, mit dem Zwerg zum Wiesmaier hinunterzukommen.

»Majestät haben sich gestern königlich amüsiert, Frau Graf«, sagte der hagere Herr mit dem gestutzten, graumelierten Schnurrbart und erzählte vom gestrigen Zusammentreffen des Königs mit dem Zwerg. Dem erstaunten Maxl kam wahrhaftig alles vor wie in einem Märchen, und die Stellmacherin fragte fort und fort verwirrt und devot: »Ja,

Exzellenz, hat die Majestät das wirklich verlangt? Ja, wir sind doch arme Leut' ... U–und das Resei hat doch keinen Verstand! Was fangt denn unser gnädiger Herr König mit dem unvernünftigen Ding an?«

»Beruhigen Sie sich nur, Frau Graf. Majestät interessieren sich außerordentlich«, sagte der Kabinettssekretär wohlwollend, »also kommen Sie punkt 4 Uhr, ja?« Dann wandte er sich an den Maxl, fragte dies und das, über sein Alter, über die Bäckerei, und wie das Geschäft gehe. »Soso, Schuß durch die rechte Hand? Bei Orleans, soso? Hmhm! Und, sagen Sie, die Hand behindert Sie nicht bei der Arbeit?« fragte er.

»Jaja, schon! Eine gesunde Hand wär' besser, aber es geht«, erwiderte der Maxl vorsichtig, offenbar fiel ihm plötzlich seine Kriegerpension ein, und ob der feine Herr nicht am Ende gar gekommen sei, um zu schnüffeln.

»Unsereins darf nicht so empfindlich sein, Exzellenz«, redete er weiter und meinte, jedesmal, wenn ein Witterungsumschlag sich ankündigte, spüre er ziemliche Schmerzen in der Hand. Der Kabinettssekretär aber schien dies kaum zu hören. Er sagte: »Jaja, Ihr Brot ist ausgezeichnet, Herr Graf. Tüchtig! Tüchtig! Majestät hat Anordnung gegeben, daß Sie das Gebäck liefern dürfen. Ich gratuliere!« Der Maxl schaute den feinen, freundlichen Herrn ungewiß an. Er brachte kein Wort heraus. Ein leichter Taumel schien ihm in den Kopf gestiegen zu sein. Seine Backen wurden heiß und rot.

»Jaja, Herr Graf! Und wenn Sie sich bewähren, dürfen Sie den Hoflieferantentitel erhoffen. Recht bald sogar«, half ihm der legere Kabinettssekretär, der wohl merken mußte, wie verwirrt der Maxl war. Förmlicher setzte hinzu: »Sie bekommen morgen Bescheid, was zu liefern ist.«

»Besten Dank, Exzellenz, besten Dank!« brachte der Maxl gerade noch heraus und begleitete den hohen Herrn mit linkischen Komplimenten bis zur Haustüre. Er kam in die Stube zurück, blieb heftig schnaufend stehen und rief wie einer, der eine unerwartete Rettung aus jäher Todesgefahr erlebt hat: »Ja, hm! ... Ja, das ist ja, hm! – ja, jetzt ist's doch nicht mehr gefehlt! ... Ja, hm, was es doch alles gibt! Hm, so ein dummer Zufall und das Wunder auf einmal!« Sein hagerer Körper zitterte. Er lief hin und her und fuhr sich durch die Haare. Er lächelte traumhaft, blieb wieder stehen, dachte kurz nach, schüttelte den Kopf, brummte einige Male vor sich hin, rannte wieder hin und her und fing auf einmal an, seine alte Mutter beflissen zu belehren, wie sie sich beim König benehmen müsse, was sie sagen und nicht sagen und wie sie den Zwerg, das Resei, anziehen solle. Er fand kein Ende mehr, und beständig fiel ihm etwas Neues ein. Er wollte auf der Stelle der Kathl nachlaufen und ihr das Brotaustragen abnehmen, damit sie heimkommen und Mutter und Zwerg festlich herrichten könne. Alle Einwürfe der Stellmacherin überhörte er. Er schwitzte vor Erregung und Freude. Plötzlich stieg ihm Brandgeruch in die Nase, und er lief zum Backofen.

»Sakrament! Sakrament!« brummte er und riß die verbrannten Wecken heraus. Erst jetzt ernüchterte er sich wieder.

»Teufel, Teufel! Sakrament, Sakrament!« wiederholte er und besah den Schaden. Nur einige Wecken und Laibe taugten noch zum Verkauf. Die alte Stellmacherin kam und sah vorwurfsvoll auf ihn: »Da hast es jetzt!« Sie hob einen halbverkohlten Laib auf, musterte und drückte ihn und jammerte über das teure Mehl, das dabei zugrunde gegangen wäre. Sie nahm ein Messer und schnitt die dicke schwarze Kruste ab.

»Die taugen höchstens noch für unsere Brotsupp'n«, meinte sie. Der Maxl war betreten und ärgerlich, daß ihm das gerade jetzt passieren mußte. – »Aber«, sagte er schließlich, »wenn der Hof bestellt, sind wir alle über Wasser!«

Die Kathl kam heim und erfuhr das freudige Ereignis. Mutter und Zwerg zogen sich sonntagsmäßig an. Die Kathl war höchst erfinderisch, um ihre Ärmlichkeit glanzvoll zu machen. Der Maxl stand unausgesetzt da und übte mit kindlicher Freude Kritik am enganliegenden Spenzer der Mutter. Sie und die Kathl mußten über ihn lachen, und sogar der Zwerg fand ihn drollig. Wie ein übergeschnappter Modekünstler zupfte er an den beiden herum. Endlich verließen die alte Stellmacherin und der Zwerg das Haus und gingen langsam die Dorfstraße entlang, den Berg hinunter zum Wiesmaier. Alle Dörfler, die dem Paar begegneten, musterten es flüchtig und grüßten hin und wieder gleichgültig. Später brachten etliche Schulkinder die unglaublich klingende Nachricht in die Häuser, daß der König und sein Kabinettssekretär im schattigen Wiesmaiergarten an einem weißgedeckten Tisch mit der Stellmacherin und dem Zwerg Kaffee tränken. Staunen und Mißgunst, Neid und Neugier erfaßte die Leute. Trotz der drängenden Erntearbeit machten sich einige den Umweg und gingen am Garten der Schloßwirtschaft vorüber. Verborgen und scheinbar arglos lugten sie auf den Tisch und faßten es nicht: der König höchstselbst beschäftigte sich eifrig mit dem plappernden, ungenierten Zwerg, reichte ihm Kuchen, lächelte erheitert und befragte ein um das andere Mal die sich offensichtlich recht unbehaglich fühlende Stellmacherin. Sah man genauer hin, so gewann man den merkwürdigen Eindruck, als behandle der Monarch den Zwerg ungefähr wie ein gutartiges, affenähnliches Tier, dessen linkische Bewegungen und unverständliche Laute ihn ungemein interessierten und belustigten. Immer wieder mußte der Kabinettssekretär es der Stellmacherin sacht verwehren, daß sie ihre mißgestaltete Tochter zurechtwies. Jeden Laut derselben sollte sie übersetzen, und man geht nicht fehl, wenn man annimmt, daß sie aus Verlegenheit und Furcht nicht immer die Wahrheit sagte. Endlich wurde sie gnädig entlassen, und der Zwerg bekam ein Silberstück. Die Wiesmaiers verbeugten sich fast bis zur Erde und küßten dem Monarchen die Hand. Die Stellmacherin wußte nicht, wie sie das bewerkstelligen sollte, und benahm sich hilflos und linkisch; schließlich, als der Kabinettssekretär gütig abwinkte, brummte sie nur ein trockenes »Vergelt's Gott«.

Der Zwerg stand unbewegt da wie eine starre Pagode und lächelte den davongehenden Herren blöde nach.

»Ja, die hohe Ehr', Frau Graf! *Die* Ehr'! Da kann man gratulieren!« sagten die Wiesmaiers, und der Wirt setzte dazu: »Das wird sicher dem Maxl auch von Nutzen sein! So ein Glück!« Und er tätschelte die kleine Resl.

»Grüß Gott beieinander!« erwiderte die Stellmacherin nur und ging aufatmend davon. – Sehr angegriffen kam sie zu Hause an und erzählte dem Maxl und der Kathl, was sie für Angst ausgestanden habe, wie peinvoll dieses Kaffeetrinken für sie gewesen sei.

»Ich hab' mich ja Sünden gefürchtet! Ich hab' ja lügen müssen!« beteuerte sie verbrummt, denn »Lau'bua« und »Na-na' ia Of« – also »Lausbub« und »narrischer Tropf« – habe der Zwerg die Majestät öfter genannt und mit seinen klebrigen Kuchenfingern dessen feines Gewand betappt. Doch sie mußte zugeben, daß der König ein sehr legerer Mensch sei, grundgut und natürlich wie selten einer, und ein überaus stattliches, bildsauberes Mannsbild.

»Ma-Magl!« drängte sich der Zwerg an seinen Bruder und zeigte das Talerstück: »Magl, Höni hod mi schenkt ... huata Mens ...«

»Jaja, Resei, unser König ist ein braver, guter Mensch! Den Taler heben wir auf!« antwortete dieser lächelnd, aber um alles in der Welt gab der Zwerg das Geldstück nicht aus der Hand. Er fing mürrisch zu klagen an, schimpfte und weinte zuletzt, bis man ihn in Ruhe ließ.

Eine freudige Erregung beherrschte die Stellmachers den ganzen Tag. Nach Feierabend saßen sie in der Stube und der phantasievolle Maxl entwarf weitgreifende Pläne. Er kam vom Hundersten ins Tausendste, zog seine wenigen Geschichtskenntnisse heran und meinte, es sei gar nicht ausgeschlossen, daß der König das Resei an seinen Hof nehme, denn früher hätten solche Herrscher stets Zwerge als Narren gehalten. Die alte Stellmacherin bekam dabei ein wehes, besorgtes Gesicht. Hoffentlich, äußerte sie sich, passiere so etwas nicht, das Resei sei zwar ein Zwerg, aber doch ihr

Kind und kein Stück Vieh. Da wurde der Maxl kurz verlegen und sprach von etwas anderem.

Tags darauf brachte der Kabinettssekretär ein gerahmtes Bild des Königs mit eigenhändiger Unterschrift. Es stellte den Monarchen in Zivilkleidung mit steifem Hut dar. Ernst und gebieterisch sah das Gesicht aus, ein wenig starr blickten die dunklen Augen drein, faltenlos waren Stirn und Mundpartie, und der dichte, dunkle Schnurr- und Spitzbart waren sorgfältig zurechtgekämmt. Gleichzeitig erhielt der Maxl den Auftrag, täglich weiches Weißbrot und dünne Wecken an den königlichen Hof zu liefern.

»Weich! Verstehen Sie! Weich, das ist das Wichtigste!« betonte der hohe Herr, »Majestät legen darauf größten Wert! Bewähren Sie sich, Herr Bäckermeister! Es kann Ihr Glück sein! – Das andere erfahren Sie bei unserem Herrn Küchenchef, melden Sie sich heute noch dort.« Der Maxl, wiewohl er sich nicht vorstellen konnte, auf welche Weise neugebackene Semmeln die Röschheit verlieren könnten, nickte nur immerzu und war ziemlich ratlos, als der Kabinettssekretär das Haus verlassen hatte. Aber ein unbeschreiblicher Triumph bezwang alle diese Bedenken, wenn er an den Neid der feindseligen Berger und an die Zukunft dachte. Nach dem Mittagessen zog er sein bestes Gewand an, vergaß nicht, die Schleife des Eisernen Kreuzes anzuheften, ging ins Schloß hinunter und meldete sich beim Küchenchef. Der dicke, asthmatische, etwas schlampige Mensch redete mit ihm wie mit seinesgleichen. Er war ein erstklassiger Fachmann, der die ganze Welt bereist hatte und alle Küchengeheimnisse, aber auch alle schrulligen Eigenarten seiner jeweiligen Herrschaft genau kannte. Breit, fett und stiernackig saß er dem Maxl gegenüber, paffte an einer sehr dunklen Virginia, fuhr sich ab und zu mit der dickfingerigen Hand durch den aufgedrehten schwarzen Schnurrbart, lächelte unverblüfft, als der Bäcker seine Bedenken schüchtern äußerte und brummte: »Aber was, Herr Graf, wir verstehn uns doch! Weiches Brot? Naja, Sie liefern mir Semmeln vom Tag vorher! Ich stell' sie in die

Kühlkammer, und die Sache hat sich gehoben ... Majestät haben, unter uns gesagt, miserable Zähne, davon kommt das!« Er redete allerhand und schien sich keinen Zwang aufzuerlegen. Ihn brauchte man, das war schnell zu erraten. Für den Maxl bedeutete er etwas wie ein Tor in eine ergiebige Zeit. Er war soviel wie der Fels, aus dem die Goldquelle sprudelte, wenn man nur einmal ein gehörig tiefes Loch hineingeschlagen hatte.

In der nächsten Zeit gäbe es besonders große Bestellungen, erzählte der gemütliche Küchenchef. Richard Wagners Opern seien im kürzlich vollendeten Bayreuther Festspielhaus gespielt worden, der deutsche Kaiser, der König und viele Monarchen und Fürsten des In- und Auslands hätten die glanzvollen Aufführungen besucht. Die ganze große Welt ströme herbei, und demnächst sei der Besuch der russischen Kaiserin auf dem Berger Schloß angekündigt. »Das wird ganz großartig!« sagte er und setzte gelassen dazu: »Für die Herrschaften ist das ein Fest, für unsereins nichts als Ärger, Verdruß und Arbeit, aber was will man machen ... Wir zwei verstehn uns, Herr Graf!« Er sah dem Maxl gutmütig und vieldeutig in die Augen, besprach das Sachliche, und sie schieden herzlich voneinander.

»Nur immer zu mir kommen! Nur zu mir!« sagte der Chef an der Tür. Der Maxl wäre am liebsten auf dem Schloßhof stehengeblieben und hätte aufgejauchzt oder ein lautschmetterndes Hoch auf den König angestimmt. Er wußte nicht, sollte er laufen oder hüpfen, sollte er sich bezähmen oder was sonst. Er fühlte kaum, daß sich seine Beine bewegten. Er ging dahin wie ein Traumwandler, mitten am Tage. Auf halber Höhe des Berges blieb er atemholend stehen und schaute hinunter auf das im dichten Laubwaldgrün liegende, vom friedlichen See bespülte Schloß. Das Dampfschiff aus Starnberg kam näher, und viele Segel- und Ruderboote schwammen auf der weiten, glatten Wasserfläche. Steil stand die Sonne im hochgespannten Himmel. Maxls Brust wurde weit. Er reckte sich erfrischt, und es war, als saugten seine Augen all das, was sie fassen konnten, hinein. Der Müller März, der mit einer prallen Fuhre Weizen den Berg herunterfuhr, bekam, als er ihn erblickte, eine verschlossene Miene, beugte sich schnell unter die Fuhre und drehte die Wagenbremse ein paarmal. Der Maxl merkte die Absicht wohl und schrie keck in das Ächzen und Quietschen der gehemmten Räder: »Brems nur fest! Mich hast nicht aufhalten können!« Der Angerufene tat, als habe er die spitze Andeutung nicht gehört, und trottete finster neben seinen Pferden her. Freilich konnte der Maxl sein verärgertes Gesicht nicht sehen, aber er dachte sich's, daß sein Hieb getroffen hatte, denn der Müller schaute nicht mehr um. Vor noch gar nicht langer Zeit hätte der dem frechen, lumpigen Notschnapper, der an einem so schönen Werktag, während die ordentlichen Leute arbeiten, im guten Gewand spazierenging, eine hämisch-derbe Antwort gegeben; nun aber haßte er ihn nur noch giftig und verschwiegen. Echte Bauern finden die Not bei andern verächtlich, dulden sie aber herablassenderweise. Kommt aber ein solcher Armer durch eigene Kraft in die Höhe, überflügelt er gar manchen eingesessenen Bauern an Wohlhäbigkeit, dann hält man ihn insgeheim für einen tief unreellen Kerl, der rücksichtslos jeden Schwindel betreibt. Sicher erinnerte sich der Müller des Ausspruchs, den seine verstorbenen Eltern über die Stellmacher-Sippschaft geprägt hatten: »Sie wimmeln wie die Wanzen und saugen sich, wenn man nicht achtgibt, an jedem fest.« So war es beim Kastenjakl und so beim Maxl. Diese Gauner schienen ständig auf der Lauer zu liegen und jede günstige Gelegenheit auszunützen, wozu ehrliche Leute gar keine Zeit hatten. Wo mochte der Maxl, so sonntagsmäßig angezogen und erheitert, dahergekommen sein? Vielleicht wirklich aus dem königlichen Schloß! Und mit dem besten Auftrag womöglich! Der März knirschte mit den Zähnen. Seine Mühle und sein Wohnhaus lagen straßenbreit entfernt vom Schloß, aber er und seine Söhne und Töchter waren noch nie in dasselbe gekommen, von ihm bezog der Hof kein Mehl. Die Welt war ungerecht. Die Zeit war schlecht geworden. Das Alte und Ehrliche wurde nicht mehr geachtet. Auch der Zusammenhalt der Bauern und Eingesessenen war erstorben. Einige Nachbarn holten tatsächlich schon manchmal Semmeln oder einen Brotlaib beim Bäcker-Maxl.

Ach ja, alles hatte sich im Laufe der bewegten sechs, sieben Jahre nach dem Kriege unaufhaltsam verändert und aufgelockert. Das Untere schien manchmal nach oben gekehrt. Die armen Fischer drunten am See, die früher vor Not kaum zu leben wußten, verdienten nunmehr leicht Geld durch Spazierenrudern der Herrschaften oder durch Verleihung ihrer Boote. Einer ging sogar so weit, gegen geringes Entgelt fremde Männer, Weiber und Kinder auf seinem Uferstrich baden zu lassen. Kein königlicher Hof, kein Pfarrer und Gemeinderat erhoben dagegen Einspruch. Die ständige Berührung mit den feinen Städtern hatte auf die Einheimischen abgefärbt und Moral und standhaften Glauben angegriffen. In Berg gingen schon einige Jungfrauen nicht mehr in der üblichen Tracht. Sie trugen der Mode angepaßte Röcke und Blusen. Überall in den Familien hatte der strenge, enge Bauernstolz beträchtlich nachgelassen. Auf den Bällen des Veteranen- und Kriegervereins tanzten die Töchter der angesehensten Bauern mit Leuten wie dem Maxl. Der Respekt vor dem Althergebrachten war halbwegs in die Brüche gegangen. Nicht mehr wie ehedem folgten die Kinder ihren Eltern. Töchter und Söhne großer Bauern heirateten nicht mehr auf ebenso umfängliche Anwesen, und nicht selten kam ein fremder Habenichts zu sauer erarbeiteter Wohlhäbigkeit. Die Bäcker-Stasl, die nach einigen Wochen wieder aus der Stadt zurückkam, trug den Kopf hoch. Das Gerede der Leute focht sie nicht an. In adretter, städtischer Kleidung trug sie, nachdem sie sich mit dem Maxl ausgesprochen hatte, wieder das Brot aus, und alle Herrschaften begrüßten sie freudig. Mit dem Voshank, ihrem böhmischen Liebhaber, ließ sie sich ohne Scheu überall sehen, und sie konnte es auch, denn allmählich stieg die Achtung vor der »Bäckerischen«, und jeder Mensch sagte schon halb neidisch und halb spöttisch »Hoflieferant« zum

Maxl. Sie brauchte sich aber auch deshalb nicht zu schämen, daß sie schwanger gewesen war, weil dort, wo es niemand erwartet hatte, dasselbe vorgefallen war. Nämlich die Heimrath-Genovev, die Bigotteste weitum, hatte sich wirklich und wahrhaftig mit dem Peter Wach in eine kaum glaubliche Liebschaft eingelassen und ließ sich schon monatelang nicht mehr sehen. Die Heimrathin war außer sich und wich jedem Menschen aus. Was half es denn, daß der Pfarrer die Genovev und den Peter einzeln und dann zu zweien zu sich bestellte und ihnen eine harte Strafpredigt hielt. Geschehen war geschehen. Das fromme Heimrath-Haus hatte einen Schandfleck bekommen. Der war nicht mehr wegzuwischen. In der Pfarrei fielen nicht die besten Worte über die Aufhauser »Weiberwirtschaft«. Viele gaben der nachlässigen Wachsamkeit der Bäuerin die alleinige Schuld an diesem schändlichen Vorfall. Jetzt, hieß es, habe sie den Schaden ihres Eigensinns. Nie war sie für fremde Ratschläge zugänglich gewesen, und immer tat sie, als verstünde sie alles besser.

»Hätt' sie ein paar Jahr nach dem Ableben vom Ferdl geheiratet!« meinten die Bauern und schimpften weiter: »Dann wär' die Sauerei nicht vorgekommen. Die Kinder hätten einen Vater gehabt und gewußt, was sich gehört.« – Und es erinnerten sich die meisten an den Jani-Hans und fanden, daß er seinerzeit ganz recht gehabt habe, als er der Heimrathin den Antrag zu einer Josephs-Ehe machte. Der Hans, noch immer hochgeschätzt von den Alten, sagte nur: »Auf Ehr' und Seligkeit, ich hab's ihr gut gemeint, der Bäuerin, aber mein Gott und Herr Jesus, einem religiösen Menschen wird ja nie geglaubt.« – Selbst die Frömmsten unter den Leuten fanden jetzt nichts Gutes mehr an der bigotten Genovev und redeten etwas von den »Wölfen im Schafspelz«, wenn sie den »Blasl-Peter« erwähnten. Man zog überhaupt die Religiosität der »Blasls« von Aufkirchen in Zweifel und unterschob dem Peter allerhand dunkle, erbschleicherische Absichten. Die Blasls nahmen sich das sehr zu Herzen. Sie waren allenthalben als sehr sonderbare, eifervoll-übersteigerte Gläubige bekannt, lebten sehr zurückgezogen und mieden jeden Menschen. Außer Peter war noch der ältere Bruder Hans da, der seit dem Tode der alten Blasls mit seinen zwei Schwestern zusammenhauste. Alle waren unverheiratet.

Kurz nach dem Vorkommnis mit der Heimrath-Genovev – nach dem sonntäglichen Hochamt – sprang der Blasl-Hans vor der Kirchentüre auf seinen Bruder zu und versetzte ihm einige Fausthiebe. Die umstehenden, erschreckten Leute hielten ihn zurück und konnten ihn kaum bändigen. Er stieß unverständliche Laute heraus und hatte Schaum vor dem Mund. Der blutende Peter lief einfach davon. Eine Blasl-Schwester ging bald darauf ins Kloster und bei der Vev, der jüngeren, zeigten sich Anzeichen beginnenden Wahnsinns. Oft hörten sie die Nachbarn laut schreiend beten. Lange währte dieses gräßliche Klagen mitunter, bis die Stimme versagte. Dann war die Vev wieder ruhig wie ein gewöhnlicher Mensch.

Der Heimrathin kam das alles zu Ohren, und es läßt sich denken, daß sie darüber bedrückt war. Was mochte das erst für ein Kind werden? Bei dem Zusammenstand: Peter und Genovev! Dieser Kummer peinigte sie noch mehr als alle üblen Nachreden. Sie beriet sich oft mit dem Pfarrer. Sie ließ heimlich Messen lesen und betete viel. Dem Peter begegnete sie stets mit fast furchtsamer Zurückhaltung. In die Augen sah sie ihm nie, und wo es ging, wich sie ihm aus. Sie wurde überhaupt immer verschlossener und wortkarger und schien den Glauben an alle Menschen verloren zu haben. Mag sein, daß sie auch manchmal, wenn sie ihre großgewachsenen, heiratsfähigen Töchter betrachtete, von einer schaurigen, unergründlichen Ahnung überfallen wurde, als seien sie ihr alle fremd geworden. Jeder Friede und alle Eintracht waren – ohne daß sie sagen konnte warum – aus ihrem Hof gewichen. Eine böse Mißgunst und eisige Feindseligkeit aller gegen alle machte sich unaufhaltsam breit. Am meisten litt darunter die Resl. Zweiundzwanzig Jahre war sie jetzt alt, vollsaftig und gesund, arglos und verträglich wie seit eh und je. Offenbar hatte sie sich noch nie die geringsten Gedanken über die Zukunft gemacht. Nie war ihr in den Sinn gekommen, wie denn das einmal sein würde, wenn die Mutter verstorben sei, die Genovev den Hof bekomme und alles auseinanderginge. Sie hatte zwei kräftige Arme, die viel bezwangen. Selbst wenn sie nach harten Arbeitswochen auf dem Veteranenball keinen Tanz ausließ, um Mitternacht heimkam und nur etliche Stunden schlief – ihre Beine fühlten keine Müdigkeit. Sie schwang die Sense, als sei sie mit ihr verwachsen. Sie drosch mit dem klappernden Flegel von der Frühe bis in die Dunkelheit, sie lud den ganzen Tag Dünger auf die leeren Wagen und hockte noch genau so belebt am Spinnrad bis tief in die Nacht hinein. Jeder Mensch schien ihr recht, der sich plagte und dem anderen nichts in den Weg legte. Gewiß wußte sie mit der Genovev und der Kathrein nie viel anzufangen, aber sie waren schließlich ihre Schwestern, und einer konnte dem andern nicht gleichen. Erst jetzt, nachdem die erstere sich so weit mit dem Peter eingelassen hatte, erschien sie der Resl nicht mehr so wie früher. Sie fragte nicht, wie und warum das mit der Genovev geschehen konnte. Es keimte nur eine fast ungewollte und unerklärliche Ablehnung alles dessen in ihr auf, und diese Ablehnung glich mehr einem Ekel, einer furchtsamen Scheu vor etwas ungewohnt Häßlichem, als einer Feindschaft. Empfindlich war die Resl nicht, aber es fiel ihr doch auf, daß sie und ihre Schwestern jetzt überall mit anderen Augen angesehen wurden. Der Blick der Weiber und Jungfrauen war abweisend, derjenige mancher Männer begehrlich und dreist. Das ärgerte sie und tat ihr auch ein wenig weh. Freilich, allzulange hielt eine solche Verdrossenheit bei ihr nie an. Ihre gesunde, heitere Derbheit hatte zuweilen etwas Bezwingendes, ja Verblüffendes.

»Du schaust dir überhaupt keinen an. Dich kann jeder kriegen, der dich nimmt!« warf der hämische Müller-Älteste von Berg einmal hin, als die Resl dreimal hintereinander vom Bäcker-Maxl zum Tanz geholt wurde. Sie lachte unversteckt und antwortete: »Ihr hockt ja da wie bei einer

Leich'! Und überhaupt – sterben müssen wir alle, die Hauptsach' ist, daß wir lustig gewesen sind. Zuletzt, wenn wir ein Haufen Dreck sind, kann keiner mehr tanzen!«

Die Müllerischen sagten nichts mehr. Sie schauten alle nur grämlich geradeaus. Nach einer Weile, als die Resl wieder tanzte, brümmelte der alte Müller mißgünstig: »Da hört man's! So red't man beim Heimrath vom Sterben. Auf'm Tanzboden treibt sie Spott damit ... und so was gehört zu unserer Verwandtschaft.«

Ebbe und Flut

Eine von Bismarck befürwortete, weitgreifende Gesetzesvorlage für das ganze Reichsgebiet war in Kraft getreten, die in allen Landstrichen große Veränderungen nach sich zog: die sogenannte Gewerbefreiheit.

Weiß Gott, die Zeit war bewegt genug, und viele Menschen kamen nicht mehr mit! Der unbegreiflich rechthaberische Kanzler in Berlin aber schien sie nur noch mehr zu verwirren, und alle Menschen, die ihrer friedlichen täglichen Arbeit nachgingen, bekamen das immer mehr zu fühlen. Sie kannten sich nicht aus und fanden das meiste, was dieser wilde Berliner Mann tat, gewalttätig und planlos. Wenn sie nachzudenken versuchten, kam es ihnen vor, als sei nur durch ihn aller Unfriede auf die Welt gekommen: zuerst sein jahrelanger, giftiger Hader mit den Katholiken, der erst jetzt langsam abflaute und ihm nichts eingetragen hatte als eine zahlreiche, hartnäckige, verschwiegene Feindschaft in allen Bundesländern; dann die überall mit Mißtrauen aufgenommene Vereinheitlichung des Geldwesens, womit er insbesondere die Bauern kopfscheu und unruhig gemacht hatte. Ihre anfänglich ängstlich zurückgehaltenen Gulden und Kreuzer waren ihnen, nachdem sie sich notgedrungen dazu entschließen mußten, nicht immer zum gleichen Kurs eingewechselt worden. Einmal erhielten sie für einen Silbergulden eine Mark und zweiundsiebzig Pfennige, und der Kreuzer galt zwei und drei Fünftel Pfennige, das andere Mal fiel sein Wert wieder auf eine Mark und fünfundsechzig, ja, während des drohenden Kriegs mit Frankreich im Frühjahr anno 75 sank er sogar noch weit tiefer. Endlich verschwand der Gulden, und es trat eine gewisse Beruhigung ein: aber auf einmal mußte in allen Gegenden, wo man früher so etwas überhaupt nie gekannt hatte, zum Reichstag gewählt werden, und die Bauern, denen der Mesner im Auftrage des Pfarrers die abzugebenden Stimmzettel beim Verlassen der Kirche gab, fragten sich vergeblich, zu was denn nun das eigentlich gut sein sollte. Sie hatten bis jetzt geruhig gelebt und waren ohne all diese »neumodischen Sachen« ausgekommen. Sie konnten sich unter »Reichstag« nichts Sinnvolles und Nützliches vorstellen, außerdem war ihnen das »Preußische« zuwider, und was in den Städten geschah, ließ sie gleichgültig. Dann in der Erntezeit einmal, im Mai und im Juni, drang rasch nacheinander die gefährliche Kunde in ihre Gaue, daß ruchlose Verbrecher auf den alten Kaiser Wilhelm geschossen und ihn das zweite Mal schwer verwundet hätten. Der Kaiser hatte keinen schlechten Ruf bei den Landleuten. Sie achteten ihn, weil er alt war und einen würdigen grauen Backenbart hatte, und sie schätzten ihn, weil er sich so wenig bemerkbar machte. Auch in der Aufkirchener Pfarrei verdammte man die Attentäter. Der Jani-Hans aber, der seit seiner Festnahme und Abstrafung vorsichtiger geworden war, raunte doch einigen Bauern zu: »Die Kugeln haben natürlicherweis' nicht dem alten Mann gegolten, sie sind für seinen lutherischen Bismarck gewesen, aber der versteckt sich schon so, daß ihn keiner erwischt. Eine Schand' und eine Sünd' ist's, auf den guten, alten Kaiser zu schießen, aber der Bismarck macht ja alles rebellisch. Ich will wetten, sie haben bloß auf den Kaiser geschossen, weil er dem Höllenlump so nachgibt und alles macht, was der will.« Der Hans tat gut daran, schnell umherzusehen, ob es auch kein Unberufener gehört habe, denn jetzt galt jede harmlose Kleinigkeit als Majestätsbeleidigung und wurde drakonisch bestraft. Irgendwo im Preußischen droben zum Beispiel war eine Frau, die gleich nach dem Attentat gesagt hatte: »Nun, der Kaiser ist wenigstens nicht arm, er kann sich pflegen lassen«, zu eineinhalb Jahren Gefängnis verurteilt worden, und allerorts gab es derartig sinnlose Urteile in erschreckender Anzahl. Von einem verwahrlosten Spenglergesellen Hödel und einem irrsinnigen Studenten Nobiling, den Attentätern, erzählten die Leute wie von wilden, seltsamen Räuberhäuptlingen. Hödel war hingerichtet worden, und Nobiling hatte sich unmittelbar nach seiner Tat zwei Kugeln in den Kopf gejagt, so daß er kurz nach seiner Verhaftung im Gefängnis-Spital verstarb. Zum erstenmal hörten die Bauern etwas von jenem lichtscheuen Gesindel in den Städten, von den ganz und gar gottlosen Lumpen und Kaisermördern, die Sozialdemokraten oder kurzweg »Sozis« genannt wurden. Auf dem Jahrmarkt in Aufkirchen tauchte ein Moritaten-Sängerpaar auf, ein kleiner, krüppelhafter eisgrauer Bergmann und sein verhutzeltes, halbblindes Weib. Sie hängten an die Kirchhofsmauer ein großes Plakat, worauf in vielen blutrünstigen Bildern das Leben der beiden Attentäter vom Anfang bis zum bitteren Ende gezeigt wurde. Unter jedem Bild stand ein einfältiger Vers. Der Bergmann deutete mit einem langen, dünnen Stock darauf, und sein Weib zupfte an einer verstimmten Gitarre. Mit kläglichen, rostigen Stimmen sangen die zwei Alten die gereimte Schauermär. Die dicht um sie stehenden Leute hörten mit neugierigem Gruseln zu und warfen hin und wieder einen Kupferpfennig in die auf dem Boden liegende Bergmannskappe.

Was in Wirklichkeit geschehen war und welche Folgen die Attentate hatten, das blieb den Landleuten schon deswegen unbekannt, weil nichts davon in ihr Leben eingriff. Viel besessener und bösartiger als jemals die Katholiken, hatte der Kanzler seit Anbeginn die zahlenmäßig rasch zunehmende Arbeiterschaft bekämpft und geknebelt. Ihm lag vor allem daran, daß sich die junge Industrie im ganzen Reich schnell und ungehemmt entwickeln und mit den Industrien anderer Länder konkurrieren konnte. Zu diesem Zweck mußten die Arbeiter auf gerechte Löhne und Besserstellung im Staat verzichten. Ihr Recht bestand nur darin, den Reichtum zu schaffen, nicht aber, etwas davon zu spüren. Da die Arbeiter langsam selbstbewußter wurden und sich zusammenschlossen, da sie Berufsgewerkschaften bildeten und schließlich als »Sozialdemokratische Partei« im Reichstag billigerweise ihre Rechte forderten, erschienen sie dem Kanzler und seinem Anhang als gefährliche Staatsfeinde. Um möglichst niedrige Löhne zu erzwingen, ging der Kanzler dazu über, die Einwanderung polnischer und böhmischer Arbeiter zu erlauben, die für jeden Lohn und aus Not unter allen Bedingungen arbeiteten. In unzähligen Scharen kamen diese Elendsgestalten ins Land. Nur eins trieb sie an: nicht mehr ganz zu verhungern. Zum zweiten wurden alle Polizeistationen des Reiches vom Kanzler beauftragt, die Arbeitervereine, die Gewerkschaften und die Partei streng zu überwachen und alle nur erdenklichen Schikanen anzuwenden, um deren Mitglieder von einer Teilnahme abzuschrecken. Auch Polizeispitzel wurden in diese Organisationen geschickt, die irgendwelche staatsgefährlichen, gesetzwidrigen Pläne aushecken sollten, wodurch die Arbeiter belastet werden könnten. Die aber blieben besonnen und fochten unangreifbar für ihr Recht. Und weil sie mutig waren, wuchs ihr Anhang. Mit dem Ingrimm eines Menschen, der seinen einsichtslosen Starrsinn nicht aufgeben will und auf einmal doch fühlt, daß seine Widersacher mit Erfolg ihr Recht zu verteidigen wissen, steigerte der Kanzler die Unterdrückung der Sozialdemokraten derart, daß – wie er annahm – die erhitzten Massen sich zu Unbesonnenheiten hinreißen lassen mußten. Vergeblich. Noch schlimmer für Bismarck: er legte dem Reichstag den Entwurf eines eigenen Gesetzes gegen die um sich greifende sozialdemokratische Agitation vor. Doch weite Kreise der bürgerlich-liberalen Partei stimmten dagegen. Das Gesetz kam zu Fall. Da ereigneten sich – um Bismarcks eigenen Ausdruck zu gebrauchen – »wie gewünscht« die beiden Attentate auf den Kaiser, und wenn auch nicht der geringste Beweis dafür erbracht werden konnte, daß die Täter Hödel und Nobiling Sozialdemokraten gewesen waren, rücksichtslos ließ der Kanzler diese Behauptung überall verbreiten. Und wer zuerst schreit, auf den hört man. Das zweite, viel strengere »Sozialistengesetz« wurde von der Reichstagsmehrheit angenommen, und eine beispiellose Verfolgung aller freiheitlichen Arbeiter begann. Ihre Partei wurde verboten, alle ihre Organisationen aufgelöst und deren Vermögen beschlagnahmt. Die Ernährer ungezählter Arbeiterfamilien wurden verhaftet, polizeilich abgestraft, gemaßregelt und aus dem Verdienst gejagt. Nicht wenige ihrer Genossen flohen außer Landes. Die Zurückgebliebenen, weniger Gefährdeten, Unauffälligen zogen in abgelegene Gegenden und fingen mit dem wenigen, das ihnen verblieben war, ein neues, hartes, verborgenes Leben an.

So war es in Preußen und in allen Bundesländern. Das bayrische Ministerium übernahm die Ausnahmegesetze, und König Ludwig, der schon lange an Verfolgungswahn litt, befürwortete die strengste Durchführung. Wie ihr König, so hatten auch die Landleute nichts dagegen einzuwenden, daß gegen das »lichtscheue Stadtgesindel« mit aller Schärfe vorgegangen wurde. Allerdings merkten sie kaum etwas davon. Aber sie verargten dem Kanzler die eben verkündete Gewerbefreiheit nicht wenig. Ihrer Meinung nach half er ja damit eben den Leuten, die ihm so gefährlich schienen, erst recht wieder auf die Beine.

Nun nämlich brauchte sich auf einmal niemand mehr daran zu halten, ob auf seinem Haus eine »Gerechtsame« lag, die ihn zur Begründung eines entsprechenden Geschäftes ermächtigte. Dieses patriarchalische, schwerfällige Recht, das aufstrebende Handwerker sehr behinderte und die notwendige Freizügigkeit unterband, wurde durch die neue Gewerbeordnung gewissermaßen von der toten Sache losgelöst und auf den Menschen übertragen. Jetzt begann selbst in den unberührtesten Landstrichen eine sichtliche Umschichtung. Aus den Städten und aus fremden Gauen kamen unternehmungslustige Leute in die Dörfer, machten sich seßhaft und versuchten mit mehr oder weniger Glück, sich eine dauernde Existenz zu schaffen. Und nicht nur kleine Handwerker, auch vereinzelte Arbeiterfamilien tauchten da und dort verschüchtert auf. Ohne viel Umstände konnte nun jeder eine Krämerei eröffnen. Sobald die Gemeinde es befürwortete, erhielt derjenige, der eine Gastwirtschaft betreiben wollte, die Schank-Konzession, und Handwerker, welche ihre beruflichen Prüfungen bestanden hatten, konnten sich überall niederlassen. Der Tüchtigkeit wurde der weiteste Spielraum gegeben. Der Kanzler brauchte widerspruchslose, regsame Bürger, die sein Entgegenkommen zu schätzen wußten. Das wachsende, nach Weltgeltung gierende, junge Reich verlangte eifervoll nach einem zahlreichen, geruhigen, fleißigen Gewerbestand, der sich durch den freien Konkurrenzkampf gegenseitig anspornte, der den Bedürfnissen des allseits zunehmenden Wohlstandes entsprach und stets seinen sicheren Tribut für den gesteigerten Staatsaufwand zu leisten imstande war.

Nach dem Tod des kinderlos gebliebenen Bürgermeisters und Posthalters Jakob Fink erwarb ein reiches Metzger-Ehepaar aus der Starnberger Gegend die ziemlich vernachlässigte, überschuldete Gastwirtschaft in Aufkirchen. Die beiden Leute waren sehr tüchtig und umsichtig. Ihr Bier war gepflegt, und die Wirtin kochte ausgezeichnet. Durch ihr geselliges, friedliches Wesen verstanden es die Klostermaiers – wie die Eheleute hießen –, sich sehr schnell einen guten Ruf zu verschaffen, und wurden in der Folgezeit ungemein beliebt. Wirtschaft und Metzgerei nahmen einen noch nie erlebten Aufschwung.

Am Ausgang von Berg, in einem Gütlerhaus an der Aufkirchner Straße, fing ein gebürtiger Schwabe namens Joseph Leibfinger, der bis jetzt in der königlichen Hofstallung gedient hatte, eine kleine Huf- und Wagenschmiede an, und bald darauf gab es auch im Pfarrdorf einen solchen

Schmied. Daß er Protestant war, wußte zunächst niemand, und es fragte auch kein Mensch danach. Da er bar bezahlte, verkaufte ihm der Klostermaier, der keinen Wert auf die Ökonomie legte, gern ein Wiesenviereck, auf welches der Fremde ein nettes, einstöckiges Wohnhaus mit angrenzender Werkstatt bauen ließ. Die zwei Schmiede hatten ihr gutes Auskommen, denn die Bauern, die bisher ihre Pferde und Wagenräder im abgelegenen Farchach beschlagen lassen mußten, waren froh, daß solche Handwerker nun in nächster Nähe waren. Gegen den Willen ihrer Eltern heiratete einige Zeit später die zweitälteste Tochter des Müllers März einen nicht unvermögenden, frommen Schreiner aus Wolfratshausen, der das leerstehende Wäscherhäusl in Berg, gegenüber vom Leibfinger, erwarb, es baulich instand setzte und eine Schreinerei und Möbeltischlerei eröffnete.

Mit wachsamem Interesse verfolgte der Bäcker-Maxl all diese Veränderungen. Jedesmal nach dem sonntäglichen Hochamt betrachtete er mit abwägender Neugier die Leute, welche beim einzigen Krämer der ganzen Gegend, beim Glaser Hauner in Aufkirchen, in den winzigen Laden traten. Der Glaser befaßte sich ausschließlich mit seinem eigenen Beruf und ließ das Geschäft von seiner langsamen, ungewandten Frau betreiben. Das Notwendigste bekam man beim Hauner oft nicht, aber die Glaserin kümmerte sich nicht, wenn die Kunden sich darüber beklagten. Geweihte Kerzen und Wachsstöcke, Weihrauch und Amulette, Rosenkränze und Gebetbücher hatte sie zu jeder Zeit. Dafür sorgte der jeweilige Pfarrer, denn das Haunerhaus war früher einmal Pfarreigentum gewesen, die ehemalige Krämerei-Gerechtsame stammte noch von den Augustinern, welche im vorigen Jahrhundert in dem umfänglichen Kloster, das an die Kirche grenzte, gesessen hatten. Nun waren in diesem Kloster die unbeschuhten Karmeliterinnen untergebracht, die fast nie ein Mensch zu sehen bekam. Nur gegen die schriftliche Zusicherung, daß jeder nachfolgende Besitzer des Haunerhauses in der Hauptsache die oben genannten frommen Dinge verkaufte, hatte das Pfarramt das Anwesen veräußert. Faden, Wolle und Garn, Näh- und Stricknadeln, Rauch- und Schnupftabak, Salz oder gar Zucker waren beim Hauner selten zu haben. Es läßt sich also leicht erraten, was der Maxl dachte, wenn er den schäbigen Krämerladen aufs Korn nahm. Indessen zu allem gehörte anfänglich Geld, und so weit war er noch nicht. Nur nichts überstürzen, wird er viele Male erwogen haben, doch er wurde immer unruhiger. Wenn ihm nur niemand zuvorkam! Er ängstigte sich, und er überlegte hin und her. Mit keinem Menschen sprach er über seine verschwiegenen Pläne. Erst als der Irlinger wieder einmal kam, unterhielt er sich lange mit ihm. Sie saßen allein in der Stube.

»Ja, Herrgott, Maxl! Ich versteh' dich nicht!« sagte der Mehlreisende, »jetzt, wo du eine so schöne und dauernde Lieferung an den Hof hast! Da kann doch eine Krämerei nicht mehr fehlgehen!« Der magere, lebhafte Mensch mit den graumelierten Stichelhaaren schüttelte den Kopf. Er erbot sich, dem Maxl einmal einen Reisevertreter mehrerer Münchner Großfirmen in Kolonialwaren zu schicken.

»Jetzt bist du mir doch nichts mehr schuldig! Die Bank hat endlich Vertrauen und kann dir nichts mehr anhaben, die Mehlrechnungen läßt du nicht mehr anstehen, und jeden Tag geht mehr Geschäft bei dir! Warum besinnst du dich eigentlich noch?« redete er weiter, doch der Maxl blieb unschlüssig. Er kratzte sich an der Schläfe und raunte ihm zu: »Ich muß erst mit meinen Geschwistern auseinander sein! Je größer ich jetzt mein Geschäft mache, um so mehr verlangen sie. Verstehst du mich denn nicht! Das ist's doch!«

»Jaso! Hm! ... Jaja, das ist ja auch wieder richtig!« meinte der Irlinger begreifend. – Zweifellos, viel hatte der Maxl seither zuwege gebracht: dem Kastenjakl und dem Irlinger die Schulden samt Zinsen zurückbezahlt und, nachdem sein Bruder Lorenz darauf eingegangen war, die väterliche Werkstatt zu einem Stall umgebaut. Schnitzbank und Werkzeug waren in der Holzhütte hinten im Hof untergebracht und gehörten dem Bruder. Vorläufig aber war der

Stall leer. Nur etliche Hühner gackerten darin. Am notwendigsten erschien dem Maxl ein Pferd und ein leichter Brotwagen. Dann konnte die Stasl noch einmal so schnell die Gegend abfahren und brauchte nicht, wie es jetzt schon manchmal vorkam, oft zweimal am Tag mit dem schweren Korb stundenweite Wege zu machen.

Der Maxl ging, nachdem der Irlinger weg war, noch lange in der Stube hin und her. Sein Hirn arbeitete. Das Herz drängte. Heiß wurde ihm. Offensichtlich beschäftigten ihn alle erschöpfbaren Möglichkeiten. Zum Schluß aber mußte er sich doch wieder gleichsam besänftigend gestehen: »Nur nichts überstürzen! ... Vorsicht! Vorsicht!« Der Kastenjakl war ein warnendes Beispiel. Er hatte sich, wie sich nun immer mehr zeigte, bedrohlich verspekuliert. Die Leute spotteten über seinen »ewigen Schloßbau« und sahen schadenfroh zu, wie die Schwierigkeiten dem alten, eigensinnigen Mann über den Kopf wuchsen. Immer und immer wieder – so, als sei er darauf versessen, etwas noch nie Dagewesenes zu bauen – hatte er um die Veränderung des Grundplanes eingegeben und alles geopfert: sein Bargeld und den Kredit, seine besseren Einsichten, seine Ruhe und Gesundheit. Die Bauleute schüttelten den Kopf über ihn. Über drei Jahre – oft mit wochenlangen Unterbrechungen – werkelten sie an dem werdenden Gebäude. Die Außenmauern standen, plötzlich mußten neue Gerüste gesetzt werden, um an jeder Ecke einen Turm anzubauen. Die Innenräume hatten ihre vermeintliche Einteilung, auf einmal kam der Kastenjakl und ließ von neuem Wände niederreißen. Es war nicht zu enträtseln, wie zum Schluß alles aussehen sollte, ja, jeder Mensch zweifelte daran, daß die »Villa« überhaupt jemals fertig werden würde. Der Bauherr wurde immer verbissener. Er schimpfte herum. Er stritt mit den Maurern und Handwerkern. Er jagte den einen oder anderen fort. Fahrig und grob war er, verbat sich jeden gutgemeinten Rat und duldete keinen Widerspruch. Er war erschreckend abgemagert und sah gänzlich verwahrlost aus. Die wenigen Schläfenhaare, die seine gewölbte Glatze umsäumten, hingen wirr und schlaff über die Ohren. Der zerzauste Bart überwucherte seinen breiten, zahnlosen, zusammengekniffenen, schmallippigen Mund. Unzählige Falten hatte sein eingefallenes, gedrängtes, boshaftes Gnomengesicht, und eine ständige Erregung gewitterte über all diese Einbuchtungen und Erhebungen. Steif nach vorn gebeugt, verzogen und eingeschrumpft war seine kleine Gestalt. Die eckigen Schulterknochen standen scharf in die Höhe, und die langen, dürren Arme hingen kraftlos herab. Die Gicht saß in seinen Gliedern. In den unruhigen, winzigen Augen glomm eine giftige Verwegenheit. Unausgesetzt lief oder stieg der seltsame Mensch auf dem Bau herum, nicht eine Sekunde stand er still, und wenn er nichts zu tun fand, schnupfte er hastig, verschwenderisch und fortwährend, als versuche er sich dadurch zu kräftigen oder zu betäuben. Dann grinste er zuweilen abwesend und häßlich, wobei seine wenigen schwarz gewordenen, verfaulten Zahnstumpen sichtbar wurden, und schließlich brummte er ganz in sich versunken: »Jaja! Jaja, nur abwarten! Der Kastenjakl zeigt's euch schon noch!« Das klang, als sage er es zu einem tief gehaßten, unsichtbaren Feind.

Nur um immer wieder zu Geld zu kommen, hatte er nach und nach alle seine Äcker und Wiesengrundstücke verkauft. Sie gehörten jetzt dem Schropp von Leoni, dem Doll von Allmannshausen und der Heimrathin.

Einmal in der Frühe kläffte der Kastenjakl die alte Pflegerin, die seinen Haushalt führte, bösartig an: »Geh mir aus den Augen, du alte Hex'! Verschwind! Ich will dich nicht mehr sehen, du niederträchtige Furie!« Und als sie betroffen und weinerlich fragen wollte, machte er Anstalten, sie buchstäblich hinauszuwerfen. Da lief sie erschreckt auf ihre Kammer, packte ihre wenigen Habseligkeiten zusammen und ging davon. Der Knecht mußte mit ihm die zwei Kühe auf den Wolfratshausener Markt treiben. Nach dem Verkauf sagte er zu ihm mitten auf dem Platz: »So, jetzt brauch' ich dich nicht mehr! Kannst gleich rumfragen, ob dich wer nimmt! Hol deine Sachen und basta! Ich will nichts mehr hören und sehen!« Er drehte sich um und stelzte davon. Allein wollte er sein, der Kastenjakl. Pläne, Ziegelsteine, Balken und Bretter, Mörtel, Zement und Berechnungen, die sich auf seinen Bau bezogen, waren ihm wichtiger und interessanter als Menschen. Erst nach Monaten erfuhr der Maxl, daß ein pensionierter Leibkutscher des königlichen Hofes die Maxhöhe gekauft hatte und den Kastenjakl in einer kleinen Kammer weiter wohnen ließ. Schon seit fast einem Jahr war der alte Mann nicht mehr nach Berg gekommen und, um bei der Wahrheit zu bleiben, sein Neffe war ganz froh darüber. Was wäre bei einem solchen Besuch schon herausgekommen? Möglicherweise nichts anderes als eine geheime Beschämung auf der Seite des Jüngeren und kalte Verbitterung auf derjenigen des Alten. Der Kastenjakl hätte wahrscheinlich den Maxl daran erinnert, wie er ihm einstens als erster Mut zugesprochen und geholfen hatte, und um ein Darlehn angehalten. Abgesehen davon, daß im Bäckerhaus kein entbehrlicher Pfennig vorhanden war, im Innersten hätte dem Maxl der Kastenjakl doch leid getan, kurzum, eine solche Zusammenkunft wäre höchst peinlich verlaufen. Und bei allem, was Gutes in ihm war, im Grunde genommen stand es doch mit dem Maxl so: ein Mensch, der nach langem, hartem Kampf eine Existenz errungen hat, die noch keineswegs auf festem Grund steht, schätzt Mitleid und Edelmut anderen gegenüber nicht allzu sehr. Er findet nur Ungünstiges an diesen Eigenschaften und überläßt sie gerne jenen Leuten, denen es leicht fällt, damit etwas auszurichten. Dessenungeachtet grübelte der Maxl doch öfter darüber nach, wie er, wenn sein bedrängter Oheim daherkäme, diesem mit der wirksamsten Schicklichkeit begreiflich machen könnte, daß er beim besten Willen nicht imstande war, ihm zu helfen.

Der Kastenjakl aber ließ seinen Neffen nur manchmal durch die Stasl, die täglich beim Brotaustragen auf seinen Bau kam, flüchtig grüßen. War der alte Mann ausnahmsweise einmal gut gelaunt, dann sagte er: »Und sagst dem

Maxl, ich übertrumpf' ihn doch noch, den windigen Semmelpatzer!« Grinsend tappte er weiter.

An Sonntagen oder auch nach Feierabend kam hin und wieder der Zukünftige der Stasl, der böhmische Maurer Voshank, ins Berger Bäckerhaus. Niemand mochte ihn sonderlich. Der muskulöse, finster aussehende Mensch mit seinem wirren, dichten rothaarigen Schopf und Bart nahm nicht für sich ein. Der Maxl begegnete ihm anfänglich verschlossen, fast feindselig. Allein es stellte sich allmählich heraus, daß der wortkarge Böhme hilfsbereit, sehr sparsam und bescheiden war und allem Anschein nach nichts anderes wünschte, als mit dem Maxl gut auseinanderzukommen. Er wollte die Stasl heiraten, hoffte, mit dem, was sie mitbekam, und dem Seinigen, das er erspart hatte, bald nach Amerika reisen zu können und es dort zu etwas zu bringen. Bald merkte der Maxl, daß die Stasl den biederen Mann völlig beherrschte und nicht wenig aufhetzte. War der Voshank allein, so ließ sich friedlich mit ihm reden; saß die Stasl neben ihm und bedrängte ihren Bruder gereizt, er möge doch endlich die dreihundert Gulden flüssig machen, die ihr nach dem gerichtlich festgesetzten Übergabevertrag zustünden, dann schnitt der Voshank eine geradezu furchterregende Miene, die sich kaum entziffern ließ. Sie mochte gefährlich sein, sie konnte aber auch dumpfe Verlegenheit ausdrücken.

Der Maxl rechnete genau und handelte behutsam. Die Stasl war ungemein brauchbar, konnte die Kunden behandeln und war bei ihnen beliebt. Sie schnell zu verlieren, bedeutete keinen geringen Schaden für das Geschäft. Doch es war nur schwer mit ihr auszukommen, sie war launisch und starrköpfig. Es kostete den Maxl Nerven und Geduld, ihre aufdringliche Vorteilsbedachtheit, ihre Kleinlichkeit und ihr Mißtrauen immer wieder zu besänftigen. Wegen jeder Winzigkeit konnte sie hartnäckig streiten und blieb unnachgiebig rechthaberisch selbst dann noch, wenn man ihr schon längst nachgegeben hatte. Bruder und Schwester schienen sich ständig in gewaffneter Feindschaft gegenüberzustehen, aber zunächst sah die Stasl wohl ein, daß sie den Maxl brauchte wie er sie.

»Stasl, so laß doch endlich ein vernünftiges Wort mit dir reden!« sagte der Bruder zu ihr, als sie wieder zankten. »Du bist doch nicht allein da! Die Kathl und der Lorenz wollen doch auch ihr Sach' ... Und wenn ich jetzt einfach den Akker verkauf' oder unser Holz –«

»Was die Kathl und der Lorenz machen, geht doch mich nichts an!« fiel ihm die Stasl ins Wort, »die heiraten ja noch nicht!«

»Jaja! Jaja! Aber sie haben doch genau das gleiche Recht wie du!« erwiderte der Maxl und schaute auf den stumm daneben sitzenden Voshank. Er blickte hin und schien den rechten Gedanken zu haben.

»Ich mach' dir einen Vorschlag, Stasl ... Ich sag's zu euch zwei! ... Wenn du warten willst, Stasl, bis ich aus' m Gröbsten bin, kriegst du hundert Gulden mehr – oder –« Er hielt inne. Dann sagte er: »Wenn du dein Geld auf der Stell' willst, gut, nachher geb' ich dir jetzt gleich die Hälfte, und wenn ihr in Amerika seid, schick' ich das andere. Vielleicht – wer kann denn das wissen in so einem fremden Land? – tut's euch dann sogar recht gut!«

»Ich will einfach jetzt einmal haben, was mir zusteht! Handeln lass' ich nicht mit mir!« zankte die Stasl; doch der Maxl überhörte sie und fragte den Voshank: »Und was sagst du dazu, Voshank?« Der Angesprochene schnaubte kurz, schaute irgendwie überrascht drein und brummte nickend: »Gleich die Hälfte? Nu slawa! ... Wollen wir bald wegfahren!«

»Da hörst du es! Er hat ein Einsehn! Er ist eben ein Mannsbild!« rief der Maxl, und die Stasl warf einen fast verächtlichen Blick auf ihren Voshank, stand auf und sagte weniger gereizt: »Was fragst du denn da ihn? Es geht doch um mein Geld! Das letzte Wort ist noch nicht gesprochen! Ich sag' dir bloß eins – lang wart' ich nicht mehr! Ich mag einfach nicht mehr!« – Jedenfalls war wieder alles für eine Weile eingerenkt und aufgeschoben. Mehr wollte der Maxl nicht. Er sah ein, dieser Zustand war auf die Dauer nicht zu ertragen. Er mußte auf irgendeine Weise aus der Welt geschafft werden. Es fragte sich nur, wie dies am leichtesten zu bewerkstelligen war.

Der Maxl tauchte jetzt wieder öfter als sonst in den Wirtshäusern auf und versäumte keine Kirchweih in der Gegend. Ganz anders als früher wurde er überall aufgenommen. Das tat ihm wohl. Er hatte sich Achtung erkämpft. Er galt halbwegs als ebenbürtig. Nur die wenigen noch starr am Althergebrachten festhaltenden Bauern brachten ihm ein verschwiegenes Mißtrauen entgegen und blieben unzugänglich. Die Jungen, die Kleinhäusler und die neu hergezogenen Handwerker freuten sich an seiner Lustigkeit. Zudem hielt man ihn auch schon für einen Mann, der durch eigene Tüchtigkeit sichtlich wohlhabend geworden war, und er bestärkte diesen Eindruck, wo immer er nur konnte. Beim Wiesmaier und beim Klostermaier zahlte er nicht selten Freibier für seine laute Tischrunde, und – was man anfangs ein bißchen befremdlich, nach und nach aber nett fand – er brachte, wenn er als Kirchweihgast zu einem Bauern kam, frische Laugenbrezen oder Semmeln mit, die er großzügig verteilte. Er trank viel und gern, immer fiel ihm etwas Neues ein, wenn die Heiterkeit zu erlahmen drohte, und die Geschichten aus dem Krieg, die er erzählte, die unbekannten Lieder, die er sang, fanden zuweilen begeisterten Beifall. Alsbald wußten viele junge Leute Text und Melodie von ›Bei Sedan wohl auf den Höhen‹ und ›Es geht bei gedämpfter Trommel Klang‹, von ›Hoch vom Dachstein oben, wo der Aar noch haust‹, und wenn der Maxl anhub, fielen die Stimmen mit ein. Ein dröhnender Chorgesang war es zuletzt. Die Wände und Fenster schienen zu erzittern. Neuerdings war es auch üblich geworden, daß die unverheirateten Männer an den Sonntagnachmittagen oder -abenden, nach der Stallarbeit, zu zweit oder viert auf jene Bauernhöfe kamen, wo ledige Töchter da waren. Mochte die Heimrathin solchen Besuchern auch noch so barsch entgegentreten, ihr ungutes, herabminderndes Schimpfen und Raunzen schreckte die Burschen nicht. Sie überhörten das Schelten, hingen gutmütig einen kecken Spott daran oder stellten sich dumm. Ganz Schlaue spielten auch die Teilnahmsvollen, fingen von den schlechten Zeiten zu reden an, erwähnten vorsichtig und nebenher das Mißgeschick, das der Genovev widerfahren war, und verloren einige gut abgetönte, aber wenig schmeichelhafte Worte über den Blasl-Peter, der sich genau wie Genovev bei solchen Gelegenheiten nie sehen ließ. Ungeschickterweise geschah es dabei manchmal, daß das Neugeborene in der Kammer droben aufplärrte. Die Burschen hörten es, und die Bäuerin schwieg verdrossen. Die lustigen Besucher blinzten den herumsitzenden Töchtern verstohlen zu, grinsten unvermerkt und setzten sich auf die Ofenbank in der rußigen Kuchl. Nach und nach taute man auf und trieb allerhand arglose Späße. Die streitbare Spannkraft der Bäuerin ließ nach. Sie wurde müde, hin und wieder nickte sie auch kurz ein. Vielleicht war auch jene lähmende Gleichgültigkeit über sie gekommen, die einen Menschen befällt, wenn er fühlt, daß die Umstände stärker sind als er.

»Herrgott, schon wieder der plärrmäulige Bäcker-Maxl!« stieß die Resl meistens heraus, wenn sie diesen unter den anderen Besuchern im Türrahmen auftauchend erblickte. Recht derbe Antworten gab sie ihm auf seine Fragen. Doch ernsthaft war es nicht gemeint. Zweideutige Hintergedanken kannte sie nicht. Sie behandelte den Maxl nicht recht viel anders als die sonstigen Burschen. Er war ihr gleichgültig. Nur das eine mußte sie zugeben, wenn die Rede darauf kam: er tanzte gut und hatte dabei mehr Ausdauer als die meisten.

Wie überall, wo junge Leute zusammenkamen, so war es auch in Aufhausen. Von den Neuigkeiten in der Pfarrei kam man auf die Liebschaften und Heiraten zu sprechen. Die Burschen linsten mitunter dreist und abschätzend auf die Heimrathtöchter. Die eine verstand, was damit gemeint war, die andere wieder nicht.

»Bis dich eine nimmt, Bäcker-Maxl, da wird's auch lang hergehn!« warf die Resl hin und maß diesen mit einem schiefen Blick, »da kriegt eine einen sauberen Tropf! Saufen und Plärren ist deine einzige Kunst!«

»Und ein schönes Brot mach' ich! Das hast du wieder vergessen, Resl!« lachte der ungetroffene Maxl, »mein Brot frißt sogar der König!«

»Ha! Das weiß er vielleicht gar nicht!« gab ihm die Resl hinaus. Da setzte der Maxl ein spöttisch warnendes Gesicht auf, hob den Zeigefinger und sagte: »Aber! Aber Resl? Resei!! ... Das ist ja die reinste Majestätsbeleidigung! Wenn ein Mensch einmal König ist, dann muß er doch alles wissen!« Er lächelte verschlagen.

»Hm!« machte die Resl ebenso, »Mundwerk hast du ein gutes! Nichts bringt dich in Verlegenheit, du vorlauter Tropf, du!« Der Maxl musterte sie unentwegt.

»Ja Herrgott! Du tust ja gerad, als wie wenn jeder Mensch König werden kann! Das ist ja erst recht eine Majestätsbeleidigung! Eine ganz unverschämte!« rief ihm der laute, flachshaarige Daiser Hans zu, der auch den Krieg mitgemacht hatte und in Leoni, beim Hornig, Hausmeister war. Wegen seiner großen, schlanken Figur und auch deshalb, weil er noch immer den besten Paradeschritt machen konnte, trug er bei Umzügen und Begräbnissen die reichbestickte, seidene Fahne des »Veteranen- und Kriegervereins«. Er war Maxls liebster Kamerad, denn er verstand es ausgezeichnet, jene geräuschvollen, gefährlich aussehenden und doch so harmlosen Wirtshausstreitigkeiten mit ihm anzufangen, die die alten Bauern stets so ärgerten und die eigene Tischrunde so belustigten. Auch die Heimrathtöchter ließen sich vom Daiser täuschen. Erfreut merkte es der Maxl.

»Ein König ist auch bloß ein Mensch wie wir!« schrie er dem Daiser zu, »nackt ist er nackt, und –«

»Was? Was, du elendiger Knochen, du!« polterte der aufspringende Daiser und schaute mit drohender Strenge auf seinen Kameraden, »du kleines bißl Semmelpatzer, du windiger?! ... Morgen meld' ich dich bei der Gendarmerie, wart!« Die Heimrathin war aufgeschreckt. Die Töchter starrten gespannt auf die Streitenden. Es stockte. Resolut stand die Bäuerin auf.

»Jetzt wird's mir aber zu bunt! Marsch! Marsch! 'naus mit euch! 'naus!« schimpfte sie, »'naus, sag ich!« Die Burschen machten sich aus dem Staub.

Am Nachmittag des andern Tages kam der Maxl zufällig beim Heimrath vorüber. Er hatte seine Schnupftabaksdose vergessen gestern, meinte er, und er wollte »nicht aufhalten«. Er brachte der mürrischen Bäuerin vier schöne Semmeln und redete etliche Worte mit ihr. Als er fortging, spähte er flugs über den Hof. Zufrieden war sein Gesicht. Die Bäuerin war diesmal ausnahmsweise nicht grob und ungut gewesen. Die Semmeln mußten sie gefreut haben. Allerdings, der Maxl hatte sie auch in einer etwas heiklen Lage angetroffen, in welcher sie gezwungenermaßen verbleiben mußte, solange er sich in der Kuchl aufhielt. Die bis zu den Knien entblößten Beine der Bäuerin steckten in einem niederen Holzschaff warmen, dampfenden Wassers, in welchem ausgekochte Kamillen schwammen. Der ganze Raum roch danach. Die Heimrathin hatte ein schmerzverzogenes Gesicht, das sich erst allmählich ausglich. Der Maxl störte sie nicht sonderlich. Sie streifte lediglich ihren Rock ein wenig kniewärts. Auch der Maxl war weiter nicht verblüfft und sagte sogar mitleidig: »Herrgott, Bäuerin, und mit so wehen Haxen rackerst du von früh bis in die Nacht hinein? Mein Gott, mein Gott!« – Sie aber überhörte den menschlichen Ton seiner Worte und sagte nur: »Jaja, höllisch brennen sie heut wieder! Ich glaub', es wird bald wieder ein anderes Wetter.« – Ihre Beine nämlich waren nach einer hierzulande üblichen Bezeichnung »offene Kindsfüße«, welche fast jede Bäuerin bekam, die viele Geburten hinter sich hatte und meistens schon etliche Tage nach der Niederkunft wieder schwer arbeitete. Unter der Biegung der Knie wucherten dicke Krampfadern. Die angeschwollenen Waden waren rot und blau angelaufen, und an den Knöcheln hatte sie schrecklich aussehende, fransige, unregelmäßige Löcher, die das pure, feuchte Fleisch bloßlegten. Um den zehrenden, unausgesetzten Schmerz zu lindern, nahmen die Bäuerinnen manchmal, wenn sie Zeit dazu fanden, ein Kamillen-Fußbad, bestrichen die Wundränder mit etwas Schmalz oder Butter, drückten ein frisch gepflücktes, kühlendes Huflattichblatt darauf und wickelten die Beine erneut mit grobleinenen Binden. Lang lebten solche »Kindsfüßlerinnen« oft, und nie klagten sie über ihre Leiden. Einen Doktor holten sie höchstenfalls, wenn der »Rotlauf«, die Blutvergiftung, das kranke Bein bedrohte. Aber sie mißtrauten den Ärzten und achteten geradezu ängstlich darauf, daß die Wundlöcher nicht verheilten, nicht zuwuchsen, denn, hieß es, «da kann der schlechte Saft aus dem Leib, und wenn er keinen Auslauf mehr hat, dann stirbt man«. Warum sollte also der Maxl, der diese Dinge kannte, verwundert sein!

Als er nun auf der Straße gen Aufkirchen ging, lächelte er einmal leicht und murmelte vor sich hin: »Heut hab' ich's zum Glück gut erraten!«

Beim Klostermaier kehrte er ein, obgleich er eigentlich ungesäumt heim sollte. Jeden Tag konnte er sich erst um fünf oder sechs Uhr nachmittags zu Bett legen, um dann gegen neun Uhr nachts seine Bäckerarbeit zu beginnen. Auf die Dauer hielt das der gesündeste Körper nicht aus. Die Arbeit hatte den Maxl ausgedörrt. Er war nur mehr Haut und Knochen. Sein Anzug hing an ihm wie auf einem Kleiderständer, und die Leute spöttelten: »Daß dich bloß der Wind nicht einmal verweht, Maxl! Knöpfel nur fest zu, nicht daß dich's Windwetter einmal nackt auszieht!« Zäh, doch nicht allzu kräftig war der Maxl, aber in der letzten Zeit spürte er, wie weh ihm das viele Rackern tat. Manchmal fürchtete er, krank zu werden. Zudem wurden die Anforderungen immer größer. Seit einem Jahr fuhr noch ein Dampfschiff auf dem See, und an den schönen Sommertagen kamen eine Menge städtischer Ausflügler in die Ufergegenden. Wenn das überfüllte Schiff am Berger Schloß und Park vorüberfuhr, hielten alle Ausschau nach dem König und raunten sich Geschichten zu. Auch überspannte Ausländer waren unter den Sommergästen, die nicht wenig empört waren, wenn ihnen plötzlich die Ferngläser abgenommen und erst wieder hinterhalb Leoni ausgehändigt wurden. Der argwöhnische, überreizte König duldete solche Neugier nicht. Ruderboote mußten schnell am Berger See-Ufer vorbeifahren. Aus den Büschen des Parkes tauchten manchmal Gendarmen auf, die bellende Warnungsrufe ausstießen und sie zur Eile antrieben. Auch im Unterdorf von Berg mußten die Ausflügler einen ziemlichen Umweg machen, um die Wiesmaiersche Wirtschaft zu erreichen. In der Schloßnähe wurde kein Stehenbleiben geduldet. Der Wiesmaier hatte nie allzu viele Gäste. Ihm trugen die Hofleute das Geld zu. Dagegen suchten die Fremden massenhaft Leoni auf. Die ehemalige Villa hatte ein vornehmer Mann namens Strauch gekauft und sie in ein Hotel verwandelt. Der Strauch bezog viel Brot vom Maxl. Arbeit über Arbeit gab es in der Berger Bäckerei. Viel zuviel war sie, wenn auch die Stasl manchmal mithalf.

Der Maxl war heut merkwürdig belebt. Er unterhielt sich mit dem Klostermaier über alles mögliche. Der Wirt sagte einmal: »No, Maxl, jetzt mußt du ja mit Gewalt ein reicher Mann werden. Deine Bäckerei wird ja die reinste Goldgrub'n.« Und er erzählte, daß jetzt auch die »Rottmannshöhe« verkauft sei. Ein Gastwirt aus München wolle etwas ganz Großartiges daraus machen und stecke riesige Summen in das Unternehmen. »Eine Drahtseilbahn will er bauen von Leoni zur Rottmannshöhe. Dem Strauch will er alle Gäste weglocken, sagt er. Er hat schon Eingaben gemacht wegen der Genehmigung der Drahtseilbahn. Vorläufig baut er die Gastlokalitäten aus«, berichtete der Wirt. Dann setzte er dazu: »Und das wird doch auch wieder eine gute Kundschaft für dich! Und da sollst du kein reicher Mann werden! Du scheffelst ja 's Geld! Ich seh' dich schon als Millionär!« Er lächelte gutmütig und fuhr mit der dickfingerigen Hand durch seinen langen, spitzzulaufenden Schnurrbart.

Den Maxl schwindelte schier. Wirklich, es ging aufwärts mit Riesenschritten. Er versuchte in aller Schnelligkeit, diese neue Möglichkeit durchzudenken und zwang die Freude darüber in sich nieder. Er tat gelassen und meinte: »No, zum Millionär ist's noch weit hin! Das hat noch Zeit! So schnell wachsen die Bäum' nicht in'n Himmel ... Vorläufig bin ich froh, daß ich aus dem Gröbsten heraussen bin.« Der Wirt wollte bei diesem Thema bleiben, sonderbarerweise aber fing der Maxl von was anderem zu reden an. Von der Heimrathin und ihrem sichtlichen Altwerden sprach er, von ihrem Geplagtsein durch die »Kindsfüße« und, meinte er teilnahmsvoll, was habe sie zum Schluß gehabt von ihrem Leben, die Bäuerin? Rackern jahraus und jahrein und den Verdruß mit der Genovev in ihren alten Tagen.

»Jaja«, sagte der Wirt ernster werdend, »saudumm ist sie hereingefallen, die Genovev! Hmhm, und der schöne Hof! Der Peter kann lachen! ... Es bleibt jetzt schon nichts anderes mehr übrig, als daß die zwei bald heiraten.« Der Maxl nahm einen ausgiebigen Schluck Bier, stellte das Glas hin und brummte nachdenklich: »Herrgott, hm ... So wird alles auseinandergehn und in andere Händ' kommen! Dafür haben sich die Alten 'plagt!«

Er schaute ins Leere und schwieg. Der Klostermaier stimmte ihm gleichgültig zu. In der leeren Wirtsstube war es still. Die Sonne fiel schräg durch die Fenster und zog breite Streifen, in deren Helle die feinen Staubwirbel sichtbar wurden.

»Noch eine Halbe?« fragte der wuchtig gebaute Wirt und nahm Maxls Krug.

»Ja, gib mir noch eine«, antwortete der und schnupfte.

Die Schenkglocke läutete, und als der Klostermaier das Schiebefenster hochzog, wurde das schmale Gesicht der jungen Schmiedin sichtbar.

»Eine Maß, aber gut einschenken!« sagte sie, und der Klostermaier brummte irgend etwas. Als er wieder an den Tisch zurückkam, murmelte er, diese Schmiedin sei eine ganz vorlaute Person. Endlich fielen ihm wieder die Heimraths ein.

»Geld muß ja in Aufhausen da sein«, sagte er beiläufig, »Heiratsgut müssen die Töchter hübsch einen Batzen kriegen.«

»Jaja«, sagte der Maxl unverdächtig, »jaja, mag sein, aber es sind ihrer fünf.« – »Es ist doch ein Riesenhof!« meinte der Wirt und fing aufs ungefähre zu schätzen an, »zwei- oder dreitausend Gulden wird wenig sein, was eine kriegt, wenn Bauernleut' auch noch so ungern Bargeld mitgeben.« Der Maxl tat ganz uninteressiert, trank aus und ging.

Die Sonne war indes tiefer gesunken und stand als riesiger Feuerball über der scharf gezeichneten Hügelwand des westlichen See-Ufers. Auf den hängenden Äckern und Feldern rechts und links von der abwärtslaufenden Aufkirchener Straße arbeiteten die Leute, und das hellklingende Hämmern aus der Leibfingerschen Schmiede vibrierte in der warmen Luft. Der Postillon fuhr aus Berg heraus, trieb seine Pferde an, und die gelbschwarze Kutsche wackelte hin und her. Seine Tour war seit dem Vorjahr anders geworden. Er mußte nunmehr auch täglich beim Wiesmaier Station machen. Laut königlicher Verfügung war dem Wirt die Führung einer Posthalterei zugestanden worden. Der Wiesmaier war ein sehr schreibgewandter, gescheiter Mensch, der mit der Zeit ging. Er hielt eine Münchener Tageszeitung, und einige Berger bezogen den ›Starnberger Land- und Seeboten‹, der seit Kriegsende wöchentlich erschien. Er brachte amtliche und kirchliche Nachrichten und übermittelte seiner Leserschaft die Neuigkeiten aus der Umgegend und aus aller Welt. Schon wochenlang befaßte er sich mit dem bevorstehenden Besuch der russischen Kaiserin. Der launische, weiberfeindliche König war auf einmal darauf verfallen, seine frühere, so abrupt abgebrochene Beziehung zum russischen Hof wieder aufzunehmen. Niemand konnte sich erklären, was er damit im Sinne habe. Aber so unerwartete Marotten war man schon gewöhnt bei ihm. Jedenfalls betrieb man eifrige Empfangsvorbereitungen. Ein großes Prunkfest sollte in Berg gefeiert werden, und alle anderen Uferorte waren angewiesen, entsprechende Vorkehrungen zu treffen. Die Fischer berieten über ein sogenanntes »Fischerstechen«, ein traditionelles Turnier auf dem Wasser, wobei besonders starke, gewandte Männer, an der Spitze flink geruderter Flachboote stehend, sich gegenseitig mit langen Stangen bekämpften, so lange, bis der Unterliegende in den See fiel. Ein Riesenfeuerwerk war geplant, das bei Einbruch der Dunkelheit an den Gestaden von Berg und Leoni abgebrannt werden sollte, um die hohen Herrschaften zu entzücken. Eine Unzahl mächtiger und berühmter Persönlichkeiten hatten ihre Teilnahme zugesagt. Dem Maxl brummte der Kopf, wenn er daran dachte, wie er allein das viele Brot für die beträchtlichen Gastereien fertigbringen sollte. Durch die besten Versprechungen hatte er außer der Stasl auch den Voshank, die Kathl und den Lorenz zur Mithilfe gewonnen. Die Stasl war geschickt, und ihr Zukünftiger begriff schnell die üblichen Handgriffe, der Lorenz sollte das geformte und gegorene Brot dem backenden Maxl zutragen, und die Kathl hatte sich bereit erklärt, alle vorfallenden Botengänge zu machen. Ein großer geschäftlicher Fischzug stand bevor, versicherte der Maxl. Nach einer zwar nicht mehr gefährlichen, aber doch von vielen Schwierigkeiten begleiteten Ebbe mußte durch den bevorstehenden hohen Besuch eine wahre Goldflut kommen.

Und dann?

Der Maxl dachte gleichzeitig an hundert Dinge. An die Gegenwart und die Zukunft, an die russische Kaiserin und den neuen Kunden in der Rottmannshöhe, an ein Pferd und einen Brotwagen, an einen Gesellen, den er jetzt unbedingt brauchte, an die endgültige Auseinandersetzung mit der Stasl, und zuletzt dachte er an die Heimrathtochter und an das, was der Klostermaier über deren Vermögensverhältnisse gesagt hatte.

»Zwei-, dreitausend Gulden«, murmelte er während des Dahingehens und wiederholte, ganz in sich versunken: »Zwei- oder gar dreitausend bare Gulden, hm.« Der Schweiß brach aus seinen Poren. Er fuhr mit der Handfläche über sein feuchtes Gesicht. War er denn so schnell gelaufen? Er wußte es nicht. Er hatte Berg erreicht. Der Leibfinger grüßte laut aus seiner feuersprühenden, rußigen Schmiede. Der Maxl erwiderte den Gruß und ging langsam an den anderen Häusern vorüber.

Zu Hause fand er im ›Land- und Seeboten‹ die Nachricht, daß die vielberedete Kaiserin Elisabeth wieder im elterlichen Schloß in Possenhofen eingetroffen sei und ihrem Freund Ludwig II. einen Besuch abgestattet habe. Das Bild der schönen Kaiserin schmückte die halbe Vorderseite der Zeitung.

»Eine bildsaubere Person«, sagte der Maxl, als er es betrachtete, »die sollte unser König geheiratet haben! Das wär' was gewesen!« Die alte Stellmacherin, die am Herd stand und eine gezwiebelte Brotsuppe kochte, meinte: »Der? ... Der König? ... Es heißt doch, daß er nie ein Weibsbild mögen hat! Die Leut' reden weiß Gott was über ihn.«

»Ah, was die Leut' reden!« warf der Maxl hin, »wenn er kein Weibsbild möcht', warum ist er denn dann mit der Elisabeth immer beieinander und warum lädt er denn jetzt die russische Kaiserin wieder ein? Ha, was die Leut' schon alles gesagt haben! Vom Wagner haben sie gesagt, er hat den König verhext. Nachher haben sie's wieder vom Bismarck gesagt. Jetzt reden's den Unsinn 'rum, der König mag kein Weibsbild, er will bloß Mannsbilder!«

»No«, unterbrach ihn die Stellmacherin, die diesmal auffallend gesprächig war, »no, er macht – man muß schon sagen – in der letzten Zeit recht komische Sachen, der König! Heut hat er auf einmal zum Schmalzer-Hans 'raufgeschickt, er soll sofort kommen. Der Hans hat sich gut angezogen und ist ins Schloß 'nunter. Und, was glaubst, was er jetzt ist, der Hans?«

Sie hat sich umgedreht.

»Was denn?« fragte der neugierig gewordene Maxl.

»Kammerdiener ist er jetzt, der Hans!« antwortete die Stellmacherin und erzählte kopfschüttelnd weiter: »Hm, und hat doch nie so was gelernt! Taugt doch überhaupt zu nichts, der Hans! Kammerdiener beim König! Hast jetzt schon so was gehört!« Das klang wirklich verblüffend.

»Hmhm, Kammerdiener? Der Hans – königlicher Kammerdiener?« brümmelte auch der Maxl.

Sein Nachbar, der Johann Baur oder, wie man ihn nach dem Hausnamen bezeichnete, der Schmalzer-Hans, war fünf Jahre älter als der Maxl. Er lebte seit dem Tod seiner Eltern mit seinem jüngeren Bruder Franz auf dem heruntergewirtschafteten Anwesen, das einmal nicht das unansehnlichste in Berg gewesen war. Der Franz arbeitete wenigstens und zeigte überall die rechte Vernunft, der Hans aber war nichts als ein fauler Taugenichts und Wirtshaushocker, der sich weiß Gott was einbildete. Da er der Ältere war, redete er auch das große Wort im Haus. Es gab oft Streit zwischen den Brüdern, wobei sich stets zeigte, daß der Hans das schlagfertigste Mundwerk hatte und auch sonst seinen Mann stellte. Der Franz kam nicht auf gegen ihn. Im übrigen gab er auch deswegen nach, weil ihm der Hans das Heiratsgut gleich am Anfang auf Heller und Pfennig ausbezahlt hatte. Seit jeher schien er sich's leicht zu machen, der Hans: er verkaufte einfach einen Acker und eine Wiese und schließlich den Holzschlag, der zum Haus gehörte. Das ihm übrigbleibende Geld verbrauchte er nach eigenem Gutdünken. Zum Ärger der Leute tauchte er oft mitten am Werktag im Sonntagsgewand auf, ging nach Starnberg, zum Wiesmaier oder zum Klostermaier und kam spät in der Nacht mit einem Rausch zurück. Sein Wahlspruch war: »Man muß das Geld ausgeben, solang man lebt. Als ein Toter hat man nichts mehr davon!« – Er war ein mittelgroßer, schlanker und schmucker Bursch und verstand sich anzuziehen, wenn er zur Kirche oder auf einen Ball ging. Die jungen Bauerntöchter hatten ihn gern, und es wäre ihm nicht schwer gefallen, die eine oder andere zu heiraten. Doch er tat nie dergleichen. Er blieb lieber ledig und für sich. Er war keck, witzig, und zuweilen hatte sein unverfrorener Leichtsinn sogar etwas Anziehendes. Im Gegensatz zu allen anderen Männern ging er stets glatt rasiert, und sein strohblondes Haar war sorgfältig gekämmt. Das runde, faltenlose, viel jünger aussehende Gesicht mit den von dunklen Brauen beschatteten, großen blauen Augen machte besonders auf die Herrschaften Eindruck, und es hatte wahrscheinlich auch dem König gefallen. Die Einfälle des hohen Herrn waren ja weit bekannt. Er wurde immer sonderbarer. Beim Wiesmaier tuschelten die Hofleute mitunter gewichtig und schauten scheu umher, ob niemand zuhöre. Die Landleute indessen liebten den Monarchen, der jetzt dichtbärtig, fett und ungeschlacht geworden war, immer mehr. Alles Unfaßbare seiner Persönlichkeit zog sie geheimnisvoll an und steigerte ihre Ehrfurcht: sein rätselhaft zurückgezogenes, sprunghaftes Leben, die furchteinflößende Unberechenbarkeit seiner Majestät, seine riesige, imponierende Gestalt und nicht zuletzt die merkwürdig anziehenden Augen in dem krankhaft bleichen, schlaffen Gesicht. Es war meistens düster, dieses Gesicht, aber wenn es bei Begegnungen mit Bauern ungezwungen lachte, dann schien niemand diesem Zauber entgehen zu können. Ja, viel wurde geredet, allerhand Geschichten gingen um, und die Bauern sahen betroffen, wie der König bei einer Ausfahrt vor einer Eiche im Hof vom Huber anhalten ließ und den Baum feierlich grüßte. Scheu zogen auch sie den Hut. Manche bekreuzigten sich auch, wenn die Karosse weiterfuhr. Aber es war für sie unmöglich, sich vorzustellen, daß dieser gleichsam überirdische Mensch wegen einer Geringfügigkeit Tobsuchtsanfälle bekam und rohe Maulschellen oder Fußtritte unter der Dienerschaft verteilte. Das Volk liebt nur fleckenlose Wunder.

Freilich, der Maxl dachte bedeutend nüchterner, aber er hütete sich, darüber zu reden.

»Herrgott!« sagte er belebter, »der Schmalzer-Hans, hm! Das Glück! Hm, seltsam!« Er hielt inne und schaute sekundenlang geradeaus. Dann stand er auf, ging einige Male hin und her und rief: »Das ist ja recht geschickt für mich. Mich mag er ja gern, der Hans. Der kann mir jetzt jeden Tag das Brot fürs Schloß mitnehmen.«

»Ja, vielleicht macht er's«, brummte die Stellmacherin

und fing schon wieder von etwas anderem an. Ein Viehhändler sei dagewesen, erwähnte sie nebenher.

»Er ist der Jud' Schlesinger, hat er gesagt ... Er muß von weit herkommen«, fuhr sie fort und setzte dazu: »Gefragt hat er, ob wir eine Kuh brauchen ... Eine Kälberkuh hätt' er.« Gleichgültig sagte sie es hin.

»Und was hast du gesagt?« fragte der Maxl gespannt.

»Hm, ich? Wir haben kein Geld, hab' ich gesagt! Was denn sonst!« warf die Stellmacherin grämlich hin.

»Herrgott! Dumm, so was! Hm!« fuhr der Maxl ärgerlich auf, denn er hatte vor einiger Zeit gehört, daß der »Jud' Schlesinger« Kühe auf Abzahlung hergebe und überall als reell gelte.

»Was denn? Was ärgert dich denn da?« brummte die Stellmacherin erstaunt.

»Wir brauchen doch Vieh, Mutter! Wir müssen eins haben!« rief der Maxl und meinte, mit dem »Jud' Schlesinger« sei so ein Geschäft leicht zu machen.

»Ja, hast denn du Geld dazu?« fragte seine Mutter und musterte ihn.

»Geld? Hm, es kommt drauf an! Wann kommt er denn wieder, der Schlesinger?« erkundigte sich der Maxl.

»Er hat nichts weiter gesagt als, er schaut einmal wieder vorbei«, erwiderte die Alte.

»Hoffentlich bin ich dann da!« schloß der Maxl. Seine Mutter hatte sich wieder zum Herd gewendet und schüttelte stumm den Kopf. Die Stasl kam zur Tür herein. Die Kathl konnte auch nicht mehr lange ausbleiben. Es dunkelte schon vor den Fenstern. Würzig roch die gezwiebelte Brotsuppe. Die Stellmacherin stellte die dampfende Schüssel auf den Tisch.

Als der Lorenz viel später von Starnberg heimkam, erzählte er, daß der Rambeck Auftrag erhalten habe, große Holzflöße für das Berger Seefest zu liefern.

Der selige Wahn und die robuste Wirklichkeit

Selbst wenn man die verschiedenen Äußerungen ihrer jeweiligen Veranlagung und die vielfältigen Umstände, unter welchen sie leben, in Anrechnung bringt – im großen ganzen scheint es doch, als gäbe es nur drei Arten von Menschen: jene, die sich – stets gegenwärtig – mit einer gewissen stumpfen Demut der Wirklichkeit unterwerfen, nur ihre Erscheinungen begreifen und weder fähig noch willens sind, ihren tieferen Zusammenhängen nachzuspüren; andere, welche sich aus irgendeinem Grund über ihre Mitmenschen heben und dem Wahn anhängen, als sei das, was sie tun, etwas ganz Besonderes, Einmaliges und Beispielgebendes, das ihre Umgebung beeinflußt und noch auf viele Nachkommen wirkt; und endlich gibt es auch solche, die vermöge ihrer glücklichen Veranlagung schnell die Fragwürdigkeit unseres Daseins erkennen, dadurch aber keineswegs untätig oder verbittert werden, sondern keck unterscheidend den seligen Wahn und die robuste Wirklichkeit in sich zu vereinen wissen, beiden stets wägend und wagend auf den ergiebigen Grund sehen und sie mit schönster Ausgeglichenheit in das jeweilige Kalkül ihrer Regsamkeit einbeziehen.

Zum Ärger des Königs, der Hofleute und der Berger fing es vier Tage vor dem Besuch der russischen Kaiserin zu regnen an. Dünn und eintönig rauschten die Tropfenmassen vom unfreundlichen grauen Himmel hernieder und trommelten dumpf auf die Hausdächer. Die Dorfstraße war aufgeweicht und zeigte große Wasserlachen. Ein schleieriger Dunst hing in der Luft. In aller Eile hatten die Bauern die Getreidebündel auf den Äckern aufgestellt und aneinander gelehnt, damit der Regen abrinnen konnte. Verdrießlich warteten sie auf den ersten trockenen Tag. Ärgerlich und brummig schaute der Maxl durch das Backstubenfenster oder er trat kurz vor die Haustüre und musterte den trostlosen Himmel.

»Herrgottsakrament-sakrament-sakrament!« fluchte er in sich hinein und tappte wieder ins Haus zurück. Jeden Tag kam die Stasl durch und durch naß vom Brotaustragen und war nicht weniger brummig als er.

»Da kannst du dir dein großes Geschäft in den Kamin schreiben!« sagte sie höhnisch zu ihrem Bruder. Er wußte nichts darauf zu erwidern. Gereizt furchte er die Stirn, kniff die Lippen unter dem Schnurrbart zusammen und schwieg. Eine kurze Weile blieb es stumm zwischen ihnen. Der Zwerg, der auf dem verfransten Kanapee hockte, brümmelte gelangweilt vor sich hin. Die Stellmacherin kochte in einem hohen Blechhafen Wäsche aus. Ein seifiger Geruch erfüllte den dämpfigen Raum. An die angelaufenen Fenster schlugen sacht die Regentropfen. Die Stasl zog ihre tropfnassen Schuhe und Strümpfe von den Füßen und nörgelte weiter: »Du und der Kastenjakl! Genau die gleichen seid ihr!« Sie wurde überheblich.

»Hoffentlich bin ich nicht mehr da, wenn's dir einmal so geht wie ihm!« warf sie hin und wand ihre triefenden Strümpfe aus, »was hat er jetzt samt all seinem Tüfteln, der Kastenjakl? Nichts und wieder nichts! Ganz auf'm Hund ist er! Ganz und gar!« Der Maxl wollte nichts wissen von all dem, doch seine Schwester fühlte offenbar, daß sie ihn damit ärgern konnte und erzählte mit hämischer Gleichgültigkeit: »Er muß sich mit seinem Hausherrn verkracht haben. Er haust jetzt in seinem Bau, der Kastenjakl! Die Maurer arbeiten auch schon wieder einmal eine Woch' lang nicht mehr. Sagen tut man, er kann nicht mehr weiter, der Kastenjakl, er ist bankrott. Sehen läßt er sich überhaupt nicht mehr!«

»Jetzt hat er nichts wie Spott und Schand', weil er ewig so hoch hinaus hat wollen!« brummte die alte Stellmacherin. Es klang mitleidlos und ungut. – Daß der Kastenjakl schon lange ein ruinierter Mann war, wußte der Maxl. Nur, daß er in seinem halbfertigen Bau wohnte, war ihm neu. Man brauchte keine allzu große Einbildungskraft, um sich das verwüstete Leben des Kastenjakls vorzustellen. Den Maxl ergriff eine unbestimmte Rührung, die man von seinem Gesicht ablesen konnte. In diese Rührung aber mischte sich irgendein robustes Gefühl eigener Selbstbehauptung, Ärger über die Schadenfreude der Stasl rumorte in ihm, und auf einmal wurde er jähzornig.

»Ja!« knurrte er und schaute giftig auf seine Schwester, »ich bin auch froh, wenn du endlich beim Teufel bist!« Aufgestanden war er und hatte allem Anschein nach noch viel auf der Zunge.

»Mistweiber, elendige!« stieß er aus sich heraus, ging an die Tür, riß sie auf und schlug sie krachend hinter sich zu.

»So ist er!« sagte die Stasl sichtlich zufrieden, »die Wahrheit hört er nicht gern.«

»Jetzt lauft er wieder davon und sauft wieder!« sagte die Stellmacherin trübselig und brummte die Stasl an: »Du kannst ja dein Maul nie halten! Ewig mußt du streiten!«

»Ich halt' ihn nicht auf! Ich bin froh, wenn er uns allein läßt!« meinte die Stasl ungetroffen und kalt. Bald darauf flog auch die Haustüre krachend zu, so fest, daß die Fensterscheiben leicht erzitterten. Als undeutlichen Schatten sahen die Zurückgebliebenen den Maxl geschwind vorübergehen. Er ging Leoni zu, suchte aber den Kastenjakl nicht auf. Mit eingezogenem Kopf und hochgeschlagenem Mantelkragen trottete er auf der eingeweichten Straße dahin, und als er weit außerhalb des Dorfes war, blieb er hin und wieder stehen, schnaubte und schaute in die regenverhängte Luft. Er schien nicht recht zu wissen, wohin er seinen Ärger und Zorn tragen sollte. In Aufkirchen läuteten die Glocken. Es fiel ihm von ungefähr ein, daß die Bauern die paar Regentage dazu benutzten, um Bittgänge ins Pfarrdorf zu machen. Am Anfang des Leoniger Berges, wo die Straße steil hinabfällt zum Uferort, drehte er sich unmutig um, ging wieder zurück bis zur Berger Dorfgrenze und schlug die Richtung nach Aufkirchen ein. Ziemlich durchnäßt kam er in der überfüllten Klostermaierschen Wirtsstube an, in welcher die Allmannshauser, die Siebichhauser und ein paar Leoniger Wallfahrer beisammensaßen, Bier tranken, frische

Weißwürste aßen und mitunter sogar ein Mittagessen bestellten. So ein Bittgang nämlich galt für viele als Feiertag, an dem man sich derartige kulinarische Genüsse gönnen durfte. Bauern und Weiber grüßten den Maxl flüchtig, der Daiser-Hans machte Platz, und nachdem der Maxl seinen nassen Mantel und Hut an die Wand gehängt hatte, setzte er sich neben ihn. »Willst uns jetzt du beim Beten helfen oder bist du bloß zum Fressen 'kommen«, sagte der Daiser-Hans in seiner lauten, schimpfenden Art, und die meisten lachten darüber. Der Maxl bekam sogleich sein aufgewecktes Wirtshausgesicht.

»Ich verrichte mein gottgefälliges Gebet im stillen Kämmerlein!« sagte der Maxl mit aufdringlich sonorer Würde und setzte herausfordernd spöttisch hinzu: »Aber fressen und saufen? Das müssen bei mir die Leut' sehen, damit sie wissen, daß ich mir so was leisten kann!« Im Nu war man im heitersten Wortgeplänkel. Die Leute unterhielten sich gut dabei und vergaßen sehr schnell den frommen Zweck, der sie hierhergeführt hatte. Der Klostermaier mußte sehr oft neu einschenken, und als die Glocken die Wallfahrer in die Kirche zurückriefen, standen die Bauern schnell auf und leerten ihren Krug in einem einzigen gewaltigen Zug. Die Augen preßte es ihnen dabei heraus. Sie torkelten ungeschlacht aus der Wirtsstube. Der Daiser-Hans war sitzen geblieben. Bald darauf hörten er und der Maxl das Stimmgewirr der abziehenden Beter. Es regnete nicht mehr. Es war nur noch grau vor den Fenstern. Aus den talwärts hängenden Aufhauser Feldern stieg schleieriger Dunst. Der Klostermaier, der vor die Tür getreten war, kam in die Stube zurück und sagte gemütlich: »Unser Herrgott hat ein Einsehn gehabt. Über Bachhausen und Farchach wird der Himmel schon lichter. Jaja, wenn die Allmannshauser einmal beten, das nützt was.«

»Was?« fragte der Maxl unvermittelt, »was? es wird schön Wetter? Herrgott, wunderbar! Das ist etliche Maß Bier wert! Schenk ein, Klostermaier!« Er zog seine glatte Schnupftabaksdose, klopfte darauf, öffnete sie und streckte sie dem Daiser-Hans und dem Wirt hin. Alle drei schnupften rasselnd.

»Jetzt wird das Seefest vom König doch was! Das wird ein Geschäft, Maxl! Ich hab's ja seit eh und je gesagt, wenn du nicht bald ein Millionär wirst, wird's keiner!« meinte der Klostermaier, als er die frischgefüllten Krüge hinstellte. Der Maxl war auf einmal kribblig geworden und stand auf. – »Ich muß selber schaun!« sagte er, ohne viel auf den Klostermaier zu hören, und ging hastig vor die Wirtshaustür. Er schaute hinab auf das Farchach-Bachhauser Tal. Er lugte in den Himmel, der da und dort schon große hellblaue Inseln zeigte, die immer größer wurden. Es war Dienstag. Am Freitag sollte die russische Kaiserin nach Berg kommen. Der Heimrathknecht zog seinen bauchigen, frischbeschlagenen Braunschimmel aus der Schmiede. Das Roß wieherte hell in die feuchte Luft und trippelte unruhig auf dem Fleck, als der Knecht sich auf seinen Rücken schwang. In leichtem Trab ritt er auf der Aufhauser Straße weiter.

»Sag einen schönen Gruß zur Bäuerin, Hans! ... Und die Resl grüß mir extra!« rief der Maxl lustig, »aber vergiß nicht drauf!«

»Jaja«, gab der Davonreitende nur noch an. Eine ganz kurze Weile blieb der Maxl auf dem Treppenabsatz vor der Wirtshaustür stehen. Er hatte eine frische, kühne Miene, seine Augen glänzten kurz auf, und um seine Mundwinkel zogen sich leichte, lächelnde Falten. Ganz so schaute er aus, als sei ihm das Beste auf der Welt plötzlich eingefallen. Er drehte sich rasch um und kam in die Wirtsstube zurück.

»Ja!« sagte er übermütig, »ja, es wird schön Wetter! Sauf, Hans! Sauf, soviel du zwingst!« Eine Stunde nach der anderen verlief, und vor den Fenstern wurde es immer heller und klarer. Der Reiter-Xaverl vom Vilz, der allerhand Handelschaften betrieb, kam in die Wirtsstube, der Postillon machte Brotzeit vor seiner Wegfahrt, der stiernackige Metzgergeselle gesellte sich dazu, und die Schmiedin holte Bier für ihren Mann. Der Maxl und der Daiser-Hans waren in das eifrigste Gespräch gekommen. Sie erzählten einander

Kriegserlebnisse, kamen auf glückliche Zufälle zu sprechen und ergingen sich mitunter in weisen Betrachtungen. Etwas gedunsen waren ihre betrunkenen Gesichter, glasig schauten sie einander in die Augen. »Es muß was Übernatürliches geben, Hans!« sagte der Maxl und umspannte den aufgestützten Arm seines Kriegskameraden. »Nichts ist mir so zuwider als bigotte Duckmäuserei und saure Betschwestern. Ich hab' meinen Glauben und meine Religion, da gibt's nichts.«

»Und dein Geschäft! Deine Goldgrub'n!« warf der Klostermaier spöttisch ein und lachte. »Jetzt wird's gut. Auf einmal fangt er vom Herrgott an, weil's schön Wetter wird! Oh, du hinterlistiger, schlitzohriger Konsort, du!« Der Reiter-Xaverl, der Postillon und der Metzgergeselle lachten beifällig. Der Maxl und der Daiser-Hans aber blieben merkwürdigerweise ernst, ohne den Spott des Wirtes weiter zu beachten.

»Laßt euch sagen!« hub der Maxl wiederum an, »wie ich bei Orleans mit meinem Handschuß auf'm Acker gelegen bin ... Die Unsern sind über mich weg, überall haben Verwundete und Halbtote geschrien, gekracht hat's und der Boden hat 'zittert ... Inwendig bin ich ganz strohtrocken und brandig gewesen und hätt' hektoliterweis' Wasser saufen können, und geschlottert hab' ich ... gefroren hab' ich ... Gemeint hab' ich, jetzt ist's aus, und bin eingeschlafen. Ich denk' noch, wie's wohl sein wird in der Ewigkeit, und denk', wie er aussieht, unser Herrgott, und was jetzt alles passiert. Und ich schnauf' noch einmal ganz fest, denk' an meinen Vater selig und was daheim sein wird, und sag' noch: ›No ja, ist's schon, wie's ist, Herrgott! Bloß dumm, daß alles so schnell geht‹ – und aus ist's gewesen ...«

Alle waren verstummt und hörten zu.

»Und wie die Unsrigen mich holen, wie sie mich wegreißen vom gefrorenen Acker, und ich mach' die Augen auf, da tut mir alles weher wie vorher, und ich denk', ist das aber gräuslich in der Ewigkeit, genau so wie auf der Welt ... Der Herrgott, oje oje! Der hat ja faktisch einen

Bart wie jeder Mensch ... Zu was bin ich eigentlich gestorben? Da merk' ich auf einmal, daß ich leb' und daß der Mensch ein alter Sanitäter ist; und wie ich den Schluck Rum krieg', da ist's mir auf einmal so wohl wie noch nie geworden ... Herrgott, sag' ich, der Mensch übersteht alles! Es ist doch schön auf der Welt. Es ist ganz was Großartiges, was Wunderschönes!« Der Maxl hob in einem Anflug von Stolz und dankbarer Freude den Krug und lächelte wie beseligt: »Und seitdem hab ich mir gesagt, Maxl, es muß was Übernatürliches geben! Das ist da drinnen!« Er deutete mit dem gespitzten Zeigefinger auf seine Brust: »Das bringt mir Glück!« Und er verfiel jäh in eine ganz andere, nüchtern kecke Tonart und sagte: »Und jetzt muß noch ein rechtschaffenes Weib her! Ein Roß brauch' ich und zwei Küh' ...«

Die Zuhörer bekamen wieder ungespannte Gesichter und lächelten. »Ein Roß, Maxl? Zu einem Roß könnt' ich dir verhelfen. Gleich kann die Handelschaft gemacht werden. Ein gutes Zug- und Laufroß hab' ich. Es braucht bloß richtig rausgefüttert werden!« rief der Reiter-Xaverl. Einen Augenblick wurde der Maxl ein wenig verdutzt, besann sich, meinte – nachdem er den Preis erfahren hatte –, so viel Geld habe er noch nicht, überlegte noch einmal und hörte kaum hin, was der Xaverl alles erzählte, und schien hart mit sich zu kämpfen.

»Maxl!« sagte da der Klostermaier auf einmal, »paß auf! Ich borg' dir das Geld, wenn der Gaul was ist ... Du bist mir gut!«

»Und gleich kannst mit mir mitfahren!« sagte der Reiter-Xaverl und setzte dazu: »Meinetwegen nehm' ich den Klostermaier und den Daiser-Hans auch mit.« Dieser aber lehnte ab.

»Gut!« sagte der Wirt entschlossen, »los Maxl! Geld hab' ich. Herrgott, was gibt's da lang zu besinnen! Du hast doch selber gesagt, daß du kein Pech mehr haben kannst! Los, geh weiter!«

Kurz darauf fuhren sie zu dritt auf dem leichten Wägelchen aus dem Pfarrdorf. Der Reiter-Xaverl trieb seine magere Stute in einem fort an. Sie lief zuletzt so schnell, daß das Gefährt hin- und herschlenkerte und der feuchte Straßendreck hoch aufflog. Die Aufhauser schauten erstaunt durch die Fenster.

»Was ist denn jetzt da passiert?« brummte die Heimrathin, »der Bäcker-Maxl und der Klostermaier lassen sich vom Reiter-Xaverl spazierenfahren!« – »Die haben ja schon wieder miteinander gesoffen«, erzählte der Knecht, »jetzt sind's übermütig. Das Bier ist ihnen wahrscheinlich in den Kopf gestiegen.« Vom Maxl hätte die Bäuerin das noch glauben können, doch der Aufkirchener Wirt war doch eine durchaus reelle Persönlichkeit. Ganz und gar baff aber wurden die Aufhauser, als vor Einbruch der Dunkelheit der Klostermaier und der Maxl mit einem mageren braunen Roß in den Hof einbogen und lustig die Kuchltür aufrissen.

»Bäuerin«, schrie der Maxl lachend und legte die eine Hand über den Nasenbug des trägen Pferdes, »schau her, was ich mir für einen Heiter (minderes Pferd) angeschafft hab' ... Sei so gut, laß es ein bißl rasten in deinem Stall und gebt ihm was zu fressen. Wir möchten uns ein wenig verschnaufen.« Die Heimraths hatten nichts dagegen. Der Knecht musterte den dürren Gaul, nach einigen geringschätzigen Bemerkungen führte er ihn in den Stall, und Wirt und Maxl setzten sich in die Kuchl, wo alle feierabendlich beisammenhockten. Man kam auf dieses und jenes zu reden. Der Maxl schien völlig ernüchtert zu sein und gab viel Lustiges zum Besten.

»Jaja, der Maxl! Der wird noch reicher wie wir alle!« sagte der Klostermaier einmal und setzte dazu: »Ein Roß zum Brotfahren hat er schon ... Etliche Küh' will er sich auch noch zulegen. Jetzt müßt' er bloß noch eine gute Partie machen. Was ist's denn mit euch, Heimrathtöchter? Mit'm Maxl ist keine angeschmiert! Da könnt' ich garantieren!« Er schaute unverfroren abschätzend auf die Nanni, auf die Kathrein und auf die Marie, ging schnell über die zusammengeduckte, griesgrämige Genovev, die ihr Kind auf dem Schoß wiegte, hinweg und blieb mit seinem Blick auf der Resl stehen, indem er frech sagte: »Du, Resl, und der Maxl. Das müßt' ein gutes Paar abgeben. Wie ist's, Bäuerin?« Das war alles so unvermittelt gekommen, daß von den Aufhausern im Augenblick keines das Wort fand. Eine lächelnde Verlegenheit huschte über die Gesichter der Heimrath-Töchter, und komischerweise schlugen alle die Augen kurz nieder. Aber auch der Maxl wußte nicht gleich, wie er sich benehmen sollte. Er wurde sogar flüchtig rot, ermannte sich jedoch sehr schnell und schaute keck auf die Heimrathin, dann auf die Resl.

»Ewig ledig bleiben, ist ja auch nichts«, sagte er ausweichend, und allem Anschein nach war sein Mut von Wort zu Wort gestiegen. Wieder blickte er fest auf die Heimrathin und rief bedeutend ungenierter: »Wenn eine Bäckerin von Berg wird, Bäuerin, die kriegt's nicht schlecht. Der Maxl laßt sich nicht lumpen!«

»Ha! Du! Ein unverschämtes Maulwerk hast du, ja, und nichts als wie saufen und Krawall machen, so was paßt dir!« warf endlich die Heimrathin hin, aber es klang – wenigstens kam es dem Maxl so vor – nicht allzu abweisend.

»So was gehört zu einem Geschäftsmann, Heimrathin!« mischte sich der Klostermaier ein und rühmte die Berger Bäckerei. Er sagte dem Maxl die beste, reichste Zukunft voraus. Man war schon über die erste Gezwungenheit hinweggekommen. Die Töchter, mit Ausnahme der Genovev, die aufstand und mit dem schreienden Kind aus der Kuchl ging, lachten bereits wieder.

»Dich und heiraten! Da hab' ich mein Kreuz und mein Leid. Da kann eine gleich ›in Ewigkeit, Amen‹ sagen«, sagte die Resl geruhig, als rede sie über etwas, das sie nicht das geringste angehe, und zum Klostermaier gewendet meinte sie lächelnd: »Da hat er sich ja den Rechten 'rausgesucht, der um gut Wetter für ihn anhält ... Du machst ja Sprüch' wie der beste Schmuser (Heiratskuppler) ...«

Der Maxl dachte vielleicht: da schau her, sie sagt schon, da hab' ich mein Kreuz und Leid, und war recht zufrieden. Er wollte auch wieder etwas sagen, da aber stand die Heimrathin auf und rief kurzerhand: »Zeit wird's! Nacht ist's! Treib deinen Heiter heim! Macht, daß ihr fortkommt! Wir müssen ins Bett und früh raus.« – Er und der Klostermaier standen auf. Der Knecht brachte den Gaul vor die Tür, und sie gingen beide laut redend in die frische, klare Dunkelheit hinein. In das Knirschen der Hufschläge hinein sagte der Klostermaier einmal: »Maxl, wenn ich dir sag', das wird! Nur nicht auslassen! Nicht auslassen!«

»Herrgott, Herrgott! Jetzt hab' ich doch schon wieder meine Schnupftabaksdos'n liegen lassen! Hm, und meinen Stecken auch!« rief der Maxl auf einmal und kicherte innerlich.

»Oh, du elendiger Tropf, du hinterlistiger! Schau, schau, wie's der scheinheilig anpackt! Gute Nacht, Maxl! Dir braucht man nicht helfen!« antwortete der Wirt belustigt und ging auf seine Haustür zu. Die Fenster der Wirtsstube leuchteten noch. Der Maxl verschnellerte seine Schritte. Wieder hatte er nicht geschlafen. Doch er fühlte keine Müdigkeit. Der leichte Bierrausch, den er beim Verlassen der Klostermaierschen Wirtsstube deutlich verspürt hatte, war durch die Fahrt in den Vilz und den langen Marsch von dort bis zum Heimrath weggeschwitzt und verweht. Nur das Überraschende und Neue, welches sich im Laufe des Tages abgespielt hatte, zitterte noch lebhaft in ihm nach. Eigentlich war alles ohne sein Zutun, ohne jede Schwierigkeit, unglaublich reizvoll und leicht geschehen, daß er sich jetzt darüber wunderte. Und alles hatte als wohltuende Nachwirkung Mut und Zuversicht in ihm hinterlassen.

Unbändig freute sich der Maxl über das Pferd, das prustend neben ihm hertappte. Es war ein großes, kompaktes Ding, das keiner übersehen konnte, das seine beginnende Wohlhäbigkeit jedem aufs schönste sichtbar machte. Außerdem brauchte er es notwendig. Er lachte mitunter sprudelnd aus sich heraus. Ein Prickeln überlief seinen erhitzten Körper, und ab und zu fing er ein wenig zu laufen an. Wie ein freudvoll überströmender Schulbub, der nur den einen Wunsch hat, recht schnell sein ausgezeichnetes Zeugnis zu

Hause herzeigen zu können, benahm er sich. Zwar fiel ihm ein, daß er weder Futter noch ein Geschirr, geschweige denn einen Wagen für den Gaul hatte, doch das kümmerte ihn offenbar gar nicht. Wahrscheinlich dachte er, wie erstaunt die daheim sein würden und wie eingenommen von seinem respektierlichen Kauf. Wenn sie nur erst einmal das Pferd sehen und schätzen lernen würden, dann komme das andere schnell dazu. Er erinnerte sich auch an das leichte, ausgelargte Wägelchen, das ihm der Wiesmaier vor etlichen Wochen angeboten hatte, und er wußte, daß der Schmalzer-Hans noch zwei alte Geschirre hatte, die billig zu haben waren.

»Großartig!« stieß er auf einmal heraus und machte einen kleinen Luftsprung. Dadurch erschreckte er das Pferd. Es riß den Kopf in die Höhe, schnaubte prustender und trippelte unregelmäßiger. Er mußte es streicheln und mit einigen guten Worten beruhigen. Auch er kam dadurch wieder ins Gleichgewicht, faßte sich schnell und ging behaglich langsam dahin. Jetzt erst schaute er um sich. Die dunkle Nacht hatte sich nach und nach erhellt, wie blank geputzt funkelten die Sterne im gespannten Himmel, und der Mond ergoß sein bleiches Licht über die noch feuchten, dunstigen Wiesen und Äcker. Ganz still war es. Nur das Klappern der Hufe und Maxls Schritte gaben einen leichten Nachhall.

Der Maxl atmete tief. Wahrhaftig, heute war ein Glückstag! Morgen strahlte sicher die Sonne, und in drei Tagen kam also doch die russische Kaiserin zu dem riesigen Seefest nach Berg!

Maxls Hirn war ein ordentlich funktionierendes Schaltwerk. Es war jederzeit imstande, das Überflüssige und Störende einer Gefühlswirre auszuschalten und sich sogleich auf das zunächst Liegende, Notwendige einzustellen. Darum erschien der Maxl so vielen Leuten als besonders berechnend und zynisch.

»Ah, die Heimrath-Resl? ... Ah, Unsinn! Das hat Zeit!« brummte er plötzlich und war erstaunt darüber, daß er laut gedacht hatte. Nun nämlich, da er mit dem Kopf und dem Herzen schon wieder ganz bei seiner Arbeit war, verflüchtigte sich das kurz vorher Geschehene sehr rasch. Sogar das Pferd erschien nicht mehr ganz so wichtig. Genügend Brot, ausgezeichnetes Brot für die nächsten Tage mußte her! Noch einmal soviel leisten, einteilen, überdenken und genau rechnen, hieß es.

Der Maxl ging festschrittig an den Häusern vorüber. Der Spitz vom Schmied Leibfinger kläffte laut auf, als Pferd und Mann vorüberkamen. Alle Fenster waren schon dunkel. Auch im Stellmacherhaus waren sie bereits zu Bett gegangen. Der Lorenz hörte ein dumpfes Schlagen und Kratzen aus der Richtung des Stalles. Er hob den Kopf und besann sich. Als er aber kurz darauf die Stalltür quietschen hörte und Maxls Schritte über die Stiege heraufkamen, drehte er sich wieder um im Bett und schnarchte weiter.

In dieser Nacht spürte der Maxl zum erstenmal mit Angst und Grauen, daß er sich zu viel zugemutet hatte. Mitten in der Arbeit, als er den fertig gekneteten Teig aus dem Trog hob, um ihn auf die glatte Eichentafel zu werfen, befiel ihn eine jähe Schwäche. Kranker Schweiß brach aus allen seinen Poren, und sein Herz schlug derart heftig, als sitze es in der Gurgel. Seine Knie zitterten, seine Arme schienen langsam zu erlahmen. Er ließ das schwere Stück Teig wieder in den Trog sinken und richtete sich gerade auf. Er rang hart nach Luft und bekam eine bitterernste, verlorene Miene. Er schnaubte wieder, wieder und wieder, fuhr mit der Hand über sein totenblasses Gesicht und wankte zum offenen Fenster.

»Jesus! Jesus!« keuchte er, und sein Körper fing zu schlottern an. Seine Zähne klapperten aufeinander. Vergeblich versuchte er, sie zusammenzubeißen. Er sank auf die breite Holzbank nieder und stützte mit beiden Händen seinen Kopf. Zum Weinen war ihm zumute.

»Ja, Herrgott – da-das –«, stammelte er schmerzlich. Eine gute Weile hockte er so da. Es war totenstill. Nur der langsam gärende Teig im Trog, der hin und wieder kleine

Blasen warf, die dann platzten, verursachte ein atemähnliches Geräusch, und die verglimmenden Scheite draußen im Backofen knisterten leise. Die kühle Nachtluft, die durch das offene Fenster kam, legte sich auf Maxls Genick und Hinterkopf und ließ die Schweißperlen erstarren. Sein nasser Körper wurde klebrig und kalt, und ein leichtes Frösteln überschauerte ihn. Er umspannte angstvoll zitternd mit der einen Hand die Tischkante und richtete sich mühsam auf. Wiederum rang er schwer nach Luft. Seine Brust dehnte sich, und unter den Rippen verspürte er einen stechenden Schmerz. Sein Atem pfiff ein wenig, doch das Herz schlug wieder regelmäßiger. Er stand da und starrte weh ins Leere. Wenn man so grenzenlos allein und verlassen ist, werden alle Gedanken größer und schrecklicher. Eine unsagbare Traurigkeit überwältigte den Maxl. Ach, was war nun all die Mühe, das Geschäft, die wachsende Kundschaft, das Seefest, das Pferd und alles findige Streben? Was galten die Hoffnungen noch, wenn man – vielleicht – ganz plötzlich – umfiel und – tot – ganz tot war?! Tot!!

Mit aller unbarmherzigen Schärfe und Grausigkeit befiel den Zerknirschten diese Vorstellung und schien ihn buchstäblich zu erdrücken. Nur um nicht ganz zu unterliegen oder auch, um sich zu vergewissern, daß er noch lebe, tastete er geschwind in seine verklebte Hosentasche und suchte nach seiner Schnupftabaksdose. Er stieß einen kurzen Fluch aus, weil er sich vermutlich darüber ärgerte, daß er sie so lächerlich beim Heimrath liegengelassen hatte, und – so unglaubhaft es klingen mag – diese Nebensächlichkeit half ihm über das Schwerste hinweg. Er machte einen zögernden Schritt, noch einen und noch einen, ging aus der Backstube, stapfte die Stiege hinauf und klopfte an die Tür der Kammer, in welcher die Stasl und die Kathl schliefen. Wieder überrieselte ihn die verdächtige Schwäche.

Er klopfte schneller und fester und rief drängend: »Stasl, Stasl! Kathl! I-ich kann – ich bin krank – Stasl!«

Er mußte sich fest an die Türklinke klammern, drückte sie dadurch nach unten, und die Tür ging auf.

»Was ist's denn? Was willst du denn?« murrten die zwei Schwestern gleicherzeit aus dem Dunkel, und ihre Betten knarzten.

»Ich kann nicht mehr! Helft's mir!« sagte der Maxl mit schwacher Stimme und lehnte seinen Rücken an die Türe. »Ich bin krank!« Die Erwachten hörten sein pfeifendes Keuchen.

»Besoffen wirst wieder sein!« raunzte die Stasl, aber allem Anschein nach war sie aus dem Bett gestiegen. Verschwimmenden Blickes sah der Maxl ihre Gestalt im fahlen Mondlicht.

»Diesmal nicht – nein – nein!« stammelte er und fing zerstoßen zu wimmern an: »A-a-ach, was ist denn das? Helft's mir doch!« Er sackte zusammen und ächzte wie ein Sterbender. Er hörte noch ein Stimmengewirr und fühlte eine dampfende heiße Bettdecke. Als er aufwachte, brannte eine trübe Kerze auf dem Nachttisch neben Stasls Bett, und er hörte, daß die Schwestern drunten werkelten. Da wurde ihm ein wenig wohler. Er griff nach dem Glas Wasser, das neben der Kerze stand, und trank es in einem Zug aus. »Ach! Gott sei Dank! Gott sei Dank!« murmelte er und atmete belebter. Behutsam hob er seinen heißen Oberkörper, wischte den Schweiß aus seinem Gesicht und streckte die Beine aus dem Bett.

»Stasl!« schrie er fest, »Stasl!« Gleich darauf rumpelte die Gerufene die Stiege herauf und stand, mehlbestaubt, mit aufgestülpten Ärmeln, vor ihm. Er schaute sie an mit einem dankbar gerührten Blick und schluckte.

»Ist's besser?« fragte sie und musterte ihn.

»Ja! Ich glaub's, es geht wieder! Wie weit seid ihr denn?« fragte er und lächelte weh und matt.

»Alle haben wir zusammengeholfen. Das Brot ist ja im Ofen, aber recht schön ist's nicht. Von uns kann doch keiner einschießen. Es ist viel verpatzt!« erzählte die Stasl sachlich und fragte: »Im Stall steht ein Roß. Hast du denn eins gekauft?«

»Ja«, nickte der Maxl wieder leicht lächelnd und setzte

fast zärtlich dazu, »eigens für dich, Stasl ...« Er wollte aufstehen, doch die Stasl und die Kathl, die inzwischen auch gekommen war, drängten ihn, sich wieder hinzulegen. Er trank abermals ein Glas Wasser, sagte noch: »Morgen wird's schon gut sein!« und schlief ein.

So gut es ging, besorgten die zwei Schwestern und der Lorenz die Arbeit. Auch der Voshank kam in der Frühe daher und half mit. Die Stasl mußte viele Klagen über die schlecht ausgebackenen und ›vergangenen‹ Semmeln hören, aber sie verstand es diesmal besonders gut, einleuchtende, kulante Entschuldigungen anzubringen. Übrigens stand der Maxl, nachdem er die ganze Nacht und den folgenden Tag durchschlafen hatte, wieder auf und schien wenigstens halbwegs gekräftigt zu sein. Was er nie für möglich gehalten hatte, war geschehen: Die Stasl hatte – wahrscheinlich, weil sie merkte, daß dies ihren Entschuldigungen Nachdruck verlieh – bei den Herrschaften, den Wirten und im königlichen Schloß die unerwartete Krankheit ihres Bruders zum Anlaß genommen, um überall Mitleid zu erregen, und es war ihr auch gelungen. Der königliche Küchenchef gab ihr ein kaltes Huhn mit, und der Hotelier Strauch von Leoni war auf den schönen Gedanken gekommen, dem Kranken eine Flasche Rotwein zu schicken. Den Wein trank der Maxl auf Kathls Anraten mit etlichen rohen Eiern und Zukker verrührt, und das Huhn schmeckte ihm ausgezeichnet. Er saß in der Stube und unterhielt sich nach langer, langer Zeit einträchtig mit seinen Geschwistern.

»Das ist ärger gewesen wie bei Orleans!« sagte er einmal, als er den Schwächeanfall während der Nacht schilderte, und wie aus einer bedrückenden Gedankenreihe heraus, so, als sei das harte Erlebnis für ihn äußerst schwerwiegend gewesen, setzte er hinzu: »Aber gut ist's, ganz gut, wenn der Mensch hie und da merkt, daß er gar nichts ist und daß er sich auf nichts was einbilden kann.« Er trommelte mit den Fingern auf die escherne Tischplatte, und die andern schwiegen sekundenlang. Dann kam man endlich auf das Pferd zu sprechen. Der Maxl verschwieg nicht, daß ihm der

Klostermaier das Geld zum Ankauf geliehen hatte. Nebenbei erwähnte er sogar, wie er mit dem Wirt beim Heimrath Einkehr gehalten habe, und was dabei gesagt worden war. Er lächelte listig und vieldeutig und schaute der Reihe nach seine Geschwister und den Voshank an. Als er die Augen der Stasl mit dem Blick erwischte, sagte er mit sachter Ironie: »Und, meint er, der Klostermaier, wenn ich dahinter wär', ging das leicht ... Die Resl hat er mir ausgesucht, hm ... Eine Jungfrau aus einem so gottseligen Bauernhof ... Ich muß fast ein bißl lachen drüber! Das wär' ja ein ganz seltsamer Zusammenstand!«

Die Stasl sagte nichts, der Voshank, die Kathl und der Lorenz sagten nichts. Nur die alte Stellmacherin meinte: »No ja, aber die Resl kriegt doch ein schönes Heiratsgut mit, und eine fleißige Person ist sie auch ...«

»Das schon ... jaja, das schon«, murmelte der Maxl, »arbeiten kann sie für drei.« – Vom Stall her vernahm man das ungeduldige Scharren des Pferdes. Es wieherte einige Male. Die Kathl und die Stasl standen auf und riefen: »Es hungert ihn schon wieder, den armen Blaßl! Knochendürr ist er!« Vorläufig, sagten sie, hätten sie ihm bloß etliche altbackene Brotwecken gegeben, aber der Schmalzer-Franz habe ihnen Stroh, Heu und einen Sack Hafer herübergebracht. Als sie draußen waren, schielte der Voshank noch einmal zur Tür, dann brummte er: »Kastenjakl muß versteigern ... aus mit ihm.« Der Maxl bekam erschreckte Augen und fragte hastig weiter.

»Aus! Kann nicht mehr! Muß raus ... Schon gepfändet das meiste«, berichtete der Voshank. Es seien fremde Interessenten da: der Baumeister Fischhaber von Starnberg, der Himsel von Leoni und der Siegl von der Rottmannshöhe, der jetzt die Genehmigung zum Bau der Drahtseilbahn von Leoni zu seinem Hotel erhalten habe, spekulierten darauf.

»Nächste Woche ist Versteigerung!« sagte der Voshank. Der Maxl und der Lorenz sahen einander stumm in die Augen. Vermutlich überlegte der erstere, wie diesem endgültigen Zusammenbruch des Kastenjakls noch einmal abzuhelfen wäre, während der andere sicher nur dachte, so ginge es eben mit unbescheidenen Menschen, die zu hoch hinauswollen.

»Herrgott! Herrgott! Armer Kastenjakl!« murmelte der Maxl und kratzte sich, hob das Gesicht wieder und meinte: »Und das Dumme ist, wir können ihm alle nicht helfen! Herrgott! Herrgott! Und dabei glaub' ich bestimmt, daß er, wenn er durchhalten kann, ein sicheres, gutes Geschäft machen könnt' ... Herrgott!!« Er schaute auf den Voshank und fragte: »Wann, sagst du, ist die Versteigerung? Nächste Woch'n?«

»Ja«, nickte der Befragte. Wieder sann der Maxl nach, dann schüttelte er den Kopf, als schiebe er einen unangenehmen Gedanken weg, und sagte fast ärgerlich: »Aber das ist ja lauter Unsinn! ... Das geht ja nicht! ... Hoffentlich zwingen wir die Arbeit mit dem Seefest. Ich spür' schon, es geht wieder! Wir müssen uns einfach alle fest ins Zeug legen.«

Er stand auf und ging einige Male hin und her. Freilich war er noch ein wenig schwach und klapprig, doch er knirschte mit den Zähnen, als wolle er es nicht wahr haben.

»Hm, Geld wenn ich hätt!« rief er und brach ab. Er setzte sich wieder auf das Kanapee und brummte: »Hm, so geht's schon auf der Welt! Wenn einer wirklich was im Kopf hat, kann er bloß was machen, wenn er König ist. Sonst geht's einfach nicht! ... Der Kastenjakl ist genau so wie der König Ludwig, aber – weiß der Teufel! – sein Unglück ist bloß, daß er als armer Mensch auf die Welt 'kommen ist ...« Er schwieg wieder, starrte kurz geradeaus. Dann sagte er: »Tja, ich kann ihm nicht helfen! ... Dumm das! ... Schad', sehr schad'!« Er machte den Eindruck eines Menschen, der eben einen ganz bestimmten Entschluß gefaßt hatte, welcher ihm plötzlich zerronnen war.

Die Stasl hatte im Backofen das Holz angezündet. Die brennenden Scheite krachten. Heute mußten sie alle nach dem Abendessen die Bäckerarbeit beginnen. – Die Männer, die in der Stube saßen, hörten, wie die Kathl aus dem Stall kam und ihrer Schwester zurief: »Ganz lammfromm ist er, der Blaßl ... Er frißt so schön aus der Hand.«

Der Maxl schaute flüchtig auf den Voshank, auf dessen finster gewordener Miene eine besondere Zweideutigkeit lag.

»Jaja, ja!« rief der Maxl auf einmal leicht gereizt, »jaja, Voshank! Verlaß dich darauf, wenn das Seefest vorbei ist, kriegt die Stasl ihr Geld. Ganz sicher! Ich will euch nicht im Weg sein!« Offenbar hatte er Voshanks Gedanken erraten, denn der nickte wortlos und drückte die Augenlider auf und zu.

An den Fenstern huschte ein Schatten vorüber. Die Haustür knarrte und flog zu.

»Ah, der Hans! Was bringst denn du für Neuigkeiten?« hörten die in der Stube die Kathl sagen, und gleich darauf tauchte der Schmalzer-Hans im Türrahmen auf.

»Allerhand!« rief er der Kathl zurück, und mit breitem Lachen wandte er sich an die Männer: »Allerhand hat der Schmalzer-Hans zu vermelden! Das ganze Dorf, ja – was sag' ich? – das ganze Seeufer rundum ist seit gestern gesteckt voller Leut' ... Prinzen, Fürsten und Ausländer, vom Baron bis zum Künstler – alles ist da. Der Wagner ist auch wieder in der Pellett-Villa drunten und hat den König schon besucht. Jetzt spielt er ihm stundenlang auf dem Klavier vor. Die Fenster im Schloß sind offen, und so ein' Lärm macht die Krawallmusik, daß man sein eigenes Wort nicht versteht. Beim Wiesmaier hängt das ganze Haus voller Girlanden und weißblauen Fahnen, und Unterberg ist schon verziert ... Am See-Ufer sind drei große Tribünen – jaja, Tribünen heißt man diese Brettersteigen. Fahnen und weißblaues Tuch, wo man hinschaut ... Die Leoniger haben auch schon alles verziert ... Und da heroben, bei uns in Oberberg, da sieht man noch gar nichts! Auf der Stell' putzt ihr eure Häuser! ... Ich geh' jetzt 'rum und treib' ihnen ein Feuer ein! Eine Schand' und ein Spott ist's, wie unser dreckiges Oberberg ausschaut!« Laut und lustig klangen die gleichsam befehlsmäßigen Worte.

»Was ist's denn, Maxl? Bist du wieder gesund oder kratzt du ab?« fragte er, musterte seinen Nachbarn flüchtig und meinte ebenso: »Ich seh', du lebst und willst das große Geschäft nicht auslassen! Das wär' ja auch der höhere Blödsinn! Da!« Er hielt dem Maxl die offene Schnupftabaksdose hin. Beide nahmen eine starke Prise und räusperten sich wohlig.

»Sakrament! Sakrament! Ich hab' meinen Tabak beim Heimrath droben liegen lassen!« warf der Maxl hin.

»Ich bring' ihn dir mit, ich muß sowieso überall hin«, versprach der Hans. Dann zog er einen langen weißen Zettel aus seiner blauen, schmucken Litewka und reichte ihn dem Maxl, indem er ironisch soldatenmäßig sagte: »Befehl von unserem Herrn Küchenchef! Das sind die Brotbestellungen ... Strengste, gewissenhafteste Durchführung wird verlangt, verstehst du? Mach' mir keine Schand'!« Der Maxl überflog den langen Bestellzettel. Ohne abzuwarten drehte sich der Schmalzer-Hans auf dem Absatz um und rief lustig: »So, meine Pflicht und Schuldigkeit hab' ich getan, basta ... Jetzt leckt's mich alle am Arsch, Bande, windige! Der Hans sagt: ›Habe die Ehre!‹« Alle lachten gemütlich. Schon zog der Hans die Türe hinter sich zu.

Der Maxl las abermals die Skala der Bestellungen. Dann stand er auf und straffte sich mit aller Kraft. Zwei-, dreimal holte er tief Atem und biß die Zähne zusammen. »Ja!« sagte er entschlossen, »es geht! Es muß gehen! Jetzt heißt's zusammenhalten!« Wie ein Kommando klang es. Alle gingen mit ihm in die Backstube. Er hob den einen Trogdeckel auf, prüfte das erste und zweite »Dampf'l« im sauber getürmten Mehl, streute Salz über jeden dieser gärenden Vorteige, schüttete das nötige Wasser dazu und sagte, seine Hemdärmeln aufstülpend: »So, jetzt kann's losgehen. Mach's genau so wie ich, verstehst du?« Der Voshank nickte. Er und der Maxl fingen gleichzeitig mit dem Teigkneten an. Mit verbissenem Ingrimm werkelte der Maxl, und sein Partner wollte ihm nicht nachstehen. Der Lorenz brachte volle, schwere Mehlkübel daher, die Stasl bestreute die Holzbretter, und die Kathl holte das Holz für die »zweite Hitze« aus der Hütte im Hof. Niemand blieb untätig. Mit größter Beflissenheit suchten sie alle jede Minute auszunützen.

Immer und immer wieder fühlte der Maxl, wie eine Schwäche von seinen Knien zum Herzen heraufstieg. Mit aller Gewalt rang er sie nieder. Nach kurzer Zeit troff sein knochenhagerer Körper von Schweiß. Hemd und Hosen klebten an ihm. Sein brummender Kopf wurde abwechselnd heiß und kalt, und ein schwingender Schwindel durchzog hin und wieder sein Hirn. Teig und Mehl verschwammen vor seinen Augen zu einem nebligen Gebräu, in das er zu versinken drohte. Seine hart greifenden Finger, seine sehnigen Muskeln zitterten, und die Schläfen trommelten. Er hielt nicht ein. Niemand hörte im allgemeinen Geräusch seinen pfeifenden Atem. Er schuftete mechanisch, gleichsam motorisch, und in Sekunden der Aufhellung rang er mit dem zähen Teig, als sei er sein bitterster Feind.

So ging es diese ganze, lange Nacht. Viermal machten er und der Voshank Teig, viermal schob der Maxl die Semmeln und Wecken in den Ofen und riß sie, fertiggebacken, heraus. Erst in der Frühe, als alle Körbe voll waren, hielt er sich an den hoch aufeinander geschichteten Brettern fest und keuchte kraftlos: »Hilf mir, Lorenz ... Ich muß mich gleich niederlegen.« Sein Bruder und die Stasl brachten ihn zu Bett.

»Wenn's Nacht ist, wird's schon wieder gehen!« sagte er erschöpft. Sein Kopf sank in das Kissen, und sogleich fielen ihm die Augen zu. Unruhig gingen Stasl und Lorenz aus der Kammer. Drunten, in der Backstube, sagte die Stasl: »Mein Gott, wenn bloß das Seefest schon vorüber wär'!« Alle standen einige Zeit stumm und ernst da und schauten einander ratlos in die Augen. – Der Maxl stand auch wirklich in der folgenden Nacht wieder am Trog. Den zweiten und dritten Teig aber wirkte die Stasl. Er gab nur die nötigen Anordnungen.

»Wenn ich das überleb'«, sagte er einmal mit weher

Gleichgültigkeit, »überleb' ich alles! Wenn das 'rum ist, muß ein Bäckergesell' her . . .«

Vor dem verrußten Fenster seitlich vom Backofen stand der frische, bleiche Morgen. Durch die offene Tür drang die kühle Luft und vermischte sich mit dem dampfenden Qualm. Die erwachten Vögel zwitscherten. Das Dorf erwachte, als sie ihn die Stiege hinaufführten. Gegen Mittag sollten die hohen russischen Gäste kommen. – Maxl schlief bleiern und traumlos und hörte nicht einmal die Salutschüsse.

Einiges erregt Aufsehen

Es war ein märchenhaftes Fest, das nicht nur den Landleuten, sondern auch den herbeigeströmten fremden Gästen auf Jahre hinaus unvergeßlich blieb. Das wunderbar milde Wetter trug viel dazu bei. Die warme Spätsommerluft hatte einen zärtlich fächelnden Hauch von berückender Reife, die schon den nahenden Herbst verriet. Sie war von keinem Wind bewegt, sie schwamm nur, gleichsam seidenweich, zwischen Himmel und Erde. Alles Sichtbare schien selig zu lächeln: der wolkenlose zartblaue Himmel, die weithin strahlende Sonne und die lieblich gewellte Landschaft, die sich auf der glatten Seefläche traumhaft schön widerspiegelten, das bunte Gemisch der vielen Menschen – Fremde aus aller Herren Länder, sonntäglich gekleidete Einheimische, weiße Kinderzüge mit Blumensträußen und musizierende Veteranen-Vereine, die brechend vollen, tiefgehenden Dampfschiffe und die unzähligen Ruder- und Segelboote, die schon vom frühen Morgen ab aus allen Richtungen daherfuhren und sich in weitem Abstand vor den Gestaden von Berg und Leoni sammelten. Ein ununterbrochenes jubelndes Singen und Klingen erfüllte den Tag. Wenn der Gesang oder eine Musikkapelle an einer Stelle abbrachen, fingen sie woanders an. Es war, als töne das ganze See-Rund, als jauchze die festliche Landschaft heiter zum Himmel empor.

Berg und sein Schloß waren der viel bestaunte, erregende Mittelpunkt, wenngleich alle anderen Uferorte – was Ausschmückung anlangte – sich alle nur erdenkliche Mühe gemacht hatten. Im See, vom Berger Dampfschiffsteg bis zum Ende des königlichen Parks kurz vor Leoni, schwammen festverankerte, umfängliche, viereckige Flöße, weißblau drapiert mit hohen, grünumwundenen Stangen an den Seiten, welche kleine Wimpel krönten. Ein besonders großes Floß befand sich in der Mitte dieser hölzernen Inseln und war durch einen langen, teppichbelegten, mit zahllosen frischen Rosen bestreuten Steg mit dem Schloßufer verbunden. Zeltgleich liefen ihre silberdurchwirkten Girlanden zusammen, Flaggen und Wappen des bayerischen Königreiches und des russischen Kaiserreiches schmückten sie, und blausamtene Ruhebänke für die höchsten Herrschaften standen darauf. Von hier aus wollten sich Zarin und König mit ihrem nächsten Gefolge das nächtliche Feuerwerk ansehen, dessen riesiges Ausmaß alles bisher Dagewesene überbieten sollte. Denn auch in der Seemitte und vor den gegenüberliegenden Ufern – vom nördlichen Starnberg bis zur südlichen Spitze – ankerten solche Flöße, und während des ganzen Tages brachten schwerbeladene Flachboote Stöße von Fackeln und Raketen aller Art dorthin. Weithin schallte der wirre Lärm der eifrig hantierenden Feuerwerker, die auf diesen künstlichen Inseln Vorbereitungen trafen. Eine Prachtentfaltung ohnegleichen war zu erwarten.

In Berg prangte jedes Haus. An allen Dorfeingängen erhoben sich mächtige Triumphbogen. Der Ort glich einem aufgestörten Ameisenhaufen, so dicht wimmelte es von Menschen. In Unterberg, vom Schloß bis zum Dorfende, bildeten die Veteranen-Vereine, die Jungfrauen der Pfarrei, angetan mit ihren silberverschnürten Miedern, künstliche Maiglöckchenkränze auf dem Kopf, und die weißgekleideten Schulkinder rechts und links von der Straße ein Spalier. Militär sah man nicht, da bekanntlich der König jedes uniformierte Gepränge haßte und vielleicht seine grenzenlose Beliebtheit beim Volke den fremden Hoheiten eindrucksvoll zeigen wollte. Außer den geschäftig herumlaufenden Wachtmeistern und Gendarmen tauchten nur ab und zu irgendwelche Würdenträger mit vielen Orden in ihren gold- und silberstrotzenden Galauniformen auf, welch letztere den schaulustigen Dörflern, die dicht hinter den Spalieren standen, allerhand Rätsel aufgaben. Jeder wollte wissen, was diese feinen Herren für Ämter bekleideten, was sie für einen Rang hätten und ob sie bayrische oder fremdstaatliche Beamten seien. Der König war, als die Sonne in halber Himmelshöhe stand, in seiner offenen Prunkkarosse, begleitet von einer glänzenden berittenen Suite, den hohen Gästen entgegengefahren. Er sah trotz seiner starken Beleibtheit und seines deutlich gealterten, schlaff gewordenen Gesichtes in der funkelnden Generalsuniform, die er ausnahmsweise trug, ungewöhnlich schön und majestätisch aus. Ein unbeschreiblicher Jubel umbrauste ihn. Jeder Mensch schaute wie geblendet auf ihn, und als er, nach allen Seiten nickend, grüßte und ein wenig lächelte, vergaßen die Musiker Takt und Melodie, starrten verwirrt in dieses merkwürdig anzusehende Gesicht und bliesen erst wieder weiter, nachdem das Gefährt vorüber war und die letzten Hufschläge der nachreitenden Suite sie in die Wirklichkeit zurückgerufen hatten. Die Heimrath-Resl, die zwischen ihren Schwestern stand, war wie benommen. Endlich faßte sie sich und sagte, als sie sah, wie alle noch immer frische Rosen und Feldblumen auf die staubige Straße warfen, obgleich der König schon längst fort war: »Ist doch schad' dafür! Es kommen doch noch eine Masse Herrschaften, dann haben wir nichts mehr!« – So war sie immer. Jedes Erstaunen, alle Verblüffung verflogen rasch, und stets gewann ihre praktische Nüchternheit die Oberhand. Die Jungfrauen standen in der Nähe der hohen Schloßmauern. Durch das Tor, das reich geziert war, sahen sie den breiten Kiesweg, den üppige Palmen säumten. Vom Eingang des Schlosses über die Steintreppe herab bis zur runden Auffahrt waren kostbare Teppiche gelegt. Allerhand Herren mit reichbestickten Diplomaten-Zweispitzen, auf welchen blühweiße Federbüsche prangten, standen dort im Gespräch. Einmal kam der etwas beleibte Richard Wagner zum Vorschein, den ein gebückter Greis mit einem scharfen Geiergesicht und langen, glatt zurückgestrichenen schlohweißen Haaren begleitete. Es war Franz Liszt, der in seinem langen, schwarzen, bis zu den Füßen reichenden, zugeknöpften Geistlichenmantel gespenstisch mager aussah. Er gestikulierte lebhaft und grüßte die Hofbeamten stets mit großer Gebärde, während Wagner, dessen charakteristische dunkle Pagenmütze besonders auffiel, weit zurückhaltender war.

Ob das die zwei Hofgeistlichen seien, fragte die Resl, und als sie von verschiedenen Seiten die Namen Richard Wagner und Franz Liszt hörte, gab sie sich zufrieden, wenn sie sich darunter auch nichts vorstellen konnte.

Jetzt aber begann am Dorfende der Lärm, das unablässige »Hoch«-Rufen pflanzte sich fort, die schmetternde Musik setzte ein, die Schulkinder fingen ›Heil, unserm König, heil‹ zu singen an, und in den allgemeinen Lärm mischte sich das Rollen der daherfahrenden Karossen und Kutschen. Hinten im Park krachten Salutschüsse und ließen die Luft erzittern.

»Hoch! ... Hoch! ...« schrie auch die Resl und warf wie alle ihre Blumen in den Staub der Straße oder in die Wagen. Soviel Prunk und ungewohnte Dinge gab's zu sehen, daß sie gar nicht nachkam. Mitunter blickte sie auf den Boden, sah, wie die Räder der Wagen über die vielen Blumen rollten, wie der wirbelnde Staub sie begrub, und dachte vielleicht flüchtig, was das zum Schluß für eine Arbeit gab, sie wieder wegzukehren. Den Schluß der Wagen bildete der flott marschierende Musikzug des Veteranenvereins. Endlich tauchten dahinter die Schulkinder auf, und nun schlossen sich auch die Jungfrauen und sonstigen Leute an. Die Gefährte waren in den Schloßhof eingefahren, und der lange, dichte Zug pilgerte singend und huldigend am Tor vorüber, hinauf nach Oberberg, wo er sich teilweise auflöste. Die Kinder durften zum Wiesmaier hinuntergehen, wo sie auf Kosten des königlichen Hofes ausgespeist wurden. Die Veteranen marschierten nach Aufkirchen. Beim Klostermaier wartete ihrer ein Mittagessen und Freibier. Ihnen folgten die Dörfler und Bauern der Umgegend. Viele gingen auch nach Leoni.

Bei dieser Gelegenheit kam die Resl mit ihren Schwestern zum erstenmal ins Bäckerhaus von Berg. Mit vielen nachdrängenden Leuten schob sie sich durch den schmalen Gang und gelangte in die Stube. Da standen die Stasl, die Kathl und der Voshank hinter hochgefüllten Körben und verkauften Semmeln. Sie hatten alle Hände voll zu tun. Neben jedem von ihnen stand ein Stuhl, darauf wieder ein leerer, irdener Milchweigling. In jedem lagen zahllose Kupfer- und Nickelstücke und wurden immer mehr. Auf dem Kanapee hockte die Stellmacherin, und der Zwerg daneben grinste gelassen.

»Wo ist denn der Maxl?« fragten einige Leute und erfuhren, daß er krank im Bett lag. – »Hoh, was fehlt ihm denn?« wollten sie weiter wissen, aber die Grafs antworteten alle nur, es sei nicht weiter schlimm. Sie hatten ja auch nicht Zeit. Mit erstaunlicher Geschwindigkeit wurden die Körbe leer und die Milchweiglinge voll.

»Obacht!« schrie der Lorenz von Zeit zu Zeit und trug, vom Backofen herkommend, einen weiteren vollen Semmelkorb in die Stube. Die Heimrath-Resl blickte voll Verwunderung auf die Körbe und auf das viele Geld, das einging. Als sie mit ihren Schwestern auf die Straße kam, sagte sie: »Macht der aber ein Geschäft! Der nimmt ja in einem Tag soviel ein wie Bauernleut' in einem Jahr.« Mag sein, daß sie sich daran erinnerte, wie sie einst gesagt hatte: »Wenn der jeden Tag sein teures Mehl verbackt und bringt die Semmeln nicht an, da muß er doch verderben.« Sicher dachte sie nun ganz anders. Jedenfalls schien sie sich mit derlei Gedanken zu beschäftigen, denn als sie eine Semmel zu verzehren begann, murmelte sie: »Wenn das so weitergeht beim Maxl, da muß er's ja zu was bringen ... Hmhm, der wird sich ärgern, daß er grad jetzt krank ist.« Die neben ihr hergehende Marie meinte: »Jaja, er ist zäh wie Juchtenleder, der Maxl ... Kein Mensch hätt' geglaubt, daß er einmal obenauf kommt.«

»Da brauchst nicht lang nachdenken. Der hat höchstens wieder zuviel gesoffen«, sagte die spindeldürre, kleingewachsene Nanni. Die Genovev hatte daheimbleiben müssen. Die muffige Kathrein, die auch eine Semmel zerkaute, warf herabmindernd hin: »Ah, es ist ja doch kein rechter Segen auf dem Haus! Und zuviel Geschwister hat er auch, der Maxl. Sparen kann er doch auch nicht – wie soll er's denn da zu was bringen?«

Es war mittäglich heiß geworden. Sie kamen allmählich ins Schwitzen. Als sie den Aufkirchener Berg hinaufgingen, verlangsamten sie ihre Schritte und wischten sich hin und wieder mit der harten Hand über ihr nasses Gesicht. Vom König, von der Zarin, von all der Pracht in Berg und vom Feuerwerk redeten sie jetzt, zu welchem sie abends gehen wollten. Die hohe Sonne funkelte auf dem reichen, schweren Silbergeschnür ihrer enganliegenden, reichbestickten neuen Mieder, die die Heimrathin erst vor zwei Jahren beim Wolfratshausener Goldarbeiter gekauft hatte. Ungemein zierlich formte so ein Mieder den Oberkörper, hob die quellenden Brüste unter dem spitz ausgeschnittenen, schneeweißen, gestärkten, kurzärmeligen, blusigen Hemd und ließ die breiten Hüften ganz stark hervortreten. Die dunklen, in sich gemusterten, wallend-langen, vielfaltigen Röcke, deren Saum den staubigen Boden berührte, und die enggebundenen, glänzenden Seidenschürzen taten ein übriges dazu.

»Schön ist's heut«, sagte die Resl stehenbleibend und setzte dazu: »Kein Mensch ist auf'm Feld.« Sie schauten zurück auf das belebte Berg, von wo noch immer das unablässige Geräusch der lauten Menschen und die undeutlich dareinklingenden Melodien der Musikkapellen herüberhallten. Südwestwärts schälte sich ein Stück des blauen Sees aus dem Baumgewirr von Leoni. Die ferne Roseninsel wurde sichtbar, und die zahllosen Ruder- und Segelboote sahen winzig aus.

»Bauernleut' haben ja heut' auch einen Feiertag. Bloß die Wirt' und der Bäcker-Maxl haben zu tun«, meinte die Nanni. Die Glocken von Berg und Aufkirchen fingen das Zwölfuhrläuten an. Sie gingen ein wenig schneller weiter. Als sie ins Pfarrdorf kamen, begegnete ihnen eine Menge Leute. Auf dem Platz zwischen dem Klostermaierschen Wirtshaus und der Kirche war kaum durchzukommen. Die Haunerin stand vor der offenen Ladentüre, einen Korb mit Semmeln und Brezen vor sich, und alle Leute kauften von ihr. Im Vorübergehen fragte die Resl, ob das Brot auch vom Maxl sei, und als die Haunerin nickend bejahte, schüttelte sie wiederum verwundert den Kopf und murmelte: »Das Geld, das der heut einnimmt, hmhmhm! Ein Malefiztropf, ein schlauer, der Bäcker-Maxl!«

Überlaut ging es in der Wirtsstube und im vollen Garten vom Klostermaier zu. Auf den Stühlen und provisorisch zusammengezimmerten Bänken vor den langen Tischen und sogar im Gras lagerten zechende Leute, schmausten und tranken, lachten und lärmten und wogten dichtgedrängt hin und her.

Aus dem Schmiedhäusl trat der Kastenjakl und versuchte sich unauffällig durch das laute Menschengewirr zu drücken.

»Ausgeschlossen! Zahl erst das andere, du Lump, du windiger!« kläffte der massige Schmied, der im Sonntagsgewand in dem offenen Türrahmen stand, aber nur einige verstanden sein Schimpfen. Der Kastenjakl hatte den Kopf eingezogen und hörte nichts von den spöttischen Zurufen der Leute, an denen er sich vorüberschob.

Er sah schrecklich verwahrlost aus. Das schlampige, zum Teil zerrissene Werktagsgewand schien ihm viel zu groß zu sein, seine zerzausten, wirr auseinander spritzenden Schläfenhaare gaben dem gelben, ausgemergelten Gesicht etwas Gespenstisches.

»Mein Gott, der Kastenjakl! Da schaut's!« rief die Resl mitleidig, doch ihre Schwestern beachteten es nicht. Das laute Spotten und Gelächter überdeckte rasch die paar Worte.

»Der Lump, der elendige!« schrie der Schmied, der auf die Wirtsstubentür zuging, in heller Empörung und setzte dazu: »So ein frecher, niederträchtiger Schwindler! Jeder weiß, daß sein lumpiger Bau versteigert wird, und von mir will er noch vier neue Stiegengitter! So ein Misthund!«

Außerhalb des Pfarrdorfes, auf dem schmalen Weg, der nach Leoni führt, blieb der Kastenjakl plötzlich stehen. Es sah aus, als habe ihn ein jäher Gedanke hiebgleich getroffen. Er hob sein verwüstetes Gesicht. Er sah nichts vom herrlichen Tag und der anmutig heiteren Landschaft. Er starrte nur sekundenlang. Dann machte er eine rasche Wendung und stapfte über die abwärtshängenden, gemähten Getreidefelder auf Berg zu.

Beim Stellmacher saßen sie um den Tisch und schlangen das Essen hinunter. Zwei Krüge Bier standen da, Suppe und Braten gab es. Jeder hatte ein aufgeweckt-zufriedenes Gesicht. Jeder entwickelte den besten Appetit. Hinten im Backofen knisterte schon wieder das Feuer. Tag und Nacht mußte gebacken werden. Die Stasl schien ganz in ihrem Element. Sie regierte, und niemand widersprach ihr.

»Du mußt gleich zum Strauch nach Leoni ... Wecken und Semmeln, was wir haben, sollen wir schicken, hat der Strauch bestellen lassen«, sagte sie zur Kathl und fragte ihre Mutter: »Wie geht's ihm denn, dem Maxl? ... Kann er aufstehn?«

»Er meint schon. Gegessen hat er gar nichts, aber sein Bier hat er 'trunken«, antwortete diese. Da ging die Tür auf, und der Kastenjakl stand da. Alle sahen halb benommen und halb abweisend auf ihn.

»Wo ist denn der Maxl?« fragte er, ohne zu grüßen.

»Krank ist er ... Droben im Bett liegt er«, erwiderte die Stasl kalt.

»So, krank ... Ich geh' gleich zu ihm 'nauf«, sagte der Kastenjakl und drehte sich schon um im Türrahmen. Verstört sah er aus.

»Laß ihn rasten. Er –« rief die Stasl grob, doch der Kastenjakl war schon im Gang und tappte die Stiege hinauf.

Ärgerlich knurrte die Stasl: »Herrgott, der geht uns heut grad noch ab! Ausgerechnet jetzt muß er daherkommen!« Alle anderen murrten. Die Stasl stand auf und besann sich kurz.

»Er soll den Maxl doch in Ruh' lassen«, brummte die Kathl, den letzten Bratenbrocken zerkauend, und der Voshank bekam ein finsteres Gesicht.

»Schlecht schaut er aus ... Man kennt ihn kaum mehr«, meinte der Lorenz über den Kastenjakl.

»Ich lass' es nicht zu! Es geht einfach nicht!« sagte die Stasl und ging resolut aus der Stube.

»Hmhm, nie darf eine Ruh' sein!« brümmelte die alte Stellmacherin traurig.

Der Kastenjakl saß auf einem Stuhl neben dem Bett des kranken Maxl, als die Stasl in die Kammer kam. Die zwei Männer sahen einander schweigend in die Augen. Es machte den Eindruck, als hätten sie jäh ein Gespräch abgebrochen. Es war schwer zu entziffern, was auf Maxls schweißnassem Gesicht lag: Schmerz oder Erbitterung, Trotz oder geheime Scham, Rührung oder hilflose Wehmut. Vielleicht war es alles zusammen.

»Maxl«, sagte die Stasl, ohne den alten Mann zu beachten, »das geht doch jetzt nicht, daß er dich nicht in Ruh' laßt ...«

Ihr Bruder sagte nichts. Er legte ermattet den Kopf zurück. Nur sein Halszäpfchen bewegte sich ein wenig, als würge er etwas hinunter. Er schnaubte schwer und drückte einige Male die Augenlider aufeinander.

Der Kastenjakl richtete sich auf und grinste die Stasl kaltblütig an. Er umspannte den gebogenen Griff seines dicken Spaziersteckens, und seine Augen begannen böse zu funkeln.

»Jaja-ja-ja, Stasl«, sagte er mit giftigem Hohn, »jaja! O ja, ich geh' schon wieder! Du kriegst dein Heiratsgut jetzt sicher vom Maxl. Der alte Kastenjakl hat ja mitgeholfen, daß der Maxl das jetzt kann. Du brauchst also keine Angst zu haben, Stasl! Jaja, ich geh' schon, nur keine Angst! Der alte Andres will euch nicht mehr im Wege stehen, jaja ... Er verreckt gern, ganz gern, hahaha ...« Seine wenigen schwarzen Zahnstumpen unter dem wirr herabhängenden Schnurrbart wurden sichtbar. Sein alter Kopf wackelte in einem fort, während er steif gebückt auf die Türe zuging. Dort drehte er sich noch einmal um, lugte auf den Maxl, grinste noch unheimlicher und sagte wiederum: »Hm, Maxl, ich wünsch' dir gute Besserung! Wär' ja schad', wenn du vor mir ins Gras beißen müßtest. Auf Ehr' und Seligkeit, ich gönn' dir alles, was mir passiert ist, ich gönn' dir's gern. So geht das schon bei uns, Maxl. Alles ist reine Glückssach' – der eine bringt's bis zum Bankrott und der andere kommt obenauf ... Halt dich gut, Maxl!« Er lächelte keuchend in sich hinein. Er ging aus der Kammer. Seine Schritte tappten die Stiege hinunter, und die in der Stube Sitzenden sahen ihn wie einen Schatten an den Fenstern vorüberhuschen.

Der Maxl, der bis jetzt unbeweglich dagelegen hatte, gab nicht an, als die Stasl abfällige Worte über den alten Mann sagte. Er starrte zur Decke. Endlich sagte er trocken und so nüchtern wie ein Mensch, der mit aller Gewalt seine wahre Empfindung zu verbergen versucht: »Ich kann ihm ja wirklich nicht helfen ... beim besten Willen nicht!« Seine Lippen klappten wieder aufeinander. Noch immer bewegten sich seine Augen nicht.

»Hätt' er nicht so viel herumspekuliert!« meinte die Stasl ungut und murrte weiter: »Er hat sich ja nie was sagen lassen. Jetzt, weil er verdorben ist, sollen wir –«

»Ah, red doch nicht! Ihr versteht ja das alles nicht!« fiel ihr der Maxl ins Wort und machte eine abwehrende Bewegung mit der Hand. Dann fragte er, wie das Geschäft gegangen sei, wieviel Brot noch gebacken werden müsse, und es war ihm anzusehen, daß er von Wort zu Wort ruhiger wurde. Sachlich berichtete die Stasl.

»Hw-hw, heiß ist's ... heiß!« hauchte er einmal. Die Stasl machte das Fenster auf. Der Lärm des menschenüberfüllten Dorfes drang in die Kammer. »Die Wecken für die erste Hitz' müßt ihr noch machen ... Zu den Semmeln steh' ich auf! Es wird schon gehn!« sagte er und drehte sich um. Die Stasl ging aus der Kammer. Drunten arbeiteten der Voshank und der Lorenz schon in den Trögen der Backstube. Sie kam zu ihnen, erzählte und schimpfte ergrimmt über den Kastenjakl. Sie und die Kathl stülpten die Ärmel auf und fingen flink zu werkeln an. Gegen sechs Uhr abends schwankte der Maxl die Stiege herunter. Sein erster Blick fiel auf die fertiggebackenen Wecken. Nicht wenige davon waren zu schwarz geworden oder unförmig verzogen. Er preßte mit beiden Händen seine schmerzenden Rippen zusammen, atmete hart, biß die Zähne aufeinander und kam in die Backstube.

»Grad ist's, als ob ich besoffen wär«, murmelte er, und es sah aus, als bezwinge er den Schwindel nicht, der in ihm aufstieg. Er griff schnell nach der Bierflasche und ließ die braune Flüssigkeit, ohne zu schlucken, in sich hineinrinnen, bis die Flasche leer war. Als er sie wegstellte, fühlte er sich offenbar wohler.

»Himmelherrgottsakrament-Sakrament! Kruzifix und alle Heiligen!« stieß er in trotzigem Zorn aus sich heraus, straffte seine Glieder und ließ keine Widerrede mehr gelten. Er knetete den ersten Semmelteig, der Voshank den zweiten und der Lorenz den dritten, und er schoß dreimal den Ofen voll und räumte ihn aus. Das Backwerk gelang wunderbar.

Draußen in der Sternennacht donnerten unausgesetzt die Raketen, und der Himmel leuchtete jedesmal auf, wie von zahllosen grellen Blitzen durchzuckt. Ferner Lärm und schmetternde Musik, bald anschwellend, bald verschwimmend, brausten in der kühlen Luft. Von der Dorfstraße her wurden ab und zu Lachen, Stimmengewirr und das Tappen vieler Schritte vernehmbar.

»Schier wie im Krieg«, murmelte der Maxl einmal.

Drunten an dem Ufer des Sees – hüben und drüben gleicherweise – standen dichtgedrängte Menschenmassen und schauten gebannt auf das Schauspiel, das ihnen vom König geboten wurde. Die zwei hellerleuchteten Dampfschiffe lagen auf der glitzernden Wasserfläche und sahen, wenn es für einige Augenblicke dunkel wurde, aus wie plumpe, geisterhafte Urtiere. Musikkapellen spielten auf ihrem Deck, und die Töne schwebten über die bewegte Glätte, auf der – gleichsam, als wäre sie gespickt mit unzähligen schwirrenden Lichtlein – die flinken Boote hin- und hersausten. Das Berger Schloß und der Possenhofer Herrensitz waren besonders prachtvoll illuminiert, aber auch jeder Uferort, die Roseninsel und die Flöße prangten in Strahlenglanz. Das althergebrachte Fischerstechen vor dem Floß der Majestäten, an welchem sich alle Fischer beteiligten, gestaltete sich zu einem ungemein erregenden, phantastischen Turnier. Wilder Beifall bellte jedesmal auf, wenn ein Lanzenmann seinen Gegner von der Spitze des anderen Bootes stieß. Die dunkle Gestalt des Bezwungenen reckte sich, die lange Stange entglitt ihm, der Mensch taumelte und plumpste in das hoch aufzischende Wasser.

»Hurra! Hoch! Hurra, Franzl!« schrie es überall, und ein Klatschen begann, während der stolze Sieger sich gegen die Majestäten verneigte. Als das Fischerstechen endlich vorüber war und die besten Kämpfer reichbeschenkt davonruderten, krachten die Salutschüsse, und gleich darauf zischten von den Flößen im Wasser dichte, prasselnde Feuergarben auf, die sich wie bunt glitzernde Fontänen zeltgleich im dunklen Himmel vereinten und schließlich als funkelndes Sternenmeer auf den See herunterregneten. Staunendes Beifallsjubeln, Musik, Krachen und Prasseln, Funkeln und Leuchten vermischten sich zu einem magisch belebten Zauberbild. Zeitweise schien es, als sei der ganze weite, festliche Landstrich von der schweren, dunklen Erde losgelöst und schwebe langsam als unwirklich strahlende Insel zum Himmel empor. Fünfzig und mehr Jahre später noch fand die Heimrath-Resl, die mit ihren Schwestern unter den Tausenden am Berger Ufer stand, nur die Worte: »So was sieht man nie wieder!«

Erst als der Morgen graute, wurde es allgemach stiller.

Die Luft roch nach Pulver und verbranntem Papier. Der dämmernde See mit den abgetakelten Flößen sah aus wie eine halb abgebrochene, von Papierfetzen übersäte, staubige Theaterdekoration. Leer, verbraucht und reglos sonnte er sich in seinem länglichen Bett. Kurz vor dem Mittagessen mußten die Jungfrauen, die Kinder und Veteranen noch einmal in Unterberg Spalier bilden. Der Beifall der ermüdeten Menschen klang lange nicht mehr so erfrischt, als die vielen glänzenden Karossen aus dem Dorfe fuhren. Obgleich noch Fremde in Massen herumgingen und die Gasthäuser bevölkerten, wurde es in Berg schnell wieder werktäglich. Die Leute nahmen die Girlanden und Fahnen von den Hauswänden und brachen die Triumphbögen ab. Nur die Kinder, die schulfrei hatten, wichen nicht vom See-Ufer und schauten zu, wie die Fischer die Flöße mit Flachbooten nach Starnberg schleppten.

Tags darauf kam der Schmalzer-Hans ins Bäckerhaus. Er war allem Anschein nach nicht ganz nüchtern. Sonderbarerweise aber machte er eine grämliche Miene, als er kopfschüttelnd erzählte: »Hm, man kennt sich nicht aus mit unserem König! Jetzt ist er wieder grantig und sperrt sich ein. Komisch, einen künstlichen Mond hat er in sein Schlafzimmer hängen lassen. Ich weiß nicht, ist das Ding aus Gold oder aus Messing. Er geht auch kaum mehr aus seinem Schlafzimmer, der König. Liegen bleibt er oft bis zum Mittagläuten und länger. Er mag die Helligkeit nicht mehr. Die ganze Zeit müssen die Vorhänge zugezogen sein ... Hmhm, und wie die Zarin dagewesen ist, da ist er ganz lustig gewesen. Der Hans versteht das nicht mehr! Kein Mensch versteht's! Der Leibdiener Weber sagt, rein zum Fürchten ist die Majestät jetzt ...« Er blickte nachdenkend vor sich hin.

»Gesagt wird, er verschleudert das ganze Geld vom Staat. Beim Strauch in Leoni haben die Fremden darüber geredet, daß er uns alle ruiniert«, meinte die Kathl, doch der Schmalzer-Hans machte eine abwehrende Handbewegung und brummte: »Ah! Ruinieren! So ein Unsinn! Bei uns profitiert doch jeder von ihm. Unser König ist schon der rechte! Er läßt das Geld unter die Leute kommen. Er ist ein grundguter Mensch, das muß jeder zugeben.«

Der König baute seit langem an seinem Schloß »Herrenchiemsee« und wollte damit selbst die Pracht von Versailles überbieten. Es wurde getuschelt, daß er dadurch in harte Geldverlegenheiten gekommen sei, denn der Bau verschlinge Millionensummen. –

Der Starnberger Doktor tauchte im Türrahmen auf, und die Kathl führte ihn zum kranken Maxl hinauf. Der Lorenz, der heute wieder zur Arbeit zu Rambeck gegangen war, hatte ihn bestellt.

»Geh weiter«, sagte der Schmalzer-Hans zum Voshank, als sie allein in der Stube waren, »hol das Roßgeschirr bei mir! Ich bin mit dem Maxl handelseins geworden. Und der Wiesmaier läßt sagen, sein Wägerl kann er jederzeit abholen.« Die zwei gingen.

Nach der Untersuchung blickte der Doktor ernst durch seine scharfen Brillengläser, fuhr mit seinen weißen, langfingerigen Händen durch seinen dichten Vollbart und sagte: »Tja, Herr Graf, sterben werden Sie nicht dran, aber wenn Sie nicht liegenbleiben wollen, garantiere ich für nichts. Wenn Sie weiter rackern, kann Ihnen was fürs ganze Leben bleiben.« Er schrieb ein Rezept für ein Medikament, das der Lorenz abends mitbringen sollte.

»Mein Gott, Herr Doktor!« keuchte der Maxl trübselig, »liegenbleiben? Das geht doch nicht.«

»Ich sag' ihnen nur, wie's steht mit Ihnen«, sagte der Doktor kurz und schaute auf das abgemagerte, schweißnasse Gesicht des Kranken. »Wenn Sie es besser verstehen, bitte! Liegenbleiben und gut essen müssen Sie. Ihr Geschäft geht doch glänzend. Nehmen Sie doch einen Gesellen.«

»Hm, jaja, glänzend! Das schaut bloß so aus, Herr Doktor!« lächelte der Maxl müde, aber es schien ihm doch wohl zu tun, daß er ein solches Ansehen genoß. –

Als der Doktor gegangen war, überlegte er lange. Er nagte an seinen Lippen und sah sekundenlang ins Leere.

Nachdem die Kathl wieder gekommen war, richtete er sich im Bett auf und sagte: »Gib mir ein Briefpapier und das Tintenzeug.« Die Kathl tat es. »Es bleibt nichts anderes übrig«, sagte der Maxl und schrieb an den Irlinger einen langen Brief, in welchem er diesen dringend bat, er sollte zur Bäckerherberge in München gehen und ihm einen stellungslosen Bäckergesellen schicken. Gleich mußte die Kathl den Brief zum Wiesmaier aufs Postamt tragen.

Nach drei langen, schrecklichen Tagen – der Kranke hatte sich in jeder Nacht aufgerafft und, unterstützt von Stasl und Voshank, gebacken – kam der Irlinger endlich mit einem fremden, mittelgroßen, gedrungen gebauten Menschen, der eine rote Säufernase und einen braunen Schnurrbart hatte. Er mochte ungefähr fünfunddreißig bis vierzig Jahre alt sein, zeigte ausgezeichnete Zeugnisse und sagte etwas überheblich: »Na ja, ich bin größere Plätze gewöhnt ... Aushilfsweise geht's ja, Herr Bäckermeister.«

Der im Bett sitzende Maxl wurde gereizt, doch er hielt sich zurück. Und da der Irlinger vorgab, den Gesellen schon lange zu kennen, wurde man einig.

»Stasl, zeig' dem Herrn Schießl seine Kammer«, sagte der Maxl. Man hatte das Kämmerchen vom Lorenz hergerichtet. Der Bruder mußte beim Zwerg schlafen. Als die Stasl und der Geselle draußen waren, rühmte der Irlinger den Schießl als »prima-primissima« und meinte nur: »Er sauft zwar gern, aber wer ihn behandeln kann, der fährt gut mit ihm.« – »Gegen sein Saufen hab' ich nichts. Ich will erst sehn, wie sein Brot ist«, schloß der Maxl und dankte seinem alten Kriegskameraden für die Erledigung des Auftrages. Mit vielen guten Wünschen und nach allerhand trostreichen Worten verabschiedete sich der Irlinger.

Seit den Tagen des Festes war es den Bergern erst ganz klar geworden, was die Bäckerei vom Maxl für eine Goldgrube sei. Mißgünstig und feindselig, voll Neid und Ärger hatten sie diesen raschen Aufstieg verfolgt. Ihre üblen Nachreden und geheimen Verwünschungen, ihre offene Schadenfreude bei jedem Mißgeschick Maxls und ihre starre

Voreingenommenheit hatte nichts dagegen vermocht. All das wandelte sich gleichsam zwangsläufig zu einem wütenden, aber soliden Respekt vor dem zähen Mann im ehemals so armseligen Stellmacherhaus. Jetzt buken nur noch der Huber und der Müller März ihr eigenes Brot, alle anderen Berger kauften Semmeln und Wecken beim Graf, als sei das seit eh und je so gewesen. Nun hätte der Müller dem Maxl gern das Mehl geliefert, und manche heiratsfähige Bergerin fand im stillen, daß der »besoffene Maulaufreißer« keine schlechte Partie sei. Das ergiebige Resultat unentwegter Mühen war zu offensichtlich. Maxls Kredit war fest gegründet, und wer rechnen konnte, brachte unschwer heraus, daß sein Geschäft eine glänzende Zukunft habe.

Kurz vor dem Fest, als die Nachbarschaft von Maxls plötzlicher Erkrankung erfuhr, hatten sich alle schon gefreut. Die bekannte Uneinigkeit der streitsüchtigen Geschwister Graf mußte das große Geschäft unmöglich machen. Indessen – das Gegenteil erlebten die Berger.

Und jetzt arbeitete ein Geselle beim Maxl. Noch mehr! Im Stellmacherhaus herrschte seither die beste Eintracht. »Das Werk lief wie von selbst«, konnten die Nachbarn feststellen.

»Hahaha!« hatten sie vor einigen Wochen gelacht, »er kennt sich kaum aus mit dem Vieh und kauft ein Roß, der Maxl! So miserabel ist der Heiter, daß er ihn überhaupt nicht sehen lassen kann, hahaha!« Umsonst gelacht! Eines Tages stand dieses Pferd, ziemlich herausgefüttert und vor das ehemalige Wiesmaierwägelchen gespannt, scharrend vor der Haustür, und die Stasl schwang die vollen Brotkörbe auf das Wägelchen. Dann stieg sie auf, ergriff die Zügel, schwang lustig die dünne, lederne Peitsche und fuhr in stolzem Trab aus dem Dorf. Wieder ärgerten sich die enttäuschten Nachbarn. Nichts mißlang dem Bäcker-Maxl! Ruhig und zuversichtlich konnte er, nachdem er dem Gesellen alles Nötige gezeigt hatte, sich ins Bett legen und auskurieren. Der »Herr Schießl« war zwar ein gewaltiger Zungendrescher, aber er leistete, was er versprochen hatte.

In schneller Folge gab es noch einige Überraschungen im Bäckerhaus und in der Pfarrei.

Nach einer Woche saßen die Stasl und der Voshank vor dem Bett des bereits wieder erholten Maxl und unterhielten sich mit ihm, herzlich und einträchtig wie schon seit langem nicht mehr. Sechshundert bare Mark zählte der Bruder seiner Schwester auf die Hand, gab dem Voshank einen neuen Hunderter und sagte lächelnd: »So, jetzt habt ihr's erlebt, daß ich bei meinem Wort bleib'. Heiraten wollt ihr noch daheim, gut! Ich wünsch' euch viel Glück miteinander. Hoffentlich bin ich bei der Hochzeit schon wieder wohlauf!« Noch nie hatte die Stasl ein derart friedliches Gesicht.

Am andern Sonntag verkündete der Pfarrer nach der Predigt, daß sich der »ehrenwerte, geachtete Maurer, Herr Franz Voshank aus Olmütz in Böhmen, mit der Stellmacherstochter Anastasia Graf von Berg das heilige Sakrament der Ehe versprochen« hätten. In früheren Zeiten hätte man noch allerhand daran gefunden, daß der Geistliche statt »Jungfrau« einfach »Stellmacherstochter« sagte, jetzt fand allem Anschein nach kein Mensch mehr etwas Herabminderndes an den Worten.

Selbstbewußt und fast dreist, mit einem verschwiegen triumphierenden Lächeln auf dem herrschsüchtigen Mannsgesicht, stand die Stasl unter den Weibern und Töchtern. Die vielen Blicke, die sie flüchtig musterten, beachtete sie nicht. Sie trug ein halb städtisches graugrünes Gewand mit Puffärmeln und schwarzem Ausputz, das die Kathl genäht hatte. Es stand ihr gut. Der Voshank, drüben zwischen den Männern, hatte eine unbewegte, zufriedene Miene.

Nach dem Hochamt, als die Leute auf dem Platz zwischen Klostermaierwirtschaft und Kirche standen, wurde allerhand über das davongehende Paar geredet. Schön würden sie zusammenpassen, der böhmische Maurer und die resolute Stellmacherstochter, meinte man, sie habe die Hosen an, und er rede nichts. Dann aber fingen die meisten vom kranken Bäcker-Maxl zu reden an, daß er der Stasl auf einmal ihr Heiratsgut bar ausbezahlt habe, damit sie nach

Amerika reisen könne, und was ihm das königliche Fest für einen Haufen Geld eingebracht habe. Die Bauern gingen in die Klostermaiersche Wirtschaft.

»Glück muß der Mensch haben, und wenn er so tüchtig ist wie der Maxl, bringt er's zu was!« setzte der Schmied von Farchach das Gespräch fort und meinte: »Der hat schon das Rechte. Er will nicht auf einmal so hoch hinaus wie der Kastenjakl!« Das führte dazu, daß man auf die Versteigerung des »Leoniger Schlößls«, die im Laufe der kommenden Woche stattfinden sollte, zu sprechen kam.

»Und was will er jetzt machen, der Kastenjakl? Was wird aus ihm?« fragte der Müller von Berg. »Alle Stellmacherischen sind zäh wie Juchtenleder! Sterben tut der noch lang nicht. Fällt ihm nicht ein! Der Maxl wird eben für ihn aufkommen müssen.«

»Oder die Gemeinde«, warf der Schmied von Farchach ein. Seit die Berger ihre Pferde nicht mehr bei ihm beschlagen ließen, war er ihnen nicht mehr gewogen und gönnte ihnen eine solche Last.

»Was? Wir sollen für ihn aufkommen? Für so einen nichtsnutzigen Lumpen? Ausgeschlossen!« rief der Müller entrüstet, und die anderen Berger, die genau so dachten, sagten gleicherzeit: »Das gibt's nicht! Soll er nur schauen, der Maxl, wie er mit seiner sauberen Verwandtschaft weiterkommt. Er kann sich's ja jetzt leisten!« Der letzte Satz klang schadenfroh höhnisch.

Der Schmalzer-Hans, der bis jetzt mit hinterlistig lächelnder Miene dagesessen hatte, hob seinen Kopf und spöttelte keck: »Nur keine Angst, Männer! Versteigert wird ja gar nicht beim Kastenjakl!«

Das wirkte wie ein Blitz aus heiterem Himmel.

»Wa-was? ... Was? ... Hat er am End' schon wieder Geld aufgetrieben, der Lump, der niederträchtige?« fragte der Müller verblüfft. Alle Mienen wurden gespannt.

»Das nicht! ... Nein – nein, das grad nicht«, erzählte der Schmalzer-Hans absichtlich langsam und freute sich über den Ärger der ehrsamen Bürger. Mit gemächlichem Hohn fuhr er fort: »Geld gibt ihm keiner mehr, dem Kastenjakl, aber er hat sich mit dem Siegl von der Rottmannshöh' geeinigt. Mit der Versteigerung wird's nichts mehr.« Er hielt inne und weidete sich an der giftigen Enttäuschung der ungeduldig fragenden Berger. Endlich schloß er: »Soviel ich nämlich gehört hab', ist die Handelschaft so: Der Siegl hat alle Schulden übernommen und baut das Schlößl aus. Viel ist dem Kastenjakl nicht geblieben, und raus muß er auch. Was weiter wird, weiß kein Mensch.«

Jetzt wurden die Berger wild. Sie schimpften mannhaft über das »Stadtgesindel«, über diese blutsaugerischen Spekulanten, die alles aufkauften, aber feinere Ohren hörten aus all diesem Geschimpfe wohl heraus, daß mehr Neid als ehrliche Entrüstung dabei mitklang.

»Jaja«, stichelte der Schmalzer-Hans behaglich, »wer zuerst kommt, der mahlt eben zuerst. Es war ja allerhand zu haben gewesen beim Kastenjakl, jaja, das geb' ich schon zu ... Zum Totärgern ist so was, wenn andere geschwinder sind.« Voll verhaltenem Grimm musterten die anderen Berger den abgebrühten Spötter.

»Und woher weißt du das alles?« fragte der Müller nach einer Pause.

»Ich?« erwiderte der Schmalzer-Hans noch frecher und wurde ganz und gar ironisch: »So fragt bloß ein Mensch, der von der Welt nichts weiß! Zu was geh' ich denn Tag für Tag mit den höchsten Persönlichkeiten um! Der Siegl kennt mich doch! Er hat's mir doch selber gesagt ...« Er kniff die Lippen fest zusammen.

»Jaja«, brummte er scheinbar arglos, »der Hans Bauer weiß alles ... dem Schmalzer-Hans erzählen die besten Leut' alles ...«

Verlust und Gewinn

Die aufgebrachten Berger warteten vergeblich darauf, daß nun eines Tages der bettelarme Kastenjakl hilfesuchend zum Maxl komme. Mit argwöhnisch wachsamen Augen verfolgten sie alles, was um das Bäckerhaus vorging. Nach einer ereignislosen Woche stieg ihre Erregung derart, daß sich schon jeder eine geharnischte Rede ausdachte, die er – wenn wider Erwarten der Gemeinderat in der Angelegenheit des zukünftigen Dorfarmen zusammentreten müßte – wütend herausdonnern wollte. Natürlicherweise sollten dabei der Maxl und die ganze verhaßte Stellmachersippschaft übel wegkommen. Endlich war einmal eine günstige Gelegenheit gekommen, mit einigem Recht seine offene Feindschaft zu zeigen. Nicht minder gespannt, mehr aber noch bedrückt war der Maxl, seitdem er wußte, was mit dem Kastenjakl geschehen war. Halbwegs gesund, ging er etwas klapperig im Hause herum und zerbrach sich fortwährend den Kopf darüber, auf welche Weise diese heikle Sache am besten zu regeln sei.

Möglich, daß er im geheimen bereute, die Stasl und den Voshank so schnell und so großzügig ausbezahlt zu haben, aber das war – er kannte seine starrköpfige Schwester nur zu gut – schon nicht mehr zu umgehen gewesen. Im übrigen war es nun einmal geschehen und konnte nicht mehr rückgängig gemacht werden. Mehr als das irritierte ihn, daß bei der ganzen Rechnung sein Herz zuviel mitgesprochen hatte. Aller Voraussicht nach waren die Folgen für sein Geschäft sehr schwerwiegend. Stasl und Voshank heirateten, schon hatten sie ihre Habe beisammen und die Schiffskarten für die Ozeanüberfahrt besorgt – wer sollte jetzt an Stasls Stelle das Brot ausfahren? Die Kathl etwa, die ziemlich untauglich dafür war und nicht mit dem Pferd umgehen konnte? Oder gar der Lorenz, der sich noch weniger dazu eignete und dem er doch nicht zumuten konnte, seinen Verdienst aufzugeben?

In seiner Bedrängnis kam der Maxl in jenen ungewiß kritischen Tagen sogar auf den sonderbaren Gedanken, dem alten Kastenjakl, wenn er nun wirklich komme, das Brotausfahren beizubringen, doch je mehr er es überlegte, um so unmöglicher erschien es ihm. Es blieb zunächst nur der eine Ausweg: Er selber mußte es übernehmen.

Der Kastenjakl aber tauchte nicht auf in Berg. Niemand konnte sich das erklären, und als nach wieder einer Woche endlich bekannt geworden war, wie er sich entschieden hatte, wunderte sich jeder Mensch in der weiten Pfarrei. Er nämlich war mit seiner winzigen Habe und dem wenigen Geld, das er nach langem Feilschen und Flehen gleichsam gnädiglich vom Siegl bekommen hatte, in einer Nacht aus dem »Schlößl« gegangen, war zum Klostermaier nach Aufkirchen gekommen und hatte die enge Dachstube des Wirtshauses bezogen. Seither ließ er sich nicht mehr sehen. Der Klostermaier fuhr einmal mit seinem Metzgerwägelchen nach Berg und unterhielt sich lange mit dem Maxl. Die zwei Männer einigten sich, denn sie verstanden einander aufs beste. Dreißig Mark verpflichtete sich der Maxl monatlich zu zahlen. Dafür bekam der alte Kastenjakl das tägliche Essen und brauchte keine Miete zu entrichten. Er erfuhr nichts davon, sträubte sich anfänglich heftig gegen die »Gutmütigkeit« des Wirtes und schickte sich schließlich darein.

Immer mehr verbarg er sich vor den Menschen, immer schrulliger wurde er. Wenn die alte Magd seine Kammer aufräumen wollte, schob er sie zur Tür hinaus und keifte bösartig: »Fort, du Hexe! Weg mit allen alten Weibern! Mir graust! Fort, sag' ich! Fort du Furie, du gräusliche!« Die Magd kam empört in die Wirtsstube hinunter und beklagte sich bitter. Der Klostermaier schimpfte den alten Sonderling aus. Der aber ließ ihn toben, grinste, lugte auf den massigen Wirt und sagte ruhig: »Nein-nein, mein Verstand ist noch ganz und gar richtig, nein-nein! Ich mag bloß keine verhutzelten alten Weiber. Sie stinken und verderben mir den ganzen Tag, Klostermaier ... Die schaun aus wie der Tod! ... Ich will sie nicht sehn!«

Der Klostermaier hielt kurz inne und musterte ihn sonderbar verdutzt.

»Wenn ich schon nichts mehr hab', so möcht' ich wenigstens nette junge Gesichter sehn, Klostermaier«, sagte der Kastenjakl wiederum und lächelte verrannt. Er wechselte den Ton und meinte fast bittend: »Das ist doch gewiß nicht zuviel verlangt, oder?«

»Gut, narrischer Tropf, narrischer! Mir soll's recht sein!« erwiderte der Wirt und ging. Von da ab brachte die junge Klostermaiertochter oder die Kellnerin dem Kastenjakl den Kaffee in der Frühe und das Essen zu Mittag. Der schrullige Alte lächelte seltsam beglückt, wenn so eine Jungfrau in die Kammer trat. Sein bartverhangener, zahnloser Mund stand offen und zeigte in den Winkeln ein bißchen weißen Speichel. Die kleinen umfalteten Augen bekamen einen unruhigen Glanz, und sein gebückter, gichtverzogener Körper geriet in Bewegung. Er rieb sich unablässig die Hände und umschwirrte die unbeteiligt dreinschauende Jungfer mit gleichsam tänzelnden Schritten.

»Hähähä! Hähähä!« blökte er wie ein Ziegenbock. »Hähähä! Ein nettes Gesichterl, zwei feste Brüsterl, ein rundes Arscherl – hähähä, so was gibt einem alten Mann wieder Saft und Kraft! ... Hähä, Fanny, hä!« Zuweilen kam es auch vor, daß er mit seinem dürren, steifgereckten Zeigefinger geschwind den Arm, die Brust oder das pralle Hinterteil der Jungfer betupfte, noch erregter blökte, und den Finger wie bohrend fester auf die getroffene Körperstelle drückte.

»Geh weg, damischer Tropf, damischer!« sagte dann meistens die Jungfer und gab ihm einen leichten Stoß mit dem Ellenbogen, aber man merkte, daß sie das lächerliche Betasten nicht übelnahm. Die Klostermaier-Fanny schaute dann stets, daß sie schnell aus der Kammer kam. Die lustige Kellnerin hingegen lachte dreist und spöttelte: »No, alter Geißbock! Juckt dich schon wieder der Haber!« Und sie drohte, dem Alten den Kaffee oder die Suppe ins Gesicht zu schütten, wenn er keine Ruhe gebe. Aber auch das war gutmütig gemeint und schien dem Kastenjakl Spaß zu machen.

»Hähähä! Ein Malefiz-Weibsbild, ein couragiertes bist du, Wally! So was mag ich, hähähä!« plapperte er, grimassierte und gestikulierte noch heftiger, bis sie aus der Kammer war. Solche Szenen, die sich täglich wiederholten, hatten – obgleich sie sich stets in gleicher Weise abspielten – etwas von einer fast unnatürlichen Obszönität. Allein gelassen, stand der Kastenjakl noch eine Weile da, grinste häßlich und meckerte halblaut vor sich hin. Plötzlich zuckte er zusammen, ein kurzes Zittern überrieselte seine ganze Gestalt, und sein verwüstetes Gesicht verfiel wieder in die alte, boshafte Grämlichkeit.

Anfangs glaubte man beim Klostermaier, der Kastenjakl sei nicht mehr ganz bei Verstand, und es läßt sich denken, daß auch dem Maxl angst und bang wurde, als er davon erfuhr. An wem blieb denn zu guter Letzt alles hängen? An ihm! Die Kosten für eine dauernde Unterbringung des alten Mannes in einer Irrenanstalt aufzubringen, das ging über seine Kraft.

Zum Glück aber stellte sich nach und nach heraus, daß der alte Sonderling gleich und gleich blieb und niemanden durch seine harmlosen Schrullen störte. Man hielt ihn allerorts für spinnert, aber man gewöhnte sich an ihn. Die Berger beruhigten sich allmählich. Sie vergaßen den Kastenjakl. Er existierte eigentlich nur noch für die Klostermaiers. Er gehörte mit der Zeit zu ihrem Haus wie etwa die Tauben in dem Kobel und die nistenden Schwalben in dem Stall. Sie mochten ihn sogar gern und fanden, wenn sie überhaupt davon erfuhren, seine absonderlichen Einfälle unterhaltlich. Zum Wirt hatte er einiges Zutrauen. Zweierlei, sagte er zu diesem einmal, müsse er vor dem Abkratzen noch fertig bringen: ein ›Vollständiges Kurierbuch für Menschen und für das Vieh, anwendbar bei allen vorkommenden Krankheiten‹ und das ›Echte Protokoll, worin nachweislich gesagt wird, wo die Grafs herkommen‹. Der Maxl erzählte in seinen späteren Jahren manchmal, daß das Kurierbuch, welches der Kastenjakl mit der linken Hand geschrieben haben soll, in der Königlich Bayrischen Staatsbibliothek zu München aufbewahrt sei. Vom ›Protokoll‹, das viele für apokryph oder – sagen wir – für erfunden halten, hat sich nur einiges auffinden lassen.

Mehr verlangte der Kastenjakl vermutlich nicht mehr vom Leben. Die Klostermaiers erwiesen ihm allerhand kleine Guttaten. Am meisten Freude konnte man ihm machen, wenn man ihm Wachskerzen, Schwefelhölzer, Tinte, Federn, Papier und Rauchtabak schenkte. Er ging höchstens einmal in einer dunklen, sternenlosen Nacht ins Freie. Leise schlich er sich aus dem Haus, und ebenso unbemerkt kam er wieder zurück.

In seiner armseligen, unaufgeräumten verwahrlosten Kammer standen ein schmales, schmutziges, meist ungemachtes Bett, ein alter Schrank, den er stets sorgfältig verschloß, ein Sessel und ein Tisch, auf dem, ebenso wie auf dem verstaubten Boden rundum, teils vollgeschriebene, teils zerknüllte Papiere lagen. Es roch nach stickigem Moder und kalter Tabakasche. Nur hin und wieder, wenn alle längst schliefen, öffnete der alte Mann das einflügelige Fenster, schaute lange in den sternklaren Nachthimmel und brümmelte vor sich hin. Dann wieder tappte er stundenlang in der Kammer auf und nieder, redete bald schneller, bald langsamer, bald leiser oder lauter, hielt inne, schien zu überlegen und begann von neuem. Offenbar war ihm jede Zeiteinteilung zuwider. Er schlief wenig und machte keinen Unterschied zwischen Tag und Nacht. Er ärgerte sich, wenn er, schreibend am Tisch sitzend, plötzlich von der Dunkelheit überfallen wurde und die Kerze anzünden mußte. Bei einer solchen Gelegenheit – der Kastenjakl hatte vergessen, sein Fenster zu schließen – hörten einige Nachbarn den wütend herausgestoßenen, lästerlichen Schrei: »Verfluchter Herrgott! Mußt du dich denn ewig in meine Sachen mischen? Pfui Teufel!«

Ganz genau wußten sie allerdings nicht, ob der Fluch

von der Blasl-Vev oder vom Alten in der Dachkammer herrührte, sie erschraken nur und bekreuzigten sich …

Der Hochzeitstag der Bäcker-Stasl rückte näher. Die Herrschaften hatten für das zukünftige Brautpaar recht ansehnliche Geschenke besorgt. Der Maxl, der inzwischen wieder gesund geworden war, erfuhr davon beim Strauch in Leoni. Die Strauchs waren großzügige, feine Leute, die es nicht gern sahen, wenn Bauern und sonstige Einheimische ihr Hotel besuchten. Insbesondere im Sommer war ihnen das unangenehm. Im Winter, wenn die meisten Herrschaften in der Stadt waren, gaben sie ein einziges Mal einen großen Ball, an dem die königlichen Bedienten und Hofbeamten vollzählig teilnahmen. Da waren ihnen auch die wohlhäbigen Landleute erwünscht. Sonst aber reflektierten sie nur auf noble, städtische Gäste, und da ihr Hotel den höchsten Anforderungen entsprach und die Preise entsprechend waren, ergab sich von selbst eine solche Auslese. Nur der Bäcker-Maxl war beim Strauch beliebt. Ihm schmeichelte, daß sich die beiden Hotel-Eheleute zu ihm herabließen. Durch den Verkehr mit ihnen – so wenigstens erschien es ihm – kam er gewissermaßen ganz nahe mit der feinen, großen Welt in Berührung. Deswegen machte er in Leoni am liebsten seine pflichtmäßigen Geschäftszechen, abgesehen davon, daß die Strauchs auch seine beste Brotkundschaft waren.

»Jaja, Maxl, prachtvoll wird sie beschenkt, die Stasl«. erzählte die kleine, stets elegant gekleidete, vielberingte Strauchin leger, »vom Himsel bekommt sie ein wunderschönes, echtes prozellanenes Kaffee-Service, der Hornig schenkt ihr eine goldene Uhr, und der Graf Rambaldi gibt ihr ein eingelegtes, silbernes Brustkreuz. Was man beim Professor Walkoff spenden will, weiß ich noch nicht. Die Emmerichs wollen ihr ein saffianledernes Portefeuille mit Geld geben, und von uns will ich noch nichts verraten.« Sie lächelte, und als sie sich jetzt bewegte, rauschte ihr schwarzseidenes, anliegendes Taftkleid.

»Es ist recht schade um die Stasl, Bäcker-Maxl«, sagte

sie und fragte: »Und wer wird denn jetzt das Brot ausfahren?«

»Ja, hm«, drückte der Maxl herum, »hm, vielleicht die Kathl, wenigstens vorläufig. Aber hm ... vielleicht auch ich selber.«

»Aber das ist doch höchst ungeschickt, Maxl, das sieht doch arg bettelmännisch aus, wenn der Geschäftsmann selber sein Brot hausieren fährt«, meinte die Strauchin und wandte ihr ovales, faltenloses, gepflegtes Gesicht dem Maxl zu. Der nickte verlegen und erwiderte besorgt: »Was will ich machen! Unter uns gesagt, Frau Strauch, ich kann übers Geschäft nicht klagen, aber –«

»Heiraten mußt du, Bäcker-Maxl! So ein Mann wie du ist heutigentags begehrt«, fiel ihm die Strauchin ins Wort, entschuldigte sich geschwind, da sie in die Küche gerufen wurde, und ging mit kleinen, etwas wippenden Schritten aus der Bierstube. Der Maxl sah der kapriziösen Person mit sichtlichem Wohlgefallen nach. Bei der geringsten Bewegung rauschte ihr taftseidenes Kleid. Ihre Taille war sehr stark zusammengeschnürt, so daß die Hüften und der Oberkörper wohlgeformt in Erscheinung traten. Auf ihrem weißen Nacken blitzte der Verschluß einer goldenen Halskette. Das volle schwarze Haar war sorgfältig frisiert. Streng nach der damaligen Mode türmte sich die kunstvoll lockere Frisur über dem Kopf, verlieh diesem gerade getragenen Kopf etwas Pompöses und machte die kleine Figur etwas größer. Die zarten, aber keineswegs mageren Arme in den keulenförmig ausladenden Puffärmeln schlenkerten sanft hin und her, und dabei wurden die funkelnden Ringe an den kleinen weißen Händen sehr sichtbar. Ungewöhnlich hohe, spitzzulaufende Stöckelschuhe aus glänzendem Lackleder trug die Strauchin stets, wodurch ihre Schritte zuweilen etwas leicht Stelziges bekamen. Und sie verbreitete immer einen diskreten Duft um sich. Jung und zugleich erfahren, äußerst reizvoll und doch wieder unnahbar vornehm sah die Strauchin aus. Ihre Eleganz wurde unter den Herrschaften viel beredet.

Der Maxl wandte den Blick erst ab, als die Davongegangene durch die Tür verschwunden war. Er nahm einen Schluck Bier, stellte den Krug wieder hin, und es war unschwer zu erraten, was er ungefähr dachte. Bis jetzt hatte er noch nie die Zeit dazu gefunden, sich nach einem passenden Weib umzusehen, noch weniger, sich auf flüchtige, gleichgültige Liebschaften einzulassen. Zuweilen gewann man auch den Eindruck von ihm, als habe er nur wenig Sinn für weibliche Reize, als ziehe ihn kaum etwas an am anderen Geschlecht. Erwog oder besprach er eine Heiratsabsicht, immer gab nur die Nützlichkeit den Ausschlag. Es hörte sich jedenfalls so an, und man mußte es für wahr nehmen. Jedesmal aber, wenn er ein wenig angeheitert von Leoni heimkam und noch eines von seinen Geschwistern antraf, sagte er bewundernd: »Herrgott, meine Liebe, die Strauchin, das ist ein Prachtweib! Eine bildschöne Person und eine Geschäftsfrau erster Klass'! Wie ein achtzehnjähriges Mädl sieht sie aus! Einfach großartig! Und direkt raffiniert versteht sie, was aus sich zu machen!« Und dann meinte er, der Strauch könne sich jeden Tag gratulieren, daß er eine solche Frau habe.

Die letzten Strahlen der untergehenden Herbstsonne fielen durch die hohen Fenster der holzgetäfelten Bierstube. Das herannahende Dampfschiff im See draußen läutete. Die wenigen Gäste im Hotelgarten brachen auf. Der Fischer Gastl ging auf den Steg, trappelnde Schritte wurden vernehmbar, das anlegende Schiff quietschte, und nur wenige Leute stiegen aus. Die Türe ging auf, und der Siegl von der Rottmannshöhe trat in die Stube. Nach einem kurzen Gruß setzte er sich neben den Maxl.

»Wann wird denn die Drahtseilbahn endlich fertig?« erkundigte sich der, denn seit eineinhalb Jahren arbeiteten die Leute daran.

»Nächsten Sommer bestimmt«, erwiderte der Siegl, als die Kellnerin, die vom Garten hereingekommen war, das Bier brachte.

»Und das Schlößl?« fragte der Max weiter. Auch dort werkelten die Maurer noch.

»Wenn's gut geht, noch in diesem Herbst«, meinte der Siegl wieder so kurz. Offenbar redete er nicht gern über diese Dinge. Er schien überhaupt nicht allzu gut gelaunt.

»Meinetwegen kann das Bauen ewig dauern ... Bauplätz' sind ein gutes Geschäft für mich. Und rühren tut sich auch was«, sagte der Maxl gemütlich. Er lugte von Zeit zu Zeit zur Tür, aber die Strauchin kam nicht mehr. Dagegen ging die Tür vom Hausgang her wieder auf, und die Heimrath-Resl, mit einem vollen Korb Eier auf dem Arm, kam herein. Sie schaute, geschwind grüßend, auf die zwei Männer und sagte zur Kellnerin: »Wo muß ich denn hingehen? Die Eier hab' ich.«

»Da, geh nur hinaus«,wies sie die Kellnerin in die Küche.

»Ja ... Zahlen!« sagte der Maxl und zog seinen Geldbeutel.

»Hoho ... Haben Sie's schon so eilig, Herr Graf!« meinte der Siegl, und der Aufstehende antwortete: »Jaja, bei mir geht erst die Arbeit an, wenn sich andere Leut' niederlegen.« Das entsprach zwar nur halb den Tatsachen. Seit er einen Gesellen hatte, und insbesondere jetzt, in der stillen Herbstzeit, half er nur noch von Mitternacht ab in der Backstube mit. Er mochte nur den Siegl nicht. Er konnte nicht vergessen, daß dieser witzlose, hartherzige Spekulant dem Kastenjakl das »Schlößl« förmlich abgepreßt hatte. Doch der Siegl war eine einträgliche Kundschaft, und ein Geschäftsmann muß Feindschaften vermeiden.

Es dämmerte schon, und eine kühle Brise wehte vom See her, als der Maxl ins Freie trat. Langsam ging er weiter. Vor dem Schropp-Haus, wo der steile Hügelweg von der Berger Straße abzweigte und zum Schlößl führte, holte ihn die Heimrath-Resl ein. Er drehte sich um und lächelte sie an. »Resl, pressiert's dir schon so?« fragte er gemütlich.

»Ja, es wird gleich Nacht sein«, meinte sie und wollte weitergehen.

»Ich geh' mit ... Ich möcht' mir doch einmal das Schlößl anschauen«, warf er scheinbar absichtslos hin und schloß sich ihr an. Sie stiegen den steinigen, schmalen Weg aufwärts und kamen bald über Leoni hinaus. Es war ein schwieriges Gehen. Von Zeit zu Zeit glitten sie mit ihren Nagelschuhen aus auf dem unregelmäßigen Gestein.

»Soso, ihr liefert zum Strauch die Eier, soso«, redete der Maxl, nur um irgend etwas zu sagen. »Weit ist's von Aufhausen bis Leoni.«

»Jaja, dreiviertel Stunden hin und dreiviertel Stunden her... Herzu geht's ja abwärts, aber heimzu, das zieht sich hin«, meinte die Resl. Sie blieben ein bißchen verschnaufend stehen, drehten sich um und schauten auf die wellengekräuselte Wasserfläche hinab.

»Resl«, sagte der Maxl ganz gelassen, »ich möcht' heiraten.«

»So«, meinte sie ebenso, »was hast du denn für eine Hochzeiterin?«

Unvermerkt überflog sie der Maxl von der Seite. Dann, als sie ihn arglos anschaute, lächelte er und erwiderte: »Ja, hm, eigentlich noch gar keine ... aber ein Geschäftsmann kann doch nicht ewig ledig bleiben.«

»Hm«, machte die Resl spöttisch, »du bist gut! Willst heiraten und weißt noch nicht einmal wen! So was ist mir neu!« Wieder musterte der Maxl sie geschwind. Barhäuptig war sie. Ihre schwarzbraunen Haare waren glatt zurückgekämmt und bildeten oberhalb des Nackens einen festen, flachen Knoten. Friedlich und unverwundert schauten ihre Augen aus dem gutmütig-derben, sonngebräunten Gesicht. Der anliegende Spenzer ihres graubraunen Werktagsgewandes schmiegte sich an den breitschulterigen, kräftigen, vollen Oberkörper, der lange faltige Rock verlieh ihr eine matronenhafte Plumpheit, und ihre nackten Beine steckten in den harten, verstaubten Schnürschuhen.

»Resl«, sagte der Max jetzt lebhafter und ließ sie nicht aus den Augen, »laß dir was sagen! Meine Bäckerei geht gut. Bei mir hat's eine nicht schlecht ... So ein ordentliches, fleißiges Weibsbild wie du tät' passen für mich ... Dich möcht' ich heiraten, Resl!« Es klang nicht die geringste Schüchternheit aus den Worten, auch nichts drangvoll Verliebtes. Sie hörten sich nüchtern und wohlüberlegt an. Und sie schreckten die Resl nicht, im Gegenteil, ganz ohne Scheu, mit der ihr eigenen, zweifelnden Ironie sagte sie: »Jetzt da schau her, hm! Deswegen laufst also mit mir mit? ... Hm, heiraten! Was du im Sinn hast, geht doch mich nichts an.«

Der Maxl schwieg eine kleine Weile, doch er war nicht verstimmt.

»Aber Resl!« fing er wieder an, »schließlich – bei euch geht's doch auch bald auseinander, wenn die Genovev und der Peter heiraten. Du wirst doch nicht dein Leben lang als ledige Dirn daheim bleiben wollen!« Das brachte sie zum Nachdenken.

»Mein Gott, was kann denn da ich sagen«, rief sie nach wieder einer Weile und setzte dazu: »Da mußt du schon mit der Mutter reden ...«

Sie gingen wieder weiter, aber sie sprachen nicht mehr viel. Droben, vor dem Schlößl, blieb der Maxl stehen und betrachtete den halbfertigen Bau interessiert.

»Er hat doch einen Kopf gehabt, der Kastenjakl«, meinte er, »es steht auf dem schönsten Platz, da gibt's keinen Zweifel ... Der Siegl, der Lump, macht sich reich damit!«

Ohne hinzuhören sagte die Resl: »Ja, ich muß gehn. Grüß Gott, Maxl.« – »Grüß Gott, Resl ... verlass' dich drauf, ich red' mit der Bäuerin«, rief ihr der Maxl nach und hörte noch, wie sie fast gleichgültig antwortete: »Jaja, meinetwegen, mir ist's gleich ...«

Er blieb nicht mehr stehen und ging mit festeren Schritten auf der Straße weiter, Berg zu. Nichts an seiner ruhigen Miene verriet, ob er sich mit dem Vorhergegangenen beschäftigte. Er kam zu Hause an und war wie immer. Auffällig erschien der alten Stellmacherin und seinen Geschwistern nur, daß er diesmal so zeitig von Leoni heimgekommen war. Er legte sich bald zu Bett.

Die Kathl und die Stasl verbrachten noch eine lange Zeit in ihrer Kammer. Sie probierten das cremefarbene Hochzeitskleid der Stasl und fanden kein Ende. Sie erwogen und berieten jede Kleinigkeit hartnäckig und ausgiebig. Jede hatte ihre eigene Meinung. Zuweilen stritten sie, um sich dann doch wieder zu einigen. Nobel gab es die Stasl. Strahlen wollte sie an dem Tag. Von dem ersparten Trinkgeld, das sie alljährlich von den in die Stadt ziehenden Herrschaften im Herbst bekam, hatte sie den schweren, steifen Atlas und den zarten Tüll für ihr Kleid gekauft, den vornehmen Schleier und die spitzen Stoffhalbschühchen.

»Wenn's bloß schön Wetter bleibt«, sagte sie zum Schluß freudig erregt, »der Klostermaier hat versprochen, daß er uns dann in der offenen Chaise fährt. Da können sich die lieben Berger die Augen aus dem Kopf schauen.«

»Ich bin froh, wenn ich mit dir keine Arbeit mehr hab'«, sagte die ermüdete Kathl und gähnte.

Drunten in der Backstube arbeitete der Schießl schon, und das Feuer im Backofen prasselte.

Das Wetter blieb beständig. Alles verlief für die Stasl wunschgemäß. Die Nachbarschaft staunte nicht wenig, als in der Frühe der zweite Postkutscher von Aufkirchen mit der frisch gewichsten offenen Chaise am Bäckerhaus vorfuhr. Als das Brautpaar mit der Kathl und der alten Stellmacherin ins Gefährt stieg, wurde es allgemein bewundert. Gleich darauf fuhr der Wiesmaier daher, in dessen Kutsche der Schmalzer-Hans saß. Die beiden waren Trauzeugen. Sie nahmen den Maxl mit. Die Pferde griffen aus, und in scharfem Trab rollten die zwei Wagen aus dem Dorf. Hinterdrein gingen etliche neugierige Dorfleute. Alle sprachen nur davon, wie reich und glanzvoll die Stasl von den Herrschaften beschenkt worden sei. Nicht ohne Neid fügten sie hinzu, da sei ja so eine Heirat das rentabelste Geschäft.

Die Glocken der Pfarrkirche schienen heute feierlicher zu klingen. Die aufgegangene Sonne fiel auf die abgeernteten, taunassen Felder, und späte Vögel sangen in der erfrischenden Luft.

»Großartig! So einen Tag hab' ich mir immer gewünscht, Franzl!« sagte die Stasl ein um das andere Mal zu dem stumm neben ihr sitzenden Voshank. In der einfachen

Messe, während welcher das Paar vom Geistlichen getraut wurde, waren außer den Schulkindern nur wenige Leute. Die nächste Berger Nachbarschaft befand sich darunter, einige Hofbeamte, der Daiser-Hans von Leoni und Strauch und Strauchin hatten dem Brautpaar die Ehre ihrer Anwesenheit erwiesen. Ihr eleganter Zweispänner fuhr auf dem Platz vor der Kirche auf und ab. Ein livrierter Kutscher saß auf dem hohen Bock. Gleich nachdem das eben getraute Hochzeitspaar vom Altar zurückkam, trat die Strauchin aus dem Betstuhl und überreichte der Stasl einen herrlichen Blumenstrauß, das geschah so unvermutet, daß die sonst als ziemlich gefühlsarm bekannte Braut jäh errötete und, wie von einer Rührung überwältigt, sekundenlang starrte. Dann nickte sie stumm dankend. Derartige Überraschungen liebte die Strauchin, denn sie machten vorteilhaft auf sie aufmerksam. Auch zum Mahl beim Klostermaier blieben die Strauchs noch. Dann verabschiedeten sie sich mit vielen Glückwünschen vom Brautpaar und drückten allen Grafs die Hand. Als sie fort waren, ging der Maxl mit dem Klostermaier zum Kastenjakl hinauf, um ihn zu holen, aber er hatte kein Glück damit. Der alte Mann sah die zwei bei ihrem Eintritt giftig an; dann, als sie den Zweck ihres Kommens erklärt hatten, lachte er meckernd auf und rief höhnisch: »Geh nur, Maxl! Sei froh, daß die zwei endlich kopuliert sind! Für dich ist ja das ein Glückstag, Mensch! Hähähä, jetzt bringst du endlich den Gifthafen, die Stasl, an, hähähä! ... Geh nur! Ich will keinen sehn! Geh und sauf dir einen Rausch an, das ist der heutige Tag wert!« Der Maxl schaute bedrückt in der grauenhaft unordentlichen Kammer herum, sagte nichts mehr und ging mit dem Wirt. Eine Zeitlang schien es, als habe er jeden Humor verloren. Er trank schnell ein Bier um das andere, erzählte seiner Mutter, der Kathl und der Stasl leise, wie er den Alten angetroffen habe, und man einigte sich dahin, das Mahl und Bier in die Kammer hinaufzuschicken. Allmählich verflüchtigte sich der Eindruck dieses Zwischenfalls, und nach und nach wurde es lustig im weiten Saal der

Postwirtschaft. Die Stasl war kaum mehr zu kennen. Sie hatte die beste Laune, lachte sehr viel und wurde überaus ausgelassen, als tief am Nachmittag – wie das dem Brauch entsprach – allerhand zufällige Gäste, die freigehalten werden mußten, zum Tanz kamen. Sie zeigte sich allen gegenüber so freundlich und versöhnlich, daß man glauben mochte, sie habe überhaupt noch nie in ihrem Leben gestritten. Keck verspottete sie ab und zu ihren schwerfälligen Mann, der nur wenig tanzte, wohl manchmal behaglich lachte, aber doch nicht aufzutauen schien. Sie dagegen ließ keinen Tanz aus und übertrumpfte damit die Kathl weit. Mit dem Schmalzer-Hans, dem Maxl, dem Wiesmaier und dem Daiser machte sie die derbsten Späße und stieß immer wieder mit ihnen an. Der Maxl staunte im stillen über sie. Bier und Wein stiegen ihr zwar allmählich zu Kopf, doch sie trank unbedenklich weiter, und der Rausch gewann keine Gewalt über sie. Als der Maxl sie einmal warnen wollte, rief sie abwehrend: »Ah was! Brauchst keine Angst haben, Maxl, mich wirft so schnell nichts um! Heiraten tut man bloß einmal, und was nachher kommt, weiß man nicht! ... Aber das sag' ich dir, wenn wir in Amerika Millionäre werden, kommen wir und kaufen ganz Berg auf! Die Bäckerischen gehn nicht unter! Sie kommen alle obenauf!« Der Maxl schaute sie mit guten Augen an. Der stolze Trotz ihrer Worte machte ihn glücklich. So wie sie konnten nur Menschen reden, die aus der erbärmlichsten Not kamen und nur noch zu gewinnen hatten. Ja, die Stasl war vom selben Holz wie er!

»Prosit, Stasl!« sagte er lächelnd, »das hast du gut gesagt!«

»Prosit, Prosit!« rief die Schwester ebenso und schaute nach allen Seiten. Der Tanz fing wieder an.

»Und wann heiratest denn du endlich, Maxl?« fragte der Wiesmaier, als die beiden jetzt allein am Tisch saßen. – »Lang dauert's nicht mehr«, erwiderte dieser vielsagend. – »So, hast du schon eine?« forschte der Wiesmaier neugieriger. – »Ja! ... Ich glaub' wenigstens«, gab der Maxl zurück.

»Hmhmhm! Schau, schau, wie verschwiegen du sein kannst, du Tropf!« lächelte der Berger Schloßwirt und wollte erneut wissen: »Ist sie denn auch eine richtige Person? Paßt sie zu dir und hat sie was?«

»Ausfragen laß' ich mich nicht«, schloß der Maxl lustig, denn der Klostermaier setzte sich nun zu ihnen.

Erst lang nach Mitternacht endigte die laute Feier. Das Brautpaar, die Stellmacherin und die Kathl nahm der Wiesmaier in seiner Kutsche mit nach Hause. Der Maxl und der Schmalzer-Hans gingen. Schwankend trotteten sie dahin. Der eine schien den andern zu halten.

»Maxl, ich hab' mich mit dem Franzl geeinigt ... Ich verkauf' mein Anwesen. Der Franzl heiratet in die Stadt hinein«, sagte der Schmalzer-Hans einmal und rülpste stehenbleibend.

»Soso, da hat man ja noch gar nichts gehört«, meinte der Maxl und schlug sein Wasser ab. Es plätscherte sanft in der dunklen Stille.

»Unsere Kuh, meint der Franzl, kannst du haben. Das Heu und den letzten Haber auch«, redete der Hans weiter, »zahlen kannst du nach und nach. Wenn du willst, red morgen mit dem Franzl! Ich bin froh, wenn der ganze Krempel beim Teufel ist.« Im Nu wurde der Maxl nüchtern.

»So?« sagte er noch ein wenig zweifelnd. »Ist das dein echtes Wort?«

»Selbstredend! Schlag ein!« erwiderte der Schmalzer-Hans und hauchte ihm den Bierdunst in das erweckte Gesicht. Mit einem festen Händedruck besiegelten die beiden die Handelschaft.

»Hans«, rief der Maxl, als sie weitergingen, »du bist mein Freund! Du willst nichts von mir, und ich will nichts von dir! Solche Leut' mag ich.«

»Der Schmalzer-Hans will überhaupt von keinem Menschen was! Absolut nicht! Das hat der Hans nie mögen«, brümmelte der gemütlich und rülpste.

Sehr aufgeräumt kam der Maxl zu Hause an und ging zum Gesellen in die Backstube.

»Herr Schießl«, sagte er, »wenn Sie Durst haben ... trinken Sie morgen beim Wiesmaier fünf Maß auf meinen Namen.« – Dann fragte er, ob er noch nötig sei, und als der Geselle verneinte, stieg er selig lächelnd die Stiege hinauf. Man hatte allerhand umstellen müssen. Er mußte in die Kammer vom Zwerg, zwischen dem Lorenz und der »alten Resl« in seinem Bett, das sie hereingestellt hatten, liegen. Die alte Stellmacherin lag bei der Kathl in der Kammer, und das Ehepaar war vorläufig in der Ehekammer untergebracht. In knappen drei Wochen mußten Stasl und Voshank abreisen, um das Hamburger Schiff zu erreichen. Gepfropft voll war das enge Bäckerhaus.

Am andern Tag regelte der Maxl mit dem Schmalzer-Franz die Handelschaft.

»Jaja«, sagte der Franz zu allem, »so ist's auch besser. Der Hans hat ja kein Interesse am Anwesen.« Er erzählte, daß ein gewisser Jakob Windel aus der unteren Inngegend der Käufer sei. Was er eigentlich für einen Beruf habe, wisse er nicht, er habe aber bar bezahlt, und in acht Tagen werde alles »advokatorisch« gemacht.

»Der Hans zieht zum Wiesmaier, und ich kann – sagt der Windel – noch ungeniert die paar Wochen bleiben, bis ich heirate«, meinte der Franz. Der Maxl sah den gut gewachsenen, sympathisch aussehenden Nachbarn geschwind an und überlegte kurz.

»Du, Franzl«, sagte er mit gewinnender Freundlichkeit, »Herrgott, die Stasl muß fort! – Hm, ich weiß ja nicht – pressiert deine Heirat so? Du kannst doch gut mit Rössern umgehen. Ich mein' – hm, könnt'st du vielleicht bei mir Brot ausfahren?«

Der Franzl besann sich, lächelte fast verlegen und sagte: »Jaja, machen könnt' ich das schon, jaja. Die Meinige hat eine Wäscherei in der Stadt drinnen. So arg pressieren tut's nicht mit unserer Hochzeit. Ich verdien' mir gern noch was – und wenn mir die Stasl alles zeigt.«

»Herrgott, Franzl, das tät' ich dir nie vergessen!« rief der Maxl, und sie einigten sich. Die Nachbarn lugten scheel durch die Fenster, als der Franzl die Kuh in den neuen Stall des Bäckerhauses führte. In der Nacht, nachdem der Lorenz heimgekommen war, fuhren sie zweimal Heu herüber und verstauten es in der Holzhütte. Dann schleppten Maxl, Franzl und Lorenz die Habersäcke daher, und in der anderen Frühe saß neben der Stasl der Franzl auf dem Brotwägelchen.

»Er macht's sehr gut. Ich hab' ihn den Herrschaften schon vorgestellt. Recht nett und freundlich haben sie's aufgenommen«, sagte die Stasl nach etlichen Tagen zu ihrem Bruder. Der Maxl war zufrieden. Wer ihn nicht kannte, hätte glauben können, er sei traurig wegen der baldigen Abreise der Stasl. Fast zärtlich benahm er sich zu ihr. Kein böses, zänkisches Wort fiel zwischen ihnen. Seltsam schweigsam und nachdenklich war der Maxl. In der zweiten Woche, kurz nach dem Mittagessen an einem trüben Septembertag, zog er sein gutes Gewand an, gab vor, nach Leoni zu gehen, und wanderte zum Heimrath nach Aufhausen hinauf. Verblüfft schaute die Bäuerin, die allein in der Kuchl war und dem schreienden Kind ihrer Genovev gerade die Milchflasche gab, auf ihn, als er zur Türe hereinkam.

»Ja! Ja, was treibt denn jetzt dich am hellichten Werktag daher?« fragte sie etwas argwöhnisch und musterte ihn ungut, denn das Sonntagsgewand Maxls fiel ihr auf.

»Nichts Arges, aber doch was, über das man reden muß, Bäuerin«, erwiderte der mit freundlicher Festigkeit. Er schloß die Tür, ging an den viereckigen, eschernen Tisch am Herd und setzte sich, ohne danach zu fragen, ob es erwünscht sei. Diese geradezu sachliche Keckheit verschlug der Heimrathin buchstäblich das Wort. Sie vergaß ganz darauf, dem Kind die Flasche wieder in den Mund zu stecken, ließ es schreien und schaute nur den Maxl an. Der nützte diesen günstigen Augenblick weidlich aus.

»Ich hab' mit deiner Resl geredet, Bäuerin«, log er frech und fuhr fort: »Sie wird's dir ja gesagt haben, denk' ich ... Sie hat nichts dagegen, Bäckerin von Berg zu werden, aber – gemeint hat sie – ich soll dich erst fragen, was du dazu meinst.« – Pausenlos, dennoch weder zu schnell noch zu langsam, mit einem gewissen ernsthaften Nachdruck, hatte er alles herausgesagt, daß keine Zwischenfrage möglich war. Jetzt erst faßte sich die Heimrathin, gab dem Kind geschwind den Diezel, drehte sich schwerfällig um und rief noch baffer: »Was? . . . Die Resl? Die hat mir kein Sterbenswort gesagt! Ich weiß nichts davon.« Blaß und erschrocken sah sie aus. Ihr verrunzeltes, krankhaft eingefallenes Gesicht, die eisgrauen, wenigen Haare, ihre ganze, hagere Gestalt – alles schien jäh erstarrt. Der Maxl wich ihren kalten, vorwurfsvollen Blicken nicht aus. Seine Miene war ruhig, nichts an ihr verriet irgendeine Unsicherheit. Wie aus weiter Ferne drang das anheimelnde Klopfen der Dreschflegel durch die Wände.

»Bäuerin, laß reden mit dir«, begann der Maxl nach einer Weile wieder, und es klang vertraulich und einschmeichelnd: »Die Resl hat mir immer gefallen. Die paßt für mich, und bei mir hat sie's nicht schlecht . . .«

Das löste die Erstarrung der Heimrathin. Vernehmbar schnaubte sie auf, hob ihre bleischweren, kranken Beine und trat kopfschüttelnd an den Tisch.

»Hm, so was hab' ich noch nicht erlebt!« sagte sie schon bedeutend ruhiger und setzte sich auf die Bank. Wieder schaute sie dem kühnen Maxl forschend in die Augen und fragte: »Ja, wie denkst du dir denn das? Du hast doch dein Haus voller Leut'! Hast du denn wirklich mit der Resl schon was ausgemacht?«

Das wiederum machte den Maxl freier. Das Erste, dachte er vielleicht, ist schon gewonnen. Jetzt nur standhalten und nicht mehr nachgeben.

»Mein Haus wird auch langsam leer, Bäuerin . . . die Stasl geht nach Amerika, der Lorenz und die Kathl werden auch nicht mehr lang ledig bleiben, mein Geschäft geht gut und – verlass' dich drauf – die Resl wird nichts zu klagen haben. Wenn ich nicht gut dastehen tät', glaub's mir, ich wär' nie zu dir gekommen, Heimrathin«, sagte er fast herzlich und setzte dazu: »Jetzt kommt's bloß noch auf die Resl an.«

»Du sagst doch, du hast mit ihr geredet?« warf die Heimrathin wieder ein bißchen mißtrauisch ein; dann aber sagte sie viel ruhiger: »Sie ist nicht da heut ... Sie ist auf dem Bachhauser Feld beim Mistbreiten ... Ich will mit ihr reden ... Wenn sie sich's wirklich überlegt hat, kann ich auch nichts machen ... Heiraten muß ja jede einmal.«

Das hörte sich für den Maxl recht hoffnungsvoll an.

»Jaja, das denk' ich eben auch«, stimmte er zu, »sie werden ja schließlich auch jeden Tag älter, deine Töchter, Heimrathin.« Er hatte nicht erwartet, daß die sonst so grobe Bäuerin derart zugänglich sein könne. Ab und zu, wenn sie es nicht merkte, überflog er ihr Gesicht, in dessen viele Falten sich ein widerstandsloser Altersgram gegraben hatte, und vermutlich sagte er sich: die ist auch nicht mehr ganz Herr auf ihrem Hof und merkt langsam, daß sie bald in die Ewigkeit muß. Da wird der rauheste Mensch weich und versöhnlich. – Er war zwar enttäuscht, daß die Resl nicht zu Hause war, aber im großen und ganzen hielt er doch seine Sache für gewonnen.

»Ich will keine aufhalten«, brummte die Heimrathin einmal. Angebittert klangen die Worte.

»Naja«, meinte der Maxl wiederum, »eine Heirat läßt sich ja nicht übers Knie abbrechen. Alles will überlegt sein.« Und fast mitleidig fuhr er fort: »Mein Gott, Heimrathin, du siehst auch nicht mehr zum besten aus ... Ganz und gar zusammengerackert bist du! Hast auch deiner Lebtag nichts wie Verdruß und Plag' gehabt, und vielleicht hast nicht einmal den Dank dafür.« – Er erriet offenbar, daß ein solches Reden der Bäuerin wohl tat, und unterhielt sich noch eine Weile in gleicher Weise mit ihr. Oft und oft nickte sie und murmelte: »Jaja, da hast du wohl recht.« Mit Bedacht wog er jedes Wort, das er sagte, der Klang seiner Stimme blieb behutsam, und er sprach nur von Dingen, die seiner sicheren Vermutung nach die Heimrathin interessierten. Von ihren kranken, schmerzenden «Kindsfüßen« fing er zu reden an, von seinem Pferd und seiner neuen Kuh und vom Schmalzer-Anwesen, das jetzt verkauft würde.

»Da sieht man's«, sagte er nicht ohne Absicht, »die Schmalzerbrüder haben was gehabt, und jetzt verkommt alles. Bei mir ist's umgekehrt.«

Endlich stand er auf und drückte der Heimrathin herzlich die Hand.

»Ich lass' dir's wissen«, sagte diese und humpelte mit ihm bis zur Türe. So konnte sich nur jemand benehmen, der dem Maxl gewogen war.

»Grüß dich Gott, Heimrathin! Und plag dich nicht mehr so!« rief er noch einmal von der Tür zurück und ging schnell weiter. Zu Hause sagte er kein Wort von alledem, aber den Geschwistern fiel es diesmal noch mehr auf, daß er so früh und so gar nicht angeheitert vom Strauch zurückkam.

Die Heimrathin schrie der Genovev und trug ihr auf, ihr Kind selbst zu bewachen, sie müsse zum Pfarrer nach Aufkirchen gehen. Auch sie verschwieg den Grund ihres plötzlichen Entschlusses. Die Genovev fragte auch nicht danach. Sie war nur verstimmt darüber, denn bis jetzt hatten solche Besuche beim Geistlichen meistens nur ihr und dem Peter gegolten. Fuchsteufelswild kam die Bäuerin stets zurück und war dann oft tagelang sehr ungut zu ihrer Ältesten. Weiß Gott, warum sie noch immer nicht ihr Einverständnis zur Heirat derselben mit dem Peter gegeben hatte!

Mürrisch blickte die Genovev ihrer Mutter nach, die sonntäglich gekleidet, auf ihren dicken Spazierstock gestützt, davonhumpelte. Es dunkelte schon, als sie heimkam. Man setzte sich eben an den Tisch und löffelte gemeinsam aus der großen, irdenen Schüssel das Kraut und die darein vermengten geriebenen Kartoffeln. Sonderbar schweigsam war die Heimrathin heute.

»Macht derweil die Stallarbeit fertig«, sagte sie endlich zu allen und wandte sich an die Resl: »Und du bleibst da. Ich hab' was zu reden mit dir!« – Alle schauten verwundert auf sie. Dann standen sie auf und ließen die beiden allein.

Es wurde eine ziemlich sonderbare Unterhaltung zwischen Mutter und Tochter.

»Ja, mein Gott, gesagt?« rief die Resl einmal leicht verdrießlich, »gesagt hat er schon was, der Maxl! Er sagt doch viel! ... Aber weiter ist nichts gewesen.«

»Willst du ihn denn heiraten?« fragte ihre Mutter, »hast du dir's überlegt?«

Die Resl schwieg sekundenlang und schaute halb demütig, halb besorgt geradeaus. Dann sagte sie zögernd: »Heiraten? ... Hm, mein Gott, wenn's der Hochwürdige Herr Pfarrer auch gemeint hat? Wenn der nichts gegen den Maxl hat? Was meinst denn du dazu, Mutter?«

»Jeder Mensch hat seine Fehler, Resl! Der Maxl ist der schlechteste nicht. Jede von euch wird nicht in einen Bauernhof einheiraten können«, erwiderte die Heimrathin ruhig und fügte hinzu: »Wenn die Bäckerstasl weggefahren ist, schauen wir uns dem Maxl sein Haus einmal an, wenn du willst.«

»No ja, wenn der Peter und die Genovev heiraten, geht ja doch alles auseinander bei uns«, meinte die Resl. Sie schaute kindhaft schmerzlich auf die alte Bäuerin und schloß: »Und wenn du einmal nicht mehr lebst, Mutter, nachher ist's auch nicht mehr schön daheim.« Ihr Kinn zitterte ein wenig.

»Gut ... Ich leg' dir nichts in den Weg, Resl«, waren die letzten Worte der Heimrathin. Mutter und Tochter seufzten kurz ...

Die Heirat

Kein Wunder, jetzt bangte der Maxl nicht mehr dem Tag entgegen, an dem das Ehepaar Voshank abreisen wollte, im Gegenteil, nun verlief ihm die Zeit bis dahin viel zu langsam. Er versuchte freilich, dies niemand merken zu lassen. Die schwere Krankheit schien er ohne jeden Schaden überstanden zu haben. Er war wieder lustig und voll Unternehmungslust. Er betrank sich sogar ein paarmal mit seinem Schwager Voshank, aber er war nicht mehr so laut dabei. Noch nie hatte ein so gutes Einvernehmen im Bäckerhause geherrscht. Alle Geschwister hatten volles Vertrauen zu ihrem ältesten Bruder. Nur die alte Stellmacherin, nüchtern, zweiflerisch und kleingläubig, wie sie nun einmal durch das Leben geworden war, konnte sich nicht mehr recht in all die Veränderungen hineinfinden, die Maxls kühne Weitsicht erwirkt hatte und noch immer von neuem schuf. Für sie glich dieser Sohn zu deutlich dem Kastenjakl, über dessen trauriges Ende sie oft sprach, wenn sie etwas, was der Maxl unternahm, nicht begreifen konnte. Einmal in jenen Tagen zum Beispiel hielt das kleine Wägelchen vom »Jud' Schlesinger« vor dem Stall des Bäckerhauses. Der hünenhafte, muskulöse Viehhändler in seinem hellen, dicken Lodenmantel und den derben Kniestiefeln stieg ab, schüttelte sich den Regen ab wie ein nasser Hund und trat in den niederen, sauberen Stall.

»Bist du der Bäck?« fragte er nach einem kurzen Gruß den Schmalzer-Franz, der dem Pferd gerade das Futter in den hölzernen Trog schüttete; und als dieser verneinte, sagte er wiederum so herrisch karg: »Hol ihn ... Ich bin der Jud' Schlesinger und hätt' was zu reden mit ihm.«

»Wir brauchen doch kein Vieh! Da wirst du kein Glück haben!« rief der Schmalzer-Franz ziemlich abweisend, aber der Schlesinger ließ sich nicht beirren davon, schüttelte seinen massigen Kopf, daß sein dichter, dunkler Schnurrbart zitterte, und rief laut: »Das macht nichts! Auf Glück hab' ich mich nie verlassen ... Hol den Bäck!«

Durch den Lärm angelockt, waren Maxl, Stasl und Voshank in den Stall gekommen und musterten den Viehhändler nicht gerade freundlich.

»Ja, wer ist denn jetzt von euch der Bäck?« fragte dieser mit seiner rauhen Stimme, der man es anhörte, daß sie mehr für das Vieh als für Menschen bestimmt war.

»Ich! – Was willst du?« erwiderte der Maxl nicht minder

barsch. Das schien dem Schlesinger zu gefallen, denn nun glitt über seine fast finsteren Züge ein leichtes Lächeln, wobei seine blanken, mandelgroßen Zähne unter dem tropfend-nassen, hängenden Schnurrbart sichtbar wurden.

»Ah«, sagte er wie erfreut, »das ist ein Männerwort! Ich bin der Jud' Schlesinger!« und ohne jeden Übergang setzte er dazu: »Ich hab' eine schöne Kälberkuh für dich. Es wird dich nicht reuen, wenn du sie nimmst.« Der Maxl schaute dem kaltschnäuzigen Menschen scharf in die glänzenden, lebhaften braunen Augen, lächelte ebenfalls ein wenig und antwortete gelassen: »Da sollst du schon früher nachgeschaut haben. Jetzt hab' ich schon eine Kuh. Für zwei langt mein Geld vorläufig nicht.«

»Geld? ... Was heißt Geld?! Der Schlesinger gibt ehrlichen Kredit! Halsabschneider bin ich keiner! Frag herum bei den Leuten!« warf der Viehhändler ein und ließ nicht locker: »Du bist Geschäftsmann, und ich bin einer ... Deine Kundschaft wird auch nicht immer sofort zahlen, oder?«

»Das nicht!« mußte der Maxl zugeben, und man sah ihm an, daß ihn der Mann interessierte.

»Na also! ... Da haben noch zwei oder drei Küh' Platz, Bäck! Ein schöner Stall ist das!« meinte der Viehhändler und blickte rundherum, griff die kauende Kuh an, wandte sich wieder an den Maxl und sagte erneut: »Laß reden mit dir!«

»Keine Angst, der haut mich nicht übers Ohr«, wisperte der seiner Schwester und dem Voshank zu, und sie gingen aus dem Stall. Nur der Schmalzer-Franz blieb und fütterte die Kuh. Der Schlesinger trat näher an den Maxl heran und erklärte ihm, er habe beim Wirt Pellet in Starnberg eine Kälberkuh untergestellt, ein gediegenes Stück Vieh, das ihm feil sei.

»Kostenpunkt – hundertfünfzig Mark, nicht mehr und nicht weniger ... In sieben, acht Wochen kälbert sie. Schau dir s' an morgen, oder heut noch, wie du willst! Du zahlst mir fünfzig Mark und alle Vierteljahr wieder soviel! Was hast du für eine Einwendung?« rief er und sah mit einer gewissen frostigen Ironie in Maxls etwas überraschtes Gesicht und meinte spöttisch: »Der Schlesinger hat feine Ohren, Bäck! Er haut keinen übers Ohr. Mir kommt's drauf an, meine Kundschaft zu halten.« Das verdutzte und freute den Maxl gleichzeitig. Er fragte aber dennoch ungläubig: »Und wenn ich im nächsten Vierteljahr nicht zahlen kann, was passiert dann?«

»Dann lass' ich dir noch einmal vier Wochen Zeit«, setzte ihm der Viehhändler offen auseinander; »so halt ich's mit jedem. Natürlich, wenn einer dann noch nicht zahlen kann oder will, muß ich meine Kuh wieder nehmen.« Der Maxl war nachdenklich geworden. Vermutlich überschlug er den Vor- und Nachteil des Handels genau und fand ihn ungemein nobel.

»Und sonst verlangst du gar nichts, wenn einer nicht zahlt? Ich mein', wenn zum Beispiel die Kuh gekälbert hat, und ich hab' das Kalb verkauft?« forschte er weiter und ließ den Schlesinger nicht aus den Augen.

»Sonst nichts als den Zins für den ganzen Preis meiner Kuh für das Vierteljahr. Das andere sind Geschäftsunkosten für mich. Schließlich hat ja der Käufer mein Stück Vieh die ganze Zeit gefüttert«, klärte ihn der Schlesinger auf.

»Hm! Sakrament, hm! Du machst es einem schon verdammt leicht, hm!« brümmelte der Maxl überlegend, kratzte sich die Schläfe, hob sein Gesicht und sagte entschlossen: »Also gut! Der Franz und ich kommen heut noch nach Starnberg hinüber. Wenn mir die Kuh paßt, ist der Handel sicher! Mein Wort drauf!«

»Na also!« schloß der Schlesinger ein bißchen selbstgefällig, »hab' ich's nicht gleich gesagt, daß dich nichts reuen wird? Der Schlesinger irrt sich nicht! Um halb acht Uhr bin ich wieder beim Pellet. Adjee!« Er ging raschen Schrittes aus dem Stall, schwang sich auf sein Wägelchen und fuhr in dem dünnen Regen davon.

»Wenn bei dem Geschäft kein Haken ist, dann weiß ich nicht!« brümmelte der Maxl zufrieden lächelnd, sah den Schmalzer-Franz an und sagte: »Probieren wir's! Probieren geht über Studieren!« Er erzählte in der Stube. Alle mißtrauten der Sache. Die alte Stellmacherin brummte besorgt: »Jetzt noch eine Kuh? ... Ja, Maxl, so was kannst du dir doch nie und nimmer leisten!« Aber der Maxl blieb dabei. Und – er wurde nicht enttäuscht. Die Kuh, die beim Pellet in Starnberg im Stall stand, fand der Schmalzer-Franz als durchaus einwandfrei. Üblicherweise wurde der Handel durch Handschlag und etliche Maß Bier abgemacht. Auf dem langen Heimweg rätselten der Max und der Schmalzer-Franz in einem fort herum, wo denn bei einem solchen seltsamen Geschäft der Gewinn für den Schlesinger bleibe, und sie kamen zu keinem einleuchtenden Ende. Von Zeit zu Zeit wurden sie auch wieder mißtrauisch, dann fingen sie um so heftiger von vorne wieder zu raten an. Seit nach dem Krieg die Bismarcksche Reichsverfassung den Juden endlich die volle staatsbürgerliche Gleichberechtigung gebracht hatte, war der Viehhändler im Aufkirchener Pfarrgau aufgetaucht. Die großen Bauern waren gegen jeden fremden Menschen feindselig und lehnten ihn schon deshalb ab, weil sie stets nur untereinander Vieh tauschten und erhandelten, aber auch die Mittelbauern und Häusler wollten zunächst nichts mit dem unbekannten Mann zu tun haben. Der Schlesinger ließ sich's nicht verdrießen. Er kam immer wieder. Hartnäckigkeit, die notwendige robuste Unempfindlichkeit, Geduld und Ehrlichkeit verschafften ihm die ersten Kunden. Er war ein verblüffend unzweideutiger, beim Bekanntwerden etwas schroff erscheinender Mensch, der draufgängerisch auf sein einmal gestecktes Ziel zusteuerte. Er unterschied sich durch nichts von einem Bauern, kannte ihre Gebräuche und ihre Art und war wohltuend bescheiden. Nie ließ er sich dazu verleiten, in die Stube oder Kuchl eines Bauern zu treten. Mochte man dies verübeln, mochte man ihn nötigend bitten, er sagte stets: »Mein Revier ist der Stall, basta! Wo anders gehör' ich nicht hin.« Das wurde ihm nach und nach hoch angerechnet. »Leben und leben lassen!« schien Schlesingers Wahlspruch, und nachdem erst einmal einige Häusler, die sich schon lange nach einem Stück Vieh sehnten, Kühe bei ihm gekauft und nichts zu klagen hatten, verschwand das anfängliche Mißtrauen. Im übrigen kaufte der Händler auch schlachtreife, sogenannte »Menzkühe«, die nicht mehr gebärfähig waren, und bezahlte zufriedenstellende Preise. Er legte stets die bare Summe hin und war nicht kleinlich. Wenn auch die großen Bauern kein gutes Haar an den bekannten »Schlesingerkühen« ließen und höhnisch über den Händler schimpften, die kleinen Leute gewöhnten sich mit der Zeit an ihn und mochten ihn gern. Jeder rühmte seine noble, großzügige Geschäftspraxis, und wo immer er hinkam, man schenkte ihm Vertrauen.

Das wußte der Maxl schon lange.

»Mag's sein, wie's will!« sagte nach dem langen Disput der Schmalzer-Franz und klopfte auf den glatten Hals der prustenden, schwerfällig dahintrottenden Kuh, deren volles Euter bei jedem Schritt hin- und herschlenkerte, »ihr Geld ist sie wert, die Kuh, Maxl. Da hast du einen guten Fang gemacht.«

Es war stockdunkel, und der feine, durchdringende Regen rauschte unablässig hernieder. Der Maxl schwieg und lächelte in einem fort glücklich vor sich hin.

Das war vier Tage vor der Abreise der Voshanks. Patschnaß kamen die zwei Männer zu Hause an, und während der Franzl die Kuh in den Stall führte, lief der Maxl in die Stube, wo Mutter und Geschwister beisammensaßen. Hell lachte er auf und schrie übermütig: »*Zwei* Küh' haben wir jetzt! Herrgott! Herrgott, so was hätt' ich nie geglaubt!« Er sah das erschreckte Gesicht seiner Mutter nicht, er hörte kaum, was die anderen sagten.

»Schaut euch das Prachtstück an«, rief er, und alle folgten ihm in den Stall, wo der Schmalzer-Franz der eben angeketteten neuen Kuh zu saufen gab und Häcksel in den Barren warf. Das Pferd und die alte Kuh waren aufgewacht und trippelten unruhig im Stroh herum. Durch das Geplapper der Staunenden erschreckt, fing das Roß zu wiehern an, und die Kuh brummte mürrisch. Futterneidisch begann sie zu fressen. Die neue Kuh glotzte die vielen Menschen an, die sie betasteten und streichelten, zeigte keinen Appetit und muhte laut auf. Wie aufgepumpt sah ihr schwer nach unten sackender, schwarzweiß scheckiger Leib aus. Der Schmalzer-Franz gab wiederum sein bestes Lob ab, und nach vielem Wundern und Schwatzen gingen alle in die Stube zurück.

Dort erzählte der Maxl zum erstenmal von seiner bevorstehenden Heirat. So überrascht waren alle davon, daß sie ihn eine Weile mit offenen Mäulern und Augen wortlos anstarrten. Er aber redete und redete, zwischenhinein lachte er, und auf seinen Zügen lag ein Schimmer von verhaltenem Triumph.

»Die Heimrath-Resl? ... Ja, ist denn das ganz gewiß?« fragte endlich die Stellmacherin ungläubig.

»Ja, Mutter! Verlaß dich drauf! ... Mit der alten Heimrathin bin ich schon einig!« antwortete der Maxl siegessicher und fing an, die Resl zu rühmen. Der Reihe nach zählte er ihre Vorzüge auf: was sie für einen Batzen Geld mitbekomme und was für eine ansehnliche Aussteuer, was sie für eine fleißige, verträgliche Person sei, und – meinte er nicht ohne Stolz – sie stelle doch als Geschäftsfrau »was vor«.

»Hm, Maxl, Glück hast du wirklich, das muß man sagen. Da kann man dir nur gratulieren«, sagte die Kathl, und es klebte eine weiche Traurigkeit an ihren Worten.

Die Stasl und der Voshank sahen betroffen geradeaus und schienen nachzudenken.

»Beim Heimrath hat jede das Arbeiten gelernt«, brummte der Lorenz. Da endlich räusperte sich die Stasl und sagte ein wenig spitz: »Das trifft sich ja gut, daß wir fortgehn, Maxl ... Fein hast du das ausgerechnet!«

Es klang ein wenig nach geheimem Neid und wieder entfachtem Argwohn. Der Maxl schaute sie offen an, ganz ungereizt und antwortete: »Früher oder später, Stasl, wär' ja doch alles so gekommen.« Eine kurze, stockende Pause trat ein. Nach und nach fingen alle wieder zu reden an. Endlich ging man zu Bett.

»Du!« raunte die Stasl ihrem Mann zu, als sie in der elterlichen Ehekammer standen, »er ist doch ein falscher

Tropf, der Maxl! Ich wett', die andern, die Kathl und der Lorenz, kriegen viel mehr als wir, wenn sie einmal heiraten. Von uns hat er sich am billigsten losgekauft. Drum hat er's auch so eilig gehabt.«

»Hm«, machte der Voshank, »hm, kann man nichts machen.« Sie löschten die Kerze aus, legten sich hin, bald darauf schnarchte er sägend. Die Stasl starrte lange verärgert zur dunklen Decke empor, und manchmal knirschte sie. Mag sein, daß sie sogar ihrem ewig stumpfen Mann böse war, der die Amerikafahrt so unbedacht beschleunigt hatte. Vielleicht aber war ihr auch ein wenig weh ums Herz, jetzt, da es in ihrem Elternhaus so schnell und scheinbar ungehemmt aufwärts ging, in die ungewisse Fremde zu müssen. Dort hieß es, von vorne anzufangen, und wenn es mißlang, stand man verlassen und verloren da. In der Heimat aber konnte man doch von den Menschen allerhand erhoffen, wenn einen das Elend anfiel.

Die Stasl schluckte trocken und zerdrückte etliche Tränen.

Schweigsam war sie am andern Tag, und so blieb sie bis zur Abreise. Die alte Stellmacherin und die Kathl legten das als Abschiedstraurigkeit aus und sagten manches trostreiche Wort. Sie nickte dabei nur und seufzte kaum hörbar. Der Maxl vermied jedes längere Gespräch mit ihr. Er war aber den Voshanks gegenüber gewinnend freundlich.

Der Landregen hatte immer noch nicht nachgelassen, als in einer dunstigen Frühe die geschlossene Kutsche vom Wiesmaier vor das Bäckerhaus fuhr. Vor den Türen der Nachbarhäuser standen etliche Leute. Der Voshank und der Maxl trugen schwere Koffer aus dem Haus, und der Kutscher verstaute sie im Innern des Wagens. Endlich kam die reisefertige Stasl zum Vorschein, und hinterdrein schritten die Stellmacherin und die Kathl. Beide weinten. Die alte Mutter bekreuzigte sich öfter, und die zarte Kathl, die schon seit mehr als einem Monat ziemlich einsilbig herumging und seit dieser Zeit an auffällig plötzlichen Übelkeiten litt, war leichenblaß und ganz verstört. Merkwürdig, daß sie dieser Abschied derart aufregte. Sie hatte sich doch mit ihrer scheidenden Schwester nie allzu gut vertragen. Als nun Maxl und Voshank aus dem Dunkel des Hausganges traten und einander die Hand drückten, umschlang die zitternde Kathl ihre verschlossen dreinschauende Schwester ungewohnt innig. Sie weinte noch weher auf und drückte ihren Mund auf die Wange der Stasl. Wimmernd stammelte sie aus sich heraus: »Viel Glück! Vie-iel Glück, Stasl! Je-jetzt bin ich ganz allein!« Was hatte sie nur? Eine solche jähe Gefühlsaufwallung bei ihr, die doch sonst so ausgeglichen war, erschien rätselhaft. Schmerzlich erschrocken schaute die alte Stellmacherin auf sie, dann drückte sie der Stasl die Hand und sagte bedrückt: »Schreib uns recht bald, und laß dir's gut gehen, Stasl! Vergiß unsern Herrgott nicht!«

Die Stasl nickte nur immerzu und brachte kein Wort über die fest verschlossenen Lippen. Nur ihre Wangen zuckten hin und wieder ein wenig. Jetzt stand sie dem Maxl gegenüber und hielt seine Hand in der ihren. Die beiden sahen sich unverwandt in die Augen. »Auf Wiedersehen, Stasl«, sagte der Maxl endlich, »hart wird's sein in der Welt draußen! Dank dir schön, daß du mir so viel geholfen hast. Wenn's einmal schiefgeht bei euch, dann schreib ... Was ich tun kann, tu' ich!« Da wurde die Stasl blaß und schlug fast beschämt die Augen nieder.

»Ja, Maxl! Vergelt's Gott!« sagte sie kaum hörbar, nickte und ging rasch auf die Kutsche zu. Der Voshank folgte, und nur einige Male streckten die Davonfahrenden ihre Arme winkend aus dem schiefen, wackelnden Ledervordach der Kutsche. Matt winkten die Zurückgebliebenen ein paarmal.

»Es ist ihr doch schwer gefallen, sehr schwer, der Stasl«, sagte der Maxl bewegt, als man wieder in das Haus zurückging, »wie sie gestern vom Lorenz und vom Schmalzer-Franzl Abschied genommen hat, hat sie's gesagt.«

Der Zwerg, der, weil er den Regen nicht leiden konnte, auf dem Kanapee in der Stube sitzengeblieben war, plapperte: »Sta-l-ll weit furt! Sta-l-ll nimmer kimmt!«

»Jaja, weit fort! Kommt nimmer!« wiederholte die Kathl

wehmütig, fing auf einmal zu zittern an, umklammerte schnell die Tischkante, wie von einem Schwindel ergriffen. Es würgte sie, und sie preßte die Lippen aufeinander. Ab und zu atmete sie schwer und gab einen unterdrückten Wimmerlaut von sich.

»Hm, was hast du denn immer? Bist du denn krank?« fragte der Maxl unruhig.

»Ah nichts! Ich weiß nicht«, wehrte die Kathl ab, und jetzt brachen ganz große Tränen aus ihren Augen.

»Ja, hm, bist du denn vielleicht gar –« rief die Stellmacherin sichtlich entsetzt und musterte sie argwöhnisch.

»Ja! Ja!!« plärrte die Kathl und lief heulend aus der Stube. Es blieb eine Weile totenstill.

»Um Gottes willen! Hm! Jetzt ist die schwanger! Mein Gott!« klagte die Stellmacherin vergrämt und schüttelte den alten eisgrauen Kopf. »Jetzt das auch noch! Hmhmhm!«

Der Maxl hatte ein finsteres Gesicht bekommen. Er knirschte mit den Zähnen. Dann sagte er rauh: »Herrgott, ich weiß nicht! So ein dummes Frauenzimmer! Jetzt hab' ich das mit der Stasl hinter mir, und schon geht's wieder von vorn an mit dem Verdruß! Himmelkreuzherrgott!« Er tappte ein paarmal murrend hin und her, ging aus der Stube hinauf in die Kammer und zog sein Sonntagsgewand an. Später kam er nachdenklich zu seiner Mutter und war etwas ratlos.

»Was wollen wir jetzt da machen?« fragte er die Stellmacherin. »Wen hat sie denn? Warum hat sie denn nie was gesagt, beim Teufel!«

»Ich versteh' das auch nicht«, brummte die griesgrämige Mutter, »die jungen Leut' heutzutag', hm! Man kennt sich nicht mehr aus!« Eigentlich hatte der Maxl im Sinn gehabt, zum Heimrath hinaufzugehn. Indessen der Zwischenfall mit der Kathl war ihm so in die Glieder gefahren, daß er nur zum Strauch nach Leoni ging und sich einen Rausch antrank. Er kam dieses Mal aber gar nicht heiter zurück. Gegen seine Gewohnheit redete er mit dem Gesellen nichts weiter als das Allernötigste und legte sich zu Bett. In den darauffolgenden Tagen kam es zwischen ihm, der Kathl und der Mutter zu einer peinlichen Aussprache. Dabei stellte sich heraus, daß die Schwester sich schon lange in den Starnberger Gendarm Sauer verliebt hatte, wirklich verliebt! Denn sie war die einzige unter den Geschwistern Graf, die ihr empfindsames Herz stets ganz verausgabte.

»Will er dich denn heiraten?« fragte der Maxl.

»Ach, hm, heiraten? Maxl? ... Was weiß denn ich?« beichtete sie weinend. Eine fast staunende Hilflosigkeit lag in ihren tränengefüllten Augen.

»Ich mag ihn einfach gern, weiter nichts, Maxl! Ich weiß doch selber nicht, wie alles gekommen ist!« seufzte sie gepeinigt, wurde ein wenig ruhiger und setzte ratlos dazu: »Ich bin eben ein Weibsbild, und du bist ein Mannsbild, Maxl! Mein Gott, was sollen wir da lang reden! Ihr versteht mich ja doch alle nicht!« Sie saß am Tisch in der Stube, schlotternd und mitgenommen wie ein verprügeltes Schulkind.

»Und wie lang spürst du denn schon, daß was nicht mehr stimmt bei dir? Ansehn tut man dir ja noch kaum was?« forschte die verärgerte Stellmacherin ungut. Die Kathl aber wehrte nur matt ab, begann wieder heftiger zu weinen und klagte: »Ach, Mutter, was soll ich denn da noch sagen! Fragt doch nicht ewig so herum! Was ich mir eingebrockt hab', muß ich ja doch selber auslöffeln.«

Nach und nach erfuhren es alle im Haus. Die Kathl konnte sich nicht mehr so schnüren. Ihr Leib wuchs, und auch den Nachbarn blieb nichts mehr verborgen. Hämisch redeten sie darüber.

Der Gendarm Sauer war ein schmucker, ungefähr dreißigjähriger Mann, den alle Weiber gern sahen. Insgeheim gab sich die Kathl oft mit ihm ein Stelldichein, nie aber ließ er sich im Bäckerhause sehen. Das fanden Mutter und Maxl besonders verdächtig. Sie murrten besorgt. Die Kathl jedoch schien sehr an ihrem Liebhaber zu hängen, und nachdem sie sich langsam in ihr Schicksal gefunden hatte, stritt sie sogar öfter mit dem Maxl, wenn der etwas Herabminderndes über den Sauer sagte. Allen Fragen, ob und wann sie denn heiraten wolle, wich sie unmutig aus. Kein Wunder, daß ihr älterer Bruder recht kritisch wurde. Auch er wollte heiraten, und sehr bald sogar, doch das Haus war zu eng für die vielen Leute. Gegen die Überlassung der Ehekammer mußte der Maxl seiner alten Mutter doch ein entsprechendes Austragsstübchen einrichten! Es fragte sich nur, wo? Er selber hatte sein Bett seit langer Zeit in der winzigen Kammer des Zwergs. Der Geselle brummte, weil der Lorenz in seiner Kammer schlief. Es war nur gut, daß der Schmalzer-Franz noch immer in seinem verkauften Anwesen bleiben durfte. Als einzige im Hause besaß jetzt nur noch die Kathl ein eigenes Stübchen, in welchem sie schlief und schneiderte. Darum war es verständlich, daß der Maxl mitunter murrte: »Herrgott! Herrgott, wo soll ich eigentlich hin heiraten?« Wenn dann seine Mutter manchmal sagte, sie könne ja bei der Kathl drinnen ihr Bett aufschlagen, schwieg er mißmutig und fast beschämt. Freilich blieb fürs erste nichts anderes übrig. Doch wenn nun die Kathl ihr Kind zur Welt brachte und womöglich doch nicht heiratete?

Ganz gewiß, die alte Stellmacherin war unfroh und eng. Allzu sehr hing der Maxl nicht an ihr. Aber wenn er ihr langes, hartes Leben überdachte, befiel ihn eine dankbare Rührung. Schwere Zeiten hatte sie mit ihrem seligen Mann und den Kindern überstanden, mit unverminderter sorgender Sparsamkeit und Geduld hatte sie bis jetzt den Haushalt geführt und überall Hand angelegt – der Maxl wünschte ihr noch etliche ruhige Jahre einer wohlverdienten Rast. Aber wie? Wie das alles machen?

Eine Familie, die den Vater verloren hat, unterordnet sich nur ganz selten der am Leben gebliebenen Mutter. Insbesondere wenn – wie bei den Grafs – die Geschwister bereits ausgewachsen sind und jedes seinen eigenen Willen hat. Da klafft der Zusammenhalt rasch auseinander. In einer solchen Familie rennen, solange nicht ein beherrschender Wille an Stelle des Vaters getreten ist, die Meinungen und

Interessen fortwährend gegeneinander, und im Kleinen ist diese Gemeinschaft einem Staat nicht unähnlich, dessen gesellschaftliche Ordnung in die Brüche gegangen ist, der haltlos allen freigewordenen Kräften ihren Lauf lassen muß und gleichsam nur darauf wartet, bis irgend ein Teil dieser Kräfte zum Strom anschwillt und schließlich allen andern den Willen aufzwingt.

Der Maxl sah ein, daß sich nun nichts mehr hinausschieben ließ, wenn er gewinnen wollte. Die Oktobermitte brachte diesmal schon harte Fröste. Der Himmel hing farblos und düster über dem Land. »Lang wird der Schnee nicht ausbleiben heuer«, meinte die Stellmacherin einmal.

Die Herrschaften waren in der Mehrzahl schon in die Stadt gezogen. Der König residierte in einem seiner Gebirgsschlösser. Still ging es in Berg zu. Leicht bewältigte der Geselle die Bäckerarbeit. An einem kalten Tag, nach dem Mittagessen, machte sich der Maxl auf den Weg nach Aufhausen. Schon als er beim Heimrath zur Kuchltüre hineinkam, merkte er, daß sich die Bäuerin zu seinen Gunsten entschlossen hatte; trotzdem war er erstaunt, denn einen solchen, fast freundschaftlichen Empfang hatte er nicht erwartet. »Hock dich nur hin! Gleich kriegst du deinen Kaffee«, sagte die Heimrathin nach dem üblichen Gruß und stellte einen Teller voll Schmalznudeln auf den Tisch. Und gleich nachdem sie erzählt hatte, daß der Pfarrer die Heirat mit der Resl befürwortet habe, erklärte sie sachlich, was ihre Tochter in die Ehe mitbekomme: dreitausend Gulden, ein einjähriges Kalb und einen schönen »Kuchlwagen«. So nämlich wurde der festlich geschmückte Wagen mit der Aussteuer der Braut genannt, der am Hochzeitstag zum Haus des zukünftigen Ehemannes gefahren wurde. Während dieser Fahrt versperrten in einem fort Leute dem Wagen den Weg und gaben ihn erst frei, wenn etliche Geldstücke »gespendet« wurden.

»Ist's dir recht so? Bist du zufrieden damit?« fragte die Heimrathin, und der Maxl, der nur schwer seine jäh aufquellende Freude verbergen konnte, antwortete glücklich nickend: »Freilich, Heimrathin! Das ist ja hochnobel! Das ist mir ja mehr als genug.«

Die Bäuerin war zufrieden.

»So, da hast du jetzt deinen Kaffee! Am Samstag oder in der nächsten Woche, sagt der hochwürdige Herr Pfarrer, könnt ihr zum Stuhlfest kommen«, meinte sie, stellte die dampfende Kaffeeschüssel hin, legte einen schwarzgeränderten, blechernen Suppenlöffel dazu, humpelte zur Türe und sagte wiederum: »Ich hol' derweil die Resl!« Daraufhin ließ sie den Maxl allein. Der war so verwirrt, daß ihm nichts schmeckte. Um aber nur ja die Bäuerin nicht zu verstimmen, nahm er die Schüssel in beide Hände und wollte sie auf einmal austrinken. Der Kaffee jedoch war viel zu heiß. Der Maxl verbrannte sich Zunge und Gaumen, spuckte die braune Brühe hastig aus, stellte die schwankende Schüssel auf die besudelte escherne Tischplatte und wischte mit dem Schnupftuch die entstandenen Flecken von seinem guten Gewand und vom Tisch. Zitternd griff er nach einer Schmalznudel und würgte sie appetitlos in sich hinein.

»Resl! Resl!« hörte er die Bäuerin draußen schreien und führte, jedesmal vorsichtig pustend, einen Löffel voll Kornkaffee nach dem andern zum Munde. Ganz heiß wurde ihm dabei.

»Stuhlfest, hm! Schnell geht das!« brummte er dazwischen einmal halblaut. Als Stuhlfest bezeichnete man die übliche Belehrung, die der Geistliche einige Wochen vor der kirchlichen Ankündigung der Hochzeit den Brautleuten im Pfarrhaus gab. Sie galten nach dem Stuhlfest vor allen Leuten als Verlobte.

»Soll er schon reden! Ist ja sein Geschäft!« murmelte der Maxl abermals. Was brauchte er eine solche Belehrung. Er war Manns genug, um selber zu wissen, was seine Pflichten als Ehemann waren. Gewiß, er achtete die Gepflogenheiten des Glaubens, aber er nahm sie nicht ganz ernst. Einen Herrgott gab es sicher, indessen der hatte doch all diese umständlichen Regeln nicht erfunden und angeordnet.

Der Maxl schob die leere Schüssel weg, als jetzt im Gang

draußen Stimmen vernehmbar wurden. Gespannt sah er zur Türe, und er fühlte, wie sein Herz ein wenig heftiger schlug.

»Grüß dich Gott, Resl«, sagte er lächelnd, als diese mit ihrer Mutter hereinkam, erhob sich, ging auf sie zu und drückte ihr die Hand.

»Jaja, grüß Gott«, antwortete die Resl ebenso und hatte ein seltsam vieldeutiges Gesicht. Auch sie lächelte und meinte leichthin: »Du Tropf, du ... ganz hinterlistig hast du's gemacht, das mit der Heiraterei!«

Die Heimrathin, die offenbar eine so unverblüffbare Nüchternheit von ihrer Tochter nicht erwartet hatte, bekam fast eine ärgerliche Miene und befahl, sich zu setzen.

»Also, wie ich schon gesagt hab', Maxl«, fing sie an, zählte wiederum auf, was die Resl mitbekomme, erwähnte das Stuhlfest und kündigte an, daß sie mit ihrer Tochter im Laufe der nächsten Woche zu Besuch ins Bäckerhaus nach Berg komme. Die Resl sagte nichts. Ihr Lächeln wurde langsam verlegen und gefror schließlich. Nur noch manchmal lugte sie dem Maxl in die Augen, dann wieder schlug sie die ihrigen nieder, und man merkte, daß sie sich jetzt erst klar darüber zu werden schien, was ihr bevorstand. Zuletzt hatte sie ein fast hilflos trauriges Gesicht, und um nur irgendwie ihre innere Bewegtheit zu verbergen, drückte sie ein um das andere Mal ihren breiten Zeigefinger auf die Brösel, die von der aufgegessenen Nudel auf dem Tische liegengeblieben waren, führte die Fingerspitzen zum Munde und leckte sie ab. Auch der Maxl, der sich fortwährend bemühte, eine unangefochtene Miene zu machen, war etwas verlegen und ließ die Heimrathin reden.

»Und wann willst du denn heiraten? Entweder wir setzen die Hochzeit im November an oder nach Neujahr. In der Adventszeit kann man sie nicht machen. Solang es Winter ist, haben wir am besten Zeit. Im Frühjahr, wenn die Arbeit wieder angeht, wär' so was recht ungeschickt für uns«, erklärte die Bäuerin und sah den Maxl an.

»Jaja, mir ist's recht, wie du meinst, Heimrathin«, sagte

er nickend und wandte sich an die Resl: »Was sagst denn du dazu, Resl?«

»Ja, hm, mein Gott, wenn's sein muß, mir ist's doch gleich«, erwiderte diese aus einem bedrängenden Nachdenken heraus.

»Ja, Herrgott, heiraten tust doch du!« murrte sie die Bäuerin an, »du hockst doch auf einmal da, als wenn du gar nicht magst!« Barsch klangen die Worte.

»Jaja! Ich hab' doch gar nichts dagegen! Ich will ja Bäkkerin von Berg werden, Mutter!« sagte die Resl verborgen kummervoll, wurde aber dann wieder sachlich und setzte dazu: »Im Winter haben wir freilich am meisten Zeit, und bei dir ist doch da die Arbeit auch weniger, Maxl, oder?« Jetzt verfingen sich die Blicke der beiden. Der Maxl gab sich einen Ruck und streichelte mit der Hand über Resls glatt zurückgekämmtes Haar.

»Ja, Resei!« sagte er aufgelockert und ein wenig zärtlich und streckte ihr die Hand hin: »Also schlag ein! Sagen wir – im November! Ich versprech' dir, als Bäckerin von Berg hast du es nicht schlecht.« Sie gab ihm die Hand. Flughaft wurde sie rot, dann blaß.

»Gut, also jetzt ist alles ausgemacht«, schloß die Heimrathin. Herzlich verabschiedete sich der Maxl von den beiden. Als er außer Sichtweite war, sah die Bäuerin ihre unschlüssig dastehende Tochter ungut und strafend an und brummte: »Du bist ja dagehockt wie ein Hackstock! Was ist denn auf einmal mit dir? ... Reut dich denn auf einmal alles?«

»Gar nicht, Mutter«, antwortete die Resl und blickte ihr in die Augen, »aber das ist doch nicht so einfach, von daheim fortmüssen in ein fremdes Haus voller Geschwister ... Hart werden wir's haben, der Maxl und ich, bis alle weggeheiratet haben. Gegen den Maxl hab' ich gar nichts, absolut nichts! Er ist mir ganz recht.« Dann ging sie wieder in die Tenne hinauf zum Dreschen.

Der Maxl erzählte nur seiner Mutter von seinem Besuch in Aufhausen und meinte, es sei am besten, schnell zu heiraten, denn wenn erst die Kathl ihr Kind geboren habe, könnten sich vielleicht die Heimraths doch »schrecken« und sich im letzten Augenblick noch eines anderen besinnen. Sein Gesicht war keineswegs so wie das eines glücklichen Liebhabers, im Gegenteil, es war unruhig besorgt wie das eines Menschen, auf den auf einmal viel eingestürmt ist, und der nun gewissermaßen nach allen Seiten denkt.

»Bauen muß ich, geht's, wie es mag, Mutter! Gleich nach der Hochzeit muß ich anfangen, da hilft mir alles nichts!« sagte er und wartete die Antwort der bekümmert dreinschauenden Stellmacherin nicht ab. Er ging aus der Stube, besah sich jeden Raum des Hauses, landete schließlich auf dem kleinen Hof hinter der Backofen-Mauer, wo die Holzhütte stand. Zwischen ihr und dem schmalen Gäßlein, das am Stall vorüber- und zum Dorf hinausführte, erhob sich das unbeachtete, zerfallene Gemäuer des ehemaligen Back- und Waschhäuschens der Stellmacherleute, in welchem Maxls seliger Vater auch die rohen Stangen für seine Rechen und Heugabeln unterzubringen pflegte. Der Maxl verharrte lange vor diesem Häuschen und überlegte hin und her. Er merkte nicht, wie ihn langsam zu frieren begann und ihm die Nase tropfte. Er schneuzte sich endlich, schnupfte und ging wieder zurück ins Haus.

In den darauffolgenden Tagen suchte er etliche Male den Baumeister Fischhaber in Starnberg auf und kam auch einmal mit ihm daher. Lang standen die beiden Männer vor dem Wäscherhäusl. Der Fischhaber stach mitunter in das morsche Gemäuer, und der Mörtel fiel zerstiebend zur Erde herab.

»Hmhm, ist kein Schuß Pulver mehr wert, die Kalupp'n. Hm, das ausbauen? Ich weiß nicht recht«, sagte der Fischhaber und zuckte die Achseln.

»Aber der Grundriß! Da ist doch was zu machen!« hielt ihm der Maxl entgegen. Das mußte auch der Baumeister zugeben. Endlich einigten sie sich, daß jeder eine Planskizze anfertige. Mit wahrer Leidenschaft zeichnete der Maxl nun jeden Tag auf große weiße Papierbogen Raumeinteilungen, maß sie ab und rechnete, ganz in sich versunken. Mitunter sah ihn die Stellmacherin an, als sei er nicht mehr ganz bei Verstand, und schüttelte mürrisch den Kopf, denn der Maxl gab ihr kaum Antwort auf ihre Fragen und wurde sogar heftig, wenn man ihn störte.

Die Stellmacherin fing indessen an, die Böden aller Kammern zu scheuern, sie wusch den ganzen Tag und brachte das Haus in Ordnung. Die Heimraths sollten ihr nicht nachsagen können, daß sie etwas vernachlässige. Dadurch erfuhren Kathl, Lorenz und der Schmalzer-Franz und der Geselle schließlich doch von der baldigen Hochzeit. Seltsamerweise aber sprach niemand darüber mit dem Maxl, und der schien ganz froh zu sein, in Ruhe gelassen zu werden. Er ging auch richtig eines Tages zum Stuhlfest mit der Resl. Die hatte sich allem Anschein nach mittlerweile an den Gedanken, Maxls Weib zu werden, gewöhnt und wurde recht lustig, als sie nachher beim Klostermaier etliche Halbe Bier tranken. Sie lachte viel über das Gespött des Wirtes, der ihr immer wieder entgegenhielt, ob er jetzt recht gehabt habe mit seiner damaligen Prophezeiung, daß sie ausgezeichnet zum Maxl passe und eine gute Bäckerin abgebe?

»Jaja! Ihr habt ja alle zusammengeholfen, daß es was wird!« sagte sie heiter, »zum Weibsbilderfang, da seid ihr immer aufgelegt, Malefizlumpen, elendige!«

»Aber ein Paar gibt das, Resl! Großartig! Und eine Hochzeit muß das werden, Maxl, die muß sich sehen lassen können!« rief der Wirt ebenso und musterte die zwei wohlgefällig.

Am dritten Tag darauf kam der Klostermaier nach Berg ins Bäckerhaus und sagte zum Maxl: »Du, hm ... der alte Kastenjakl gefällt mir gar nicht mehr! Er liegt schon die ganze Woche. Zuerst haben wir gemeint, er spinnt wieder einmal, aber jetzt hab' ich zum Doktor nach Wolfratshausen geschickt ... Ich glaub', es geht aufs End' zu mit dem alten Mann, Maxl!«

Das bestürzte den Maxl nicht wenig. Morgen sollten die

Heimraths kommen. Am nächsten Sonntag verkündigte der Pfarrer zum erstenmal die bevorstehende Hochzeit, die kurz nach der Novembermitte stattfinden sollte. Starb der Kastenjakl wirklich inzwischen, so mußte alles wenigstens auf einige Monate verlegt werden. Bis dahin konnte vielleicht schon das Kind der Kathl geboren sein.

Am liebsten hätte der Maxl erregt zu poltern angefangen, aber er hielt sich zurück, murrte nur mißmutig in sich hinein und fuhr mit dem Klostermaier nach Aufkirchen. Als sie in der Wirtsstube der Postwirtschaft ankamen, standen alle um den Wolfratshausener Doktor und hatten ernste Gesichter.

»Er braucht mich nicht mehr ... Er hat schon ausgelebt«, sagte der Doktor zum Klostermaier.

»Wa-was? Gestorben?« entfuhr es dem Maxl, und er machte große Augen. Die Stubentür ging auf, und der Pfarrer rief nüchtern herein: »Die Leiche kann fürs Begräbnis hergerichtet werden.«

»Gelobt sei Jesus Christus!« murmelte die Klostermaierin und bekreuzigte sich. Alle taten dasselbe.

»In Ewigkeit, Amen!« dankte der Geistliche ebenso. Die Türe war wieder zugefallen, und draußen vor den Fenstern sah man den altersschwachen grauhaarigen Pfarrer über den Platz gehen.

»Ja, dann bin ich auch fertig!« meinte der Doktor, grüßte und ging. Sein an die Treppenlehne gebundenes Pferd scharrte ungeduldig. Er schwang sich auf das Wägelchen und fuhr davon.

»Herrgott, so schnell! So schnell!« raunte der Maxl benommen, rieb sich die Stirn und schaute verwirrt in die Gesichter rundum. Dann ging er zum toten Kastenjakl hinauf. Die niedere, enge, einfensterige Kammer war schon dämmerdunkel. Eine angebrannte Kerze auf dem vollgestellten, besudelten Nachttischchen verbreitete scheues Licht. Es warf unregelmäßige gelbe Flecke und Streifen und tiefdunkle Schatten über das schmutzige, bauschige Bett. Die stickige Luft benahm den Atem. In wüster Unordnung lagen auf dem Tisch und dem Boden Papiere und ausgeschüttete Häufchen von Tabakasche. Unter dem Bett stand der volle Nachttopf. Im Tintenzeug steckte noch der Federkiel, als habe sich der Kranke, von einem plötzlichen Unwohlsein befallen, mitten in der Arbeit erhoben und zu Bett gelegt. Der ganze schauerlich verwahrloste Raum glich eher der Höhle eines seltsamen Tieres als einer menschlichen Behausung. Ergriffen blieb der Maxl stehen und rang nach Luft. Endlich fand er die Kraft, die Türe zu schließen und trat an das Bett. Was da, tief in das Kissen versunken, sichtbar wurde, war kein menschliches Antlitz. Es war ein mit schütteren Haaren bewachsenes, totenschädelähnliches, häßlich grinsendes Affengesicht mit verzogenen Lippen und aufeinandergebissenen Zahnstumpen, welches Schauder und Abscheu erweckte. Den Maxl überrieselte es kalt, als er unbeabsichtigt mit seiner Handoberfläche mit dem steif herabhängenden, steckendürr abgemagerten nackten Arm in Berührung kam. Wie von Furcht und Ekel erfaßt, wich er ein wenig zurück und zog seinen Arm ein. Er warf noch einmal einen Blick auf das starre Gesicht des Toten, richtete sich gerade auf und schnaubte bedrängt. Wortlos schaute er in dem öden Raum herum, ging an den Tisch und überflog ein vollgeschriebenes Blatt, dessen großschriftige Buchstaben mit körnigem Streusand besät waren. Die letzten Sätze auf dieser halbvollen Seite schienen ihn plötzlich zu interessieren. Sie lauteten:

»Ist ja nach dem, was man uns von alters her angetan hat, gar nicht anders zu denken, als daß sich bei uns die Rachsucht gegen diese Menschensippschaft von einem auf den andern vererbt. Bis ins letzte Glied wird das gehen. Beim Maxl sieht man –«, da brach die Niederschrift ab. Der Maxl las einmal, zweimal, dreimal, und jetzt schien er aus dem niederdrückenden Bann zu erwachen. Er beachtete den Toten nicht mehr. Er raffte schnell alle Blätter auf Tisch und Boden zusammen, riß ein paar Bänder von den Unterhosen Kastenjakls ab, die auf dem Stuhl lagen, knüpfte sie zusammen und bündelte den Stoß Papier. Später kam er in die Wirtsstube hinunter und sagte zum Klostermaier: »Natürlich geht alles auf meine Rechnung, Doktorkosten und Eingraben. Sei bloß so gut und laß von den Papieren nichts wegwerfen, die der Kastenjakl droben hat. Hinterlassen hat er ja sonst nichts, aber was er da zusammengeschrieben hat, interessiert mich.«

Der Klostermaier versprach es, trug ihm auf, dem Berger Schreiner zu sagen, er sollte gleich den Sarg heraufschicken, und meinte zum Schluß, alles andere würden sie schon besorgen.

Ganz gefaßt kam der Maxl zu Hause an und berichtete den Seinen. Niemand war sonderlich traurig über diesen raschen Tod.

»So ungesund wie der gelebt hat«, meinte die Stellmacherin, »da hat er ja eingehen müssen.« Und sie murrte weiter: »Man hat ihm ja nie was sagen können! Bloß sein bockiger Eigensinn hat ihn so schnell ins Grab gebracht.« Die Kathl empfand es als besonders lästig, daß man jetzt wieder »das schwarze Gewand« für etliche Monate tragen müsse. Die Stellmacherin ging nach Aufkirchen, um dem Totenweib bei der Einsargung behilflich zu sein. Der Maxl verschloß die mitgebrachten Papiere im Mauerkasten ihrer Ehekammer.

Wie erwartet, kamen anderen Tags die Heimraths. Sie wußten schon, daß der Kastenjakl verstorben war, und dem Maxl war es sehr recht, als die Bäuerin vor der Besichtigung des Hauses gelassen sagte: »Naja, da kann man nichts machen! Heiraten müßt ihr jetzt schon erst im Frühjahr. Der Hochwürdige Herr Pfarrer meint auch, eher kann man's nicht machen.« Das klang nach fester, unwiderruflicher Abmachung und befriedigte den Maxl vollauf.

Die Heimrathin schien überhaupt wie umgewandelt. Sie fand nur wenig auszusetzen. Wohl bemerkte sie hin und wieder flüchtig, daß das Haus eng genug sei, indessen jeder konnte daraus hören, wie wenig herabmindernd, wie einsichtsvoll und nachsichtig das gemeint war. Auf dem etwas verwirrten, ernsten Gesicht der Resl hingegen lag eine deutliche, beinahe angstvolle Enttäuschung, als man durch die Räume des Bäckerhauses ging. Wohn- und Backstube, ja, die waren wenigstens noch einigermaßen geräumig, jede andere Kammer aber – du lieber Gott, wenn sie da an das weitläufige, luftige Bauernhaus in Aufkirchen dachte! Der saubere Stall und insbesondere die zwei Kühe imponierten ihr ebenso wie ihrer Mutter. Bis jetzt hatten sie doch nur von einer Kuh gewußt und waren angenehm überrascht. Der Maxl, der dies merkte, deutete auf den leeren Raum im Kuhstand und sagte lächelnd, daß hier das einjährige Kalb genug Platz habe, und erwähnte nicht ohne Stolz, daß er's auf vier Kühe bringen wolle. Das nahmen die Aufhauser sichtlich gut auf. Hinten im Hof blieb der Maxl wiederum länger vor dem zerfallenen Wäscherhäusl stehen und erklärte halblaut, was er damit im Sinne habe. Hierher waren Mutter und Kathl nicht gefolgt.

»Das möcht' ich ausbauen, damit die Kathl drinnen Platz hat«, schloß er, »dann wird das Haus leerer.« Vertraulich sagte er es, und die Heimrathin verstand.

Wieder in die Stube zurückgekommen, setzte man sich um den Tisch, und die Stellmacherin trug Kaffee auf. Der Maxl hatte einen süßen Zopf aus Semmelteig gebacken, in welchem Rosinen steckten. Ruhig und freundlich unterhielten sich die Heimrathin und seine Mutter. Nicht der geringste Mißton kam auf. Nach und nach wurde es gemütlicher, und die beiden alten Weiber lächelten einander müde an.

»Mein Gott, wir sind auch einmal jung gewesen. Heiraten muß jede einmal«, sagte die Stellmacherin zur Aufhauserin und blickte auf den Maxl. »Er ist seiner Lebtag ein fleißiger Mensch gewesen, und im Kopf hat er auch was. Jeder hat seine Untugenden.« Die Heimrathin nickte und sah das zukünftige Paar an.

»No, Resl, wie hat dir denn das Anwesen gefallen?« fragte sie aufgelockert.

»Jaja, ganz passabel«, nickte die Befragte und versuchte ein bißchen zu lächeln, doch es gelang ihr nicht recht.

Der Maxl schaute sie gutmütig an und sagte: »Resl, alles

hat einmal klein angefangen! Laß dir nur Zeit! Wenn wir verheiratet sind, kommt erst der richtige Schwung ins Haus! Wir sind ja noch jung.« Sie sah ihn schief und ein wenig ungläubig an.

Die Leute in der Pfarrei erfuhren schon deshalb sehr schnell von der bevorstehenden Heirat, weil man weder in Berg noch in Aufhausen daraus ein Geheimnis machte. Das zukünftige Paar ließ sich auch schicklicherweise bei allen Tanzveranstaltungen und sonstigen Gelegenheiten sehen, und der Maxl – gleichsam als wolle er allen Feinden seinen errungenen Triumph besonders deutlich vor Augen führen – benahm sich dabei absichtlich laut und übermütig. Das brachte die Heimrathsche Verwandtschaft und die wohlhäbige Bauernschaft in größte Wut. Sie bestürmten die Aufhauser Bäuerin, sie machten ihr bittere Vorwürfe und flüsterten ihr allerhand Nachteiliges über ihren zukünftigen Schwiegersohn zu. Der Müller März in Berg war außer sich. Er kam eines Tages zu seiner Schwester nach Aufhausen und verlangte offen, die Heirat müsse unbedingt rückgängig gemacht werden, das sei – wie er sich ausdrückte – »ein ewiger Schandfleck für die ganze Familie und Verwandtschaft, wenn ein solcher Windbeutel wie der Maxl« die Resl zur Frau bekomme. Es kam zu einem heftigen Streit. Die Heimrathin ließ sich aber nicht schrecken und blieb ihrem Bruder nichts schuldig.

»Das eine sag' ich dir«, plärrte dieser wutrot, »von uns geht keiner zu dieser Lumpenhochzeit! Die Schand' könnt ihr allein austragen!« Die Bäuerin sah ihn mit hohnscharfen Blicken an und fragte hämisch, ob denn der ortsfremde Schreiner Wammetsberger, der die Müller-Marie geheiratet habe, besser gewesen sei als der Maxl? Darauf konnte der Müller nicht gleich etwas erwidern, und um ihm keine Zeit zu lassen, schrie ihn die Heimrathin noch derber an: »Ob ihr bei der Hochzeit dabei seid oder nicht, das verschmerzen wir leicht! Du tust ja grad', als wenn ich erst fragen hätt' müssen, was ich tun soll! Bist du vielleicht der Vormund von meinen Töchtern? Ich hab' bis jetzt gewußt, was ich zu tun hab', und werd' es auch weiter wissen! Nach dem Müller März fragt kein Herrgott und kein Teufel!« Sie war blaß vor Erregung, und ihr Trotz bäumte sich. Verfeindet gingen Bruder und Schwester auseinander. – –

Wie alles einmal vergeht und alles einmal kommt, so verstrich auch der diesmalige Winter mit all seinen Erregungen. Die frischen Märzwinde fegten die Wolken aus dem Himmel und den letzten Schnee von den Flächen. Aus den dampfenden Tälern um Aufkirchen stiegen in jeder Frühe dichte Nebel, die sich jedoch in der wärmer werdenden Sonne rasch verflüchtigten. Am Mittag waren die mit glasdünnen Eiskrusten überzogenen Rinnsale der steifgefrorenen Straßen bereits geschmolzen und flossen als klare Wasseräderchen dahin. An den kahlen Zweigen der Bäume zeigten sich nach und nach winzige Knospen, und in der würzigen Luft klang das erste, schüchterne Gezirp der allmählich wiederkehrenden Singvögel.

Endlich war also auch der Hochzeitstag von Maxl und Resl da. Zeitig am Morgen fuhr der Aufhauser »Kuchlwagen« über Aufkirchen nach Berg. Er wurde viele Male aufgehalten, und der Knecht, der ihn fuhr, mußte spenden und spenden. Als das schmucke, hochbeladene Fuhrwerk in Berg einfuhr, begegnete es der glattgewichsten, verzierten Kutsche vom Wiesmaier, in welcher der Maxl und der Lorenz saßen. Die Kathl war daheimgeblieben und konnte sich wegen ihrer Leibesdicke nicht mehr sehen lassen. Die Stellmacherin hatte neben dem Kutscher auf dem Bock Platz genommen. Sie fuhren nach Aufhausen, um die Braut abzuholen. Dort war alles schon bereit. Die Bäuerin und alle ihre Töchter standen im prangenden, silberverschnürten Mieder in der Kuchl. Die goldgewirkte Riegelhaube saß auf ihrem Schopf. Nur die Resl trug einen künstlichen weißen Maiglöckchenkranz im Haar. Alle hatten feierlich ernste Gesichter und redeten wenig. Im Hof standen die bessere und die mindere Chaise, die sie nach dem Pfarrort bringen sollten. Die Pferde davor wieherten ab und zu und scharrten unruhig.

Als nun die »Bäckerischen« einfuhren und kurz darauf der Maxl im Rahmen der Kuchltür auftauchte, mit heiter strahlendem Gesicht – da fing die Resl auf einmal zu weinen an. Sie sah und hörte nichts mehr. Mechanisch drückte sie Maxl die Hand, und er stellte sich neben sie. Die Stellmacherin und der Lorenz waren auch in die Kuchl gekommen. Man grüßte einander und redete irgend etwas. Die Resl aber blieb fassungslos.

»Ja also, gehn wir! Es wird Zeit!« sagte die Heimrathin. Da aber geschah es, daß die Resl fast starr auf dem Platz stehen blieb, scheinbar, als wehre sie sich. Ihre verwirrten, tränenvollen Augen, ihr verstörtes Gesicht machten einen mitleiderregenden Eindruck auf alle. Sie schluchzte noch viel schmerzlicher auf. Ja, nun erst, da sie wirklich von dem Stück, das alle ihre Erlebnisse und Erinnerungen, die Freuden und Leiden ihrer Jugend umschloß, wegging, schluchzte sie wahrhaft verloren wie ein hilfloses Kind, dem man das Liebste auf Erden genommen hatte. Da sagte die Heimrathin ein wenig verärgert und rauh: »Resl, das hätt'st du dir schon früher überlegen müssen! ... Geh weiter jetzt!« Und sie sah ihre zerbrochene Tochter fest an und sagte wiederum, aber um einen Grad milder: »Resl! Jetzt zier dich doch nicht gar so! Man ist ganz einfach füreinander bestimmt!« Dies erst gab der Erschütterten wieder halbwegs die Fassung. Auf der ganzen Fahrt nach Aufkirchen saß sie schweigsam neben dem Maxl, ließ ihre Tränen rinnen und trocknete sie nicht. Hinter ihnen fuhren in der einen Chaise die zwei Mütter mit dem Lorenz und der fortwährend verlegen lächelnden Nanni, in der anderen saßen die Genovev, die Marie und die Kathrein.

Der Tag war frisch und aufgehellt. Rundherum roch es nach Keimen und Wachsen. – »Resl«, sagte der Maxl einmal sanft, »sie hat schon recht, deine Mutter. Man ist füreinander bestimmt!« Sie gab keine Antwort, und er schwieg auch wieder.

Die Trauung am Altar war bald vorüber. Viele Neugierige hatten sich in der Kirche eingefunden: Berger Hofleute, die Strauchs von Leoni, die Wiesmaiers und Klostermaiers, der Daiser, der Schmalzer-Hans und sonstige Bekannte. – Erst nach dem Mahl im festlich geschmückten Klostermaier-Saal konnte die Heimrathin ganz deutlich sehen, wie beliebt ihr Schwiegersohn war. Er mußte sich bei vielen besseren Leuten für die Geschenke, die er erhalten hatte, bedanken. Ihm und der Resl wurde gratuliert. Es war ein langes Händedrücken. Linkisch und mit gefrorenem Lächeln nickte die Resl, wenn der Maxl sie vorstellte. Sie ließ alles mit sich geschehen wie ein Mensch, der sich ohnmächtig seinem Geschicke ergibt. Endlich kam eine leichte Lustigkeit auf, als es nach dem Bier auch Wein gab, als man lauter wurde und zu tanzen begann. Nun schien sich auch die Starrheit der Resl etwas zu lockern. Nur in ihren Augen glomm noch immer eine traurige Abwesenheit.

Der ganze Saal wirbelte zuletzt von Tanzenden. Immer mehr Gäste kamen und tranken weidlich. Sie ließen den Maxl oft und oft hochleben und stießen ihre Gläser oder Krüge aneinander. Es dauerte bis zum ersten Dämmer, und jeder sagte, so eine lustige, schöne Hochzeit habe er noch nie mitgemacht.

Noch einmal, als die Aufhauser heimfuhren und der Maxl mit der Resl in die Wiesmaierkutsche stieg, packte die Braut eine jähe, aber nur kurze Erschütterung. Sie weinte wieder und umschlang Mutter und Schwestern. Sie sagten ihr tröstliche Worte, und die anderen Gäste lachten betrunken auf dem weiten Platz.

»Es wird schon sein Glück! Er wird richtig durchbrechen!« flüsterte der Schmalzer-Hans dem Lorenz und dem Daiser-Hans zu, als das Gefährt mit den Brautleuten aus dem Pfarrdorf rollte. Nach altem Brauch nämlich hatte er sich während des Tanzes weggeschlichen, war nach Berg ins Bäckerhaus gelaufen und hatte die Seitenbretter der Ehebetten aus den Haken gehoben. Als der Maxl und die Resl sich hinlegten, fielen sie plumpsend auf den knarrenden Kammerboden.

»Juchhe!« schrie der Maxl schnell gefaßt und lachend auf

und schaute auf sein junges Weib. »Wir kriegen richtige Kinder, Resl! Und Glück, viel Glück haben wir!« So ein Durchbrechen galt als Beweis dafür.

»No ja, wenn's nur wahr ist!« antwortete die Resl auch leicht belustigt und half ihm, die Bettbretter wieder einzuhängen.

Drunten auf der Straße schrien der Schmalzer-Hans und der Daiser spottend: »Wir haben's schon krachen hören! Gut seid's ihr durchgefallen! Juchhe, Maxl!«

Laut lachend gingen sie weiter . . .

Nochmalige Beschwörung oder Die unbekannte Ursache und eine immerwährende Wirkung

Wie mag der Resl zumute gewesen sein, als sie am anderen Tag erwachte und auf einmal ganz kraß die peinigende Fremde um sich fühlte? Die niedere Ehekammer, die unordentlich herumliegenden Kleidungsstücke, der sorglos schnarchende, bierdunstige, bärtige Mann im andern Bett, das ungewohnte Geräusch des erwachenden Dorfes, der Geruch nach leichtem Schweiß und frischgebackenem Brot und – ach! – die erbarmungslose, seltsame Grellheit, welche die vier nur mit durchsichtigen Scheibengardinen bekleideten Fenster im Raum verbreiteten! Ist's denn nicht, als spähten die neugierigen Nachbarn lauernd herüber, um sich nichts entgehen zu lassen? Unmöglich, hier aus dem Bett zu steigen, ohne seiner natürlichen Schamhaftigkeit Gewalt anzutun! Wenn doch der Maxl endlich die Augen aufschlüge! Wie sollte sie nur ohne ihn in die Stube hinuntergehn zu den fremden Leuten? Wohin war das wohltuende Fluidum des geborgenen Daheimseins verweht? Nie mehr wieder die

Stimme der Mutter am Morgen hören, nie wieder die Schwestern, die Knechte und Mägde täglich sehen, nie wieder im Sommer auf den weiten Feldern mähen und ernten oder im Winter in der hohen Tenne dreschen! So nahe Aufhausen, und doch gleichsam ausgestoßen aus der wunderbar vielfältigen, heiter und traurig unterhaltsamen Gemeinschaft! – Alles nie, nie wieder!!

Zweifellos bangte die Resl jedem Morgen so entgegen. Am Tage, wenn sie nur einmal arbeitete, wurde sie ruhiger. Da wurde die Schwere in ihrer Brust ein wenig leichter. Aber in der Frühe, mittags und nach Feierabend, wenn sie mit den Grafs zusammensaß, kam sie sich stets vor wie eine Magd, die kürzlich den Dienst angetreten hatte und nur geduldet wurde. Die Stellmacherin mochte sie nicht, die Kathl ging ihr aus dem Weg und redete nur das Allernötigste mit ihr, der Zwerg sah sie stets staunend und abweisend an, und nur mit dem Maxl und dem Lorenz fand sie sich zurecht. Der Maxl war ihr gegenüber nett, freundlich und machte viel Späße, die sie aufmuntern sollten. Es entging ihm nicht, wie kleinmütig sein junges Weib in dieser neuen Umgebung war. Er versuchte bei jeder Gelegenheit, ihr ein wenig Selbstbewußtsein beizubringen. Er lobte und ermunterte sie. Stets betonte er, daß *sie* die Frau des Hauses sei. Doch die Resl konnte und wollte nicht befehlen, sie konnte nur eins: arbeiten! Alles andere begriff sie nicht, und es machte sie unsicher. Am glücklichsten war sie im Stall bei den Kühen. Mit dem Schmalzer-Franz, der das Pferd versorgte, schien sie ein viel näheres, echteres menschliches Verhältnis zu haben als mit allen anderen Leuten im Hause. Er war ein Knecht wie die Knechte in Aufhausen, mit denen sie sich stets aufs beste verstanden hatte. Der Bäckergeselle dagegen – ein Mensch aus der Stadt, der sein Sonderleben führte – konnte sie ruhig ein bißchen von oben herab behandeln. Sie fand das ganz in der Ordnung und begegnete diesem Mannsbild mit sichtlicher Scheu. Sie wusch seine Wäsche, sie wusch die Windeln der Kathl, sie wusch und flickte für alle. Als der Maxl das entdeckte und aufgebracht wurde, tat es ihr fast weh, daß er etwas dagegen hatte. Sie empfand seine gutgemeinten Worte als Schimpf und blickte ihn hilflos an. Am liebsten hätte sie gesagt: »Was hast du denn? Laß mich doch arbeiten! Dazu bin ich doch da!«

Doch sie ließ ihn reden. Das ärgerte den Maxl. Nichts auf der Welt war ihm so verhaßt als so ein stummes Dulden, dieses unbegreifliche Unterordnen, diese fast willenlose Gutmütigkeit und Demut. Er wollte erklären, doch als er merkte, daß die Resl ihn nicht begriff, kam er wirklich ins Schimpfen.

»Ja, Herrgott, Resl, begreif doch, daß dir niemand was anschaffen kann! Was du im Haus sagst und willst, gilt! Keiner kann dir was sagen! Versteh mich doch! ... Resl? Herrgott, zum Teufel, versteh doch!« rief er und verbot ihr geradezu, sich von den anderen ausnützen zu lassen. Sie aber bekam nur ein trauriges Gesicht und erwiderte: »Ja, hm, aber gewaschen muß das Zeug doch werden!« Was half da alles Dawiderreden! Bald stellte sich heraus, daß Maxls und Resls Ansichten grundverschieden waren. Anfänglich tröstete sich der Maxl im stillen damit, daß sich sein junges Weib erst einmal eingewöhnen müsse und sich im Laufe der Zeit ändere, langsam aber sah er ein, wie steinhart gleichartig die Resl blieb, und er litt mehr darunter, als er zugeben wollte. Oft und oft benahm er sich gereizt. Kein Wunder, daß die Resl nun, da sie täglich und stündlich mit ihm zu tun hatte, ihren Mann keineswegs mehr als den übermütig heiteren Wirtshausmenschen, sondern als einen übellaunigen, streitsüchtigen, rechthaberischen Raunzer empfand, dem man am besten nie widersprach und überall schweigend nachgab. Vielleicht fühlte der Maxl das, denn er wandte sich wieder anderen Dingen zu und redete seinem jungen Weib nichts mehr ein. Das war schmerzlich für ihn. Jahrelang hatte er sich danach gesehnt, einen gleichgestimmten Menschen zu finden, der an all dem, was ihn bewegte und anspornte, mit Herz und Hirn teilzunehmen fähig war. Seine Hoffnung hatte ihn getäuscht. Gern hätte er der Resl sein ganzes Innere aufgetan, hätte ihr gegeben, was er geben konnte – aber es war, als liege seinem Weib gar nichts daran, als begreife sie ein solches Füreinanderleben gar nicht. Mit verschwiegener Verdrossenheit bemerkte er zum Beispiel, daß die Resl den stillen, wortkargen Lorenz viel lieber hatte als ihn. Ihm kam vor, als verstünden sich die beiden, obgleich sie nur wenige Worte miteinander wechselten, ausgezeichnet. Das tat ihm wohl und wehe zugleich. Er beneidete den Lorenz und die Resl um ihre schlichte Zufriedenheit. Er freute sich, daß sie so gut miteinander auskamen, und er sann vergeblich darüber nach, was denn daran schuld sei, daß die Resl ihn nicht begriff, daß sie sich ihm gegenüber fast furchtsam verschloß, daß sie nie eine eigene Meinung äußerte und alles mit gehorsamer Geduld über sich ergehen ließ. Ein leichtes Mitleid erfaßte ihn mitunter, wenn er sie ansah, nachdem er ihr diesen oder jenen Plan erklärt hatte.

»Was meinst du dazu, Resl«, fragte er und schaute in ihre Augen. Fast verlegen wurde er und redete weiter, aber es war immer das gleiche.

»Ja, hm, mein Gott, *du* bist doch das Mannsbild, Max!« sagte sie dann endlich, und er brach das Gespräch ab. Stets hatte er den bitteren Eindruck, als sei ihr eigentlich gar nichts von dem, was er vorschlug, recht, und er wurde grämlich darüber. Immer war ihm, als stehe sie nur da, ungewollt die Arbeit unterbrechend, und warte nur darauf, daß sie wieder weiterwerkeln könne. Noch schmerzlicher war ihm, daß die Resl an den ruhigen Sonntagnachmittagen oder nach Feierabend, sobald dies nur irgendwie ging, nach Aufhausen wanderte und dort aller Vermutung nach ihr Herz ausleerte. Warum tat sie das bei ihm nie? Stand er ihr denn nicht näher? Hatten sie sich nicht auf Lebenszeit miteinander verbunden? Auf Gedeih und Verderb, mit Leib und Seele?

Ach ja, – Seele? Wenn das rätselhafte Wort schon ausgesprochen werden muß – wohin wandte sich denn die Seele der Resl allezeit? Dahin, wo sie es von frühester Kindheit auf gewohnt war: dem Himmlischen zu!

Im Beten blieb sie unverändert heimrathisch. Der Glaube, die frommen Gebräuche, der übliche Kirchgang, die vierwöchentliche Beichte und Kommunion, die Pflichten, welche die Zugehörigkeit zur Gürtelbrüderschaft der »Heiligen Monika« vorschrieb, der Pfarrer und alles, was damit zusammenhing, behielten für sie die alte Wichtigkeit. Im Bäckerhaus verlor man nicht die besten Worte darüber. Gewiß war keiner von den Grafs ein Religionsfeind oder offener Freigeist. Sie waren katholisch wie alle Leute, aber sie hatten gewissermaßen eine eigene Meinung und eine etwas lockere Vorstellung von der Religion, und nichts war ihnen so zuwider, als eine so offen zur Schau getragene Frömmigkeit wie die der Resl. Nicht einmal die alte Stellmacherin, die noch am meisten am Herrgott hing, ging mehr als zweimal im Jahr zur Beichte. Der Lorenz kam seinen religiösen Pflichten, so gut er konnte, nach, indessen der Maxl, die Kathl, der Schmalzer-Franz und gar der Geselle nahmen es damit nicht allzu genau. Aus reiner Zweckmäßigkeit besuchte der Maxl das sonntägliche Hochamt, die Kathl ließ sich seit ihrer Schwangerschaft und Niederkunft kaum mehr in der Kirche sehen, der Franz konnte schon deswegen, weil er auch an den Sonntagvormittagen Brot ausfahren mußte, höchstens zur nachmittägigen Vesper gehen, und der Geselle schlief am Tage. Bei ihren Besuchen in Aufhausen erzählte die Resl oft von dieser Nachlässigkeit in religiösen Dingen bei den Grafs. Dann runzelte die alte Heimrathin die Stirn und meinte nachdenklich: »Soso? – Hm, und spotten tun sie auch noch darüber? Kein Gewissen machen sie sich draus, wenn über sie geredet wird?« Und sie fragte ihre betrübte Tochter, ob sie denn dagegen nicht auftreten und Wandel zu schaffen imstande wäre.

»Hm, ja, mein Gott, was soll ich denn machen?« erwiderte die Resl, »auf mich hört doch keiner! Mein Gott, ich muß eben für alle beten.« Die Genovev, deren Heirat mit dem Peter für den Herbst festgesetzt worden war, schaute schadenfroh und überheblich auf ihre verheiratete Schwester, als wollte sie sagen: »Da hast du es jetzt: Über den Peter hast du ewig gemurrt, aber der weiß, was Religion ist. Wart nur, dich und den gottlosen Maxl trifft schon noch das Unglück!«

Die Resl kam meistens bedrückt von Aufhausen ins Berger Bäckerhaus zurück. Sie ging in die Ehekammer, zog sich um und betete insgeheim einige Vaterunser in der Hoffnung, daß Gott die »Bäckerischen« doch noch einmal frommer mache.

Indessen nichts unter den Menschen ist ohne Ursache, und die wirklichen Erscheinungen in ihrem Leben sind immer nur das Abbild davon. Auch die Ungläubigkeit der Grafs kam nicht aus dem Ungefähren. Sie schien tief in ihnen verwurzelt. Sie dachten freilich auch nie darüber nach und empfanden kaum einmal das Bedürfnis, sich darüber Rechenschaft abzulegen, wieso und warum denn bei ihnen der Hang zum Zweifel weit mehr ausgeprägt war als die Hingabe an eine Religion, an den überlieferten Gott. Sie alle waren eher zum unverbindlichen Betrachten, zum zeitweiligen, etwas melancholischen Nachdenken geneigt als zum peinigenden Sinnieren, zum entscheidungsvollen Forschen nach dem Grund dieser inneren Veranlagung. Und bis jetzt war dazu auch noch kein Anlaß gewesen.

Nun aber war ein unbeirrbar gläubiger Mensch in ihre Mitte verpflanzt worden, der durch die stille Kraft seiner Demut geradezu aufreizend und herausfordernd auf sie wirkte. Die Resl eiferte und stritt nie. Sie widersprach nicht einmal, wenn man sie wegen ihrer Frömmigkeit verspottete. Sie arbeitete ausdauernder als jeder, blieb ruhig und friedlich und lebte ihr eigenes Leben, als sei sie ein Beispiel. Ihre stumme Geduld, ihre unangreifbare Verträglichkeit schien die Grafs mitunter sogar zu beschämen, wenngleich sie das nicht zugeben wollten. Sicher fragten sie sich oft, ob denn diese eigentümliche Haltung der jungen Bäckerin nicht eher ein starrer, hochmütiger Bauernstolz war als eine natürliche Bescheidenheit. Sie bemißtrauten sie im geheimen.

Zwischen ihr und denen, die sie jetzt umgaben, schien

eine dicke, hohe Mauer aufgerichtet zu sein, unsichtbar zwar, aber jeden Augenblick fühlbar.

Oft rätselte der Maxl darüber nach, wenn er sein Weib beobachtete. Es war ihm, als habe die Resl sich freudlos in ein notgedrungenes Geschick gefunden wie etwa eine verkaufte Sklavin.

Einmal saßen Lorenz und Maxl noch eine Weile in der Stube, nachdem alle anderen zu Bett gegangen waren.

»Sag einmal, Lorenz – aber sag's mir ehrlich«, fing der Maxl unsicher zu fragen an, »was meinst eigentlich du zur Resl? Hab' ich da die Richtige genommen?« Er schaute mißgestimmt auf seinen Bruder.

»Die Resl?« erwiderte der Lorenz ruhig, »da fehlt nichts. Ordentlich und brav ist sie und hält das Haus zusammen. Keiner kann was sagen gegen sie.«

Der Maxl überlegte kurz und runzelte die Stirn: »Jaja! Jaja! Brav! Brav!« meinte er sodann unmutig, »das ist ja alles recht und gut! Das schon! Soweit fehlt nichts, jaja! Rakkern und arbeiten tut sie wie kaum wer. Sparen kann sie, hausen und rackern tut sie, und brav, brav, zu brav ist sie! Aber was fang' ich denn mit dieser Bravheit an! Die gibt doch keine Geschäftsfrau ab, im Gegenteil! Brav? Hm! Nur mit der Religion hat sie's, sonst kümmert sie nichts! Was ich will und tu', interessiert sie überhaupt nicht! Grad ist's, als ob sie mit dem Herrgott und nicht mit mir verheiratet ist! Ist denn das noch ein Zusammenstand? Ich versteh' das nicht!«

Er hatte die Worte wehmütig herausgestoßen und schüttelte traurig den Kopf. Er atmete schwer und schwieg, und in dieses Schweigen hinein sagte der Lorenz: »Mein Gott, Maxl, jeder Mensch ist doch nicht gleich! Was läßt sich da sagen? Beim Heimrath ist es anders gewesen als bei uns. Die haben Glauben und Beten von Kind auf gelernt, und das ist der Resl verblieben.«

»Gelernt?« fiel der Maxl fast wütend ein, »den Glauben lernen! Unsinn! Eine Betschwester taugt doch nicht zur Geschäftsfrau, zum Teufel! Wenn meine Kinder auch so werden, das ist ja rein zum Grausen!« Er hielt inne und stützte seinen Kopf. Dann sagte er nachdenklich: »Jetzt versteh' ich den Kastenjakl selig erst ... Jaja, es stimmt, es stimmt ganz und gar, was er aufgeschrieben hat ...« Und er erwähnte die hinterlassenen Schriftschaften des Verstorbenen.

Der Lorenz blieb ziemlich gleichgültig und brummte: »Ihr seid doch noch nicht lang verheiratet, Maxl! Mit der Zeit wird sich das alles schon einrenken ... Die Resl läßt sich sicher richten.«

»Richten? Jaja«, meinte der Maxl, »jaja, schließlich und endlich schon. Aber was das für einen Kampf kosten wird, mein Lieber! Graue Haar' kann ich dabei kriegen!«

Und wieder fing er von Kastenjakls Aufzeichnungen an. Als er aber merkte, daß das den Bruder nicht interessierte, schloß er mit den dunklen Worten: »Das Katholische, mein Lieber, das ist nicht umzubringen. Das bringt eher uns um. Man kann ihm nicht an!« Der Lorenz schien diese Andeutung nicht zu verstehen. Er gähnte, stand auf und sagte nur noch: »Wenn einmal Kinder da sind, Maxl, wird die Resl auch anders. Gute Nacht, Maxl!« Er tappte aus der Stube. Der Maxl saß noch lange da und grübelte in sich hinein. In der Backstube arbeitete der Geselle schon.

Nach allem, was sich darüber erfragen ließ, beschäftigte sich der Maxl in jener kritischen Zeit sehr eingehend mit der Sichtung des schriftlichen Nachlasses vom Kastenjakl; denn der Stoß Papiere, welchen er beim Tode des Onkels aus Aufkirchen heimgebracht hatte, bestand aus einem unordentlichen Durcheinander von losen, nicht numerierten Blättern, auf beiden Seiten dicht beschrieben, aber schwer leserlich durch die vielen flüchtigen, oft unverständlichen Einschaltungen und Verbesserungen zwischen den engen Zeilen. Es scheint, daß diese Lektüre den Maxl tief erregt hat, ja, daß er vieles davon nie wieder vergessen konnte, denn übereinstimmend bezeugten insbesondere seine Schwester Kathl wie auch die Resl noch nach Jahren und Jahrzehnten, daß er die Papiere zuweilen tagelang studierte und immer wieder darauf zu reden kam. Auch die Kinder, die ihm die Resl schenkte, erfuhren aus seinem Munde noch viel davon. Die geweckteren davon lasen viele der verworrenen Aufzeichnungen, und ihr Vater versuchte ihnen manches auf seine Weise zu erklären. Leider aber sind diese merkwürdigen Schriftschaften dann doch verlorengegangen, und was sich noch auffinden ließ, stammte nicht mehr von Kastenjakls Hand. Unschwer erkannte man, daß es sich um Abschriften handelte, die der Maxl angefertigt hatte. Viele Umstände der Ungunst trugen schuld daran, daß – wenn man so sagen darf – das Testament des Kastenjakls nicht erhalten geblieben ist. Nun nämlich, nachdem der Maxl durch seine Heirat zu beträchtlichem Bargeld gekommen war, fing er heftig zu bauen an. Das erste war ein regelrechter Laden auf der Straßenseite des Hauses, das zweite eine Erweiterung desselben und die Einrichtung einer Krämerei, schließlich baute er das zerfallene Wäscherhäusl zu einem Warenmagazin mit kleiner Werkstätte für den Lorenz um, dazu kam eine Kammer und eine winzige Küche zu ebener Erde, welche die Kathl bezog. All diese kostspieligen Unternehmungen verursachten harte Kämpfe mit der ängstlichen Resl, die sich – als sie sah, wie ihr Mann scheinbar unverantwortlich das ganze Geld dafür ausgab – schon am Rande des Verderbens, am sicheren Bettelstab sah. Sie stritt freilich nicht mit ihrem Mann, sie weinte und klagte nur und wurde ganz hilflos, wenn der Maxl ihr etwas erklären wollte. Darüber geriet er in einen solchen Zorn, daß er hemmungslos fluchte und schimpfte. Schon durch diese vielen An- und Umbauten kam allerhand beim Graf in Unordnung. Es ging verloren oder zugrunde, was nicht dem unmittelbaren, täglichen Zweck diente. Und dann war noch etwas im Bäckerhause eigentümlich: mochte das Geschäft auch noch so aufblühen und sich erweitern, sonderbarerweise achtete niemand auf irgendeine Ordnung in schriftlichen Dingen und Angelegenheiten. Es gab keine Buchhaltung. Einnahmen und Ausgaben wurden nirgends registriert. Die Steuern wurden entrichtet auf Grund irgendwelcher Angaben und unter Vorlage der letzten Rechnungen. Diese Rechnungen waren stets – soweit sie noch nicht beglichen – auf einen Nagel an der Ladenwand gespießt und wurden dann zerrissen, die Lieferbücher für die verschiedenen Kundschaften lagen neben dem Geld und den Schlüsseln in der Schublade des Ladentisches. Wichtige Briefe, Verträge oder Baupläne konnte man ebensogut bei den Messern, Gabeln und Löffeln in einem Fach des Küchenschrankes, im Schüsselrahmen oder droben im eingemauerten Kästchen der Ehekammer finden. Die Kinder kramten manchmal darin herum, oder die Resl räumte diese Fächer aus und warf manches, was ihr überflüssig erschien, einfach weg.

Derjenige, der als Nachkomme des Max Graf und der Therese Heimrath in diesen Seiten die vielverschlungene Geschichte dieser beiden Geschlechter gewissenhaft und – so gut es ihm gelingen mag – der Wahrheit gemäß wiederzugeben versucht, hat als Knabe Kastenjakls Aufzeichnungen und seines Vaters Abschriften noch zum größten Teil gelesen. Er las dieses sonderbare Vermächtnis mit erregten Sinnen, und einiges davon ist ihm so fest eingeprägt, daß er es fast wortwörtlich wiederholen kann. War es doch gleichsam das Allererste, was sein Gemüt aufnahm und es wahrhaft erschauern ließ. Ganz gegenwärtig sind ihm noch heute die Anfangssätze des alten Sonderlings von der ehemaligen Maxhöhe, die also lauten:

»Ich mag es anschauen, wie ich will, ich mag es anfangen, wie ich will – ich hab' einen Neid auf die Leute, die alles vergessen können. Bei mir ist's grad das Gegenteil. Wenn ich nachsinniere über uns – die Jetzigen und die Früheren –, läuft inwendig bei mir das Gift über. Es läßt mich nicht aus. Es wird immer ärger, und oft ist's so, daß ich jeden da herum und überall ebenso schinden möcht', wie sie unser Geschlecht wegen nichts ausgesogen, geschunden, verkrüppelt und zerstückelt haben, solang es erinnerlich ist. Solcher Erinnerung nach, und wie ich's ausgeforscht hab', sind die ersten der Unsrigen tirolische Waldenser gewesen, ruhige, ordentliche Menschen mit gesundem Hirn und einem ernsten Glauben. Haben angehängt dem Glauben der ›Armen von Lyon‹, wo herkommen vom Arnold von Brescia und vom durch und durch ehrenhaften Geschäftsmann Peter Waldes anno 1170 oder 73. Es kann uns folgedessen jeder anschauen von den hundsmäßig Katholischen in der Aufkirchener Gegend, und wir könnten ihn faktisch fragen: wo kommst denn du her, du eingeseßner, muffiger Betbruder samt deinem großen Hof, deinem vielen Geld und Vieh, daß du den Kopf gar so hoch oben hast und auf uns herabschaust wie auf aussätziges Gesindel? – Vielleicht ist der erste von deiner Sippschaft, der aus einem Weiberbauch geschloffen ist, einer gewesen von denselbigen, als welche die Unsrigen seinerzeit verraten, gehetzt, gebrandschatzt und inquisitiert haben.« – Darüber, zwischen die Zeilen hineingekritzelt, befanden sich die kaum entzifferbaren Worte: »Ganz genau ... nichts übersehen ... Schwarzer Peter sagt, Albi ... Unsrige Waldische in Salzburg, Pinzgau ...«

Man weiß allgemein, daß die Anhänger des edlen Peter Waldes von der südfranzösischen Landschaft Languedoc ausgingen und ihren Hauptsitz in der Stadt Albi hatten, weswegen sie auch vielfach nach dem Volksstamm der »Albigenser« benannt wurden. Sie breiteten sich im letzten Viertel des zwölften Jahrhunderts, insbesondere nach den grausigen »Albigenserkriegen«, über ganz Süd- und Mitteleuropa aus. Waldenser gab es am unteren und mittleren Rhein, in Bayern, in Böhmen, in der Lombardei, in Tirol und Salzburg. Bezeichnend ist, daß sich ihre Bruderschaften meist aus Handwerkern und kleinen Bauern zusammensetzten. Ihr Ziel war: eine soziale Gemeinschaft von Gleichen, in welcher der Grundsatz des gegenseitigen Helfens oberstes Gesetz war. Sie lebten – jeder von ihnen ein schönes Beispiel dafür – fromm, brüderlich und friedlich mit allen Menschen zusammen, waren bedürfnislos, tüchtig, nüchtern und ungemein fleißig. Deswegen achtete man sie überall, und ihr Einfluß stieg und stieg. Ihre Schriften, die sich auf die Bergpredigt stützten, waren wohl die ersten dieser Art, die in der jeweiligen Volkssprache geschrieben waren. Sie wurden viel gelesen. Ohne Fanatismus, nur wirksam durch ihr beispielgebendes, tätiges Christentum, traten die Waldenser gegen das leere Dogma der Kirche auf. Nachweislich hat das unduldsame Papsttum, dem an dieser Bewegung insbesondere der soziale Charakter gefährlich erschien, über zweihundert Jahre gebraucht, um sie gänzlich auszurotten. Auf welche Weise Rom diesen Vernichtungsfeldzug durchführte, bekunden die Historiker jener Zeit. Bei einem kann man darüber lesen: Die Verbreitung des Waldensertums alarmierte die Kirchenbehörden. An eine durchgreifende Inquisition war vorläufig nicht zu denken, da die Bevölkerung gegen die Einmischung der Bischöfe war und besonders eifrige Inquisitoren gewaltsam hinwegräumte. Die Kirche griff deshalb zum Mittel der Kreuzzüge gegen die südfranzösischen Ketzer. Alle Gläubigen wurden aufgefordert, sich für den Preis eines Ablasses ihrer Sünden an dem heiligen Krieg zu beteiligen. 1180 wurde der erste Kreuzzug gegen Südfrankreich unternommen, der gar nichts ausrichtete, da die Grafen von Languedoc die Angriffe zurückwiesen. 1195 wurde Graf Raimund VI. von Toulouse mit dem päpstlichen Bann belegt, aber auch diese Maßregel blieb erfolglos. Die Kirche sandte sodann geistliche Missionen nach Languedoc, um die Ketzer zu bekehren. Einer dieser Missionen gehörte Dominik de Guzman, der Gründer des Dominikaner-Ordens, an. Auch ihre Bemühungen waren fruchtlos. Der Papst griff wieder zum Mittel der Kreuzzüge und gab dem Kreuzheer die Weisung, das »divide et impera« zu beobachten, das da heißt: den heiligen Krieg nicht mit dem Angriff auf den mächtigen Grafen von Toulouse zu beginnen, sondern vorerst die schwächeren Gegner einzeln anzugreifen. Der heilige Krieg wurde unter Leitung Simons von Montfort im Jahre 1209 mit großer Energie begonnen. Béziers und Carcassonne wurden erstürmt, wobei viele Tausende waldensischer und katholischer Einwohner ihr Leben verloren. Bei der allgemeinen Schlächterei fielen sowohl Rechtgläubige wie Ketzer dem Schwert der Kreuzfahrer zum Opfer. Als die Kreuzfahrer bei der Erstürmung von Béziers doch einigermaßen zauderten, die Schlächterei allgemein zu machen, weil auch gute Katholiken getötet werden könnten, rief ihnen der päpstliche Legat, der Abt Arnold von Citeaux, zu: »Caedite eos; novit enim Dominus qui sunt eius!«, was der Dichter Lenau in seinen ›Albigensern‹ folgendermaßen übersetzt:

»Der Abt entgegnet: dessen ist nicht Not,
schlagt Ketzer, Katholiken, alle tot.
Wenn sie gemengt auch durcheinanderliegen,
Gott weiß die Seinen schon herauszukriegen.«

Diese Feldzüge dauerten bekanntlich bis zum Jahre 1244, und das französische Königtum, das die mächtigen Grafen von Languedoc vernichten und Südfrankreich unter die Herrschaft der Krone bringen wollte, half kräftig mit. Im zweiten Band von Leas ›Geschichte der Inquisition‹ ist dieses Ergebnis zu lesen:

»Im zwölften Jahrhundert war Südfrankreich das zivilisierteste Land Europas gewesen ... Da kamen die Kreuzfahrer ins Land, und was sie unvollendet ließen, das wurde von der Inquisition aufgegriffen und grausam zu Ende geführt. Sie ließ ein zugrunde gerichtetes, verarmtes Land zurück, dessen Industrie vernichtet und dessen Handel zerstört war. Ein Volk von reinen, natürlichen Gaben war mehr als ein Jahrhundert lang gefoltert, dezimiert, gedemütigt und beraubt worden. Die frühzeitige Zivilisation, welche versprach, der Kultur Europas den Weg zu weisen, war dahin ...«

Aber es scheint wahr zu sein, daß der Geist einer reinen großen Idee, nur einmal in der Menschenseele entzündet, nicht mehr ausgelöscht werden kann und fortwirkt von Geschlecht zu Geschlecht. Als gehetzte, geächtete Emigranten kamen die überlebenden südfranzösischen Waldenser in andere Länder und lebten zunächst bettelarm, geduckt, verängstigt und vielleicht sogar als rechtgläubig erscheinende Katholiken in der ungewissen Fremde. Allmählich aber fanden sich die Verstreuten doch wieder zu Brudergemeinden zusammen und wagten mehr und mehr, ihre Ideen kundzutun. Aus welchen Quellen der Kastenjakl die Herkunft der Grafs von den Waldensern geschöpft hat, ist mit Sicherheit nicht zu ergründen. Gewiß hatte er einen starken Hang zu verwegenen Mutmaßungen und Konstruktionen, zweifellos muß er aber auch viel nachgeforscht haben. Auf Grund der geschichtlichen Ergebnisse nämlich sind seine Behauptungen, die freilich nur der Erinnerung nach zitiert werden können, nicht ganz von der Hand zu weisen, die da besagen, daß »wir in der Vorderzeit nach langer Irrfahrt im Pinzgauischen und hernach zwischen den Bächlein Ober- und Untersulzbach, gehörig zum Erzbistum Salzburg, seßhaft geworden sind, bis es wieder anders geworden ist«. Es ist erwiesen, daß dort Waldenser lebten.

Indessen allem gibt die Zeit schließlich eine andere Form und ein anderes Gesicht, und gerade hierfür legten die Aufzeichnungen des alten Sonderlings ein aufschlußreiches Zeugnis ab, das sich durch die Geschichte eindeutig beweisen läßt.

Auch die Waldenser wandelten sich von sanften Menschen zu tapferen Kämpfern. Sie waren überall das Element des freudig aufnehmenden Geistes und opferten für ihre Überzeugung standhaft ihr Leben. Viele von ihnen kämpften in den Hussitenkriegen mit. Sie nahmen als die ersten die lutherischen Lehren an, befaßten sich mit den Ideen Calvins und Zwinglis ebenso wie mit denen Thomas Münzers. Durch jahrelange Beschäftigung mit der richtigen Auslegung des göttlichen Wortes dachten sie heftig darüber nach, wie sie dieses auf der Welt verwirklichen könnten. Nicht wenige von den Ihrigen waren Krieger in den Bauernheeren des blutigen Jahres 1525. Sie sahen als übriggebliebene, verstreute Einzelne wehrlos und stumm dem Ausrottungsfeldzug gegen die rebellischen Bauern zu, vergaßen nichts von dieser Schmach und behielten ihren Grimm. Sie konnten das Erbe nie verleugnen, das sie von ihren vertriebenen Vorfahren übernommen hatten. Sie sannen tief über die deutschen Mystiker nach und zerbrachen sich beständig über die Durchführung der sozialen Gleichheit den Kopf. Und wieder nach einer Generation standen die Ihrigen während des Dreißigjährigen Krieges teils als Soldaten, teils als unbekannte Mithelfer und verschwiegene Gleichgesinnte auf seiten der protestantischen Union. Was ihre Brüder als Masse an Triumphen und Niederlagen erlebten, das erlitten sie als Einzelne in vielfach feindseliger Umgebung. Und nichts blieb ihnen erspart, keinen schonte das Geschick. Er sprach ein Wort und verriet sich als Ketzer, er bekannte sich offen und starb in der Folterkammer oder auf dem Scheiterhaufen der Katholischen. Oder aber auch, sie entwischten durch Zufall und List ihren Peinigern. Die ersten ihres Geschlechtes hatten angefangen, über den Glauben nachzudenken, und sie, die Nachkommenden, versuchten noch immer, diesen Glauben mit ihrer Vernunft in Einklang zu bringen. Sie versuchten es nicht nur, sie wollten auch danach leben. Und darum blieben sie durch Jahrhunderte hindurch Menschen, die vertrieben wurden, dauernde Emigranten, Exilierte, Geächtete. Wo immer sie hinkamen, machten sie ein Gewerbe blühend. Durch ihre beharrliche Arbeit und Klugheit kamen sie vielfach zu Wohlstand. Jeden Landstrich machten sie fruchtbar und fühlten sich schnell heimisch auf ihm. Sie hingen an diesem neuen Boden, als seien sie darauf geboren, sie liebten ihre oft wechselnden Heimaten. Da sie aber einen weit offenen Weltsinn hatten, da ihnen vor langer, langer Zeit ihr Vaterland auf so unwiederbringliche Weise geraubt worden war, daß sie sich nicht einmal mehr einen Begriff davon machen konnten, deswegen fand man nie einen Patrioten unter ihnen. Ihre lange, schwere, blutige Geschichte hatte sie gelehrt, daß Vaterland und Obrigkeit äußerst fragwürdige, unbeständige Dinge seien. Sie waren vielmehr wahrhaft Streiter für den Geist, und das war auch ihr Fluch. Auf sie fiel überall die Rache der Gegenreformation mit all ihrer unmenschlichen

Grausamkeit, und durch die ganze deutsche Geschichte läuft die blutige Rinne ihres Golgathaweges bis zur berühmten Salzburger Ketzeraustreibung des Bischofs Firmian in den Jahren 1730 bis 1732, mit der sich die Aufzeichnungen Kastenjakls ungefähr so befaßt haben:

»Unseren Urgroßvater mit Namen Peter, verheirateter Handwerksmann mit vier Kindern, und seinen Bruder Andreas, ledig, haben sie selbigerzeit gefaßt im Haus im Untersulzbachischen. Einfach herausgerissen sind sie worden aus der Werkstatt und nackt ausgezogen. Dem einen wie dem andern ist alsdann die rechte Hand abgehackt worden und ins Gesicht geschmissen. Sie sollten nie mehr ein Kreuz machen und nichts mehr ehrenhaft arbeiten können. Alsdann haben die Schergen jedwedem hinten und vorn einen dicken Bündel Stroh auf die Haut gebunden und angezunden. Geschrien haben die Firmianischen: ›So, und jetzt marsch mit euch! Lauft dem Teufel entgegen! Der freut sich schon! Weib und Kinder machen wir schon katholisch, wenn ihr in der Höll' seid!‹ Und wie keiner hat laufen wollen und sich gewunden hat, haben die Schinder gestochen, bis jeder Reißaus genommen hat. Sind geloffen mit der siedenden Haut, wer weiß wohin ...«

Derartige Berichte sind in jedem historischen Werk aus jener Zeit zu finden. Jeder weiß, daß schließlich der Preußenkönig den aus Salzburg vertriebenen Lutherischen und Reformierten zu Hilfe kam, ihnen Wagen und Reiseschutz schickte und Hunderte dieser Verjagten in Ostpreußen, bei Tilsit und im Litauischen ansiedelte. Diejenigen aber, die dabei mitkamen, waren immerhin angesehene Leute mit einiger geretteter Habschaft, die ihre frühere Wohlhäbigkeit verriet. Die Grafs dagegen scheinen buchstäblich nackt und bar über die bayerischen Gebirgspässe gekommen zu sein, also in ein Land, in welchem ein ebenso engstirniger Katholizismus wie in Salzburg vorherrschend war. Ihre Odyssee muß erst geendet haben mit jenem Adreas Graf, welchen das Kirchenbuch der Pfarrei Münsing als am 30. November 1786 geboren verzeichnet. Er war der Großvater des Maxl und trieb neben seiner Stellmacherei auch Pferdehandel, verheiratete sich mit einer Therese Reiserer, erwarb das Berger Anwesen und starb am 14. Dezember 1841. Von diesem seinem Vater stand in Kastenjakls Aufzeichnungen nichts weiter. Überhaupt war es weniger das Tatsächliche, wenngleich zuweilen schaurig genug, was an dieser schriftlichen Hinterlassenschaft den Leser so erregte, als vielmehr das Rachsüchtige und Giftige der Schlußfolgerungen, die der Kastenjakl zog. In ihnen aber schien das Ungefähre der bitterharten Geschichte der Grafs ganz eingefangen zu sein, und gerade sie klärten den Leser darüber auf, weswegen in diesem Geschlecht aller Glaube erstorben war. Der alte, sonderbare Mann im Aufkirchener Dachstübchen muß sehr schmerzlich über diese Erscheinung nachgedacht haben, ja, es will scheinen, als habe er – wenn man sich genau seiner Worte erinnert – gerade an jenen Stellen, die sich damit befassen, eine ebenso hohe als erschreckende Wahrheit über die Seinigen ausgesprochen. Abgesehen von der sich oft wiederholenden Sentenz, daß das »Denken schon ein Wurm sei, der nichts mehr zu glauben zuläßt und unglücklich macht«, erhellen Abschnitte wie dieser die ganze Bitterkeit einer unausweichlichen Erkenntnis:

»Ein giftiger Stachel ist in einem jeden geblieben, der dieses Foltern, Schinden und Ausrauben ewige Zeiten durchgemacht hat und noch nachspürt, als wär's ihm selber leibhaftig geschehen. Hat keiner mehr glauben können an so ein Nebelding, das wo sich heißt Gott, der Herr der Heerscharen, und allfort ruhig zugeschaut hat und den ganzen niederträchtigen Jammer hat geschehen lassen!« Und weiter: »Wir haben nichts vergessen und sind zu guter Letzt in die Verstellung und in alle schleicherische List geschloffen, auf daß uns keiner mehr hat kennen können, wer wir sind. Wir haben spielen müssen frommgläubige Katholiken, sind Lutherische und Reformierte gewesen, wie man's verlangt hat, und haben gewechselt das Glaubensgesicht wie ein Hemmerd, wo man, weil Flöh' drinnen sind, ablegt. Wir haben geschwindelt und gelogen und gedienert und gefeilscht, weil's immer um ein Haar ums Leben gegangen ist, aber wir haben zum Ende ganz wirklich den Krimskrams von einem Herrgott und einer Seligkeit ad acta gelegt. War immer zu schlechtem Nutzen für einen jeden von uns, aber vergessen haben wir nichts, und einmal soll's einer vielhundertmal vergelten, weil sie uns so ausgebrannt haben inwendig ...«

Im nachfolgenden war dann die Rede von Kastenjakls Plänen, von seiner Stellung zu den Menschen und zur Welt. Er rechtfertigte gleichsam alles Üble, das er getan hatte, als habe es sich dabei stets um eine unumgängliche Notwendigkeit gehandelt, und wer zu lesen verstand, dem fiel auf, mit welcher Freude der alte Mann jene Fälle wiedergab, die gegen die religiösen und moralischen Ansichten hierzulande verstießen. Mit einem Zynismus ohnegleichen, wie etwa ein Jäger, der sich freut über das erlegte Wild, verbreitete er sich zum Beispiel über seine einstmalige Heirat, indem er sagte, er habe das »moderige, bigotte Gezücht« der Hupfauers »weggelöscht« und wenigstens das, was sie zurückgelassen, nämlich ihr Geld, richtig angewendet.

»Schau ich's an, wie ich will«, hieß eine Stelle, die sich mit dem Maxl befaßte, »dann kommt es mir vor, als wär' der Maxl schon der Rechte. Er wird weiter kommen als ich, und zu hoffen ist, daß er irgendein stockiges, christkatholisches Weibsbild mit Geld hinters Licht führt und einfangt, das ihm Kinder bringt. Macht's er nicht ganz, so wird's eines der Kinder zu End' bringen. Nichts wär' schöner! Gewiß ist, daß wir in unserer allerersten Vorderzeit engelsgut gewesen sind und gewaltmäßig zu Teufeln gemacht worden sind. Sie sollen's also spüren, was ein Teufel ist ...« Wenige Zeilen darnach kam jener Schlußsatz, den der Maxl bei Kastenjakls Tod auf dem Blatt im Aufkirchener Dachstübchen gelesen hatte.

Kein Wunder also, daß diese Niederschriften ihn bis ins Innerste ergriffen, daß sie ihn erschreckten und ihm nicht mehr aus dem Sinn gehen wollten, seit er mit der Resl zusammenlebte. Worüber erschrickt denn ein Mensch, wenn er etwas liest, was ihn angeht, und das er zunächst nur rein des Interesses halber zu lesen vermeint? Er erschrickt, wenn er auf etwas stößt, das plötzlich mit zynischer Offenheit ein peinliches Geheimnis seiner Seele bloßlegt und wirksam macht. Mit dem Glauben ist's ähnlich wie mit der Liebe. Zuerst hängt der Mensch mit der ganzen Inbrunst seines Inneren daran. Er glaubt und er liebt, als sei er nur dafür geschaffen, als gäbe es gar nichts anderes auf der Welt als diese fortwährende hochgestimmte Verbundenheit mit dem Objekte seines Glaubens und seiner Liebe. Dann kommt ein Schlag der Enttäuschung nach dem anderen. Die ersten Schläge sind schmerzlich, die letzten vernichtend.

Jetzt wurde dem Maxl gewiß, warum er und die Seinen das Glück nicht haben konnten, an einen Gott fest und zuversichtlich zu glauben, und noch grauenhafter stieß er auf die Ursache, weswegen alle Grafs unfähig waren, einen Menschen zu lieben, obgleich er sich oft und oft danach gesehnt hatte. Nun sah er sein junges Weib anders an als früher, und stets, wenn er ihrer unwandelbaren Frömmigkeit begegnete, sprangen ihn gleichsam die merkwürdigen Botschaften seines toten Onkels an wie unsichtbare, reißende Tiere, die seine unsicher gewordene, mit Bitterkeit erfüllte Seele immer von neuem wund bissen. Im Lauf der Zeit versteifte sich dieser innere Zustand bei ihm derart, daß er – ohne daß er's wollte und ohne daß er sich dessen bewußt wurde – in allem einen stummen Widerstand der Resl witterte und stets gerade das Gegenteil von dem tat, was sie erhoffte oder zaghaft wollte. Die Resl ertrug dies alles mit der ihr eigenen, wehrlosen Geduld.

Der Maxl redete nie über diese Dinge mit ihr. Sie hätte auch nichts davon verstanden. In ihr wirkte etwas wie eine unverbrauchte Urkraft, die die Grafs längst verloren hatten. Die schien alles zu überdauern.

So wuchs das Bäckerhaus ins Hohe und ins Breite. Die Bäckerei und die Krämerei – gegen deren Einrichtung sich die Resl noch ängstlich gesträubt hatte – nahmen einen so unerwarteten, vielversprechenden Aufschwung, daß die

Wohlhäbigkeit gesichert war. Und keine Konkurrenz war weit und breit. Der Haunersche Laden in Aufkirchen verlor seine Bedeutung ganz und gar. Von allen umliegenden Orten kamen die Leute nach Berg und holten das, was sie brauchten. Es war stets alles zu haben: Zucker, Kaffee, Salz, Reis und Grieß, Petroleum und Kerzen, aber auch Bänder und Zwirn, Strick- und Nähnadeln, Wolle und Faden. Immer reichhaltiger wurde die Ware. Die Resl sah ein, ihr Maxl hatte recht gehabt. Ihre dreitausend Gulden waren nicht verloren. Sie kamen zwar nur im Kleinen, aber doch vermehrt, wieder zurück ins Haus. Und so wurden auch die ersten Kinder geboren: der Max, der Joseph, welcher aber schon nach acht Tagen starb, die Theres und der Eugen. Seltsamerweise trauerte der Vater nicht im mindesten über den Tod seines zweiten Sohnes. Gegen seinen Willen hatte die Resl im Verein mit der Heimrathin es durchgesetzt, daß er Joseph heißen sollte, ein Name aus der Aufhauser Verwandtschaft. Er sah auch, soweit sich das überhaupt feststellen ließ, den Heimrathischen ähnlich. Die junge Mutter hatte bis zum Tage der Geburt trotz allen Dawiderredens schwer gearbeitet und war plötzlich von Wehen überfallen worden. Ob sie wollte oder nicht, sie mußte wegen des ungewöhnlichen Blutverlustes einige Wochen liegen. Der Starnberger Doktor kam öftere Male. Rotwein mußte die geschwächte Wöchnerin trinken. Die alte Stellmacherin pflegte sie, und der Maxl ließ es an nichts fehlen.

Einmal sagte er gutmütig spöttelnd zu ihr: »Aber das darf nicht mehr passieren, Resl! So kann's gehen, wenn du mir nicht folgst. Joseph? Sepp! Das hast du dir eingebildet! Und jetzt wär's beinahe dein Tod gewesen!« Er lächelte, und auch sie verzog ihren Mund ein wenig. Seither aber suchte der Maxl stets Namen für seine Kinder, die in dieser Gegend wenig üblich waren. Einen Eugen zum Beispiel gab es seit Menschengedenken in der Aufkirchener Pfarrei nicht.

Trotz gelegentlicher Reibereien nahm das Verheiratetsein der Bäckerleute ein gewohntes Gesicht an. »Ist doch ein guter Zusammenstand«, hieß es. Der Maxl regierte, und die Resl rackerte. Ihre grenzenlose Gutmütigkeit machte sie alsbald bei allen Nachbarn beliebt. Man fand schnell heraus, daß sie es mit dem Rechnen beim Verkauf nicht so genau nahm wie der Maxl und für schlau vorgebrachte Klagen ein sehr empfängliches Ohr hatte. Sie wurde – wie der Maxl sich ausdrückte – nie eine »echte, seriöse Geschäftsfrau« und blieb bäuerlich einfach, wie sie seit jeher gewesen war. Er brauchte lange, bis er sie wenigstens dazu brachte, daß sie im Sommer nicht mehr barfuß ging. Irgendwelche Eitelkeiten waren ihr völlig fremd, und als ihr der Maxl, in der Absicht, ihr eine Freude zu machen, bei der Kathl etliche Kleider nähen ließ, fand sie das überflüssig und verschwenderisch. Hatte sie denn nicht immer noch ihre unverwüstlichen Spenzer und Röcke von daheim und für feiertags und Festlichkeiten Mieder und Silbergeschnür? Die neuen Kleider trug sie höchst selten und fast verschämt. Sie fühlte sich höchst unbehaglich darin. Die Rüschen und paspelierten Verzierungen daran waren ihr zuwider, und eines Tages trennte sie all diesen Tand ab. Sauber, zweckmäßig und derb mußte das sein, was sie zur Arbeit trug, und alles andere schien ihr unsolid und unbrauchbar. Der Maxl und die Kathl versuchten sie wohlmeinend davon zu überzeugen, daß eine Geschäftsfrau wie sie etwas auf ihre Erscheinung geben müsse. Es machte aber den Eindruck, als fände sie diese Belehrung demütigend, und wahrscheinlich glaubte sie, man mißachte sie und fände sie zu wenig nobel. Sie sagte nichts davon und meinte nur bezüglich der Kleider, sie könne doch nicht am hellichten Tage wie ein fastnachtsmäßig aufgeputzter »Maschkerer« gehen. Ungebraucht hingen die Kleider im Schrank der Ehekammer.

»Sie ist noch wie aus der ganz alten Zeit«, klagte der Maxl verdrießlich bei der Kathl, und die nickte. Sie seufzte ein wenig, sah ihrem Bruder in die Augen und erwiderte tröstend: »Aber sie ist eine grundgute Person!« Die Kathl nämlich wohnte seit der Fertigstellung des Wäscherhäusls im Hof hinten in der schmalen Stube und winzigen Küche zu ebener Erde und bekam, da sie nunmehr selbständig hauste, manches von der Gutmütigkeit der Resl zu spüren. Oft schenkte ihr die Bäckerin insgeheim Semmeln, Brot und andere notwendige Waren aus dem Laden. Ihr Kind, ein Mädchen namens Marie, war schnell herangewachsen, lebte im Bäckerhaus und trug schon Brot zu den Herrschaften am Berger See-Ufer. Tagsüber behütete sie die Kinder. Längst war es so gekommen, wie der Maxl und die alte Stellmacherin vorausgesagt hatten: Kathls Liebhaber, der Gendarm Sauer, hatte sich von ihr abgewandt und sich schließlich in eine andere Gegend versetzen lassen. Er ließ nie wieder etwas von sich hören.

Die Kathl war dennoch nicht verbittert geworden und redete nie ein schlechtes Wort über ihn. Die Kindsgeburt hatte ihr übrigens gut angeschlagen. Sie sah trotz ihrer körperlichen Zartheit reif und schön aus, mit Reizen, die keinem Mann entgingen. Gewiß war sie arm und kämpfte mit vielen kleinen Sorgen, aber ihre Heiterkeit hatte sie nicht verlassen. Sie blieb, was sie war, ein empfindsam träumerisches Geschöpf mit einem gewissen gelassenen Humor.

Gelassen und still in sich gekehrt lebte nunmehr auch die alte Stellmacherin im Hause. Sie stopfte Strümpfe oder saß an schönen Tagen mit dem plappernden Zwerg auf der Sonnenbank vor der Tür. Sie hatte sich an die Resl gewöhnt und kam gut mit ihr aus. Es war ihr unbegreiflich, wie der Maxl mit seinem durchaus friedfertigen Weib mitunter so heftig herumstreiten konnte, aber sie schwieg dazu. Sie mischte sich nie in diese Dinge. Sie versuchte immer wieder, dem Zwerg das ›Vaterunser‹ beizubringen, und es war fast drollig, wie giftig sich dieser jedesmal schon nach den ersten vorgesagten Worten aufregen konnte und sich dagegen sträubte. Die alte Stellmacherin gab endlich diese Lektionen auf. Sie war müde und dämmerte dem Absterben entgegen. Manchmal sprach sie davon und meinte zufrieden: »Jetzt hat ja alles Hand und Fuß ... Was tu' ich da noch auf der Welt?«

Sie löschte eines Tages aus wie ein stumpfes, schwachgewordenes Licht, und nachdem man sie in die Erde gesenkt hatte, ließ der Maxl den Grabstein der Familie Graf im Aufkirchener Gottesacker setzen. Er bestand aus einem hohen grauen Sandstein mit einem Kreuz darauf. Eine schwarze Marmorplatte ist in seine Mitte gelassen, darauf sind in goldenen Lettern die Namen und Daten der Verstorbenen eingraviert. Rankender Efeu zieht sich auf beiden Seiten hoch. Noch heute ragt dieser Stein aus der stummen schwarzen Erde des Grabgeviertes . . .

Die Geschichte macht einen Schlußstrich

Der alte Pfarrer Franz Xaver Aigner, der die Resl und den Maxl getraut hatte, war auch vor einiger Zeit gestorben. Niemand trauerte ihm sonderlich nach. Er war ein farbloser, gleichgültiger Gewohnheitsmensch gewesen, den man nur wegen seines geistlichen Amtes achtete. Er hatte noch die heftigsten Jahre des Bismarckschen Kulturkampfes mitgemacht und war sein Leben lang ein argwöhnischer, verknöcherter Feind des neuen Reiches, der Preußen und des Kanzlers geblieben. Den Wandel, der inzwischen eingetreten war, begriff er nicht mehr. Die Zeit war über den alten Mann hinweggegangen, ohne daß er es merkte. Deswegen meinten einige nicht ganz mit Unrecht, er sei im rechten Augenblick in die Ewigkeit abberufen worden. Der Kampf zwischen dem Kanzler und der Kirche nämlich war schon seit geraumen Jahren ziemlich unauffällig beendigt worden. Er hatte aber doch Spuren hinterlassen, die sich im Allgemeinleben deutlich abzeichneten. Bismarck, der wohl eingesehen haben mochte, daß er in seiner Feindseligkeit gegen den Katholizismus vielfach zu weit gegangen war und sich damit die gefährliche Gegnerschaft breiter Volksmassen geschaffen hatte, schloß diesen Frieden auf seine Weise. Er schob einfach alle Schuld an den krassen antikirchlichen Maßnahmen auf seinen Mitarbeiter, den preußischen Innenminister Falk, und ließ denselben rücksichtslos fallen. Vorsichtig begann er auf Umwegen mit dem Vatikan zu unterhandeln, und der außerordentlich weltkluge, diplomatisch gewiegte Papst Leo XIII. einigte sich erst mit ihm, nachdem er gewichtige Zugeständnisse erhalten hatte. Nach all dem tobenden Lärm, nach seinem sinnlos berserkerischen Auftreten war nun – wenn man es genau besah – eigentlich der Kanzler der Unterlegene. Zwar blieb dem Staat ein gewisses Recht, den geistlichen Unterricht in den Schulen zu kontrollieren, und auch die Ziviltrauung behielt ihre Gültigkeit, gewiß war der Einfluß des Klerus allenthalben etwas zurückgedrängt, aber gerade in den Jahren der Unterdrückung hatte sich der Katholizismus gesammelt und war seither zu einem aktiven Faktor im politischen Leben des neuen Reiches geworden. Die seinerzeit gegründete Zentrumspartei verfügte jetzt über eine Millionen-Anhängerschaft, und der scheinbar so unbeugsame Kanzler mußte sich im Reichstag deren Unterstützung gegen seine Widersacher sichern. Und diese Widersacher waren nicht gering; denn obgleich das immer noch bestehende »Sozialistengesetz« die Arbeiterschaft drakonisch niederzuhalten versuchte, langsam keimte bei den einsichtsvolleren Vertretern der bürgerlichen Parteien die Erkenntnis auf, daß es nicht anging, derart umfangreiche Massen in völliger Rechtlosigkeit zu belassen. Um sich behaupten zu können, mußte der Kanzler seinen jeweiligen Verbündeten im Reichstag allerhand Vorteile bieten, und dadurch gewann das Zentrum viel. Katholische Vereine und Gewerkschaften wurden wieder genehmigt und nahmen einen ungeahnten Aufschwung, politische katholische Tageszeitungen und Wochenschriften hielten ihren Einzug in die entlegensten Landgegenden, und – was niemand richtig einzuschätzen vermochte – der inzwischen herangebildete Klerus, welcher nunmehr die Pfründen und Pfarrstühle einnahm, war weitaus aufgeschlossener, wendiger und geschickter als der vorhergegangene. Es galt für ihn nicht mehr kämpferisch politisch hervorzutreten, es war einzig und allein wichtig, daß so ein Geistlicher überall das uneingeschränkte Vertrauen gewann.

Auch der Nachfolger des alten Aigner war aus dieser Klerikergeneration hervorgegangen. Er sagte nie ein Wort gegen den Kanzler und war kein Reichs- und Preußenfeind. Dieser neue Pfarrer verstand es nun sehr schnell, sich alle Herzen zu gewinnen. Er hieß wie der Aufkirchener Wirt, nämlich Klostermaier, doch er war nicht verwandt zu demselben, und sein Vorname lautete Dionys, während der Wirt auf Matthias hörte. Er hatte eine Art, die man noch nie bei einem Geistlichen erlebt hatte. Er betrieb Landwirtschaft wie jeder Bauer, hielt Vieh, ackerte und erntete selber. Zuweilen, wenn man ihn werktags, hutlos und in Hemdärmeln, breitbeinig auf dem langen Leiterwagen stehen sah, in der einen Hand die Zügel seiner zwei Pferde, in der anderen die Peitsche, die er kunstgerecht zum Knallen brachte, so kam kein Mensch auf den Gedanken, daß das der hochwürdige Herr Pfarrer sei. Noch mehr – es schien mitunter sogar, als betreibe der Dionys Klostermaier sein Seelsorgeramt überhaupt nur nebenher, wiewohl er es ordentlich führte und zu keinen Klagen Anlaß gab. Seine Messen und Hochämter verliefen, wie die Leute begeistert sagten, »schwunghaft«, und seine derben, höchst bildhaften Predigten zogen auch die nachlässigsten Gläubigen wieder in die Kirche. Er war ein großer, breitschulteriger Mann ohne Beleibtheit, dessen scharfgeschnittenes, braungebranntes Gesicht Intelligenz, Humor und Gesundheit verriet. Wenn er lachte, brach sein Mund weit auf, und die schneeweißen, mandelförmigen Zähne bildeten einen reizvollen Kontrast zu den tiefschwarzen, dichten, etwas gelockten Haaren. In seinen braunschwarzen, scharfen Augen glänzte eine leichte Respektlosigkeit, eine so einnehmende, schlagfertige Unverblüffbarkeit, daß jeder Mensch bei einer Begegnung mit dem Pfarrer anfänglich ein wenig befangen und entwaffnet wurde. Schon nach den ersten Worten aber, die Dionys Klostermaier sprach, wurde es anders. Sein Partner gewann rasch Vertrauen und verschwieg nichts mehr. Der Geistliche hatte gewonnen und lächelte dünn. Er schien sich seiner wohltuenden Wirkung zu freuen, doch er schien diese Wirkung auch genau zu kennen. Er verhielt sich stets dementsprechend.

Etwas über vierzig Jahre war der Klostermaier erst alt und war doch grunderfahren in allem: in der Menschenbehandlung, in den bäuerlichen Angelegenheiten, im Unterscheiden von Recht und Unrecht, aber auch im geschickten Abwägen, ob dieses oder jenes für die kirchlichen Interessen nützlich sei.

»Der kennt die Weibsbilder und weiß, wo einem Mannsbild der Schuh drückt«, pflegten die Bauern der Pfarrei ihn zu charakterisieren, und sie hatten nicht unrecht. Der Pfarrherr schien offenbar bigotte Menschen zu meiden, er mochte die beflissenen Betschwestern nicht, aber er verstand doch, sie zu gegebener Zeit für fromme Zwecke zu benützen. Obgleich er zum Beispiel nicht im geringsten neugierig oder klatschsüchtig war, wußte er doch immer alles, was an Gerüchten umging und was sich in den Dörfern zugetragen hatte. Er war ein außerordentlich gewiegter Zuhörer, der schnell das Wesentliche vom Unwesentlichen zu scheiden vermochte und innerlich notierte. Leger und unvoreingenommen waren seine Unterhaltungen mit den Bauern im Wirtshaus. Er hatte nichts gegen anstößige Ausdrücke und Bezeichnungen, er vergalt auch manchen eilig hingeworfenen Fluch, indem er lustig rügte: »Hoho, nur nicht gar so hitzig, Bauer! Aber nur keine Angst, da hast wieder was zu beichten!« Er trank nicht zu viel und nicht zu wenig, aber das Bier schmeckte ihm stets. Alles in allem: er war ein vollsaftiger, kluger, überaus einnehmender Mensch ohne Überheblichkeit, der durch sein schönes Beispiel jedem vor Augen führte, daß ein guter Katholik absolut kein sauertöpfischer Patron zu sein braucht. Die Pfarrei war stolz auf ihn. Mehr als alle seine Vorgänger wurde er respektiert und geliebt.

Zu ihm kam einmal die alte Heimrathin, die nun auch schon Austragsbäuerin geworden war und der Genovev den Hof übergeben hatte. Der Peter Wach war Heimrathbauer geworden. Die anderen Töchter hatten sich nach und nach verheiratet, zwei davon – die Marie und die Kathrein – waren Bäuerinnen weit drüben, am anderen Ufer der Isar, geworden, und die Nanni hatte den Zimmermann Strobel in Beuerberg zum Mann bekommen. Keine der Schwestern fand etwas zu klagen.

Wie sie jetzt so vor dem Geistlichen in der holzgetäfelten Pfarrstube saß, die hutzlige, zahnlose eisgraue Heimrathin, da fing sie auch von ungefähr über ihre Töchter und deren Männer zu reden an. Nur am Bäcker-Maxl von Berg hatte sie einiges auszusetzen. Nicht daß er etwa eine schlechte Partie gewesen wäre, nein, das nicht, aber – meinte sie zögernd und resigniert, indem sie zum Pfarrer aufschaute – mit der Religion nähmen es die Bäckerischen ganz und gar nicht ernst, und zum Leidwesen der Resl hätten es auch die Kinder nicht mit dem Beten. Sie hüstelte trocken und umkrampfte mit ihren faltigen Händen den Griff ihres dicken Stockes fester.

»Gut kann das nicht gehn, Hochwürden! Segen bringt's nicht«, brachte sie endlich wieder heraus und wischte sich den Schweiß aus dem hageren Gesicht, denn sie trug das schwere, dicke Gewand, und draußen prangte die erste heiße Frühjahrssonne über den Feldern. Es war nach dem sonntäglichen Hochamt. Der Duft des Bratens durchzog den Raum, und der Pfarrer schnupperte behaglich daran.

»Soso? Hm«, machte er dann, ging hin und her, blieb großmächtig vor der sitzenden Bäuerin stehen und sagte mit seiner vollen Stimme, in welcher eine leichte Ungeduld mitschwang: »Ich weiß nicht, ich hör' soviel vom Bäcker Graf! Aber ich kann nichts Nachteiliges an seinem Lebenswandel finden. Die Leut' leben rechtschaffen zusammen. Mir scheint, bei dem Gerede spricht bloß der Neid mit. Der Graf ist recht tüchtig. Ich seh' ihn und seine Resl jedesmal beim Hochamt. Dem Graf ist, soviel mir bekannt geworden ist, jetzt sogar der Hoflieferantentitel angeboten worden!

Seine Majestät zeichnet keinen unrechten Menschen aus, Heimrathin! Und die Kinder? Hm! Die sind doch noch gar nicht schulpflichtig! Bis dahin hat's doch noch Zeit.« Die Heimrathin hörte das Richtige heraus. Sie richtete sich mühsam auf und sagte nur noch: »Jaja, freilich, freilich, Hochwürden! Ich wollt' ja auch nichts gesagt haben ...« Dann gab sie die Totenmesse für ihren seligen Ferdinand an, und der Pfarrer drückte ihr die Hand. »Plapperweiber!« brummte er vor sich hin, als er allein war.

Richtig, anfangs März war ins Berger Bäckerhaus einmal der königliche Kabinettssekretär gekommen. Er hieß jetzt Hesselschwerdt, kam weder aus dem Adel noch aus der Beamtenschaft und war früher Furier gewesen.

Der König legte schon lang keinen Wert mehr auf eine ausgewählte Umgebung. Hesselschwerdt, ein stiernackiger, vierschrötiger Mensch, der eine betonte Leutseligkeit zur Schau trug, grüßte die Resl flüchtig und verlangte laut nach dem Maxl. Als der in den Laden kam, rief der Sekretär trompetend: »Graf! Ich bring' Ihnen eine großartige Botschaft! Majestät gibt Ihnen den Hoflieferanten-Titel! Was sagen Sie jetzt?« Er maß den Maxl gönnerhaft wie ein Mensch, dem es leicht fällt, Wohltaten auszuteilen. Sein fleischiges, etwas ordinäres rotes Bartgesicht wurde aber schnell wieder anders. Der Maxl, der von der Titelverleihung schon vom Küchenchef bei Hof gehört hatte, war gar nicht sonderlich verblüfft und sagte nicht im mindesten überrascht: »Besten Dank, Euer Gnaden, sehr schönen Dank! Die Ehr' ist schön, jaja – aber, Sie entschuldigen schon, andere Leut' sind auch tüchtig ... Ich will keinen Neid und keine Feindschaft, Euer Gnaden.«

Hesselschwerdts Miene wurde ungnädig. Er runzelte die Stirn. »Neid und Feindschaft? Was soll das heißen? Majestät gibt nur nach Verdienst!« fing er fast zu poltern an, daß die schweigend dabeistehende Resl ein ängstliches Gesicht bekam.

»Ich rate Ihnen, überlegen Sie sich, was Sie sagen, Herr Graf! Machen Sie bald die Eingabe! Es handelt sich dabei ja nur um eine Formalität, aber abschlagen? Wo denken Sie denn hin, Menschenskind!« schimpfte jetzt der Kabinettssekretär bereits, doch der Maxl ließ sich nicht einschüchtern und nahm die Papiere in Empfang, auf denen verschiedene Erklärungen über die Erlangung der Hoflieferanten-Würde standen.

»Euer Gnaden entschuldigen, ich bin ein einfacher Mensch«, versuchte er bieder einzulenken und setzte hinzu: »Ein Geschäftsmann hat's nicht so leicht ... Allerbesten Dank für die Gunst Seiner Majestät.«

»Na also! Ich hab' doch gewußt, daß Sie ein vernünftiger Mensch sind, Herr Graf! Sie haben ja Zeit. Die Eingabe muß bis zum ersten September gemacht sein. Zu Neujahr haben Sie den Titel!« antwortete auch Hesselschwerdt wieder beruhigt und verabschiedete sich. Als er draußen war und resolut davonstapfte, wandte sich der Maxl an die verdatterte Resl und verzog seinen Mund ein wenig. Geringschätzig wiegte er die amtlichen Papiere und meinte: »Ich bin der Bäcker Graf, sonst nichts. Der Titel macht's nicht. Unsere Kinder sollen keine besseren Menschen sein wie die anderen, das hilft ihnen später nicht weiter ...«

Aber es war ihm anzusehen, daß er sich doch freute. Die Resl schaute ihn an und fragte: »Aber das kannst du doch nicht! Der König will's doch!« – – »Jaja, aber um den guten König steht's schlecht«, meinte der Maxl, »wer weiß, was da noch passiert. Es gefällt mir gar nicht, was man so hört ...«

In den Zeitungen, in den Wirtshäusern, überall ging seit Monaten ein verdächtiges Reden um, dunkle Andeutungen und heftige Ausfälle gegen Ludwig einerseits und gegen die Münchner Hofkamarilla andererseits schwirrten von Zeit zu Zeit in die Öffentlichkeit. Weite Kreise sprachen von einer ernstlichen Gemütskrankheit des Königs, und auch das Landvolk erfuhr davon. Das Leben, das Ludwig II. in den letzten Jahren führte, war so absonderlich, die Gerüchte, die über seine Marotten verbreitet wurden, klangen derart unglaublich, daß selbst der einfache Mensch unsicher wurde und daran zweifelte, ob denn ein solcher Landesherr noch ganz bei Verstand sei.

Vom Schmalzer-Hans hatte der Maxl allerhand erfahren, das nicht für andere Ohren bestimmt gewesen war. Zum Beispiel, daß der König nicht mehr vertrage, seine Dienerschaft von Angesicht zu Angesicht zu sehen, daß diese Diener stets bis zur Erde gebeugt vor dem hohen Herrn erscheinen müßten und wehe, wenn einer den Buckel nicht tief genug krümme! Da gäbe es Faustschläge und Fußtritte, ja einige seien sogar gewürgt worden, und jetzt müsse der Leibdiener auf königlichem Befehl eine schwarze Binde über das untere Gesicht tragen, nur die Augen, die Stirn und das Haar dürften sichtbar sein.

»Und ganz unter uns, Maxl, ganz unter uns – wenn man das anschaut, kriegt man das Grausen«, erzählte der Hans weiter, »dabei hat der König alle besseren Herren davongejagt. Den guten Grafen Holnstein, hm, sagen tut man, den Stallmeister Hornig will er auch wegtun ... Den miserabligen, hinterlistigen Hesselschwerdt, den mag er, weil er kriecht und schmeichelt. Mein Gott! Ich kann dir sagen, in der Stadt drinnen, die Prinzen und Minister haben schon allerhand im Sinn, aber was, weiß kein Mensch.«

Die Bauwut des Monarchen hatte sich ins Phantastische gesteigert. Millionen und Millionen hatte Herrenchiemsee verschlungen, ein weitläufiges Schloß auf der gleichnamigen Insel des größten bayrischen Sees, ein Bau – fast sklavisch getreu dem Versailler Königspalast nachgebildet – von überladener Pracht mit einer Spiegelgalerie, in welcher beim Besuch des Monarchen dreitausend Kerzen leuchteten. Sieben volle Jahre hatten dreitausend Frauen trotz aller Überstunden in den Lyoner Seidenwebereien allein an den kostbaren Vorhängen für Herrenchiemsee gestickt. Alle Gemächer waren nach denen von Versailles benannt. In einem Raum hingen sieben Porträts des »roi soleil«, im nächsten acht, etwas über hundert im ganzen zierten die Wände des Schloßinneren. Niemand aber betrat jemals diesen strotzenden Riesenbau bei Lebzeiten des Königs als er selber, der Stallmeister Hornig, der Hofbarbier und einige Leibdiener. Und was geschah bei solchen Gelegenheiten? Der düstere Monarch saß soupierend am Tisch des riesigen, hellglitzernden Speisesaals, auf einen Stuhl neben ihm war die Marmorbüste Marie-Antoinettes und auf einen anderen die Ludwigs XIV. gestellt, und mit diesen imaginären Gästen unterhielt sich der unheimliche König im gewähltesten Französisch. Die sich tief verbeugenden Lakaien standen reglos da.

Es gab eine Säule im Schloß Herrenchiemsee, vor welcher Ludwig jedesmal ehrfürchtig stehen blieb, sie stumm streichelte und küßte. Nicht selten brach er vor dem Bild Marie-Antoinettes ins Knie, bekreuzigte sich und flüsterte zerknirscht ein kurzes Gebet. Grenzenlos verehrte er diese Königin. Am Jahrestag ihrer Hinrichtung ließ er stets prunkende Seelenmessen lesen, umkränzte ihre Bilder und führte lange Gespräche mit ihnen, als seien sie lebendige Menschen.

Nach Herrenchiemsee überraschte der Monarch seine Minister mit dem fertiggestellten Plan einer noch weit kostspieligeren Burg: Schloß Falkenstein. Zugleich kündigte er den Bau eines byzantinischen Riesenpalastes an. Ein Darlehn von sieben und einer halben Million war für ihn aufgenommen worden. Mehr Geld konnte nicht beigebracht werden. Das Ministerium war ratlos. Die Münchner Bürgerschaft murrte.

Der König begann hemmungslos zu rasen. Er bekam Tobsuchtsanfälle. Er schickte seine unkontrollierbaren, geheimen Vertrauensleute gegen den Willen der Minister an alle europäischen Höfe, er wandte sich an Bismarck, an den Schah von Persien und an die Rothschilds, und er verhandelte zugleich mit der nicht mehr regierenden, aber ungewöhnlich reichen Orleans-Dynastie wegen eines Darlehns. Dort endlich wurde ihm auch eines zugesagt unter der Bedingung, daß Bayern sich in einem kommenden preußisch-französischen Krieg neutral erkläre. Ludwig machte bedenkenlos Zugeständnisse und schickte Hesselschwerdt mit vertraulichem Handschreiben auf den Weg. Die gefährlichen Schriftstücke aber wurden von der bayrischen Regierung beschlagnahmt, und Bismarck erfuhr auf der Stelle davon. Der Kanzler wurde unruhig und schickte Weisungen nach München. Die Prinzen des bayrischen Hofes und die Regierung beratschlagten. Um kein Aufsehen zu erregen und sich nach allen Seiten zu sichern, beriefen sie berühmte Nervenärzte, die auf Grund von Berichten der Dienerschaft des Königs ein medizinisches Gutachten ausarbeiteten. Es war eine schwierige, höchst gefährliche Lage. Bis jetzt hatte man ängstlich verheimlicht, was mit dem König vorging. Nun auf einmal sollte das treu anhängliche Volk glauben gemacht werden, daß ein Geisteskranker es seit langem beherrschte. Ganz Bayern wurde unruhig. Die Leute in den Dörfern und Gebirgsgegenden redeten offen von den »Münchner Hoflumpen« und wurden immer rebellischer. Es gab hin und wieder einige heimliche Verhaftungen, doch die Wellen der Liebe für den unglücklichen König stiegen und stiegen in den stürmischen Herzen der Landleute.

»Das geht nicht gut aus, sag' ich, Maxl!« sagte der Schmalzer-Hans. Er hatte sich – es war schwer zu sagen, ob aus einer plötzlichen, übermütigen Eingebung oder aus derbschlauer Berechnung – auf seine Weise gewissermaßen aus der schwülen Gefahrenzone zurückgezogen. Eines Tages nämlich, als sich die Dienerschaft im Berger Schloß langweilte, war der Hans auf den tollkühnen Gedanken gekommen, die Frage zu stellen, wie es sich wohl im Bett Seiner Majestät liegen würde.

»Da gibt's ein einfaches Mittel, Hans ... Leg dich hinein, dann weißt du es!« hatte der schon etwas berauschte Lakai Weber gesagt und – kurzerhand tat's der Hans. Er war auf einmal verschwunden und nicht mehr auffindbar. Das Unglück aber wollte es, daß in der Frühe die Ankunft des Königs gemeldet wurde, was das ganze Hofgesinde aus seiner Ruhe stöberte. Und was entdeckten sie? Den schnarchenden Schmalzer-Hans im königlichen Bett! Der Schrecken läßt sich denken. Meldung wurde keine gemacht, aber der

Johann Baur, der Schmalzer-Hans, wurde auf der Stelle davongejagt. Er nahm es gar nicht weiter übel. Er schien sogar froh zu sein. Seither ging er im Dorf herum, trug immer noch seine Hoflivree, was ihm keiner verwehrte, und – wartete auf seine Pension, auf die er fest rechnete. Da er seit langem im sogenannten Außendienst tätig gewesen war und da man an der Vertuschung des Vorfalles das größte Interesse hatte, endete es für den Hans so, wie er's errechnet hatte. Erst nach und nach erfuhren die Berger von seiner ungewöhnlichen »Heldentat« und lachten insgeheim darüber. Zum Maxl dagegen sagte er es offen: »Ich muß dir sagen, mein Bett beim Wiesmaier ist mir lieber! Lauter so weiches Flaumzeug und seidige Spitzen, rein zum Ersaufen drinnen. Nichts für unsereins! Aber –«, und dabei zog er die Augenbrauen hoch und spitzte lustig den Zeigefinger in die Luft – »aber außer mir hat noch keiner im König seinem Bett geschlafen, und der Schlaf hat sich rentiert. Respekt! . . . Der Hans weiß, was er tut! Der Hans bleibt königstreu!« Er kicherte und verzog seinen breiten Mund. Der Maxl lachte schüttelnd. Nach einer Weile aber wurde er wieder nachdenklich und meinte: »Herrgott, was das noch wird . . . Man kennt sich nicht aus!« Immerhin aber blickte er ruhig in die Zukunft.

»Mein Geschäft steht, Hans. Ob der Hof bleibt oder nicht, es schadet mir nicht mehr«, sagte er und setzte dazu: »Die ganz großen Kundschaften von mir sind woanders.« Er meinte damit die Hotels und Wirtschaften, die feinen Sommergäste und die Leute weitum. »Freilich, die Majestät zieht die Herrschaften her zu uns, aber – mein Gott – woanders leben die Geschäftsleut' auch, und ist kein König in ihrer Näh'«, schloß er. Ihm ging das, was sich vielleicht ereignen konnte, nicht nahe. Er verfolgte die Austragung des Kampfes zwischen dem König und seinen Ministern mit unbeteiligter Neugier. Er wog lediglich ab, was an alldem für ihn und sein Geschäft nützlich oder schädlich sein konnte, und verhielt sich demnach. Im übrigen ereigneten sich in jener Zeit in seinem Haus Vorfälle, die ihm allerhand

Sorgen und Ärger machten. Endlich hatte der Schmalzer-Franz doch geheiratet und war in die Stadt gezogen. Jetzt fuhr die Magd, die rothaarige Zenzl, welche vor einiger Zeit den Dienst angetreten hatte, das Brot aus. Sie war eine ziemlich couragierte Person mit einem gut rechnenden Hirn, aber sie wollte lange nicht verstehen, daß die Herrschaften auf reinliche, gefällige Kleidung Wert legten, und der Maxl hatte Mühe, ihr das beizubringen. Dann aber geschah mit der Kathl wieder ein peinliches Unglück. Sie war zum zweiten Male schwanger geworden, und die Leute redeten viel darüber. Freilich jetzt, nachdem seine Schwester hinten im Häusl für sich lebte, fühlte der Maxl sich nicht mehr so davon betroffen, aber es war ihm doch höchst zuwider. Außerdem ließ sich doch leicht errechnen, daß die Kathl, wenn sie auch jetzt wieder nicht heiratete, ihre zwei Kinder kaum ernähren konnte.

»Ja, Herrgott! Und wer ist denn jetzt der Vater?« stellte der Maxl sie eines Tages zur Rede und erfuhr, daß es der Fischer Hölzl von Starnberg sei, von dem man nur wußte, er sei arm wie eine Kirchenmaus und suche seit langem eine »geldige Partie« zu machen. Die Kathl schien aber diesmal nicht so bedrückt und fing sogleich zu streiten an. Sie ging, nachdem sie sich von der Resl ihre Milch hatte geben lassen, aus der Stube und schrie den Maxl giftig an: »Wenn du mit mir reden willst, nachher komm zu mir! Hab nur keine Angst, ich häng' dir meine Kinder nicht an!«

Da wurde der Maxl blaß vor Wut und brüllte unbesonnen: »Aber deine Marie hab' ich! Jetzt da schau her! Um und um voller Not sein und saufrech auch noch! Himmelkreuzkruzifix! Sakrament! Sakrament!« Er fluchte noch lange gotteslästerlich, nachdem die Kathl draußen war. Die Resl hantierte mit bekümmertem Gesicht am Herd und sagte flehentlich: »Aber Max! Fürcht doch die Sünden! Max!!« Er aber fuhr sie giftig an und wurde noch wütender. Die Resl sagte nichts mehr und schüttelte nur noch ab und zu den Kopf. Die spielenden Kinder draußen vor dem Haus schauten ein paarmal durch die Fenster, bekamen für etliche

Augenblicke ernste Gesichter und machten wieder weiter. Der Zwerg auf dem Kanapee raunzte irgend etwas und machte eine abwehrende Handbewegung.

»Nein! Herrgott! Herr bin *ich* im Haus!« bellte der Maxl schließlich, schlug mit der Faust auf die escherne Tischplatte, schnellte empor und ging zur Kathl hinter. Er kam lange nicht mehr zurück. Sein bellendes Schreien drang bis auf die Gasse. Die Nachbarn lächelten hämisch. »Da sind zwei Giftige beisammen«, murmelten sie schadenfroh, denn auch die Kathl hörte man keifen. Verfeindet gingen Bruder und Schwester auseinander. Die Kathl ließ sich nur mehr in aller Frühe bei der Resl im Hause sehen, sonst mied sie jede Begegnung mit dem Maxl. Allzulang aber dauerte eine solche Feindschaft nie. Irgendein Zufall ergab ein Zusammentreffen. Zuerst wurden frostige, gleichgültige Worte gewechselt, keiner der beiden erwähnte auch nur ein Wort über den Streit, und zum Schluß hockten sie wieder in der Stube und redeten gut miteinander, als habe zwischen ihnen überhaupt nie eine Meinungsverschiedenheit bestanden. Sogar zärtlich klang ihr Gespräch zuweilen, denn der Maxl hatte die arme Kathl trotz all ihrer Fehler gern. Sie war nicht dumm und verstand, sich anregend zu unterhalten. Sie hatte Phantasie und Witz, und der Tonfall ihrer Stimme, ihr reizvolles Lachen hatten etwas ungemein Einnehmendes. Manchmal bei solchen Gelegenheiten entschlüpfte dem Maxl das Geständnis: »Mit dir, wenn ich red', Kathl, da rast' ich mich aus. Es ist schad' um dich! Du Malefizweib, du durchtriebenes! Grad wohl tut's, wenn man mit dir beisammenhockt!« Dann sah er sie an, dieses zarte Geschöpf mit dem in der Mitte gescheitelten, glatt-schwarzen Haar, ihr blasses, feines Gesicht, ihre ganze, etwas zerbrechliche Gestalt im dunklen, adrett sitzenden, einfachen Kleid, und unschwer erriet man, daß ihm alles daran behagte. »Du bist eine echte Bäckerische, Kathl! Durch und durch!« schloß er dann. Obgleich die Kathl diese Schmeicheleien stets mit einer ironischen Bemerkung abzutun pflegte, war doch offensichtlich, daß sie sich darüber freute. Die Resl begriff nicht, wie man so oft und heftig streiten und sich ebenso rasch wieder versöhnen konnte. Unvermerkt lugte sie manchmal auf die Geschwister, und in ihren Augen glomm eine winzige, schnell wieder verfliegende Verachtung auf. Nie mischte sie sich in diese Unterhaltungen. Sie hatte ihre Arbeit, und die Kinder waren noch klein. Gerade daß sie bei schönem Wetter vor dem Haus herumlaufen konnten. Der Maxl war fünf, die Resl vier und der Eugen erst drei Jahre alt. Und schon wieder wuchs der Leib der Bäckerin.

Im März, im April und den ganzen Mai hindurch war jeder Tag sonnig gewesen. Schwere Taufälle gab es nachts, und in der Frühe, wenn die Mäher sie mit ihren blinkenden Sensen betraten, glitzerten die saftgrünen, blumenübersäten Wiesen wie edelsteinbesetzte Teppiche in der Sonne. Um die voll erblühten Obstbäume flogen Bienen und Schmetterlinge. Das versprach ein reiches Obstjahr. Die jungen Saaten schossen rasch in die Höhe, und über allen Gebreiten stimmten an jedem Morgen die Vögel ihr heiteres Konzert an. In den ersten Junitagen wurde es trüb. Es fing fein zu regnen an, und langsam wurde alles rundum dunstig und grau. Die dünnen Tropfen trommelten leise auf die Baumblätter, auf die Fensterscheiben und Dächer. Wie ein unablässiges, eintöniges Summen hörte sich dieser Regen an. Große Pfützen entstanden auf den aufgeweichten Dorfstraßen. Darin patschten die Kinder herum. Es regnete tagelang, nächtelang.

»Diesmal schwimmen wir zu Pfingsten«, murrten die Bauern. Auch der Maxl, für den ein sonniges Fest einen ergiebigen Geschäftsgang versprach, war ärgerlich. Er prüfte jeden Tag das Barometer, das er vom Konrektor Kernaller gegen ein Geschichtsbuch über den Krieg von 1866 eingetauscht hatte. Außer dem Maxl mochte der Kernaller keinen Menschen im Dorf. Mit ihm redete er ab und zu einige Worte, wenn er in der Frühe in seinem Vorgärtchen auftauchte. Solche Gespräche bezogen sich meist auf die Zeitereignisse. In Berg hieß der Konrektor der »Politikus«. Er schien sich auch nur mit solchen Dingen zu beschäftigen.

Zuweilen kam es vor, daß die Kinder den alten Griesgram reizten, dann hob er einen Stein und warf ihn ihnen nach. Kam ein Dörfler an ihm vorüber, so knurrte er nicht selten und zeigte seine zusammengebissenen Zähne. Der andere aber mußte nur lachen und ging weiter. Es hieß, Kernaller studiere allerhand närrisches Zeug. Da er aber nie jemanden in sein Haus ließ und jeden stets an der Türe abfertigte, wußte man nichts Genaues. Keiner kümmerte sich um den seltsamen Menschenfeind. Man fand ihn nur drollig, denn er trug allzeit einen abgeschabten, langen Morgenrock, riesige Filzpantoffeln und ein winziges, gesticktes Käppchen auf seinen gelb-grauen Haaren.

Zufällig, in einer Frühe, als der Maxl vor das Haus trat, sah ihn der Kernaller und rief, abgehackt und herausgestoßen, wie es seine Gewohnheit war, grinsend über den Gartenzaun: »Haha, Bäcker-Maxl, ha! ... Jetzt geht's der Monarchie an den Kragen. Haha! Nur zu wünschen! Nur zu wünschen! Euern Ludwig, euern Firlefanz, haha! Dem machen die eigenen Herrschaften den Garaus, haha! Nur zu wünschen, nur zu wünschen! Denk an den alten Kernaller, wenn es passiert ist, haha!« Noch ehe aber der Maxl etwas fragen konnte, war der alte Mann hinter der Haustüre verschwunden.

»Hm, jetzt so was, hm«, brummte der Maxl leicht überrascht und tappte ebenfalls nachdenklich in den Hausgang zurück. Der Kernaller hatte damals, anno 75, als alle glaubten, es komme jeden Tag Krieg, prophezeit, daß er nicht komme, daß dieser »windige Preußenschädel Bismarck auf die Finger geklopft bekommen habe« – und richtig, es war nichts mit einem Krieg gegen die Franzosen geworden. Jetzt machte er wieder so seltsame Andeutungen über den König. Sonderbar!

Im Dorf wurde getuschelt, daß im Schloß drunten Gitter vor den Fenstern der königlichen Gemächer angeschraubt worden wären. Der Schmied Leibfinger war eines Tages von einem Herrn geholt worden und hatte verschiedene Türklinken abmachen müssen. »Und in die schönen, weißlackierten Türen haben sie Löcher gebohrt«, erzählte der Schmied kopfschüttelnd und dämpfte seine Stimme, »aber um Gottes willen, Maxl, verrat mich nicht! Es ist mir auf'bunden worden, daß ich kein Sterbenswort sag' ...«

Der Irlinger, der am Anfang der Pfingstwoche den Maxl besuchte, redete allen Ernstes von einer bevorstehenden »Revolution« und berichtete, daß eine königliche Kommission, die aber gar nicht vom König, sondern von den Ministern und Prinzen ernannt worden sei, in Neuschwanstein gewesen und dort von den Bauern der Umgegend totgeschlagen worden sei.

»Sie wollen ihn einfach absetzen, unseren Ludwig! Eine Schand'! Aber da, glaub' ich, verrechnen sich die Herren, da geht das ganze Bayernvolk los«, schimpfte der Mehlreisende, aber, meinte er des weiteren, es sei schon wieder eine Kommission nach Neuschwanstein gereist, und was jetzt mit dem armen König passiert, das wisse kein ehrlicher Mensch.

»Absetzen?! Absetzen – den König?!« rief der Maxl bestürzt. Der Gedanke war unfaßlich. Einen König absetzen, das war doch einfach unmöglich, das hatte es doch noch nie gegeben! Das stand höchstens in den Geschichtsbüchern aus früheren, halb barbarischen Zeiten! Aber heute? Jetzt? Im eigenen Land?

»Ah! Was du schon für Räubergeschichten dahererzählst!« meinte der Maxl wiederum und musterte den Irlinger ungläubig. Der aber blieb ganz ernsthaft. Daß vielleicht beim König manches recht sonderbar sei, gab er zu, das sei doch nicht zu bezweifeln. Und er verwies auf dessen unglücklichen Bruder Otto. Der war doch auch vor etlichen vier Jahren auf einmal, inmitten einer kirchlichen Feier, wahnsinnig geworden. Jeder Mensch wisse, daß man den kranken Prinzen im Schloß Nymphenburg unter strengster Bewachung interniert halte.

Ja, davon hatte der Maxl auch schon gehört. Er wurde nachdenklich. Eine Weile schwieg er.

»Hm, und was passiert denn nachher? Haben sie denn

schon einen neuen König?« fragte er schließlich geradewegs.

»Das weiß kein Mensch«, erwiderte der Irlinger und fuhr fort: »Der kleine Mann hat doch noch nie was erfahren, was die da droben bei Hof im Sinn haben. Aber ich sag' dir eins, Maxl, ich fürcht', das wird nicht gut abgehen. Unsern König ...« Er kam nicht weiter. Draußen vor den Fenstern, von der Dorfstraße her, wurde ein vielfaches, flinkes Klappern vernehmbar. Maxl und Irlinger hoben den Kopf und schauten durch die angelaufenen Scheiben. Eine Abteilung Chevaulegers ritt vorüber. Die Pferde griffen weit aus, der Dreck spritzte, die Reiter troffen vor Nässe. Schnell verschwanden sie, als sie den abfallenden Berg erreicht hatten, über welchen die Dorfstraße zum See-Ufer hinablief. Einige Berger standen staunend vor der Haustüre.

»Hm, was ist denn das? Was soll denn das bedeuten?« fragte der Maxl endlich, und der Irlinger sagte: »Weiß der Teufel! Jetzt aber glaubst du, daß ich nicht geflunkert hab'!«

»Ich kann und kann's nicht verstehen!« schloß der Maxl und schaute ins Leere. Bald darauf ging der Irlinger.

Drunten im Schloßhof, dessen Tor rasch zugezogen wurde, hatten sich die eben angekommene Reiterei und verstärkte Gendarmerieabteilungen eingefunden. Fremde Wachen marschierten vor der Schloßmauer auf und ab, mit verschlossenen Mienen. Barsch trieben sie jeden stehenbleibenden Neugierigen weiter. Zum Müller, vor dessen Tür die ganze Familie stand, schrie einer hinüber: »Ins Haus mit euch! Was gibt's da zu gaffen!« Erschrocken verschwanden die Angerufenen, aber sie lugten insgeheim fortwährend durch die trüben Fenster. Zwei- oder dreimal sausten dunkle Kutschen vorüber und rollten in den Schloßhof. Gegen Abend kam in jedes Berger-Haus ein höherer Polizeibeamter mit zwei Gendarmen. Sie verlangten nach dem Familien-Oberhaupt, und der hohe Herr sagte befehlsmäßig: »Ab heute ist es verboten, nach Einbruch der Dunkelheit die Straße zu betreten, Besuche zu machen oder sich in Wirtshäusern aufzuhalten! Bei Tag darf niemand sich in der

Nähe der Schloßmauern oder oben am Parkzaun sehen lassen. Das ist streng untersagt, verstehen Sie?!«

Wortlos, staunend und betreten hörten es sich die Berger an. In jeder Stube, ja sogar in den Schlafkammern wurde noch lange raunend gesprochen und gerätselt, was denn das alles zu bedeuten habe. Plötzlich – es war in der dunkel verregneten Freitagnacht vor Pfingsten – vernahmen die Dörfler ein dumpfes, jagendes Wagenrollen und Pferdegetrappel, und einige, die aus dem Bett sprangen und zum Fenster hinausspähten, konnten undeutlich die königliche und noch eine Kutsche erkennen, begleitet von Reitern. Am andern Tag dachte niemand mehr an regelrechte Arbeit. Die Nachbarn sahen einander fragend und bang in die Augen und flüsterten sich zu: Der König sei wieder im Schloß – aber als Gefangener! Der Schmalzer-Hans kam zum Maxl und berichtete vorsichtig: »Schauderhaft! Schauderhaft! Sagen tut man, der König ist narret! ... Von der Stadt sind Doktoren da! Die Majestät ist eingesperrt wie ein gefangener Vogel! Ja, hm, kann's denn so was geben? So was! Unser armer, guter Ludwig!«

Im Dorf tauchten überall Gendarmerie-Patrouillen auf. Feindselig und drohend sahen sie aus mit ihren umgehängten Karabinern. Mit bösen Blicken verfolgten sie die Leute. Die Kinder liefen erschreckt vor ihnen davon. Eine seltsame Lautlosigkeit, ein stummer Druck durchzog Berg. Jeder Mensch war eingeschüchtert und empört, und in mancher Stube schimpfte einer: »Ja, Herrgott, muß man sich das gefallen lassen? Das Maul soll jeder halten, und unsern König wollen sie wegräumen?! Ganz insgeheim wollen sie ihn umbringen wie einen Lumpen! Diese Sippschaft! Gift wollen sie ihm einfach geben, die Lumpen, die windigen!« Viele Gerüchte kamen auf und machten die Runde. Zum Rosenkranzbeten kamen am Samstag fast alle Leute der Pfarrei. Zwar leierten sie die üblichen Gebete und Litaneien nicht anders als sonst herunter, aber kein Mensch hatte die rechte Andacht. Später, vor der Kirche und beim Klostermaier in der Wirtsstube, wurde erzählt, daß die Gebirgler aus dem Schwangau rebelliert hätten, dabei habe es verschiedene Tote gegeben, und jetzt, hieß es, würden die Gebirgsbauern scharenweise gen Berg ziehen, um für den guten König einzustehn.

Der Jani-Hans fehlte jetzt. Ihn deckte schon seit etlichen Jahren die Erde. Er hätte wohl auch diesmal das richtige, anspornende Wort gefunden. Ein verhaltener Kampfgeist brodelte in den Leuten. Kühn und laut plärrte der Daiser-Hans, der diesmal nicht im mindesten zum Spaßmachen aufgelegt war: »Herrgott, Männer! Wir haben siebenzig und einundsiebzig mitgemacht und keine Kugel geforchten, und jetzt, wo's gegen unsern König geht ...«

»Psst! Pscht! Gendarmen kommen! Psst, um Gottes willen!« rief der Klostermaier, und jäh schwiegen alle. Die Türe der verrauchten Stube ging auf.

»Auseinander gehen! Gehts heim! Schluß machen!« rief ein fremder Oberwachtmeister, und die Helme hinter ihm blitzten im trüben Schein des Petroleumlichts. Aller Augen hefteten sich auf die Uniformierten.

»Herr Klostermaier, lassen Sie zahlen! Höchster Befehl!« wiederholte der Oberwachtmeister trocken, und in hastiger Unruhe kam der Wirt dem nach. Brummend und zähneknirschend gingen die Leute an den wartenden Gendarmen vorüber und stapften in den dunklen Regen hinein.

Der Pfingstsonntag brach an. Vollzählig wie nie wanderten die Männer, Weiber und Kinder dem Pfarrdorf zu. In Berg sollte – so sprach sich herum – eine Messe in der kleinen Kirche stattgefunden haben. Sie war aber noch gestern abend abgesagt worden. Einige wollten wissen, daß der König den Wunsch geäußert habe, dieser Stillen Messe beizuwohnen. Man habe es ihm aber versagt. Jeder Mensch war voll Grimm. Alle warteten gespannt, ob denn der sonst so offenherzige, derbe Pfarrer Klostermaier nicht irgendeine Bemerkung über die schändlichen Ereignisse im Berger Schloß während seiner Predigt fallen lasse, doch der Geistliche schien diesmal eigentümlich gehemmt zu sprechen. Auffällig war nur, daß er am Schluß dieser Predigt wie üblich die Hände faltete, aber nicht mehr sagte: »Lasset uns beten für unseren allergnädigsten, erlauchten Landesvater, Seine Majestät, unseren vielgeliebten König Ludwig«, sondern einfach anhub: »Und lasset uns beten für unser gnädiges, erlauchtes Königshaus.« Der Pfarrer war kein Politiker. Die Kirche ging mit der Macht. Viele in den Betstühlen wurden finster und beteten nicht mit.

Beim Wirt Klostermaier saßen diesmal bereits sechs Gendarmen, als warteten sie. Die Bauern schauten sie haßtief an und machten kehrt. Auch beim Wiesmaier, in Leoni, ja sogar in der entfernten Rottmannshöhe – so wurde später bekannt – befänden sich solche Polizeitruppen. Die Erbitterung in der ganzen Pfarrei stieg von Stunde zu Stunde. Untätig hockten die Dörfler in ihren Stuben und spähten durch die Fenster. Manchmal hielten sie den Atem an und lauschten gespannt, als wollten sie feststellen, ob denn die Haufen der Gebirgler schon anmarschiert kämen. So verrann dieser düstere, verregnete Pfingsttag, und erst gegen Abend schien das regelmäßige Tropfen dünner und karger zu werden. Bald nach dem Gebetläuten wurde es dunkel. Mürrisch ging man zu Bett, doch niemand fand einen Schlaf. Der Maxl half diesmal sogar, wenn's auch nicht nötig war, dem Gesellen in der Backstube.

Nach neun Uhr – auf einmal, ganz schwer, bang und fast flehend – fingen die Berger Zinnglocken zu läuten an, und alle schreckten auf. Ungeachtet aller behördlichen Verbote rannten die Leute auf die stockdunkle Straße und fingen laut und erregt zu fragen an. Da rief der Kommandant einer Gendarmerie-Abteilung frostig in die schwarze, triefende Nacht: »Seine Majestät, unser allergnädigster Herr und König, ist verschieden!« Eine stockende Sekunde lang blieb es totenstill. Es schien ungewiß, was sich ereignen würde. Da brachen etliche Weiber ins Knie und fingen tonlos zu beten an: »Der Herr gebe ihm die ewige Ruhe!« Und alle knieten zuletzt und beteten schaurig weiter: »Und das ewige Licht leuchte ihm!« Starr blieben die Gendarmen stehen und nahmen ihre Helme ab. Ihre Köpfe senkten sich. Man hörte leises Schluchzen und lautes Weinen. Jeder Berger vergoß Tränen. Es war ein zerstoßenes, erschüttertes Flehen. Sogar der Maxl und der Bäckergeselle liefen von der Arbeit weg. Es war nur gut, daß sie erst mit dem Teigkneten fertig geworden waren. Als die Betenden nach dem ersten Vaterunser wie auf ein stummes Zeichen aufgestanden und hinüber in die schnell erleuchtete, leere Kirche gegangen waren, kamen die beiden in die dämpfige Backstube zurück, blaß und mitgenommen.

»Ich wett', sie haben ihn umgebracht!« sagte der Maxl kopfschüttelnd, »hm, auf einmal soll er so schwer krank gewesen sein? Das macht mir keiner vor! Weggeräumt haben sie ihn einfach! So eine Verbrecherbande! Solche Gauner! Und da soll sich das Volk nicht rühren, hmhm!« Sinnend starrte er vor sich hin. Vielleicht fiel ihm der Kernaller ein. Er hatte also wieder recht gehabt. Das war fast erschreckend.

»Das Volk, Herr Bäck'meister, wenn ich was sagen möcht' – das Volk ist noch nie gefragt worden. Das hat bloß die Steuern zu zahlen!« näselte der Bäckergeselle Schießl aus sich heraus, und überrascht schaute ihn der Maxl an. Es stimmte – ja, das stimmte. »Morgen werden wir ja mehr wissen«, sagte er nur noch.

Ja, am andern Tag erfuhr man allerhand: gegen fünf oder sechs Uhr war der König mit dem ihm zugeteilten Leib-Irrenarzt von Gudden zu einem Spaziergang im Park aufgebrochen. Wachen waren nicht gefolgt, weil der Kranke zu irgendwelchen Besorgnissen keinen Anlaß gegeben hatte. In einem unerwarteten Augenblick aber war der riesenhafte König, nachdem er rasch Mantel und Jacke abgerissen hatte, auf den See zugeeilt, um – wie man später herausfinden wollte – schwimmend das andere Ufer zu erreichen und zu entfliehen. Der Irrenarzt war ihm gefolgt und hatte sich im Wasser an ihn geklammert. Der König hatte sich zu erwehren versucht und den Mann aller Wahrscheinlichkeit dabei niedergeschlagen, gewürgt und ertränkt. Jedenfalls zeigten sich an dem leblosen Arzt Spuren eines solchen Kampfes.

Der König selber war aber sonderbarerweise zusammengekauert als Leiche in der Nähe aus dem Wasser gezogen worden. Ob ihn ein Herzschlag getroffen oder ob er aus Überdruß auf die Weise, daß er sich einfach nicht mehr aus der Tiefe erhob, seinem Leben ein Ende gemacht hatte, konnte nie aufgeklärt werden. Viele Jahre später erst taten die zwei Berger Fischer, der Lidl und der Kramer-Jakl, welche die königliche Leiche entdeckt und geborgen hatten, den Mund auf und sagten: »Sie ist vollgepumpt und aufgebläht gewesen wie ein Luftballon. Am Ufer, wie die Doktoren und Sanitäter Wiederbelebungsversuche gemacht haben, ist dem Toten nichts wie Seewasser wie ein Springbrunnen aus dem Maul gelaufen, fort und fort. Aber zum Leben ist unser Ludwig nicht mehr gekommen. Aus war's für ewig mit ihm.«

Die Bauernleute aus der ganzen weiten Pfarrei strömten zusammen und wallten in dichten Scharen zum Schloß hinunter. Drängend begehrten sie Einlaß, aber sie wurden heimgeschickt. Obgleich sie alle von einer ohnmächtigen Trauer niedergehalten waren, wurden sie schließlich doch rebellisch und stießen wüste Verwünschungen aus. Sie wichen erst, als das Tor aufging und eine berittene Abteilung ausgeschwärmt gegen sie heranrückte. Als der erregte Haufen sich bergan wälzte, fuhr – die Letzten sahen es noch – die geschlossene Kutsche der Kaiserin Elisabeth, die zu jener Zeit in Possenhofen weilte, in den Schloßhof. Sie, die einzige Freundin Ludwigs, machte den ersten Totenbesuch und blieb über eine Stunde im Gemach, in welchem man die Leiche notdürftig aufgebahrt hatte. Sie soll mit dem Toten wie mit einem Lebenden geredet, soll schließlich getobt und geweint und zerknirscht gebetet haben, und sie mied seit diesem Tage Bayern. Es kamen später noch einige Kutschen, unter anderen erschien aus Starnberg der preußische Gesandte von und zu Eulenburg. Erst am übernächsten Tage wurden die Landleute ins Schloß gelassen. In der hohen Vorhalle, die überreich mit Palmen, Blumen und Kränzen geziert war, auf einem Podest, der weit über mannshoch war, stand die Bahre des toten Königs. Einige Besucher, die die Treppen emporsteigen wollten, wurden zurückgewiesen. Niemand sah also die Leiche von Angesicht zu Angesicht, niemand aber beachtete auch nur einen Augenblick die in der Nähe aufgebahrte Leiche des Doktors von Gudden. Und weil dies so war, darum sagten die Berger noch Jahrzehnte lang, daß im königlichen Sarg Ludwig gar nicht gelegen habe, er sei vielmehr schwimmend über den See gekommen und entflohen, er lebe immer noch und werde eines Tages aus der freiwilligen Verschollenheit auftauchen, um ein verdientes, zerschmetterndes Strafgericht gegen seine hinterlistigen Widersacher abzuhalten. Das glaubten nach und nach alle treu anhänglichen Bayern. Sie warteten vergeblich.

Am dritten Tag nach Pfingsten ging das Schloßtor weit auf. Reiter mit Trauerfloren auf den verhüllten Helmen trabten voran, dann kamen zwei prunkvolle Totenkutschen, in der prächtigeren lag der König, in der anderen von Gudden, eine kleine Schar hoher Würdenträger, fremde Geistliche folgten gesenkten Hauptes, den Beschluß bildete wieder eine düstere Abteilung von Reitern. Der stumme Zug nahm langsam die Richtung nach Oberberg zu. Rechts und links von der Dorfstraße knieten die Leute mit entblößten Köpfen und gefalteten Händen. Sie erhoben sich, nachdem Reiter und Wagen vorüber waren, und folgten laut betend. Niemand verwehrte es ihnen. Bis zum Anfang des Waldes außerhalb der Berger Feldgemarken gaben sie dem Toten das Geleit. Seltsam aber, trotz alledem konnte sich keiner von ihnen des bedrückenden Eindrucks erwehren, als hätten sie dem düsteren Zug eines Hingerichteten das Geleit gegeben. Als sie auseinandergingen, war jeder von ihnen benommen, und keiner sagte ein Wort ...

Wie der Maxl halbwegs vorausgeahnt hatte, so kam es. Die Berger Hofhaltung wurde aufgehoben, sang- und klanglos verschwand die Dienerschaft nach und nach. Nur die Gärtnerei blieb. Alle wertvollen Möbelstücke, darunter ein goldener Betstuhl des Königs, wurden auf höheren Befehl weggeführt. Das machte böses Blut im Dorf und in der Pfarrei. »Umbringen und ausrauben auch noch! Pfui Teufel!« schimpften die Leute ganz offen. Vom neu ernannten »Landesverweser«, dem Prinzregenten Luitpold, der bis zum Tode des geisteskranken Prinzen Otto die Regierung übernommen hatte, wollte kein Mensch etwas wissen, am allerwenigsten die Berger. Die waren froh, daß er sich nie bei ihnen sehen ließ. »Windiger Erbschleicher« war das mildeste Schimpfwort, mit dem sie ihn belegten.

Ende und Anfang

Auf den dreizehnten Juni war das für Berg so tieftraurige, denkwürdige Pfingsten gefallen. Im selben Jahr am 13. Dezember, mitten in der Adventszeit, hatte die Bäckerin eine schwere Geburt. Ihr Leben hing an einem Faden, als ihr sich schmerzhaft windender Leib die Frucht aus sich herausstieß. Ein Mädchen war zur Welt gekommen und wurde bei der Taufe Luzie genannt. Das Kind aber lebte nur ein halbes Jahr.

Einen ganzen Tag lag die Gebärende besinnungslos im blutbefleckten Bett, aber sie atmete. Die Hebamme machte ein bedenkliches Gesicht. Im ganzen Haus waren sie stumm und niedergeschlagen. Am dritten Tag stieg das Fieber der Wöchnerin, und der aus Starnberg herbeigerufene Arzt sagte zu Maxl, er solle sich auf das Schlimmste gefaßt machen. Ziemlich mürrisch brummte er es aus seinem dichten Bart. Er sah den Bäckermeister dabei nicht an und ging schnell davon.

Draußen trieb der gefrorene Schnee und tickte leise auf die Fensterscheiben. Bleigrau sah die Helligkeit in der Ehekammer aus, und es roch scharf nach Medikamenten. Als es dunkelte, wurde der Atem der Resl unregelmäßig und fliegend. Ihre Augen brachen weit auf. Sie stöhnte und verlangte fortwährend zu trinken. Ratlos standen der Maxl und die Hebamme da. Drunten vor dem Haus, in der schwarzen Kälte, erklang plötzlich ein tonloses Beten. Die nächste Nachbarschaft kniete auf der Straße. Ganz deutlich hörte der Maxl den Vorbeter, den Kramer-Jakl, lamentieren: »Für eine schwerkranke Person bitten wir dich, Allmächtiger! Erbarme dich ihrer! Aber dein Wille geschehe ... Vater unser, der du bist ...«

Auch die Resl mußte es gehört haben, denn sie faltete trotz ihrer peinigenden Schmerzen die Hände und begann zu lispeln. Maxl und Hebamme taten dasselbe. Eine schwere Nacht verrann, noch eine und noch eine. Endlich kam wieder Leben in die Resl. Ihre unsicheren Augen bewegten sich wieder natürlich. Ihre rauhen Hände streichelten das quengelnde, rundköpfige, haarlose Kind, das nach der Brust schnappte.

»Dreizehn! Dreizehn!« sagte der Maxl, »ausgerechnet ein dreizehnter hat's sein müssen. So ein Tag hat, seit der König zugrund' gegangen ist, keinen Segen mehr in sich!« Er glaubte nichts, dennoch hing er an solchen Vorzeichen mit unerklärlichem Aberglauben. Weiß Gott, wie das nun zusammenhängen mochte, seit der Geburt der Luzie fing die Resl an, an einem offenen »Kindsfuß« zu leiden. Krampfadern hatte sie ja schon lange. Viele Wochen lag sie darnieder, und das war ihr das Schlimmste. Jeden Tag wollte sie aus dem Bett, doch sie merkte, wenn sie aufrecht stand, daß sie zu schwach war. Nur diese Einsicht, nicht das Dawiderreden von Hebamme und Arzt, und noch weniger das gutgemeinte Schimpfen Maxls, brachte sie dazu, sich wieder hinzulegen. Unendlich lang kam ihr jeder Tag vor. Wenn das Kindlein neben ihr schlief, in Stunden des Alleingelassenseins, schaute sie schwermütig zur weißgetünchten Decke empor, und ihr derbknochiges Gesicht bekam einen verlorenen Ausdruck. Zum erstenmal war ihr – ihr selber! – der Tod, den sie ohnmächtig fürchtete, begegnet, und nie wieder vergaß sie das. Nach einer Weile verschränkte sie ihre zerarbeiteten Finger, sah flehentlich bitthaft ins Hohe und begann, leise zu beten.

Als dann, nachdem sie längst gesund war, das Kind zu kränkeln anfing und hoffnungslos dahinsiechte, pflegte sie es sorgfältiger und zärtlicher als jedes andere. Soviel Inbrunst und Bekümmertheit hatte niemand bei ihr vermutet. Der Tod der kleinen Luzie versetzte sie in eine lange, lähmende Trauer, die ihr wahrscheinlich selber unerklärlich war. Diese Niedergeschlagenheit nahm noch zu, als im Februar des neuen Jahres ihre Mutter starb. An diesem Tag, nach dem Begräbnis, kam der Maxl mit ihr nach Aufhausen. Alle Heimrathschwestern mit ihren Männern hockten am großen Tisch in der weitläufigen Stube. Die Genovev hatte sich nicht sonderlich verändert, dagegen waren die Marie, die Nanni und sogar die muffige Kathrein recht zufrieden und lebensfroh geworden. Mit einer kargen, scheuen Zärtlichkeit redeten sie mit der so auffällig einsilbigen Resl, die sie immer geliebt hatten. Die Unterhaltung drehte sich um die verstorbene Mutter. Frohe und traurige Einzelheiten aus ihrem Leben wurden erzählt.

»Ja, unsere Mutter! Mein Gott!« sagte die Resl nach langem Schweigen, »selig hab' sie unser Herrgott!« Und sie schaute dabei wehmütig in der Stube herum. An jedem Ding blieben ihre Blicke hängen.

»Jetzt kann sie rasten, unsere Mutter!« redete sie in gleicher Weise weiter und setzte um einen Ton ergriffener hinzu: »Und jetzt sind wir nicht mehr daheim in Aufhausen. Jedes von uns ist in der Fremd' ...« Nickend stimmten ihr die anderen zu. Man zerkaute das feste Bauernbrot und trank Bier dazu. Einmal stand die Resl auf und ging mit der Marie in den Stall, oben hinauf in die Kammern, schließlich in den abschüssigen Obstgarten, dessen verschneite Bäume kahl und tot dastanden.

»Mein Gott, mein Gott, wie sich alles so schnell verändert!« sagte die Resl zu ihrer Schwester und schaute ihr in die ungewissen Augen, »alles ist anders! Das Haus, der Hof und der Stall! Hm ... Sogar riechen tut alles anders! Alles ist weg!« Sie rieb mit ihren gebogenen Fingern ihre nassen Augen. Ihr Kinn zitterte ein wenig.

»Resl? Was ist denn mit dir? Was denn?« fragte die Marie ernst werdend. »Du bist ja auch ganz anders. Man kennt dich kaum noch! Bist du denn krank oder hast recht viel Verdruß mit dem Maxl?«

Die Resl schüttelte stumm den Kopf. Sie atmete seufzend und wandte sich wieder der offenen Stalltüre zu.

»Ich kann mich bloß so hart gewöhnen, Marie«, erwiderte sie endlich und schloß: »Mein Gott, der Maxl? Unrecht ist der nicht, gewiß nicht, aber es geht so langsam, bis ich in alles hineinwachs' ... Jetzt, wo unsere Mutter tot ist, wird's vielleicht eher gehen ...«

Sie strampelten ihre schneeigen Schuhe im Stallgang ab und kamen wieder in die Stube zurück. Dort war noch immer das gleichgültige Gerede. Als man endlich auseinander ging, musterte die Resl wiederum alles, was ihr von Kind auf so vertraut gewesen war: die Stube mit dem Tisch und der herumlaufenden Holzbank an den vier Wänden, die tickende Pendeluhr, die paar Spinnräder, den mächtigen Kachelofen und das angeschwärzte Kruzifix mit den zwei Heiligenbildern, dann – im Hinausgehen – die verrußte Kuchl mit dem großen Herd, den Pfannen und Schüsseln im Holzrahmen, den Milchkübeln am Boden, den paar Bänken, Stühlen und dem besudelten Tisch. Es war, als nähme sie jetzt erst endgültig Abschied von all dem. Die im Heimrathhaus zurückbleibenden Geschwister drückten ihr die Hand, und jede sagte: »Viel Glück, Resl! Bleib gesund, ja?« – »Jaja, hoffen wir's, und unser Herrgott wird's schon richten«, gab sie nickend zurück, und – was noch nie geschehen war – sie schob diesmal ihren Arm unter den von Maxl. Festen Schrittes stapften die beiden durch den hohen, knirschenden Schnee.

»Herrgott aber!« lächelte der Maxl leicht und schaute sie von der Seite an, »du machst mir aber heut warm. Warum pressiert's dir denn gar so?«

»Es ist doch ein Haufen Arbeit daheim, Maxl«, antwortete

sie verborgen zärtlich, und ihr Gesicht frischte sich von Schritt zu Schritt mehr auf. Der Maxl sann froh in sich hinein ...

Erst nach und nach wurde die Resl wieder der ausgeglichene Mensch, der sie immer gewesen war. Seitdem ihre Mutter unter der Erde lag, ging sie nicht mehr nach Aufhausen. Nur nach dem sonntäglichen Hochamt stand sie üblicherweise mit der Genovev und deren häßlichem Mann am Heimrathgrab. Langsam schien das Vergangene in ihr zur ruhigen Erinnerung auszureifen. Vieles sank in die Vergessenheit. Das Haus in Berg wurde ihre Heimat. Hier begann ihr zukünftiges Leben. Von Jahr zu Jahr wuchs sie mehr in diese nüchterne, zweckvolle Wirklichkeit. Sie blieb zwar unverkennbar bäuerlich in allem, aber es mischte sich – wenn man so sagen darf – auch das Bäckerische darein. Jedes Jahr brachte sie ein Kind zur Welt. Die ersten gingen schon zur Schule, zwei oder drei krochen auf dem Stubenboden herum, und der jüngste Säugling plärrte im geflochtenen Wägelchen, das der Zwerg ab und zu leicht hin und her schaukelte. Emma, Maurus, Lorenz, Oskar und Anna hießen diese nachfolgenden Kinder. Bei den letzteren waren sogar die vornehmen Strauchs von Leoni, welche die gleichen Vornamen hatten, zur Taufe Pate gestanden. Der Maxl war nicht wenig stolz auf die dadurch entstandene Verwandtschaft. Er sah dies als ein Zeichen seines wachsenden Ansehens an. Wenn er jetzt manchmal zurückschaute auf den langen, schweren Weg, den er zurückgelegt hatte, murmelte er mit sicherer, gelassener Zufriedenheit vor sich hin: »Die anderen sind auf einem Fleck stehengeblieben, wir aber sind immer weiter gekommen. Sie haben gemeint, alles auf der Welt bleibt ewig, hm, und derweil hat sich rein alles geändert! Und das wie!«

Er, der gewissermaßen beständig mit wachen Augen herumsah und das, was ihm zustieß, ebenso abwog wie jenes, was in der großen Welt vorging, er konnte mit einigem Recht so reden. Daß kein König mehr da war, das hatte seinem Geschäft nicht im geringsten geschadet, im Gegenteil:

seitdem das Schloß, das unbewohnt blieb, samt dem großen Park gegen geringes Eintrittsgeld dem allgemeinen Besuch zugänglich gemacht worden war, besuchten im Sommer eine Unmasse Fremder und romantische König-Ludwig-Verehrer Berg. Das Dorf profitierte davon und blühte jetzt noch zu einem weit zahlreicher besuchten Fremdenort heran. Die Erinnerung an den König blieb zwar wach in den Bergern, aber langsam fanden sie, daß dessen Tod doch einen großen Segen gebracht hatte. Ihre guten Kammern waren jeden Sommer vermietet. Die Wiesenflächen am See-Ufer stiegen beträchtlich im Wert. Herrschaften, die sich Villen bauen ließen, bezahlten für solche Grundstücke nie geahnte Preise. Mancher Berger wurde dadurch auf leichte Weise mehr als wohlhäbig. An den sonnigen Sonn- und Feiertagen brachten die Dampfschiffe Hunderte von Sommerfrischlern und Touristen an die Ostufer des Sees, und jedes Wirtshaus, alle Hotels waren dicht besetzt mit Gästen. Niemand gewann dabei mehr als der Maxl. Er mußte hin und wieder lächeln über den Hoflieferanten-Titel, der ihm seinerzeit angeboten worden war. Er brauchte ihn nicht mehr, und überdies: Titel hatten seit jeher für ihn etwas Lächerliches gehabt. Er schätzte den Menschen nach seiner Leistung ein. Nur sie erschien ihm als das rechte Maß seines Wertes. Er selber war einzig und allein durch seine hartnäkkige Tüchtigkeit zu dem geworden, was er immer sein wollte: ein Geschäftsmann, dem man vertraute, ein allgemein beliebter Mensch, ein geachteter Bürger. Dieses bienenfleißige, rechtschaffene Bürgertum gab seiner Meinung nach der Welt das Gesicht und dem Staat die Bedeutung – nicht die Oberen, die Regierenden.

Auch im Bäckerhaus änderte sich in diesen Jahren allerhand: Maxls Bruder Lorenz heiratete endlich seine Geltingerin, arbeitete aber immer noch beim Rambeck in Starnberg, schlief die Woche über in Berg und ging nur jeden Samstag heim nach Gelting, um sein verdientes Geld abzuliefern. Sein Weib achtete sehr darauf und nützte die Gutmütigkeit des Lorenz weidlich aus. Er schien stets froh zu sein, wenn er am Montag wieder nach Berg kam, und war hier gern gesehen. Die Kathl hauste hinten im Häusl mit ihrem inzwischen vier Jahr alt gewordenen Söhnchen Lorenz, den man »Lenzl« hieß. Ihre erste Tochter, die Marie, war gottlob schon so weit, daß sie, wenn die Magd zuviel Arbeit hatte, für sie Brotfahren konnte.

Der Maxl lebte nun geruhiger dahin. Er las jeden Tag die Zeitung, die er abonniert hatte, und äußerte sich oft über die politischen Ereignisse. Dabei hörte ihm allerdings nur der Schmalzer-Hans, der gewöhnlich etliche Gläser Kornschnaps trank, mit einigem Interesse zu und erwiderte auch manchmal etwas darauf.

Die Zeit war bewegter, als mancher es glauben wollte. Im Reichstag wurde um die Aufhebung des Sozialistengesetzes gekämpft. Der alte Kaiser Wilhelm war gestorben, und sein Sohn, Kronprinz Friedrich, der schon lange an einem Kehlkopfkrebs litt, regierte nur ganze neunundneunzig Tage. Seither saß der äußerst laute, wortreiche junge Wilhelm II. auf dem Berliner Kaiserthron, und Bismarck vertrug sich nicht mehr mit ihm. Die Zeitungen berichteten über allerhand Meinungsverschiedenheiten zwischen dem Monarchen und seinem Kanzler, und was unmöglich geschienen hatte, traf plötzlich ein. Bismarck, der Mann, dem bisher kein Gegner gewachsen gewesen war, er, den seine Bewunderer den »eisernen« genannt und seine Feinde tausendmal verflucht hatten, der Kanzler, auf den die Welt hörte, mußte weichen. Eines Tages verbreitete sich die Nachricht von seiner unerwarteten Abdankung.

»Ja, Herrgott, hm! Geht's denn gegen jeden reellen Menschen! Das schaut ja aus, als ob sie's da droben mit dem Bismarck genau so machen möchten wie mit unserem Ludwig!« polterte der Maxl, warf die Zeitung hin und erzählte dem Hans wieder einmal, wie er im Kriege, als Verwundeter auf einem Leiterwagen, den vorüberreitenden großen Kanzler gesehen habe.

»Ein Mensch, sag' ich dir! Durch und durch kein Kriecher! Der hat dich angeschaut von oben bis unten, fest und offen! Wenn wir den verlieren, wer weiß, was da alles passiert!« rief er und schimpfte über den jungen Kaiser, der noch nicht einmal »richtig trocken hinter den Ohren« sei.

Viele, die mit der Zeit in die resolute Staatsführung Vertrauen gewonnen hatten, dachten ungefähr so wie der Maxl. Dennoch – die Entlassung war ausgesprochen, und der alte, starrsinnige Exkanzler zog sich grollend zurück. Die Zeit ging weiter, als sei nichts geschehen. Der junge Kaiser, hieß es, sei »sein eigener Kanzler«. Das Sozialistengesetz war aufgehoben. Die Arbeiter im ganzen Reich sammelten sich wieder und ihre Partei nahm zu und zu. Wenn auch der Kaiser ein scharfer Gegner der Sozialdemokraten war, ihre Abgeordneten im Reichstag führten noch nie gehörte, aufreizende Reden.

»Wenn wir Bürgersleut' nicht sind, kann sich nichts halten!« sagte der Maxl, »der Bismarck hat es gewußt.« Der Schmalzer-Hans meinte brummend, jaja, wenn jeder Bürgersmann so wäre wie er, der Maxl, dann könnten die da droben im Berliner Reichstag samt ihrem windigen Kaiser nicht so Schindluder treiben mit allem. Das hörte sich so gut an, daß ihm der Maxl ein Glas Schnaps schenkte. Er trank sogar selber eins.

Stolz und breit und sehr augenfällig stand das ausgebaute Bäckerhaus mit seinem hohen, mächtigen Kamin in der Dorfmitte von Oberberg. Es war nicht mehr wegzudenken. Die Ladenglöcklein bimmelten den ganzen, lieben Tag. Weithin sichtbar, an der Hausmauer, oberhalb der zwei Auslagenfenster des Ladens, prangte eine cremegelbe, lange Holztafel mit den fettschwarzen Buchstaben:

Bäckerei, Melberei und Kolonialwarenhandlung
von
Theres und Max Graf
gegründet 1776

In jenem fern zurückliegenden Jahr nämlich war dem damaligen Besitzer des einst so armseligen Häuschens, einem gewissen Abenthum, das verbriefte Recht zur Ausübung der Bäckerei zuerteilt worden. Von ihm erwarb Maxls Großvater, der Andreas Graf, das Anwesen samt dieser Gerechtsame, ohne je zu wissen, was er mit der letzteren für einen verborgenen Schatz eingehandelt hatte. Erst der Enkel erkannte ihn und hob ihn.

Mein findiger Vater übersah nie die geringste Kleinigkeit, die ihm nützlich und ergiebig schien. Deswegen fielen für ihn Erwerb der Gerechtsame und Geschäftsgründung zusammen. Vielleicht aber war die Angabe dieser Jahreszahl auch etwas wie ein stiller Dank an alle jene, die vor ihm auf dem Platz, den er nun endgültig erobert hatte, gelitten und gekämpft hatten. Er war ein Mann, ganz wirkend in der täglichen Gegenwart, aber er hing nicht weniger tief mit seinen Vorfahren zusammen als die Heimrath-Resl – meine Mutter . . .

Zweiter Teil

Mutter und Sohn

Die Entdeckung der Mutter

»Gestochen hat er sie! ... Von hinten ... Sein Messer soll giftig gewesen sein«, sagte der Wagner Neuner zum Schmalzer-Hans, während er sein Werkzeug zusammenräumte. Er klopfte mit den flachen Händen den Holzstaub von seinem grobleinenen blauen Arbeitsschurz und brummte mehr für sich: »So, der Tag ist auch wieder vorbei ... Mein Gott, ich möcht' keine Fürstlichkeit sein! Nicht geschenkt! ... Es ist auch ein recht unsicheres Leben! ... Was hat sie jetzt, samt dem, daß sie Kaiserin gewesen ist? Gar nichts! Jetzt ist sie auch tot wie unsereins ...«

Wir Kinder standen dabei, schnappten jedes Wort auf und schauten ab und zu staunend zu den zwei Männern empor.

»Jaja«, meinte der Schmalzer-Hans durchaus gleichgültig und fing gemächlich zu erzählen an: »Beim Klostermaier droben haben sie schon gesagt, der Stich selber soll gar nicht so arg gewesen sein, aber das Gift! ... Da hat nichts mehr geholfen ... Ich hab' sie seinerzeit, wie unser König noch gelebt hat, oft gesehen im Schloß drunten ... Eine hochnoble, bildsaubere Person ist sie gewesen. Eine Kaiserin, wie man nicht leicht eine findet ... Sie hat unserm König auch gleichgesehen.«

Der Wagner Neuner nahm den ›Land- und Seeboten‹ von der Hobelbank und gab ihn dem Hans: »Da, in der Zeitung steht schon alles genau drinnen.« Er schneuzte sich. Dann schnupfte er rasselnd.

Der Hans, der nie etwas las, warf einen flüchtigen Blick auf die Zeitung, und wir reckten neugierig die Hälse. Die ganze erste Seite war umrahmt von einem breiten schwarzen Trauerrand, und unter den dicken Lettern der Überschrift sahen wir das Bild einer Frau mit hoher Frisur, einer geraden Nase und ernsten, stolzen Augen. »Jaja, genau so hat sie ausgeschaut, ganz genau so«, sagte der Schmalzer-Hans, »eine stramme Person! ... Und couragiert, mein Lieber! ... Reiten hat sie können, besser wie jedes Mannsbild.« Er und wir Kinder gingen etwas auf die Seite, denn der Wagner trat jetzt aus seiner hohen, gewölbten Werkstatt, drückte das Tor zu und riegelte ab.

»So, Kinder, marsch! Macht, daß ihr heimkommt! Nacht wird's!« rief er. Es dämmerte schon. Die laue Luft hatte sich fühlbar abgekühlt, und sie roch nach Herbst. Über der Straße, um den heckenumsäumten Obstgarten vom Schatzl, der sich über den sogenannten »kleinen Berg« hinaufzog, wisperten noch vereinzelte späte Vögel.

»Wer ist denn die Frau?« fragte mein Bruder Maurus, auf die Zeitung deutend, und wir drängten uns um den Hans.

»Das? ... Die Kaiserin Elisabeth von Österreich! Die ist erstochen worden«, erklärte uns der Wagner Neuner und wurde leicht ungeduldig, »so jetzt aber marsch! Weiter! Heim jetzt! ... Eure Mutter ist doch krank!« Diese letzten Worte überhörten wir. Wir bekamen wichtige Mienen, liefen den kleinen Berg hinauf und schrien gleicherzeit, als wir in die Wohnkuchl kamen: »Vater! Die Kaiserin Elisabeth haben sie erstochen!« Ein fast wohliges Gruseln durchlief uns dabei. Wir schnaubten und hatten hochrote Backen.

»Jaja!« sagte unser Vater brummig, »machts keinen solchen Lärm ... Die Mutter ist doch krank!« Jetzt erst sahen wir sein besorgtes Gesicht, bemerkten den Zwerg, die »alte Resl«, in der Kanapee-Ecke, sahen unsere älteren Geschwister stumm herumsitzen, und es stieg uns auch wieder der penetrante Lysolgeruch in die Nase, der schon seit Wochen das Haus erfüllte. Enttäuscht schwiegen wir ebenfalls und machten ernste Gesichter, aber die Kaiserin Elisabeth ließ uns keine Ruhe.

»Der Wagner Neuner hat gesagt, mit einem giftigen Messer hat sie ein Lump gestochen«, fing der Maurus von neuem an, und auf einmal entdeckten wir die ausgebreitete Zeitung auf dem Tisch, sprangen auf die Holzbänke und beugten uns über das Bild mit dem Trauerrand.

»Jaja, die ist's! Jaja!« riefen wir alle, drückten und verdrängten einander, der Vater wies uns zurecht, wir beruhigten uns ein wenig, und dann fing der Maurus buchstabierend zu lesen an: »R-u-u-chl-l-o-oser M-e-eu-ch-ch-« … Er stockte. Das e-u irritierte ihn. Es klang zu fremdartig. Er und wir überlegten.

»Es heißt doch eu! … Meuchelmord! Schafskopf, saudummer!« fuhr ihn unsere zwölfjährige Schwester Theres an. Dieses Wort verstanden wir erst recht nicht, dennoch machte sich der Maurus sofort wieder unverzagt ans Weiterlesen: »Meu-Meuchel-mo-rd a-n I-h-r-e-r K-a-i-s-e-r-l-i-ch-chen M-a-je-st--«

Die Tür ging auf. Vater und Geschwister hoben die Gesichter. Maurus schwieg. Der Zwerg malmte gleichgültig mit dem Unterkiefer. Die rundliche braunhaarige Hebamme blieb kurz stehen, sah auf unseren Vater und sagte kopfschüttelnd: »Ob das Kind noch durchkommt? … Ich weiß nicht.«

»Und die Resl? Wie geht's der?« fragte er.

»Naja!« wich die Hebamme aus und zuckte dabei mit den Achseln, »mit einundvierzig Jahren! … Und das elfte Kindbett! … So einfach ist das nicht mehr.« Sie ging mit einem Bündel blutbeschmutzter Windeln auf den Herd zu und warf sie in den dampfenden Wassertopf.

»Soll vielleicht der Doktor nochmal kommen?« fragte er wieder.

»Sie ist jetzt eingeschlafen … Recht matt ist sie«, meinte sie statt einer Antwort. »Ich glaub', es ist besser, wenn ich das Kind in die Kuchl bring'. Da kann's schreien.« Und während sie mit dem langen Holzlöffel die Windeln in das brodelnde Wasser stieß, fügte sie dazu, daß für den Doktor bis morgen auch noch Zeit sei.

Als sie aus der Kuchl gegangen war, blieb es eine Weile still.

»Vater? ... Muß unsere Mutter sterben?« fragte der Maurus auf einmal, und die Kaiserin Elisabeth interessierte uns nicht mehr.

»Setzt euch ordentlich hin«, sagte der Vater und schluckte ein wenig. Wir folgten wortlos und falteten, da er und die ältesten Geschwister dies taten, unsere Hände. Niemand aber fing laut zu beten an. Es kam uns vor, als rieche das Lysol auf einmal viel stärker. Der Geruch vermischte sich mit dem Dampf des Seifenwassers. »Krank« – »sterben« – »Tod« fiel uns von ungefähr ein, und wir dachten an unsere Mutter. Eine sonderbare, unbestimmte Bangigkeit überkam uns nach und nach. Wir sahen unverwandt auf unseren Vater, der einen leeren Blick hatte. Es wurde allmählich ganz dunkel in dem niederen, dämpfigen Raum. Die Pendeluhr tickte, und das Wasser brodelte. Endlich, als die Hebamme mit dem schreienden Kind über die Stiege herunterkam, stand der Vater rasch auf und zündete die Petroleumlampe an. Dabei zitterten seine Hände. –

Dieses elfte von uns Kindern wurde nur etliche Monate alt. Es hatte schon kurz nach der Taufe zu kränkeln angefangen. Es hieß Maria, und nun, nach einer Woche, starb es. Vaters Schwester, die Kathl, nähte ein winziges weißes Spitzenhemdchen. Die Leichenfrau und sie machten die kleine Leiche zurecht. Wir schauten den beiden zu, aber es graute uns davor.

»Jaja, das Marei kommt jetzt in den Himmel! Drum machen wir es so schön. Da schauts!« sagte die Leichenfrau lächelnd und hob das starre, leblose Ding aus dem Sarg. Wie eine Puppe sah es aus. Wir glotzten benommen und wichen zurück.

»Geh! So was tut man doch nicht!« rief die Kathl, wütend über die Leichenfrau.

Da rannten wir erschrocken auf und davon und ließen uns in der Kuchl nicht mehr blicken. Nur manchmal drückten wir draußen unsere Gesichter scheu an die Fensterscheiben.

Als die Leichenfrau mit dem kleinen weißen Sarg unter

dem Arm aus der Kuchl ging, machte ihr die »alte Resl« eine Faust nach. Der Zwerg nämlich konnte aus irgendeinem unaufgeklärten Grund alles, was mit dem Tod zusammenhing, nicht leiden. Särge und schwarzgekleidete Menschen waren ihm zuwider, und das Wort »sterben« machte ihn wütend. Da er aber ziemlich ungelenk war, hatte er die ganze Zeit in der Kuchl zubringen müssen. Noch lang, nachdem der Vater, die Kathl mit ihren zwei Kindern und unsere älteren Geschwister fortgegangen waren, stieß die »alte Resl« unverständliche, schimpfende Laute aus sich heraus und gestikulierte heftig mit ihren kurzen, dicken Armen. Wir Jüngsten – Anna und ich – waren daheimgelassen worden und wichen nicht von ihrer Seite. Wir gingen nicht zu unserer kranken Mutter hinauf und wollten überhaupt nicht an sie denken. Wir empfanden wohl ein stumpfes Mitleid, doch das scheue Grauen überwog. Wir fürchteten uns vor der Stille und stachelten die »alte Resl« immer wieder an, indem wir ihr Geplapper nachahmten. Das gefiel ihr stets. Sie polterte derart, daß sie ganz außer Atem kam, hielt erschöpft inne, schaute uns mit ihren flachen, wässerigen Froschaugen an und lachte ein wenig. Das erleichterte uns.

Später, als alle heimkamen, fiel es dem Vater ein, grade uns zwei Kleinsten zur Mutter hinaufzunehmen. Er begriff nicht, weshalb wir uns dagegen wehrten, und wurde leicht ärgerlich.

Unsere Mutter hatte, als wir in die Kammer kamen, die Augen geschlossen, den schwarzen, kleinperligen Rosenkranz um die Hände gewunden, ihre Lippen bewegten sich, und flüsternd betete sie. Eine starke Hitze ging von ihr aus. Ihr knochiges Gesicht war ungesund rot, und als sie uns anschaute, war in ihren Augen ein weher, zugleich unruhiger Glanz. Sie tastete mit ihren zerarbeiteten, heißen Händen nach uns. Wir wagten nicht auszuweichen, ließen es mit uns geschehen und starrten furchtsam auf sie. Nebenher fragte der Vater, wie es ihr ginge, erzählte vom Begräbnis, und wer dabeigewesen sei. Unsere Mutter schien das alles kaum zu hören und gab nur hin und wieder gleichgültige Antworten. Sie hatte uns Kinder zu sich ans Bett herangezogen, streichelte und liebkoste uns mit ungewohnter Zärtlichkeit. Sie bekam Tränen in die Augen, wischte sie aber immer wieder schnell weg, nach und nach wurde ihr Gesicht erlöster, und auch sie sagte etwas davon, daß das kleine Marei jetzt schon bei den Engeln im Himmel droben sei. Wir erinnerten uns an das leblose Ding mit dem weißen Spitzenhemdchen, und uns kamen die Engel und das In-den-Himmel-Kommen unheimlich, ja, grausig vor.

»Der Doktor wird bald kommen«, sagte der Vater. Unsere Mutter dagegen meinte, es sei ihr schon besser, der Doktor koste bloß einen Haufen Geld, und wenn es wem aufgesetzt sei, der müsse eben sterben, da helfe alles Kurieren nichts mehr. Wir hörten nur das Wort »sterben«.

Beim Hinausgehen aus der Kammer hob uns der Vater empor, damit wir die Finger in den am Türstock hängenden Weihwasserkessel stecken konnten. Halblaut und schmeichelnd sagte er: »So, jetzt macht ein schönes Kreuz.« Wir aber waren so verstört, daß wir nur die nassen Händchen auf unseren Gesichtern abwischten ...

Der Doktor, ein großer, starker Mann mit einem zerzausten Vollbartgesicht und einer Brille, dem wir alle mit scheuer Ehrfurcht begegneten, sagte nach einigen Besuchen zum Vater: »Sarg- und Leichenkosten, Herr Graf, die brauchen Sie jetzt nicht mehr zu fürchten ... Ich bin mit der Patientin zufrieden, nur, sie darf mir nicht wieder zu früh aufstehen.«

»Naja, Gott sei Dank!« meinte mein Vater. Gerade weil der Doktor stets alles so derb und unverblümt heraussagte, hatten die Leute Vertrauen zu ihm. Unser Vater überhaupt, der mochte studierte Menschen, die nichts aus sich machten, besonders gern.

»Aber jetzt, glaub' ich, langt Ihnen der ewige Familienzuwachs dann doch! Wie alt sind Sie jetzt? ... Fünfzig oder so was? ... Da könnten Sie doch einmal an was anderes denken«, warf der Doktor gutmütig hin.

»Jaja, einundfünfzig bin ich jetzt«, verbesserte ihn der Vater und lächelte schmal, »ich denk' schon lang an was anderes, aber die Resl muß erst gesund sein.« Der Doktor fragte nicht weiter und verabschiedete sich, nachdem er noch einmal wiederholt hatte: »Also, sie nicht zu früh aus dem Bett lassen!«

Als er nach ungefähr fünf Tagen wiederkam, war eine große Aufregung, denn unsere Mutter stand schon wieder am Herd in der Kuchl. Alles Dawiderreden und Schimpfen des Vaters hatte nichts geholfen.

»So leg dich doch wenigstens jetzt, solang der Doktor da ist, ins Bett!« bedrängten sie alle. Vergeblich. Der Doktor kam draußen an den Fenstern vorüber und tauchte in der offenen Kuchltüre auf. Er blieb verdutzt stehen. Alle schauten fast schuldbewußt auf ihn. »Ja-ja! Frau Graf?« fing der vollbärtige Mann zu poltern an, »was glauben Sie denn eigentlich? ... Wenn Sie jetzt wegsterben, bin ich schuld! Auf der Stell' gehen Sie ins Bett, marsch!«

»Ja, freilich!« rief meine Mutter und drehte sich mit leichtem Lächeln um, »freilich! ... Sterben tut man nicht so schnell! ... Wo käm' denn da das Hauswesen hin?«

»Wenn Ihnen das Hauswesen lieber ist als Ihr Leben, gut!« meinte der Doktor schon um einige Grade ruhiger, denn er mochte empfindliche Menschen nicht, und vielleicht war er sogar ein bißchen zufrieden. Er ging ganz in die Kuchl und sagte halb spöttisch zu unserem Vater: »Ich hab' immer gemeint, daß Sie regieren, Herr Graf? ... Fluchen können Sie doch so schön!«

»Tja, da machen Sie was gegen so einen katholischen Dickkopf!« hielt ihm der entgegen.

»Na gut ... Schauen wir einmal, wie lang Sie's aushalten, Frau Graf«, wandte sich der Doktor an unsere Mutter, die sich die nassen, mageren Arme abtrocknete. Wir mußten alle aus der Kuchl gehen. Nur der Vater blieb.

Wir gingen hinten beim Haus hinaus und kamen ins kleine Häusl, zur Kathl. Es war kaum Platz für uns alle in ihrer winzigen Nähstube.

»Ja«, sagte die Kathl, »eure Mutter, die hat eine eiserne Natur, aber sie treibt ja Schindluder mit ihrer Gesundheit und verläßt sich bloß auf unsern Herrgott ... Das ist ja schön und recht, aber einmal mag auch der nicht mehr.«

Die Kathl nämlich hatte ein ganz sonderbares Verhältnis zum Herrgott und unterhielt sich, wenn sie allein in ihrer Stube saß, oft lange laut sprechend mit ihm, als stehe er leibhaftig vor ihr. Je nachdem ihr etwas geglückt oder widerfahren war, lobte oder schimpfte sie ihn, gleichsam als wäre sie mit ihm verheiratet. Sie, die von den zwei Vätern ihrer Kinder stehengelassen worden war, führte ein enges, armes Leben, aber sie blieb unverbittert. Ihre Schrullenhaftigkeit heimelte uns an, insbesondere schon deswegen, weil sie meistens heiter war und viele Geschichten von früher zu erzählen wußte.

Nachdem der Doktor weggefahren war, ließ sich unsere Mutter – wahrscheinlich, weil sie sich noch schwach fühlte – doch überreden, ab und zu während des Tages zu schlafen. Nach etlichen Wochen aber arbeitete sie wie immer. Die Krankheit schien langsam aus ihrem Körper zu weichen, und sie bekam für uns Kinder wieder das gewohnte Aussehen. Wir Jüngsten waren den ganzen Tag um sie und quengelten in sie hinein. Sie wurde wieder etwas für uns, das wir aus unserem Leben nicht mehr wegdenken konnten. Am Abend setzte sie sich auf das Kanapee, nahm die Binden von ihrem rot angelaufenen, offenen »Kindsfuß«, wusch die Wunde mit warmem Wasser, schmierte Butter um die Ränder und preßte – genau wie einst ihre Mutter – ein kühles Huflattichblatt darauf. Dann wickelte sie den Fuß wieder ein und ging zu Bett. Wir standen dabei um sie herum, die Älteren machten ihr ab und zu einen Handgriff, für uns Jüngste aber hatte dieser wunde Fuß nichts Erschreckendes. Unsere Mutter rührte sich ja, redete, ging jeden Tag herum und arbeitete – das verscheuchte jedes Gefühl von Kranksein oder Sterben ...

Der Vater gewann wieder seine Unternehmungslust. Er

hatte dem Doktor nebenher eine Andeutung gemacht, daß er, sobald unsere Mutter gesund sei, an was anderes denke als an Familienzuwachs. Er war gut gelaunt und fuhr öfter ohne recht ersichtlichen Grund mit dem Fuhrwerk nach Starnberg hinüber. Dabei durfte ihn unser ältester Bruder, der sechzehnjährige Max, auf den er sehr stolz war, manchmal begleiten. Der war groß, hager, eckig und breitschulterig, hatte dasselbe längliche Gesicht wie Vater und kam sich wegen seines winzigen Bartanfluges zuweilen bereits als junger Mann vor. Er half auch schon nachts in der Bäckerei mit, was aber jetzt in dieser stillen Herbstzeit kaum nötig war. Obgleich er aber schon ein Jahr aus der »Sonn- und Feiertagsschule« war, konnte er zum Leidwesen des Vaters im Gegensatz zu allen anderen Geschwistern nur schlecht rechnen und immer noch nicht richtig lesen und schreiben. An manchen Tagen gab ihm der pensionierte, spitzbärtige Lehrer Strasser, der erst kürzlich ein kleines Häuschen in Berg bezogen hatte, Nachhilfestunden. Doch Max folgte ihm nicht. Er hielt den alten, zappligen Mann nur zum Narren, stieg lieber auf den hohen Bäumen des Gartens herum und lernte nichts. Eines Tages kam der Lehrer Strasser wütend daher und fauchte: »Wenn Ihr Lausbub so gern klettert, dann lassen Sie ihn lieber Dachdecker werden. Ich habe diese Impertinenz jetzt satt!« Impertinenz? Unserem Vater gefiel das Wort. Offenbar witterte er eine gute Eigenschaft Maxens dahinter. Er lachte und meinte: »Naja, wenn es so ist, gut. Er wird schon werden.« Krachend schlug der Lehrer die Ladentür zu.

Nach dem Mittagessen fuhren Vater und Max fort, und erst bei Hereinbruch der Nacht kamen sie wieder zurück. Wir warteten stets gespannt auf sie, denn meistens brachte der Vater dünne Würste mit, auf die wir sehr gierig waren. Vier davon gab er der Mutter. Den Rest, der verteilt wurde, rauften die älteren Geschwister untereinander mit solchem Ungestüm aus, daß wir Jüngsten nie etwas davon bekamen. Der Vater fing schließlich bellend zu schimpfen an, und die Mutter war so unglücklich über den Streit, daß sie Anna und mir die ihr zugedachten Würste gab.

Schließlich schmatzten wir alle, und es war Ruhe.

»Was tust du denn jetzt so oft in Starnberg?« fragte die Mutter den Vater.

Er erzählte allerhand und wich aus.

»So«, warf Mutter hin und fragte nicht mehr weiter, aber hin und wieder sah sie schräg auf ihn.

Der Mehlreisende Irlinger aus München kam wieder öfter. Mit ihm besprach unser Vater seit jeher schwierige geschäftliche Dinge. Mit einem verborgenen, fast hilflosen Mißtrauen musterte unsere Mutter den altgewordenen, zaundürren Mann, lächelte zweiflerisch, wenn er einige freundliche, lustige Worte sagte, und meinte: »Wenn ich dich schon so oft sehe, da ist mir gar nicht wohl dabei ... Was wird euch wieder alles einfallen, dem Maxl und dir! Was Gescheites gewiß nicht, du Feinspinner!«

»Also Grafin! Bäckerin! ... Ich komm' nur, wenn der Maxl mich braucht«, deutete der listige Reisende geheimnisvoll an und lobte den Vater; aber unsere Mutter bekam kein besseres Gesicht davon. Die zwei Männer saßen in der nebenan liegenden Stube, redeten und rechneten. Die Mutter werkelte weiter, fragte nicht und kümmerte sich um nichts. Hin und wieder aber seufzte sie unvermerkt, und es schien uns, als sei sie unruhig.

Kurz nach Weihnachten erzählte der Vater, der Irlinger habe für den Max eine gute Lehrstelle als Konditor bei einem »Hoflieferanten Zech« ausfindig gemacht. Deutlich merkten wir, wie die Mutter aufatmete.

»Soso, deswegen«, sagte sie erleichtert und redete nicht dawider. Wir saßen alle friedlich um den großen eschernen Tisch in der warm geheizten Kuchl. Jeder schaute auf den Max, der eine ernsthafte Miene machte. Sicher bewunderten ihn die älteren Geschwister, weil er über das In-die-Fremde-Gehen gar nicht geschreckt war. Unsere Mutter war wohl traurig, aber sie fand Irlingers diesmalige

Ratschläge einleuchtend. Nach acht Tagen fuhr der Vater mit Max nach München und kam erst am anderen Tag wieder.

»Der Bub ist recht standhaft geblieben«, sagte er zufrieden, »das Geschäft vom Zech ist gut ... Da lernt er was ... Wenn er Kuchen und Konfekt machen kann und kommt heim, das hat Zukunft. Die Herrschaften im Sommer wollen so was.«

Unsere Mutter fand sich darein, obgleich sie nebenher meinte, die Bäckerei sei auch schon Arbeit genug. Wir alle vermißten Max nicht weiter.

Indessen – sonderbar – der Irlinger kam immer wieder, den ganzen Winter hindurch. Die Mehlkammer war doch voll. Auf irgendeine Bestellung konnte er also nicht rechnen. Dennoch blieb er manchmal sogar über Nacht, und das Besprechen zwischen ihm und dem Vater ging weiter. Hin und wieder gingen sie zum Bier ins Hotel Leoni hinaus oder zum Wiesmaier hinunter und kamen dann leicht betrunken tief in der Nacht heim.

An einem Nachmittag, als die älteren Geschwister noch nicht von der Schule heimgekommen waren, saß der Vater allein in der Stube am Schreibtisch. Anna und ich spielten in der Kuchl auf dem Boden mit den zerbrochenen Spielsachen von Weihnachten her. Unsere Mutter saß neben der »alten Resl« auf dem Kanapee und stopfte zerrissene Socken und Strümpfe. Ab und zu stand sie auf, ging an den Herd und stocherte mit dem Holzlöffel im Saufutter, das auf dem Herd kochte. Draußen bleichte der Tag. Im Vorgarten schmolz der Schnee, und eintönig tropfte es von den Dächern.

»Resl?« rief der Vater.

»Ja«, gab Mutter an.

»Geh einmal her«, sagte er und machte die Stubentür weit auf. Er hatte ein großes, steifes, auseinandergefaltetes Papier in der Hand, und als jetzt die Mutter in der Stube war, sagte er: »Schau her, das ist der Plan.«

»Plan? ... Was denn für ein Plan?« fragte sie und bekam

ein unglückliches Gesicht, »willst du vielleicht wieder bauen?«

»Ja, es geht nicht mehr so«, antwortete er, »gleich wenn's Frühjahr da ist, wird angefangen ... Der Fischhaber von Starnberg übernimmt den Bau ... Da, so wird's.« Er wollte ihr den Plan zeigen. Sie aber schaute nicht hin. Sie wurde nur noch trauriger und fing wehmütig und verdrossen zu jammern an, wo er denn das Geld hernehmen wolle und ob die Schulden noch größer werden sollten. »Mit deinem falschen Irlinger!« hörten wir sie sagen, »mir wird nichts gesagt ... Ich sag' ja, hm, ich sag' ja!«

Der Vater wurde dringlicher, wurde lauter, und auf einmal fing er sein besessenes Fluchen an. Wir liefen in die Stube. Weinend stand die Mutter da und rief immerzu in dieses Wüten hinein: »Max! Aber Max, um Gottes Himmels Christi willen, Max!« Wir rannten entsetzt auf sie zu und klammerten uns an ihren Rock. Dabei merkten wir, daß ihre Beine stark zitterten. Ihr ganzer Körper zitterte. »Max, so laß doch reden mit dir! Max! Das ruiniert uns doch! Max?!« schrie sie flehend, und auch wir fingen jetzt schreiend zu weinen an. Unser Vater aber bellte immer furchtbarer. Meine Schwester preßte ihren Kopf in Mutters Faltenrock und zog und zerrte daran. Ich starrte auf den Vater, der alle Fassung verloren zu haben schien. Er war kreidebleich, fuchtelte mit dem steifen Plan-Papier herum, schrie und bekam schließlich sogar dünnen Schaum vor dem Mund.

»Dir kann man ja nichts sagen! ... Du hast ja nichts wie immer Angst, Angst und nochmal Angst und willst nie was anderes als immer auf dem gleichen Fleck rackern und rakkern, bis du umfällst!« brüllte er und hielt ihr wieder den Plan hin. »Da ... Und Geld krieg' ich! Kredit hab' ich! ... Herrgottsakrament-sakrament!«

»Jaja, ja, mach nur! ... Ich sag' nichts mehr! Gar nichts mehr!« sagte unsere Mutter ganz verdrossen. Das brachte ihn erst recht auf.

»Jaja, ja! ... Jaja!! ... So machst du's immer!« schrie er

und zerriß plötzlich in einem sinnlosen Wutanfall den Plan. Er rannte auf die Bank, die an der Mauer entlang lief, griff nach den aufeinandergestellten vollen Milchweiglingen und schmiß einen nach dem anderen auf den Boden. Es spritzte, klatschte, und die Scherben flogen nach allen Seiten, und je mehr er kaputt warf, um so wilder wurde er.

»Max! Mein Gott! Max?!« jammerte unsere Mutter und sackte auf einen Stuhl nieder. Ihr Kopf fiel auf den mit grüner Ölfarbe gestrichenen Tisch, und sie verbarg ihn mit den Armen. Sie schluchzte stoßweise. Noch nie hatten wir sie so gesehen.

»Jetzt geh' ich! Ich sauf' lieber! ... Reden kann man ja doch nicht! Gebaut wird nicht!« schrie der Vater und stampfte aus der Stube. Die Türe flog zu, kleine Mauerstücke lösten sich und fielen herab, die Türe der Kuchl krachte ebenso zu. Nur noch das Schluchzen der Mutter erfüllte die Stube. Schauerlich klang es.

»Mein Gott! Mein Gott! Nie ist Frieden, nie! ... Wenn ich doch gestorben wär'!« verstanden wir, und es erfaßte uns ein jäher Schrecken, ein unsagbarer Schmerz.

»Nein! Nein, Mutter! Nein, nicht sterben! Nicht sterben!« weinten wir heftiger auf und klammerten uns an ihre Arme. »Nicht sterben, Mutter!« Etwas bis dahin Unfaßbares wurde uns auf einmal bewußt ...

Als später die älteren Geschwister von der Schule heimkamen, war die Stube schon wieder aufgeräumt. Unsere Mutter gab auf ihre Fragen nicht an. Sie hatte ein zerweintes Gesicht, und von Zeit zu Zeit traten immer wieder Tränen in ihre Augen, die sie geschwind wegwischte.

Wir zwei Jüngsten spielten nicht mehr, redeten kaum einmal ein Wort, sahen nur hin und wieder auf und suchten bang ihren Blick. Einmal, als es niemand sah, streichelte sie zart, zitternd und wie beschämt über unser dünnes Haar. Eine große Wärme durchrieselte uns dabei.

Unsere Mutter tat, was sie immer zu tun pflegte, wenn sie nicht mehr ein noch aus wußte. Sie ging insgeheim zum Pfarrer Jost, um eine stille Messe »zur Verhütung eines Unglücks« lesen zu lassen. Dazu trieb sie gewiß keine eifernde Bigotterie oder etwa die Angst, der blindwütige Vater habe durch sein diesmaliges allzu lästerliches Fluchen den Zorn des Himmlischen auf Haus und Familie herabbeschworen – nein, ihr ererbter Glaube, der nun einmal zur tief eingewurzelten Gewohnheit geworden war und ihr stets den inneren Halt gab, unterschied sich im Grunde genommen gar nicht so sehr von dem der Kathl. Die schrullige Näherin war nur temperamentvoller und wie alle Grafs weit konkreter. Für sie war der Herrgott etwas so greifbar Deutliches, daß dabei die Ehrfurcht vor ihm beträchtlich litt. Dennoch war sie nicht weniger glaubensfest als unsere Mutter, die in ihrer stumpfen Demut im Allmächtigen einfach jene umfassende und ausgleichende Kraft sah, an die sich der hilfehoffende Mensch in seiner Ausweglosigkeit wandte.

Die Kathl rechtete mit dem Herrgott, unsere Mutter ergab sich ihm. Doch obgleich sie fest verbunden mit ihm lebten, so einfach aus dem Ungefähren wandten sie sich nie an ihn. Stets hatten sie dabei etwas Bestimmtes im Auge, und zuversichtlich rechneten sie auf seine Hilfe.

Das »Unglück«, das unsere Mutter verhütet wissen wollte, war nicht das Fluchen des Vaters, für das es schließlich Beichte und Buße gab, vielleicht auch eine plötzliche gnadenvolle Wandlung nach schwerer Prüfung. –

Sie stand im ungemein behaglich eingerichteten, holzgetäfelten Arbeitszimmer des Pfarrers und hielt meine kleine Hand in der ihrigen. Der Kanarienvogel, dessen Bauer in der Mitte des sonnbeglänzten Fenstergewölbes hing, hüpfte lustig von Stange zu Stange und zirpte lebhaft. Wenn sein Gesang mitunter kurz abbrach, hörten wir das Kratzen der Feder, mit welcher der Geistliche die Messe notierte.

»Ist jetzt das der Jüngste? ... Der Oskarl?« wandte sich der beleibte Pfarrer mit dem phlegmatisch-gutmütigen Gesicht an uns, schob seine Brille zurecht und sah mich leicht lächelnd an.

»Ja, von den Buben schon«, erwiderte meine Mutter, »die sind ihrer fünf. Und von den drei Mädeln ist die Anna die kleinste. Die ist noch um zwei Jahr' jünger wie der.«

»Soso ... Also acht im ganzen? Und alle gesund?« redete der Geistliche gemütlich weiter und spielte mit den dicken Fingern an seiner dünnen goldenen Uhrkette. Geschwind maß er meine Mutter von oben bis unten.

»Jaja, eigentlich sollten sie ja elf sein, aber die andern sind gestorben«, meinte sie und wurde ein klein wenig verlegen.

»Und Sie? ... Und der Bäcker Graf? ... Sie sind auch gesund?« forschte er behutsam weiter und suchte in den Blicken meiner Mutter, daß sie noch um einen Grad unsicherer wurde.

»Jaja, soweit schon«, antwortete sie, »einen offnen Fuß hab' ich halt ... Gesund ist Gott sei dank alles bei uns.«

»Und im Stall geht's auch gut? ... Wieviel Stück Vieh sind denn da?« wollte der Geistliche nebenher wissen. Das gefiel meiner Mutter. Sie nannte die vier Kühe, den Rappen, die vier Säue und die Hühner und schloß: »Und im Feld, da fehlt auch weiter nichts ... Viel ist's ja nicht.«

»Hm, ja«, machte der Geistliche, »das hört man gern. Da könnt ihr ja zufrieden sein.«

»Ja, mein Gott, Hochwürden«, sagte meine Mutter etwas stockender und bekam ein wehes Gesicht, »die Arbeit ist mir noch nie zuviel gewesen, aber ewig der Verdruß! ... Ich glaub', ich hab' mir nie was zuschulden kommen lassen die neunzehn Jahr', wo wir jetzt verheiratet sind ...« Ihre Augen wurden naß. Der geistliche Herr unterbrach sie nicht. Väterlich war sein Blick, ein bißchen skeptisch, ein bißchen verständnisvoll-mitleidig und sehr geduldig. Schmerzlich jammerte sie weiter, denn wo konnte sie denn sonst ungehindert ihr bedrängtes Herz ausschütten: »Ich hab' geschaut, daß die Kinder richtig aufwachsen. Gespart und gerackert hab' ich jeden Tag. Wir sind aus dem Dreck 'rausgekommen, aber jedesmal, wenn ich gemeint hab', jetzt wird eine Ruh' sein, da ist ihm wieder was Neues eingefallen, dem Max! ... Daß er einmal zufrieden ist, das erleb' ich nicht mehr! ... Jetzt, wo man sich ein bißl hinaussieht und keine Angst mehr haben braucht, wie es weitergeht, jetzt fängt er wieder das Schuldenmachen an, nimmt Geld auf und will bauen ... Grad jetzt im Frühjahr, wo die Feldarbeit kommt, und im Sommer, wo das Geschäft was einbringt! ... Und sagen? Sagen läßt er sich durchaus gar nichts!«

Sie schnaubte bedrückt auf. Der Pfarrer war aufgestanden.

»Ja, hm«, sagte er überlegend, »da heißt es eben, sich in Geduld fassen ... Viel geprüft, Bäckerin, wird viel belohnt.« Er drückte ihr die Hand.

»Wo das noch hinführen soll, Hochwürden? Ich weiß nicht«, seufzte sie, und ihr Kinn zitterte, »so hoch hinaus! Das kann nicht gut gehen.« Mit gesenktem Kopf ging sie zur Türe hinaus. Es war klar, sie glaubte an die Vermeidung des Schlimmsten durch die göttliche Einmischung. –

Gebaut wurde natürlich doch. Wieder hatte der Irlinger das Bankgeld beschafft, und sobald die ersten frostfreien Tage kamen, begannen die Maurer vom Fischhaber aus Starnberg mit dem Einreißen des hinteren Hausteiles und mit dem Grundausheben. Unsere Mutter schien fast verstummt zu sein. Sooft auch der Vater ihr etwas erklären wollte, sie sagte höchstens: »Du mußt es ja wissen.« Das machte ihn immer wütend, aber er beherrschte sich doch mehr. Er wurde vergrämt. Nur wenn er unter den Bauleuten stand, wenn er herumregierte, lebte sein Gesicht auf. Mit uns Kindern war er um jene Zeit ganz besonders freundlich. Den älteren erklärte er gern, wie das und jenes werden sollte. Dem Eugen gegenüber, der sich zu einem schmucken, intelligenten dreizehnjährigen Burschen ausgewachsen hatte, wurde er zuweilen fast ausschweifend redselig, weil er sich über dessen Interesse freute.

Nach der Arbeit, wenn das Lärmen und Hämmern verstummt und die Bauleute fortgegangen waren, zog eine düstere Stimmung in unsere Kuchl. Der Vater saß schweigend auf dem Kanapee, ab und zu sah er unvermerkt auf die hantierende Mutter, und seine Züge wurden traurig. Er knirschte plötzlich mit den Zähnen, machte eine hastige, wegwerfende Bewegung mit dem Arm, stand wortlos auf und ging davon, ins Wirtshaus.

Die Bauleute setzten sich zum Teil aus bärtigen, dunkelhäutigen, ausgedörrten Italienern zusammen, die die Böhmen von früher verdrängt hatten. Sie redeten ein ziemlich unverständliches Kauderwelsch zusammen, aber sie schufteten viel ergebener als die einheimischen, meist schon gewerkschaftlich organisierten Maurer. Sie kamen scharenweise Sommer für Sommer aus den armen Gegenden ihrer fernen Heimat, arbeiteten für jeden Lohn und kannten nur eine Kameradschaft unter sich, die wahrscheinlich auch nur von der gleichen Sprache herrührte. Sie knauserten und sparten und waren auf jeden Pfennig Nebenverdienst gierig erpicht. Dadurch kam es zwischen ihnen und den selbstbewußteren Einheimischen manchmal zu Reibereien, die nicht selten blutig endeten. Da nämlich wurden die sonst so unterwürfigen, scheinbar friedlichen Italiener unheimlich, denn sie griffen schnell zum Messer.

Für uns Kinder waren diese fremdartigen Menschen der Inbegriff der Abenteuerlichkeit. Sie lebten ungemein bedürfnislos und schliefen, weil das nichts oder fast nichts kostete, auf dem Heu, drüben in der Tenne des ehemaligen Schmalzerhauses vom Jakob Windel, der neben einer kleinen Ökonomie einen konzessionierten Flaschenbier-Vertrieb und Ausschank betrieb. Nach Feierabend, wenn die »Katzelmacher« – wie man die Italiener wegen ihres allzu reichlichen Kindersegens zu nennen pflegte – im Hof vom Windel um ein großes Feuer hockten, ihre dicke Minestra-Suppe wärmten, ab und zu auch einmal Kartoffeln brieten und bedächtig ihr Brot dazu kauten, standen wir Kinder staunend um sie und verfolgten neugierig alle ihre Gesten und Bewegungen. Ängstlich hielten sie eine Handfläche unter ihr Stück Brot, um nur ja keine Krume zu verlieren. Hin und wieder, wenn einer aufgegessen und die Brotkrumen in den Mund geschüttet hatte, sah er zum hohen, sternübersäten Himmel empor und stieß – sich geschwind bekreuzigend – etliche Worte heraus. Dann wurden auch die anderen ernst und sahen Augenblicke lang sinnend vor sich hin. Schließlich nahm jeder seinen Blechnapf vom Feuer und löffelte die dampfende Suppe aus. Es war still. Nur das Feuer knisterte. Fast feierlich schmatzte die Runde.

Erst nach dem Essen wurden alle lebhafter. Sie streckten sich aus auf der platten Erde. Der eine begann pfeifend ein Vogelgetriller nachzuahmen, und es wurde eine Melodie daraus. Nach und nach summten alle mit. Einer richtete sich wie neubelebt auf und rief in die Hände klatschend: »Avanti! Avanti, andiamo!« und alle folgten.

»Cantare! Cantiamo!« verstanden wir ungefähr. Der Vogeltrillerer pfiff, einer spielte auf einer verrosteten Mundharmonika, und es erklangen, nacheinander einfallend, die merkwürdig weichen und doch so volltönenden Männerstimmen. Ergriffen lauschten wir den schmelzenden, manchmal melancholischen Liedern, die die würzige, immer kühler werdende Nachtluft durchzogen, bis unsere Mutter uns schrie.

»Buona notte, bambino!« riefen uns die Katzelmacher zärtlich lächelnd nach und warfen Kußhände.

Unsere Mutter murrte uns an. Sie sah uns nicht gern bei den Italienern. Wie allen bäuerlichen Naturen kamen ihr diese fremden, ungewohnten Menschen nie recht geheuer vor.

Auch die Dorfleute wollten mit der »Katzelmacher-Bagage« nichts zu tun haben, aber der schöne nächtliche Gesang lockte doch hin und wieder einige Nachbarn herbei. Sie blieben allerdings, weit entfernt vom Feuerkreis, in der Dunkelheit stehen, lauschten und verschwanden ebenso unbemerkt wieder. Diese scheue Zurückhaltung kam auch daher, weil die Windels keinen allzu guten Ruf hatten. Man munkelte allerhand über ihr sonderbares Leben und ihre dunklen Geschäfte, von denen niemand etwas Genaues wußte. Das Anwesen verwahrloste immer mehr. Im Hause selber war es unglaublich schmutzig. Der einst ansehnliche Schmalzerstall, wo früher ein Roß und sechs Kühe gestanden hatten, war zerfallen und gähnend leer. Keine Säue grunzten mehr darin. Ein paar Hühner kratzten gackernd auf dem Mist herum, und die zwei knochenmageren Kühe kamen sich vereinsamt vor. Sie trippelten unruhig herum, brüllten hin und wieder hungrig und warfen sich dann wieder auf die schlecht ausgemistete Einstreu. Der schmale Streifen Acker und die vernachlässigte Wiese genügten nicht für das Futter. Zweifellos warf auch der Flaschenbier-Vertrieb für den Windel nicht viel ab. Wovon also, so fragten sich die Nachbarn, lebten die Leute eigentlich?

Die Windlin, eine große, vollbusige Vierzigerin mit dunklen Kraushaaren und einem unreinen Gesicht, hatte kugelrunde, stechende Augen. Ihre Stimme klang männertief und ein wenig gurgelnd. Sie war schlampig und faul, aber herrschsüchtig, und konnte energisch kommandieren. Ihr Mann schien um gute zehn Jahre jünger als sie zu sein. Er hatte etwas Schleichendes und galt als diebisch. Er war ein mittelgroßer Mensch, robust gebaut, und ging stets etwas geduckt. Er trug halb städtische Kleidung, woran man merkte, daß er es mit der schweren Arbeit nicht hatte. Sein fettglänzendes blondes Haar war tief in die Stirn gekämmt, und die Enden seines dichten Schnurrbartes waren so dünn zusammengezwirbelt, daß sie wie Nadeln nach beiden Seiten stachen. Das runde, rotversoffene Gesicht machte einen ordinären, hinterlistigen Eindruck, und das auffallendste am Windel war, daß er fortwährend gleichsam schadenfroh grinste.

Ins Windelhaus kam ab und zu der eine oder andere Hausierer, der Gendarm von Starnberg kaufte sich an heißen Sommertagen manchmal eine Flasche Bier, und öfter machten auch zwei oder drei unbekannte, lärmend auftretende, sogenannte »christliche« Viehhändler dort Besuch, die sich offenbar mit der Windlin ausgezeichnet verstanden. Nicht selten blieben sie über Nacht, soffen und krakeelten und kamen am andern Tag in die umliegenden Bauernhäuser, um einen Handel abzumachen. Niemand aber mochte sie, niemand kaufte von ihnen. Die großen Bauern handelten mit ihrem Vieh untereinander, ihre »Menzkühe« und Schlachtochsen bekam der Klostermaier von Aufkirchen, und die kleineren Bauern oder Häusler waren Kunden vom »Jud Schlesinger«. Den kannten sie seit langen Jahren, keiner von ihnen war jemals durch ihn zu kurz gekommen. Der Schlesinger war reell, sie achteten ihn wie ihresgleichen; viele schuldeten ihm Geld, aber er drängte nie. Und er war einer, der sein Geschäft und die Bauern verstand. Die Bezeichnung »Jud Schlesinger« hatte nicht im geringsten etwas Herabminderndes, sie war lediglich eine Berufsbezeichnung. Weitherum war der Schlesinger beliebt, und man zollte ihm den größten Respekt.

Aber diese neuen Händler – mein Gott!

Statt in den Stall kamen sie in die guten Stuben getrampelt und hielten die Leute von der Arbeit ab. Ihre freche Überheblichkeit, ihre rohen Zoten und die zudringlich obszönen Scherze, die sie mit den Mägden zu machen versuchten, stießen jedermann ab. Die Bauern haßten und verachteten sie. Das brachte die konkurrenzneidigen Händler gegen den Schlesinger auf. Sie verdächtigten ihn, setzten seine Kühe herab und ließen es an vieldeutigen Drohungen nicht fehlen.

»Der Saujud, der windige! ... Der Halsabschneider!« plärrten sie. »Warts nur, einmal schnürt er euch schon die Luft ab!« Das war zuviel.

»Was? ... Jud? ... Der Schlesinger ist ein reeller Mensch, basta!« schrie der Bauer. »Und ihr? Was seids denn ihr? ... Ungehobelte Sautreiber! Bleibts nur beim Windel! ... Vielleicht kauft euch der was ab!«

Enttäuscht und ernüchtert kamen die Händler zum Windel zurück. Stundenlang blieben sie und fuhren bei

Hereinbruch der Nacht auf einem kleinen Wägelchen zum Dorf hinaus.

Als unsere Mutter einmal das dampfende »Sautrank« in den Stall trug, stand der Windel in der offenen Tür und grinste sie an. Er hatte sich mit Kathls Tochter, der Marie, die bei uns Magd war, unterhalten. Schnell ging er davon, da ihn die Mutter sehr ungut musterte.

»Was hat denn der wollen?« fragte sie die Marie, die unter der Kuh saß und molk.

»Ah, ob die Kuh vom Schlesinger ist und ob er bald wieder kommt«, warf die Marie gleichgültig hin.

»So! ... Der braucht nicht in unserm Stall herumschnüffeln!« meinte unsere Mutter und drückte die Stalltür zu.

Es vergingen Wochen. Das Frühjahr stand klar im Himmel. Wüst wie eine Ruine sah unser Haus mit dem abgerissenen Hinterteil aus. Alles ging drunter und drüber. Kuchl und Stube waren vollgestellt, an der Heutenne über dem Stall fehlte die hintere Holzwand, und wenn wir in die oberen Kammern wollten, mußten wir über angelehnte Leitern hinaufsteigen. Jetzt wurden Mehlkammer, Backstube und Ofen eingerissen. Unsere Mutter schlug die Hände über dem Kopf zusammen, denn das hatte sie nicht erwartet und gewußt.

»Jaja, um Gottes willen! ... Und wer backt denn jetzt? ... Was wird denn aus dem Geschäft?« jammerte sie.

»Vorläufig ist der Sommer noch nicht da und die Herrschaften auch nicht«, beherrschte sich unser Vater, der an nichts mehr dachte als an das Bauen. Um nicht wieder in Wut zu kommen, ging er schnell zu den Maurern.

Über dem Ofen befand sich die »warme Kammer«, wo die »alte Resl« schlief. Die Maurer und Italiener hieben mit den Spitzhacken ein. Der trockene Mörtel rieselte, es staubte, ein Stück Mauer nach dem anderen fiel ein, aber immer noch stand der Zwerg auf dem freigelegten Steinboden und fuchtelte und schimpfte. Er wich nicht von der Stelle, bis der Vater hinaufstieg und ihn heruntertrug. Dabei wehrte sich die »alte Resl« heftig. Sie war so erbost, daß sie – solange gebaut wurde – jeden Tag auf die Windelwiese hinterhalb des Nachbarhauses hinausging und dort in der Sonne hocken blieb, bis wir sie am Abend gewaltsam zurückholten. Grollend fügte sie sich darein, zunächst auf dem Kanapee in der Kuchl zu schlafen. Sie war mit allen verfeindet, sogar mit uns Kindern.

An einem Nachmittag, als es schon leicht zu dämmern begann, fuhr der »Jud Schlesinger« vor unsere Stalltüre. Er sprang von seinem Wägelchen und betrachtete eine Weile die ganze Verwüstung. Als endlich mein Vater daherkam, sagte er: »Na, Bäck, du machst dich ja jetzt ganz groß, was?«

»Jaja, da heißt's wieder rackern, bis ich das herausbring', was ich da hineinsteck'«, meinte der Vater und murmelte verlegen: »Diesmal geht keine Handelschaft und – gell, Schlesinger, du siehst ja –«, er deutete auf die vielen Bauleute, »die wollen ihr Geld ... Ich kann dir diesmal bloß die Hälfte geben.« Er sah dem Händler ein bißchen fragend ins Gesicht.

»Die Hälfte? ... Ja, das ist ja großartig, Bäck! ... Ich hab' gemeint, ich krieg' nicht einmal ein Viertel!« tat der Schlesinger erstaunt und nahm eine Prise aus der Tabaksdose, die ihm Vater hinhielt. Die beiden schnupften.

»Wart!« sagte der Vater und überlegte. »Oder willst nicht 'reingehen, dann geb' ich dir das Geld?« Aber der Schlesinger wartete. Er ging nie in ein Haus. Der Stall und nichts anderes war sein Berufsfeld.

»Adjes, Bäck! ... Und viel Glück!« rief er zurück, als er sich auf sein leichtgefedertes Wägelchen schwang, und fuhr rasch davon.

Am anderen Tag brachte die Klostermaier-Zenzl, die das Fleisch von Aufkirchen in die umliegenden Dörfer trug, die Nachricht, daß man den Schlesinger im Holz hinter Aufhausen erstochen aufgefunden habe.

»Er ist ganz blutig auf der Straß' gelegen ... Zwei oder drei Stich' hat er ... Kein Mensch hätt' es gemerkt, wenn das Roß nicht mit dem leeren Wägerl zum Heimrath gekommen wär'«, erzählte sie.

Vater, Mutter und wir Kinder starrten wie entgeistert auf sie.

»Der arme Mensch! ... Und hat doch keinen Feind rundherum gehabt«, murmelte die Zenzl.

»Und wer ihn erstochen hat, das weiß man nicht?« fragte unser Vater.

»Vorläufig liegt er bei uns im Spritzenhaus ... Jetzt wird von Wolfratshausen die Untersuchungskommission schon da sein«, schloß die Zenzl und legte das Fleisch auf die escherne Tischplatte.

»Hmhm, jetzt so was! ... Hmhm, schauderhaft!« machte unsere Mutter und wandte sich wieder dem Herd zu. Vielleicht fiel ihr der Windel ein, doch sie sagte kein Wort darüber. Sie schien auf einmal unruhig zu werden, als der Vater meinte, ob nicht gar die »christlichen« Viehhändler mit dem Mord etwas zu tun hätten, und ging aus der Kuchl. Der Vater ärgerte sich über ihre abweisende Verschlossenheit, weil er wahrscheinlich gehofft hatte, daß man durch dieses Gespräch sich endlich wieder näher komme. Er schüttelte den Kopf und seufzte verbittert. Im Stall drüben stieß die Mutter auf die Marie, die gerade den Kühen eine neue Einstreu machte. Auch die redete vom Mord und erinnerte daran, daß der Windel vor einiger Zeit so sonderbar nach dem Schlesinger gefragt habe. Im Nu bekam die Mutter angstvoll-erschrockene Augen, schaute geschwind in die Richtung des Windelhauses und wandte sich hastig an die Marie.

»Ah, dummes Zeug!« raunte sie halblaut, als fürchte sie, von jemand gehört zu werden, »red nicht so vorlaut herum! ... Die werden den Lumpen schon finden, der gestochen hat ... Uns geht das nichts an!« Sie hatte Angst vor Polizei und Gericht, vor Verwicklungen und Feindschaften, und zudem war der Verdruß im eigenen Haus gerade groß genug.

Abgesehen von dem Aufsehen, das der Mord weitherum

erregte: die kleinen Bauern und Häusler im ganzen Pfarrgau trauerten genau so aufrichtig um den toten Schlesinger wie unser Vater. In diese Trauer aber mischte sich auch eine bange, unsichere Besorgnis, denn die meisten hatten noch Schulden beim Viehhändler und sagten sich: »Jetzt werden wohl die Erben das Geld schnell eintreiben.« Auch den Vater bedrückte dieser Gedanke sehr, denn jetzt, wo das Geschäft nichts einbrachte und das Baugeld knapp war, bedeuteten fünfzig Mark eine riskante Summe.

Aber merkwürdig – die Polizei forschte, zum Windel kamen einmal zwei Gendarmen und blieben verdächtig lange; in den Nachbarhäusern und bei uns fragten sie herum und erfuhren nichts; es hieß einmal, die »christlichen« Viehhändler seien verhaftet worden – merkwürdig, die Wochen strichen hin, aus dem April wurde der Mai, schon fingen die neuen Mauern bei uns zu wachsen an, indessen von irgendwelchen Schlesingerschen Erben hörte man nichts. Es stellte sich schließlich heraus, daß der Viehhändler Junggeselle gewesen war und nur noch einen Bruder im fernen Amerika gehabt habe, der aber so gut wie verschollen sei. Schlesingers Vermögen fiel einer Judengemeinde zu, aber niemand trieb die Schulden ein. Die Bedrückung wich. Das pietätvolle Andenken an den »Jud Schlesinger« lebte in jedem Haus und festigte sich immer mehr. Der Tote wurde zum Beispiel eines wahrhaft ehrlichen, guten Mannes. Freilich – wie das nun schon einmal zu gehen pflegt, wenn aus einer allgemein bedrohlichen Sache auf einmal ein unverhoffter Vorteil für jeden einzelnen entspringt – ganz im geheimen waren die ehemaligen Schlesingerschen Schuldner mit dem Mord auch wieder ganz zufrieden, aber keiner sagte es jemals. – –

Es war schon Mitte Mai. Aus den zartgrün beblätterten Bäumen schossen Blüten. An den Rändern der Zäune lugten winzige tiefblaue Veilchen aus dem Boden. In den weiten, saftigen Wiesen schwammen dichte Inseln gelber Schlüsselblumen, durchwirkt von unzähligen weiß-schimmernden Gänseblümchen. Von Tag zu Tag wurde das Vogelgetriller in den Obstgärten und Hecken lebhafter. Die Sonne strahlte, und der wolkenlose Himmel spannte sich glasklar über die Breiten. Die »alte Resl« hockte wie immer draußen in der Windelwiese, unbeweglich wie ein sitzender Buddha, und schaute leer in die warme Luft.

Der Vater hatte ein paarmal Auseinandersetzungen mit dem Fischhaber und erzwang, daß noch mehr Bauleute eingestellt wurden. Er war gereizt und unruhig und trieb und trieb. Er vergaß oft das Mittagessen und stieg noch tief in der Nacht im wachsenden Bau herum. Mochte kommen, was wollte, wenn zu Anfang des Sommers die Herrschaften aus der Stadt kamen, mußten wenigstens die Backstube und der Ofen fertig sein.

»Das ist mir gleich, wie du es fertigbringst! Das interessiert mich durchaus gar nicht!« schrie er den kleinen, mageren Bauunternehmer Fischhaber an und drohte: »Aber das eine sag ich dir, wenn ich vom ersten Juni ab kein Brot liefern kann, mach' ich dich für jeden Schaden verantwortlich!« Er ließ keine Einwände gelten. Die Maurer griffen unwillkürlich flinker zu, wenn er auftauchte. Sie murrten, aber das Innere der Backstube wurde langsam fertig. Unter dem flachen Gewölbe des Ofens lagen die schwitzenden Ofenbauer und schlugen den zähen Lehm für die Backfläche glatt. Der hohe Kamin wuchs aus dem rohen Ziegelbau. Der Vater kommandierte, unablässig und schimpfend.

Die Italiener warfen ihm finstere Blicke zu. All seine frühere Sicherheit, sein gelassener Humor waren verflogen. Er schien mit allen verfeindet. Auch wir Kinder, unsere Mutter, das ganze Hauswesen existierten kaum mehr für ihn. Er war verbohrt und verbissen.

An einem Nachmittag kam er verstimmt in die Kuchl. Wir zwei Jüngsten spielten mit zerschlagenen, glatten weißen Kachelplatten vom Ofenbau. Unsere Mutter hatte sich ein wenig hingesetzt, um zu verschnaufen. Er sah ihre gefalteten Hände, ihre bewegten Lippen und schrie wütend: »Du glaubst fort und fort, du machst es mit dem Beten! ...

Das Beten hilft da gar nichts! Schimpfen und fluchen muß man, dann wird richtig gearbeitet.«

»Max? ... Fürcht dich doch Sünden!« sagte unsere Mutter schmerzhaft, »es läßt sich doch nichts übers Knie abbrechen! ... Das gibt ein Unglück!«

»Ah – Unglück?! ... Blödsinn!« stieß er heraus, schaute sie giftig an und sagte, sich umdrehend: »Ich mag gar nimmer reden!« Schon ging er wieder und warf die Tür krachend zu.

Unsere Mutter schaute hilflos ins Hohe, stand schweigend auf und arbeitete wieder weiter. –

Kurz nach der Dämmerung, als die Maurer und Italiener vom Bau gingen, kam der Maier-Valentin in unseren Hof gelaufen und schrie atemlos: »Bäck! Die Zigeuner haben die alte Resl gestohlen! Auf und davon sind sie mit ihr!«

Jäh erbleichte der Vater. Unsere Mutter, die es hörte, rief: »Um Gottes Himmels willen!« Die Kathl kam aus dem Häusl gelaufen. Die Zigeuner, die schon eine gute Woche unbeachtet weitab vom Dorf gelagert hatten, trieben auf einmal jedem den Schreck ins Gesicht. Ratlos starrten alle, dann fing ein verwirrtes Durcheinanderreden an.

»Sag's weiter im Dorf! ... Sie sollen einspannen und nachfahren!« befahl der Vater dem Valentin. Von Gruseln ergriffen, standen wir Kinder da, wußten nicht, sollten wir weinen oder mitlaufen, und sahen zu, wie die Bauleute, die Italiener mit Hämmern, Eisenklammern und Prügeln kopflos durch das schmale Gäßlein zwischen dem Windelgarten und dem Wäscherhäusl der Kathl zum Dorf hinausrannten. Das ganze Dorf war rebellisch geworden. Wir Kinder jagten auf die Windelwiese und sahen Männer auf ungesattelten Rössern auf der Straße dahinsausen, Fuhrwerke wirbelten Staub auf, und Hunde liefen bellend nebenher. Ganz schwarz war es auf der Straße von laufenden Menschen, die weit weg im »Starnberger Holz« verschwanden.

»Mein Gott, mein Gott! ... Ich hab's gesagt, es gibt ein Unglück!« rief unsere Mutter fast weinend und zog uns Jüngste ins Dorf zurück.

»Da bleibts ... Das gibt Mord und Totschlag!« schrie sie den älteren Geschwistern nach, aber die liefen dem Troß der Verfolger nach. Wir waren sehr verärgert, daß wir zurück mußten, und plärrten wie am Messer. Das wiederum versetzte unsere Mutter in Wut, und sie gab uns etliche derbe Püffe.

Sie kam mit uns in die Kuchl zurück, nahm das Weihwasserfläschchen von der Wand, besprenkelte uns, dann die Wände, ging in die Stube, in den Laden, den Stall und auf den Bau und verspritzte das ganze heilige Wasser. Dabei flüsterte sie unausgesetzt betende Worte vor sich hin und bekreuzigte sich ab und zu. Wir liefen neben ihr her und schauten dumm drein. Die Kathl, die erschöpft zurückkam, blieb unten vor den Mauern stehen und rief herauf: »Jaja, hoffentlich zeigt sich unser Herrgott diesmal erkenntlich! ... Naja, wenn das ganze Dorf dabei ist, können die Zigeuner kaum aufkommen dagegen! Es fragt sich bloß, ob sie die Bande überhaupt noch erwischen.« –

Es war schon ganz dunkel, als der Troß der Verfolger lärmend zum Dorf hereinkam. Die schwitzenden Pferde wieherten und schnaubten prustend, die Fuhrwerke polterten, kläffend sprangen die Hunde herum, die Weiber der Nachbarschaft liefen zusammen, und jeder rühmte sich laut wegen seiner Heldentaten. Wahrscheinlich hätten die Zigeuner den Zwerg als Abnormität für einen Wanderzirkus gebraucht, meinten die Leute.

Mit erhitzten Gesichtern kamen der Vater und die älteren Geschwister zur Kuchl herein, die »alte Resl« in der Mitte. Vor der offenen Türe blieben die Maurer und Italiener stehen.

»Die Starnberger Gendarmerie hat die ganze Sippschaft arretiert! Die Bagage kommt nicht mehr in unseren Gau!« erzählte der Vater von den Zigeunern und wischte sein schwitzendes, verstaubtes Gesicht ab.

»Und passiert ist weiter nichts?« fragte unsere Mutter besorgt.

»Gar nichts!« rief der Eugen stolz und stellte sich mit

seiner Eisenstange breitbeinig in die Kuchlmitte. »Schad', daß die Gendarmen so schnell 'kommen sind. Wir hätten die ganze Bande glatt erschlagen.« Man sah, der Mutter war gar nicht wohl dabei. Sie fürchtete sich vor irgendeinem nachwirkenden Fluch der Zigeuner.

»Maurer! Gehts zum Wiesmaier 'nunter, und trinkts jeder eine Maß Bier auf meine Kosten!« sagte der Vater, und lustig zogen die Bauleute ab. Die Italiener aber gingen in den Windelhof hinüber.

Und jetzt, da das Erzählen anfing, wobei natürlich jeder in unserer Kuchl eine neue Einzelheit hinzufügte – jetzt redeten Vater und Mutter nach langer Zeit wieder friedlich miteinander. Wir achteten zwar nicht sonderlich darauf, aber wir fühlten es. Es war gleichsam ein körperliches Wohlbehagen. Solang nämlich unsere Eltern zwei feindliche Parteien bildeten, schwebten auch wir Kinder mehr oder weniger in einer zerfahrenen Ungewißheit. Im Augenblick aber war für uns die »alte Resl« wichtig, ja, sie wurde auf einmal zu etwas ganz Besonderem. Wir umringten sie und redeten auf sie ein. Sie jedoch machte nur hin und wieder eine kurze, mürrische Abwehrbewegung mit dem Arm und plapperte: »Zigeunerwagen stink – Roß lauft –.« Und sie wiegte dabei ihren dicken Kopf, als ob sie das polternde Schaukeln des eilig dahinrollenden Wagens nachahmen wollte. Offenbar hatte ihr nur das irgendeinen Eindruck gemacht . . .

Der Dollar an der Wand oder Schatten der Vergangenheit

Backstube und Ofen wurden zur rechten Zeit fertig. Aus dem hohen, noch nicht mit Mörtel beworfenen Kamin stieg wieder jeden Tag der dicke Rauch in den Himmel. Unser Vater triumphierte. Die eintreffenden Sommergäste bekamen wie immer in der Frühe die frischen Semmeln und Wecken ins Haus geliefert.

Wie neubelebt arbeitete wieder unsere ganze Familie einträchtig zusammen. Es dämmerte noch, wenn die Marie in scharfem Trab mit dem vollbeladenen Brotwägelchen aus dem Dorf nach Leoni fuhr. Erst am tiefen Vormittag kam sie zurück. Abwechselnd trugen Theres und Emma das Brot ans Seeufer nach Unterberg, und der Eugen, der nunmehr nachts in der Bäckerei mithalf, ging in das entferntere Kempfenhausen. Dabei durften ihn an schulfreien Tagen und während der Ferien der Maurus oder der Lenz begleiten. Zwei Gesellen standen außer Eugen in der Backstube, und vom Samstag auf den Sonntag half der Vater auch noch mit.

Unsere Mutter magerte sichtlich ab. Nimmermüd rakkerte sie. Um vier Uhr früh – die Nachbarschaft schlief noch – begann ihr Tagewerk mit dem Hineinzählen der Semmeln in die Körbe, nebenher kochte sie den Kaffee und bediente die ersten Kunden, die in den Laden kamen. Zwischenhinein mußte die von der Marie übriggelassene Stallarbeit besorgt, die »alte Resl« angezogen und gekämmt und das Essen für Mittag aufgestellt werden. Später ging es aufs Feld. Es gab Wäsche, und an jedem Samstag wurden die Böden gescheuert. Tausend unbeachtete, notwendige Handgriffe vermengten sich damit, und dabei behinderten die Bauleute, die bis in die Sommermitte hinein zu tun hatten, nicht wenig. Stets wenn sie sich hinsetzte – beim Mittagessen oder bei der nachmittägigen Brotzeit, während sie langsam den Löffel zum Munde führte –, stets fielen unserer Mutter die Augen zu. Erschöpft knickte ihr Kopf herab. Sie riß ihn hastig in die Höhe und lächelte ganz dünn, wie beschämt. Aber sie war zufrieden und ausgeglichen, denn das Geschäft ging gut, und die Plage war nicht umsonst. In ihrer stillen Art freute sie sich auch, als endlich der Hausbau fertig war. Unserem Vater entging das nicht. Unbemerkt und genau so verschwiegen freudig beobachtete er sie. Öfter ging sie in die der Kuchl gegenüberliegende Mehlkammer, in der jetzt viel mehr Platz war. In die neue, saubere Backstube kam sie und betrachtete sinnend den ansehnlichen, blank getäfelten Ofen. Der gutgewölbte, vergrößerte Stall schien ihr besonders zu gefallen. Er war hell und luftig, und die Schwalben nisteten bereits wieder über dem Kuhstand, was Glück und Segen bedeutete.

Geruhig fuhr sie mit der Handfläche über den glatten Rücken der trächtigen Kuh. Eine tiefe, wohltuende Regung schien sie zu durchströmen. Sie ging aus dem Stall und stieg die Stiege hinauf. Da war wieder die »warme Kammer« der »alten Resl« über dem Backofen, neu und größer als früher. Das Bett der Marie stand jetzt auch darin. In dem hellgrau getünchten Zimmer daneben schliefen Theres und Emma. Es roch frisch nach jungen Mädchen darin. Dann kam die zweibettige Gesellenkammer. Gegenüber vom Gang führte eine Türe in die Heutenne, die nun viel umfänglicher war.

Der Vorderteil des Hauses war unverändert geblieben. Im großen, zweifenstrigen Zimmer über der Kuchl waren Eugen, Maurus und Lenz untergebracht. Es kam ein kleiner Durchgangsraum mit drei Türen, in welchem, solange wir Kinder waren, die Gitterbettstätten für Anna und mich standen. Durch die rechte Tür gelangte man in die elterliche Ehekammer, die linke führte in die sogenannte »gute Kammer«, wo zufällige Besucher untergebracht wurden. Diese Kammer hatte Wände mit einer blauen Tapete, in der große Blumen prangten. Der Vater war stolz darauf und meinte oft, da könnte auch eine Fürstlichkeit übernachten. Vor dem Hause streckte eine uralte Esche ihre Äste aus, und nachts rauschten deren Blätter ganz leise ...

Es war eine reiche Zeit, die von Jahr zu Jahr besser zu werden schien. Und es war eine sichtbar »neue Zeit«. Gleichsam von der Entwicklung übergangen und sehr schnell zur Legende geworden, war der alte Bismarck vor einigen Jahren gestorben. Dabei erinnerten sich Leute wie unser Vater noch einmal an ihn und sagten: »Wenn *der* geblieben wär', da hätt' alles noch einen richtigen Respekt.« Die aufsässigen Maurer, die ohne Nachzahlung keine Minute länger arbeiteten, als abgemacht war, und die Bäckergesellen, die jetzt bei ihrer Anstellung fast frech einen festgelegten Lohnsatz nannten, waren für ihn respektlos. Er schimpfte oft darüber, und unsere Mutter, die sich nie in solche Dispute mischte, warf gleichgültig hin: »Mein Gott, so ist's jetzt schon einmal. Da kann man nichts machen.« Sie hatte sich nie um den Bismarck gekümmert und wußte nicht einmal, wer jetzt eigentlich regierte. Es war ihr auch gleichgültig, dennoch schien es, als unterliege sie – wenn auch anfangs noch so widerstrebend und mißtrauisch – sehr schnell den »neumodischen« Erscheinungen und Dingen, die sich sicher ohne Bismarck und das jetzige Regime auch durchgesetzt hätten. Und das ging auch uns Kindern so.

Das Haus war fertig. Unsere Mutter legte einen kleinen Pflanz- und Blumengarten an. Der Eugen fuhr mit dem Schubkarren den übriggebliebenen, aufgehäuften Sand in den hinteren Hof, streute ihn umher und stampfte ihn glatt. Zwei fremde Männer blieben am frischgestrichenen Gartenzaun stehen und fragten nach dem Vater.

»Drinnen in der Kuchl ist er ... Was möchten Sie denn?« forschte die Mutter leicht abweisend. Fremde blieben ihr immer fremd.

»Wir kommen vom Elektrizitätswerk von Wolfratshausen und wollten uns erkundigen, ob Sie Licht wollen?« erwiderte einer der Männer.

»Licht? ... So ... Ja, wir haben doch Petroleumlampen genug!« meinte die Mutter.

Sie begriff nicht, was die Menschen wollten.

Doch sie sagte endlich: »Gehts nur in die Kuchl zu ihm.« Seitdem alles mit dem Anbau gut abgelaufen war, überließ sie Neueinführungen dem Vater viel widerspruchsloser. Sie vertraute mehr auf ihn.

Der Eugen, der neugierig geworden war, folgte den Männern und kam nach einer Weile wieder aus dem Haus. Mit wichtiger Miene erzählte er, daß wir »das Elektrische« bekommen würden, das auch schon die meisten Nachbarn bestellt hätten.

»Was? ... Das Elektrische?« meinte die Mutter, der verzwickte Worte stets schwer von der Zunge gingen. »Was soll denn das schon wieder sein?« Mißtrauisch furchte sie die Stirn. Da aber kam auch schon der Vater und erklärte. Ungläubig hörte sie zu. Sie konnte sich Licht ohne Zündholz und Petroleum durchaus nicht vorstellen. Und sie erwartete von dem »neumodischen Zeug« nicht das mindeste, wenngleich der Vater sagte, es sei billiger, praktischer und reinlicher.

Schon am anderen Tag kamen zwei Monteure in blauen, grobleinenen Arbeitskitteln zu uns, schlugen kleine Löcher in die frischen Wände und gipsten Schaltdosen ein, schraubten Knipser an und zogen Drähte, und am Abend standen wir alle verdutzt, freudig erregt in der Kuchl und starrten fast ehrfürchtig auf die kleine, weiß-leuchtende Glasbirne an der Decke. Der Vater war begeistert, Mutter sagte gar nichts. Wir aber rannten in die Mehlkammer, in die Backstube, an den Ofen, in den Stall und oben hinauf und knipsten wie um die Wette, so lange, bis die Birnen ausgebrannt oder sonst etwas passiert war. Nichts konnte uns davon abhalten. Es gab öfter Kurzschlüsse, und das neue Licht funktionierte oft tagelang nicht. Immer wieder wurden die Petroleumlampen herbeigeholt. Langsam aber gewöhnten wir uns an das Licht, und endlich sagte die Mutter doch: »Hmhm, auf was die gescheiten Leute doch alles kommen! ... Der Kramerfeicht kauft sich einen neuen Heurechen ... Er sagt, da kann er den Ochs einspannen, und arbeiten tut das für drei ... Hmhm, und beim Schatzl haben sie neulich gesagt, sie wollen eine Maschin', die sogar von selber mäht ... Wenn das so weitergeht, da mag bald kein Mensch mehr arbeiten.«

Ja, die Bauern entdeckten den praktischen Wert der neuen landwirtschaftlichen Maschinen sehr bald. Sie konnten sich's auch leisten. Es ging auf- und vorwärts in diesen bewegten Jahren. Selbst die abgelegensten Dörfer am Ufer des Sees verloren in kurzer Zeit ihr bäuerliches Gesicht. Abgesehen von den zahlreichen Tagestouristen und Sommergästen, die in den besseren Fischer- und Bauernhäusern ihren

Urlaub verbrachten, siedelten sich jetzt immer mehr fremde Herrschaften aus allen Ländern an. Der Verdienst der Bauunternehmer, der Handwerker und Gewerbeleute riß nicht ab. Maurer und Italiener hatten viel zu tun. Die Wirte scheffelten Geld, die Metzger wußten oft nicht, woher sie das viele Fleisch nehmen sollten, und unsere Bäckerei ging glänzend. Am wohlhäbigsten aber wurden die Fischer und Bauern, die Grundstücke am Seeufer hatten.

In Berg und Leoni trat eine eigentümliche Veränderung ein. An dem stundenlangen Uferstrich von Leoni bis Ammerland machten sich neben den ehemaligen Künstlern und vornehmen Münchner Kaufleuten jetzt hauptsächlich altbayrische Adelsfamilien ansässig. Stolze Burgen und solide Villen erstanden dort.

Ganz anders war es in Berg. Da wurde zunächst auf Befehl des »Landesverwesers« Prinzregent Luitpold nur eine ziemlich geschmacklose Gedächtniskapelle für »weiland König Ludwig II.« im Schloßpark erbaut. Die grünen Ufergelände aber, welche am Ende des Unterdorfes anfingen und sich – das verschlafene, höhergelegene Kempfenhausen rechter Hand liegen lassend – bis nach Starnberg hinüberzogen, blieben merkwürdigerweise im ersten Jahrzehnt nach dem Tode des unglücklichen Königs ziemlich unbebaut. Verlassen und verwaist stand die ehemalige Richard-Wagner-Villa mit ihrem großen, träumerischen Park da. Endlich erwarb der russische Fürst Barjatinsky den herrlichen Sitz, machte einige Umbauten und führte Sommer für Sommer einen pompösen Hof. Vier- und sechsspännige Luxuskutschen mit teuren Edelpferden tauchten auf den staubigen Landstraßen auf und wurden allgemein bestaunt und beredet. Sehr oft sah man die zahlreichen Angehörigen und Gäste der fürstlichen Familie über die abgemähten Felder galoppieren. Es wurden laute, nächtliche Feste im stillen Park abgehalten, und es gab eine Menge Dienerschaft, die – so fremd ihnen das auch vorkommen mochte – sich sonntags unter die Leute mischten, mit ihnen tranken und den Dorfschönheiten nachstiegen.

Offenbar hatte der verschwenderische Fürst an der Gegend großen Gefallen gefunden und bei seiner Heimkehr nach Rußland davon erzählt, denn schon im darauffolgenden Jahr erbauten die Prinzen von Ratibor einen noch viel größeren Sommersitz neben dem seinen. Eine fromme Madame de Osa, die mit beiden Familien eng befreundet war, kaufte vom Gastl von Kempfenhausen ein großes Grundstück. Ein steinreicher, verstiegener holländischer Kunstmaler van Blaas und ein Architekt, der spekulieren wollte, fingen gleichzeitig zu bauen an, und bald zierten den lieblichen Uferstrich die schönsten Villen.

Als ich damals zur Schule kam, mußten wir fast jeden Tag eine lange Weile die Zahl 1900 auf unsere Schiefertafeln kratzen, und der junge Lehrer, der uns Buben und Mädel von der ersten, zweiten und dritten Klasse in einem einzigen Raum unterrichtete, sagte nach dieser Lektion stets mit bedeutungsvoller Miene: »Das bedeutet – merkt es euch – den Anfang eines neuen Jahrhunderts mit dem deutschen Kaiser Wilhelm dem Zweiten an der Spitze.«

Wir schauten ihn dumm und verständnislos an, aber »Jahrhundert« und »Kaiser Wilhelm« prägten sich uns ein. Wir hielten beides für etwas Großes und Geheimnisvolles, aber zugleich – weil wir es uns nicht deutlich vorstellen konnten – für etwas sehr Langweiliges.

Unser Vater aber sagte einmal: »Jaja, vor hundert Jahr' ist noch der Napoleon dagewesen. Der hat wenigstens Krieg führen können, aber unser Kaiser jetzigerzeit, der schreit bloß ... Der ist nicht viel wert ... Und einen verkrüppelten, kurzen Arm hat er auch.« Das enttäuschte uns leicht, und der Kaiser verlor mit einem Male alles Große und Geheimnisvolle und wurde ein Mensch, noch dazu ein »bresthafter«. Uns kam er jetzt vor wie die zwergenhafte »alte Resl«.

Die Mutter wurde ärgerlich über den jungen Lehrer und meinte: »Der soll euch lieber was Gescheites lernen und nicht lauter so Dummheiten.« Zu ihrer Zeit, schloß sie, da habe man richtig beten, schreiben, lesen und rechnen gelernt, mehr brauche der Mensch nicht.

»Und rackern und sich plagen wie du!« spöttelte der Vater gutmütig, denn er wollte schon lange, daß sie sich mehr Ruhe gönne.

»Ja, du hast leicht reden!« warf sie ungekränkt hin, »zu was sind wir denn auf der Welt als zum Arbeiten!«

Für sie hätte ruhig alles so bleiben können wie immer. Es war ja schön, daß das Geschäft jetzt besser als jemals ging. Sie hatte nichts gegen all das Neue, das sich allenthalben so sichtbar und fühlbar ausbreitete, aber sie nahm nicht teil daran. Sie blieb unverändert. Für sie bedeutete das alles nur immer mehr und immer mehr Arbeit, die eben bezwungen werden mußte.

»Du bist eigentlich wie eine Maschin'«, sagte der Vater manchmal, wenn er sah, wie wenig sein gutes Zureden nützte, »dich könnt' man weiß Gott wohin verschicken, meinetwegen nach Amerika oder noch weiter auf einen weltfremden Fleck – sehen tät'st du gar nichts! Du tät'st einfach weiterwerkeln, sonst nichts.«

Sie lebte nur in ihrer Umgebung und in all dem, was dazugehörte. Was außerhalb dieser Grenzen geschah, blieb ihr fremd. Das bemißtraute sie, ja, sie fürchtete sich sogar davor. Sie wich ihm aus, wo und wie immer sie nur konnte. Das ging aber nicht immer.

Schon ein paar Nächte hörte sie groben Lärm, wenn sie allein im Bett lag. Der Vater war, wie gewöhnlich, in irgendein Wirtshaus gegangen. Beim Windel war wieder einer von den »christlichen« Viehhändlern aufgetaucht.

Einmal, als sie vor dem Schlafengehen im Stall nachschaute, ob alles in guter Ordnung sei, blickte sie durchs Fenster und bemerkte, daß Windel, der verwegene Fremde und die Windlin hinter einer langen Reihe geleerter Bierflaschen am Tisch in der Stube hockten. Es war sonderbar. Die Windlin schien nur hin und wieder einige kurze Worte hinzuwerfen. Das versetzte allem Anschein nach die beiden Männer in Wut. Bald hob der eine die Faust und fuchtelte schimpfend mit seinem Bierkrug, bald der andere. Der Windel grinste mitunter noch mehr, als er es sonst tat. Der

Händler zeigte seine Zähne. Ganz ruhig saß die Windlin da und musterte höhnisch bald den einen, bald den anderen Mann.

Mutter hatte kein Licht gemacht im Stall. Der bleiche Mond schien durch die verschmierten Fenster. Sie sah jetzt, wie der Viehhändler plötzlich aufsprang, wie der Windel nach seiner Bierflasche griff. Sie ging schnell aus dem Stall und kam mit klopfendem Herzen in ihrer Kammer an.

Sie lauschte. Jetzt war es auf einmal still geworden beim Windel drüben. Mit dunklen Ahnungen legte sich die Mutter ins Bett. Sie hörte durch die Wände, wie der Bäckergeselle die Arbeit anfing. Die Augen fielen ihr zu. Da schreckte sie auf. Gell schrie die Windlin auf der Straße, schrie und schrie: »Helfts Leut', helfts! Es ist was passiert! Helfts!« Beim Bader und beim Brandl wurden die Fenster hell. Die Stimme unseres Gesellen konnte man vernehmen. Die Mutter stand endlich auf und schaute, ohne Licht zu machen, zum Fenster hinaus und sah einen Haufen Leute, die ins Windelhaus liefen.

»Er hat ihn erschlagen ... Jetzt ist er davon!« schrie die Windlin wieder so grell. Hastig bekreuzigte sich unsere Mutter. Sie ging nicht hinunter. Sie wollte nichts sehen, obgleich wir Kinder aufgewacht waren und an ihre Türe pochten: »Mutter? Mutter!! Vater!! ... Der Windel ist umgebracht worden!«

Sie kam nur vor die Kammertüre, sagte, der Vater sei in Leoni, und wir sollten uns um Gottes willen nicht einmischen. Wir aber liefen trotzdem auf die Straße. Da standen die ganzen Italiener im Mondlicht. Die Nachbarn drängten sich in die Windelstube. Die Windlin heulte. Wirr redeten alle durcheinander. Jemand fuhr mit dem Fahrrad weg, und nach ungefähr einer Stunde kamen Starnberger Gendarmen, schlossen die Windelstube ab, schickten die aufgeregten Leute nach Hause und nahmen die sich heftig gebärdende Windlin mit. Das Dorf war aufgeschreckt. Noch lange standen dunkle Gruppen im Mondlicht und redeten. Ein Fragen und Mutmaßen ging um, und jeder argwöhnte etwas anderes, denn die Verhaftung der Windlin verstand niemand. Nur die Italiener waren schlafen gegangen.

Am anderen Tag kam die Gerichtskommission. Ein Polizeikommissar kam in unsere Kuchl. Mutter erbleichte. Er sah sie scharf an und fing eine genaue Vernehmung an. Er fragte und fragte hartnäckig. Unsere Mutter zögerte mit jedem Wort, und erst als der Kommissar drohte: »Ich mach' Sie darauf aufmerksam, Frau Graf, Sie müssen bei der Gerichtsverhandlung einen Eid leisten«, da erzählte sie alles, was sie gesehen hatte. Immer hilfloser und verstörter wurde sie dabei. Der Vater, der anfänglich nur staunte, rief laut über den Tisch: »Herrgott, Resl, dir passiert doch nichts dabei! Es muß sich doch 'rausstellen, wer schuld ist!« Sie aber hatte Angst, schreckliche Angst. Die paar tröstenden Worte des Kommissars nützten gar nichts.

»Mein Gott! Mein Gott!« seufzte sie, als er fortgegangen war. »Mir sind ja die Windels immer unheimlich gewesen! ... Die sind ja wie die Zigeuner! ... Wenn ich da zum Gericht muß und sag' alles, die Windlin bringt sicher ein Unglück über uns.« Der Vater wurde wütend über ihren Aberglauben und schimpfte. Sie aber brachte die Unruhe nicht los. Erst als sie nach der Verhandlung, zu welcher sie als Hauptzeuge geladen worden war, mit dem Vater von München heimkam, schien sie ein wenig erleichtert.

Bei der Verhandlung hatte sich herausgestellt, daß die Windlin die beiden Männer mit klarer Überlegung aufeinandergehetzt hatte. Sie bekam ein Jahr Gefängnis, während der Viehhändler, der sie grimmig beschuldigt hatte, mit knapper Not dem Todesurteil entging. Auf lebenslänglich mußte er ins Zuchthaus.

»Und wer den Schlesinger erstochen hat – sonderbar, das ist nicht rausgekommen! Sonderbar!« sagte der Vater nachdenklich und setzte argwöhnisch dazu: »Wer weiß, ob's nicht der Windel gewesen ist ... Jetzt hat er's auch büßen müssen.«

»Mein Gott, red doch nichts! Sag doch so was nicht, sonst muß ich nochmal aufs Gericht! Da kommt doch nie was Gutes ’raus!« flehte unsere Mutter, und sie schaute dabei auf die Maria. Die verstand und schwieg.

Zunächst wurde die Gemeinde beauftragt, das verfemte Windelhaus zu verwalten. Der Schmalzer-Hans als Gemeindediener, dem es einmal ein Daheim gewesen war, bekam die Schlüssel. Er war furchtlos genug und bezog ein kleines, verwahrlostes Kämmerchen darin; denn von der kärglichen königlichen Pension konnte er kaum den Kornschnaps bezahlen, den er täglich bei uns trank. Noch immer aber schliefen die Italiener in der Heutenne. Eines Tages wurden das Windelsche Mobiliar, die zwei Kühe und Gerätschaften öffentlich versteigert. Der Schmalzer-Hans kam billig zu einem Tisch, einigen Stühlen und einem Bett, mehr brauchte er nicht. Trotz allen Widerstrebens unserer Mutter steigerte der Vater zwei Matratzen ein. Davon war eine schief gepolstert, so daß der darauf Schlafende stets aus dem Bett rutschte. Immer wenn sich aber einer darüber beklagte, meinte unsere Mutter, »so was Pfenniggutes« gäbe es nicht so schnell wieder, und über diesen Umweg kam sie meistens darauf, die schaurige Geschichte von den Windels zu erzählen.

Mit der Zeit jedoch wurde die Windlin langsam vergessen. –

Der Maxl war schon ein paarmal aus München zu Besuch gekommen. Er hatte sich ein neues Fahrrad gekauft. Der Vater führte ihn durch die neuen Räume und sagte: »Da, wenn ich einmal nicht mehr bin, Maxl, da brauchst du bloß übernehmen.« Der Maxl machte dabei eine Miene, als wollte er sagen: »Na, ich hätte verschiedenes anders gemacht.« Dann erzählte er in der Kuchl, daß er bald auf die Wanderschaft gehe, denn seine Lehrzeit lief bald ab.

»Ich fahr’ mit dem Radl! . . . Der alte Handwerksbursch hat sich überlebt«, sagte er ein wenig besserwisserisch. Dieser Wagemut gefiel dem Vater, und auch wir bewunderten Maxl im stillen. Die Mutter freilich meinte, der Älteste gehöre ins Haus.

»Ah! Ah! Ein junger Mensch muß sich die Welt anschauen!« rief unser Vater und erinnerte an seine Wanderschaft: »Hast schon recht, Maxl! Und, naja, schreibst halt, wenn du was brauchst! Wir schicken schon.« Bald darauf kam eine Postkarte aus Ingolstadt: »Schickt Geld, hauptpostlagernd nach Stuttgart, Gruß Maxl.«

»Ha! So kann ich auch reisen!« warf Theres hin, die nur um zwei Jahre jünger war als der Maxl. Sie fuhr jetzt statt der Marie das Brot nach Leoni und wuchs langsam in das heiratsfähige Alter hinein.

Der Vater aber ließ solche Einwände nicht gelten und wies sie ärgerlich zurecht, indem er sorglos rief: »Die paar Mark, die der braucht! Was macht denn das schon aus!« Jetzt konnte er auch so reden. Man brauchte nicht mehr ängstlich rechnen. Die frühere Knappheit war einer breiten, stetig wachsenden Wohlhäbigkeit gewichen.

»Jeder von euch kann werden, was er mag!« sagte der Vater nicht ohne verborgenen Stolz und sah auf uns. So wollte er es auch halten.

Aus dem Eugen, der der schönste von uns Buben war, wollte er etwas ganz Besonderes machen. Er schickte ihn auf die kaufmännische Handelsschule nach München. Nebenbei war Eugen Volontär bei einer internationalen Transportfirma Francesco Parissi & Co. und wollte Buchhalter werden. Fast jeden Sonntag besuchte er uns. Er war stets etwas geckenhaft elegant gekleidet, und die Mädchen umschwärmten ihn. Er war gescheit, heiter, gesellig und tanzte ausgezeichnet. Wir alle liebten ihn.

Emma tanzte auch schon trotz ihrer knappen elf Jahre, und sie sehnte sich danach, bald erwachsen zu sein. Sie war ein wenig durchsichtig, sehr schlank und schön, sie sang gut und hatte ein empfindsames Gemüt. Wir Jüngeren waren noch nicht so ausgeprägt, lebten kindlich in den Tag hinein und begeisterten uns an allem Neuen.

Einmal in jener Zeit brachte der Briefbote ein dickes Kuvert aus Amerika, und als der Vater es öffnete, fiel aus dem Brief eine längliche grüne Dollarnote mit einem schönen Indianerkopf darauf.

»Lieber Max, – ich schicke für die Kinder einen Spargroschen«, schrieb die Stasl aus Seattle in den Weststaaten,

»hoffentlich geht's Dir und der Resl und der Kathl gut. Grüße auch die alte Resl und alle Bekannten. Mein Mann workt bei den Miners im Bergwerk. Ist harte Arbeit. Haben ein house und verrente an Miners, wo aus Deutschland, Holland und Österreich kommen. Gibt auch zwei Dollars from man the week. In Amerika schafft alles, auch die Frau. Wir sind gesund, aber schreib wieder einmal! Hab' neulich ein newspaper gelesen, daß das house, wo Jefferson anno 1775 the Declaration of Independence written hat, einem Graf gehört hat. Der ist in Philadelphia gewesen. Interessiert mich und will einmal researchen. Dieser Graf I think muß einer von den Salzburgern, wo der Kastenjakl written hat, gewesen sein.

Wenn wieder ein Dollar übrig, schick' ich ihn. Muß schließen, weil the train geht. Mein Mann workt und kommt nicht vor Nacht heim. Herzliche Grüße – Stasl.«

Nachdenklich hielt der Vater, den wir alle neugierig umringt hatten, die Banknote in der Hand.

»Hm, sie meint, es geht uns schlecht«, murmelte er gerührt. »Sie glaubt, es ist noch alles beim alten.« Er schaute auf die Mutter und fuhr fort: »Soviel ich herauslesen kann, geht es ihnen nicht gar gut ... Sie kann auch schon nicht mehr recht deutsch ... Ich will ihr einmal schreiben. Sie soll doch ihr Geld behalten, sie braucht's doch ...«

»Das ist doch kein Geld! Das gilt ja gar nicht bei uns«, sagte die Mutter, auf den Dollar blickend. »Das schaut ja aus, als wie wenn sie's selber machen.« Sicher kam ihr Amerika unfaßbar vor, ganz wild, und ungefähr so weit entfernt wie der Mond. Der Vater mußte ein wenig lächeln. Er überließ uns Kindern den Dollar zum Spielen. Wir glotzten ihn von allen Seiten an. Der Indianerkopf interessierte uns am meisten. Wir rochen an dem Schein, und es kam uns vor, als habe er einen ganz fremden Geruch.

»An den Kastenjakl denkt sie noch und schreibt was von den Salzburgern ... Ich will einmal den Lehrer Strasser fragen, was das alles heißt«, sagte der Vater in sich hineinsinnend. Er schwieg eine Weile.

»Hm, da wär' sie lieber daheimgeblieben«, meinte er endlich wiederum. »So gut hätt' sie es da auch gehabt, und dort ist sie fremd ...« Es klang ein klein wenig traurig. Die Mutter dagegen fand das nicht so schlecht: Der Mann in der Arbeit und die Stasl ein eigenes Haus.

In dem Augenblick fingen wir laut zu streiten an, weil der Maurus mit dem Dollar davonlaufen wollte. Der Vater schimpfte und nahm ihm die Banknote. Er zeigte sie dem Wagner Neuner und anderen Dorfleuten, und die musterten das sonderbare Papier genau so ungläubig wie unsere Mutter.

»Haha, jetzt da schau her ... In dem Amerika, da macht sich scheint's jeder sein Geld selber ... So was wär' praktisch«, sagte der Schmalzer-Hans, als er bei uns seinen Kornschnaps trank, und unsere Mutter pflichtete ihm bei: »Jaja, ich hab's auch gesagt ...«

Später klebte der Eugen die grüne Banknote in der Backstube an die Wand, wo sie jahrelang blieb. Kein Mensch beachtete sie sonderlich.

Nachdem der Lehrer Strasser Stasls Brief entziffert hatte, erwachte in unserem Vater ein reges Interesse. Er fing in den alten Papieren vom Kastenjakl zu lesen an und fand auch tatsächlich die Stelle, wo es heißt, daß einer von den vertriebenen waldensischen Grafs – man schrieb damaliger Zeit entsprechend noch »Graff« – »übers große Meer gefahren« sei. In einem langen Brief teilte er der Stasl das mit, aber es kam lange, lange Zeit keine Antwort mehr. Schließlich brachte der Postbote eine bunte Karte mit einer fremden Ansicht. Stasl schrieb wohl von dem Brief unseres Vaters, doch allem Anschein nach hatte sie schon wieder ganz andere Sorgen und erwähnte nichts mehr von Jefferson und dem Philadelphianer Graf.

Der Vater war verstimmt und schrieb nicht mehr. –

Die Jahre vergingen rasch. Niemand achtete darauf. Das Leben war durchaus nicht eintönig. Im Haus, im Dorf und in der Pfarrei ging es bunt und mitunter sehr lebhaft zu. Helles und Düsteres lagen dicht beieinander.

An das Windelanwesen grenzte das hochgiebelige Baderhaus. Beim Bader waren schon großgewachsene Söhne und Töchter da. Der älteste hatte bereits geheiratet und den Hof übernommen. Der alte Bader war längst Witwer und lebte im Austrag. Er kam einmal in unseren Laden und verlangte einen Kalbstrick. Genau prüfte er, ob der Strick auch haltbar genug sei.

»Tragt denn bei euch eine Kuh? Kommt schon wieder ein Kalb?« fragte ihn unsere Mutter. Der zerknitterte, kleine Mann mit den grauen Stichelhaaren wurde unwirsch und sagte gereizt: »Ich brauch' einen guten, festen Strick, basta! Sei froh, wenn du ein Geschäft machst!« Jeder Mensch kannte den alten Sonderling, der schon lange an einem unheilbaren Blasenleiden litt und ins Bett näßte. Zuweilen zweifelten die Leute an seinem Verstand. Die junge Bäuerin war sehr fromm. Sie legte religiöse Gelübde ab und ließ viele Messen lesen. Es war schwer zu sagen, ob sie dem stets mürrischen, streitsüchtigen Alten Gesundung erflehen wollte oder den verborgenen Wunsch hatte, der Allmächtige möge ihn bald von aller Erdenpein erlösen und zu sich nehmen.

»Schlecht siehst du aus, Bader ... Wie geht's dir denn?« wandte sich unsere Mutter wieder an den Bauern, der noch immer an dem Strick zog.

»Ewig das gleiche! Zum Verrücktwerden! ... Jeder ekelt sich vor mir«, erwiderte der Alte und legte das Geld hin.

»Jaja, wenn man alt wird! ... Das Leben ist kein Kinderspiel. Und Kranksein noch dazu, da braucht's Geduld«, sagte die Mutter mitleidig. Mürrisch ging der Alte zur Türe hinaus.

Am anderen Tag in der Frühe sammelten sich die Nachbarn vor dem offenen Tennentor des Baderhofes. Sie reckten die Hälse, redeten betroffen ineinander und schauten hinauf zum hohen, dunklen Gebälk der Tenne. Da hing – dünn und starr – am neuen Kalbstrick von einem Balken herunter der tote, alte Bader. Er hatte sein Leiden nicht mehr ertragen.

»Hmhm, und von mir hat er gestern den Strick gekauft«, gestand unsere Mutter der weinenden jungen Baderin, »er ist mir schon so sonderbar vor'kommen. Ich hab' doch gewußt, daß keine Kuh bei euch kalbt.« Seither war ihr immer etwas unheimlich, wenn sie einen Kalbstrick verkaufte.

Der Pfarrer Jost hatte die größte Mühe, um dem Erhängten ein kirchliches Begräbnis zu erwirken. Die halbe Pfarrei gab dem toten Bader das letzte Geleit.

»Wir wissen nichts. Unerforschlich bleibt für uns der Weg, den uns Gott, der Herr, befiehlt. Wir müssen ihn gehen bis zum bitteren Ende«, sagte der Jost in seiner Grabpredigt. Unsere Mutter sah weh in das Gesicht des Geistlichen. Dann senkte sie den Kopf ...

Wir Kinder wuchsen heran, und die älteren hatten bereits eigene Lebenspläne. Kathls Tochter, die Marie, war in die Stadt gegangen. Sie rückte in die Ferne und wurde bald fremd. Obgleich der Vater eine neue Magd nehmen wollte, wehrte sich unsere Mutter dagegen. Die Marie war immerhin noch gewissermaßen aus der weiteren Familie, fremde Leute brauchten zu lang, um sich »einzuwachsen«. Die Mutter übernahm jetzt auch noch die Stallarbeit.

Nach verschiedenen Dienstplätzen bei Münchner Herrschaften heiratete die Marie einen Zigarrenhändler Johann Roßkopf, der sehr geizig war. Das junge Paar besuchte uns öfter, und Roßkopf lieferte von jetzt ab den Tabak, die Zigarren und Zigaretten für unseren Krämerladen. Die Kathl hatte ihre älteste Tochter nie gemocht, ihr rothaariger Schwiegersohn war ihr erst recht zuwider, weil er stets so städtisch distanziert tat, und wir konnten ihn auch nicht leiden. Dagegen hatten wir Kathls Sohn, den jetzt vierzehnjährigen Lorenz, halbwegs gern. Gern freilich nur deswegen, weil man ihm alles, was man nicht tun mochte, aufhalsen konnte. Er war mit uns aufgewachsen und gehörte gewissermaßen zum Haus wie das Roß und die Kühe. Er hatte ein pickliges, fettglänzendes Gesicht, war gedrungen gebaut und leistete stoisch jede Arbeit, auch wenn sie viel zu schwer für ihn war. Unsere Mutter hing mit einem unausgesprochenen Mitleid an ihm, denn er murrte und jammerte nie, war gutmütig und beschränkt und schien weder Schmerz noch Freude zu kennen. Der Kasper, unser Bäkkergeselle, der die absonderliche Gewohnheit hatte, aus mißverstandenen fremdsprachigen Ausdrücken und einheimischen Dialektwendungen irgendwelche Bezeichnungen zusammenzureimen, gab dem Lorenz eines Tages den seltsamen Namen »Quaschko Vincenz Golo Hehnerfleisch«. Warum, wußte niemand, aber jeder lachte darüber, und wir kürzten diesen Namen ab und hießen den Lorenz von da ab einfach »Quasterl«, was unserem Dialekt mehr entsprach. Es bedeutete ungefähr soviel wie eine Quaste, die haltlos im Leben hin- und herbaumelte, und es versinnbildlichte zugleich Lorenz' ganzes Wesen.

Wenn Vater oder Mutter die Angehörigen unserer umfänglichen Familie aufzählten, nannten sie nebenher auch den ersten Bäckergesellen, der im Gegensatz zum zweiten, welcher nur für den Sommer angestellt wurde, das ganze Jahr blieb, und meinten: »Ja, und dann gehören noch dazu – die alte Resl und der Quasterl.« –

Wer kennt nicht die Stille und Weite des ländlichen Herbstes! Wenn sich der Himmel nach einer ersten Regenwoche ausgeweint hat, wird er ganz durchsichtig blaß und unendlicher denn je. Aus dem ernsten, stummen Dunkel der Fichtenwälder leuchten die grellgelben, immer leicht bewegten Kronen der weißstämmigen Birken, und das Weinrot der Buchen mischt sich darein. Kein Vogelgesang durchzieht diese sterbende Pracht mehr. Nur das heftige Gezwitscher der Spatzenschwärme und das ferne Krähen der Raben, die auf die abgemähten Getreideäcker niederflattern, ist manchmal zu hören. Auf den Wiesen und Hängen grasen die Kühe des Dorfes gemächlich. Wenn sie den länglichen, dicken Kopf bewegen, klingen ihre Halsglocken dünn auf. Vor der Herde um ein kleines, qualmendes Feuer liegen die hütenden Kinder und braten frisch ausgerissene Kartoffeln. Ein zottelhaariger Hund hockt da. Feucht glänzen die zackigen Lefzen seines aufgerissenen Mauls. Die rote Zunge hängt heraus, und geschwind schnaubt er, indem er seine wachsamen Augen unablässig um die geruhige Herde schweifen läßt. Mitunter bellt er kurz auf, rennt weg und jagt eine weit abgewichene Kuh in die Herde zurück. Nackt, und wie durch ein Vergrößerungsglas gesehen, stehen die weißgetünchten Häuser der Dörfer da. Die Obstgärten haben sich gelichtet. Manchmal ächzt ein schwerbeladenes Mistfuhrwerk aus dem Dorf. In den umliegenden braunen Kartoffeläckern ernten gebückte Menschen die frisch aufgerissenen Furchen ab, und tief in den Feldern pflügt vereinzelt ein Bauer.

In diese Zeit fällt Allerseelen. Da versammeln sich mit der Familie die Verwandten um die frischgezierten Gräber auf dem Gottesacker, der die Pfarrkirche umgibt. Nach einem Umgang zelebriert der Pfarrer im Freien. Auf seine monoton klingenden Totengesänge antwortet der Lehrer ebenso. Es riecht nach Weihrauch, Absterben und Leichenhaus.

»Requiescat in pace!« singt der Geistliche noch einmal.

»Amen!« der Lehrer. Eine kurze, schwere Stille tritt ein, dann beten alle einige Vaterunser, und Pfarrer und Lehrer gehen in die Kirche zurück. Noch eine ziemliche Weile bleiben Weiber und Kinder mit gefalteten Händen an den Gräbern. Die Männer sind meist schon ins Wirtshaus hinübergegangen. –

»Und was ist's denn jetzt mit dem Maxl? Der muß doch jetzt zum Militär, oder?« fragte die kugelrunde Hintermaierbäuerin von Deining ihre Schwester, unsere Mutter, die verzagt auf das Grab niederschaute und wahrscheinlich an die kleine Marie dachte, die so schnell hingestorben war.

»Er ist jetzt in Worms ... Ganz weit fort bei einem

Konditor«, antwortete unsere Mutter, während die Base uns Kinder anlächelte.

»Jaja, der Maxl, der wird ein feiner Mann«, ließ sich die Roßkopfin, die allein aus der Stadt gekommen war, vernehmen, »der schaut sich die Welt an, und wenn er heimkommt, weiß er was.«

»Ja, aber jetzt muß er zum Militär«, sagte unsere Mutter, »das kostet auch wieder bloß Geld.« Sie seufzte, und ihre Schwester nickte.

»Und die Theres ... Mein Gott, wie die sich rausgewachsen hat«, meinte die Roßkopfin wieder und richtete dabei ihren hohen, zwängenden, mit schwarzem Tüll umspannten Stäbchenkragen, musterte unsere älteste Schwester und setzte dazu: »Da kann man auch schon langsam an eine gute Partie denken! ... Wie ist's denn Theres, hast schon einen Bestimmten im Aug'?«

Unsere Schwester verzog fast höhnisch das Gesicht und lachte trocken: »Nein, nein – und überhaupts, so was sagt man gewöhnlich nicht.«

»Hast auch ganz recht, Resei ... So pressiert das noch lang nicht«, pflichtete ihr die Hintermaierbäuerin bei, »ich sag's zu meine Mädln immer ... Geheiratet ist schnell, aber wer weiß denn, was das Mannsbild für Untugenden hat? ... Und das dauert dann das ganze Leben.« Sie hatte auch schon drei großgewachsene Töchter und einen Sohn, die auf dem umfänglichen Hof wohl zu brauchen waren.

Langsam ging man aus dem Friedhof.

»Aber heuer im Winter, was? Da gehst schon zum Ball, Theres?« wandte sich die Roßkopfin wieder an unsere Schwester.

»Ja, warum denn nicht ... Tanzen kann ich schon lang«, antwortete statt dieser die Emma lebhaft.

»Soso! ... Naja, zwei so saubere Madln! Da werden sich die Burschen reißen drum«, redete die Roßkopfin weiter und musterte die schlanke Emma.

Aus der Wirtsstube vom Klostermaier drang der Lärm der Männer. Die Weiber gingen mit uns den Berg hinunter, nach Hause. In der guten Stube wurde Kaffee getrunken. Mutter hatte Schmalznudeln dazu gemacht. Es wurde hübsch zugegriffen. Hernach bewunderten die Verwandten das erweiterte Haus und konnten nicht genug loben.

»Ja«, sagte unsere Mutter verborgen zufrieden, »ich hab' schon recht viel Verdruß und Angst gehabt, aber gebaut hat er doch, der Max ... Naja, jetzt ist halt die Arbeit nochmal so viel.« Sie schaute ihrer Schwester, der Hintermaierin, in die Augen. Die nickte und meinte: »Jaja, so ist's schon, gell! An uns Weiberleut' bleibt zuletzt alles hängen ... Wenn's uns unsere Kinder bloß einmal danken.«

»Marie? ... Ich hab' mit dir zu reden!« schrie in dem Augenblick die Kathl gereizt zur Türe herein und verschwand gleich wieder. Die Roßkopfin, die es nicht der Mühe wert gefunden hatte, zuerst ihre Mutter zu besuchen, ging mit einem leicht verlegenen Gesicht vom Tisch weg. Als sie draußen war, sahen wir uns alle vielsagend an.

»Sie schämt sich ja mit ihrer eigenen Mutter«, sagte unsere Mutter auf ihre Schwester blickend.

»Hm, jetzt so was! ... Die Schand'! ... So was vergißt unser Herrgott nicht«, meinte die gutmütige Hintermaierin.

Wir Kinder liefen, weil wir uns in der Stube langweilten, in den Hof und hörten aus dem Häusl der Kathl ein lautes Schimpfen und Schreien. Bald darauf kam die Roßkopfin aus der Türe, ging schnell an uns vorüber, kam in unsere Kuchl und verabschiedete sich rasch und einsilbig. Niemand bat sie, zu bleiben.

»Hm, die arme Kathl«, meinte unsere Base, »früher ist doch die Marie ein ganz ordentliches Ding gewesen? Sie muß auch nicht den besten Mann haben ...«

»Mein Gott, weiß man denn, wie sich die Kinder einmal auswachsen?« seufzte unsere Mutter und schaute halb traurig, halb nachdenklich auf uns, »wenn ich an die meinen denk', die werden alle wie der Max. Genau so eigensinnig sind sie ... Eins mag das andere nicht. In einem fort streiten sie.«

»Das ist gar nicht wahr, Mutter ... Wir zwei sind doch gut, die Nanndl und ich«, rief ich einfältig und legte meinen Arm um die Schulter meiner jüngeren Schwester Anna. Unsere Mutter und die Base lachten leicht.

Gutmütig schauten sie auf uns.

»Solang s' so klein sind, geht's ja noch, aber die größeren! ... Ewig hat man Verdruß«, meinte unsere Mutter. Theres, Emma, Maurus und Lenz hörten unangerührt zu. Eigentlich sagte das unsere Mutter ja immer. Keiner nahm es allzu ernst.

»Tja«, sagte die Hintermaierin wieder, »so ist's halt schon auf der Welt, Resl! ... Die Alten passen nicht mehr recht her, und die Jungen haben ihren eigenen Kopf ... Unser Herrgott wird's schon wissen.« Stoisch und arglos klang es. So, als sei das nun einmal das ewige Los aller Mütter. Sie schauten geruhig drein und kauten dabei ihre Schmalznudeln. Sie hatten einander gern, die zwei Schwestern. Und immer, wenn sie zusammenkamen, redeten sie in ähnlicher Weise. Es war eigentlich kein mürrisches Klagen, es war mehr ein Sichabfinden, und wenn sie miteinander so redeten, schien ihnen leichter zu werden. Auf diese Art vergingen ihre Feiertage. –

Die Regenwochen hatten schon eingesetzt. Einmal in der Frühe kamen wir Schulkinder die Stiege herunter und sahen im Hausgang ein dreckverkrustetes Fahrrad stehen. An der Lenkstange war ein kleiner, schon verwelkter Blumenstrauß. Wir rannten in die Kuchl und fragten gleicherzeit: »Ist der Maxl da, Mutter?«

»Ja, droben schlaft er ... Gehts weiter, spät ist's schon!« antwortete die, und der Vater lachte selig. Leise schlichen wir mit der Mutter nach oben. Sie öffnete behutsam die Türe der »guten Kammer«. In den tiefen, geblähten Kissen sahen wir den strudelhaarigen Kopf unseres ältesten Bruders. In seinem braungebrannten Gesicht war schon ein dünner Bart. Vorsichtig schlichen wir wieder aus der Kammer. In der Kuchl sagte der Vater: »Jaja, der wird euch allerhand erzählen. In vierzehn Tag muß er einrücken.« Das stimmte uns ein wenig traurig. In der Schule waren wir unaufmerksam, und am liebsten hätten wir immerzu prahlerisch herausgeragt: »Unser Maxl ist wieder da. Der hat die ganze Welt gesehen.« Wir waren stolz darauf. Die Stunden kamen uns unendlich lang vor, wir malten uns allerhand Phantastisches aus und waren sehr gespannt auf den Maxl. Der aber behandelte uns, als wir heimgekommen waren, ziemlich von oben herab und etwas wegwerfend. Nur abends unterhielt er sich mit Vater und Mutter, doch Abenteuerliches kam in seinen Erzählungen gar nichts vor. Er verglich meistens unseren Ofen und unsere Backstube mit denjenigen der Wormser Bäckerei, wo er zuletzt gearbeitet hatte, und gebrauchte dabei nüchterne Fachausdrücke. Sogar die älteren Geschwister beachtete er nicht sonderlich. Mitunter zeigte er sich hämisch, als wollte er merken lassen, was sie für dumme Dorfmenschen seien gegen ihn, den Weitgereisten. Manchmal fuhr er allein mit dem Rad in andere Dörfer oder ging mit dem Vater in die Wirtshäuser. Dort schien er viel mehr zu erzählen und zeigte sich auch lustig. Er kaufte sich einen neuen Anzug, einen neuen Koffer und viele Dinge, die er allem Anschein nach beim Militär zu brauchen glaubte. Am Tage seiner Ausmusterung zum Militär kam er mit den anderen, gleichaltrigen Burschen laut krakeelend von Unterberg herauf. Jeder war übermütig und hatte schon einen leichten Rausch. Jeder trug ein dünnes Spazierstöckchen, das mit bunten Bändern in den bayerischen Landesfarben umwunden war. An der Brust eines jeden prangte irgendein Abzeichen, darauf stand entweder »Infanterie«, »Kavallerie« oder »Pionier«. Der laute Haufen sprang unausgesetzt herum, juchzte, fuchtelte, stampfte wie wild und schrie wie besessen. Sie rempelten die alten Leute an und griffen jede Dorfschöne, die vorüberkam, zudringlich ab. Immer wieder blieben sie stehen und grölten irgendein patriotisches Lied.

»Vater? Mutter? ... Zur Infanterie!« schrie der Maxl stolz, als er an die Fensterscheiben klopfte. Seine Begleiter und er warfen die Hüte in die Luft und trampelten weiter. Unser Vater ging vor die Ladentür und lächelte zufrieden, als sie auf der Dorfstraße weiterzogen, um in Aufkirchen beim Klostermaier bis zur Bewußtlosigkeit zu saufen. Unsere Mutter machte kein glückliches Gesicht und murmelte: »So, zu der Infanterie muß er? ... Jetzt ist er wieder zwei Jahr' weg .. Ich weiß nicht – so lang, das ist doch auch nichts.«

»Ah, das hat jeder von uns müssen!« meinte der Vater, in den Laden zurückgehend. Der Lärm der Burschen entfernte sich.

»Jaja, aber anno 70 beim Krieg, da hat kein Mensch einen solchen Spektakel gemacht ... Ganz anders ist's damals gewesen«, fuhr unsere Mutter fort, »vielleicht müssen die auch –«

»Ah! Jetzt gibt's keinen Krieg nicht mehr!« fiel ihr der Vater ins Wort und setzte dazu: »Der alte Bismarck hat schon gewußt, was er macht, wie er gesagt hat, wir brauchen bloß ein starkes Militär, dann haben wir ewig Frieden ... Der Kaiser macht's ihm bloß nach.«

Unsere Mutter begriff nicht und schwieg. Wahrscheinlich kam ihr immer wieder der Fortgang der Männer anno 70 in den Sinn, und sicher sagte sie sich, wenn jeder ordentlich arbeitet, wär' doch sowieso Friede, zu was denn dann das Militär?

Sie war bedrückt, als der Maxl, der noch immer ziemlich besoffen war, Abschied nahm. Der Vater drückte ihm fest die Hand und gab ihm fünfzig Mark mit. Der Maxl lächelte bierbenommen und dankte kaum. Uns Geschwister musterte er noch flüchtig und stieß heiser heraus: »Behüt Gott! Und schickt mir nur recht viele Freßpackln! Das braucht ein Soldat!« Wieder verzog er sein biergedunsenes Gesicht, aber in seinen Augen war doch eine Unruhe. Wir waren froh, als er weg war. Er kam zum achten Infanterieregiment in die Festung Metz. Er schickte stets nur sehr bunte, patriotische Ansichtskarten und manchmal einen ungemein fehlerhaft geschriebenen Brief, in dem er seine verschiedenen Wünsche mitteilte. –

Unsere Mutter beurteilte die Wetterlage nach ihrem

»Kindsfuß«. Solange der Schmerz gleichmäßig blieb, gab es keine Änderung. Erst wenn er weher tat und zu brennen anfing, kamen schlechtere Tage.

Der Winter und die Kälte ließen diesmal lange auf sich warten. Noch im November gab es frische, klare Tage. Besorgt wie alle Bauern meinte die Mutter: »Da haben wir wieder bis weit nach Ostern Schnee, und auf dem Feld leidet alles.« Aber ihr Fuß zeigte nichts an.

Es waren auffallend bleiche Mondnächte. Bevor sie zu Bett ging, trug unsere Mutter stets das kalte Nachtessen in die Backstube und stellte zwei Flaschen Bier dazu. Sie musterte, ob alles in Ordnung sei, hob den Deckel des Backtroges und machte ihn wieder zu. Schnell zog sie mit dem Finger ein Kreuz auf den Trogdeckel. Dann wandte sie sich zum Gehen.

Einmal schrak sie zusammen. Von irgendwoher kam ein leise kratzendes Geräusch. Sie sah hastig durch die Fensterscheiben, und es wurde ihr im Nu eiskalt. Im Mondlicht stand das hagere, eingefallene Gesicht des Dorfschusters Andreas Lang. Sie brachte eine Weile kein Wort heraus, gab sich plötzlich einen energischen Ruck, ging ganz nahe ans Fenster und klopfte auf die Scheiben: »Ja, ja, Anderl!? ... Ja, was ist's denn mit dir?!!«

Sie sah, der Mann war im Hemd und barfuß. Er schien auf einmal aus einer Erstarrung hochzufahren, gab einige Laute von sich und fiel steif um. Unsere Mutter riß schnell das Fenster auf. Da aber stand der Andreas schon wieder auf und sagte hastig und halblaut: »Um Gott's willen, Bäkkin – sag ja nichts! Ich bin ja mondsüchtig! Ich weiß selber nicht, wie ich hergekommen bin!« Er schlotterte, war totenblaß und drückte seine dünnen Arme mit den großen Händen auf das grobleinene, lange Hemd, als schäme er sich. »Sag um Gott's willen keinem Menschen was, Bäckin! Ich schäm' mich ja so, aber ich bin doch krank. Bei dem Mond, da treibt's mich rum ... Ich kann nichts dafür!« Er lief eilends davon. Er war ein Kriegskamerad unseres Vaters von anno 70 und 71.

Unsere Mutter schloß das Fenster und starrte benommen vor sich hin. Der mondsüchtige Schuster war für sie ein unheilvolles Zeichen. Bedrückt ging sie in den Stall hinüber. Die trächtige Kuh, die eigentlich schon vor vier Tagen gekalbt haben sollte, lag schwer schnaubend da. Wie ein zu stark aufgepumpter Luftballon blähte sich ihr Bauch. Die Mutter schüttelte bekümmert den Kopf. Sie ging ins Bett und konnte lange nicht einschlafen.

Sie machte es wie immer. Erst viel später erfuhren wir es. Sie stand früher auf, besorgte eilig alle ersten Arbeiten und ging zur Frühmesse nach Aufkirchen. Hernach kam sie zum Pfarrer Jost in die Sakristei und bestellte eine Messe, und zwar *eine einzige* – weil das billiger kam – gleich *für drei* Dinge, die der Herrgott ins rechte Gleis bringen sollte. Zum ersten sollte er den armen Schuster von seiner unheimlichen Krankheit befreien, zum zweiten wünschte sie, daß es mit der Kuh kein Unglück gebe, und zum dritten endlich, daß der Maxl beim Militär nicht verdorben werde. Viel beruhigter kam sie heim.

In der darauffolgenden Nacht kalbte die Kuh wirklich. Alles verlief gut, und es läßt sich denken, wie glücklich unsere Mutter war. Gott hatte sie erhört – zunächst wenigstens in diesem einen Fall! Sie war derart freudig erregt, als das ringelhaarige, noch schleimige Kalb im frischen Stroh lag, daß alle staunten.

»So hab' ich dich doch noch nie gesehn, Resl!« sagte der Vater lachend und spöttelte: »Du gehst ja um mit dem Kalb, als wie wennst du es selber auf die Welt bracht hätt'st!« Und da – sie tat es verlegen und fast beschämt – da sagte sie arglos: »Jaja, du glaubst ja nichts! Du lachst mich ja doch bloß immer aus, aber diesmal hat meine Mess' doch geholfen! ... Ich hab' ja so viel Angst gehabt, daß es schief geht.« Sie richtete sich auf und atmete befreit. Ein frisches, mädchenschüchternes Rot überhuschte ihr zerarbeitetes Gesicht wie schon lange, lange nicht mehr.

»Jaja, selig, wer so glaubt wie du!« meinte der Vater ironisch und neckte sie. »Aber oft ist der Segen vom Herrgott recht wetterwendisch.« Unsere Mutter nahm's nicht weiter übel.

»Ah, du!« rief sie ebenso. »Wenn du nur immer spotten kannst.«Wir alle freuten uns mit ihr. Dieses Kalb, bedrängten Anna und ich den Vater, das dürfe er aber nicht dem Metzger geben. Er versprach's, aber gehalten wurden solche flüchtigen Versprechungen nie. Wir verwanden aber auch das leicht. –

Im Sommer, an den strahlenden Sonntagen, wenn die Leute aus allen vier Himmelsrichtungen dem hochgelegenen Pfarrdorf Aufkirchen zuströmten, um dort das feierliche Hochamt zu besuchen, da war auch unser Vater stets dabei. Es sah aus, als sei er ein durchaus pflichttreuer Katholik. Indessen, er war nur stolz auf seine beiden hübschen Töchter Theres und Emma. Sie stachen in ihren städtischen Kleidern heraus aus der bäuerlichen Menge, und das tat ihm wohl. Das schmeichelte ihm. Er war gewiß nicht eitel, aber die Leute, die ihm solange den Respekt versagt hatten und ihm das Errungene auch jetzt noch neideten, sie sollten sehen und spüren, daß an seiner Wohlhäbigkeit nicht mehr zu rütteln war und daß die Grafs Menschen seien, die sich überall sehen lassen konnten. Freilich, er ließ nie etwas davon verlauten. Er war sogar ein merkwürdig schamhafter Mensch, der seine wahren Gefühle stets ängstlich verbarg. Lieber wollte er als Grobian oder Spötter erscheinen, denn als aufdringlicher Protz oder gar als Weichling. Er hing an uns Kindern, und er liebte die Mutter, die ihm soviel geholfen hatte, auf seine besondere Art. Allem Lob anderer mißtraute er, aber wenn er einmal zu unserer Mutter sagte: »Geh, Resl, jetzt gib doch einmal eine Ruh! ... Plag dich doch nicht so!« dann sagte das alles, was er im Herzen hatte.

In solchen guten Zeiten ging er öfter zur Kathl ins kleine Häusl und unterhielt sich mit ihr. Er schätzte sie als die geweckteste und gescheiteste von all seinen Geschwistern. Sie war arm, und die Näherei ernährte sie kaum, aber sie klagte nie darüber. Dazu war sie zu stolz. Sie schimpfte höchstenfalls über ihre Tochter Marie und deren Mann, den Roßkopf. Und sie war, genau wie unser Vater, unbeirrbar eigensinnig, was zur Folge hatte, daß die beiden öfter in Streit kamen. Dann waren sie wieder wochenlang miteinander verfeindet, wenngleich sie das eigentlich schwer vertrugen. Denn mit der Kathl konnte man über vieles reden, und das zog unseren Vater an. Jetzt aber hatten sie sich wieder einmal ausgesöhnt.

»Kathl«, sagte der Vater gutgelaunt und schaute interessiert auf die Modehefte, die bei ihr herumlagen, »mach meiner Resl ein neues, schönes Gewand ... Es darf was kosten! Genier dich nur nicht!« Er hatte insgeheim für unsere Mutter in Starnberg einen teuren Stoff gekauft. Er wollte sie mit dieser Freude überraschen.

»Da, das gefällt mir!« sagte er, wieder auf ein Modenbild blickend. »Die Resl soll wissen, daß sie eine Bäckermeisterin ist.« Die Kathl schaute die Abbildung an und fand, daß ein solches Kleid unserer Mutter nicht passe. Sie blätterte, zeigte ein anderes und wandte sich an die dabeisitzende Emma: »Da, das ist das richtige! ... Sagst du es nicht auch, Emmerl?« Emma stimmte zu. Doch der Vater gab nicht so leicht nach. »Ein Weibsbild kann sich nicht anziehen. Ihr wißt alle nicht, was einem Mannsbild gefällt«, eiferte er keck. »Bloß der Mann weiß, warum und wie ein Weibsbild anspricht.« Die Meinungen gingen lange hin und her, und es wurde meist ein großer Disput daraus. Der Vater hatte einen eigenen Sinn für solide, bürgerliche Pracht. Man einigte sich endlich, nachdem man, weil die gute Laune mitsprach, beiderseits Zugeständnisse gemacht hatte.

»Du brauchst nicht sparen, Kathl! ... Ich zahl's schon, aber es muß nach was aussehen, verstehst du?« sagte der Vater zu seiner Schwester. Er wußte nur zu gut, wie notwendig sie Geld brauchte. Er wollte sie was verdienen lassen, denn mitleidige Geschenke beleidigten sie.

Immer wieder kam er in das Häusl. Die Mutter wunderte sich, aber sie war froh, daß sich die zwei Geschwister wieder gut vertrugen. Endlich, als das Kleid fertig war, sagte der Vater ein bißchen schämig zur Mutter: »Jetzt geh einmal mit, Resl! . . . Ich hab' dir was Schönes machen lassen.« Die Theres und wir anderen Kinder folgten. Mutter dagegen brummte, sie habe doch noch »pfenniggute« Kleider genug, und sie sei doch nicht mehr in den »übermütigen Jahren«. Das überhörte der Vater.

So ein Kleid war unserer Mutter niemals recht. Sie hing am Ländlichen, am Glatten und Einfachen.

»Geh!« fing sie zu nörgeln an, »geh, so was von Fluderzeug! Geh! Das geht doch nicht!« Die Rüschen und zierlichen Borten fand sie sündhaft. Fortwährend strich sie über ihre Brust und drückte sie platt. Kathl, Theres und Emma redeten ermunternd auf sie ein, daß das doch schön sei und ihr gut zu Gesicht stehe. Der Vater wurde leicht ärgerlich.

»Naja, in Gottes Namen . . . Jaja, die Leut' werden mich schön auslachen«, ergab sich unsere Mutter endlich, aber – als sie das Kleid bei irgendeiner festlichen Gelegenheit wirklich anzog, waren alle Rüschen und Borten abgetrennt. Es sah alles auf einmal wieder so halbfertig und nackt aus, wie wir es auf der Probierpuppe der Kathl gesehen hatten. Der Vater schimpfte und wurde verdrossen. »Ich mein' dir's doch gut, Resl! *Du* brauchst dir ja nicht zu gefallen! *Ich* und die Leut' schauen dich doch an!« sagte er, doch sie blieb unnachgiebig. Es war, als dränge ihr unverrückbar harter bäuerlicher Sinn, der nur Arbeit und Zweck kannte, in solchen Augenblicken ganz aus ihr hervor.

Und es war Samstag. Es war eine dunkle Nacht. Längst war wieder der Winter mit viel Schnee hereingebrochen. Meterhoch überweht lagen die Straßen und Flächen. Eine grimmige Kälte herrschte.

In der warmen, hellerleuchteten Nähstube der Kathl ging es sehr lebhaft zu. Wir alle saßen teils auf dem Boden, teils auf den Stühlen in gedrängtem Kreis um unsere ältere Schwester Theres, die in einem ausgeschnittenen blaßblauen Ballkleid in der Mitte stand. Eifrig zupfte und steckte die Kathl an ihr herum, zog da einen Faden heraus und machte dort noch einen flinken Nadelstich. Die Emma hatte Spiegel und Kamm in der Hand und richtete der Theres die Lokkenfrisur.

Wie schön ist doch ein aufgeblühtes, festlich geschmücktes Mädchen, wenn es zum erstenmal voll Neugier und pochender Erwartung auf den Ball geht.

»Ah! Ahah ... Ahah!« stießen wir immer wieder bewundernd heraus und konnten unsere Begeisterung kaum mehr bezähmen. Wir schauten auf die strahlende, bezaubernde Erscheinung und konnten zuweilen gar nicht mehr fassen, daß dies unsere Schwester Theres sei. Dabei entging uns nichts. Wir sahen die etwas fettig glänzenden, ungewohnt gelockten Haare, die sich seltsam verschnörkelt in der Kopfmitte als hoher, dichter Knoten emportürmten. Im gelben Licht schienen das eigensinnige Gesicht mit der etwas eckigen Stirne, der glatte runde Hals und der zart gewölbte Brustansatz frauenhaft bleich, wodurch das heftige Rot der Wangen nur um so stärker zur Geltung kam. Die ganz kurzen, reichgeplusterten Ärmel saßen zierlich an der Schulter und ließen Theres viel breiter erscheinen, als sie in Wirklichkeit war. Fest schmiegte sich die glänzende Taftseide an die knospige Brust. Die starke Schnürung gab der ausladenden Hüftlinie eine kokette Form, und sehr faltenreich fiel der weite Rock bis zur Erde.

»So machts doch endlich! Machts!« rief Theres ungeduldig. Der Eugen, der aus München gekommen war, trat in die Nähstube. Der Vater schrie auf dem Hof.

Die Mutter in ihrer altbayrischen, bäuerlichen, reich mit Silberschnüren verzierten Tracht kam daher, schaute lächelnd auf Theres und trieb ebenfalls zur Abfahrt.

Die Kathl und Emma hantierten immer eiliger. Wir umschnüffelten die Theres gleichsam und wollten uns nicht losreißen von all dieser Pracht.

»Da, du mußt doch auch gut riechen!« rief Emma und schüttete Veilchenwasser auf ihre Hand, womit sie Theres Hals und Brustansatz bestrich. Endlich, endlich gab der Eugen den dicken, schweren Mantel her, Theres hüllte sich behutsam damit ein und ging, gefolgt von uns allen, in den dunklen, schneeigen Hof, wo der Vater schon auf dem Schlitten saß und den scharrenden Grauschimmel zügelte. Die zwei Schlittenlaternen blinkten, die Glöckchen am Pferdegeschirr bimmelten dünn, der Gaul griff aus, Schnee wirbelte auf, wir liefen schreiend mit, aber bald verschwand der dahinsausende Schlitten in der Dunkelheit.

Wir konnten lange nicht einschlafen und sprachen in einem fort von der Theres, die sicher heute nacht Ballkönigin werden würde. In der Frühe, als uns Mutter weckte, hatte sie ein verweintes Gesicht. Erschrocken fragten wir.

»Der Schimmel ist gerutscht und hat sich auf'm Eis den Fuß abgerissen. Ist schon erstochen!« sagte sie. Tieftraurig sprangen wir aus den Betten und liefen in die Kuchl hinunter. Mit übernächtigem Gesicht saß der Vater da, schüttelte den Kopf und rief zerknirscht: »Das ist der ganze Ball nicht wert gewesen, samt dem, daß die Resl Ballkönigin worden ist!« Wir hörten es, aber es verflog gleich wieder. Wir weinten um den toten Grauschimmel, denn jedes Stück und jedes Tier im Haus gehörte ganz tief und untrennbar zu uns.

»Hmhm, bei *dem* Glatteis von der Rottmannshöh' herunter, da hat ja was schief gehn müssen! ... Der schöne Schimmel!« klagte der Vater und bekam sogar nasse Augen. Er schaute auf den Eugen, der auch nicht zu Bett gegangen war und ernst dahockte. Nur die Theres schlief, obgleich sie doch das Brot ausfahren sollte. Der Eugen ging schließlich zum Schatzl, lieh einen Gaul und tat es für sie. Daß er – der feine Herr – so wenig Stolz zeigte, freute den Vater. Als der Eugen am Abend dieses traurigen Sonntags in die Stadt fuhr, sagte er zu ihm: »Du bist ein richtiger Mensch, Eugen! Du hast einen Geschäftsgeist und verlierst den Kopf nicht gleich, wenn auch einmal was schlecht ausschaut.«

Lange herrschte eine tiefe Niedergeschlagenheit im Haus. Unsere Mutter hatte beständig Angst, der Theres könnte mit dem geliehenen Gaul etwas passieren. Verschiedene Händler kamen und boten Pferde an, doch der Vater traute keinem. Er war gereizt, fertigte sie grob ab und schimpfte bei der geringsten Kleinigkeit. Endlich nach vierzehn Tagen fuhr er mit dem Schatzl zum Wolfratshausener Pferdemarkt, und am anderen Tag stand ein lebhafter, sehniger, kohlschwarzer Gaul in unserem Stand. Wir musterten ihn vorsichtig wie etwas ganz Fremdes. Er hatte viel Geld gekostet. »Sechshundertfünfzig Mark! Mein Gott!« seufzte die Mutter. »Es will bei uns einfach nicht abreißen! Und jetzt im Winter, wo so wenig Geld eingeht! Mein Gott, mein Gott!«

Der Vater dachte gewiß ebenso, aber er sagte nichts. Als er aus dem Stall war, besprenkelte Mutter heimlich den Stand und den Gaul mit Weihwasser. Mit leichtem Gewieher trippelte das Pferd dabei hin und her . . .

Abschied vom Vater

Weil gerade von Pferden die Rede war – die mochte unser Vater gern. Er verstand auch viel davon. Da konnte ihn keiner so leicht betrügen. Und der neue Gaul, der »Rappi«, wie wir ihn nannten, gewann alsbald unser aller Herz. Mit der Zeit vergötterten wir ihn geradezu. Sein kohlschwarzes Fell glänzte spiegelglatt. Er war jung und schön, schlank und rassig, zog trotzdem gut und lief wie der Wind. Freilich, er hatte auch eine böse Untugend, die aber niemand vorausahnen konnte.

Damals nämlich tauchten in unserer Gegend die ersten noch ziemlich ungeschlachten Automobile auf. Sie wälzten sich daher wie polternde Ungeheuer, fuhren mit laut klopfendem Surren auf den Straßen dahin, stanken nach Benzin und wirbelten dicke Staubwolken auf. Nicht minder häßlich, ja, fast gefährlich sahen ihre Insassen aus. Die Männer hatten ihre Mützen tief ins Gesicht gezogen, den Kragen des weiten Staubmantels hochgeschlagen, und die Frauen mit ihren riesengroßen Hüten waren in dichte, meist weiße Schleier gehüllt. Sie trugen dunkle Brillen, was das gespenstische Aussehen noch steigerte. Kein Wunder, daß wir einem solchen Gefährt weit auswichen und es von der Ferne ängstlich und feindselig verfolgten. Und wie es den Menschen ging, so erging es auch den meisten Pferden. Unser Rappi fing beim Herannahen eines Autos nervös zu schlottern an, blähte schnaubend die Nüstern, und wenn das ohrenbetäubende Surren vorüberbrauste, konnte ihn niemand mehr halten. Zweimal schon war dabei der Brotwagen von der Theres umgekippt. Es gab einigen Schaden, doch es ging noch halbwegs glimpflich ab. Seither mußte im Augenblick der Gefahr der jeweilige Fahrer abspringen, den Rappi vorne am Gebiß halten und ihm mit einer Hand die Augen zudecken. Dazu aber gehörte vor allem viel Kraft, Mut und Geschicklichkeit.

Wie gewöhnlich fuhr unser Vater in der Woche einmal zur Bahnstation nach Starnberg, um die von München eingetroffenen Kolonialwaren für unseren Laden abzuholen. Bevor man nach Starnberg hineinkam, mußte eine hohe, breite Brücke, die den kleinen Fluß, die Würm, überspannte, passiert werden. Die hohe Böschung rechts und links von der Brücke fiel ziemlich steil ab. Drunten das Flußufer war sumpfig.

Es war ein drückend heißer Sommertag. Alles arbeitete auf den Feldern. Es wurde langsam Abend. Mutter, Theres und Emma kamen eben vom Heuwenden heim und wunderten sich, daß der Vater immer noch nicht da war. Auch wir warteten gierig auf unsere Würste. Mutter ging besorgt in den Stall und fing zu melken an. Nach einiger Zeit hörte sie endlich ein Wagenrollen. In scharfem Trab fuhr der Wiesmaier vor die offene Stalltüre.

»Bäckin!« schrie er und stockte, »Bäckin! ... Ich hab' den Rappi! Er hat wieder gescheut. Das ganze Fuhrwerk ist kaputt und steckt im Schlamm unter der Würmbruck'n!« Er brach ab. Unsere Mutter sprang auf und lief heraus!

»Jaja, um Gottes willen! Und wo ist denn der Max?«

brachte sie nach dem ersten Schrecken heraus. An Wiesmaiers Wagen war der Rappi gebunden. Die abgerissene Deichsel hing noch an ihm, das Pferd war bis zum Bauch voll Schlamm und seine schlanken Fesseln bluteten. Die Kisten und Säcke hatte der Wirt aufgeladen. Arg viel Mühe habe es gekostet, meinte der Wiesmaier.

»Ja, aber der Max?« bestürmte ihn unsere Mutter, und wir kamen auch schon dahergelaufen.

»Der?« zögerte der Wirt, »der liegt im Krankenhaus! ... Das Roß ist samt dem Wagen über die Böschung hinunter ... Den Maxl hat's arg erwischt!«

»Was? ... Tot?« schrien wir alle zugleich entsetzt auf.

»Tot? ... Ich glaub's nicht! Er hat sich noch gerührt«, meinte der Wirt und band den Rappi von seinem Wagen. Wir weinten und klagten fassungslos. Die Theres führte den Gaul in den Stall und schirrte ihn ab. Der Wiesmaier warf die Kisten und Säcke herab und schrie: »Steig auf, Bäckin! Ich fahr' dich 'num ins Krankenhaus!« So, wie sie war, schwang sich unsere Mutter auf den Wagen, und sie jagten davon. Wir wußten nichts anderes zu tun und machten uns alle auf den Weg nach Starnberg.

»Er ist tot! ... Nein! Nein! Er ist nicht tot!« plapperten wir unausgesetzt vor uns hin. »Er ist nicht tot, nein! Neinnein, tot ist er nicht!« Und ängstlich schauten wir dabei herum, ob nicht ein Hase, eine Katze über den Weg laufe oder ein Rabe auf die vollen Apfelbäume, die die Straße säumten, niederfliege, denn das bedeutete Unglück. Es begegnete uns aber nur der Kaminkehrer, und das hieß Glück.

»Er lebt noch! Er stirbt nicht!« riefen wir überwältigt und gingen schneller. Als wir nach fast einer halben Stunde das sogenannte Starnberger Holz durchschritten hatten, entdeckten wir in der Ferne den zurückkommenden Wiesmaier-Wagen und fingen zu laufen an. Langsam fuhr der Wirt daher. Unsere Mutter saß drauf, mit gesenktem Kopf, ihren Arm hatte sie um die Schultern des Vaters geschlungen, daneben saß der Wirt. Dick und weiß verbunden war der Kopf unseres Vaters. Als wir herankamen, hörten wir ihn aber schon wieder fluchen und schimpfen und atmeten erleichtert auf.

»Vater! Vater? Was ist's denn? ... Lebst noch?« schrien wir plärrend.

»Jaja, aber bald wär's dahin'gangen! Gehts nur heim! ... Die Schinderkarren, die miserabligen! Die Hurenkarren, die mistigen!« raunzte er giftig, ballte eine Faust und fuhr mit der einen Hand wieder an die verbundene Schläfe. Langsam liefen wir neben dem Wagen her, fragten und fragten und bekamen keine Antwort, aber Vaters Geschimpf klang uns wie Musik in den Ohren.

»Max! Max, so reg dich doch nicht so auf! Halt dich doch! Der Doktor hat doch gesagt, das ist gefährlich!« suchte unsere Mutter ihn zu besänftigen.

Es klang besorgt und zärtlich zugleich, und von Zeit zu Zeit umspannte sie Vaters Schultern fester.

Die Nachbarn hatten sich versammelt, als wir daheim ankamen, und wollten alles genau wissen. Doch unser Vater sagte nur: »Gehts nur heim! Diesmal hätt's mich bald erwischt, aber Unkraut verdirbt nicht.« Der Wiesmaier und die Mutter mußten ihn stützen, als er ins Haus ging. Er hatte ein tiefes, zwei Finger breites Loch in der Schläfe, das blieb. Er mußte lange Zeit im Bett liegenbleiben. Jeden zweiten oder dritten Tag kam der Doktor. Langsam wuchs um die eingebuchtete Stelle eine dünne, durchsichtige Haut. –

Die Untätigkeit peinigte unseren Vater. So im Liegen überdachte er das ganze Unglück, und ein berserkerischer Grimm ergriff ihn. Die Automobilisten waren einfach, ohne sich um ihn zu kümmern, davongefahren. Jeder Mensch aber wußte, es war der protzige, leichtlebige Baron Hirsch mit seinen Damen gewesen, der in der weiteren Umgebung ein großes Gut und eine Brauerei besaß.

Eugens Lehrzeit ging im selben Sommer zu Ende. Nach seiner Heimkehr kaufte er Büro-Utensilien und richtete eine »doppelte amerikanische Büchführung« bei uns ein. Schreibmaschinen waren noch kaum bekannt, dagegen kopierte man wichtige Briefe in einer Presse. Diese Heimkehr Eugens war unserem Vater gerade recht, sie kam wie gewünscht.

»Das Recht liegt ganz und gar auf meiner Seite! ... Der niederträchtige Mistbaron! Der Windbeutel, der unverschämte, der soll mich kennenlernen!« erklärte er kampflustig dem Eugen seinen Plan. »Der soll zahlen, daß er weiß, was wir Bürgersleut' sind! Dem komm' ich, wart nur!« Und er entwarf sprechend einen Brief, in welchem er seine Schadenersatzansprüche geltend machte. Eugen widersprach nicht und notierte.

»Nur keine falschen Rücksichten, verstehst du?« polterte der Vater, »du schreibst genau, wie ich gesagt hab'. Anreden tust ihn nicht anders als wie mit Gauner, Mordslump, Sie gewissenloser! Sie schuftiger Weiberhengst, Sie! Sie kleines bißl Dreckbaron, Sie! Sie hergelaufener Hurenhengst, was glauben Sie denn eigentlich, Sie? ... Genau so schreibst du! Um keinen Buchstaben anders, verstehst du!?« Er war in seinem Element, er lebte förmlich auf. Eugen nickte zu allem. Dann ging er in die Stube hinunter und schrieb einen zwar bestimmt gehaltenen, aber korrekten Brief an den Baron und kopierte ihn. Es war nur gut, daß der Vater nicht weiter danach fragte. Nach einer Woche kam eine Antwort, und die zeigte der Eugen dem Vater. Der Baron erklärte, daß er Schadenersatz in Höhe von fünfzig Mark zu leisten gewillt sei. Unser Vater war doch leicht überrascht von dieser sonderbar sachlichen Antwort, aber er argwöhnte nicht weiter. Er triumphierte nur.

»Siehst du's!« freute er sich, »der Scheißbaron! Er hat sich ruhig die Meinung sagen lassen, weil er genau weiß, der Lump, daß ich im Recht bin! ... Aber hast du schon einmal so einen schäbigen Schuft gesehn? So einen dreckigen Pfennigfuchser! Fünfzig Mark! Fünfzig Mark will er geben! Gnädig will er's machen, der Gauner, der windige ... Haha, daß ich nicht lach'! ... Und der kaputte Wagen! Und die Doktorrechnung, wo jetzt schon doppelt soviel ausmacht? Und meine ruinierte Gesundheit? ... Aber wart nur! Wart, Baronerl! Dir werd' ich Pflicht und Schuldigkeit beibringen! Wart nur!« Und erneut diktierte er dem Eugen einen noch viel unflätigeren Brief, den dieser natürlich ganz anders umformte. Immerhin, Eugen wies den Baron auf die erheblichen Arztkosten hin, auf den sonstigen Schaden, und er verlangte entschieden eine angemessene Entschädigung. So ging das einige Wochen hin und her. Inzwischen konnte der Vater schon wieder aufstehen, wenngleich er noch ziemlich wackelig auf den Beinen war.

Der Maxl kam auf Ernte-Urlaub heim. Er erfuhr alles, schien sich aber kaum dafür zu interessieren. Er trug den ganzen Tag seine Uniform, und nur der Soldat war für ihn ein Mensch. Eugen zeigte ihm die angelegten Kassenbücher und die Kopierpresse. Vater stand dabei.

»Wo stehn denn die Briefe an den Baron Hirsch?« erkundigte er sich. Der Eugen wurde verlegen, versuchte abzulenken, doch der Vater wurde jäh mißtrauisch, suchte im Kopierbuch – und fand statt seiner Texte ganz anders gehaltene Briefe. Er raste. Der Max blieb ganz ruhig dabei. Der Eugen schämte sich und war wütend. Man merkte auch, daß der Max eine deutliche Schadenfreude über dessen Mißerfolg hatte. Eugen beherrschte sich und ließ den Vater schimpfen. Mit aller erdenklichen Geduld versuchte er den Vater von der Nutzlosigkeit und Gefährlichkeit grober Schimpfbriefe zu überzeugen, vergeblich.

»Was Gericht? ... Was red'st du da daher! Ich bin einfach im Recht, basta!« schrie der Vater und wurde herabmindernd, »ich hab' schon genug! Ich seh' schon, du bist in der Stadt drinnen auch bloß so ein windelweicher Federfuchser worden!« Und er hockte sich entschlossen hin an den Schreibtisch: »Jetzt aber schreib' ich!« Es wurde ein Brief – nicht zum Ausdenken! Eugen sah die Katastrophe voraus. Schwer bedrückten ihn Vaters Einsichtlosigkeit und seine Beleidigungen. Zudem reizte ihn das hämische Wesen vom Maxl, der stets nur sagte: »Laß doch den Vater schimpfen! Das ist doch seine Sach'! Er wird schon sehn, wie weit er damit kommt! Er war doch beim Militär und ist ein Mann.« So beurteilte er alles. Er hatte sich sehr ungünstig verändert. Der Eugen mochte ihn nicht mehr, und weil wir alle am Eugen hingen, gefiel uns auch der Max nicht mehr. Mit Vater unterhielt er sich nur über militärische Dinge.

Eine Woche bevor Maxls Urlaub ablief, trat Eugen als Buchhalter bei der Brauerei in Starnberg ein. Dieses schnell aufblühende Unternehmen machte der alten, vernachlässigten Brauerei des Baron Hirsch starke Konkurrenz. Eugen wußte das und machte sich dabei seine eigenen Gedanken. Er hing am Vater und an der Mutter, war klug, einsichtsvoll und friedlich. Vaters Starrsinn beunruhigte ihn. Er übersah die Dinge klar, und es kam auch so, wie er es prophezeit hatte: Der Baron verklagte unseren Vater wegen gröblicher Beleidigung und gewann den Prozeß. Wenn unserem Vater schließlich auch 100 Mark Schadenersatz zugesprochen wurden, die Strafe und die Gerichtskosten im Beleidigungsprozeß betrugen viel mehr.

Seither war unser Vater ein geschworener Feind des Automobilwesens. Jeder Autofahrer war für ihn ein gemeiner Verbrecher. Noch giftiger aber haßte er die Automobile selber. Wenn – was jetzt manchmal vorkam – so ein »Teufelskarren« zufällig in der Nähe unseres Hauses parkte, rannte er wütend aus der Ladentür, reckte die geballte Faust und beschimpfte den leeren Wagen derart grimmig und anhaltend, daß die Nachbarn bedenklich die Köpfe schüttelten. Auch unsere Mutter war todunglücklich darüber, aber sie schwieg.

Wir Kinder freuten uns über das Schimpfen. Mit der Zeit aber beachteten wir es kaum noch. Uns interessierten trotz aller Abneigung unseres Vaters die Autos weit mehr. –

Das Weltgeschehen griff in unser Dorf. Die Herrschaften, die im Herbst in die Stadt zogen, hinterließen Stöße von illustrierten Zeitungen und Zeitschriften. Noch vor einigen Jahren hatten wir Kinder uns nur an den vielfarbigen Bildern ergötzt, die die kriegerischen Abenteuer und Heldentaten deutscher Soldaten beim chinesischen Boxer-Aufstand zeigten. Der Kaiser Wilhelm II. rückte mehr und mehr in unser Gesichtsfeld. Man sah ihn in allen möglichen Uniformen auf Verpackungen und auf den kleinen Bildern, die den Schokoladenschächtelchen beilagen, welche gegen Einwurf von zehn Pfennig aus dem Automaten vor dem »Hotel Leoni« gezogen werden konnten. Stets suchten wir darauf den verkrüppelten Arm des pompös aufgemachten Herrschers, aber wir entdeckten keinen. Jetzt lasen wir auch schon manchmal die vielbebilderten Artikel oder Geschichten aus den bunten Zeitschriften.

Der Wiesmaier saß einmal in unserer Kuchl und erzählte, daß der Kaiser zu den nach China abgehenden Truppen gesagt habe, sie sollten nur hausen wie die Hunnen, keine Gefangenen machen und dem »gelben Pack« einmal ordentlich beibringen, was ein Deutscher ist.

»Soso«, sagte unser Vater verächtlich, »jaja, der hat ja leicht reden! Er geht ja nicht mit.«

Der Kaiser war ihm zuwider.

Er besann sich kurz, nahm einen Schluck Bier, strich seinen naßgewordenen Schnurrbart glatt und redete weiter: »Ja, und wenn's nachher die Chinesen grad so machen, was nachher? ... Nachher heißt's, die Wilden! ... Überhaupts! So was ist doch kein Kriegführen mehr! Anno 70 hat's das nicht geben ... Der damische Kaiser da! Der red't ja daher wie ein Räuberhauptmann! ... Da wird bald jeder den Respekt vor ihm verlieren!«

»Es ist eben kein Bismarck nimmer da, der wo ihm übers Maul fährt!« stimmte der Wiesmaier zu, »lauter so Hofschranzen sind um ihn, wie bei unserm Ludwig selig ...« Der so ausschweifend redselige Kaiser war überall unbeliebt, und es sickerte trotz der merkwürdigen Schweigsamkeit der Zeitungen durch, daß schon zweimal – einmal in Breslau und einmal in Bremen – auf ihn geschossen worden sei.

»Seit der Kaiserin Elisabeth putzen die Lumpen einen um den anderen Kaiser und König weg! Wo das noch hinführt!« hörten wir den Wagner Neuner einmal sagen, und wir malten uns die gräßlichsten Bilder von den Attentaten auf russische Großfürsten, auf den dickbärtigen König

Humbert von Italien, auf den amerikanischen Präsidenten McKinley und auf das serbische Königspaar Draga und Alexander aus. Da die Zeitungen gerade über diesen letzten Königsmord sehr weitschweifige, sensationelle Berichte brachten, die auch wir Kinder eifrig verfolgten, hatten wir viel zu reden vor dem Einschlafen. Der Lenz kam dabei zu dem Ergebnis, wenn diese hohen Leute nicht immer so auffallend wären, würde ihnen viel weniger passieren. »Den König Humbert, den hat man doch überall herauskennt mit seinem Riesenbart«, meinte er, »und wenn man so in Saus und Braus lebt wie die Draga und der Alexander, so was fällt doch zu arg auf.« Solche Dispute führten wir oft in aller Heftigkeit.

»Nichts wie Umbringen und Krieg! ... Da geht die Welt bald unter!« meinte unsere Mutter und setzte dazu: »Kein Mensch hat mehr einen Glauben.« Für sie waren das Sich-Bescheiden, die unverdrossene Arbeit und Glaube und Friede identisch. Ihretwegen brauchte es weder Könige, Kaiser noch Kriege zu geben. Wir lächelten über ihre Einfalt. Mit größter Begeisterung lasen wir in den billigen Wochenschriften über den Burenkrieg, spotteten auf die Engländer und waren schließlich – wie jeder Mensch im Dorf – enttäuscht und traurig, als sie das kleine Bauernvolk der tapferen, todesmutigen Buren besiegt hatten. Unser Bäckergeselle, der rote Kaspar, wurde darüber ganz rebellisch. Er hatte über seinem Bett ein farbiges Bild des Präsidenten »Ohm Krüger« und sagte, bloß dieser Mann sei für ihn maßgebend, denn er – der einfache Bur – wär' mehr wert als alle Fürstlichkeiten der Welt.

»Und warum haben sie jetzt Krieg geführt? Um was ist der ganze Schwindel gangen? Um die Diamanten!« sagte der Vater zu mir. Es war Nacht. Alle waren längst zu Bett gegangen. Wir zwei blieben stets auf, um gegen zehn Uhr den Bäckergesellen zu wecken. Es war ja Herbst, und es gab nicht mehr viel zu backen.

Der Vater erzählte mir, daß man die Diamanten und das pure Gold nirgends so haufenweise auf der Welt finde als in

Südafrika, im Land der Buren. Ich horchte auf. Ich war zehn Jahre alt. Krieg und Heldentum galten mir als etwas unwirklich Großes und Erhabenes. Der Vater ließ mir keine Zeit.

»So ist's aber immer schon gewesen, und anders wird's auch nie sein«, fuhr er fort, obgleich er außer seiner Zeitung nur gelegentlich einiges aus den Geschichtsbüchern las und alles kunterbunt durcheinandermengte. Er hatte eine sehr eigenartige Meinung von welthistorischen Begebenheiten.

»Was hast du mir da neulich erzählt? Was lernt ihr jetzt grad in der Schul'?« wandte er sich an mich, und fast beflissen antwortete ich: »Vom Dreißigjährigen Krieg, vom Tilly und vom Wallenstein ... Der Tilly ist ein bayrischer General gewesen und der Wallenstein ein böhmischer ... Alle zwei sind für den katholischen Kaiser ins Feld gegangen, aber der Wallenstein, der hat verraten wollen, und dann ist er umgebracht worden.« Der Vater mußte lächeln.

»Ah!« sagte er, »das steht so in den Büchern! ... Das ist ganz anders gewesen. Der Tilly ist auf den Wallenstein bloß neidisch gewesen, weil der mehr Geld und Soldaten gehabt hat, weiter nichts ... Und außerdem haben die Tillys viel Holz gehabt im Bayrischen bis weit ins Böhmische hinein. Der Wallenstein aber hat gesagt: Halt, Bruder, was auf böhmischem Boden steht, das gehört mir. In Bayern kannst du machen, was du willst ... Und da hat der Tilly dafür gesorgt, daß der Kaiser auf den Wallenstein mißtrauisch worden ist, und nacher ist der Wallenstein umbracht worden ... Der Tilly hat nachher gegen das Heer vom Wallenstein Krieg geführt ... Bloß wegen dem lumpigen Holz haben sie ihre Schlachten geführt.«

»Bloß wegen dem Holz?« fragte ich enttäuscht und verblüfft zugleich. Ich hatte es doch ganz anders gelernt.

»Ja, bloß wegen dem lumpigen Holz«, nickte der Vater, »und bei den Buren? Um was ist's da gangen? Um die Diamanten!« Ich verlor meine erste Illusion. Plump erkannte ich auf einmal, daß hinter den vielgerühmten Kriegen nur gierige Besitzinteressen irgendwelcher Herren standen. Ich fragte und fragte den Vater viel in diesen Nächten, und mein kindlicher Eifer freute ihn. Im Herd verglomm das Feuer. Es war ganz still im Haus. Der Vater ließ sich von mir eine Geschichte erzählen, die ich eben gelesen hatte. Dann fing er an, sie mir auf seine Art zu erklären. Er vermengte seine Erklärungen meist mit einer Moral, die sich auf unsere Bäckerei, auf seinen Kampf und seine Person bezog. Zum Schluß sagte er manchmal fast pathetisch: »Merk dir das, Bub! ... Heut haben wir den 4. November! Im nächsten Jahr um dieselbe Zeit erinnerst du mich dran.« Ich hielt es auch getreulich inne, aber da hatte der Vater meist schon längst alles vergessen und wurde sogar ärgerlich, wenn ich in ihn drang.

»Ah, dummer Kerl, dummer!« fuhr er mich an, »red doch keinen solchen Stiefel!« Offenbar wollte er von seinen pathetischen Predigten nichts mehr wissen und schämte sich ihrer. Ich war betroffen und verstand das alles nicht. –

Der Maxl schrieb einmal, »das Vaterland sei in Gefahr«, und er könnte jetzt rasch eine schöne militärische Karriere machen, wenn er sich als Freiwilliger zur Niederschlagung des Herero-Aufstandes in Deutsch-Südwest-Afrika melden würde. Das verstimmte den Vater. Gewiß, der Militärdienst war für ihn eine gute Schulung zur Heranziehung ernster Männer, und wenn eben Krieg sein mußte, gut, aber dann zwischen gleichstarken Gegnern! »Aber was haben uns denn eigentlich die Wilden getan? Die gehn uns doch nichts an! Die kann man leicht wegschießen, wenn sie bloß ihre Spieß' und Bogen haben ... Geh! ... Das ist ja noch ein ärgerer Schwindel wie der mit den Buren!« schimpfte er, und es wollte ihm durchaus nicht in den Kopf gehen, wieso die Hereros eine »Gefahr für das Vaterland« sein sollten. Kamen sie denn etwa über das Meer, um ins Land zu fallen?

»Der Bismarck hat schon recht gehabt ... Der ist sein Lebtag gegen diese Spinnereien mit den Kolonien gewesen!« murrte er weiter, und schließlich schrieb er dem Maxl einen wütenden Brief, ob er vielleicht glaube, er könne sein Leben lang auf Geschäftskosten »Soldat spielen«. Zu was habe denn er – der Vater – eigentlich Haus und Bäckerei in die Höhe gebracht, wenn der Älteste als einstiger Erbe kein Interesse daran habe?

Der Maxl antwortete nicht darauf. Offenbar war er auch verärgert. Er schickte von jetzt ab nur noch Postkarten, auf welche die Zahl der Tage gedruckt war, die er noch zu dienen hatte. Darüber stand »Parole Heimat«. Geschäftstüchtige Fabrikanten hatten diese patriotische Neuheit eingeführt.

Es war Friede, aber allerorten wurde Krieg geführt. Sogar der Russisch-Japanische Krieg, der erst kürzlich ausgebrochen war, spielte für unsere Bäckerei eine gewisse Rolle. Der Fürst Barjatinsky war diesen Sommer nicht mehr gekommen. Er hatte viel Brot bezogen. Jetzt stand die Villa leer da. Es hieß, der Fürst kämpfe als General in Ostasien. Dadurch rückten die ausführlichen Bilder von der Beschießung Port Arthurs und der Schlacht bei Mukden viel eindringlicher in unsere Vorstellungswelt. Wir suchten darauf überall unseren Fürsten und glaubten ihn oft zu erkennen. Und mit wohligem Schauer erfüllten uns die Schreckensszenen der aufflammenden Russischen Revolution von 1905: Pope Gapon mit den Massen vor dem Winterpalast, die schießenden Soldaten, die kopflos fliehenden Menschen und die zahlreichen Toten im Schnee, die schrecklichen Bombenwürfe auf den Innenminister Plehwe und den Großfürsten Sergius.

Wir lasen viel. Der eifrigste Leser unter uns war Maurus. Er hatte sich die ›Gartenlaube‹ abonniert, und Emma verschlang den Unterhaltungsteil der Modenhefte.

»Der hat aber einen großen Bart! ... Was ist denn das für einer?« fragte unsere Mutter einmal nach dem Nachtessen, als uns der Maurus Bilder aus der ›Gartenlaube‹ erklärte.

»Ein Russ' ... Der Graf Leo Tolstoi«, erwiderte Maurus und wurde eifrig, »der schreibt Bücher und mag die Eisenbahn nicht ... Er ist überhaupt gegen das ganze moderne Zeug und sagt, es kommt vom Teufel ... Sogar das Geld mag er nicht ... Er hat alles hergeschenkt und ackert und lebt wie ein Bauer.« Er zeigte das Rjepinsche Bild des pflügenden Tolstoi.

»So so ... Er schaut auch ganz aus wie unsereins«, meinte unsere Mutter ein wenig interessierter.

»Ja, und die Soldaten mag er auch nicht. Er schimpft gegen den Krieg, und recht fromm ist er«, erklärte der Maurus weiter. Das gefiel der Mutter. Sie zog das Heft näher zu sich heran, beugte sich über die escherne Tischplatte, betrachtete den bärtigen Mann genauer und sagte zustimmend: »Jaja, weil er halt die harte Bauernarbeit kennt und eine Vernunft hat ... Aber er muß auch schon ziemlich alt sein ... Warum gibt er denn sein Geld her und gönnt sich keine Ruh'?«

»Weil er sagt, das ist eine Sünde«, erwiderte der Maurus mit einem leichten Unterton von Ironie.

»Geh! das wird eine Sünd' sein, wenn man sein Lebtag rackert und hat sich was erspart! ... Da wird man sich doch vorm Sterben noch etliche gute Tage machen dürfen!« schloß unsere Mutter leicht vorwurfsvoll und trocknete ihren rotangelaufenen, nackten »Kindsfuß« ab, um ihn wieder einzubinden. Sicher hatte sie den Tolstoi schon vergessen, jedenfalls aber, mönchische Kasteiung war gegen ihre ganze Natur. Sie wollte trotz Plage und Verdruß alt werden wie alle ehrwürdigen Mütter, die sie kannte, und dann sorglos und geruhig zurückschauen können auf ihr erlittenes Leben und auf ihre Kinder. Und deren Kinder würden dann vielleicht wieder so um sie herum sein, damit – wie sie sich manchmal auszudrücken pflegte – sie nicht aus der Übung komme. –

Das Haus schien doch zu klein zu sein. Die vielen Waren wollten untergebracht werden. Der Vater ging zur Kathl. Er war ein bißchen verlegen.

»Kathl«, fing er behutsam an, »ich will dir was sagen – helfen läßt du dir ja doch nicht ... Laß reden mit dir.«

»So red halt!« meinte die Kathl, die schon witterte, daß er etwas Besonderes im Sinne hatte.

Die Emma nähte gleichgültig weiter.

»Ich seh's doch, daß du mit deiner Näherei nicht leben

und nicht sterben kannst«, tastete der Vater weiter, denn er liebte seine arme Schwester und wußte, wie empfindlich sie war. Er wollte ihr nicht weh tun.

»Mir braucht niemand was zu geben«, sagte die Kathl schärfer.

»Das weiß ich doch, aber –« warf der Vater hin.

»Was aber?« fiel sie ihm ins Wort. Der Emma wurde es ungemütlich. Und da fing der Vater an, ihr auseinanderzusetzen, sie sollte doch ins große Haus ziehen, er richte vielleicht auch einen Stoff- und Schürzenverkauf ein, und da könne sie mitmachen.

»Soso ... Aber warum soll ich denn auf einmal meine paar Kammern aufgeben?« fragte die Kathl leicht abweisend und gespannt. Er wurde wieder verlegen. Schließlich meinte er, er brauche das Häusl als Warenlager.

»Schau, ich mein' dir's ja gut, Kathl!« konnte er gerade noch sagen, aber es war schon vorbei mit dem Frieden. Die Emma lief aus der Nähstube. Kathl und der Vater fingen heftig zu streiten an, so giftig wie noch nie.

Der Vater kam in unsere Kuchl zurück und räsonierte: »Man kann einfach kein vernünftiges Wort mit ihr reden! ... Sie meint, ich will sie hinausdrücken ... Scheinheiliger Tropf hin und scheinheiliger Tropf her, sagt sie ... Herrgott, die Weibsbilder!«

Eine stumme, verbissene Feindschaft zwischen ihm und der Kathl hub wieder an. Alle Versöhnungsversuche unserer Mutter nützten nichts. Die Kathl fühlte sich bis ins Innerste getroffen. Der Vater erkannte, daß er ihr weh getan hatte, aber er wollte nicht der erste beim Nachgeben sein ...

Es vergingen die Wintermonate. Der Vater fing zu kränkeln an. Seine durchschossene Hand wurde immer steifer. Er konnte nur mehr wenig arbeiten. Seine Haare wurden weniger, seine Zähne lockerer, und die Wassersucht in seinen Beinen stieg bedrohlich an. Aber er wollte von Doktor und Bettliegen nichts wissen. Er ging nur noch selten ins Wirtshaus. Er hatte nie eine besonders hohe Meinung von den Menschen gehabt, doch er brauchte sie genau so wie einst der alte Kastenjakl. Er entbehrte ihre unverbindliche Geselligkeit. Indessen, er konnte das Bier nicht mehr recht vertragen. Mißlaunig und vergrämt trank er nun daheim »Affenthaler Rotwein«, wovon er ein ganzes Faß gekauft hatte. Er schmeckte ihm nicht und galt ihm als Medizin. Stumm und schwermütig saß er oft stundenlang auf dem Kanapee. Mitunter, wenn er die Zeitung flüchtig gelesen hatte, versuchte er, mit der Mutter zu sprechen. Doch sie verstand all diese Ereignisse nicht. Er gab die Unterhaltung bald auf. In seinen Zügen konnte man lesen, daß ihm das weh tat. Er war erst neunundfünfzig Jahre alt, und das Leben hatte ihn arg zerzaust. »Er ist wie ein Motor ... Man meint oft, er verbrennt an sich selber«, hatten manche Leute über ihn gesagt. Das schien nun vorüber. Der erzwungene Stillstand zwang ihn zum Nachdenken. Vergangenes fiel ihm ein, das Gegenwärtige beschäftigte ihn, und unruhig dachte er in die Zukunft hinein. Nie aber kam ihm in den Sinn, daß dies einmal plötzlich aufhören könnte. Weitsichtige Pläne wucherten in ihm. Er sah Familie und Haus, das Dorf und die Welt. Aussprechen wollte er sich mit wem, doch er fühlte sich, wenn er mit der Mutter allein war, einsam.

Er war weder Bauer, noch war er ausschließlich Geschäftsmann. Er war im Guten und im Bösen ein selbstbewußter, stolzer Bürger der Bismarckzeit, männlich und starrsinnig, aber doch weltoffen und grundsolid. Der unechte, geräuschvolle Prunk des wilhelminischen Kaisertums mißfiel ihm tief. Das alles war für ihn nicht mühevoll erarbeitet und erkämpft. Es war einfach von den Alten, die den festen Grund gelegt hatten, als etwas Selbstverständliches übernommen und unsinnig übersteigert worden. Als ein rebellischer, liberaler Patriot sagte unser Vater: »Nein, der Bülow ist kein Bismarck! Er läßt sich schon so oft photographieren, da graust mir schon ... Geh zu! Ein ganz geschniegelter Speichellecker ist er, der gut reden kann, weiter nichts! Er tanzt, wie der radausüchtige Kaiser pfeift. Das ist ungesund ... Jetzt hat er im Reichstag gesagt: ›Deutschland in der Welt voran!‹ ... Geh mir zu mit der Protzerei! ... Die andern sind auch noch da ... Sie machen nicht einen solchen Lärm und sind vielleicht weiter wie wir!« Viele dachten so. Der eitle Kanzler Bernhard von Bülow in Berlin, der sich so gerne als vollendeter Weltmann gab und viel von sich reden machte, war der erklärte Liebling des Kaisers. Aber er gebot dem drohenden, kriegerischen Redeschwall des Monarchen keinen Einhalt. Er war oft selbst nur das willfährige Sprachrohr seines lauten Herrn. Im Lande selber und ganz besonders in Bayern nahm man ja die Kaiserreden nicht allzu ernst, aber das Ausland wurde verstimmt. Noch dazu, da es nicht beim Reden blieb.

Durch die wilde Aufrüstung des deutschen Landheeres sah sich Frankreich gezwungen, die zweijährige Militärdienstzeit einzuführen. Das Flottenbauprogramm der Berliner Regierung beunruhigte die Engländer empfindlich. Sie bauten ihre »Dreadnoughts«, nachdem sie öftere Male mit Deutschland einen Ausgleich versucht hatten.

Unser Vater verglich, wenn irgendein Nachbar zufällig einmal in unserer Kuchl saß, das blühende Deutsche Reich stets mit unserem Geschäft und meinte: »Das Auftrumpfen und Besserwissen, wenn's gar so aufdringlich gezeigt wird, das bringt bloß Schaden ... Es macht schnell Feindschaften und geht auch der Kundschaft auf die Nerven ... Wir leben doch nicht allein auf der Welt.« Der Wagner Neuner stimmte zu.

»Jaja, Bäck«, sagte er in seiner langsamen Art, »Du siehst es richtig, die Sach' ... Dir hört man gern zu.« Der Vater lächelte müd und meinte: »Loben kann ich mich selber.« Der Neuner nahm es nicht übel. Man kam in eine belebtere Unterhaltung über die politischen Ereignisse. Endlich ging der Neuner. Der Vater versank wieder in seinen Gram.

Er schloß sich jetzt, nachdem der Maxl den Gekränkten spielte, wieder dem Eugen an, der fast jeden Samstag oder Sonntag nach Hause kam. Die beiden verstanden sich von Woche zu Woche besser. Eugen war einnehmend und überall beliebt. Die Wirte wurden bald Kunden der Brauerei

Starnberg. Das Bier vom Baron von Hirsch war nicht mehr begehrt. So hatte unser Vater, in dem noch immer der Groll nagte, wenigstens in dieser Hinsicht eine kleine Genugtuung. Und dann – auch in Starnberg achteten die besseren Leute den Eugen wegen seiner Tüchtigkeit und seines sicheren Auftretens. Sein Urteil galt etwas. Sicher erwog man in mancher besseren Bürgersfamilie, ob der Herr Buchhalter nicht eine geeignete Partie für die Tochter sei. Der Vater roch das, wenn er zufällig mit Starnbergern zusammenkam. Sein Vertrauen zu Eugen wuchs sich zum verborgenen Stolz aus. Es war auch gut so, denn niemand konnte so geschickt vermitteln und ausgleichen bei Streitigkeiten als der Eugen.

»In diesem Sommer wird wohl der Barjatinsky wieder kommen«, sagte der Vater einmal zur Mutter und legte die Zeitung hin. »Die Russen haben verloren, und die Japaner sind Sieger. Es ist wieder Frieden ... Wenn der Fürst nicht gefallen ist und wenn sie ihn bei der Revolution nicht umgebracht haben, dann wird er bald wieder da sein ... Bei ihm daheim in Rußland ist's ja jetzt gar nicht schön ... Da wenn der Maxl heimkommt, findet er ein schönes Geschäft.«

Die Mutter erinnerte sich: »Jaja, allzu lang kann er nicht mehr ausbleiben, der Maxl.« Im Garten draußen schmolz der Schnee. Im Sommerhäusl auf dem Tisch verdrängte schon ein erster Star die vielen Spatzen, die das hingestreute Futter aufpickten. Warme Tage kamen.

»Weißt was?« sagte der Vater belebter, »ich will dem Maxl eine Freud' machen, bevor er heimkommt ... Ich schick' ihm meine Kriegerpension. Er soll ins Französische fahren und die Schlachtfelder anschauen, wo ich anno 70 und 71 kämpft hab' ... Das wird ihn interessieren.« Er war ganz und gar dafür eingenommen. Unsere Mutter widersprach ihm nicht, obgleich sie das viele Geld reute. Sie war froh, daß der Vater wieder einmal eine bessere Laune hatte.

Es vergingen einige Tage. Der Wagner Neuner, der jetzt öfter kam, saß wieder da. Auch der Schmalzer-Hans trank stets seinen Schnaps in unserer Kuchl, aber mit ihm war nicht viel zu reden. Mit dem Neuner dagegen konnte man politisieren. Freilich, der Neuner ließ nur das Bayrische gelten.

»Seit der König Ludwig tot ist, weiß man überhaupt nicht mehr, wer regiert ... Vom Prinzregent hört man zu wenig und von dem plärrmäuligen, überspannten Kaiser hört man zuviel«, meinte der Neuner.

Der Schmalzer-Hans, der am kleinen Tischchen an der Wand hockte, brummte nur gleichgültig dazwischen: »Jaja, der Ludwig! Der Ludwig! Jajaja, der Ludwig, hat er g'sagt ... Der Ludwig ist schon recht g'wesen!« Vater und Neuner überhörten dieses Dareinbrümmeln stets.

»Aber soweit ist's jetzt doch«, wandte sich der Vater an den Neuner und deutete auf die Zeitung, »soweit ist's jetzt doch, daß die Bürger jetzt mitzureden haben ... So einfach mir nichts, dir nichts kann der damische Kaiser nimmer regieren ... Jetzt reden Landtag und Reichstag.« Er wurde lebhafter und fuhr fort: »Weißt, was ich da neulich gelesen hab' ... Bei den Ämtern gibt's jetzt ein Beschwerdebuch ... Da kann jetzt jeder, der von so einem hochnäsigen Beamtenhammel unrecht behandelt wird, seine Meinung 'neinschreiben, und das geht dann weiter ... Das Beschwerdebuch, ich muß sagen, so was ist schön ...«

Beschwerdebuch? Niemand hatte je etwas davon gelesen, aber wenn unser Vater einmal einen solchen Gedanken hatte, ließ er ihn nicht mehr los. Weiß Gott, woher er etwas von einem Beschwerdebuch gelesen oder gehört hatte. Er war begeistert. Er malte dem Neuner aus, wie wunderbar da den Beamten beizukommen sei. Er redete und redete zuletzt ganz hitzig, und der Neuner stimmte zu: »Jaja, so was ist was Gut's ... Der einfache Mensch kommt da auch zu seinem Recht ...« Längst war man von jeder Politik abgekommen. Nur das Beschwerdebuch beschäftigte noch. »Jaja, Beschwerdebuch ... Ja, Beschwerdebuch hat er gesagt ... jaja, das Beschwerdebuch«, brümmelte der Schmalzer-Hans dösig dazwischen ...

Am Monatsersten fuhr der Vater nach Starnberg und ging ins Rentamt, um seine Kriegerpension abzuheben. Der Beamte zählte ihm das Geld auf ein funkelnagelneues, vorne zu einem Dreieck zulaufendes Zahlbrett. Diese Bretter waren eine Neueinführung.

Der Vater sah kampfbereit zu.

»Vierundfünfzig? ... Stimmt's, Herr Graf?« sagte der Beamte arglos und schob das Brettchen mit der übersichtlich geordneten Summe durch die kleine Schalteröffnung: »Bitte, Herr Graf.« Er hob das Brettchen und wollte unserem Vater das Geld in die flache Hand schütten. Da stockte er, weil ihn ein fast mörderischer Blick traf.

»Was ist's denn?« stieß er leicht verwirrt heraus und zögerte.

»Was es ist?« fing unser Vater scharf an, und Hohn und Wut bebten in seinen Worten: »Was das ist, möcht' ich auch wissen! ... Auf einem Brettl wird uns Kriegern jetzt schon das Geld hergezählt wie dem Hund das Fressen! ... Sie, Sie!! Sie windiger Federfuchser, Sie, was glauben denn Sie eigentlich! Sie niederträchtiger Bürohengst, Sie! ... Einen zahlenden Bürger, einen Feldsoldaten von anno 70 erlauben Sie sich, so zu behandlen! Sie, Sie klein's bißl Beamtenschädl, Sie! ... Himmelherrgottsakrament-sakrament, wer zahlt denn euch eigentlich, wenn ich fragen darf, ihr ausgehungerten Staatskrüppel. Ihr ... Ha, jetzt wird's ja immer schöner! Immer netter! ... Weg mit dem Geld da, sag' ich! Das Beschwerdebuch will ich, basta! Her mit dem Buch! Her damit!« Der verdutzte Beamte stand mit weitaufgerissenen Augen und offenem Mund da. Aus den anderen Schaltern reckten sich einige Köpfe. Es wurde unruhig. Unser Vater aber fing sein gefürchtetes Bellen an. Es hagelte nur so von saftigen Beleidigungen. Alles stockte. Die Beamten kamen in den Vorraum, in dem sonst kein Mensch war. Fluchend und dröhnend verlangte der Vater das Beschwerdebuch. Immer und immer wieder. Niemand kam zu Wort vor seinem Ausbruch, niemand konnte ihm etwas erklären. Zuletzt stand der Bezirksamtmann selber da und rief scharf, daß es ein Beschwerdebuch nicht gebe, aber der Vater ließ auch jetzt nichts gelten. Weder Güte noch Drohungen konnten ihn einschüchtern!

»Recht muß einfach Recht bleiben, solang ich Bäcker Graf bin!« schrie er hartnäckig auf den Bezirksamtmann ein, »und wenn ich ins Zuchthaus komm' – ich will das Beschwerdebuch ...« Er merkte plötzlich, daß er allein dastand und brach ab. Der Bezirksamtmann, ein äußerst loyaler Mann, hatte nach dem Eugen in die Brauerei hinübergeschickt, damit er den Rasenden bändige. Eugen kam, aber er mußte lange reden. Er mußte beschwören, daß erstens die Zahlbretter jetzt überall eingeführt seien und durchaus nicht Beleidigendes hätten, und zweitens, daß er sich genau danach erkundigen würde, ob es wirklich die Einrichtung des Beschwerdebuches gebe. Ohne seine Pension anzunehmen, zog der Vater mit ihm ab. Gereizt und erbittert kam er heim und erzählte.

»Jaja, warum regst du dich denn jetzt allweil gar so auf! ... Hmhm, ich versteh' nicht, was dich jetzt da wieder so auseinanderbracht hat ... Hm hm!« jammerte unsere Mutter und sah Düsteres voraus. Wir Kinder waren nur enttäuscht, weil der Vater vergessen hatte, uns Würste mitzubringen.

Zum Glück kam nichts Düsteres nach. Eugen kassierte im Namen des Vaters die Kriegerpension und hatte es auch verstanden, die Beamten und vor allem den Bezirksamtmann umzustimmen.

»Vater«, sagte er am darauffolgenden Samstag, als er heimkam, »glaub mir doch, die Zahlbretter sind jetzt modern ... Wir in der Brauerei haben sie auch. Da ist doch nichts dahinter.« Er lobte den verständigen Bezirksamtmann und fuhr noch einnehmender fort: »Ich hab' lang mit ihm geredet ... Er ist ja auch Kriegsveteran von anno 70 und er schätzt dich, Vater ...«

»Und das Beschwerdebuch?« forschte der Vater mißtrauisch.

»So was gibt's nicht ... Vielleicht hast du da was Falsches

gelesen. Nicht einmal wir in der Brauerei haben eins«, beteuerte der Eugen. Der Vater maß ihn noch immer mißtrauisch.

»Vielleicht, daß es in Preußen so was gibt ... Bei uns gibt's das nicht«, versuchte der Eugen klarzumachen. Der Vater beruhigte sich endlich. Er nahm das Geld und schickte es dem Maxl nach Metz für die Reise auf die französischen Schlachtfelder. Der aber lehnte ziemlich trocken ab, indem er schrieb: »Ein deutscher Soldat fart nicht nach Frangreich. Das währe hinausgeschmiesenes Geld – es lebe der Reservemann Max Graf.« Das verdroß den Vater tief.

»Hochnäsig tut er auch noch und kann noch nicht einmal ohne Fehler einen Brief schreiben!« brummte er und warf den Brief auf den Tisch. Mit bangen Ahnungen sah unsere Mutter dieser Heimkehr entgegen.

Die Kathl kam um diese Zeit einmal in unsere geräumige Kuchl. Wir alle wußten, das hatte eine besondere Bedeutung. Vielleicht wollte sie sich doch wieder aussöhnen mit unserem Vater. Es war ihr anzusehen, wie schwer sie diesmal mit sich gerungen hatte.

»Max«, sagte sie ohne jede Einleitung und schaute dabei ihrem Bruder ein wenig hilflos, aber unverwandt in die Augen, »Max, ich hab' mir's überlegt, ich zieh' in die Stadt ... Die Emma muß schon woanders lernen ... Du hast recht, auf dem Dorf kann ich von meiner Näherei nicht leben ... Ich steh' euch ja auch im Weg. Und, daß du mich erhältst, du weißt, das will und mag ich nicht. Ich will bloß wegen dem Lorenz noch mit dir reden. Den muß ich ja bei dir lassen.« Sie war traurig und ein bißchen verstört. Die Emma, die am meisten an ihr hing, bekam ein wehes Gesicht.

»So«, sagte unser Vater bewegt, ohne sich's anmerken zu lassen, »naja, Kathl, ich hab' dir ja alles gesagt. Du mußt wissen, was dir gut tut. Ich treib' dich nicht weg. Um den ›Quasterl‹ brauchst du dich nicht kümmern. Solang ich leb', komm' ich auf für ihn.«

Und dann redeten sie miteinander. Ihre Worte bekamen nach und nach einen immer wärmeren Klang. Der Kathl traten ein paarmal die Tränen in die Augen. Sie schneuzte sich und sagte, sie habe sich verkühlt. Auch unser Vater stockte ab und zu, und unsere Mutter schaute die Kathl manchmal fassungslos an, als wollte sie sagen: »Wie kann bloß ein Mensch freiwillig weggehen aus der Heimat? Noch in diesem Alter in die Fremde!« Doch sie schaute stets gleich wieder weg, schwieg und glaubte wahrscheinlich, daß die Kathl sich doch noch anders besinnen würde. Der Vater redete mit seiner Schwester so, als hätten sie nie gestritten. Unsere älteren Geschwister hörten ernst zu. Wir zwei Jüngsten aber, Anna und ich, fingen auf einmal zu weinen an, schmiegten uns an die Kathl und riefen bettelnd: »Nein! Nein, Kathl, du darfst nicht fort! Bleib doch da! Bleib doch bei uns!«

Das tat ihr erst recht weh. Ihre Hände zitterten. Sie schluckte schwer, aber sie blieb bei ihrem Entschluß. Sie war zu stolz und zu eigensinnig. Sie wollte von niemandem abhängen.

Als sie draußen war, sagte unsere Mutter schwer: »Ein Mensch – ich weiß nicht –, wenn er einmal in dem Alter noch zu reisen anfängt, da lebt er nicht mehr lang.« Ganz kurz stutzte der Vater. Auch er hatte vor einiger Zeit im Sinn gehabt, zur Kur nach Bad Aibling zu reisen. Er schaute hohl vor sich hin. Er war nicht abergläubisch, aber offenbar beschäftigten ihn Mutters Worte. Er riß sich in die Höhe, machte eine abwehrende Bewegung mit dem Arm und rief: »Ah, du immer mit deinem Aberglauben! ... Unsinn! Gesund ist die Kathl durch und durch, aber man kann nicht reden mit ihr! Sie läßt sich einfach nicht helfen! Ein bockstarrer Dickkopf ist sie! ... Ich treib' sie doch nicht weg!« Wieder stockte er und sann nach.

»Unsinn!« stieß er noch einmal heraus und wurde grämlich wie gewöhnlich. Am andern Tag nahm die Kathl von ihrem Sohn, dem Quasterl, Abschied. Sie gab ihm eine kurze Lehre, streichelte mit ihrer zitternden Hand ein paarmal über seine picklige Wange und schloß mit den Worten: »Also sei ordentlich und mach's gut, Lorenz!« Der Quasterl sah sie mit seinen ausdruckslosen Augen an und brummte unbewegt: »Jaja, selbstredend! Selbstredend! ... Freilich, freilich, Mutter!«

Gegen Abend verabschiedete sich die Kathl, ausgesöhnt mit dem Vater. Sie weinte nicht, hatte ein verschlossen-wehes Gesicht und dankte für alles. Der Vater brachte kein Wort heraus und sah sie nur starr an, als warte er auf ein unerwartetes Wort von ihr. Doch sie wandte sich schnell ab. Unsere Mutter gab ihr die Hand. Ihr Gesicht war verweint. »Viel Glück, Kathl, viel Glück!« sagte sie schnell hin und wandte sich wieder an den Herd.

Anna und ich begleiteten die Kathl nach Unterberg zum Dampfschiffsteg. Als das Schiff wegfuhr, winkten wir noch lange, und das Herz tat uns weh.

»Die arme, arme Kathl!« seufzten wir immer wieder auf dem Heimweg. Mitten auf der Bergstraße, die vom Unter- ins Oberdorf führt, blieben wir stehen und suchten das rauchende Schiff, das im dunklen, dicken Nebel verschwand.

»Jetzt ist sie ganz fort, ganz fort, die Kathl!« sagte Anna. Traurig gingen wir weiter. Es war uns, als hätten wir etwas ganz Liebes für immer verloren ...

Tags darauf brachte der Briefbote eine Postkarte mit einem Trauerrand. Wir erschraken kurz. In weißem Feld stand: »Die Mannschaft der sechsten Kompagnie des kgl. bayrischen achten Infanterieregiments macht kund und zu wissen, daß der zehnte Tag ›Parole Heimat‹ soeben sanft verschieden ist – der tiefbewegte Reservemann.« Darunter hatte der Maxl seinen Namen gekritzelt. In zehn Tagen also kam er heim. Niemand freute sich darüber. Noch immer dachten wir an die Kathl.

»Jaja«, brümmelte der Vater und sah dabei auf die »alte Resl«, die in der Kanapee-Ecke hockte: »Jaja, Resei, wir zwei gehören unters alte Eisen ... Wir können ruhig verrecken!«

Die »alte Resl« verstand nicht und nickte mechanisch.

Ein Soldat kehrt heim – ein Mann stirbt

Es regnete dünn, aber unausgesetzt. Barfuß, mit aufgestülpten Hosen, stand der Quasterl auf dem dampfenden Düngerhaufen und lud Mist auf, den der Vater auf die Felder fuhr.

»Geh hinein jetzt! Mach Brotzeit!« sagte der, eben mit dem leeren Wagen zurückkommend, »und geh dann ins Bett, sonst schlafst wieder bei der Nachtarbeit.« Der Quasterl ließ die Gabel sinken und stieß sie in den weichen, saftigen Mist. Der Vater spannte den triefenden Rappi vom Wagen und führte ihn in den Stall. In der Kuchl, wo Mutter, Theres und Emma bereits die gewohnten Brotbrocken aus dem umfänglichen, irdenen Milchweigling löffelten, saß der Maxl in seiner selbstgekauften Gala-Uniform. Seinen nassen hellgrauen Mantel mit den blauen Aufschlägen und die Mütze hatte er an die Türe gehängt. Er lächelte schief und grüßte kurz, als der Vater und der Quasterl hereinkamen. Wir eben heimgekommenen Schulkinder hockten gedrängt um den kleinen Nebentisch und verzehrten schmatzend das übriggebliebene, kaltgewordene Mittagessen. Von Zeit zu Zeit musterten wir den Maxl immer wieder. Er kam uns fremd vor. Der Vater und der Quasterl bekamen ihr Bier, und jeder aß ein großes Stück Brot dazu.

»Bist schon lang da?« erkundigte sich der Vater.

»Grad ist er kommen«, antwortete die Mutter statt des Maxl.

»Wie lang bist du denn gefahren von Metz her?« fragte der Vater wieder.

»Von gestern nacht bis heut früh um neun Uhr ... In München hab' ich mir das Armeemuseum noch angeschaut. Das kann sich sehn lassen. Da kriegt man einen Überblick, wie unser Heer geworden ist«, erzählte der Maxl und nahm einen Schluck Bier.

»Soso ... Bist noch immer drinnen im Militärischen? ... Jetzt mußt du dich schon umgewöhnen aufs Zivilgewand«, sagte der Vater, sein zerkautes Brot hinunterschluckend, und setzte dazu: »Wie wir anno 70 vom Krieg heimkommen sind, da haben wir auch gemeint, wir bleiben ewig Soldaten.« Es klang ein wenig ironisch. Der Maxl gab keine Antwort. Unsere Mutter schaute ihn kurz an. Der Quasterl trank sein Bier aus und ging zu Bett.

»Schafft der nachts?« fragte der Maxl, als er draußen war. Dieses Wort »schafft« paßte nicht in unsere dialektgewöhnten Ohren.

»Jaja, er ist recht fleißig. Überall kann man ihn brauchen«, erwiderte die Mutter und musterte den Maxl wiederum. »Wenn jetzt die Sommerarbeit angeht, willst du da in der Bäckerei mithelfen?«

»Ausgeschlossen! ... Höchstens von Samstag auf Sonntag, wenn's notwendig ist«, sagte der Maxl in leicht militärischem Ton. »Ich richt' die Konditorei ein! Das rentiert sich genau so.« Eine kurze Pause entstand.

»Jetzt muß ein anderer Mist auflegen!« meinte der Vater, sah geschwind auf den Maxl und befahl der Theres, die Arbeit vom Quasterl weiterzumachen.

»Das mach' lieber ich«, widersprach die Mutter. »Das Gsott für die Küh' ist auch noch nicht geschnitten. Das sollen die zwei machen.« Sie deutete auf Theres und Emma, aber der Vater wehrte energisch ab.

»Ja freilich, du mit deinem offenen Fuß! Bei dem Regen! ... Beim Gsottschneiden soll dir lieber die Emma helfen!« rief er und schaute wieder auf den Maxl, »oder du, wenn du meinst.« Er ging mit der Theres aus der Kuchl.

Der Maxl zog seine Gala-Litewka aus. In seinem zerknitterten, verschwitzten, karierten Hemd verlor er im Nu alles Imposante für uns Kinder.

»Also los, schneiden wir Gsott, los!« brummte er kurz abgehackt die Emma an, aber die Mutter ließ das nicht zu.

»Und ihr? ... Ihr müßt morgen bei der Konditorei mithelfen!« wandte sich der Maxl wieder so unlustig an uns. Es klang kommandomäßig.

»Wir brauchen doch jetzt noch keine Kuchen!« warf unsere Mutter hin. Er aber sagte nur: »Da gibt's ja noch anderes zu tun ... Das verstehst du nicht«, und ging mit ihr hinauf zur Heutenne. Bald hörten wir das handgetriebene Schwungrad der Häckselmaschine surren.

»Der ist aber ungemütlich worden! Ich bin froh, daß ich nicht mehr so oft daheim bin«, äußerte die Emma über den Maxl, während sie einen Rock von der Theres zertrennte. Gleich, nachdem die Kathl fortgezogen war, hatte sie sich nach einer neuen Lehrstelle bei einer Starnberger Näherin umgesehen und konnte schon in der nächsten Woche dort anfangen. Ich war auf einen Stuhl gestiegen und hatte Maxls Mütze aufgesetzt, die mir viel zu groß war und possierlich auf meinem kleinen Kopf schaukelte. Alle mußten lachen. Wir betasteten staunend und neugierig die blaue Litewka mit den glänzenden Messingknöpfen. Sie roch nach Juchten und Mottenpulver. Die »alte Resl« schimpfte plappernd und wollte das Spielen nicht zulassen, aber wir achteten nicht darauf.

»Ja, gell, wie der schon dreinschaut«, sagte der Maurus, auf den Maxl zurückkommend, »der Eugen ist viel lustiger. Den mag der Vater auch viel lieber.«

»Aber der Eugen ist auch noch nicht beim Militär gewesen«, meinte ich, doch die Emma warf ziemlich herabmindernd hin: »Hm, beim Militär! Wenn die alle so werden wie der Maxl, dann kann's nicht recht schön sein dabei!«

»Glaubst du, daß da eine Kugel durchgeht?« fragte der Lenz, die Dicke des Litewka-Stoffes prüfend.

»Ja, leicht ... Wenn's Eisen wär', nachher vielleicht nicht!« erwiderte der Maurus.

»Geh! Laßts das Zeug stehen, sonst schimpft er«, warnte die Emma jetzt, weil der Gsottschneidemaschine ihr Surren auf einmal nicht mehr zu hören war. Wir gingen wieder auf unsere Plätze, als hätten wir etwas Verbotenes getan. Wir hatten das unbestimmte Gefühl, als wäre mit dem Maxl ein feindseliger Fremder in den Frieden unseres Familienkreises eingedrungen. –

Wir brauchten aber, obgleich wir merkten, daß uns der Maxl keine Sekunde untätig sehen wollte, in den nächsten Tagen doch nicht in der Konditorei mithelfen. Sie mußte erst eingerichtet werden. Indessen dieses Mithelfen, das er angekündigt hatte, war uns fast wie eine Drohung vorgekommen. Zunächst kümmerte sich der Maxl wenig um uns, dennoch wichen wir ihm aus, wo es ging. Er besprach mit dem Vater allerhand, und der hatte nichts gegen seine Vorschläge. Die beiden verharrten gegenseitig in einer gewissen kühlen Sachlichkeit. Der Maxl saß öfter in der guten Stube und machte sich an die Buchhaltung, die Eugen eingerichtet hatte und um die sich seither niemand mehr kümmerte. Auch das genierte den Vater nicht weiter.

»Naja«, sagte er ziemlich gleichgültig, »was du zur Konditorei brauchst, das mußt du eben anschaffen und machen lassen. Bis zum Sommer ist ja noch Zeit.« Der Maxl ging zum Schreiner und ließ einen großen Konditortisch, einen Schrank und einige Truhen machen. Aus München bestellte er Geräte. Er war in den ersten Wochen meistens unterwegs, und wir sahen das nicht ungern. Manchmal besuchte er entfernt wohnende Regimentskameraden und blieb oft über Nacht aus. Im zivilen Anzug sah er noch eckiger als früher aus und stach unvorteilhaft gegen den eleganten Eugen ab. Sein inzwischen dichter gewordener, kurz geschorener Bart machte das lange, hagere Gesicht nicht freundlicher. Sein Lachen glich stets einem schadenfrohen Grinsen. Vielleicht aber versteckte sich dahinter eine Unsicherheit.

»Na, du könntest auch bald heiraten! Alt genug bist du schon lang!« sagte er einmal zur Theres. Die aber antwortete abweisend: »Hab mich doch du gern mit deinen Ratschlägen ... Ich weiß selber, was ich will.«

»Naja, wenn du mit dem Brotausfahren eine alte Schachtel werden willst – deine Sache!« warf er hin. Diese derbe Tonart hatte er sicher beim Militär gelernt. Es mochte aber auch sein, daß er dadurch den anderen abzustoßen versuchte, um weitere Gespräche zu vermeiden.

Einmal brachte er einen Kameraden mit, der über Nacht und einen ganzen Tag bei uns blieb. Es war ein gedrungen gebauter Mensch mit einem gedunsenen, dummen Gesicht, kleinen Augen und einem aufgedrehten Bärtchen. Max und er machten fortwährend zweideutige Witze, und der Fremde schielte dann auf die Theres, die seine Blicke verächtlich erwiderte. Nach seiner Abfahrt sagte der Maxl während des Abendessens: »Der ist bei uns Unteroffizier gewesen und wär' beim Militär weit gekommen, wenn er daheim nicht das Geschäft übernehmen müßt' ... Eine ganz moderne Kunstmühle haben sie daheim.« Die stets gewaffnete, streitsüchtige Theres verstand sehr wohl, daß das ihr gegolten hatte, und warf wieder so grob und keck hin: »Deinen schönen Jüngling kannst du dir samt seiner Kunstmühle einrahmen lassen!« Der Maxl tat, als habe sie ihn nicht gemeint. Den Vater aber freute diese scharfe Schlagfertigkeit der Theres, und er sagte: »Wenn einer beim Militär was gewesen ist, das sagt noch lang nicht, daß er im Leben was taugt. So was muß sich erst herausstellen.«

Von da ab sagte der Maxl nichts mehr vom Heiraten und brachte auch keinen Kameraden mehr mit. Mit der Theres sprach er kaum noch. Im übrigen beschäftigten ihn jetzt auch andere Dinge. Der Mai war angebrochen. Der Maurus war aus der Schule gekommen, der Lenz rückte in die letzte Klasse auf, und die Konditorei war eingerichtet. Der Maurus, der ein ausgesprochenes Talent zum Zeichnen hatte, wollte insgeheim Kunstmaler werden, doch er sprach sich nie aus. Allem Anschein nach kam ihm das irgendwie verstiegen vor. Er schämte sich, seinen Wunsch einzugestehen. Er war ein in sich versponnener Bücherwurm geworden, spielte nur selten mit uns mit, war spöttisch, überheblich und jähzornig und sonderte sich gerne ab.

Der Maxl buk die ersten Kuchen. Maurus mußte mithelfen. Die Kuchen aber kaufte vorerst niemand, denn die Herrschaften waren noch nicht da. Sie wurden trocken und altbacken, und schließlich aßen wir sie.

Mutters »Kindsfuß«, vor dem sich Maxl ekelte, war wieder schlimmer geworden.

»So kannst du doch nicht rumlaufen! Der muß ausgeheilt werden! Da stirbst du ja!« warf er hin und wollte gleich den Doktor holen. Unsere Mutter aber wehrte sich heftig dagegen und meinte, sie habe das Leiden nun schon so lange, sie könne es auch weiter aushalten. Der Vater dagegen bestand nun endlich darauf, daß wieder eine Magd genommen werde. Das fand auch der Maxl richtig. Nach langem Zureden willigte unsere Mutter ein, doch sie wollte – wie sie das immer getan hatte – selber eine suchen. Beim nächsten sonntäglichen Kirchgang erfragte sie eine, die bald darauf kam. Sie trug noch die gewohnte bäuerliche Tracht, was unsere Mutter schon von vornherein für sie einnahm, und hieß Leni, war eine kleine Person, aber sehr kräftig und flink, still und sehr fromm und längst über das eigentliche Heiratsalter hinaus. Bald gehörte sie zur Familie. Sie teilte unsere Freuden und Leiden, und niemand verstand sich besser mit ihr als unsere Mutter. –

In der ganzen Pfarrei herrschten damals Bestürzung und Traurigkeit, denn – erzählten die Leute – dem geistlichen Herrn war etwas sehr Dummes zugestoßen. Die Kellnerin vom Klostermaier, ein lustiges, dralles Ding, sah einem Kind entgegen. Eines Tages fuhr sie in die Stadt und kam nieder. Später wurde bekannt, daß sie einem stämmigen Knaben das Leben gegeben habe und in ihre niederbayrische Heimat zurückgekehrt sei.

»Leider, leider aber – der hochwürdige Herr ist der Vater!« raunte einer dem andern bedauernd zu, und so erhaschten's auch wir Kinder. Allenthalben aber war ein aufrichtiges Mitleid mit dem vielgeliebten, ungemein toleranten Pfarrer, denn jeden Menschen konnte die Sünde befallen. Sie entsprang keiner Schuld, sondern der unwägbaren menschlichen Natur. Sie war ein Unglück.

Betrübt ging der junge Hilfsgeistliche, der Kooperator Gstettner, überall herum und jammerte offenherzig: »Mein Gott, mein Gott, der arme Herr Pfarrer! So ein guter Mensch und so dumm sein! So dumm! ... Wenn man so was als geistlicher Herr durchaus braucht, da zieht man doch die Tracht aus und fährt im Zivilgewand in die Stadt! ... Der gute, arme Herr Pfarrer!« Und die Gläubigen fanden nichts daran, sie nickten teilnehmend. Es war unabwendbar, der Pfarrer mußte strafversetzt werden. Schon jetzt trauerten alle um den grundgescheiten, friedfertigen Mann, dem sie stets das umfassendste Vertrauen entgegengebracht hatten. Sein »Sündenfall« beeinträchtigte ihr Festhalten an der ererbten Religion nicht im geringsten. Sie war das Grundelement ihres geruhsam eingegrenzten, schlichten Lebens. Wie der geistliche Hirt, so sind auch die ihm anvertrauten Seelen. Und was für ein heiterer, wunderbar weitherziger Pfarrer, was für ein kluger, lebenstrotzender Katholik war doch der Joseph Jost immer gewesen! Wenn er beispielsweise nach dem Abendessen und Brevierbeten in die Wirtsstube vom Klostermaier kam, um Tarock zu spielen – wie unverhohlen verständnisinnig lächelten da die Mitspieler, wenn der geistliche Herr kurz vor Mitternacht hastig seine Uhr zog und gemütlich sagte: »Wally, drei Viertel zwölf ist's vorbei, bring mir noch schnell vier Maß Bier!« Dem katholischen Ritus entsprechend nämlich durfte er nach Mitternacht nichts mehr genießen. Leer und nüchtern mußte der Magen sein, wenn er in der darauffolgenden Frühe den heiligen Leib des Herrn aufnahm. Doch der weise, allgütige Gott mußte zugeben, daß das, was vor Mitternacht bestellt worden war, nichts gelten konnte!

Das war der ganze Pfarrer Joseph Jost, und den sollten wir jetzt verlieren! Der Maxl grinste, wenn die Rede darauf kam, und machte hämische Witze. Unsere Mutter sah ihn an und sagte: »Jaja, gib nur du acht, daß dir nie ein Fehltritt passiert!«

»Ich bin doch kein Pfarrer!« warf er spöttisch hin. Immer selbstsicherer und herausfordernder trat er auf. Schon fing er an über unsere Zukunft zu bestimmen. Der Quasterl lerne überhaupt bei uns nie aus und sei ganz und gar überflüssig, ließ er einmal verlauten. So ein junger Kerl gehöre in die Welt hinaus.

»Das ist meine Sach'!« rief der Vater gereizt, »vorläufig bin noch immer ich der Herr im Haus!«

»So? ... Hm!« machte der Maxl. Er bekam ein verschlossenes, kaltes Gesicht und ging früher vom Mittagessen weg. Wir sahen einander fragend in die Augen. Dem Vater war der Appetit vergangen. Verhaltene Wut kochte in ihm. Wir hörten den Maxl hinten am Backofen, auf dem Konditortisch herumwerken. Es war schon Sommer. Die inzwischen eingetroffenen Herrschaften bestellten öfter Kuchen und Konfekt. Unser Schulunterricht dauerte nur noch von acht Uhr früh bis zwölf Uhr mittags. Zunächst mußten wir dem Maxl höchstens einmal ein paar Handgriffe machen. Nur der ältere Maurus half ihm. Wir machten nachmittags unsere Bestellgänge oder halfen auf dem Feld mit.

»Maurus! Los! Los, marsch!« schrie der Maxl laut und scharf. Der Gerufene wollte aufstehen.

»Du bleibst sitzen, bis 's Essen vorbei ist!« sagte der Vater. Der Maurus folgte zögernd. Wir fingen das gewöhnliche Schlußgebet an. Mittenhinein schrie der Maxl wieder. Der Vater wurde blaß. Unsere Mutter bekam ein angstvolles Gesicht. Nach dem letzten Wort sprang der Maurus auf und lief aus der Kuchl. Gleich darauf vernahmen wir ein hartes, abgehacktes Brüllen, ein unheilvolles Klatschen und Stampfen, und zwischenhinein klang das mehr giftige, als jammernde Schreien vom Maurus.

»Was ist's denn?« fuhr unsere Mutter auf, »um Gottes willen, was ist's denn schon wieder?« Der Vater bebte, ergriff, noch ehe wir uns besinnen konnten, das lange Fleischmesser und rannte aus der Kuchl.

»Ja, um Gottes-Himmels-Christi willen!« jammerte unsere Mutter laut auf. Wir alle liefen beklommen in den Gang hinaus und sahen etwas Schreckliches. Der Maurus lag blutüberströmt auf dem Pflaster und richtete sich langsam auf. Der Maxl hatte ihn losgelassen, hielt einen langen, dicken, völlig zersplitterten Holzlöffel in der Hand und rief dem auf ihn zustürzenden Vater höhnisch zu: »Geh nur her! Mit dir werd' ich auch noch fertig!« Entsetzt war der Maurus aufgesprungen und warf sich mit der klagenden Mutter auf den wütenden Vater, der wild fuchtelnd das Messer schwang. Er stieß und schrie. Wir alle hängten uns an ihn und entwanden ihm das Messer. Der Maxl stand die ganze Zeit wartend da und sagte einmal kalt: »Laßt ihn nur her! Ich fürcht' mich nicht!«

Über unser Weinen und Schreien bellte der Vater: »Du Militärkerl, du saugrober! Du Hund, du! Du Schuft, du dreckiger! Du Lausbub, du rotziger!« Immer wieder versuchte er, sich aus unserer Umklammerung loszuwinden. »Du Tropf, du niederträchtiger! Du wilhelminischer Saukopf, du! ... Du – du –« Seine Stimme spaltete sich. Schaum trat auf seine blaugewordenen Lippen. »Du Metzgergsell, du ausgschamter! Du – –« Wir drängten den Tobenden mit vereinter Kraft in die Kuchl. Er sackte erschöpft auf das Kanapee und schnaubte fliegend. Die unausgetobte Wut arbeitete in ihm.

»Ich bleib' nicht mehr daheim! Nein, ich mag nicht mehr!« rief der blutende Maurus.

»Das will er ja bloß, der Saukerl, der elendige! Alle will er forttreiben!« stieß der Vater noch einmal heraus, schnellte plötzlich in die Höhe, ließ sich Hut und Stock geben und ging ins Wirtshaus. Der Maxl war, wie wir später entdeckten, in seine Kammer hinaufgegangen und hatte in sein Militärbuch hineingeschrieben: »Heute hat mich Vater einen Lausbuben geheißen, nie vergessen!« Erst tief in der Nacht kam der Vater mit einem schweren Rausch heim, und so ging das jetzt oft und oft.

Die Düsternis zog in unser Haus. Vater und Max redeten kein Wort mehr miteinander. Sie konnten sich nicht mehr ansehen. Auch am gleichen Tisch wollte der Vater nicht mehr mit dem »Militärkerl« sitzen. Und beständig lebte unsere Mutter in der bangen Spannung vor einem neuerlichen Ausbruch. Sie wußte sich nicht mehr anders zu helfen: Sie stellte dem Vater das Essen auf den eschernen Tisch in der Kuchl, und wir anderen mit Max aßen von da ab in der Stube. Und jedesmal, wenn das geschah, murrte der Vater in sich hinein: »Jaja, ich bin halt im Weg ... Jaja, verrecken soll ich halt!« Sie sagte nichts und schaute ihn nur ab und zu ohnmächtig an.

Jeder haßte und fürchtete den Maxl. Wenn er wo auftauchte, brach uns das Wort ab. Es breitete sich aber auch eine allgemeine Feindseligkeit zwischen uns Geschwistern aus. Einer schloß sich vom andern mißtrauisch ab. Wehmütig und hilflos stand unsere Mutter damitten. Sie versuchte zu versöhnen und wußte nicht wie. Niemand hörte auf sie. –

Einmal an einem Nachmittag kam der Quasterl in die Kuchl. Der Vater hob das Gesicht und sagte: »Quasterl, es wird gescheiter sein, du gehst fort. Dich mag keiner mehr im Haus.«

»Jaja«, meinte der Quasterl ziemlich unbewegt, und der Vater streckte ihm lahm die Hand hin: »Du bist jetzt auch schon ausgewachsen ... Die Bäckerei kannst du! Es wird sich schon was finden für dich. Deine Mutter ist ja auch in der Stadt drinnen.« Es klang verhalten schmerzvoll.

»Freilich, freilich, jaja, selbstredend, selbstredend!« antwortete der seltsam unempfindliche Quasterl, ging aus der Kuchl, hinauf in die Gesellenkammer, packte seine Siebensachen in ein kleines Köfferchen, und nach einer Stunde war er nicht mehr im Haus. Niemand hatte ihn fortgehen sehen. Keiner fragte mehr nach ihm. Der Maurus hatte sich selbst eine Lehrstelle bei einem Konditor in Karlsruhe gesucht. Diese Bewerbung imponierte dem Max offenbar. Als Maurus fortfuhr, sagte er in seiner militärischen Art: »Na, hoffentlich lernst du ordentlich, sonst spukt's!« Der Maurus schaute ihn nicht einmal an dabei. Wir nahmen traurig von ihm Abschied.

Der Lenz verstand es, sich von der Konditorei fernzuhalten. Er wollte Bäcker werden und half auch schon nachts in der Backstube mit. Eugen kam immer seltener nach Hause, die Emma blieb auch die ganze Woche in Starnberg, und außer der Theres waren nur noch wir zwei Jüngsten, Anna und ich, daheim. Wir mußten von nun ab, wenn wir von der Schule heimgekommen waren, dem Maxl bei der Konditorarbeit helfen. Er war immer finster und prügelte uns bei der kleinsten Geringfügigkeit mitleidslos mit allem, was ihm in die Hände kam. Der Vater war schon so schwach und krank, daß er ihm nicht mehr Einhalt gebieten konnte. Der alte Mann kam sich auch wie beiseitegeschoben vor und schien nicht mehr teilzunehmen an dem, was in der Familie vorging. Unsere Mutter hörte zwar unser Klagen, sie redete hin und wieder auf den Maxl ein, doch der achtete nicht darauf.

Im hohen Sommer einmal kam der Maxl mittags an den Tisch und sagte: »Ja, es gibt Krieg. Morgen oder übermorgen kann ich fort müssen!«

»Geh! ... Krieg?! ... Man hat doch noch gar nichts gehört davon!« meinte unsere Mutter. Wir aber freuten uns alle insgeheim und dachten: »Wenn er nur gleich fort müßte! Wenn sie ihn nur totschießen würden!«

Frankreich versuchte schon lange das damals unabhängige Sultanat Marokko unter sein Protektorat zu bringen. Das mit ihm verbündete England ermunterte und unterstützte es darin. Kaiser Wilhelm war unverhofft in Tanger gelandet, hatte mit dem Sultan verhandelt und die französisch-englischen Pläne zu durchkreuzen versucht. Diese drastische Art des Vorgehens, die der Kanzler Bülow und der Staatssekretär im Berliner Auswärtigen Amt, Graf Holstein, dem Kaiser geradezu aufgedrängt hatten, versetzte ganz Europa in Unruhe. Die Mächte waren aufgescheucht durch die Kriegsdrohungen hüben und drüben. Der Kaiser, der nun Angst bekam, wußte nicht mehr weiter und verlangte, unterstützt von Bülow, die Beilegung der Krise durch ein internationales Schiedsgericht. Die Franzosen und Engländer lehnten entschieden ab. In Berlin überlegte man jeden Tag die Mobilisierung. Es sah äußerst gefährlich aus. Der Maxl packte seinen Militärkoffer.

»Soll nur alles zugrund gehen! Am allerersten der damische Kaiser!« raunzte unser Vater in sich hinein. Nur durch dessen Militär war der Maxl zu einem engstirnigen Rohling geworden.

Gerade in jenen Tagen hielt der Pfarrer Jost, der nun wirklich seine Strafversetzung antreten mußte, zum Abschied ein feierliches Hochamt mit einer Predigt. Die hohe, geräumige Kirche war gepfropft voll. Vor dem Tor, im Gottesacker, standen die Leute auch noch dichtgedrängt. Die Weiber und Jungfrauen weinten leise. Die meisten Männer hatten ernste, etwas verdrossene Gesichter. Ein bißchen resigniert predigte der geistliche Herr. Auch auf die drohende Kriegsgefahr kam er zu sprechen. Dabei senkte er die Stimme ein wenig und sagte eindringlich:

»Bleibt unverdrossen und verzagt nicht, meine lieben in Christo versammelten Brüder und Schwestern! Haltet euch an die Werke des Friedens, denn die Werke des Friedens haben immer noch Dauerhafteres geschaffen und die Welt mehr verändert als alle Werke des Krieges! Durch die Jahrhunderte steht die katholische Kirche und hat Geschlechter und mächtige Reiche überlebt, und wir brauchen gar nicht allzu weit zurückzugreifen: die Dampfmaschine und die Elektrizität haben die Welt aufgeschlossen und die Menschen einander näher gebracht im Frieden. Die kleine Glühbirne, die in euren Häusern brennt, wird noch Licht geben, wenn längst von all dem, was sich heute für groß hält, nichts mehr da ist! Seid unverzagt im Namen des Ewigen, der bei den Friedlichen ist!« Einige Männer nickten. Mich ergriffen die Worte so, daß ich sie aufschrieb.

Gegen Abend fuhr der Schatzl den Pfarrer in seiner besten Kutsche zur Bahnstation nach Starnberg.

Es verging eine ungewisse Woche. Der Maxl wartete gespannt. Er arbeitete mechanisch und ganz so, als ob er jeden Augenblick fort müsse. Dadurch war er etwas erträglicher. Schließlich stand in der Zeitung, daß der amerikanische Präsident Theodore Roosevelt zwischen Frankreich und Deutschland vermittelt habe. Es kam zu einer provisorischen Beilegung des Marokko-Konflikts. Die erhitzten Gemüter besänftigten sich wieder.

»Hm, sie haben auch nichts Besseres tun können als nachgeben!« äußerte der Maxl einmal beim Mittagessen über die Franzosen. »Wir hätten ihnen das Fell schon vollgeklopft . . .«

Er packte seinen Koffer wieder aus. –

Die Konditorei ging gut, die Bäckerei noch besser. Mit den Herrschaften war auch der Fürst Barjatinsky wieder gekommen und machte große Bestellungen. Die Sonne stand jeden Tag prall über den reifenden Feldern. In der tauigen Frühe fuhren der Schatzl und der Kramerfeicht mit ihren vielbewunderten, funkelnagelneuen Mähmaschinen die Flächen ab. Sie und viele Bauern waren – wie unsere Mutter sagte – »modern« geworden, hatten Elektromotoren und die neuesten Milchzentrifugen. Sie droschen elektrisch und butterten maschinell. Das Leben blieb nicht stehen.

Auch bei uns gab es Arbeit über Arbeit. Jeder mußte zugreifen. Aber da die Eintracht weg war, war auch die Freude verweht. Der kränkelnde Vater lebte wie außerhalb der Familie. Nur im Wirtshaus, wenn ihm das Bier zu Kopf gestiegen war, kehrte seine alte Fidelität wieder. Daheim blieb er grämlich. Die Mutter werkelte geduckt, mit stumpfer Geduld, aber tief verdrossen. Die blinde Rücksichtslosigkeit vom Maxl beherrschte das Haus.

Öfter fuhr der Vater um jene Zeit in die Stadt, um die Kathl aufzusuchen. Offenbar hielt er sie für den einzigen Menschen, mit dem er sich aussprechen konnte. Vielleicht fühlte er ihr gegenüber auch eine Art Schuld. Er hatte sie weggehen lassen, fort in die fremde Armut. Die Roßkopfs kümmerten sich nicht um die Alte. Sie war ihnen peinlich. Sie standen fortwährend auf Kriegsfuß mit ihr. Auch den Quasterl haßten sie. Er durfte sich überhaupt nicht bei ihnen blicken lassen. Er war für sie der »Nichtsnutz«. Er irrte monatelang in der Stadt herum und hungerte schrecklich. Nur ganz selten kam er zu seiner Mutter, doch er jammerte nie. Endlich fand er eine Stellung als Hilfsarbeiter bei einer Mineralwasserfabrik.

Noch bedrückter und sehr erzürnt kam unser Vater meistens von der Stadt zurück. Bedrückt war er über Kathls Elend und über ihren starren Trotz, sich nicht helfen zu lassen. Erzürnt hatte er sich über die Roßkopfs. Er erzählte der Mutter mitunter die heftigen Streitigkeiten, die er mit ihnen gehabt hatte.

Manchmal an den hohen Feiertagen besuchte uns auch die Kathl. Sie war erschreckend gealtert. Die Not konnte man ihr von den Kleidern ablesen, obgleich sie stets sehr bedacht war, honett auszusehen. Die Entbehrung schaute aus ihrem ausgemergelten Gesicht. Nur noch aus Haut und Knochen schien sie zu bestehen. Ihr Körper war eingeschrumpft. Das Atmen und Gehen wurden ihr schwer. Darum blieb sie, selbst wenn das Wetter noch so schön war, mit dem Vater und mit uns Kindern am liebsten in der Kuchl. Der Maxl war meistens fort, und da kam wieder das Beste der alten, früheren Zeiten über uns alle. Sie lebte sichtlich auf, nahm eine Tasse Kaffee um die andere, sprach dem Kuchen gut zu und bekam mit der Zeit rote Fleckchen auf ihren Backenknochen, sie lachte und erzählte.

Wir hingen an ihren Lippen, und auch der Vater wurde ein wenig froher dabei.

Am Allerseelentag standen wir mit der Kathl und den anderen Verwandten am Familiengrab und schauten mit mitgenommenen Gesichtern auf die schwarze Erde. Die Kathl atmete schwer. Manchmal beugte sie sich nieder und bog eine Blume gerade, richtete einen Kranz. Der neue Pfarrer sang mit seiner etwas blechernen Stimme. Wieviel schöner und voller hatte die vom Joseph Jost geklungen! Sein Nachfolger war ein enger Eiferer, und er sagte auch bei der Predigt nicht mehr »Brüder und Schwestern«, sondern »meine christkatholischen Zuhörer«.

Der Maxl machte zwar all diesen »abergläubischen Firlefanz«, wie er religiöse Gepflogenheiten nannte, mit, doch er verschwand stets sehr schnell aus Kirche und Gottesacker, um mit dem Fahrrad irgendwelche weitentfernten Wirtshäuser oder Familien aufzusuchen, die eine heiratsfähige Tochter hatten.

Vierzehn Tage nach Allerseelen schickten die Roßkopfs einen Brief mit einem Trauerrand. Sie schrieben, daß die Kathl unverhofft gestorben sei. Die übliche, gedruckte Todesanzeige hatten sie wahrscheinlich als unnütze Ausgabe angesehen.

Der Tod seiner liebsten Schwester traf unseren Vater tief. Er fuhr in die Stadt und kam – wütend nach Hause. Wiederum hatte er sich grimmig mit den Roßkopfs verzankt.

»Leichenkosten und Grab hab' ich bezahlt!« erzählte er unserer Mutter. »Vor lauter Geiz hätten sie die Kathl ganz billig verscharren lassen. Und da, den Grabstein hab' ich bestellt ... Der Spruch kommt auf die Marmorplatte.« Er zeigte die Abbildung aus einem Katalog und hielt der Mutter einen Zettel hin.

»Ich seh's nicht mehr recht. Meine Augen lassen nach. Was steht denn da?« sagte sie und gab mir den Zettel. »Gerecht gelebt und arm gestorben«, las ich vor. Diesen Spruch hatte sich der Vater selbst ausgedacht. Er war die letzte Ehrung, die er der toten Kathl erwies. Er saß da und hörte die Worte, die ich las. Seine tiefliegenden Augen im eingefallenen Gesicht glänzten matt.

Eine trostlose, grausige Vereinsamung schien ihn immer mehr zu zersetzen. Er trank und trank, und seine Krankheit nahm rasch zu. Sichtlich zerfiel er. Er mochte sich selber nicht mehr. Im heraufkommenden Frühjahr, eines Morgens, als er aufstehen wollte, brach er Blut. Niemand war in der Kammer. Vor Schwäche konnte er sich gerade noch zurücklegen ins Bett. Als später unsere Mutter kam, lag er bleich und stöhnend da, mit fest zugekniffenen Lippen und hohlen Augen.

»Jaja, um Gottes willen, was hast du denn? ... Max?!« rief die Mutter erschrocken.

»Dahingehn tut's«, sagte er schnell, und schon warf es ihn wieder. Es würgte ihn. Er schluckte und öffnete den Mund nicht. Sein Gesicht lief blau an. Die Mutter kam über die Stiege heruntergerannt und erzählte fliegend. Der Maxl, dessen Konditortisch unter der Stiege stand, hob den Kopf und sagte: »Da muß eben der Doktor kommen!« Er wandte sich an mich und befahl: »Los! Los, fahr sofort mit dem Radl auf Starnberg, marsch!« Im Hof schwang ich mich auf das Rad und fuhr eilends aus dem Dorf. Drüben in Starnberg brachte ich auch dem Eugen und der Emma die traurige Nachricht. Sie versprachen, gleich heimzukommen. Als ich wieder nach Hause zurückgekommen war, saß die Mutter in der Kuchl und betete leise. Erst gegen Abend kam der Doktor.

»Man muß ihn aufpulvern, damit das Herz durchhält ... Blut wird er nicht mehr brechen«, sagte der Doktor nach der Untersuchung zur Mutter in der Kuchl. Der Maxl saß in der Stube, am Schreibtisch. Die Tür stand offen. Er rührte sich nicht. Der Doktor verschrieb ein Medikament, ordnete an, daß man dem Kranken sehr stark konzentrierte Fleischbrühe, Rotwein und Champagner gebe, und zum Schluß sagte er ernst: »Sie müssen sich auf alles gefaßt machen, Frau Graf, aber vielleicht haben wir noch einmal Glück ...« Uns alle durchrieselte es kalt.

»Ja, und was ich noch sagen wollte«, wandte sich der bärtige Doktor noch einmal an der Türe um, »sein ganzer Körper ist kalt ... Legen Sie ihn lieber in ein geheiztes Zimmer oder nehmen Sie Wärmflaschen ...« Er grüßte und ging.

Am anderen Tag schien es dem Vater etwas besser zu gehen. Als ihm die Mutter sagte, er müsse immer gleichmäßige Wärme um sich haben, der Doktor habe das gesagt, und am besten wär's, man lege ihn in die Kammer der »alten Resl« über dem Backofen, da fragte er argwöhnisch: »Warum? ... Will das vielleicht der Maxl?« Es war unerfindlich, wieso er das annahm. Alles Unangenehme und Schlechte schrieb er dem Maxl zu und verdächtigte die Mutter, daß sie nur ihm folge. Er wehrte sich heftig. Schließlich wurde er wieder schwach und fing zu frösteln an. Er ließ es willenlos mit sich geschehen.

Eine Nacht hielt unsere Mutter Wache an seinem Bett, die andere Nacht die Theres, dann der Eugen, die Emma und sogar die Leni, nur der Maxl betrat die Kammer nie. Wir Kinder besuchten den Kranken hin und wieder, aber es sah aus, als störten wir seine Ruhe. Das Reden fiel ihm schwer.

»Eugen? ... Eugen, es ist alles recht ... Schon recht. Schad, daß du nicht der Maxl bist«, sagte er einmal schwach und stockend und machte eine lahme Bewegung mit seiner steifen Hand. Noch kurz vor seiner Erkrankung hatte er sich mit dem Eugen verfeindet, weil der sich in eine arme Starnberger Maurerstochter verliebt hatte, die bald darauf ein Kind von ihm zur Welt brachte. Gerade ihm, der stets sein heimlicher Stolz war, hätte er eine reiche, feine Frau gewünscht.

Vor dem Schulgang raunte unsere Mutter mir einmal zu: »Geh zum Herrn Pfarrer 'nein und sag, er soll zum Vater kommen.« Ich wußte, was das bedeutete, und bekam ein banges Gesicht. Der Geistliche kam. Das ärgerte den Kranken, denn er wußte auf einmal, wie schlecht es um ihn stand. Keiner, der vor dem Sterben steht, will das glauben.

Eine schwere, dumpfe Stille herrschte im Haus. Keiner sagte mehr, als er mußte. Anna und ich waren in der Schule einsilbig, immer abwesend mit unseren Gedanken und unaufmerksam. Wir hingen am Vater, und daß er auf einmal nicht mehr sei, ging über unser Fassungsvermögen.

Der Maurus war inzwischen von Karlsruhe heimgekommen. Er schien große Freude am Konditorberuf zu haben, war ein städtisch feiner Mensch geworden und sprach ein badensisches Hochdeutsch. Maxl und er vertrugen sich wieder, ja, es war sogar, als habe der Maxl vor dem Maurus insgeheim Respekt.

Der Doktor kam täglich. Bei seinem letzten Besuch, als er wegging, machte er ein bedenkliches Gesicht. Wir zwei Jüngsten gingen in die Schule wie immer, aber gegen Mittag sagte der Lehrer zu uns: »Geht heim, euer Vater ist schwer krank.« Das legte sich wie ein unbestimmter Druck auf unsere Brust. Alle anderen Schüler schauten uns an. Während des Heimlaufens sagten wir kein Wort zueinander. Zu Hause roch es stark nach Medikamenten, und als wir in die Kuchl kamen, war nur die »alte Resl« auf dem Kanapee. Wir hörten auf einmal irgendwelche bellenden Laute, die bald abbrachen, lauschten beklommen und gingen in die Kammer hinauf. Erst viel, viel später erzählte uns Mutter, was inzwischen Schreckliches geschehen war. Nämlich als alle so um sein Bett standen und auch der Maxl zur Türe hereingekommen war, richtete sich der schwerkranke Vater plötzlich noch einmal mit letzter Kraft auf. Dürr und schlotternd in weißem Hemd stand er da, mit geballten Fäusten, und schrie grauenhaft: »Du Ehebrecherin! Nicht einmal in der Kammer, wo ich mein Leben lang mit dir gewesen bin, läßt du mich sterben, du – du –« Dann knickte er jäh zusammen, und als Anna und ich in die Kammer traten, sahen wir noch, wie Mutter und Theres ihn wieder in die Decke hüllten. Er röchelte schon. Unsere Mutter und alle Mädchen standen verstört da. Mutter hatte ein duldsam-fassungsloses Gesicht, und lautlos brachen dicke Tränen aus ihren Augen. Ihre zitternden, zerarbeiteten Hände waren ineinander verschränkt. Der Maxl stand reglos da und schaute irgendwohin. Stumm lag der Kranke im Kissen und starrte ihn an, aber es schien, als lebten seine Augen schon nicht mehr. Sein Gesicht war gelb und welk und eingefallen. Die Augen waren noch tiefer in die Höhlen zurückgesunken. Ein ganz klein wenig zitterten die Haare seines Schnurrbarts. Seine mageren Hände krallten sich noch einmal in die flaumige Decke und erstarrten. Es war zu Ende.

»Max! Max!« schrie unsere Mutter plötzlich und warf sich verzweifelnd auf den Toten. Sie schluchzte herzzerreißend. Weinend falteten wir die Hände. Nur der Maxl hatte ein unbewegtes Gesicht und ging bald aus der Kammer.

Drüben in der kleinen Dorfkirche fingen nach einer Weile die Zinnglöcklein dünn zu läuten an. Auf dem Misthaufen unseres Nachbarn krähte ein Hahn, und vom Kramerfeicht herüber drang das dumpfe Surren des Dynamomotors, der die Gsottmaschine trieb. Das Leben ging unberührt weiter . . .

Die Familie zerbricht

Nun stand unsere Mutter allein inmitten ihrer Kinder, von denen ihr keines nachzugeraten schien. Sie war noch nicht einmal fünfzig Jahre alt und trotz ihres »Kindsfußes«, der ihr mitunter schwer zu schaffen machte, unverändert rüstig. Alle unergründbaren Prüfungen der Religion, die Schrekken des Lebens, die Ängste der vielen Kindsgeburten, ungerechtfertigte Erniedrigung und Beleidigung durch Menschen, mit denen sie dennoch unbeirrbar verbunden blieb, hatte sie stumm und demütig ertragen. Die wenigen kleinen Freuden dazwischen waren ihr immer wie ein beglückender Lohn erschienen, für den man dem Herrgott dankbar sein mußte. Obgleich der Vater das gerade Gegenteil von ihr gewesen war, ja, zuweilen fast etwas für sie, das viel eher nach Unglück als nach Glück aussah und das sie gleichsam bußfertig als eine zwar peinigende, aber doch unabwendbare Schickung ertrug: ihrem Leben hatte dieser hitzige Mann trotz alledem den einzig gemäßen Inhalt gegeben. Mutter war sie durch ihn geworden und die ganzen Jahre hindurch geblieben, Mutter und sonst nichts.

»Sag einmal, Mutter, hast du eigentlich damals, wie du ihn geheiratet hast, den Vater geliebt?« fragten sie lange nach Vaters Begräbnis die Theres und Emma einmal. Sie lächelte dünn und verlegen und hatte einen Blick, als verstehe sie diese sonderbare Frage nicht.

»Hm«, machte sie dann, »ich hab' schon müssen.«

Nicht nur unsere älteren Geschwister, auch wir jüngeren nahmen die religiösen Dinge schon eine Zeitlang nicht mehr allzu ernst. Wir hielten uns zwar gewohnheitsmäßig an die kirchlichen Gebräuche, aber wir glaubten kaum noch etwas. Wie und woher das gekommen war, darüber dachten wir nicht nach.

Dem neuen Pfarrer fiel unsere Gleichgültigkeit auf, und er stellte unsere Mutter einmal zur Rede. Sie sah ihn mit leichter Traurigkeit, aber geduldig an und meinte: »Ja, mein

Gott, Hochwürden, was kann ich denn machen! Sie folgen mir ja nicht mehr! Wenn *sie* nichts mehr glauben und beten, dann muß ich es halt für sie tun.«

Das entsprach ihrer duldenden Natur. Überzeugen und zwingen konnte sie nicht. Sie nahm wie zu Lebzeiten des Vaters lieber alles auf sich, nur damit Frieden bleibe und der Zusammenhalt nicht zerbreche. Darin allein sah sie, seit sie ins Berger Bäckerhaus gekommen war, etwas wie den Sinn ihres Lebens.

Nun aber, nach all dem Erlittenen, verlor sie die Spannkraft und fing an, sichtlich zu altern. Sie arbeitete zwar eher noch mehr als früher, und wir merkten kaum eine Veränderung an ihr. Sie lachte nur noch ganz selten. Im Verborgenen fühlte sie vielleicht still, hilflos und überwältigt, was durch den Vater verlorengegangen war, denn jetzt wuchs alles mitleidslos von ihr weg, jetzt zerbrach aller Zusammenhalt zusehends.

Der Eugen mußte zum Militär einrücken. Die Emma hatte ausgelernt und richtete sich eine Näherei in der Mädchenkammer ein. Der Maurus war wieder nach Karlsruhe gefahren, um auszulernen, und die Theres, die noch das Brot ausfuhr, wollte allem Anschein nach überhaupt nicht heiraten. Sie überlegte, was sie für einen Beruf wählen sollte. All diesen älteren Geschwistern wagte der Max nichts einzureden. Sie standen ihm gewissermaßen in gewaffneter Feindschaft gegenüber. Er mied sie nur.

Anna und ich schlossen uns dem Lenz an und bildeten einen Kreis für uns. Der Lenz war kräftig, jähzornig und draufgängerisch, aber ebenso naiv, ein bißchen phantastisch mitunter und sehr abenteuerlich. Er bestellte heimlich Flobertgewehre und bildete mit uns und einigen gleichaltrigen Kameraden eine Wildererbande. Wir durchstreiften an den Sonntagnachmittagen die Wälder und schossen Rebhühner, Fasanen und Hasen. Das erlegte Wild briet der Bäckergeselle nachts im Backofen, und Lenz und er verzehrten es. Durch einen dummen Zufall wurde die Sache ruchbar. Der Starnberger Gendarm ging einmal an unserem Düngerhaufen vorüber und sah eine Unmenge frischer Fasanenfedern. Er kam in den Laden und sagte überlegen spöttisch zu unserer Mutter: »Da schauns, Frau Graf, schön sind so Fasanenfedern, was? Sehr schön! Wie wunderbar die Farben ineinanderspielen.« Gendarmen und Amtspersonen fürchtete und haßte unsere Mutter seit jeher. Sie brachten stets nur Schlechtes über ruhige Menschen. Aus Instinkt log meine Mutter solche Leute an, und das fand sie vollkommen richtig. Als nun der Herr Gendarm so süßmäulig daherredete und mit der Fasanenfeder spielte, sah sie ihn verständnislos, aber sehr mißtrauisch an und witterte nichts Geheures.

»Da hab' ich auf Ihrem Misthaufen ganze Büschel gefunden, Frau Graf«, fuhr der listig lächelnde Gendarm fort und drehte die paar Federn in seinen behaarten Fingern hin und her. »Hmhm ... Es hilft nichts, da muß ich doch einmal ein bißl genauer im Haus nachschauen.« Der Maxl war in den Laden gekommen.

»Jaja, Herr Graf«, wandte sich der Gendarm sofort an ihn, »Sie waren doch beim Militär, nicht wahr? Sie wissen, was sich gehört ... Ich muß meiner Amtspflicht nachkommen.« Und er erzählte wiederum das gleiche, was er unserer Mutter schon gesagt hatte. Kurz darauf sahen Anna und ich – im Nu erahnend, was da kommen mußte – den Maxl, den Gendarm und die Mutter über die Stiege hinaufgehen. Wir sahen uns vielsagend an und flüsterten einander ganz leise zu: »Die Stutzen kann er lang suchen. Die hat der Lenz doch im Holz draußen versteckt.« Wir versuchten, trotz unserer Spannung arglos weiterzuarbeiten, und lauschten. Droben in der Gesellenkammer wurden der schlafende Lenz und der rote Kaspar geweckt. Der Gendarm begann ein scharfes Verhör, doch die zwei taten fast beleidigt und wußten von nichts. Theres und Emma waren in die Gesellenkammer gekommen. Die Mutter schaute in einem fort auf den höhnischen Gendarm, dann wieder auf den finster dreinblickenden Maxl, dann wieder auf den Lenz oder auf den Gesellen und sagte: »Hm, die arbeiten doch die ganze Woch'! Die haben keine Zeit, daß sie Wild schießen!«

Das überhebliche Lächeln wich nicht aus dem Gesicht des Gendarmen. Er fing an, den Schrank zu durchsuchen, und fand einige Gewehrkugeln. Triumphierend hielt er sie dem Lenz und dem Kaspar hin, und wenngleich die beiden unverblüfft und hartnäckig leugneten, er sagte nur: »Soso! Sie wissen also gar nichts? Gar nichts? ... Naja, das weitere wird sich ja bald zeigen!«

Es klang dunkel drohend.

Er ging.

»Raus!« stieß der Maxl heraus und schob den Lenz aus der Kammer. Mutter, Theres und Emma folgten. Der rote Kaspar schlug die Tür zu und legte sich wieder ins Bett. Wild fiel der Maxl über den Lenz her, aber der wehrte sich kräftig und verbissen. Ein furchtbares Raufen begann. Mutter und die Schwestern stoben fürs erste erschreckt auseinander. »Saugrober Lackl! Schlagen – nichts anderes hast du beim Militär gelernt!« schrie die Theres. Aber Maxl und Lenz hatten sich wie ein Knäuel ineinandergemengt, und alle zwei bluteten um und um. Unsere Mutter und die Schwestern zerrten schreiend und schimpfend am wütenden Maxl und bekamen derbe Stöße ab, daß sie taumelnd zurücksanken. Der Dielenboden ächzte. Wir Jüngsten waren über die Stiege heraufgerannt, starrten mit großen Augen und schrien wie am Messer. Der Maxl hatte den Lenz endlich unter sich und drosselte ihn. Der fuhr ihm mit den gespreizten Fingern in die unrasierte Backe und krallte, riß und riß, daß das Blut nur so spritzte. Wie prustende Pferde schnaubten die Raufenden.

»Du Hundsbub, du unverschämter! Was! Was!« schrie der Maxl und holte mit der Faust aus.

Wieder fielen ihm Mutter und die Schwestern in den Arm. Der Lenz röchelte schon. Sein Gesicht war ganz blau. Mit letzter Kraft entwand er sich der Umklammerung, stemmte sich in die Höhe und lief über die Stiege hinunter. Der Maxl rannte ihm nach.

»Schäm dich, Saukerl, dreckiger! Du bringst ihn ja um!« schrien Mutter und Schwestern.

»Kaspar! Kaspar! Helfens! Helfens, sonst passiert was!« hämmerten Theres und Emma an die Kammertür.

»Heiliger Herrgott, hilf!« rief unsere Mutter und weinte zerstoßen auf, denn drunten hatte der Lenz am Backofen eine Eisenstange erwischt und schwang sie drohend auf den losstürzenden Maxl. Schreckgepeitscht waren Anna und ich in die Backstube gelaufen und starrten mit klopfenden Herzen durch das in den Gang mündende Fenster. Schon hatte der Maxl den Lenz wieder, da stand der rote Kaspar mit funkelnden Augen vor ihm und sagte drohend verhalten: »Herr Graf! Jetzt muß Schluß sein! Ich geh'!« Theres und Emma benützten diesen Augenblick und schoben den Lenz zur hinteren Türe hinaus, liefen mit ihm ins Häusl der Kathl, das jetzt ein Warenmagazin war.

»Schauen Sie Ihre alte Mutter an! Ich tät' mich schämen!« zischte der rote Kaspar durch die Zähne. Sein breites, dickes Gesicht war dunkelrot. Einen Augenblick stand er wehrhaft da, und diesen bärenstarken Mann schien der Maxl jäh zu fürchten. Er schnitt, so gut ihm das gelang, eine andere Miene und sagte nur noch: »Gut, Sie können gehn, aber erst am Samstag!« Im Sinne des Gesetzes hatte er recht.

»Ich geh', wann ich mag, und zwar sofort!« warf der Kaspar kalt und bestimmt hin und tappte ohne ein weiteres Wort über die Stiege hinauf. Unsere Mutter aber ging ihm nach und beschwor ihn, doch wenigstens bis zum Wochenende zu bleiben.

»Bloß wegen Ihnen, Frau Graf! Bloß wegen Ihnen ... Sie tun mir leid!« brummte der Kaspar. Wie zerrädert kam Mutter herunter und schrie übers Stiegengeländer: »So, daß du es weißt, er bleibt bis zum Samstag ... Eine Schand und ein Spott ist das!« Der Maxl gab nicht an, er wusch sich, schrie uns und fing wieder zu arbeiten an. Er achtete absichtlich nicht auf das geschäftige Hin- und Hergehen der Theres und Emma, die dem Lenz nach und nach seine Sachen ins Häusl hinausbrachten und ihm Geld gaben. Anna und ich wagten nicht aufzuschauen, noch weniger, sie zu fragen.

»So«, sagte Theres endlich giftig zum Maxl, »so, jetzt ist

er fort! Jetzt hast du wieder einen los von uns, du Hammel!« Er gab nicht an. Der Lenz war in die Stadt gefahren. Zerbrochen saß unsere Mutter in der Kuchl. Sie dachte nicht einmal mehr ans Beten. Ihr Gesicht war zermürbt und hoffnungslos. Alle ihre Kraft schien sie verloren zu haben. Die Theres ging in den Laden. Die Emma nähte wieder in ihrer Kammer. Leni war auf dem Feld beim Mähen.

»Mach, daß du ins Bett kommst! ... Heut nacht mußt du mithelfen! Marsch!« fuhr mich der Maxl nach einer Weile an. Ich ging hinauf und legte mich in das noch leicht gewärmte Bett vom Lenz. Morgen war ein schulfreier Mittwoch.

Am Anfang der Nachtarbeit verhielt sich der Kaspar stumm und mürrisch, endlich aber, als er meinen Eifer merkte, fing er zu reden an. Es war ihm anzusehen, daß er nicht gern von uns ging. Über zehn Jahre war er dagewesen und immer gut ausgekommen mit dem Vater selig, mit uns allen. Die letzten schweren Geburten der Mutter hatte er miterlebt. Er kannte ihr hartes Leben, ihren Kummer, ihr nimmermüdes Plagen, und er nahm ihr manche Arbeit ab.

»Fremde sehn das Hauswesen oft besser wie die eigenen Kinder«, sagte er nachdenklich zu mir, »so ein Geschäft, das heißt was! ... Der saugrobe Maxl meint, das ist eine Kasern'. Wenn er so fortmacht, das bringt ihm kein Glück. Da geht's bald bergab. Mit dem ist kein Auskommen.« Es schaute mehr danach aus, als sage er das zu sich. Dann aber schaute er mich an und meinte so, daß es mich freute: »Aber der Lenzl? Gewehrt hat er sich wie der Teufel. Der Lenzl ist ein guter Bäck. Der bringt sich leicht fort.«

Der Kaspar ging nie in die Kirche und lebte stumpf dahin. Er erweckte den Eindruck eines gutmütigen, etwas schlampigen Phlegmatikers, doch er war ein ausgezeichneter Bäcker und hatte zeitweise recht drollige Einfälle, über die wir wochenlang lachten. Volle Obstbäume in den Nachbargärten konnte er nicht sehen. In den Sommernächten, mitten unter der Arbeit, räumte er sie ab, versteckte das Obst in unserem Heu, und wir hatten den ganzen Winter schöne Äpfel. Niemand im Haus fand etwas daran. Er war stets dabei, wenn es irgendein Gaudium zu machen galt, und war dann voll Eifer. Er hatte viel von einem Bären, der gezähmt war und unter Menschen lebte wie einer ihresgleichen. Aber wenn er zornig war, fürchtete jeder seine Körperkraft und wich ihm aus.

»Deiner Mutter«, meinte er wieder nach einer Weile des Arbeitens, »der sollt' unser Herrgott eigentlich besser beistehen ... Jetzt, wo euer Vater tot ist.« Er schwieg und atmete schwer, als ginge ihm vieles, was er in all den Jahren erlebt hatte, durch den Kopf. Mich überkam eine verhaltene Traurigkeit.

»Wenn ich in die Stadt komm', ich schau' schon, daß der Lenzl eine gute Stellung kriegt ... Um den ist mir nicht angst«, sagte der Kaspar wieder, und da wurde mir wohler. Ich hatte ein Gefühl, als ob dieser starke Mann wirklich dem Lenz so helfen könnte, daß keine Fährnisse kommen konnten. Er riet mir, wir sollten nur ja nie ein Wort vom Wildern verlauten lassen und die Flobertgewehre lieber im Holz draußen verrosten lassen, denn jetzt seien der Jäger und der Gendarm sicher dahinter. Das Vertrauen, das daraus sprach, machte mich stolz. Ich arbeitete noch flinker und schwor im geheimen, den Kaspar und den Lenz – wie wir's aus den Indianerbüchern gelesen hatten – »zu rächen«.

In der darauffolgenden Woche kam ein anderer Geselle aus München, der dem Maxl wegen seines militärischen Auftretens gefiel. Er buk aber ein sehr wenig geratenes Brot und hatte stets eine andere Ausrede. Da ich noch keine Schulferien hatte, mußte der Maxl nachts mithelfen. Das Brot wurde deswegen besser. Unsere Mutter grämte sich darüber, bei uns überwog die Schadenfreude. Als endlich der Sommer anbrach, entließ der Maxl den untauglichen Gesellen. Ein neuer kam, und zugleich wurde ein zweiter – der sogenannte »Saisonmischer« – angestellt. Während der Ferien mußte ich nachts arbeiten. Ich war kaum zwölf Jahre alt, meine Schwester Anna zehn. Tagsüber – meist bis zum

Hereinbruch der Dämmerung – half ich in der Konditorei oder fuhr mit dem Rad Bestellungen zu verschiedenen Kundschaften. Kein Wunder, daß ich in der Nacht oft und oft von Schlaf übermannt wurde. Dann schlugen mich die Gesellen. Ich konnte es einmal nicht mehr aushalten und rannte hilfesuchend zum Maxl in die dunkle Kammer hinauf. Verzweifelt weinte ich und weckte ihn. Er sprang schlaftrunken aus dem Bett und hieb blindwütig auf mich ein, daß ich entsetzt wieder davonstürzte. Triumphierend verhöhnten mich die Gesellen.

Jedesmal, wenn Mutter in der Frühe über die Stiege herunterkam, sah sie mich kummervoll an. Ich kam zu ihr in die Küche und klagte ihr vor. Sie aber wurde nur noch hilfloser und jammerte: »Mein Gott, nie ist ein Frieden! Ich hab' keine Ruh', bis ich ins Grab 'neinfalle!« Ich biß die Zähne zusammen, dachte an den Lenz und an jähe Flucht. Mein Haß gegen den Maxl versteinerte sich.

An den Sonntagnachmittagen, wenn wir zur hinteren Haustüre hinausliefen, schrie uns Mutter stets nach: »Machts mir aber nicht wieder Verdruß!« Sie ahnte sicher, was wir trieben. Wie zu Zeiten Lenz' durchstreiften wir mit einigen Kameraden die Wälder und schossen blindlings jedes Wild, das uns in die Quere kam. Wir brachten es nur nicht mehr heim zum Braten und ließen es einfach im Gebüsch verenden. In unserem Grimm zerstörten wir auch jede Anlagenbank, die der eben gegründete »Fremdenverkehrs- und Verschönerungsverein Berg und Umgebung« aufstellte, denn der Maxl war der Vereinsvorstand. So glaubten wir uns am besten zu rächen.

Unsere Mutter zitterte und bangte zu Hause ...

An einem jener Sommertage kamen einmal zwei fremde Frauen und ein hochgewachsener, etwas nach vorne gebeugter Herr von Unterberg herauf, gingen die Dorfstraße entlang und an unserem Haus vorüber.

»Wer ist denn jetzt das? ... Die Herrschaften hab' ich doch noch nie gesehn, aber die Frau da, rechter Hand, die kommt mir so bekannt vor«, sagte unsere Mutter durch das

Kuchlfenster spähend. Wir saßen bei der Brotzeit um den Tisch. Der Maxl hob sein langes Gesicht.

»Naja, Fremde sind's eben. Unser Verschönerungsverein macht sich«, sagte er. Die Theres, die aus dem Laden kam, erzählte, daß die drei ins Windelhaus gegangen seien.

»Was? Die Windlin ist wieder da?« fuhr unsere Mutter erschreckt auf, und da erinnerte sich die Theres: »Ja-ja, richtig! Eine davon muß sie gewesen sein ... Ja, ich glaub', sie war dabei.«

»Was macht denn *die* auf einmal wieder da?« fragte die Mutter unruhig. Alle unseligen Erinnerungen schienen ihr wieder einzufallen. Unglück witterte sie. Doch es kam anders. Der Schmalzer-Hans, der bald darauf daherkam, murrte ärgerlich: »Dem Hans gönnt man nichts, durchaus nichts! Dem Hans gönnt man nicht einmal das kleinste Kammerl! Hast du schon so was g'sehn, die Zuchthäuslerin hat ihr Haus verkauft! ... Der Hans hat sie überhaupt nicht ang'schaut, gar nicht auch! ... Ein Braumeister, hab' ich gehört, hat die baufällige Hüttn kauft ... Hmhm, der Hans muß raus ... Raus muß er, der Hans! Wenn die Schindmährn, die Windlin, nur gleich der Teufl holn tät!«

Schnell wußte es das ganze Dorf. Die Windlin verschwand, wie sie gekommen war, aber eine Woche später fuhren zwei große Möbelwagen vor das Haus.

»Weinzierl schreibt er sich, der neue Besitzer ... Er ist ein umgänglicher Mensch ... Ist nichts dagegen zu sagen! ... Vorläufig, sagt er, kann ich in meinem Kammerl bleiben. Er hat eine Frau und zwei Kinder, und eine Haushälterin ist auch dabei ... Soviel der Hans g'sehn hat, führt die das große Wort ... Eine couragierte, stramme Person ist sie«, berichtete uns der Schmalzer-Hans.

Zunächst hielten sich alle von der Familie Weinzierl fern. Sie blieben Fremde; obgleich – und das fiel allgemein auf – die adrette, ungemein geschäftige Haushälterin überall in der Nachbarschaft herumging und sich durch ihre einschmeichelnde Geschwätzigkeit bei jedermann anfreunden wollte. Sie verschwieg offenbar nichts, doch es heißt nicht umsonst, daß Leute, die sehr viel reden, meistens das meiste verschweigen wollen. Bald, so prahlte sie, erhalte der »Herr Weinzierl« die Konzession für den Gasthausbetrieb wieder, aber das sei noch lang nicht alles, er baue auch eine Brauerei, die Pläne seien schon fertig.

»Und Herr Maxl, Herr Bäcker-Max ... Frau Graf, nicht wahr, wir wollen doch gute Nachbarschaft halten, nicht wahr ... Ich darf doch auf Ihren Zuspruch rechnen. Ich leite nämlich dann die Wirtschaft«, erklärte sie.

»Von uns geht höchstens der Maxl ins Wirtshaus«, meinte unsere Mutter.

»Jaja, natürlich, natürlich, Frau Bäckerin ... Ich mein' ja bloß! Jedenfalls, darüber, denk' ich, sind wir doch einer Meinung ... Sie empfehlen mich und ich empfehl' Sie ... Hab' ich nicht recht, Herr Bäcker-Max?« milderte sie gewissermaßen ab. Dann verließ sie wippenden Ganges unseren Laden.

Sie hatte nicht zuviel gesagt. Schon nach einer Woche kamen Maurer, Maler und Zimmerleute und renovierten das heruntergekommene Windelhaus. In den Räumen zu ebener Erde wurden die Wände durchgebrochen, und bald war eine ansehnliche, holzgetäfelte Wirtsstube fertig. Der Vorgarten mit den paar alten, schattigen Kastanienbäumen bekam Kieselbelag, frischgestrichene Stühle und Tische standen da, und über dem Eingangstor prangte eine große Tafel: »Gasthaus und Restaurant Oberberg von Jakob und Johanna Weinzierl«.

»Aber«, fragten die Leute, »was ist's denn eigentlich mit der Frau? Die sieht man doch überhaupt nie! ... Bloß die gschaftlhuberische Haushälterin, die Frau Selzle, kommt immer wieder daher.« Sehr bald stellte sich heraus, daß der Weinzierl ein Liebesverhältnis mit der letzteren hatte und sie regieren ließ, während seine unscheinbare, schweigsame Frau und die zwei blondhaarigen, etwas stumpfgesichtigen Kinder ein ziemliches Schattendasein führten. Das erregte überall geheimen Unwillen, doch Frau Selzle verstand derart einnehmend und geschickt mit Männern umzugehen und fand so viele plausible Erklärungen, daß – als die Gastwirtschaft endlich mit einer lauten Feier eröffnet wurde – nicht nur die Herrschaften, sondern auch die Berger die übrigens gut geführte Wirtsstube reichlich frequentierten. Und noch was war, das der Selzlin ein gewisses Ansehen verschaffte: sie zog Männerblicke an und verstand es trotzdem, gut bürgerlich zu erscheinen. Die Phantasie eines Dörflers ist mitunter viel verruchter, als wir gemeinhin annehmen. Viele phantasierten sich die lasterhaftesten Geheimnisse zwischen Selzlin und Weinzierl aus dem Kopf – und das zog sie an. Freilich behielt das jeder für sich.

Mit einer Vehemenz, die Erstaunen hervorrief, fingen die Maurer auch gleichzeitig hinten auf der Windelwiesen neben der Starnberger Landstraße mit dem Bau der umfänglichen Brauerei an, und Frau Selzle erzählte in unserem Laden: »Wenn die fertig ist, bleib' ich in der Wirtschaft ganz allein. Der Herr Weinzierl zieht mit seiner Familie dann in die Brauerei.« Das ließ sich gut hören. Vor allem aber – Frau Selzle hatte wirklich nicht gelogen. Sobald die Wohnräume im mächtigen Neubau fertig waren, zogen die Weinzierls dort ein. An der übrigen Brauerei wurde noch monatelang gearbeitet. Mit seiner Sandgrube verdiente der Liedl viel Geld, denn er belieferte den Neubau mit Sand, und auch der Schatzl, der das Fuhrwerk stellte, hatte hübsche Einnahmen.

Es war überhaupt auf einmal, als entdeckten nun geschäftswitternde, erfinderische Unternehmer, wie ertragreich Berg und Umgebung seien. Sie kamen von weither, und sie gingen mit abschätzenden Luchsaugen herum. Sie sahen den belebten, lieblichen See und das vielbesuchte Königsschloß, sahen die prachtvollen Villen der Herrschaften aus allen Ländern, sahen das gutgehende »Hotel Leoni« und die schönen Wirtshäuser, die werdende Brauerei und unsere ertragreiche Bäckerei, wo es begehrte Kuchen gab. »Und«, sagte der alte Spekulant Siegl, der mit dem ehemaligen »Schlößl« des unglücklichen Kastenjakl ein glänzendes Geschäft gemacht hatte, dem die Drahtseilbahn, die »Rottmannshöhe« und die stille »Maxhöhe« gehörten, »und«, sagte er, indem er mit Daumen und Zeigefinger die Nase zusammenzwickte und wohlig zu schnuppern begann, »die, die jetzt daherkommen, das sind die Meinigen! Die Luft riecht jetzt immer so gut! Ein ganz besondrer Geruch ist das! Ich riech' den Profit!«

Er verkaufte die »Rottmannshöhe« an einen norddeutschen Arzt. Der verwandelte den herrlichen einstigen Künstlersitz nach einigen baulichen Veränderungen in ein Sanatorium für Nervenkranke und wandte eine ganz neuartige Diätkur an, die mehr oder weniger auf ein schlau ausgedachtes Abhungern hinauslief, das der Patient teuer bezahlen mußte. »Der ist der Dümmere noch lang nicht«, sagten die Bauern von diesem schlauen Doktor, wenn die schwerreichen Damen und verfetteten Herren aus aller Welt zu ihm kamen. Schon im ersten Sommer hatte er keinen einzigen Raum mehr frei.

Drunten am Seeufer von Berg neben dem Dampfschiffsteg stand die altmodische »Restauration« vom Johann Gerhaker, die drei häßliche Spitztürmchen hatte, die – wie manche Herrschaften meinten – die ganze Gegend verunzierten. Der Gerhaker war eine Tonne von Mann, cholerisch, versoffen und absonderlich. Zudem war er Junggeselle. Er stammte aus Halle an der Saale und hatte einst viel Geld gehabt, es aber im Lauf der Jahre verwirtschaftet. Er konnte plötzlich in Wut kommen, wenn ein Gast sich über etwas beschwerte.

»Wasss?!!!« fing er bei solchen Gelegenheiten zu poltern an und schnaubte asthmatisch: »Wasss!! Was wollen Sie? ... Das Schnitzl ist nicht gut? ... Verlassen Sie sofort mein Lokal! Augenblicklich, bitte!« Er japste nach Luft, als sollte ihn der Schlag treffen, und er schrie resolut dem Kellner: »Ober? Ober, zahlen Sie sofort das Geld zurück! Sofffort! ... So, und jetzt verschwinden Sie! Wer nicht mit mir zufrieden ist, der kann wegbleiben!« Er ließ dem verblüfften Gast die Speise wegnehmen, der Kellner brachte sie in die Küche, Gerhaker hockte sich hin und – verzehrte sie selber. Gabel und Messer gebrauchte er nie, höchstens einen

Löffel für die Sauce. Er aß mit den Händen und leckte sich zum Schluß die dicken Finger sorgfältig ab.

»Ist doch einfach nicht zu sagen! Ist doch einfach platterdings eine ganz niederträchtige Schikane! Das Schnitzl zergeht auf der Zunge, Herr Küchenchef! Auf der Zunge! ... Und so'n Lümmel will da Kenkemenke machen!« brüllte er während des Hineinschlingens und genierte sich vor niemandem. Koch, Kellner, Spülerinnen und das Zimmermädchen schauten respektlos auf ihn, doch er sah nichts. Er aß nur. Er schaufelte mit den plattgedrückten Fingern den Kartoffelsalat aus der kleinen Glasschale, schob ihn in sein umbartetes Maul und schmatzte behaglich. Sein Appetit war unermeßlich. Durst hatte er auch den ganzen Tag und trank unablässig Bier oder Rotwein. Er arbeitete nie etwas.

»Unsereins ist nur zum Regieren geschaffen«, pflegte er zu seinen Angestellten zu sagen.

Da er aber niemals die nötige Distanz hielt, hatte keiner Respekt vor ihm. Merkte er das, so fing er wie ein brüllender Löwe zu poltern an, ganz gleichgültig, ob Gäste im Garten, im Speisesaal oder im Bierstüberl waren.

»Herr bin *ich* hier, verstanden! Sie lächerlicher Mensch, Sie! Lernen Sie erst mal Schritt vor Schritt setzen, Sie Jammerlappen, Sie! Sie Gerngroß, Sie!« bellte er den Ober an, und da geschah es ein paarmal, daß ihn der beleidigte Kellner ohrfeigte und weglief. Die Gäste ergriffen die Flucht. Der Fleischberg von einem Gerhaker wehrte sich nie gegen solche Angriffe. Er ließ sich einfach auf den Boden fallen und ächzte schreiend: »Hilfe! Hi-i-ilfe! Angriff! Unerhört! Wahn-wahnsinnig!« Er blieb noch eine Zeitlang liegen, richtete sich endlich auf und schüttelte seinen halslosen, dicken, oben spitz zulaufenden Kopf: »Ist doch nicht zu begreifen! Diese Bayern verstehn auch nicht den geringsten Spaß! War doch alles nicht ernst gemeint! Absolut nicht!« Zwei- oder dreimal bei solchen Anlässen ließ er sogar den davonlaufenden Kellner einholen, und wenn der wiederkam, sagte er so, als ob gar nichts gewesen sei: »Ich bin doch kein Untier, verstehn Sie, ich bin Tibetaner! Wissen Sie überhaupt, was Tibetaner sind? Das sind die einzigen Menschen, die sich nie wehren! Das bin ich!« Er setzte sich leger und brüderlich mit dem verblüfften Kellner zusammen, betrank sich und belehrte ihn triefend gerührt, wie er's gemeint habe. Von da ab konnte er schimpfen, was und wie er wollte, der Kellner überhörte ihn. –

»Ich will mir nur noch in meinen alten Tagen einen ruhigen, gediegenen Lebensabend machen«, äußerte der Gerhaker öfter Dorfleuten gegenüber, und er wartete schon lange darauf, ob nicht ein Käufer seines Restaurants komme. Unser Maxl als Vorsitzender des »Verschönerungsvereins« fand, daß eine solche »polnische Sauwirtschaft wie beim Gerhaker« dem ganzen Dorf schade. Einige Leute pflichteten ihm bei, aber die meisten lachten über den schrulligen »Seerestaurateur«, und es gab sogar Sommergäste, die eben wegen dieser Absonderlichkeiten bei ihm verkehrten.

Um dieselbe Zeit stieg einmal bei uns ein hochnobles, ausländisch anmutendes Paar aus dem Auto und kam in den Laden. Die Frau war klein und auffallend stark geschnürt, ohne dabei füllig oder gar dick zu sein. Ihre mit einem reichen Spitzen-Jabot gezierte Brust und ihre Hüften traten selbst unter dem langen, taillierten, glockig fallenden Reisemantel stark hervor. Sie trug ungewöhnlich hohe Stöckelschuhe nach Pariser Art, und auf ihrem hochfrisierten, blondhaarigen Kopf saß, einem umfänglichen Storchennest gleich, ein riesiger Strohhut mit teurem Blumen-Arrangement. Er war umhüllt und niedergehalten von einem dünnen weißen Schleier, welcher das Gesicht verdeckte. Betont kapriziös waren ihre etwas herrschsüchtigen Bewegungen, und ihre Stimme klang metallisch scharf. Als sie den Schleier hochnahm, wurde ein kleines, ordinär puppenhaftes Gesicht mit seltsam großen, dunklen, fanggierigen Augen sichtbar, die kalt und taktlos nüchtern dreinblickten.

Der Mann war mittelgroß, trug einen hellen Trenchcoat, karierten Anzug mit kurzer, pluderiger Sporthose und eine ebensolche Mütze. Er hatte sehr dünne Waden, und modisch große, hellgelbe, flache Halbschuhe vollendeten seinen Habitus. Er bewegte sich weltmännisch lässig und sprach langsam ein radebrechendes Deutsch. Sein leeres Gesicht wurde von einem braunen Schnurr- und Spitzbart geziert.

Ziemlich unvermittelt erkundigten sich die beiden nach dem Gerhakerschen Restaurant, und das kam dem Maxl sehr gelegen. Er lud sie dienernd ein, in die nebenan liegende gute Stube zu kommen und trug Kognak und Gebäck auf. Der Fremde gab Maxl seine Visitenkarte. In verschnörkelten Buchstaben stand darauf: »Wolfgang Bock – Executive director of the Grand Hotel – Khartoum, Anglo-Egyptian Sudan«. Der Maxl schien davon derart beeindruckt, daß er einen linkischen Knicks machte und eine bedeutsame Miene aufzusetzen versuchte. Die Bocks hatten erfahren, daß Gerhaker zu verkaufen beabsichtige. Ihr Plan war, in Berg ein Gegenstück ihres ägyptischen Hotels aus dessen Restaurant zu machen. Im Sommer hier, im Winter in Ägypten, meinten sie. Der Maxl nickte in einem fort geradezu beflissen und tat sogar, als verstehe er die englischen Worte, die das Paar zuweilen miteinander wechselte. Er fühlte sich sichtlich geschmeichelt durch das Vertrauen, das ihm die Fremden entgegenbrachten.

»Eine sehr gute Idee, Herr Direktor!« bekräftigte er immer, und fuhr fort: »Im Sommer kann sich bei uns keiner über schlechten Geschäftsgang beklagen. Wenn ein tüchtiger Fachmann wie Sie, Herr Direktor, das Restaurant übernimmt, da gewinnt das ganze Dorf. Eine sehr gute Idee! ... Ich will tun, was ich kann.« Er hielt kurz inne und setzte das beste Gesicht auf. »Die Herrschaften können sich auf mich verlassen, aber ich rechne natürlich damit, daß Sie Brot und Kuchen von mir beziehen.« Plump kam es heraus, fast unterwürfig. Uns fiel nur der Ausdruck »von mir« auf. Sonst aber kannten wir den Maxl kaum mehr. Er war vor diesen Leuten alles andere als ein roher, herrschsüchtiger Soldat.

»All right«, sagte Bock und erhob sich. Er schien recht zufrieden über Maxls Auskünfte.

»Aber Uolff! Die Leute sind uonderfull! Gib Mister Graf eine gute Zigarre«, rief seine kapriziöse Frau. Bock folgte. Der Maxl dankte wieder so hölzern und musterte die dunkle Havanna mit der schmucken Bauchbinde.

Sie seien den ganzen Monat im »Hotel Leinfelder« in München, meinten die Bocks, und sie hofften, daß ihnen der Maxl bald gute Nachrichten geben könne. Der Maxl komplimentierte sie hinaus. Als er in die Stube zurückkam, furchte er sofort seine eckige Stirn wieder.

»Absolut solvente Leute«, sagte er und musterte wiederum die Visitenkarte, »die werden eine sehr gute Kundschaft von uns.« Er warf einen harten Blick auf unsere Mutter und knurrte ungut: »Na, das Haar hätt'st du dir auch zurückstreichen können und eine saubere Schürze anlegen!« Sie sah ihn betreten an und, in die Kuchl zurückgehend, murrte sie bitter in sich hinein: »Jetzt bin ich ihm schon nicht mehr schön genug auch!« Es hörte sich an, als käme sie sich vor wie eine mißachtete Magd.

»Und vor jedem hergelaufenen Fremden kriecht er«, sagte die Theres.

Ich mußte zum Gerhaker hinuntergehen und ihm Bescheid geben. Am Abend kam der dicke Mann und redete mit dem Maxl lange in unserer Stube. Wir in der Kuchl hörten nur ab und zu »absolut solvent« und »Direktor aus Ägypten«, dann wieder dröhnte Gerhakers blecherner Baß dazwischen: »Ist gut, Herr Graf, ausgezeichnet! Machen wir! M – W, machen wir! Schicken Sie mir den Mann per Expreß! Ich hab' die verdammte Schose schon lang satt! Ich zeig' mich bestimmt erkenntlich, Herr Graf! M – W, machen wir!«

Vier Wochen später gehörte das »Seerestaurant« dem Ehepaar Bock. Sogleich wurde mit einem großzügigen Umbau begonnen. Ich stand zufällig mit den Unterbergern da, als der Gerhaker abzog. Er ging watschelnd durch den kiesbestreuten Wirtshausgarten. Nichts trug er als einen einzigen Koffer. Er kam auf die Straße und würdigte uns keines

Blickes. Da stand die Kutsche von einem Starnberger Lohnkutscher. Das Gefährt bog sich fast bedrohlich in der Mitte, als der dicke Mann drinnen saß.

»Los! Leichten Trab, bitte! Nobel, bitte! Nicht etwa wie Flucht darf das aussehn, verstehn Sie mich! Los!« kommandierte der schnaubende Gerhaker so laut, daß es jeder von uns hören konnte. Gemächlich fuhr die Kutsche aus dem Garten, kam auf die Straße und rollte schneller dahin.

»Unrecht ist der Gerhaker nicht g'wesen«, meinte der Fischer Liedl, und der Müller setzte dazu: »Nana – aber g'sponnen hat er halt hie und da.« –

Nach einiger Zeit bekam der Maxl vom Gerhaker einen Wertbrief aus Karlsbad. Er ging rasch damit in die Stube. Wir hörten Papier rascheln, weiter erfuhren wir nichts.

Offenbar aber mußte es dem wohllebigen ehemaligen Restaurateur in Karlsbad gar nicht gefallen haben. Bei einem Besuch erzählte uns die Roßkopfin, daß sie ihn wieder in München gesehen habe. Er lebe jetzt als ewig essender und trinkender Privatier in irgendeinem Hotel und sei auch durch sein Benehmen schon wieder aufgefallen. Eines Morgens fand man ihn in seinem Hotelzimmer tot auf. »Herzschlag« hieß der ärztliche Befund. –

Unter einen gemeinsamen Brief, den wir Geschwister dem Eugen nach Augsburg schickten, wo er beim 3. Infanterieregiment diente, schrieb unsere Mutter einmal: »Lieber Eugen! Hab Kumer und Verdrus bis ich ins Grab hineifale. Der Maxl ist kein ehrlicher Geschäftsman, wie es der Vater selig gewesen is. Er schmiert die Dienerschaft und meint, das is besser, aber das pringt ihm kein Glück.«

Sie klagte nicht grundlos. Uns allen war Maxls Geschäftsführung zuwider. Mit wehrlosem Verdruß sah Mutter, wie er ab und zu das Herrschaftspersonal mit Torten, teurem Likör und sogar Geld bestach, um ergiebige Bestellungen zu erzielen. Auf Anregung des Küchenchefs vom Fürsten Barjatinsky setzte er auf die Wochenrechnung stets Beträge für nie gelieferte Waren. Mit allen Herrschaftsdienern freundete er sich an und zahlte oft große Zechgelage. Als ihm unsere besorgte Mutter einmal entgegenhielt, daß das zu nichts Gutem führe, fuhr er sie schroff an: »Quatsch! Unsinn! Das verstehst du nicht! Das macht sich zehnmal bezahlt!« –

Zur alljährlichen Kirchweih ging es in unserem Haus wie in einem Wirtslokal zu. Es aßen jetzt nicht mehr nur die alten Verwandten gemütlich in der Stube und freuten sich aneinander. Nun kreischten die übermütigen Kurgäste der Rottmannshöhe, die Köchinnen und fürstlichen Diener in Stube und Kuchl und wurden protzenhaft reich bewirtet. Man konnte sich kaum noch umdrehen in dieser drängenden, lärmenden Fülle. Unausgesetzt hatten Mutter, Leni, Theres und Emma alle Hände voll zu tun, um die gierigen Gäste zu bedienen. Unsere Mutter stand am Herd und troff vor Schweiß. Sie versuchte geduldig zu lächeln, und sie hatte auch eine weiße Schürze an. Es roch nach Braten und gebackenen Nudeln, nach vergossenem Bier und Schnaps. Der Maxl war ausnehmend lustig und schäkerte mit den städtischen Damen. Und wenn es zu dunkeln anfing, wurden Bretter vor dem Platz zwischen der Ladentür und der hohen Esche gelegt. Die Ziehharmonika fing zu spielen an. Die lauten Paare tanzten auf den hingelegten Brettern lange, lange. Wir arbeiteten schon in der Backstube, und Mutter lag droben in ihrer einsamen Kammer schlaflos.

»So was kommt alles wieder rein! *Die* Geschäftsunkosten machen sich bezahlt«, meinte der Maxl, wenn die Mutter anderntags auf die zugrundegegangenen Überreste hinwies, auf zertretene Schmalznudeln, auf nur halb aufgegessene Bratenstücke und auf das schal gewordene viele Bier in den herumstehenden Krügen.

»Wir wären oft froh um einen Brocken Brot gewesen!« sagte sie, doch der Maxl fertigte sie schnell ab: »Was verstehst denn du von der neuen Zeit! ... Das weiß ich besser.«

Sie fuhr ins heiße Wasser und fing an, den Haufen Geschirr abzuspülen und wieder Ordnung zu machen ...

Der Eugen kam einige Male auf Urlaub heim. Er und der

Maxl redeten nur wenig miteinander. »Soso, ihr habt auch den 98er Karabiner?« oder ähnliche militärische Dinge sagte der Maxl. Doch wenn er sonntags ins Wirtshaus gegangen oder mit dem Radl fortgefahren war, gab es manche ruhige Stunde für unsere Mutter. Dann nämlich sammelten wir uns alle wie einst in der Kuchl, denn mit dem Eugen war gut reden. Das war wie Trost für die Mutter. Der Eugen sah zwar sehr schmuck in seiner Uniform aus, aber er war durchaus kein Soldat. Er ging ein auf unsere Klagen, er redete über die alltäglichen Dinge, die unsere Mutter vorbrachte, und die sagte dann: »Du hast einen Verstand, Eugen, mit dir läßt sich reden, aber mit dem? ... Ich weiß nicht!«

Doch der Eugen hatte Pläne, die unsere Mutter traurig machten. Er nahm während seiner Freistunden in Augsburg einen sogenannten »Fernunterricht« in Englisch und bildete sich kaufmännisch noch mehr aus. Er las wenig, aber er verehrte ganz bestimmte geschichtliche und politische Gestalten wie Napoleon, Cecil Rhodes und den sehr zivilistischen König Eduard VII. von England. Er war friedlich, heiter und gesellig. Das tat besonders unserer Mutter wohl.

»Hm, ich bleib' nicht in Deutschland ... Da gilt nur der Soldat was. Weiter sehn die nicht! ... Das gibt doch nochmal Krieg. Ich will meinen Kopf nur für mich selber riskieren«, deutete er einmal dunkel an. Er schwärmte für so etwas wie den großen, weltmännischen Geschäftsmann.

»Ich hab' mir die sonderbare Buchhaltung vom Maxl angesehen«, erklärte er uns einmal, »wißt ihr denn, was der alles ein- und austrägt? ... Ich krieg' ja mein Geld, das mir zusteht ... Mich geht ja das weiter nichts an. Ich hab' andere Pläne, aber ihr ... Resl, es wird gut sein, du schaust manchmal in die Bücher, die der Maxl führt.«

»Ja, und was ist's dann? Der macht ja doch, was er will!« fiel unsere Mutter ein, »ich bin froh, wenn's keinen Verdruß gibt.»

»Ich streit' mich bestimmt nicht mit dem Maxl herum«, meinte der Eugen, und das war ihr vollauf recht.

»Jaja, Eugen, hast auch recht ... Ich bin froh, wenn du da bist ... Da ist eine Ruh«, sagte sie und schaute ihn an. Auch er schaute sie ruhig an. Dann meinte er: »Am besten wär's, der Maxl tät' heiraten und du, Mutter, tät'st mit der Resl und der Emma zusammenziehn. Mit dem Maxl ist kein Auskommen.«

»Ja, aber mein Gott, wo wollen wir denn hinziehn? Und das G'red' von den Leuten dann!« seufzte die Mutter ausweglos.

»Ich will dem Maxl einmal einen Brief schreiben ... Ich geh' ja doch nach Amerika nach meiner Militärzeit«, kam der Eugen auf einmal mit seinem Plan heraus. Das machte unsere Mutter ganz hoffnungslos.

»Du? ... Nach Amerika? ... Wo es doch der Stasl schon nicht gut geht dort? ... Nein, Eugen, tu mir doch das nicht an! ... Bleib doch da! ... Du bringst dich doch überall fort«, flehte unsere Mutter. Er bekam einen kurzen, barmherzigen Ausdruck im Gesicht und tröstete sie: »Vielleicht überleg' ich mir's noch, wenn ich hier was Gutes find' ...«

Wir wußten, daß der Eugen schon lange mit der Stasl Briefe wechselte. Kurz nachdem er fortgefahren war, bekam der Maxl wirklich einen langen Brief von ihm. Er ging etliche Tage mürrischer als sonst herum und schlug uns noch erbarmungsloser, wenn ihn etwas ärgerte.

»Der Eugen geht nach Amerika und will sein Geld haben«, warf er einmal beim Mittagessen hin und setzte, indem er Theres und Emma drohend anschaute, dazu: »Ihr könnt euer Geld alle haben, wenn ihr's braucht.«

»Hoho, ist's schon soweit! Die Mutter hat doch noch gar nicht übergeben!« hielt ihm die Theres scharf entgegen, »wir überlegen's uns, wie's *uns* paßt!« Kalt und giftig sah sie den Maxl an.

»Um Gottes willen, streitets doch nicht schon wieder!« rief unsere Mutter ängstlich. Ihr Gesicht wurde ganz verzagt. Die zwei älteren Schwestern standen ohne ein Wort vom Tisch auf und gingen hinaus. »Los jetzt! Los-los! Auf!« befahl der Maxl uns Jüngeren. Ganz allein fing die

Mutter das Schlußgebet an. Wir hörten ihre traurige, eintönige Stimme. –

Der Eugen kam vom Militär heim. Es gab einige Aussprachen zwischen ihm und dem Maxl, aber die beiden stritten nicht. Das schrieb Mutter der Nachgiebigkeit Eugens zu. Sie war froh darüber. Obgleich aber Eugen bereits neue Koffer und Anzüge kaufte, wollte sie noch immer nicht glauben, daß er so weit fortgehe. Erst als sie merkte, daß sein Entschluß unabänderlich sei, verlor sie jeden Mut.

»Aber warum sagt ihr mir denn nichts mehr?« bestürmte sie den Eugen, der ihr entgegenhielt, daß er's doch gesagt habe. Sie überhörte alles und redete bitter weiter: »Was bin ich denn noch? Jetzt gehst du auch fort, Eugen? Und so weit!«

»Gräm dich doch nicht so, Mutter«, versuchte sie der Eugen zu beruhigen, »ich komm' ja wieder! Heut ist das nicht mehr wie früher! Amerika ist gar nicht mehr so weit weg!« Sie sah ihn ungewiß an. Ein schweres Bangen der Zukunft stand auf ihrem wehen Gesicht.

Zwei Tage darauf fuhr der Eugen fort. Seine Starnberger Braut wollte er bald nachkommen lassen. Theres und Emma befreundeten sich sehr eng mit ihr und besuchten sie oft. Wie alle unberührten Mädchen fühlten sie sich zu dieser jungen Mutter hingezogen und tauschten mit ihr ihre Geheimnisse aus.

»Ich will ja mein Leben auch grad nicht mit dem Brotausfahren weitermachen«, erklärte die Theres der Mutter einmal, von Starnberg heimkommend, »ich such' mir jetzt eine Lehrstelle als Modistin ... Später kann ich mit der Emma ein Modengeschäft aufmachen.«

»Ein Modengeschäft? ... Wo lauter Bauernleut sind? Geh!« widersprach die Mutter, aber auch die Theres ließ sich nicht mehr umstimmen.

»Und dann nehmen wir dich zu uns, Mutter«, sagte die Emma zärtlich. »Hm-ha, mich? ... Um mich braucht sich kein's kümmern ... Ich stirb sowieso bald«, sagte die Mutter verdrossen.

Bald darauf fuhr Theres nach München und lernte in einem Geschäft am Gärtnerplatz-Theater das Hütemachen.

Immer leerer wurde das Haus. Immer einsamer wurde es um die Mutter. –

Leni, die Magd

Wenn ein Mensch inmitten der Menschen vereinsamt, dann stirbt er ab. Das schien bei unserem Vater der Fall gewesen zu sein. Wenn man's genau betrachtete – wieviel im Guten und im Bösen hatte ihm doch der Kastenjakl vererbt! Aus dessen Niederschriften erfuhr er einst die Herkunft seines vielverfolgten Geschlechts, das Erlittene seiner waldensischen Väter und Urväter. Dadurch erhielt er gleichsam die innere Waffnung, die mit den zunehmenden, bitteren Erfahrungen immer schärfer wurde. Kastenjakls Unternehmungslust und Weitsicht, aber auch dessen Lieblosigkeit und Ungläubigkeit wirkten unvermindert in ihm nach. Er befand sich sein Leben lang in wildem inneren Widerstreit: Da sprach sein Hirn und hier sein Herz, und keines siegte je über das andere. Er litt oft fast verzehrend an sich und an seinem störrischen Eigensinn. Immer war er von Plänen besessen, wog ab, dachte ungeduldig und handelte waghalsig. Stets wollte er über alle Widerstände triumphieren, wollte Bewunderung und Respekt hervorrufen, die Seinen stolz machen und sie mit Freude erfüllen, aber er war unfähig, jemals aus dem Vollen zu lieben. Darum stand er beständig im Zweikampf mit seiner Umgebung und mit den Menschen, die zu ihm gehörten. Seine Lieblosigkeit und Ungläubigkeit aber gerade zerbrachen ihn schließlich mehr als alles andere. Zuletzt, als es zum Sterben ging, waren ihm alle fremd geworden, sogar unsere Mutter.

Die aber konnte nicht leben ohne Glauben und Liebe.

Deswegen litt sie wahrscheinlich so geduldig. Denn leiden um einer Sache willen erträgt sich leichter, als leiden um seiner selbst willen.

Wenn es auch schien, als sei sie ganz allein, *ein* Mensch war doch noch im Haus, dem sie sich aufschloß: die Leni, unsere Magd.

Wir Geschwister bargen nur Verdruß für sie und entglitten ihr. Die Leni aber war wie sie.

Manchmal auf dem Heimweg von der sonntäglichen Vesper ging unsere Mutter mit ihr durch die reifenden Felder. Seit einiger Zeit war auch ihr zweiter Fuß aufgebrochen. Das Gehen machte ihr Mühe. Jeder Schritt schmerzte. Sie ging schwer und langsam dahin, blieb öfter stehen, holte tief Atem und schaute nachdenklich über die leicht bewegten Ähren. Es war summend still. Im hohen blaßblauen Himmel schwammen etliche durchsichtige Schäferwölkchen.

Mechanisch griff Mutter nach einer vollen Ähre und zerdrückte sie.

»Schön steht alles da«, sagte sie.

»Ja, aber es müßt' noch ein paarmal regnen«, meinte die Leni ebenso. Die Mutter schien es zu überhören. Sie sah zwischen die dünnen Stengel nieder auf die braunschwarze Erde und sagte wie für sich: »Hm, und da drunten liegen wir einmal alle.« Eine unsagbare Melancholie lag in ihren Worten. Wahrscheinlich dachte sie: Was ist der Mensch? Nichts anderes als dieser schwarze Boden ... Einmal wächst alles über ihn weg ...

Sie gingen weiter.

»Arg brennen tuns, meine Füß«, nahm die Mutter das Gespräch wieder auf.

»Ja, und die Hund' fressen Gras. Da wird der Regen nicht mehr lang auf sich warten lassen«, sagte die Leni, denn das waren sichere Anzeichen dafür.

»Hm, solang schreibt er nicht, der Eugen«, fiel der Mutter ein.

»Amerika ist ja auch recht weit weg«, tröstete sie die Leni.

»Die Älteren haben jetzt alle was gelernt. Jedes kann sich fortbringen, aber die Jüngeren? ... Da, wenn der Maxl einmal heiratet, die wirft er einfach hinaus«, redete Mutter leicht bekümmert weiter. Die Leni schwieg.

Sie blieben vor der kleinen Anna-Kapelle stehen, die der Schatzl einst erbauen hatte lassen. Von da führte, an hohen Eichen vorüber, ein schmaler, ausgefahrener Weg hügelwärts ins Dorf. Rücklings und rechter Hand begann eine ausgedehnte Buchen- und Fichtenwaldung. Gleich das erste Geviert davon gehörte zu unserem Grundbesitz. Nachmittagsmüd trillerten vereinzelte Vögel in den Baumkronen.

»Das Holz hat der Bäck seinerzeit noch vom Schmalzer-Hans eingehandelt«, deutete Mutter in die Richtung und fuhr fort: »Das hat sich schön herausgewachsen und ist schlagbar geworden. Das ist was wert ... Ich hab' bloß Angst, wenn der Maxl der Theres und der Emma ihr Heiratsgut einmal nauszahlen muß, daß er nachher Geld drauf aufnimmt, denn wo soll er denn auf einmal den Haufen Geld hernehmen.«

Sie und wir alle wußten nie etwas Genaueres drüber, wie sich unser Geschäft eigentlich rentiere und ob überhaupt bares Geld da sei. Wir sahen nur: Not gab es schon lange, lange keine mehr bei uns. Wenn etwas nötig war, wurde es gekauft. Keinem von uns ging je etwas ab. Allerdings größere Beträge kamen uns höchstens dann zu Gesicht, wenn eine Mehl- oder Kolonialwaren-Rechnung beglichen werden mußte. An den Schreibtisch aber ließ der Maxl keinen. Die Bücher führte er allein, und wenn er fortging, sperrte er sie ein.

»Jaja, schön steht's da, das Holz«, sagte die Leni im Weitergehen und stützte Mutter am Arm, weil der Weg sehr steinig wurde.

»Hm, lang wird es nicht mehr hergehn«, sagte die wieder, »ich bin bloß neugierig, was er einmal für eine Hochzeiterin d'herbringt, der Maxl ... Ganz g'wiß so eine sieb'ngescheite, feine Herrschaftsköchin, die nichts versteht vom Geschäft und von der Feldarbeit ...« Sie verschnaufte kurz und fügte verdrossen hinzu: »Besser wär's schon bald, ich tät's nicht mehr erleben ...« Die Leni wußte nichts drauf zu sagen.

»Eine Einheimische schaut er ja gar nicht an ... Den Kopf tragt er weiß Gott wie hoch«, nörgelte Mutter weiter. »Eine ordentliche Person mag er überhaupt nicht.« Und ganz geschwind, unvermerkt, schaute sie die Leni an. Die aber spürte es, schlug die Augen nieder und meinte endlich: »Ja, mein Gott, da kann man keinem was einreden ...« Sie wußte mehr als wir alle. Seitdem sie statt der Theres das Brot nach Leoni fuhr, gab ihr der Maxl manchmal insgeheim Konfekt oder eine Torte für die Kammerzofe vom Kommerzienrat Weinmann mit. Leni ließ nie etwas darüber verlauten. Sie war nur Dienstbote und tat, was man ihr auftrug. Sie glich aber auch der Mutter darin, daß sie jede Ursache zu einem Streit ängstlich vermied.

Die Mutter stolperte über einen Stein. Meßbuch und Rosenkranz fielen ihr aus der Hand. Gerade noch rechtzeitig konnte sie sich auf die Leni stützen. Eine jähe Blutwallung war der Taumelnden ins Gesicht gestiegen. Sie holte bedrängt Atem, schüttelte den Kopf und sagte: »Hm, hm, gar nichts mehr bin ich! Ganz invalid komm ich mir hie und da vor.«

»Stolpern tut jeder einmal«, beruhigte sie die Leni. Wieder schaute die Mutter in ihr kleines, knochiges, gradliniges Gesicht und sagte weich, fast zärtlich: »Leni! Daß du bei uns bist, das ist noch ein Glück!« Leni wurde verlegen und um und um rot. –

Ich war inzwischen aus der Schule gekommen und arbeitete nun als Lehrling nachts in unserer Backstube. Schon lange hatte ich mir Gedanken darüber gemacht, was ich für einen Beruf erlernen wollte. Zuerst versuchte ich es als Erfinder, da ich zufällig einmal Edisons märchenhaften Aufstieg gelesen hatte. Alles, was ich von jetzt ab in die Augen bekam, schien mir für Verbesserungen geeignet. Eine wirre Masse von Ideen ging mir durch den Kopf. Während des Brotaustragens – der schönsten Zeit meines Tages – dachte ich mir einen sich selbst ziehenden Flaschenkork und einen sehr umständlichen, aber – wie ich mir felsenfest einbildete – durch seine Mechanik verbesserten Stiefelzieher aus. Emma, der ich diese Pläne verriet, gab mir Geld. Ich schrieb an alle möglichen Firmen und Patentanwälte, und die Antworten ließ ich an unseren mondsüchtigen Schuster Andreas Lang leiten. Der »Anderl« bekam als Schweigegeld Brot oder Geld. Die Anwälte lobten meine Erfindungen und hielten sie für durchaus lukrativ. Ich mußte fünfundzwanzig Mark schicken. Dafür machten sie die technisch einwandfreien Zeichnungen und besorgten die Anmeldung beim Kaiserlichen Patentamt in Berlin. Allerdings kostete die Anmeldung erneut Geld. Emma ließ sich wieder bereden. In einigen Wochen war ich Inhaber zweier »deutscher Gebrauchsmusterschutz«-Dokumente. Ich ließ in Starnberg Prospekte drucken und verschickte sie nach allen Himmelsrichtungen. Meine Briefe waren höchst naiv und unmöglich. Ich bot an, nannte eine Summe und unterbot sie im gleichen Schreiben. Dennoch antworteten einige Firmen und verlangten ein Modell. Geld, List und Mühe kostete es, bis das bewerkstelligt war. Doch das Modell funktionierte nicht. Die Emma verlor die Geduld. Unter dem Dachboden verrosteten die Reste meiner Erfindungen.

Nun aber wollte ich Tierarzt werden und bestellte die einschlägige Literatur. Mit heißem Eifer studierte ich während des Brotausfahrens die mit unverständlichen Fremdwörtern gespickten Kompendien. Ganze Seiten lernte ich auswendig davon, und in einer Frühe gestand ich der Mutter meinen Plan. Der Maxl durfte ja zunächst von all dem nichts wissen.

»Was? ... Tierarzt? Geh! Da ist doch Bäckerei viel besser!« wollte sie mich davon abbringen. Sie sah von vornherein, wie vergeblich alles sein würde und schloß traurig: »Wenn ich das dem Maxl sag', der haut dich bloß recht.« Sie hatte recht. Ich wußte es. Er hatte jeden Willen in mir totgeschlagen, jede eigene Entschlußkraft zerbrochen. Ich lebte in ständiger Angst vor ihm, geduckt und ziemlich abgestumpft, und ich sagte ihm kein wahres Wort mehr. Doch ich wollte heraus aus dieser Enge und Düsternis und raffte meine ganze Hoffnung zusammen. Ich drang in die Mutter wie nie zuvor, wenn ich auch spürte, wie wenig sie mir helfen konnte. War sie denn nicht genau so eingeschüchtert und gedrückt wie ich?

Als ich etliche Tage später tief am Vormittag von meinem Brotgang zurückkam, wußte der Maxl alles. Er stand vom Schreibtisch in der Stube auf und erschien groß und drohend in der offenen Tür.

»Was? ... Paß einmal auf, Kerl, blöder! Tierarzt willst du werden!« rief er, »Bäckerei lernst du, fertig!« Damit war die Sache abgetan. Die Mutter war froh, daß er mich nicht geprügelt hatte. Traurig stellte sie mir den milchverdünnten Tee hin und seufzte: »Brot geht doch immer! Essen *müssen* die Leut'!«

Mein Tag verlief wieder wie immer: Nachts um neun Uhr aufstehen und werkeln, in der Frühe um sechs mit dem Brot fort bis kurz vor Mittag, heim und Gsottschneiden, Holzmachen für den Backofen, nach dem Mittagessen bis fünf oder sechs Uhr mit dem Maxl »konditern« und dann ins Bett.

Auch dieser schwere Sommer verging wie jeder andere. Anfang Herbst kam der Maurus, der ausgelernt hatte, aus Karlruhe nach Hause. Die Herrschaften waren fort. Der Maxl ging ins Holz oder fuhr Mist auf die Felder und überließ dem Maurus die wenige Konditorarbeit. Er sah ihn nicht gern, redete wenig mit ihm, die beiden wichen einander, so gut es ging, aus, doch sie stritten wenigstens nie. Nun gab es ruhigere Zeiten für mich. Ich brauchte dem Maurus nicht viel helfen, aber ich tat es gern. Jetzt konnte ich ja oft bis nach Mitternacht schlafen, ehe wir das Backen anfingen.

Der Maurus hatte viele Bücher mitgebracht. Er las Goethe und Heine ebenso eifrig wie Flaubert, Balzac, Stendhal, Maupassant und Zola. Ibsen, Björnson und Strindberg, die damals in Deutschland gerade berühmt wurden, lagen ihm näher als Dostojewski und Gogol, und Gorki mochte er lieber als Tolstoi. Er verstieg sich bis Leibniz, Spinoza, zu Fichte, Kant und Schopenhauer, aus deren Schriften er ganze Hefte voll tiefsinniger Sentenzen abschrieb. In diesen Heften standen auch Gedichte von Klassikern und solche, die er in Zeitungen oder Zeitschriften gelesen hatte. Jede Seite schmückte er mit einer hübschen, selbstgezeichneten Vignette, die er immer wieder verbesserte.

Maurus suchte mich beständig für seine Bücher zu interessieren und gab sich alle Mühe, mir das Gelesene begreiflich zu machen. Ich konnte aber vieles nicht erfassen und wurde schnell müde dabei. Dann wurde er ärgerlich und schlug mich, und es war seltsam, wie er sich dabei erregen konnte. Er war dem Weinen nahe vor Wut und redete in einem fort auf mich ein: »Ja, verstehst du's denn wirklich noch nicht? ... Noch nicht? ... Das ist doch schön! Da muß man doch lachen! Begreif doch, du Aff, du blöder! Warum weinst du denn, du Esel? ... Paß doch besser auf, dann wirst du schon dahinterkommen, wie wunderschön das ist.« Ich wußte mir zuletzt nicht mehr anders zu helfen, wischte meine Tränen ab, nickte und versuchte, gefroren zu lachen oder beflissen zuzustimmen. Nach einiger Zeit aber lasen wir geradezu um die Wette und freuten uns über die Begeisterung, in die uns die Bücher versetzten.

Ich erinnere mich noch der Spaziergänge an den Sonntagnachmittagen, die wir, mit irgendeinem Buch in der Tasche, gemeinsam machten. Wir hockten uns auf einen stillen Wiesenabhang und schwärmten. Wir lasen damals den ›Vater‹ von Strindberg. Mein Gott, und wir verstiegen uns sogar soweit, die Ehe unseres Vaters und unserer Mutter mit diesem Strindbergschen Ehedrama zu vergleichen, und da war doch alles, alles ganz, ganz anders gewesen. Aber der Mensch, der zum erstenmal ganz hingegeben liest, dem scheint alles Gelesene Leben zu werden, Leben der nächsten Menschen, die er kennt!

Maurus blieb aber leider nicht lange daheim und suchte sich auswärts eine Stellung. Der Maxl war sehr zufrieden damit. Er hatte sich heimlich dessen Backrezepte abgeschrieben.

Für Anna und mich war die abenteuerliche Zeit, wo wir mit anderen Schulkameraden gewildert hatten, längst vorüber. Der Lenz war einmal dagewesen, hatte von einer Polizeistrafe, die er absitzen sollte, erzählt und gesagt: »Mich erwischen die nie! Ich geh' einfach zum Eugen nach Amerika!« Er nahm die Gewehre mit und verkaufte sie in München. Wir hörten nichts mehr von ihm.

Maurus hatte die Bücher mitgenommen. Ich aber konnte das Lesen nicht mehr missen. Wieder sprach ich mit dem Schuster Lang. Er willigte ein, und ich ließ mir eine Menge neuer Bücher an seine Adresse schicken. Niemand als Anna wußte es. Ich las ihr manchmal während des Brotaustragens Gedichte vor, und wir wurden schwärmerisch, ja beseligt, bis wir wieder daheim ankamen. –

Der Winter war diesmal jäh, lawinengleich auf die Gegend niedergebrochen. In der stockdunklen Frühe watete ich auf der Straße durch das Starnberger Holz und versank immer wieder in den kalten, hohen Schneemassen. Mit stundenlanger Verspätung kam ich schweißtriefend bei den Kundschaften an. Es läutete meistens schon Mittag, bis ich heimkehrte.

»Paß einmal auf, Kerl!« fuhr mich der Maxl drohend an, »wo treibst du dich denn immer so lang 'rum.«

»Es ist was passiert! Die Tochter vom Baron Kapherr ist vom Fenster heruntergesprungen! Sie ist tot!« hastete ich angstvoll heraus, und das rettete mich vor dem Prügeln. Blaß und angegriffen stand ich da.

»Was? Wie weißt du denn das?« fragte mich der Maxl, und ich erzählte: Als ich vom seitab gelegenen Hausmeisterhaus in der schneeigen Dunkelheit zum Schloß hinübergewatet war, hatte ich im ersten Stock das offene Fenster des hellerleuchteten Zimmers gesehen. Ich stieß auf etwas mit meinen Stiefeln. Ein zufälliger Baumstamm oder Stein konnte es sein. Ich stupste mit den Stiefelspitzen daran, beugte mich nieder, griff herum und fühlte auf einmal dünnen Stoff und einen nachgiebigen Körper. Es war die Baronstochter. Erschreckt lief ich zurück zum Hausmeister. Ganz Kempfenhausen war aufgeregt. Die Gegend sprach davon. Die Baronstochter, ein etwas verstiegenes, scheues Ding, hatte sich in einen Münchner Kunstmaler verliebt und erwartete ein Kind von ihm. Das konnten die Kapherrs nicht ertragen. Ihr adeliger Widerstand hatte die kaum Neunzehnjährige in den Tod getrieben.

Es fiel mir auf, daß der Maxl so sonderbar interessiert zuhörte. Nach dem Mittagessen warf er wie nebenbei hin: »Tja, es hilft nichts mehr, ich muß nach München und meine Zähne richten lassen! Die Behandlung muß fix gehn! Aber ich bleib' wahrscheinlich zwei, drei Tag' in der Stadt.«

Niemand sagte etwas darauf. Wir atmeten alle erleichtert auf, als er fort war. Wir hockten um den großen eschernen Tisch in der Kuchl und schnitten die gekochten Trockenbirnen und Feigen für das schwere Kletzenbrot, das zwischen Weihnachten und Neujahr gebacken wurde. Die Kuchl war schon angedunkelt, und es war heimelig warm.

»Daß der uns gar einmal allein läßt! Daß er uns traut, wenn er weg ist!« sagte Mutter in bezug auf den Maxl. Die Leni schnitt eifriger. »Er hat doch gesagt, er hat was mit den Zähnen«, meinte Emma spöttisch, »vielleicht geht der Herr auf Brautschau!« Doch das interessierte keinen. Die Emma drehte das elektrische Licht an und zog einen Brief aus ihrer Schürze. Er war vom Eugen aus Amerika. Er hatte ihn für uns an seine Starnberger Braut geschickt. Er schilderte die Überfahrt und die Reise zur Stasl und beschrieb die Einzelheiten sehr bildhaft, aber wir wurden erst gespannt, als er auf unsere alte Tante zu sprechen kam.

»Sie ist sehr alt geworden, aber sie hat viel vom Vater«, schrieb er, »man kann mit ihr über alles reden, aber es geht ihr nicht gut. Ihr Mann, der Voshank, ist ein sehr eingebildeter, widerwärtiger Kerl, der mich immer belehren will. Er arbeitet im Bergwerk, gibt aber der Stasl nur ganz wenig. Sie muß sich ihr Geld selber verdienen und vermietet an andere Bergarbeiter aus Polen, Österreich und Deutschland. Sie kocht und wäscht für sie und muß hinter jedem Dollar her sein.«

»Jaja«, erinnerte sich unsere Mutter, »das hat die Stasl damals auch schon an den Vater selig geschrieben ... Zehn oder elf Jahre wird's jetzt her sein.« Die ganze lange Zeit waren die Voshanks nicht weitergekommen! Warum redeten denn dann die Leute immer vom »goldenen Amerika«?

Die Emma las weiter: »Seattle ist ein weit auseinander gezogenes, häßliches Bergarbeiterstädtchen, liegt ganz im Nordwesten und nicht weit weg von Indianerreservationen. Die Häuser sind hier, bis auf einige in der ›City‹, die sehr hoch sind, alle aus Holz und sehr verwahrlost. Niemand läßt etwas richten dran. Das nimmt Geld und Zeit, und die Stasl sagt, zu was? In Amerika bleibt keiner lang auf einem Fleck.«

»Aber sie ist doch schon so lang dort«, warf unsere Mutter ein. Ungeduldig wehrte Emma ab und fuhr fort: »Jeder hängt hier nur am Verdienen und am Dollar. Dafür schuften sie, jeder, soviel er nur kann, Frauen und Männer. Als Kaufmann kann ich hier nichts machen. Ich werde entweder wieder in die Bäckerei gehen oder vorläufig ins Bergwerk. Der Voshank glaubt, sie nehmen mich.« Unsere Mutter bekam ein immer verdrießlicheres Gesicht. Wahrscheinlich dachte sie: Zu was hat er nun so weit fort müssen, der Eugen, und in dieses Elend hinein?

Und – sie war nicht überheblich, doch sie hatte irgendein dunkles Gefühl, als sei der Absturz vom Eugen sehr, sehr beschämend. Die Emma las weiter: »Aber habt nur keine Angst um mich! Kümmere dich nicht um mich, liebe Mutter! Ein junger Mensch kann sich überall hinaufarbeiten. Wie er das hier macht, danach fragt niemand. Was er ist, das interessiert nicht, man fragt sich nur gegenseitig, wenn man sich trifft: ›Was machst du Dollars?‹ Die Deutschen sucht man, weil sie sehr tüchtig sind und am meisten arbeiten, aber sie kennen dich auch sofort nicht mehr, wenn sie einmal in Amerika sind.«

»Und bei der Brauerei in Starnberg, da hat er's so schön

gehabt ... Wer weiß denn, ob er sie nachkommen lassen kann«, meinte unsere Mutter wiederum bekümmert. Peppi hieß Eugens Braut. Emma überhörte es und las von neuem: »Erinnert Ihr Euch noch, daß die Stasl dem Vater einmal von einem Graf geschrieben hat, der in Philadelphia ansässig war? Er ist Maurer gewesen, und in seinem Haus hat Thomas Jefferson – das war ein großer amerikanischer Staatsmann und Präsident – im Jahre 1775 die Unabhängigkeitserklärung entworfen. Der Graf muß einer aus dem Salzburgischen gewesen sein, die man damals als Ketzer vertrieben hat. Die Stasl hat das Zeitungsblatt aufgehoben. Ganz stolz sagt sie: Wir Grafs sind schon alte Amerikaner. Wenn ich einmal Zeit hab' und mehr bekannt bin, will ich dem nachgehen.«

»Hm, was der alles schreibt, hm! ... Ketzer? Davon weiß ich nichts! ... Was ist denn das eigentlich, ein Ketzer?« fragte unsere Mutter und ergänzte: »Solang ich überhaupt weiß, sind die Bäcks in Berg gewesen.« Sie hatte die Niederschriften Kastenjakls nie gesehen. Sie las nur ab und zu den ›Kirchenanzeiger‹ im Starnberger ›Land- und Seeboten‹ und die Todesanzeigen. Ketzer, das war für sie ein fremdes, nicht ganz geheures Wort. Sie schaute auf die Leni.

»Ketzer, hat unser Pfarrer allweil gesagt, das sind Lutherische gewesen«, antwortete die, und da murrte unsere Mutter leicht ärgerlich: »Ah! Geh! Der Vater selig hat doch genau seinen katholischen Glauben gehabt wie ich! Anders wenn's g'wesen wär', hätten wir doch gar nicht kopuliert werden können! ... Die Stasl ist noch genau so eigensinnig wie früher!«

»Jetzt ist's gleich aus«, warf die Emma dazwischen und las den Schlußabsatz des Briefes: »Die Stasl sagt immer, ich würde dem Vater gar nicht ähnlich sehen, sondern Dir, liebe Mutter. Sie läßt Euch alle herzlich grüßen. Schreibt mir bald und recht viel. Ich möchte wissen, was der Maurus und der Lenz machen. Vielleicht können sie auch herüberkommen, dann fangen wir gemeinsam etwas an, eine Bäckerei oder Konditorei. So was hat hier, wie die Stasl sagt, große Zukunft.«

»Ja freilich, das auch noch!« rief unsere Mutter, »den Eugen seh' ich sowieso nicht mehr!«

Später suchten wir in dem eingelassenen Mauerkästchen in Mutters Kammer nach Niederschriften vom Kastenjakl, die uns auf einmal heftig interessierten. Wir kamen in die Stube, wollten im Schreibtisch suchen, aber Maxl hatte alle Schubladen versperrt.

Vor dem Zubettgehen saß ich noch mit der Emma in ihrer Nähkammer beisammen. Auch ihr waren die Aufzeichnungen unseres Großonkels beim letzten Hausumbau in die Hände gekommen. Sie hatte einiges überflogen, aber nicht weiter beachtet. Nachdenklich sagte sie: »Jaja, es kann vielleicht sein, daß wir Grafs einmal Protestanten gewesen sind. Den Luther hat ja Vater immer sehr verehrt ... Ja, und aus Salzburg kommen wir her, das ist auch wahr.« Sie, die immer empfindsam und phantasievoll war, besann sich kurz und schloß mit einer leichten Begeisterung: »Hm, es ist eigentlich schön, es ist großartig, wenn man denkt, daß wir Grafs über die ganze Welt verstreut sind.«

Mit ihrer und Theres' Hilfe konnte sich Eugens Braut nach ungefähr einem knappen Jahr nach Amerika einschiffen. Gleich nach ihrer Ankunft heirateten die beiden. Das kleine »Pepperl«, ihr Kind, kam in unser Haus. Unsere Mutter zog es auf, als wäre es ihr eigenes.

Unser jetziger Bäckergeselle hieß Michael Beckenbauer. Er schlug mich fast nie und versuchte mich politisch aufzuklären, doch ich begriff nur wenig. Er war klein, fast schwächlich, hatte einen Vollbart und schnupfte sehr viel. Die meiste Zeit lächelte er spöttisch und war gar nicht unterwürfig. Darum mochte ihn der Maxl auch nicht. Er konnte ihn aber auch aus einem anderen Grund nicht leiden. Während der sommerlichen Hochsaison beschäftigten die Bocks ab und zu einige Dorfmädchen in ihrer Hotelküche. Je nach ihrer Laune mischte sich die kleine Frau Bock in den Betrieb und regierte herum, als sei sie im Sudan. Sie schlug sogar die Mädchen ein paarmal, und die liefen einfach weg und schimpften überall herum. Im Dorf gab es eine arge Mißstimmung, doch der Maxl fand das Benehmen der Frau Bock »ganz in Ordnung«. Seiner Art entsprechend gab er stets den widerspenstigen Menschen die Schuld, denn ein dienender Mensch hatte zu gehorchen. Der Beckenbauer hörte von allem und fuhr einmal in die Stadt. Als er des Nachts mit mir am Trog stand, sagte er fast schadenfroh: »Jetzt wart' einmal ab, Oskarl, diese Herrschaften da drunten im Seehotel werden bald erleben, daß der Dienstbote kein Vieh ist ... Aber red' nichts drüber, verstehst du?« Ich versprach es. Ich war sehr gespannt. Bald darauf kam eine Kommission ins Seehotel. Die Leute erfuhren es durch Kellner und Koch. Die Bocks wurden auf einmal sehr kleinlaut. Im Dorf freute sich jeder, daß ihnen ein Dämpfer aufgesetzt worden war.

Ob nun die Bocks erfahren hatten, daß die Kommission von unserem Gesellen gerufen worden war, kam nicht heraus. Jedenfalls aber stellten sie einen Konditor an und bezogen keine Kuchen mehr von uns. Der Maxl suchte sie auf, erfuhr ihren Verdacht und war sehr verärgert, aber seltsamerweise stellte er den Beckenbauer nicht zur Rede. –

»Siehst du, Oskarl, das ist die Macht der Partei«, versuchte der Geselle mich nachts aufzuklären, »wenn wir Sozialdemokraten erst einmal das Übergewicht haben, gibt's solche Ausbeuterschweinereien nicht mehr.« »Partei« und »Sozialdemokratie« kamen mir in diesem Augenblick als etwas sehr Geheimnisvolles und Mächtiges vor. Und welchen jungen Menschen zieht so etwas nicht an! Die Ideen und Erzählungen von Beckenbauer interessierten mich, ja, spannten mich von Tag zu Tag mehr.

In der Faschingszeit, wenn die großen Bälle abgehalten wurden, mußten wir viel mehr Brot backen. Der Maxl als Geschäftsmann sollte eigentlich diese Bälle besuchen, denn die Wirte waren gute Kundschaften von uns. Gerade jetzt aber fuhr er auffallend oft in die Stadt. Tief in der Nacht kam er heim und half einige Stunden mit. Zufällig entdeckte er einmal, auf dem Fensterbrett liegend, eine Broschüre ›Was die Sozialdemokratie den Lehrlingen zu sagen hat‹. Beckenbauer hatte sie mir gegeben. Der Maxl verfinsterte sein Gesicht. Ich bekam Herzklopfen. Diesmal aber schlug er mich nicht.

»Ist das von Ihnen?« wandte er sich an den Gesellen.

»Jawohl!« nickte der und setzte keck dazu: »Ich bin nämlich, wenn Sie es genau wissen wollen, Sozialdemokrat. Ich vertrete die Interessen meiner Klasse wie Sie die ihrigen.«

Der Maxl, etwas verblüfft über diese Kühnheit, hielt kurz inne. Dann sagte er: »Das gibt's bei mir nicht, verstanden?« Indessen der vollbärtige Geselle erwiderte ganz und gar uneingeschüchtert: »Soso! ... Naja, wenn Sie meinen – ich zieh' die Konsequenzen!« Das verdutzte den Maxl noch mehr. Wieder wußte er nicht gleich etwas darauf zu sagen, besann sich, nahm die Broschüre und meinte: »Wir reden morgen drüber.«

Wortlos tappte er aus der Backstube. Ich war erregt und geängstigt. Der Mut Beckenbauers imponierte mir, und das machte mich auch zaghaft mutvoll.

»Haha!« lachte der Geselle, als wir allein waren, »der Herr Bäckermeister! Die Herren Unternehmer! Auf einmal gehen ihnen die Arbeiter auf die Nerven! ... Nur die Ruhe, wir Sozialdemokraten haben den Bismarck überstanden, und der Kaiser samt seinem Bülow können uns nichts mehr verbieten – und so ein Bäckermeister erst recht nicht, verstehst du, Oskarl?«

Den Bismarck, fiel mir ein, den hatte aber doch mein Vater selig sehr verehrt. Verwirrt sah ich auf den Beckenbauer. Der redete munter weiter: »Dein Herr Bruder, Oskarl, der müßt' uns Sozialdemokraten eigentlich dankbar sein. Wenn wir nicht gewesen wären, wär' er vielleicht schon längst im Krieg gefallen ... Nur unsere Partei hat den ganzen Schwindel mit der Marokko-Krise verhindert!«

Richtig, fiel mir ein, seinerzeit hatte der Maxl doch immer gesagt, er müsse in den Krieg! Ich erinnerte mich auch der Predigt vom Pfarrer Jost wieder. Der hatte genau wie der Beckenbauer gegen den Krieg geredet. Hm, und damals war's also um Marokko gegangen, und jetzt, wie der Bekkenbauer erzählte, tobte schon wieder so was wie eine Marokko-Krise. Auch redete er immer was daher vom »säbelrasselnden Kaiser« und der Londoner ›Daily-Telegraph‹-Affäre. Schon seit dem Vater mochte ich den Kaiser nicht mehr. Er schaute auf allen Bildern auch immer so stirnrunzelnd verwichtigt drein wie der Maxl.

»Der Kaiser hat die Franzosen und Engländer arg verschnupft. Ganz wild sind sie über sein saudummes Daherreden!« politisierte der Beckenbauer weiter, als habe er einen Menschen seines Alters vor sich. »Fährt da einfach wie ein Seeräuber nach Marokko und hetzt den Sultan auf! ... Und jetzt kommt außerdem raus, daß er seinerzeit *mit* den Engländern *gegen* die Buren gewesen ist! Und uns hat er weismachen wollen, er und sein Bülow sind *für* die Buren wie wir ... Diese politische Windbeutelei hört sich bald auf!«

Von jetzt ab hörte ich sehr genau hin, wenn zum Beispiel die Frau Direktor, die immer viele Zeitungen las, sich über den Kaiser im Laden ausließ. Überhaupt schien mir, als seien alle Herrschaften gegen ihn. Es wurde ruchbar, daß er der großen Londoner Zeitung ein Interview gegeben hatte, worin er ganz offen verriet, daß er den Engländern sogar einen genauen Generalstabsplan geliefert hatte, mit dem dieselben schließlich über die Buren siegten! Und, hatte er gesagt, Deutschland müsse eine starke Flotte haben, um »in kommenden, vielleicht nicht fernen Tagen bei der Lösung der Frage des Stillen Ozeans mitzusprechen«. Das beunruhigte jeden Eingeweihten und vor allem, wie es hieß, die Seemächte der Welt. Die Herrschaften prophezeiten genau wie der Beckenbauer den baldigen Sturz Bülows.

»Dein Bruder, Oskarl, der ist so wie ein Kaiser im kleinen. Aber damit erreicht er bei unsereinem nichts«, sagte der Beckenbauer, und ich nickte. Er fixierte mich von der Seite und meinte: »Oskar, wenn du Arbeiter bleibst, mußt du bei den Roten stehen. Rot ist unsere Fahne!« Fast dankbar schaute ich ihm ins Gesicht, denn noch nie hatte ein Mensch so zu mir gesprochen, und wenn ich auch das meiste nicht verstanden hatte – eigentümlich –, es überkam mich auf einmal ein Gefühl der Brüderlichkeit. Sicher hätte ich in den Augenblicken dieses Überschwanges alles getan, was Beckenbauer gesagt hätte.

In dieser Nacht gerieten uns die Semmeln besonders schön. »Sie lachten«, wie unsere Mutter zu sagen pflegte.

»Jaja, Frau Graf, solches Brot backen nur Sozialdemokraten!« lächelte sie der Beckenbauer ironisch an, als er die Körbe in den Laden zog. Auch sie lächelte nichtsahnend und freundlich.

»Paß auf, der Maxl stellt ihn heute sicher aus«, raunte ich ihr zu, als wir zu zweit in der Kuchl saßen, und erzählte.

»Hmhm, jetzt so was! ... Was geniert ihn denn das, was der Michl für ein Mensch ist, wenn er seine Arbeit richtig macht ... Der Michl ist doch so ein guter Bäck, und er hat doch noch nie wem was in den Weg gelegt«, meinte Mutter. »Weiß Gott, was wir wieder für einen kriegen!« Zu widersprechen, dem Maxl sich zur Wehr setzen, kam ihr nicht in den Sinn.

Am Nachmittag entließ der den Gesellen auch wirklich. Wehmütig nahm ich von ihm Abschied. Einige Gesellen nach ihm kamen und gingen bald wieder. Ich vergaß den Michl nicht ...

Das Frühjahr brach herein. Vor einigen Jahren war mein Taufpate Oskar Strauch, der Besitzer des »Hotel Leoni«, gestorben. Bei einer Rauferei auf einem Faschingsball hatte ihn einer der Raufenden in der Dunkelheit mit dem Gegner verwechselt und ihm einen Messerstich in die Lungengegend versetzt. Der gesunde Mann siechte seitdem dahin. Nach seinem Tod führte die Strauchin das verschuldete Hotel weiter. Sie war gewöhnt, auf großem Fuß zu leben, liebte eine geschmackvolle Eleganz, war aber eine schlechte Rechnerin und geriet immer mehr in Schulden. Von meinem Taufpaten hatte ich den Namen bekommen, und sie, die Strauchin, hatte meine Schwester Anna aus der Taufe gehoben. Auch sie hieß Anna. Nun führte sie ihr Patenkind auch noch zur Firmung nach Wolfratshausen. Sie fuhr in der schönsten Kutsche und beschenkte Anna sehr reich. Gerührt und stolz betrachtete Mutter die goldgefaßte Korallenhalskette und die Armbänder. Sie wog die zierliche Damenuhr in ihrer Hand und sagte bewundernd: »Alles gutes Gold. Das behält seinen Wert.« Was hatte ich dagegen für einen schoflen Firmpaten gehabt – den Roßkopf, den der Maxl dazu angehalten hatte. Er konnte trotz seines Geizes damals nicht ablehnen und gab mir eine silberne Uhr, die schon nach acht Tagen schwarz wurde!

»Splendid ist sie immer gewesen, die Strauchin ... Und was sie schenkt, das kann sich sehen lassen«, äußerte die Mutter.

Am Anfang des Sommers – Gäste hatten sich schon wieder im »Hotel Leoni« einlogiert – fuhr die Strauchin nach München und erschoß sich. Trotz all ihrer Fehler, trotz ihres weitbekannten Schuldenmachens war sie allenthalben beliebt gewesen. Sie war zu stolz, um ihren Bankrott einzugestehen, und vielleicht schämte sie sich vor all den Leuten. Der Maxl war wütend.

»Nanndl«, sagte unsere Mutter zu meiner jüngsten Schwester, »bet für die Strauchin. Sie ist eine feine, gute Person gewesen. Vergiß sie nicht!«

Anna weinte.

»Sie ist ein armer Mensch gewesen ... Der Strauch sollt' das Unglück nicht gehabt haben. Er sollt' länger gelebt haben«, redete Mutter weiter, hielt einen Augenblick inne, schaute irgendwohin und schloß: »Sie hat ihre Ruh' jetzt ... Jeder Mensch kann froh sein, wenn's 'rum ist ...« Sie wandte sich zum Herd und griff ins heiße Spülwasser.

Damals an den heißen Sonntagnachmittagen, wenn der Maxl fortgegangen war, setzten wir uns meistens in das schattige Sommerhäuschen vor dem Haus. Zufällig kam einmal die leutselige Frau Kommerzienrat Weinmann am Zaun vorbei. Wir grüßten freundlich.

»Ach, Frau Graf!« rief die Kommerzienrätin stehenbleibend, »kommen Sie doch einmal her!« Unsere Mutter kam etwas zögernd zum Zaun. Ohne aufzusehen strickte die Leni weiter. Wir lugten neugierig auf die beiden Sprechenden am Zaun. Frau Weinmann hatte ihren Sonnenschirm tief über Mutters Kopf gesenkt, redete eifrig und halblaut.

»Was? ... Jajaja, hm, jetzt so was ... Hm! Uns sagt er ja nie was!« hörten wir unsere Mutter sagen. Frau Weinmann sprach noch leiser. Als sie endlich weiterging, kam Mutter kopfschüttelnd, mit bestürztem Gesicht zu uns zurück.

»Hm, der Maxl hat ja schon zwei ledige Kinder vom Weinmann-Zimmermadl!« sagte sie offen heraus, »und da redet er über andere! ... Moni heißt sie! Sie lebt jetzt in der Stadt drinnen, und er hat ihr einen Laden eingerichtet.«

Sie schaute auf die Leni: »Du kennst sie doch, die Moni, oder?«

»Ja«, nickte die Leni und wurde verlegen. Wir alle erinnerten uns: Ein dralles Ding mit rundem, dummem Gesicht. Nichts an ihr sah nach schwerer Arbeit aus – das war die Moni.

Jetzt auf einmal verstanden wir, warum der Maxl so oft in die Stadt gefahren war.

»Und daheim sekkiert und hunzt er jeden!« rief die Emma als erste, »da knausert er und gönnt keinem was! Er aber trägt das Geld weg! Ich möcht' nicht wissen wieviel!«

Unsere Mutter sah zermürbt ins Leere und redete wie für sich: »Und der Eugen ist fort, die Theres in der Stadt drinnen ... Und wir? Wir sind der Dreck für ihn.«

Eine Pause entstand.

»Mein Gott«, fing die Leni endlich bedrückt zu beichten an, »ich hab' mich ja als Dienstbot' nicht in die Sach' einmischen können, Bäckin ... Der Maxl hat mir's ja verboten ... Und ich hab' auch nichts sagen wollen wegen dem Verdruß!« Mitleidig und schuldbewußt sah sie kurz auf unsere verdrossene Mutter. »Mein Gott, Bäckin, dir bleibt auch nichts erspart.«

Sie schneuzte sich schnell, damit wir nicht merken sollten, daß sie still weinte. Beklommen saßen wir alle da, und jeder dachte in eine ganz andere Richtung. –

Von jetzt an aber schauten wir den Maxl mit ganz anderen Augen an. Der Respekt vor ihm verflog gänzlich, nur Furcht und Haß blieben. Und mit einem lauernden Mißtrauen verfolgten wir alles, was er tat.

Die Emma fand einmal einen Brief von der Moni in Maxls Winterüberzieher und berichtete: »Da schauts, der Brief ist noch vom Winter her ... Da schreibt ihm die Moni, sie geht in die Isar, wenn er ihr nicht sofort hilft.« Jäh erinnerten wir uns, was für ein sonderbares Gesicht der Maxl damals geschnitten hatte, als ich vom Fensterherunterspringen der Baronesse Kapherr erzählte.

»Pah, und uns hat er gesagt, er braucht neue Zähn'!« lachte die Emma verächtlich, »der armselige Held, der! Aus lauter Angst, daß was rauskommt, hat er sich womöglich seine gesunden Zähn' rausreißen lassen, der blöde Kerl, der!« Sie legte ihr Nähzeug hin und fuhr fort: »Da wird's wirklich am besten sein, er heiratet bald. Nur raus aus dem Haus. Du, Mutter, mußt mit uns!«

Wir schauten alle schnell auf unsere Mutter und lasen aus ihren Zügen, wie unmöglich ihr das erschien, wie unausdenkbar: Plötzlich aus allem Gewohnten weg, aus dem Haus, dem Letzten, das ihr noch verblieben war, irgendwohin verpflanzt.

Und wir alle ebenso –! Ich konnte nicht mehr weiterdenken, wenn ich mir das ausmalte. Unvermittelt sagte ich auf einmal: »Lang bleib' ich auch nicht mehr da!«

»Hm, ja, wo willst du denn hingehn?« fragte Emma und suchte meine Augen.

»Wohin? ... Einfach fort!« stieß ich würgend heraus und ging aus der Kammer.

Ich hatte auch allen Grund, an eine plötzliche Flucht zu denken. Ganz im geheimen versteckte ich einen gepackten

Koffer im Heu. Mit List schwindelte ich der Buchhalterin der Aufkirchner Sparkasse die dreihundert Mark heraus, die unsere Mutter dort angelegt hatte.

Der Schuster Lang hatte mich schon ein paarmal gewarnt. Er erzählte mir aufgeregt, daß der Briefbote dem Maxl meine geheimen Büchersendungen verraten wolle. Bang und gespannt verliefen meine Tage. Jede Stunde war ungewiß. Bei der geringsten unerwarteten Bewegung, die der Maxl machte, zuckte ich furchtsam zusammen.

»Kerl! Was hast du denn?« fuhr er mich höhnisch lächelnd an.

»Nichts«, log ich und zwang mich gewaltsam zur Ruhe.

Der Gugger, der neue Geselle, war in seiner Wut noch unberechenbarer als der Maxl. Beständig mußte ich vor ihm auf der Hut sein. Einmal rannte er mir mit dem langen Teigmesser nach, einmal warf er mir einen Zweizentnersack auf das Genick. Tagelang tat mir der ganze Körper weh, aber wer sollte denn helfen? Zur Mutter sagte ich nichts mehr, und der Maxl schlug nur wieder. Fast sechs Jahre dauerte das nun schon. Ich würgte alles in mich hinein. Wehmütig trauerte ich dem Beckenbauer nach, dem Sozialdemokraten. Dumpf nahm ich mir vor, wenn ich davongehe, suche ich ihn einfach auf und sage: »Rot ist unsere Fahne!« Das wird ihm gefallen und er wird mir sicher weiterhelfen. Dieser Gedanke machte mich ein wenig freier. –

Um fünf Uhr früh, bevor die Wecken in den Ofen geschoben wurden, war eine Pause. Da stellte sich der Gugger stets dumm an das Backstubenfenster, das in den Gang hinausführte, und blickte auf das Fenster der gegenüberliegenden Wand, durch das man in den Stall sehen konnte. Dort hantierte die Leni. Aufmerksam verfolgte der Gugger alle Bewegungen, die sie machte, und manchmal erglänzten seine dunklen, tiefliegenden Augen.

Ich kehrte gewöhnlich die Backstube zusammen um diese Zeit. Das störte ihn einmal, und er versetzte mir wortlos einen Fausthieb ins Gesicht, daß ich zurücktaumelte und

Nasenbluten bekam. Stumm ging ich an den Brunnen und wusch mich.

Sonderbar, der Gugger erbot sich sogar, täglich mit der Leni das Gsott zu schneiden. Unserer Mutter, für die ein Geselle stets eine Respektsperson war, gefiel das. Doch der Maxl war dagegen. Ich mußte jedesmal in die Tenne.

Mit der Leni arbeitete ich gern. Es strömte eine so geduldige Friedfertigkeit von ihr aus. Ich war damals sechzehn Jahre alt. Ich hatte keinen Freund, keinen Menschen, dem ich – ohne ihm selber weh zu tun – mein Herz ausschütten konnte. Mutter litt, wenn ich litt, Emma wurde traurig, wenn ich ihr vorklagte, und das machte wiederum mich traurig. Meine kleine Schwester Anna verstand noch vieles nicht. Leni dagegen sah mich stets mitleidig an, so fast, als wolle sie mich streicheln und sanft aufrichten.

»Mein Gott, Oskar, du hast auch nichts Schönes«, sagte sie einmal, »euer Vater ist eben zu früh gestorben. Der Mutter folgen die älteren Geschwister nicht mehr. Das ist überall so, auch bei mir daheim. Ich hab' als junges Mädl in die Fremde müssen, und oft sind die Leut' auch recht grob zu mir gewesen ... Da braucht's viel Geduld ... Wenn ich mich gar nicht mehr auskenn', geh' ich halt in die Kirch' ...«

Sie war glücklich auf ihre Art. Sie glaubte an Gott und Kirche. Wir kannten das schon längst nicht mehr. Etwas wie ein unbestimmter Neid überkam mich. Ich schaute nach ihr, sah ihre kleine, schmalschulterige Figur in dem enganliegenden bäuerlichen Spenzer, den schweren, faltigen Rock, sah das kleine, sonnenverbrannte, gute Gesicht mit den ruhigen graubraunen Augen, und alles, alles kam mir auf einmal schön und innig vor. Ich wurde verwirrt, wollte etwas sagen und konnte nicht. Ich freute mich immer mehr, wenn ich mit der Leni allein war.

Einmal trieb ich wieder mit aller Kraft das Schwungrad der Gsottmaschine und brachte während des Treibens meine Augen nicht von der Leni. Es wurde mir seltsam heiß, und nach und nach war mir's, als fliege mein Körper bei jedem Schwung nur noch mechanisch mit. Meine Brust wurde mir eng. Das Herz schlug mir bis zur Gurgel herauf und drohte zu zerspringen. Jeder Schlag peitschte gleichsam eine jähe, gefährliche Blutwelle in mir hoch. Meine Augen brannten, alles verschwamm mir.

»Wart ein wenig, ich will das Gsott wegräumen«, hörte ich die Leni sagen. Stockend hielt ich inne. Sie kam an mich heran, um das gehäufte Gsott in den Schacht zu schütten, der in den Stall hinunterführte. Ihr ausholender Ellenbogen berührte mich. Ich zitterte, schrak zusammen, fühlte eine Schwäche durch alle meine Glieder rieseln und fiel der ahnungslosen Leni wie ein Ertrinkender um den Hals. Fest klammerte ich mich an sie, drückte mein heißes Gesicht auf das ihre, spürte ihren schnellen, erschrockenen Atem und wimmerte wie zergehend: »Leni! Leni! Meine Leni!« Augenblickelang verlor ich fast die Besinnung. Alles um mich wurde traumhaft unwirklich, und mein Kopf glühte. Ich kam erst wieder zu mir, als sie »Aber Oskar? Oskar! Nimm dich doch zusammen!« sagte und meine um ihren Nacken geschlungenen Arme auseinanderschob. Bleischwer fielen sie herab.

»Oskar? Was hast du denn? Geh!« sagte sie wiederum und schaute mich sonderbar an. Ich stand hölzern da, völlig hilflos. Es war etwas Unbegreifliches geschehen, das ich nicht nennen konnte.

Als ich über die Stiege heruntergehen wollte, stand der Maxl drohend da. Er brüllte auf und riß mich in die Gesellenkammer. Er hatte meinen Schrank erbrochen und meine heimlich gekauften Bücher entdeckt. Sie lagen auf dem Kammerboden. Mit einer Militärknute hieb er auf mich ein, schlug und schlug. Das Blut rann mir an allen Seiten herab, aber ich schrie nur ein paarmal und weinte nicht mehr. Auch die Schläge spürte ich nicht mehr. Himmel und Hölle hatten zu schnell gewechselt für mich. Etwas war für immer zu Ende.

Am selben Abend lief ich davon. Ich floh in die unbekannte Stadt.

Sinnlose Jahre

Trotz alledem, was in der großen politischen Welt geschah, die – dem Meere gleich – uns sichere Uferbewohner in bewegteren Zeiten manchmal mit einer rasch verdunstenden Welle überrieselte: Das Allgemeinleben veränderte sich dadurch nicht allzusehr sichtbar. Die Kaiser und Könige, die verantwortlichen Leiter der Regierungen und die vielen Parlamentarier, die täglich im Getriebe dieser Politik standen, glaubten freilich, *sie* schüfen erstaunliche Wandlungen, ja, sie glaubten allen Ernstes, ohne *sie* müsse die Mechanik der gesellschaftlichen Ordnung ins Stocken geraten oder gar zerbrechen. Und sie gaben sich dem irren Wahn hin, als nähme das Volk, das nie etwas anderes kennengelernt hatte als Geborenwerden, Arbeiten, ein wenig Glück und schließlich Sterben, an ihren Machenschaften eifrig teil.

Das Meer war grenzenlos weit und unübersehbar. Irgendwo tobte vielleicht ein heftiger Sturm: Der Reichskanzler Bülow war gestürzt und Bethmann Hollweg an seine Stelle getreten. In der Zeitung standen die erregten Reichstagsdebatten, welche die neuerliche Steigerung des Flottenbaues hervorgerufen hatte. Die Flotte wurde dennoch vergrößert. In den Dörfern und Städten aller Länder aber traten bei Hereinbruch der Nacht die Leute ins Freie und sahen leicht erschauernd zum dunklen Himmel empor. Der sogenannte »Halleysche Komet« von 1705 war wieder erschienen und rückte – wie es hieß – gefahrdrohend der Erde näher. Menschen wie Leni und unsere Mutter meinten, das sei ein Zeichen des Allmächtigen, und jetzt gehe die Welt bald unter.

Der Schmalzer-Hans sagte: »So schnell geht das nicht ... Es bröckelt bloß alles langsam ab.«

Die aufgeklärten Städter dagegen redeten von einem »wissenschaftlichen Naturwunder«.

In den Zeitungen war viel zu lesen. Das Meer schien sehr bewegt. In Portugal war Revolution, im fernen Mexiko ein Aufstand. Italien und die Türkei führten gegeneinander

Krieg um afrikanischen Besitz. China wurde Republik. Rasch aufeinanderfolgend entbrannten zwei Balkankriege. Doch die europäischen Monarchen und Präsidenten besuchten einander wie immer und gaben »im Namen ihrer Völker« freundschaftlich-begeisterte Trinksprüche zum besten. Die ihnen unterstellten Regierungen indessen schlossen geheime Militärbündnisse, die das Gegenteil bezweckten.

»Oskar, wenn du Arbeiter bleibst, mußt du ein Roter werden«, hatte damals der Beckenbauer zu mir gesagt. Nun wußte ich, was ein »Roter« war. Die letzten Reste der Bismarckschen Unterdrückungspolitik gegen die Arbeiter waren zerfallen. Nach allen Schikanen hatten sie sich zur mächtigen »Sozialdemokratischen Partei« zusammengeschlossen und kämpften kraftbewußt für höhere Löhne und besseres Leben. Die Partei war ihnen Heimat und Welt, und Bebel so gut wie Jaurès oder Plechanow galten ihnen mehr als Kaiser, Zar und Präsident. Diesen Führern ging es wohl um Politik, aber die Massen strebten lediglich nach wirtschaftlicher Besserung ihrer Lage. Doch die Massen waren nicht das ganze Volk.

Das breite Volk, das keine Politik kannte, erlebte ganz andere Dinge. Die waren weder an Landesgrenzen gebunden noch von Regierungssystemen abhängig.

Jetzt wunderte sich kein Bauer mehr über die vielen Autos, die auf den Landstraßen dahinfuhren. Er schaute kaum mehr danach. Hingegen, wenn die Leute auf den Feldern arbeiteten, hörten sie manchmal ein weithin vernehmbares, fremdklingendes Surren in der Luft. Sie hielten inne und schauten staunend ins Hohe. Da flog einer von den ersten Aeroplanen, oder es schwamm das majestätische Luftschiff des Grafen Zeppelin ruhig in den Wolken.

Die Namen der Pioniere der Aviatik: Farman, Parseval, Wilbur, Wright und Blériot wurden weit populärer als die der jeweiligen Landesfürsten. Und an beiden Enden des Ozeans trauerten erschütterte Menschen über die 1600 Toten, die der Untergang des englischen Riesendampfers »Titanic« gefordert hatte.

»Gott sei Dank, daß der Eugen und der Lenz schon in Amerika sind«, sagte unsere Mutter daheim, als sie die schrecklichen Bilder in der Zeitung sah.

Ich ging in jenen Wochen und Monaten verwirrt und benommen durch die lauten Straßen Münchens und vertat sinnlos mein Geld. Jetzt erst stellte sich heraus, wie hilflos und unselbständig mich die »Zucht« Maxls gemacht hatte. Ich hatte weder Kraft noch den Willen, eine Arbeit zu suchen, und ich fürchtete mich vor den Menschen, die alles so scheinbar unempfindlich und selbstverständlich bewältigten. Bei mir war's vielleicht wirklich so, daß ich einen Menschen wie den Maxl brauchte, der einfach kommandierte: »Los! Da, das machst du jetzt, fertig!«

Jeder Tag war öde und leer. Ich hatte Zeit, viel Zeit, und ich dachte an tausend Dinge und doch an nichts. Eigentümlich war nur, daß am Schluß, wenn ich irgendwo verlassen auf einer Bank saß oder abends einschlief, immer und immer wieder durch mein Hirn ging: »Herrgott, was wird jetzt meine Mutter denken?« Sicher dachte sie überhaupt nie viel, stand auf in der Frühe und werkelte bis in die Nacht hinein – und ließ sich so weitertreiben – ja, wie denn? Wie ich mich!

Ich kaufte und las die neuesten Bücher, begann selber zu schreiben und wartete auf irgend etwas, das ich nicht begreifen konnte. In den Auslagefenstern der Kunsthandlungen sah ich die zunächst noch verlachten ersten futuristischen und expressionistischen Bilder von Marc, Kandinsky, Macke und Klee, über die die Bürger und Intelligenzler heftig diskutierten. Es war ein erbitterter Streit, der auch auf die Literatur übergriff und ungewollt, unerklärbar das Sehen und Denken großer Schichten veränderte.

Meine Schwester Theres, die ich manchmal aufsuchte, sprach oft von den Operetten ›Die Dollarprinzessin‹, die ›Försterchristl‹ und ›Puppchen‹, und die darin vorkommenden Schlagertexte sang die ganze Stadt. An den Litfaßsäulen klebten große Bilder der Dänin Asta Nielsen, und der Backfisch, der verliebte junge Mann, die Herrschaftsköchin und ihre Herrschaft selber schwärmten von dieser geheimnisvollen Frau und ihren Filmen. Die Künstler und Literaten machten monatelange Betrachtungen und erfanden Witze über den Raub der Mona Lisa von Leonardo da Vinci aus dem Pariser Louvre. All das strömte auf mich ein, und ohne daß ich's merkte, geriet ich sehr schnell in die literarischen und künstlerischen Kreise der internationalen Boheme, die damals in München in höchster Blüte stand. Wie weltsicher und zungenfertig, wie ungeniert und frei sich doch in dieser Sphäre alles bewegte. Ich glaubte jedem aufs Wort, hing mich an ihn und geriet rasch in eine geistige Hörigkeit. Ekkig und linkisch, schüchtern und einfältig benahm ich mich und erregte überall mitleidiges Gelächter, aber allem Anschein nach hatte meine Naivität etwas Anziehendes, denn man mochte mich nicht ungern.

»Sieh mal, wie originell! Ganz provinziell ist er. Ein bißchen wie ein Bär«, hörte ich einmal eine Malerin auf einem Atelierfest über mich sagen. Sie und ihre Freundin blickten abschätzend auf mich, und die letztere sagte: »Solche Tiere hab' ich gern ...«

Es stellte sich heraus, daß ich ungemein robust und trinkfest war, und so wurde ich rasch zum Säufer.

Alle Erinnerungen vernebelten langsam. Theres, die mich immer anhielt, doch endlich eine geregelte Arbeit anzunehmen, wurde mir lästig. Ich mied sie. Haltlos versank ich in der neuen Umgebung und sog mich voll wie ein Schwamm, der ins Wasser gefallen ist.

Anna und Emma, die mir manchmal Eßpakete schickten, schrieben einmal vom Lenz in Amerika. Mutter hatte einen Brief beigelegt: »Lieber Osgar! Es macht mir Verdrus, das du noch keine Arpeit hast. Bleib ein orntlicher Mensch und geh in die Kirche. Der Lenz ist jetzt beim Eugen. Da bin ich froh – Grus Mutter.« Ich lächelte, denn all das schien jetzt weit von mir weggeschoben, ich kam mir vor, als sei ich hoch über diese Kleinheit und Enge hinausgewachsen. Zwar, mein Geld ging zu Ende, die Zukunft schien ohne Ausweg, und es gab Stunden, wo ich nicht wußte, wohin ich gehörte, aber ich wollte unbedingt werden wie die Menschen, die mich jetzt umgaben. Nichts war in diesen Kreisen so verpönt wie Sentimentalität.

Man durchsoff und durchtobte die Nächte, diskutierte über alles Mögliche und verkrachte sich auch – um am andern Tag wieder von vorne anzufangen.

Mit einigen Freunden aus der Boheme verzehrte ich die letzten Reste eines Eßpaketes. Wir gingen auf ein Atelier und tranken. Auf einmal befiel mich Ekel und Schauder. Eine lähmende Leere war in mir, und eine dumpfe, undefinierbare Wut stieg in mir auf.

»Alles Humbug! Was ihr macht, ist Unsinn!« schrie ich mitten in die Diskussion hinein. Zuerst schauten etwelche halb ärgerlich, halb spöttisch auf mich, aber plötzlich sprang ich auf, warf das kleine Tischchen um und schrie viel wilder: »Ja! Ja! Idioten seid ihr! Idioten! Ich mag nicht mehr! ... Idioten!« Einige Malerinnen wichen erschreckt zurück. Still war es auf einmal. Mein Kopf schien zu kochen. Irr schaute ich irgendwohin, brüllte auf wie weinend und lief davon.

Auf der morgenkühlen Straße war es still. Ich rannte wie gejagt und hielt endlich inne. Ich hätte mich selber anspukken können.

Ich merkte, daß es Sonntag war. Mit meinem letzten Geld fuhr ich nach Starnberg und lief stundenlang in den Wäldern der Umgebung herum. Ich kannte jeden Weg, jeden Strauch, der frische Tag war voll aufgewacht, Tau glänzte auf den dichten Ästen der Jungtannen, und die Vögel sangen. Langsam verwich meine Jämmerlichkeit. Ich stand auf dem schroff abfallenden Hügelkamm im Kempfenhausener Holz, von wo man weit hineinsehen kann in das muldige Tal von Haarkirchen. Alle Abenteuer meiner Jahre daheim fielen mir ein: Das Brotaustragen und Schweifen durch diese Waldstriche, unser Wildern, das stundenlange Dahocken auf irgendeinem Stamm mit einem Buch in der Hand, aus dem ich mir selber laut vorlas.

Ich setzte mich hin und lugte zum klaren, ruhigen Himmel empor. Ich versuchte in die nächste Zeit zu denken, in meine Zukunft und wurde wieder bedrückt. Ich stand auf und wanderte wieder weiter, einfach sinn- und ziellos weiter. Endlich am Nachmittag kam ich nach Percha. Ich wußte, jetzt war der Maxl nicht mehr daheim. Er war fortgeradelt oder in einem Wirtshaus. Ich telefonierte Anna zu Hause an, und wir trafen uns. Ich wurde redselig und erzählte von meinen dichterischen Plänen. Verständnislos hörte sie zu und sagte nur: »Geh doch mit heim. Die Mutter freut sich so drauf. Kannst ruhig kommen!«

Daheim war es wie immer. Die »alte Resl« hockte auf dem Kanapee, lächelte und plapperte zahnlos: »O-oka! O-oka!« Die kleine Peppi, Eugens ledige Tochter, hing – wie einstens wir – am Rock der Mutter.

Die Leni sah mich geschwind an, wurde rot, schlug die Augen nieder, und ich wich ihren Blicken aus. Die Emma freute sich, und Mutter grüßte wie erleichtert.

»Groß wirst du jetzt, Oskar! Ein richtiger junger Herr schon, aber elegant bist du gar nicht«, sagte Emma und musterte mich.

Viel bekümmerter betrachtete mich Mutter und meinte: »Hm, jetzt hat er's, der Maxl! Jetzt muß er jede Nacht in der Bäckerei mithelfen! ... Notwendig könnt' man dich brauchen jetzt, Oskar.« Sie machte Kaffee wie immer, wenn sie Besuch hatte, und vom Herd her fragte sie, ob ich schon eine Stelle hätte. Ich log auf einmal und nannte irgendeine bekannte Bäckerei in München.

»Soso, Gott sei Dank ... Und was verdienst du denn da?« wollte sie wissen, und wieder log ich: »Zweiundzwanzig Mark in der Woche.«

»Das ist ja ein Haufen Geld ... Da kannst du dir auch was ersparen, und kein Mensch kann dir mehr was einreden ... Tüchtige Bäcker braucht man immer«, sagte sie zufrieden.

»Gehts weiter, Emma, machts ihm ein Paket«, wandte sie sich an die, und als wir allein in der Kuchl waren, redete sie mit mitleidiger Zärtlichkeit weiter: »Du bist noch so jung, Oskar, und hast schon in die Welt 'naus müssen! Die andern haben alle was lernen dürfen ...« Sie stellte die Kaffeetassen hin und einen großen Teller mit Schmalznudeln. Ich saß da, bedrückt und beschämt, aber doch so, als wär' ich endlich wieder geborgen.

»Iß nur! ... Die Nudeln sind diesmal schön worden. Gell, gut sind s'«, sagte Mutter und tauchte einen Brocken in den braunen, dampfenden Kaffee. Gemächlich erzählte sie weiter: »Der Maurus schreibt, er geht jetzt von Bamberg weg ... Er geht vielleicht auch nach München.« Immer wenn sie von Briefen erzählte, bemühte sie sich hochdeutsch zu reden. Dieses »nach München«, das sie so herrschaftlich fein hersagte, war mir aber gar nicht recht.

»Da könnts dann beinander sein, du und der Maurus«, meinte sie fortfahrend. Ich schwieg und dachte: Nur nie zusammen mit einem der Unsrigen in der Stadt. Ich hatte ein zu schlechtes Gewissen.

Die Emma und die Anna kamen vom Laden zurück und stellten ein großes Paket auf den Tisch: »Da, das hilft dir wieder eine Zeitlang.« Sie setzten sich und nahmen ihren Kaffee. Die Leni ging hinauf und machte sich zur Stallarbeit zurecht. Mutter stand auf und stocherte den Sautrank auf dem Herd mit dem großen Holzlöffel ineinander. Ich schaute stumm in der langsam sich andunkelnden Kuchl herum und dachte mit Grauen an mein wüstes Leben in der Stadt. Anna und Emma musterten mich während des Kaffeetrinkens und Nudelessens immerfort.

»Ist's denn wahr, was die Resl immer schreibt, daß du mit lauter so seltsamen Leuten herumläufst?« fragte Mutter vom Herd her, ohne sich umzudrehen. Ich plagte mich mit Gewalt, überlegen zu sein, und antwortete: »Ah, die Resl! Die ist wie der Maxl! Immer kommandiert sie so 'rum an mir!«

Die Emma sah auf meinen zerschlissenen Sonntagsanzug. Meine Uhr und Kette waren längst auf dem Versatzamt. Schlampig sah ich aus.

»Einen neuen Anzug tät'st auch bald brauchen«, sagte Emma. Ich überhörte es und trank meinen Kaffee aus.

»Wenn nur jedes sein Fortkommen hat«, redete Mutter darein, wie aus einer schweren Gedankenreihe heraus. »Soso, zweiundzwanzig Mark verdienst du? ... Unser G'sell hat allweil bloß seine zwölf, aber dafür 's Essen und die Wasch' ...«

»Ja, ich muß wieder fort«, sagte ich endlich und stand auf.

Mutter drehte sich um und schaute mir noch einmal wehmütig in die Augen: »Jetzt schon? ... Ja, also b'hüt Gott, und schreib fein, ja!«

Ich versprach es, und Emma und Anna begleiteten mich. Auf dem Weg erzählten sie mir, daß der Maxl verboten habe, mir noch weiter Pakete zu schicken, daß sie es aber heimlich machen würden.

»Soso, verboten? ... Aber er hat alles gekriegt, wie er auf Wanderschaft gewesen ist!« tat ich beleidigt und wurde plötzlich pathetisch: »Aber euch, nur euch sag' ich's – ich bin ein großes Talent, das sagen alle! Einmal *bin* auch ich was, dann wird sich unsere Mutter freuen, und der Maxl ist blamiert. Ich hab' jetzt schon allerhand Aussichten.« Einfältig war es aus mir herausgekommen. Im Augenblick aber glaubte ich es durchaus. Ich sprach von meinen Gedichten, und daß ich bald ein Theaterstück fertig habe, das bereits ein Verleger drucken möchte.

»Was? Ein Theaterstück? ... Ah, wenn das aufgeführt wird?!« rief Emma begeistert, und ich fügte überheblich hinzu, das sei sehr leicht möglich.

»Ah, das wird fein«, begeisterte sich Emma noch mehr. »Da fahren wir dann alle in die Stadt und gehn ins Theater. Da schneidere ich mir ein extra schönes Kleid dir zu Ehren.« Sie lächelte jungmädchenhaft. Sie versprach, *ihre* ganzen Ersparnisse zu geben, und drang dann auch noch in die Theres, sie möge etwas beisteuern, denn der Verleger verlangte vor Herausgabe des Buches die Druckkosten. Ich schickte das Geld und – in zwei Wochen erhielt ich einen gerichtlichen Bescheid, daß die Firma bankrott gemacht habe.

»Da hast du's jetzt mit deinen verstiegenen Einbildungen! ... Er – und dichten, geh! Und wir haben den Schaden davon! ... Der Maxl wenn das wüßt', und der Mutter können wir gar nichts sagen davon!« schimpfte Theres in mich hinein, »such dir endlich eine ordentliche Arbeit! Dichten können sich nur reiche Leute erlauben.« Ich war zerknirscht, aber auch beleidigt. Vor allem verletzte es mich tief, daß Theres, die ja immer sehr skeptisch meinen Plänen gegenüber war, wieder recht bekommen hatte. Voll Wut lief ich in der Stadt herum und fand endlich eine Stelle als Liftboy in einem Geschäftshaus. Theres war gerührt über meinen guten Willen. Der Lohn, den ich bekommen sollte, reichte kaum zum Essen.

»Da, daß du in den ersten Wochen was zuzusetzen hast«, sagte sie und gab mir dreißig Mark. »Emma und ich können dir jetzt nicht mehr helfen ... Das ist von der Mutter.« Ich wußte: Wenn Mutter sich Geld beiseite legte, kam sie sich wie eine Diebin vor.

In drei Tagen sollte ich die Arbeit beginnen. Ich suchte, nachdem ich von Theres weggegangen war, sogleich meine Freunde aus der Boheme auf, und mit einigen Mädchen vertaten wir das Geld in einer Nacht. Am anderen Tag kam ich mit einer Leichenbittermiene zu Theres und log ihr vor, ich hätte das Geld verloren.

»Pech! Nichts als Pech hab' ich!« klagte ich mit gut gespielter Verzweiflung, »das darf unsere Mutter gar nicht erfahren, sonst grämt sie sich halbtot.« Noch einmal gab mir Theres zehn Mark.

Zum Lügner aus Furcht, Haltlosigkeit und Mißtrauen war ich geworden. Gutes und Schlechtes konnte ich nicht mehr unterscheiden, und wahrscheinlich deswegen haßte ich sogar die Menschen, die mir am nächsten standen. Ich haßte und betrog sie aus instinktiver Rachsucht, weil ich sie wegen ihrer natürlichen Selbständigkeit beneidete.

Es war ein bitterkalter Winter. Als Liftboy mußte ich den ganzen Tag in einem zugigen Hausgang stehen und bekam schon nach einer Woche schreckliches Gliederreißen. Ich schleppte mich heim in mein Zimmer, legte mich ins

Bett, ließ einen Arzt kommen und schrieb nicht einmal eine Entschuldigung an meinen Dienstgeber. Ich hatte die Stelle verloren, aber als Theres zu Besuch kam, stritt ich wütend mit ihr, und mein ganzer Haß auf alle und alles kam zum Ausbruch. Nachdem ich wieder halbwegs gesund war, verschluckte mich die Boheme von neuem. Einmal in sie geraten, war man doch nicht mehr ganz verloren. Irgendeiner hatte immer so viel, daß er die Freunde durchfüttern konnte. Es herrschte eine selbstverständliche Kameradschaft.

Und man war ungebunden, frei, ganz frei. Mein Haß gegen die Menschen, die ich gewissermaßen hinter mir ließ, verhärtete sich. Ich wollte nichts mehr wissen von ihnen. Ich versuchte ihnen auszuweichen, aber es ging nicht. Und wenn ich mit ihnen wieder zusammentraf, gab es nichts als Katastrophen.

Als Maurus von Bamberg nach München kam, tat ich sehr erfreut über das Wiedersehen. Wir sprachen wie in einstigen glücklichen Zeiten von Büchern und Dichtern, und er machte sich lustig über meine Schreibereien.

Ich log ihm vor, bei der Hofbäckerei Seidl zu arbeiten, und brachte alles so glaubhaft heraus, daß er nicht den mindesten Zweifel hegte. Maurus fragte: »Hast du dir auch schon was erspart?«

»Ja, allerhand«, log ich. Das gefiel ihm. Er war immer ein großer Sparer gewesen.

»Weißt du was, Oskar?« fing er an, »gern tu' ich's ja nicht, aber der Maxl hat geschrieben, ich soll heimkommen. Er braucht mich in der Konditorei und will mich sogar bezahlen. Ich such' mir vorläufig keine Stellung, ich geh' heim ... Da hast du mein Geld. Die daheim brauchen es nicht zu wissen. Leg es auf deine Sparkasse. Wir sparen miteinander, legen das Geld zusammen, und wenn wir genug haben, dann machen wir uns einmal ein paar Monate freie Zeit und lassen's uns gut gehen.« Ich stockte kurz. Ich zitterte innerlich. Tief erschrocken, sah ich voraus, daß ich diesem aufrichtigen Vertrauen nicht gewachsen war. Dann aber nahm ich kaltblütig die dreihundert Mark, die er mir gab, und tat, als freue ich mich ungemein. Er fuhr heim, schickte mir jede Woche seine Ersparnisse und fragte in jedem Brief: »Wieviel haben wir jetzt schon?« Ich antwortete stets mit einer fiktiven Zahl. Anfangs verbrauchte ich nur ein paar Mark des Geldes, langsam aber wurde ich widerstandloser, und endlich gab es kein Halten mehr. Fad und fatal floß durch mein Hirn: »Er wird dich totschlagen! Wenn schon! Totschlagen ist vielleicht das Beste für so einen wie mich!«

Zeitweise würgte dieser Verrat in mir, doch ich dämmerte immer tiefer in das Verlorensein hinein. Ich geriet auch in Kreise, die dieses Absinken eher förderten als aufhielten. Durch meinen Zimmernachbarn bekam ich Zutritt zu dem kleinen anarchistischen Zirkel, den Erich Mühsam leitete. »Anarchisten« – das Wort lockte mich, und ich stellte mir eine finstere Verschwörergruppe in tiefen Kellern, mit Bomben und anderen Mordgeräten vor. Doch ich traf nur einen kleinen, harmlosen Verein von Arbeitern und Intellektuellen, die in einem Gasthausnebenraum über anarchistische Gesellschaftsordnung diskutierten. Sie musterten mich zunächst sehr mißtrauisch und fragten hin und her. Ich gab die einfältigsten Antworten, und mein Zimmernachbar empfahl mich immerzu als absolut zuverlässig.

Ich wartete, ob nicht plötzlich eine Falltür aufginge, die zu einem Bombenkeller führe, aber nichts von alledem. Erich Mühsam hielt eine kurze Rede, und einige machten ab und zu beifällige Bemerkungen.

Mühsam war schmächtig und schmalschulterig, mittelgroß und sehr beweglich. Er trug eine scharfe Brille, und seine dahinterliegenden kleinen Augen glänzten lebhaft. Der dichte, zerzauste Schnurr- und Vollbart und die langen Haare erweckten den Eindruck, als sei sein Kopf viel zu groß und zu schwer. Er sprach geschwind, außerordentlich bildhaft, mitunter sehr sarkastisch, und als er gegen die Beteiligung des Arbeiters am Krieg und für die Verweigerung des Militärdienstes sprach, horchte ich auf. Mir fiel der Michael Beckenbauer ein. Ich spähte herum, aber er war nicht da, ich sah nur fremde Gesichter – auf einmal aber fing Mühsam gegen die Sozialdemokraten zu wettern an, und nun wurde ich wirr.

Dennoch fand ich den Anarchismus ausgezeichnet und nannte mich in den Bohemekreisen von jetzt ab so. Ich verkaufte Broschüren und Zeitungen der Anarchisten, und es schien mir, als hätte ich jetzt endlich eine passende Aufgabe gefunden. Anfänglich noch schwankend, gewann ich nach und nach eine plumpe, robuste Selbstsicherheit und nannte einfach alles, was nicht in mein Leben paßte, »kleinbürgerlich«.

Durch die Roßkopfs, in deren Zigarrenladen ich einmal kam, erfuhr ich zufällig wieder etwas über den Quasterl und fand ihn endlich nach längerem Suchen. Da die Roßkopfs ihn haßten und ihm jeden Besuch verboten hatten, fühlte ich mich auf eine undefinierbare Weise zu ihm hingezogen.

Der Quasterl war schrecklich abgemagert und sah verwahrlost aus. Nur sein Bärtchen war inzwischen dichter geworden. Wochenlang mußte er schon gehungert haben und wahrscheinlich auch ohne Obdach gewesen sein. Aber er klagte nicht. Er war der unveränderte, stumpfe Mensch geblieben.

»Hmhm, Oskar?« plapperte er wie ehemals, als ich ihn mitleidig ausfragte und zu helfen versprach, »freilich, freilich! Selbstredend, die Roßkopfs können mich nicht brauchen ... Selbstredend, die haben ihre eigenen Sorgen ... In acht Tagen krieg' ich Arbeit, selbstredend.« Großzügig gab ich ihm Geld für eine Zimmermiete und die nächste Zeit, doch das rührte ihn ebensowenig. Wir aßen in einem Automat am Bahnhof, ich bestellte Essen. Er aß gierig und trank ruhig sein Bier. Seine glanzlosen Augen sahen dabei beständig in eine Leere. Er erinnerte mich – ich wußte nicht warum – jäh an meine Mutter.

»Quasterl«, sagte ich überwältigt, »du bist ein merkwürdiger Mensch, hm.«

»Freilich, freilich, selbstredend ... Net wahr, jeder ist

anders, selbstredend«, redete er wie abwesend weiter, »selbstredend, Arbeit kann ich jetzt schon brauchen.«

Wir verabredeten beim Auseinandergehen eine neue Zusammenkunft, aber er kam nicht mehr. Ich suchte und suchte ihn, vergeblich!

War er nicht ein zertretener Mensch wie ich? Ja, aber – ich mochte den Vergleich mit mir nicht weiter ausspinnen. Halbwegs beneidete ich den Quasterl sogar. Diese undefinierbare Ruhe, dieses klaglose Ertragen – vielleicht war er glücklicher als ich. Ich? – Was war ich denn, wenn ich mich ganz ehrlich beurteilte? Ein haltloser, überheblicher Lump. Der Maurus fiel mir wieder ein. Vom Magen herauf drang etwas zur Gurgel. Zum Speien war mir.

Sonderbarerweise wollte ich unbedingt mit dem Quasterl näher zusammenkommen. Er hatte mir die Adresse einer Mineralwasser-Fabrik genannt, bei welcher er Arbeit bekommen sollte. Ich ging hin und fand ihn. Wir trafen uns nach Geschäftsschluß, und ich freute mich sehr. Seine schwitzenden Hände zeigten frisch aufgeworfene Schwielen und waren da und dort blutig geschunden. Müde und abgerackert sah er aus. Ich begann ihm von der anarchistischen Lehre zu erzählen. Er hörte kaum hin und verstand nicht. Ich holte ihn dennoch oft und oft vom Geschäft ab. Immer und immer wollte ich eine Unterhaltung mit ihm beginnen. Mitunter drängte es mich sogar, ihm zu beichten. Doch er blieb stets teilnahmslos und uninteressiert. Fortwährend sagte er sein tonloses »freilich-freilich, selbstredend« heraus. Nur einmal fing er an, von einer Finny zu reden.

»Net wahr, freilich, freilich, die Finny hat ja recht«, sagte er, »heiraten, sagt sie, soll ich sie ... Selbstredend, zwei verdienen mehr als einer, freilich. Selbstredend.«

»Was? Quasterl? ... Du und heiraten? Du?« rief ich verdutzt. Nicht eine Wimper in seinem pickligen Gesicht zuckte. Unergriffen berichtete er, daß die Finny Ladnerin bei seiner Firma sei und schon alle Heiratspapiere besorgt habe.

Etliche Wochen später, als ich in den weitläufigen Laden kam, sah ich Finny, die schon einen leicht gewölbten Bauch hatte. Sie hatte ein verweintes Gesicht.

»Er ist vom Aufzug gestürzt ... Im Krankenhaus«, brachte sie nur heraus. Das Blut stockte mir. Auf der Stelle fuhr ich zum Krankenhaus.

Im weiten Saal lag der schwerverletzte Quasterl wie leblos in seinem Bett. Sein Kopf war dickverbunden. Er rührte sich nicht. Sein halbverdecktes Gesicht war krankhaft gedunsen und blau angelaufen. Seine Augen zeigten einen glasigen, starren Schimmer.

»Quasterl? ... Hast du Schmerzen?« fragte ich und schluckte bedrückt.

»Ja-aa, selbstredend, frei-lich ... I-in so einem großen Geschäft, da-da gibt's Unfälle, f-freilich«, brachte er mühsam heraus, »die Finny, freilich-freilich –« Er brach ab und röchelte schmerzgeplagt.

Am anderen Tag war er tot. Die Roßkopfs ließen ihn auf die billigste Weise begraben. Ich stand auf dem Friedhof vor dem aufgeworfenen Grab und blickte auf den schiefgedrückten Stein, den mein Vater einst für die Kathl hatte setzen lassen. Ausdrücklich hatte er sich ausbedungen, daß die Roßkopfs als Verstorbene »nie in diesem Boden was zu suchen« hätten. Jetzt aber stand auf dem Grabstein »Familiengrab Roßkopf«, doch den Spruch: »Gerecht gelebt und arm gestorben« hatten sie stehen gelassen. Und in dieses Grab, in das man jetzt den toten Quasterl senkte, legte man dereinst auch sie! –

Es war Herbst geworden. Der Maurus kam in die Stadt. Er verlangte sein Geld. Ich hatte es verbraucht. Im ersten Augenblick konnte er es überhaupt nicht glauben. Unschlüssig stand er ein paar Sekunden lang da. Dann erbleichte er und stürzte sich wütend auf mich. Ich wehrte mich nicht. Die kräftigen Hiebe sausten auf mich nieder. Noch während des Zuschlagens weinte der wutschlotternde Maurus. Verstört sah er mich an und zischte: »Weißt du, was du bist? ... Eine Qualle, die man zertreten soll!

Ganz recht hat der Maxl gehabt, erschlagen sollt' er dich haben.«

Er drehte sich schnell um und rannte davon. Krachend flog die Tür zu. Ich rührte mich lange nicht und starrte leer ins Leere. Dann auf einmal befiel mich eine grenzenlose Verzweiflung. Ich verstand mich nicht mehr. Ich fing zu weinen an und weinte immerzu. »Der Maxl hat recht gehabt«, ging mir durch den wirren Kopf, »eine Qualle bin ich ... Mein Gott, mein Gott, Mutter!« Mein Hirn schien auszurinnen. Ich lag da wie unter Trümmern.

Der Maurus hatte in Augsburg eine Stellung gefunden. Von dem, was zwischen uns vorgefallen war, erfuhr niemand etwas. Theres' Lehrzeit war abgelaufen. Sie lebte wieder daheim. Mit meiner jüngeren Schwester Anna war der Maxl einmal kurzerhand in die Stadt gefahren, hatte sie wie ein Hündchen an der Hand geführt und war von Laden zu Laden gegangen.

»Ich möcht' einmal fragen, ob Sie kein Lehrmädl brauchen?« fragte er jedesmal und schob dabei die verschüchterte Anna, die alles mit sich geschehen ließ, näher an den Ladentisch heran. Ein Friseur hatte sie schließlich genommen. Ich sah sie nur selten. Ich wollte auch nicht. Alles Vorhergegangene, Gewesene wollte ich in mir auslöschen. Ich verwahrloste innerlich und äußerlich immer mehr.

Und es wurde Winter, Frühling und Sommer.

Um jene Zeit bekam ich von Emma, die noch immer gleicherweise an mir hing, einen langen Brief.

Er lautete:

»Lieber Oskar!
Was machst Du denn immer und wie geht es Dir? Ich denke oft an Dich, und unsere Mutter grämt sich sehr viel, weil sie so wenig von Dir hört! ›Wo ist denn der Oskar? Was macht er denn?‹ fragt sie oft und oft. Du weißt nicht, wie sie an Dir hängt.

Weißt Du noch, wie wir in meiner Nähkammer zusam-

mengesessen sind und haben geschwärmt und Luftschlösser gebaut? ›Schön ist die Jugend – sie kommt nicht mehr!‹ heißt es in dem Lied, das wir immer gesungen haben. Das hat der Vater besonders gern gehabt. Erinnerst Du Dich noch, wie wir am Samstag nach Feierabend, wenn wir die ganzen Schuhe geputzt haben, hinten am Backofen immer gesungen haben? Ja, da war's noch anders. Jetzt ist das wirklich alles vorüber.

Der Maxl heiratet, und ich und Theres haben im ersten Stock vom Kramerhaus drei Zimmer gemietet. Da ziehn wir mit unserer Mutter nach der Hochzeit hin. Die Theres macht ihre Damenhüte, ich schneidere, und Mutter führt uns den Haushalt. Wir haben keine Angst, daß es nicht geht, und es wird sicher recht gemütlich bei uns. Da mußt Du uns dann öfter besuchen, wenn Du kannst.

Du kannst Dir denken, wie schwer es unserer Mutter wird, vom Haus wegzugehen. Sie ist jetzt immer sehr zerstreut und nervös, geht oft mitten am Tag nach Aufkirchen auf das Grab und sieht sehr gealtert aus. Schreib ihr doch einmal, das freut sie.

Über den Maxl muß ich Dir viel erzählen.

Beim Mittagessen hat er einmal eine Torte vom Laden herübergeholt und hat ganz sonderbar freundlich gesagt: ›Die könnt ihr essen. Da, Mutter, das gehört dir!‹ Wir waren verdutzt und haben ihn verwundert angeschaut, denn so was ist doch noch nie vorgekommen. Er hat ein verlegenes Gesicht gekriegt, lacht dumm und platzt auf einmal heraus: ›Ja, Mutter, ich will jetzt heiraten.‹ Dabei hat er sich kaum getraut, uns ins Gesicht zu schauen. Er hat noch immer so gegrinst, und vielleicht hat er gemeint, er erzählt uns was Neues, aber wir haben doch schon lang alles gewußt. Trotzdem hat die Mutter gefragt: ›So? Heiraten willst du? Was hast du denn für eine Hochzeiterin, daß du sie uns noch gar nicht gezeigt hast?‹ Da hat der Maxl von der Moni zu erzählen angefangen und gesagt, sie kriegt eine Kuh, einen schönen Batzen Geld und eine gute Aussteuer mit. Wir aber haben doch längst gewußt, daß er die Möbel für sie auf seine

Kosten in der Stadt bestellt hat, und haben uns nur unseren Teil gedacht.

›Wieviel Geld kriegt sie denn, deine Moni?‹ fragt die Mutter. Du kennst ja, wie sie fragt, wenn sie was nicht ganz glaubt. ›Dreitausend Mark‹, sagt der Maxl, und wieder haben wir uns gedacht, vielleicht ist das auch von ihm.

Er hat wieder was von der Torte abgeschnitten. Wir haben immer darauf gewartet, ob er denn nicht endlich etwas von seinen zwei ledigen Kinder verrät und von dem Laden, den er der Moni in München eingerichtet hat.

›Die Moni ist doch Zimmermädl? Versteht sie denn was vom Geschäft? Und wo kriegt sie denn die Kuh her?‹ hat sich die Mutter ein wenig zweiflerisch erkundigt. ›Ja‹, meint der Maxl, ›sie ist doch von einem Bauern aus der Ammerseegegend, die haben den Stall voll Vieh daheim.‹ Die Mutter fragt ihn, ob es denn mit seinem Heiraten schon gar so pressiere, und sie blinzelt dabei auf uns. Da schießt uns durch den Kopf, ob er er vielleicht schon wieder Vater wird.

›Wenn schon, denn schon‹, meint der Maxl und schaut Mutter an wie ein Hund, der Prügel bekommen hat, und wird immer demütiger, ›du mußt zuerst übergeben, Mutter. Es muß alles beim Advokaten gemacht werden. Ich hab' schon alles zusammengerechnet und schätzen lassen. Jeder kriegt zweitausend Mark Heiratsgut, und du, Mutter, kriegst im Monat fünfunddreißig Mark Austragsgeld und alles, was du brauchst.‹

Hoho, wie geschwind der ist, haben wir insgeheim gedacht, und es ist uns in den Sinn gekommen, wann und wie er denn das alles gemacht hat mit dem Abschätzen und dem Ausrechnen, daß wir nie was gemerkt haben. Aber am allerschönsten ist doch gewesen, wie jetzt unsere Mutter auf einmal ganz so, als ob gar nichts daran wäre, angefangen hat, wie denn das ist mit seinen zwei ledigen Kindern von der Moni und ob sie den Laden noch hat in der Stadt drinnen. Das hat ihn ganz kleinlaut gemacht, den sonst so hochnäsigen Maxl. Pech, meint er, kann jedem einmal passieren, und wenn er jetzt heiratet, hat ja alles seine Ordnung, er komme für die Kinder auf, und den Laden hat die Moni schon lang verkauft.

›Soso‹, hat da die Mutter spöttisch gesagt, ›über andere hast du gleich immer ein gescheites Maul gehabt. Jetzt bin ich bloß neugierig, wie du deine Kinder einmal aufziehst und was die nachher werden.‹ Da ist dem Maxl gar nichts mehr eingefallen. Schließlich hat er ganz komisch, wie wenn er es extra gelernt hätte, gesagt: ›Ich verspreche dir, Mutter, du brauchst nichts mehr arbeiten, und die Moni behandelt dich gut.‹ Das aber hat die Theres geärgert, und sie hat scharf gesagt, daß es das nicht gibt, von ›behandeln‹ zu reden! Unsere Mutter braucht sich von keiner Fremden was sagen lassen und überhaupt, sie zieht mit uns, fertig!

Mutter hat ein ängstliches, trauriges Gesicht bekommen, und der Maxl hat gar nichts mehr gesagt. Dann sind wir vom Tisch aufgestanden. Die Mutter hat auf die Leni geschaut und gesagt: ›Mein Gott, Leni, was ich alles erleben muß!‹

So, jetzt weißt Du es, lieber Oskar. Wir sind schon beim Gericht in Starnberg gewesen. Theres und ich lassen unser Geld auf dem Haus liegen, und der Maxl muß uns jährlich Zinsen zahlen. Dem Eugen und dem Lenz haben wir geschrieben, daß sie noch etwas bekommen, und jetzt – Du wirst staunen – kommt der Eugen aus Amerika! Das ist natürlich dem Maxl gar nicht recht. Wir aber freuen uns darauf.

Ich bin leider immer ein bißl krank, und wenn ich einmal gestorben bin, liebes Brüderlein, dann schaust Du alle Kästen und Schachteln durch, da versteck' ich mein übriges Geld, und das gehört dann Dir. Und dann denkst Du an mich. Aber ich mach' bloß Spaß, lieber Oskar, so gefährlich ist's mit meinem Kranksein nicht. Unsere Mutter aber sagt immer, man kann nie was wissen, auf einmal geht's dahin.

Recht viele herzliche Grüße von Deiner – Emma.«

Nicht lange darauf kam der Eugen. Er war zwar sehr dick geworden, aber nicht reich, wie wir alle erwartet hatten. Er machte einen ruhigen Eindruck und schien viel erlebt zu haben, doch davon erzählte er nichts. Er wollte Theres und Emma dafür gewinnen, mit ihm gemeinsam eine Bäckerei zu kaufen. Bald suchte er mich auf und fing sofort von der eigentlichen Sache zu reden an. Ich merkte, daß ihn Theres, Emma und vielleicht Mutter angehalten haben mußten, mich auf den rechten Weg zu bringen.

»Dichten? ... Das geht doch nicht! Da kommst du doch nicht weiter«, sagte er und wurde deutlicher, »Theres und Emma haben mir erzählt, daß du keine Stellung hast. Ich will dir helfen ... Ich rede mit dem Direktor von der Tivoli-Mühle.« Von dieser Mühle hatten wir seit Irlingers Zeiten das Mehl bezogen. In vierzehn Tagen konnte ich dort als Hilfsarbeiter anfangen.

»Das ist natürlich nur vorläufig. Bald wird's anders, verlaß dich drauf«, versuchte mir Eugen einzureden. Er war viel in München, machte allerhand Nebengeschäfte und lud mich öfters zum Essen ein.

Die ungewohnte Arbeit in der Mühle war schrecklich. Den ganzen Tag mußte ich zwei Zentner schwere Säcke schleppen und bekam einen blutigen Rücken davon. Das Hemd klebte daran. Abends riß ich es herab, und Hautfetzen gingen dabei mit. In der Nacht konnte ich nur auf dem Bauche liegend schlafen, und meine Logisfrau beschwerte sich, daß ich ihr Bett verschmutze.

»Dummes Geschwätz! Verstiegener Unsinn!« verwünschte ich Mühsams anarchistische Lehren. Der Beckenbauer kam mir in der Erinnerung wie ein lächerlicher Schwärmer vor. Der Quasterl, meine Mutter, die Leni – so wie die lebten, war es um uns Untere bestellt. Ducken mußte man sich, und eine lammfromme Geduld gehörte zu diesem Dasein.

Voll dumpfer Wut klagte ich dem Eugen meine Misere.

»Ich hab's in Amerika oft noch viel schlechter gehabt. Ich war im Bergwerk! Du kennst das nicht!« versuchte er mich zu trösten und fuhr fort: »Verlaß dich drauf, ich werde dir bestimmt helfen ... Wenn die Theres und die Emma und der Maurus mir folgen, haben wir bald wieder eine

Heimat und ein eigenes Geschäft. Da wirst du dann Geselle. Wir zwei backen, der Maurus macht die Konditorei, Theres, Emma und Anna gehn in den Laden und führen den Haushalt, und unsere Mutter kann endlich rasten ... Das wird anders wie beim Maxl! Der soll nur heiraten und uns unser Geld auszahlen.«

Das klang recht einleuchtend. Aber waren wir Geschwister einander nicht schon längst fremd, wenn nicht gar feindlich geworden? Ich brauchte nur an mich und Maurus denken. Und hatte nicht jedes von uns seinen störrischen Eigensinn? Die Eintracht, die der Eugen wieder aufrichten wollte, erschien mir recht fragwürdig.

Es kam auch ganz anders. Der Maxl heiratete, und Theres und Emma blieben bei ihrem alten Plan, mit Mutter zusammenzuziehen und ein Modengeschäft in Berg aufzumachen. –

Verschwitzt und müde, brummig und verzagt kam ich an einem dieser Spätsommer-Abende einmal von der Arbeit heim auf mein kleines Zimmer. Da lag ein Zettel: »Wir kommen in einer Stunde – Eugen, Mutter.«

Ich war erstaunt. War denn etwas Besonderes vorgefallen? Ihr ganzes Leben lang fuhr doch Mutter nur notgedrungen und äußerst selten in die Stadt! Verschreckt und verloren kam sie sich stets in dieser lauten Fremde vor, und man mußte sie wie ein hilfloses Kind über die verkehrsreichen Straßen führen. Meistens blieb sie nur ein paar wirre Stunden lang und wartete nie den Abend ab. Und jetzt war es schon stichdunkel auf den Straßen?!

Unruhig ging ich auf und ab. Auf die sonderbarsten Gedanken kam ich: Ob Mutter vielleicht schwer krank war? Aber nein, das hätte der Eugen doch auf den Zettel geschrieben!

Plötzlich stieß mir ins Hirn: Oder hat er vielleicht gar im Sinn, die Mutter nach Amerika mitzunehmen?

Das ließ mich nicht los. Ich empfand etwas Unaussprechliches, und wenn ich genau nachdachte, mußte ich mich eigentlich über mich wundern: Immer hatte ich geglaubt, die Boheme und die wirren anarchistischen Lehren hätten mich endgültig von allem, was von früher her noch mit mir zusammenhing, losgelöst. Ein Freund aus dem Mühsamkreis hatte mir das Buch Max Stirners ›Der Einzige und sein Eigentum‹ gegeben, und das Schlagwort darin: »Mir geht nichts über mich!« oder die Sätze: »Was soll nicht alles *meine* Sache sein! Vor allem die gute Sache, dann die Sache der Familie, die Sache des Staates, die Sache der Menschheit, die Sache der Moral – nur *meine* Sache soll nie meine Sache sein!« nahm ich auf wie ein Evangelium, und ich glaubte allen Ernstes, durch sie könnte ich mich ohne Skrupel von all meinen schäbigen Lumpereien, von den »Bürgerlichkeiten« und von der Familie lossprechen. Und jetzt auf einmal spürte ich fast körperlich, daß ich etwas Niewiederbringbares verlieren würde, wenn meine Mutter weg wäre, ganz und für immer weg. Warum das so sei, war mir nicht klar. Es erfüllte mich nur mit einer Art unbegreiflicher Bangnis. Ich konnte nicht weiterdenken. Ich rauchte eine Zigarette um die andere, überflog mechanisch die Zeitung, schlug ein Buch auf und las etliche Sätze und wußte nicht, was ich gelesen hatte. Meine Kumpane aus der Boheme kamen mir in den Sinn, wie sie herabmindernd lächeln würden, wenn ich ihnen so etwas erzählte. »Bürgerliche Sentimentalität! Ganghoferei! Mutterkomplex!« und dergleichen. Und während ich so hin- und herschwankte und dachte, versuchte ich mich zu einer Auseinandersetzung mit Eugen zu waffnen.

Bald darauf läutete es. Heftig schlug mein Herz, als sie zur Tür hereinkamen. Im schwachen Lichtschein sah ich Mutters eingefallenes Gesicht unter dem schattenden, schwarzen, unpassenden, häßlichen Strohhut, den ihr die Theres gemacht hatte. Es sah einem Totenkopf ähnlich. Unwillkürlich nahm ich ihr den Hut ab. Ganz dünn war ihr Haar geworden, durchzogen von silbergrauen Strähnen. Schweißperlen glänzten auf ihrer eckigen, faltigen Stirn. Sehr tief lagen ihre kleinen Augen hinter den noch schärfer hervortretenden Backenknochen, und ein vergrämter Zug spielte um ihren schmallippigen Mund; er verwich auch nicht, als sie jetzt ihr karges Lächeln lächelte.

»Herrgott, jetzt siehst du wenigstens wieder aus wie immer, Mutter!« sagte ich, »wer hat dir denn diesen schauderhaften Hut gemacht ... Setz dich doch hin!«

»Ja, gell, g'fallt er dir auch nicht ... Die Resl will mir ja immer so ein modernes Zeug aufsetzen«, fing sie an und setzte sich in das altmodische Plüschsofa, »und sie geben keine Ruh' mehr mit meinen offnen Füßen! Zu einem neuen Doktor hat mich der Eugen hinschleppen müssen! Durchaus zuheilen wollen sie meine Löcher, aber das ist doch nichts! ... Und was das wieder kostet!« Sie war wie immer. Mir wurde leichter. Der Eugen hockte da und ließ zunächst nur sie reden.

»Ja, und hast du schon einmal so was gesehn, der Eugen nimmt einfach in einem Hotel zwei Zimmer für uns, und nicht laßt er mich heimfahren! ... Zwei Mark kost't das Übernachten für einen jeden! Ich kann ja doch nicht schlafen! Zu was denn soviel zahlen! ... Hmhm, mein Oskar, was die noch alles mit mir treiben!« raunzte sie gemütlich. Das war wieder ihr alter, unnachahmlicher Klang in der Stimme. Sie schaute im Zimmer herum und meinte: »Recht gemütlich wohnst du da!« Dann lächelten wir uns wieder zu. Trotzdem ich sehr gespannt war, was denn nun der Eugen eigentlich vorzubringen hatte, fragte ich sie, wie's daheim gehe und ob sie sich schon umgewöhnt habe.

»Tja, es geht schon, ha!« machte Mutter, »ein bißl klein ist's halt beim Kramer.«

»Soso, also jetzt hat er endlich geheiratet, der Maxl«, redete ich zwischenhinein, »jetzt ist er also allein Herr im Haus, was.« Sie schien das zu überhören und fing ausführlich von der Hochzeit zu erzählen an: »Ja, laß dir sagen, grad nobel hat er's geben, der Maxl ... Ganz nach dem alten Brauch hat er alles machen lassen, den Kuchlwagen, das Wurstlaufen ... Jaja, da kann er ja lustig sein, wenn fremde Leut um ihn sind ...«

Sie hielt ein wenig inne, schaute irgendwohin und

schloß: »Jetzt bin ich halt neugierig, wie er auskommt mit seiner schönen Moni ... Hm, grad dantschig lauft s' rum den ganzen Tag, und ein Zierschürzerl hat s' an ... Man muß gleich lachen dabei! ... Aber um vier Uhr steht die nicht auf, da wird's oft sechse!«

Merkwürdig – sie sagte es alles ohne Arg, fast lustig hin. Ich schloß daraus, daß sie das Weggehen vom alten Haus gut überstanden hatte. Endlich meldete sich auch der Eugen.

»Ich geh' wieder nach Amerika«, begann er ziemlich unvermittelt und ein wenig mißgestimmt, »du weißt, was ich wollen hab'! Aber Theres und Emma wollen ja nichts riskieren. Sie verstehn mich auch nicht!« Er brach ab und setzte in anderem Ton dazu: »Und überhaupt – mir macht's nichts aus! In zwei, drei Jahren habt ihr doch Krieg hier!«

»Krieg? ... Ja, warum denn?« fragte die Mutter, und auch ich blickte ihn fragend an.

»Man baut doch keine solche Riesenflotte und ärgert die Engländer in einem fort! ... Hm, euer Kaiser! Nichts kennt er als Soldaten, und immer schreit er wie ein Hund, der den Mond anbellt! ... Kein Mensch auf der Welt will den Deutschen was, aber er verdirbt noch alles!« redete er weiter.

»Tja – es ist aber doch auch dein Kaiser«, sagte ich ironisch.

»Nein! Ausgeschlossen! Ich bin ein freier Mann!« rief er fast heftig, »Ihr werdet's schon sehn, wohin euch der treibt! Bei uns in Amerika würden sie ihn schnell davonjagen, den Großsprecher! Da kann so ein Maxl keine Rolle spielen! Bei uns und bei euch will doch jeder ruhig arbeiten und sein Geschäft machen – warum muß immer so ein Hammel herumschreien und mit dem Säbel drohn!«

Dieses Reden gefiel unserer Mutter offenbar. Nach langer, langer Zeit fühlte sich sich wieder einmal behaglich.

»Euer Vater«, mischte sie sich ins Gespräch, »der hat auch den neuen Kaiser nie mögen. Der alte soll viel besser gewesen sein ... Der Vater selig hat allweil gesagt, wer beim Militär was wird, der taugt im Zivil nichts ... Die Beamten hat er auch nie mögen. Die hocken bloß ewig aufm gleichen Fleck und schikanieren die Leut' und wissen nicht, wie sich unsereins plagen muß. Schau bloß den Starnberger Gendarm an, allweil kommt er wieder und fragt nach dem Lenz! ...« Der Lenz hatte in Hamburg eine Zustellung bekommen. Er sollte vier Wochen Gefängnis wegen Wilderns absitzen, aber er war längst über dem Ozean. Es freute die Mutter, daß man ihm da drüben nichts mehr anhaben konnte. Sie kam wieder in ein kurzes Nachdenken, schaute geschwind auf den Eugen und fragte in ihrer stoischen Art: »Soso, du meinst, wir kriegen wieder Krieg? Hoffentlich erleb' ich's nimmer! Anno 70 haben alle jungen Kerl' mitmüssen ...« Sie schaute auf mich und meinte: »Da kann ja dann sein, daß du mitmußt, Oskar.«

»Ich? ... Ich geh' bestimmt nicht mit, verlaß dich drauf! Mich kriegen sie nicht für den Schwindel!« antwortete ich überheblich. Sie sann kurz nach und schüttelte leicht den Kopf: »Hmhm, jaja, da hast schon recht, Eugen ... Nichts wie vom Militär reden sie, jaja ... Hmhm, ich möcht' bloß wissen, für was so ein Scheißkrieg eigentlich gut ist. Die kleinen Leut' haben noch nie was gehabt davon ... Bloß ihre besten Mannsbilder haben s' verloren ...«

Der Eugen ging hin und her und blätterte manchmal in einem meiner Bücher. Der Mutter fiel wieder die Moni ein.

»Hmhm, mitm Zierschürzerl lauft sie 'rum, hmhm«, konnte sie sich nicht beruhigen, »wir haben nie Zeit gehabt, daß wir uns so schön angezogen haben ... Und es ist auch gangen!«

»Es ist halt eine neue Zeit jetzt, Mutter«, meinte der Eugen.

»Geh! ... Eine neue Zeit! ... Das haben sie schon oft gesagt, und wenn du recht hingeschaut hast, ist's immer das gleiche g'wesen ... Wir haben arbeiten und arbeiten müssen, und wenn wir uns nicht gerührt haben, ist nichts umgegangen«, widersprach sie ihm. Ich dachte an meine Plage in der Tivoli-Mühle und mußte ihr Recht geben.

Da saß sie nun in diesem fremden, stillen Zimmer, rastete ein wenig und war dankbar für diese friedliche Stunde.

»Einmal möcht' ich's noch erleben, daß ihr alle beieinander seids und nicht streit'ts«, sagte sie beim Aufstehen, »b'hüt di Gott, Oskar ... Bei dir ist's gemütlich g'wesen.« Sie drückte mir die Hand, und ihre Züge wurden wieder schmerzlich. Sie setzte den Hut nicht mehr auf.

»Hm, keine Ruh' lassen's mir ... Durch den neuen Doktor wird mein Fuß doch nicht besser«, brümmelte sie im Hinausgehen. –

Kurz nachdem sich der Eugen nach Amerika eingeschifft hatte, warf ich meine Arbeit hin, fuhr mit einem anarchistischen Kameraden in die italienische Schweiz und lebte wieder als Vagabund. –

... und glauben, das wäre Größe!

Man schrieb 1913, und es war ein lauer Abend im Vorherbst. Die alten Kastanienbäume im Hotelgarten von Leoni hatten teilweise schon ihre Blätter verloren. Die Herrschaftsvillen an der Uferstraße entlang waren leer. Am Ende des Dorfes geht es bergauf. Der seitab liegende, eingezäunte Berger Schloßpark mit seinen hohen Fichten und verfärbten, gelichteten Laubbäumen lag still, wie ausgestorben da. Kein Mensch war weit und breit zu sehen. Nur irgendwo drang durch die klare Luft ein vereinzeltes Kuhglocken-Klingen des weidenden Viehes.

Fast ein Jahr war ich in der Schweiz und Italien gewesen und wollte meine Mutter wiedersehen. Ich hatte lange, im Genick geringelte Haare. Mein einziger Anzug, den ich trug, sah verschlampt aus. Das Fahrgeld von München hierher und einige Mark dazu hatte ich von meinem Kameraden geborgt. Georg hieß der, hatte jetzt zirka 1000 Mark geerbt und wollte Kunstmaler werden.

»Und du? ... Weißt du was? Fang zu schreiben an. Du

kannst sowieso so verzwickte Sätze machen«, riet er mir. Daraufhin hatte ich wirklich mehr Hoffnung bekommen und bildete mir ein, ein Schriftsteller zu sein.

Ich wußte, daß ich den Maxl nicht zu sehen brauchte. Mutter, Theres und Emma wohnten ja im Kramerhaus. Ich schämte mich aber doch, so daherzukommen, obgleich ich mir von Schritt zu Schritt Mut machte. Es ist seltsam: Fremden Leuten, selbst Freunden kann man etwas vormachen, das nach eigener Bedeutung aussieht, in der Familie geht das nicht. Da verlischt jeder falsche Schein, und keine noch so glaubwürdige Phrase wird ernst genommen.

Ich wollte nur ein paar Tage bleiben und sehen, wie denn nun Mutter, die damals vor Eugens Abfahrt in München so gar kein Aufhebens davon gemacht hatte, den Wegzug vom alten Haus und das Eingewöhnen in die neue, sicher weit engere Umgebung überstanden hatte.

Als ich den Leoniger Berg hinter mir hatte, sah ich von weitem zwei hochgewachsene, schlanke Mädchen in Sonntagskleidern und einen kleineren, elegant aussehenden jungen Herrn, die heiter lachten und nach mir spähten. Sie kamen näher, und auf einmal riefen sie gleicherzeit: »Jaja, um Gottes willen, der Oskar!« Es waren Theres, Emma und Maurus, der in letzter Zeit eine Stellung in München hatte und wegen einer Hautkrankheit aussetzen mußte.

»Ja, Mensch, wie siehst du denn aus? So kannst du dich doch gar nicht sehen lassen, Kerl!« rief er unfreundlich und maß mich von oben bis unten. Emma mußte lachen wegen meiner langen Haare. Er blieb bei seiner verächtlichen Feindseligkeit und sagte: »Nehmen wir ihn lieber in die Mitte, daß ihn keiner sieht.« So gingen wir, immerzu ängstlich herumspähend, ins Dorf hinein. Von dieser Seite her kam man an keinem Haus vorüber. Wir passierten ungesehen den Obstgarten vom Kramerhaus und kamen in die winzige Kuchl zur Mutter.

»Ja! Ja! ... Oskar?! ... Ja, jetzt so was! Bist jetzt wieder da?« sagte sie und lächelte ihr kärgliches Lächeln, »schaust aus wie ein junger Christus! ... Magst einen Kaffee?« Ruhig sah sie aus und schien sich also doch schon in alles gefunden zu haben. Nur ihre Haare waren gänzlich ergraut.

Begreiflicherweise redete der Maurus kaum etwas mit mir und hielt sich abseits. Er warf höchstenfalls einmal eine scharfe Bemerkung hin. Auch die Theres machte kein allzu gutes Gesicht und blieb einsilbig. Ich versuchte das alles zu übersehen und unterhielt mich nur mit Emma und Mutter.

»Was hast du denn da drunten in Italien immer gemacht? Wovon hast du denn gelebt?« fragte Emma interessiert.

»Na, man hat gebettelt, gepumpt und oft gehungert, aber ich hab' viel gesehen, und es ist sehr schön gewesen ... Ich hab' auch allerhand geschrieben« , antwortete ich und versuchte, so gut es ging, eine freche Harmlosigkeit zu spielen.

»Ha, geschrieben? Hm-ha!« stieß Maurus heraus, »wenn du dich nur von der Arbeit drücken kannst, das paßt dir! Charakter hast du überhaupt keinen! Auswurf bist du! Der Maxl hat dich viel zu wenig geprügelt.« Er warf einen giftigen Blick auf mich und stand auf.

»Mein Gott, jetzt geht da heroben auch schon wieder das Streiten an!« rief Mutter und nahm mich in Schutz: »Der Oskar besucht mich, daß du's weißt«

»Ich bleib' schon nicht! Ich geh' schon wieder!« sagte ich zum Maurus. Der gab nicht weiter an und ging aus der Kuchl. Die ganze Zeit ließ er sich nicht mehr sehen. Eine Weile blieb es peinlich still.

»Über Nacht bleibst du aber schon?« wandte sich Mutter an mich, »bei deiner eigenen Mutter wirst du doch noch bleiben dürfen ... Der Nanndl und dir haben sie nichts lernen lassen, und jetzt regen sie sich alle auf!«

»Ja, bleib nur da, Oskar! Bleib nur!« hastete Emma gedämpft heraus und versuchte zu lächeln, »du bist halt unser verlorener Sohn.« Und sich an Mutter wendend, sagte sie versöhnlich: »Reg dich doch nicht so auf, Mutter!« Bedrückt löffelte ich den Kaffee aus und aß die Schmalznudel dazu, während Mutter die dampfenden Frühkartoffeln, Topfen und gestöckelte Milch auf den Tisch stellte.

»Magst du das noch?« fragte sie, und ich nickte. »Ja, und

wie gern! Das hab' ich schon lang nicht mehr gegessen.« Nach frischer Ackererde rochen die Kartoffeln. Langsam beruhigte sich Mutter und musterte mich.

»Hm, mit deinem langen Haar könnt'st gleich in Oberammergau spielen, bloß den Bart müßt'st du dir noch wachsen lassen«, scherzte sie und fragte: »Gehn s' denn da drunten in Italien alle so rum?« Ich versuchte auch zu lächeln, aber es gelang mir nicht.

Der Maurus kam nicht zum Abendessen herein. Er hatte sich niedergelegt und las ein Buch. Die Theres machte die ganze Zeit ihr ungutes Gesicht her, und auch Mutter, Emma und ich blieben einsilbig.

»Da, Oskar, das hab' ich grad übrig! Nimm's nur!« flüsterte Emma mir zu, als Theres kurz aus der Kuchl gegangen war, und gab mir fünf Mark. Mutter setzte geschwind dazu: »Ja, und ich pack' dir morgen schon was zum Essen ein.« Ich nickte stumm.

Sehr früh am anderen Tag, als noch alle schliefen, nahm ich von der Mutter Abschied. »Ein Elend ist's! Nie kommt ihr aus miteinander«, sagte sie, gab mir das Paket und wurde zärtlicher, »da ... So, und jetzt viel Glück!« Ich sah, wie ihr Kinn leicht zu zittern anfing, wie sie schluckte, und ging rasch davon. Draußen fühlte ich, daß sie mir durchs Fenster nachschaute. Als ich an unserem Vaterhaus vorüberkam, sah ich Monis dickes, rundes Gesicht hinter den Scheiben. Wütend spuckte ich aus und ging geschwind weiter. Nach einigen Tagen fand ich in München als Bäcker Arbeit, aber es hielt mich nicht. Eine unerklärliche Unruhe rumorte in mir. Fort wollte ich, nur fort. Wohin, war gleichgültig.

Da der erste Geselle ein kriecherischer Denunziant war, schlug ich eines Morgens, nachdem wir in Streit geraten waren, alles kurz und klein. Fast ohne Geld fuhr ich noch am selben Abend nach Berlin. Als Vagabund fand ich rasch wieder in die Kreise jener wilden Boheme, die mir ihre wirren, verstiegenen Ideen beizubringen suchten. Sie halfen mir aber auch. Wie gewöhnlich streunte man herum, ging in die Kaffeehäuser, pumpte Geld, aß irgendwo und schlug saufend und diskutierend die Nacht tot. Diese Leute hatten eine eigene, mit vielen Modeworten gespickte Ausdrucksweise, die ich – da ich in der Schweiz nie mit ihresgleichen zusammengekommen war – nicht sogleich wieder enträtseln konnte. Immer aber noch bewunderte ich jeden redseligen Taugenichts, von dem irgendwo eine Zeile gedruckt worden war. Zwar lehnten sie die »bürgerliche Gesellschaft« schroff ab, waren für eine individuelle Ethik und Moral und pflegten die freie Liebe, zwar verachteten sie alle gegenwärtige erfolgreiche Kunst und Literatur, nichtsdestoweniger aber gierte jeder von ihnen heiß danach, von diesem »Bürgertum« anerkannt zu werden. Aber das sagte man nicht. Wenn jemand offen sagte, daß er ihre futuristischen und expressionistischen Gedichte, Bücher oder Bilder nicht verstehe, wurde er nur mitleidig belächelt. Er galt als Mensch niederster Sorte.

Die »Bohemiens« wußten so wenig wie ich, wohin sie eigentlich gehörten. Zwischen dem breiten Volk, dem Bürgertum und der Oberklasse bildeten sie eine eigene, ganz in sich versponnene Schicht. Einem aber begegnete ich bei ihnen wieder: Genau wie Mühsam waren sie äußerst staatsfeindlich und schwärmten für irgendwelche »Gemeinschaft«. Sie lehnten radikal alles Militaristische ab, und es gab auch einige, die ernstlich für die Dienstpflichtverweigerung waren. Da ich seit der Zucht Maxls ein unausrottbares Grauen vor allem Soldatischen hatte und zu jener Zeit eben auf die Schriften Leo Tolstois stieß, bestärkten sie mich in jener Richtung, die ich später einnahm. Im übrigen war gerade damals fast jeder zivile Mensch aufgebracht über die zunehmende Militärherrschaft. In dem kleinen elsässischen Garnisonstädtchen Zabern hatten einige angeheiterte Offiziere durch ihr herausforderndes, rüpelhaftes Benehmen das Publikum rebellisch gemacht, und der Regimentskommandeur – der nachmalige radikale Pazifist General von Deimling – ließ einfach einige Demonstranten von den Soldaten einfangen. Er sperrte sie über Nacht in den Kasernenkeller. Dieser allzu freche Übergriff empörte allseits, und im Reichstag mußte die Regierung sich eine Mißbilligung aller Parteien gefallen lassen. Die Sozialdemokraten bekamen Zulauf.

Nur die Menschen, mit denen ich herumlief, kümmerten sich nicht um diese »antikünstlerische, ordinäre Tagespolitik«.

Ich schrieb damals meine ersten Gedichte, und da die Wochenzeitschrift ›Aktion‹ einige abdruckte, kam ich mir schon vor, als gehörte ich ganz in diese Kreise. Viele Nächte durchsoff ich mit zufälligen Kaffeehausbekannten, lebte sinnlos dahin, hungerte viel, und am meisten hungerte ich nach einem Menschen.

Berlin war bewegt wie jede große Weltstadt. Ihre unbarmherzige Tüchtigkeit machte jeden hart, aber auch großzügig. Schön war an diesem steinernen Meer fast nichts. Bismarck, der alte und der jetzige Kaiser hatten allem Baulichen ihren barbarischen Geschmack aufgedrängt. Das beachteten aber nur wenige. Die Menschen hatten keine Zeit. Das Tempo ergriff alle: die Bankherren, die Politiker, die rasch in die Höhe gekommenen Geschäftsleute und die Geistigen. Das breite Volk arbeitete mehr als anderswo. Es war auch geweckter als anderswo, besaß einen kalten, scharfen Witz und wenig Sinn für das Geruhig-Idyllische.

Die Hotels waren voll. In den bekannten Lokalen drängte sich mittags und abends die elegante internationale Welt. Ein breiter, draufgängerischer und etwas lärmender Wohlstand schien vorzuherrschen. Die Armut war weit weg in die düsteren Außenviertel geschoben. Die Theater brachten kühne Uraufführungen, die Kunstausstellungen erregten mitunter ein Aufsehen, das an Skandal grenzte, und weitberühmt waren die Varietés. Stündlich warfen die riesigen Zeitungshäuser ihre unzähligen Blätter in die Menge. Dicke Schlagzeilen lockten den Leser an, und – kaum aufgenommen – wurde die letzte Neuigkeit schon wieder von einer allerletzten überholt. Tag und Nacht durchzog ein unaufhörliches Stampfen, Lärmen und Brausen die menschenüberfüllten Straßen und Plätze. –

Der Winter verging. Im Tiergarten prangte mit einem

Male das frische Grün wieder, die dicken Fliederbüsche der Anlagen blühten und dufteten berauschend, und dann kamen die Rosen. Die meisten besseren Familien waren bereits aufs Land gefahren. Kochend heiß brütete die sommerliche Sonne über der Stadt.

»Attentat auf Erzherzog Franz Ferdinand! ... Attentat! Attentat!« plärrten die flinken Zeitungsjungen und schwangen sich mit ihren Mittagsblättern in die Straßenbahnen. Die Menschen reckten die Köpfe, auf den Straßen liefen Hunderte und rotteten sich zu dichten Haufen.

»Kriegsgrund! Serbien will den Krieg! Rußland bietet Rückendeckung!« trompeteten schon wieder neu auftauchende Zeitungsverkäufer, die jagend dahinliefen. Die Zeitungen wurden ihnen aus der Hand gerissen. Der ganze Verkehr kam augenblicks ins Stocken. Die Schutzleute drängten die wogenden Menschenmassen auf die Trottoire. Der weiterfließende Strom wuchs und wuchs. Geschäftig und erregt redeten die Leute ineinander. Es hörte sich an wie ein unablässiges, blecherndes Geräusch. Der riesige Potsdamer Platz war auf einmal schwarz von Menschen.

Und so ging es nun Tag für Tag und Nacht für Nacht, einen ganzen Monat lang. Die Menge kochte zuletzt vor Gereiztheit, schrie, drohte, sang patriotische Lieder und wälzte sich unausgesetzt durch die Stadt. Niemand dachte mehr an das Tägliche, an den Schlaf. Die Sozialdemokraten gaben warnende Erklärungen ab und sprachen sich gegen den Krieg aus.

»Man müßte etwas tun ... Flugzettel schreiben!« sagten einige Intellektuelle im Kaffeehaus. Andere machten sanguinische Witze.

»Ultimatum Österreichs an Serbien!« bellten eines Tages die Zeitungsjungen. Man erdrückte sie fast. Die Stadt schien aufgeschreckt wie nie. Sie glich einem schwirrenden Bienenschwarm. Und wieder hämmerte es: »Kriegserklärung Österreichs an Serbien! Mobilmachung in Rußland!«

Vor den Zeitungshäusern stauten sich dichte Scharen. Kopf an Kopf standen Tausende und Abertausende vor dem kaiserlichen Schloß Unter den Linden und vor dem altmodischen Reichskanzler-Palais in der Wilhelmstraße. Stundenlang wogten sie hin und her, johlten, schrien bald »Nieder!« bald »Hoch!« und brüllten die kriegerischen Lieder, die man sonst nur in Kasernen hörte. Schon zogen dumpfschrittig in Vierer-Reihen lange Kolonnen mit Koffern solchen Kasernen zu. Bärtige Arbeiter waren es, die mitunter kecke Witze in die gaffende Menge schrien. Hinter ihnen fuhren hochbepackte Wagen mit frischem Lederzeug und Uniformen. Die Menge jubelte begeistert, alles sang mit einem Male das ›Deutschlandlied‹ und jeder entblößte den Kopf.

»Serbien muß sterbien!« schrie ein Mann und übertönte alle. Gelächter und wilder Beifall brausten auf.

»Da mach was! Jetzt sind sie alle besoffen!« brummte ein alter Mann neben mir.

»Wat? ... Wat denn? Wat!« kläffte es von allen Seiten, und schon stürzten sich die Nächststehenden auf den Mann. Ein Geraufe entstand, die Menschen purzelten übereinander, grell schrien die Frauen auf. Ich schob mich entsetzt seitwärts in die Menge.

»Der Kaiser spricht! Krieg ist erklärt!« hörte ich, und alles begann zu laufen. Auf dem weiten Schloßplatz stand ich unter Tausenden und sah zum Balkon empor. Da standen dickbetreßte Militärs und einige steife Zivilisten um den gestikulierenden Kaiser, dessen heiseres, schreiendes Reden nicht zu verstehen war und sich anhörte wie das Krähen eines stotternden Hahns.

»Hoch! Hoch Deutschland! Nieder mit Frankreich! Nieder!« brüllte es immer wieder. Kalt durchrieselte es mich. Ich drängte mich aus dem Gewühl und kam nach stundenlangem Herumwandern in der Wohnung meines Kameraden an, bei dem ich wohnte. Er war ein hartnäckiger Kriegsdienstverweigerer.

»Wo ist denn der Franz?« fragte ich seine lange, hagere Frau Margot mit dem kunstgewerblichen Haarschnitt.

»Na, wo wird er denn sein! Die sind doch alle in die Kasernen! Stellen sich alle freiwillig!« sagte sie gleichgültig.

»Wa-was? Was?!!« starrte ich sie fassungslos an. Sie staunte.

»Naja, wenn sie sich freiwillig melden, kommen sie doch in bessere Regimenter«, klärte sie mich nebenher auf. Meine Lippen klappten aufeinander. Ein leichter Schwindel ergriff mich. Wie geistesabwesend glotzte ich.

»Na, was glotzte denn so? ... Komm, gehn wir ins Café des Westens!« sagte sie ungestört, »Franz hat Geld rausgerückt, bevor er gegangen ist.« Sie führten ein zänkisches, häßliches Leben miteinander. Ich mußte mich aber mit beiden verhalten, denn ich hatte nichts.

»Komm doch! Was ist denn mit dir?« wiederholte sie. Mechanisch folgte ich ihr. Auf dem ganzen Weg brummte es unablässig im meinem Kopf: An wen kann man sich überhaupt noch halten? Was gelten denn all diese schönen Sprüche, die diese Leute fortwährend hersagen? Was gilt überhaupt noch, was denn?

Im Café des Westens war es gähnend leer. ›Chauvinistische Hochflut in Paris! Jean Jaurès von Nationalisten ermordet!‹ lautete eine dicke Zeitungsüberschrift. Also dort genau wie bei uns, dachte ich. Von Jaurès hatte ich gelesen, daß er für internationale Schiedsgerichte eingetreten war, daß er den Krieg stets tief verabscheute. Er war als sein erstes Opfer gefallen.

Der alte Kellner erzählte uns ebenfalls, daß alle unsere Bekannten in den Exerzierhöfen der Kasernen Schlange ständen, um sich freiwillig zu melden.

»Da siehst du's!« sagte Margot, »was willst du denn eigentlich, du Bauer mit dem dicken Kopf? Sie holen dich ja doch!«

»Jaja, zwingen wird man mich schließlich«, gab ich zu und schwieg wieder. Ich preßte meinen Kopf fest zusammen, mit beiden Händen, als wollte ich jeden Gedanken aus ihm herauspressen.

»T-ha, und *die* haben mich lehren wollen! Die! An *die* hab' ich geglaubt!« sagte ich erbittert nach einer Weile, stand auf und ging davon. Drei Tage trieb ich mich herum und erfragte endlich, daß – wenn man sich freiwillig melde – jeder einen Freifahrtschein bis zu der Garnisonstadt von der Polizei bekomme, bei welcher er dienen wolle. Eugens drittes Infanterieregiment in Augsburg fiel mir von ungefähr ein. Vor dem Kommissar eines Wilmersdorfer Reviers stellte ich mich hölzern stramm und leierte forsch herunter, daß ich Bayer sei und in meiner Heimat dem Vaterland freiwillig dienen wolle. Der spitzbärtige, bebrillte Mann war freundlich und schrieb mir den Zettel. Ich ging sofort zum Anhalter Bahnhof und drängte mich in den überfüllten Zug. Vier Tage und Nächte fuhren wir kreuz und quer durch Deutschland und wurden an jeder Station reichlich verpflegt, so reichlich, daß wir die Butterbrote und Kuchenstücke oft wegwarfen. In Augsburg stieg ich nicht aus. Ich dachte nicht daran, Soldat zu werden. Frech blieb ich im Zug sitzen und erreichte München. Als ich auf die Straßen kam, staunte ich. Ruhig war es wie in tiefstem Frieden. Man sah nur viele Soldaten in neuen feldgrauen Uniformen. Manchmal zog auch so ein Trupp Feldgrauer singend zum Bahnhof oder in eine Kaserne. Die Leute blieben wohl stehen, winkten ihnen zu, und die Kinder liefen mit, aber das allgemeine Leben schien noch nicht allzu fühlbar von den Ereignissen beeinflußt.

Ich wanderte ins Künstlerviertel, um meinen Freund Georg aus dem Mühsamkreis aufzusuchen. Er, der frühere Konditor, war jetzt Kunstmaler geworden. Sein Atelier war verschlossen. »Hm«, brummte ich bitter, »wahrscheinlich wieder einer, der sich freiwillig gestellt hat.« Da hörte ich Schritte über die Treppe heraufkommen und erkannte, in die Tiefe schauend, meinen Freund. Er freute sich aufrichtig, daß ich gekommen war, und bot mir an, einstweilen bei ihm zu wohnen. Er hatte sich nicht verändert und wartete ab. Ich erzählte ihm von unseren gemeinsamen Berliner Bekannten und ihrer Haltung.

»Mensch«, rief er, »man kennt sich nicht mehr aus. Sie sind doch die Intellektuellen ... Grad von ihnen hab' ich so was am wenigsten geglaubt ... Alle haben den Kopf verloren ...

Hast du gelesen, die Sozialdemokraten sind jetzt auf einmal auch für den Krieg. Sie haben die Kredite bewilligt und einen Burgfrieden mit Kaiser und Regierung geschlossen! Ich begreif' das nicht! Ich versteh' das ganze Volk nicht mehr!«

»Das Volk? ... Ah, das ist doch nicht das Volk!« widersprach ich, »das Volk ist ganz anders. Wetten wir, daß das Volk überall genau so friedlich und geduldig ist wie bei uns ... Es läßt sich überall belügen und zu allem mißbrauchen! ... Geh mir aber bloß zu mit diesen Herrn intellektuellen, an die wir bis jetzt geglaubt haben! Die sind noch schlimmer als Kaiser und Regierung. Es sind die niedrigsten Verräter, weiter nichts!« Und plötzlich schoß mir ein erhellender Gedanke durch den Kopf.

»Das Volk? ... Ja, jetzt begreif' ich's erst – das Volk, das ist ungefähr so wie meine Mutter ... Sicher, ganz sicher!« sagte ich. Eine Ergriffenheit überkam mich, als ich in dieser Richtung weiterdachte.

»Hm, das ist mir zu symbolisch! ... Das wär' ja zum Verrücktwerden! So ein Volk, wie du's da in deinem Hirn zurechtmachst, das bringt man ja überhaupt nie weiter!« stritt mein Freund.

»O ja, vielleicht bringt man's auch weiter, aber zuerst muß man es lieben«, antwortete ich noch immer ergriffen, »nur was man liebt, gewinnt man ... ich glaub', jetzt begreif' ich, warum diese Herrn Intellektuellen so versagt haben ... Sie haben das Volk überhaupt nie gekannt und geliebt schon überhaupt nie!«

»Ah! Ah, du mit deinen Tolstoi-Ideen, geh mir zu!« gab Georg nicht nach und briet mir auf dem Spiritus-Apparat ein paar Eier. Ich stand auf und schaute durch das hohe Fenster über die Dächer der langsam verdämmernden Stadt.

»Tolstoi? Der hat mir bis jetzt am meisten gegeben!« sagte ich nach einer Weile und wandte mich um, »und siehst du, meine Mutter, *die* muß ich jetzt sehn. Ich weiß ja genau, daß dabei gar nichts Besonderes ist, aber – ich weiß nicht, siehst du ... an *sie* allein kann ich noch immer glauben. Nur an sie!« Zum erstenmal in meinem ganzen bisherigen

Leben durchströmte mich ein grundgutes Gefühl. Doch ich wollte es nicht zeigen und machte schnell einen dummen Witz ...

In den zwei Wochen, die ich noch in München blieb, veränderte sich das Gesicht der Stadt doch ein wenig. Die zahlreichen französischen und englischen Aufschriften der vornehmen Auslagefenster verschwanden. Der alte graubärtige König sprach einmal vom Balkon seiner Residenz. Aus dem gegenüberliegenden, von alten Kastanienbäumen beschatteten Hofgarten-Café kamen zahlreiche Gäste herbei. Zufällige Spaziergänger und Straßenpassanten gesellten sich dazu. Es mochten vielleicht vier- bis fünfhundert Menschen sein, die ein wenig neugierig und unerregt zum Balkon emporschauten. Der König Ludwig III., an den man sich zwar gewöhnt hatte, der indessen nie populär war, sprach unpathetisch, und seine Worte waren anheimelnd dialektgefärbt. Er sagte ungefähr, daß uns nun einmal der Krieg aufgezwungen worden sei, und ein jeder müsse jetzt eben seine Pflicht tun, bis Gott, der Herr, uns zu einer günstigen Entscheidung verhelfe. Er war schon über sechzig Jahre alt und ein einfacher, streng katholischer Mensch, der sich hauptsächlich für Landwirtschaft interessierte. Immer noch verübelten ihm die Leute, daß er als der älteste Sohn des inzwischen verstorbenen Prinzregenten Luitpold sich gegen das verfassungsmäßige Recht hatte zum König ernennen lassen, obgleich der Bruder König Ludwigs II., der geisteskranke Otto, noch lebte, und nach dem Buchstaben ein Anrecht auf den Thron gehabt hätte.

»Und nun mit Gott für unser Vaterland!« schloß der König schlicht und ein wenig unvermittelt. Da und dort riefen einige »Hoch!« oder klatschten, und schließlich stimmten alle die Hymne ›Gott mit dir, du Land der Bayern!‹ an. Der König verschwand. Diskutierend gingen die Leute auseinander. Um einen hochgewachsenen Kellner, der vorgab, schon in der ganzen Welt herumgekommen zu sein, scharte sich ein kleine Gruppe.

»Aufgezwungen, sagt er, ist uns der Krieg? Jaja, das mag

schon stimmen«, meinte der Kellner, »aber von wem denn? Das fragt sich erst noch!« Kühn schaute er um sich.

»Ich kenn' die Franzosen und die Russen! In Brüssel war ich zwei Jahre Zimmerkellner, und durch Serbien bin ich gewandert«, fuhr er fort, »ich leg' meine Hand ins Feuer, daß die kleinen Leute dort nichts gegen uns haben. Es sind immer bloß die Großen!« Etliche nickten. Ich dachte an meine Diskussionen mit Georg, wieder fiel mir meine Mutter ein und Tolstois Satz: »Wenn die Menschen es doch begreifen wollten, daß sie nicht die Kinder irgendwelcher Vaterländer, sondern die Kinder Gottes sind –«

Ja, hier mußte etwas richtig sein! Ganz bestimmt! – Zwei- oder dreimal rottete sich in der inneren Stadt ganz plötzlich ein lärmender Haufen zusammen, lief einem vermeintlichen Spion nach, schlug auf ihn ein oder demolierte ein Café, bis die Polizei eingriff. Einen harmlosen Artisten zertrampelten sie buchstäblich. Es schienen immer die gleichen Gesichter zu sein, die sich bei solchen Exzessen beteiligten.

»Ich geh' ins Krankenhaus ... ich hab' mir einen wunderschönen Rheumatismus angeschafft«, sagte Georg einmal zu mir und humpelte, auf zwei Stöcke gestützt, aus seinem Atelier, »vorläufig müssen sie schon ohne mich kriegführen.« Das gefiel mir. Mit dem letzten Geld, das er mir borgen konnte, fuhr ich nach Hause. Der August ging schon langsam zu Ende. Die deutschen Heere waren in das neutrale Belgien eingedrungen und hatten Lüttich, Antwerpen und Lille genommen. An den Biertischen redeten die behäbigen Münchener Bürger viel von der »dicken Berta«, einem neuen Riesengeschütz aus der Kruppschen Fabrik, das wahre Wunder an Zerstörung vollbringe, und fast jeden Tag schoben sie die Fahnen aus ihren Fenstern. Die Domglocken läuteten, die fettgedruckten gelben Telegramm-Anschläge der größten Zeitungen meldeten Sieg auf Sieg. –

Dunstiger, angedunkelter Dämmer lag schon auf den gemähten, schräg abfallenden Wiesen und Getreideäckern von Kempfenhausen, als ich auf der staubigen Starnberger Landstraße heimwärts ging. Ich kam an der Barjatinsky-

Villa vorüber. Still und leer lag alles da. Dann am Sommersitz der Ratibors. Leer. An der Villa der Madame de Osa. Leer. Nachdenklich ging ich weiter. Der kühle Wald strömte einen würzigen Kieferngeruch aus. Scheue Eichhörnchen wippten mitunter über die Straße, stockten kurz und glotzten mich staunend an. Dann hüpften sie weiter.

Im Dorf leuchteten schon da und dort die gelben Lichter hinter den kleinen Fenstern.

Ich klopfte ein paarmal an die verschlossene Tür des Kramerhauses.

»Wer ist denn da?« fragte endlich die mürrische Stimme der Kramer-Marie, und als ich angab, öffnete sie und redete weiter: »Ja, Oskar? ... Die Mutter und die Schwestern sind ja schon, seitdem der Maxl in den Krieg fort ist, ins alte Haus hinuntergezogen!«

»Soso ... Gute Nacht«, nickte ich dankend.

Als ich kurz darauf durch die Ladentür unseres Vaterhauses schritt, kam die Moni aus der Kuchl und rief: »Jahja, der Oskar? Wo kommst denn du her?«

»Ja, jetzt ist Krieg! Jetzt wird alles vom Erdboden wegrasiert!« stieß ich in einem plötzlichen Anflug von wütendem Galgenhumor heraus und kam mit ihr in die Kuchl.

»Soso, bist jetzt da?« sagte meine Mutter unverwundert, als hätte ich nur einen Spaziergang gemacht, »so, hm ... Der Maxl und der Maurus sind schon lange im Krieg. Mußt denn du nicht fort?«

»Ich geh' erst, wenn sie mich holen ... Ich hab' den Krieg nicht gemacht und gewollt«, antwortete ich keck.

»Na, dann ist wenigstens einer da, der mit dem Ottl bakken kann«, meinte sie ohne weiteres, »mir wird das elendig hart mit meinen offenen Füßen.«

Bis jetzt hatte sie mit dem Lehrling nachts gearbeitet, da kein Geselle mehr aufzutreiben war. Und das Geschäft mußte doch weitergehen.

»Hm, der elendige Krieg!« murrte sie mehr für sich. »Zu was jetzt der gut sein soll ... In jedem Haus sind die besten

Mannsbilder fort, hmhm, jetzt mitten im Sommer! ... Der Eugen hat schon recht gehabt ...«

Wie immer stellte sie mir den Kaffee hin. »Da! ... Hast schon gegessen? ... Ein kalt's Schweinernes ist noch da, aber recht fett ist's.«

Sie humpelte viel ärger.

Die Theres leitete die Buchführung und das Geschäft, die viel magerer gewordene, kränkliche Emma nähte noch für fremde Leute und half ab und zu im Hauswesen mit, die Moni tat wenig, plagte sich jeden Tag, ein trauriges Kriegerfrauengesicht zu machen, packte ein Feldpostpaket für den Maxl ein und schrieb ihm lange Briefe. Wie einst, als wir noch klein waren, hingen jetzt ihre Kinder am Rock unserer Mutter und quengelten in sie hinein.

»Und wo ist denn die Leni?« Ein sonderbar betretenes Schweigen setzte ein. Das dicke, etwas fettig glänzende Gesicht der Moni wurde rot.

»Die Leni ist fort ... Sie ist in der Stadt drinnen in einem Kloster, bei den Blauen-Kreuz-Schwestern«, erzählte Mutter endlich.

»Ins Kloster? ... Hm, das ist zu jetzigen Zeiten schon bald das beste«, sagte ich nachdenklich und fragte nicht weiter. Emma zwinkerte mir heimlich zu, dann warf sie unvermerkt einen schrägen Blick auf die Moni.

»Da kannst ja jetzt du das Brot ausfahren«, wandte sich die Mutter an diese, »im Stall brauch' ich dich nicht mehr.« Damit war die Moni sehr einverstanden, denn da konnte sie sich mit den Herrschaften und ihren Dienstboten unterhalten, die noch da waren. Klatsch liebte sie sehr.

»Und wer konditort denn jetzt?« fragte ich nebenher.

»Ja, wer denn? ... Der Ottl und ich halt! ... Bis jetzt ist die Theres mit dem Brot ausgefahren, und die Moni? ... Hm! Bis ich der was sag', da mach' ich's lieber selber«, warf die Mutter ungeniert hin. Es klang verächtlich.

»Du läßt dir ja auch nie helfen, Mutter ... Du sagst ja nie was!« wollte die Moni sich verteidigen, aber unsere Mutter lächelte nur. »Hm, wenn man einem Menschen schon alles sagen muß! Geh!« Die Moni schmollte ein wenig, dann ging sie unter dem Vorwand, den Brief für den Maxl fertigmachen zu müssen, aus der Kuchl. Vom Tisch aus sah ich meine Mutter, die am Herd stand, von hinten her an. Ihr Rücken war gekrümmt, der Knoten ihres grauen Haares war winzig, die Ärmel hatte sie aufgekrempelt, und ihre sehnigen, von der Sonne dunkelbraun gebrannten Arme waren knochenmager.

»Der Scheißkrieg!« fing sie wieder zu raunzen an. »Jetzt haben sie beim Müller und beim Schatzl schon die Rösser ausgemustert. Wann sie fortkommen, weiß man nicht ... Gott sei dank, unsern Schimmel haben sie uns 'lassen.« Sie spülte ab und hielt nicht inne. Die Emma, die sehr interessiert die Zeitungen verfolgte und begeistert von den Heldentaten unserer Truppen war, widersprach gutmütig lächelnd: »Aber Mutter, wir siegen doch, und dann wird Deutschland groß und reich.«

»Wir haben Sach' genug! Wir brauchen doch nicht mehr!« meinte Mutter ablehnend. »Wie ist's denn anno 70 gewesen? ... Da hat's auch immer so was geheißen! Ich kann mich noch erinnern – auf einmal haben wir bloß noch einen Eichelkaffee machen können, und das roggene Mehl ist ganz schlecht worden ... Und die meisten Männer sind nicht mehr heimkommen, und der, der wo's überstanden hat, ist angeschossen gewesen oder er hat die Wassersucht gehabt wie der Vater selig ...«

Sie konnte nichts Großes und Heldenhaftes an all diesem Kriegführen finden. Und Deutschland? Mein Gott – unsere Mutter kannte immer nur Berg, Leoni, Aufkirchen, Kempfenhausen, Aufhausen, Farchach und Bachhausen oder Wolfratshausen.

Die Moni, die ihre letzten Worte gehört hatte, als sie jetzt hereinkam, bekam sofort um einige Grade ein besorgteres Gesicht und jammerte: »Mein Gott, wenn bloß dem Maxl nichts passiert ... Das übersteh' ich nicht!« Dick hockte sie auf dem Kanapee, ihr quellender Busen floß über die hohe Schnürung ihres Leibes, ihr Gesicht war rot angelaufen, und ihre dummen Augen sahen leicht verunruhigt drein. Sie schnaubte ein paarmal seufzend. Unsere Mutter schwieg und spülte ab.

Ich buk nun jede Nacht mit dem lustigen, flinken Lehrbuben. Tagsüber half ich der Mutter in der Konditorei.

»Ja, weißt du, die Leni wär' heut noch da«, fing sie einmal während der Arbeit gedämpft zu erzählen an, »der Maxl, ha! Zu euch ist er saugrob gewesen, aber gegen die Moni ist er nicht aufgekommen. Einmal, ganz am Anfang, da hat er sie gehaut, dann ist sie auf und davon und in die Stadt hinein. Sie hat von einem Rechtsanwalt schreiben lassen, und da hat er auf einmal Angst kriegt, der Maxl! Gleich ist er in die Stadt hineingefahren und hat ihr vorgewinselt und gejammert, und, sagt er, sie soll nur wieder heimkommen, er rührt sie ganz gewiß nicht mehr an ... Aber besser sind sie absolut nicht aus'kommen, gar nicht auch. Fast jeden Tag haben sie gestritten ... So was Stinkfaules wie die Moni find't man ja nicht leicht. Da hat er was G'scheites gefunden mit der! ... Wir sind beim Kramer droben gewesen. Keinen Menschen hat er mehr gehabt, wo er hätt' reden können, und da hat er öfter der Leni was vorgejammert ... Du hast ja die Leni kennt. Die hat sich in nichts einmischen wollen, aber sofort ist die Moni eifersüchtig worden und hat die Leni schikaniert. Sie ist oft nach Feierabend zu uns ins Kramerhaus hinauf kommen, die Leni, und da hat sie uns immer alles g'sagt ... Ein guter, ehrlicher Mensch ist sie gewesen, die Leni. Ich hab' nicht leicht eine Dirn so gern gehabt wie sie ... Einmal kommt sie daher und ist ganz verdattert und verweint, und, sagt sie, Bäckin, sagt sie, ich hab' alles ausgehalten, aber jetzt muß ich weggehen, jetzt muß ich fort ... Das geht nicht mehr ... Und nachher hat sie uns erzählt, daß der Maxl, wie er einmal nachts heimkommen ist und durch ihre Kammer gegangen ist, in ihr Bett hat wollen und sie abgebusselt hat und das Jammern und Wimmern angefangen hat, die Moni ist sein Unglück und bloß sie hat er gern, sie, sie, die Leni ... Sie hat ihn weg'druckt und gesagt, ob er sich denn nicht Sünden fürcht't, und da ist er ganz dasig geworden und in seine Eh'kammer 'gangen ...«

Hastig hatte die Mutter alles gesprochen. Jetzt, da sie den steifgeschlagenen Eierschnee aus dem Kupferkessel in die andere Kuchenmasse schüttete, zitterten ihre Hände. Ihr Atem ging schneller als sonst.

»Jetzt weißt du's!« sagte sie noch einmal. Ich fand das Wort nicht und – wirklich – einen Huscher lang empfand ich sogar Mitleid mit dem Maxl.

»Mein Gott, was ist er doch für ein sonderbarer, verpfuschter Mensch!« konnte ich nur sagen, dann aber überwehte mich wieder der alte Groll gegen ihn.

»Ja«, fuhr Mutter während des Kucheneinrührens fort, »und wie er jetzt in den Krieg fort hat müssen, da ist er hinauf ins Kramerhaus zu uns, und da hat er gar einmal gut reden können! ... Mutter, hat er zu mir gesagt, Mutter, ich bitt' euch, geht alle wieder ins alte Haus 'nunter, helfts zusammen, die Moni taugt nichts. Und wenn was passiert, sagt er, bei euch weiß ich wenigstens, daß alles rechtschaffen gemacht wird ...« Sie rührte und rührte, aber ich merkte, es fielen ein paar Tränen in die Kuchenmasse.

»Und zuletzt, da hat er uns allen fest die Hand gedrückt, der Maxl, und mir hat er in die Augen geschaut und gesagt hat er: Ich dank dir schön, Mutter!« schloß sie bedrängt. Ich nahm ihr den Kessel aus der Hand und rührte die Kuchenmasse gar.

»Die Leni sollt' er geheiratet haben, der Maxl. Das hab' ich mir immer gewünscht«, sagte sie nach einer Weile und wischte sich die Augen aus.

»Ja, warum hast du es ihm denn nie gesagt, Mutter?« fragte ich. Ihr Gesicht wurde ein wenig verlegen. Sie lächelte dünn und zaghaft. Sie zuckte leicht mit den Achseln.

»Tja, mein Gott, sagen? ... Sagen kann man so was einem Menschen nicht!« brachte sie endlich heraus. Und jetzt überzog ein stiller Schimmer ihre Züge. Ich merkte, wie wohl ihr das getan hatte, so mit mir zu reden ...

Schließlich um die Septembermitte wurde ich gemustert

und mußte bald darauf zum Trainbataillon nach München einrücken. Es wurde Winter, und ich war schon mit einem Stab, der die Eisenbahnbau-Kompanien leitete, tief in Polen. Da erreichte mich ein Brief von Emma:

»Lieber Oskar!
Der Maxl hat vier Schüsse in das Rückenmark bei einem Sturm bekommen. Er ist im Kriegslazarett gestorben. Schrecklich hat er leiden müssen. Stell dir nur vor, sein Hauptmann wollte ihm vor dem Sturm einen Urlaub geben, weil er ein so guter, tapferer Soldat war. Der Maxl aber hat das abgelehnt und gesagt, jeder muß jetzt seine Pflicht tun. Jetzt ist er tot. Die Moni tut wie eine Verrückte, aber sie hat den besten Appetit dabei. Unsere Mutter ist gefaßt, aber doch sehr traurig. Wenn ich ganz ehrlich sein soll, lieber Oskar, ich bin auch recht niedergeschlagen. Du weißt, wir alle haben den Maxl nie mögen. Er war ganz anders wie wir alle, fast wie ein Fremder. Aber er hat Unglück mit der Moni gehabt, und jetzt ist er gefallen. Er war eben doch unser Bruder. Denk auch Du an ihn!

Ich bin viel krank und muß oft im Bett liegen, da kann ich alles so gut überlegen. Hoffentlich passiert Dir nichts. Herzlichen Gruß – Emma, Theres und Mutter.«

Darunter hatte meine Mutter noch einmal hingekritzelt: *»Lieber Osgar, auf Wiedersehen – gruß Mutter.«*

Ich überdachte noch einmal das ganze Leben Maxls. Ich bewunderte Emma. So gerecht, wie sie schrieb.

Ich konnte nicht so sein, *noch* nicht! Voll Schmerz und Groll antwortete ich meinen Schwestern:

»Meine Lieben alle!
Ja, es ist sicher schrecklich für Euch alle, daß der Maxl gefallen ist. Aber ich *kann nicht anders: Je mehr ich nachdenke, um so grauenhafter sehe ich ein, daß er etwas von dem Element war, das uns alle so unglücklich gemacht hat. Diejenigen, die so sind wie er, haben auch diesen sinnlosen*

Krieg über uns gebracht. Sie bringen immer Krieg, und in jeder Form! Und sie glauben, es wäre Größe!

Liebe Mutter, liebe Schwestern, verargt es mir nicht. Ich muß sagen, ich bin fast froh, daß der Maxl tot ist. Laßt Euch alle umarmen von Eurem Oskar.«

So oft sie mir auch in der Folgezeit schrieben, sie haben diesen Brief nie erwähnt. Meine Mutter, erfuhr ich später, ließ eine stille Messe für mein Seelenheil lesen. –

Es knistert in der Stille

Vom ersten Tag meines Soldatendaseins an überlegte ich stets nur das eine: Wie kannst du diesem Zwang, dieser Sinnlosigkeit entrinnen? Ich entwickelte in meiner Abwehr eine derart instinktsichere, abgebrühte Energie, daß ich manchmal über mich selbst staunte. Es wurde unmöglich, mich regelrecht militärisch auszubilden. Ich war nicht nur ein schlechter, ich war überhaupt kein Soldat!

Nämlich, was mir auch zustieß, welchen Befehl ich auch bekam – ich lachte. Ich lachte aus vollem Hals und wurde dafür von den Unteroffizieren und Sergeanten schikaniert und eingesperrt, aber es half nichts – ich lachte.

Man kann das nachlesen in meinem Buch ›Wir sind Gefangene‹. Ich will mich nicht damit aufhalten. Jedenfalls plärrten eines Tages alle Unteroffiziere: »Er ist nicht normal! Er ist irrsinnig! Er gehört in eine Anstalt!« und der Stallunteroffizier fauchte mich giftig an: »Du Trottel! Du Idiot! Du Mistfink! Beim ersten Transport schicken wir dich an die Front! Das ist die einzig passende Strafe für dich!«

»A-ber – Strafe?« lächelte ich ganz zivil. »Das ist doch eine *Ehre* für mich, Herr Unteroffizier!« Der gute Mann ließ mich einfach stehen.

Als ich ins Feld gekommen war, konnte ich weder exerzieren noch schießen, noch sonst etwas. Schon nach vierzehn Tagen sagte der grämlich-bösartige Major, ich sei ein Irrenhäusler und der Schandfleck der ganzen Armee. Es regnete auch hier wieder Arreststrafen und Schikanen, doch es prallte alles an meiner unverblüffbaren, geradezu knatternden Lustigkeit ab. Nach und nach merkte ich erst, was für eine erstaunliche Waffe mein Gelächter war, und ich wandte sie bei jeder Gelegenheit mit fast schwindelerregender Sicherheit an. Mir war nicht mehr beizukommen. Die Offiziere ließen mich meist unbehelligt, die Kameraden wußten nichts mit mir anzufangen und hielten mich wirklich für schwachsinnig. Sie waren froh, als ich eines Tages an Ruhr erkrankte. Sie brachten mich eiligst in das nächstgelegene provisorische Lazarett zurück. Ich lag dort mitten unter Typhuskranken im schmutzigen Stroh. Auf dem blanken Boden des Zimmers, das wir nicht verlassen durften, standen die Kübel. Es stank entsetzlich, und Schwärme von Fliegen schwirrten unausgesetzt um uns. Eine strenggesichtige Krankenschwester in klösterlicher Tracht kam ab und zu herein, reichte uns einige Tanalbin-Tabletten, brachte heißen Tee und Zwieback oder legte irgendeinem, der röchelnd mit dem Tode rang, ein frommes Bildchen auf die Brust. Ich lachte auch dann noch, wenn so ein unglücklicher Mensch verendete und wenn man seine starre Leiche gleich einem Stück Vieh aus dem verpesteten Zimmer schleifte.

»Mensch, du bist närrisch!« sagte mein eben eingelieferter Nachbar, der zudem verwundet war. Sein Fuß war dick umwickelt.

»Närrisch? Nein ... Närrisch ist bloß der Krieg«, sagte ich. Er sah mich prüfend an, aber er schien zu verstehen. Hastig flüsterte er mir ins Ohr: »Du bist mein Mann! ... Da krepieren wir! Komm, wir hauen ab in die Heimat! ... Heute abend kommt hier ein Lazarettzug durch.« Ich nickte, und die Flucht gelang. Nach zirka acht Tagen trat ich wieder in die Schreibstube der Trainkaserne in München und lachte den verblüfften Sergeanten breit an. Ruhrverdächtig sei ich, aber nicht mehr so schlimm, sagte ich. Er erschrak und wich zurück. Er hatte Angst, angesteckt zu werden, und schickte mich zum Arzt. Ich bekam vierzehn Tage Urlaub und verließ heiter die Kaserne.

Die Stadt war sehr still geworden. Mit gleichgültiggrämlichen Gesichtern gingen die Menschen dahin. Man sah ungewöhnlich viele verwundete Soldaten, die entweder humpelten oder den Arm in der Schlinge trugen. Es war Sommer 1916. Das mit ihm verbündete Italien hatte Deutschland den Krieg erklärt und war zu den Alliierten übergegangen. Portugal und Rumänien traten ebenfalls auf die Seite der Entente. Die deutsche Marineleitung dehnte den U-Boot-Krieg mehr und mehr aus. England begann mit der Verschärfung der Blockade unserer Handelshäfen. An allen Fronten wurde erbittert gekämpft.

Die gelben Telegramm-Anschläge meldeten fortgesetzt Siege, doch kein Mensch blieb mehr vor ihnen stehen. Die Leute hatten andere Sorgen. Fast jede Frau arbeitete in einem Kriegsbetrieb, die Männer standen im Feld, und die Kinder blieben sich selbst überlassen. Die Lebensmittel waren streng rationiert. Auch für jedes Kleidungsstück, für Schuhe, Holz, Kohle, Petroleum und Spiritus brauchte man Bezugsscheine. Ein wilder Schleichhandel mit all dem kam auf. Die Reichen, die jeden Preis bezahlen konnten, litten nicht. Die Armen siechten langsam dahin.

Ich suchte das Atelier Georgs auf. Eine fremde Malerin wohnte darin und erzählte, er sei irgendwo zum Garnisonsdienst eingezogen worden. Ich fuhr heim.

»Jetzt ist's schon fast wieder wie seinerzeit, als der Vater selig die Bäckerei aufgemacht hat«, meinte Mutter, »in jedem Haus und sogar bei den Herrschaften backen sie selber. Brotausfahren brauchen wir nicht mehr. Kuchen und Semmeln gibt's schon lang nicht mehr, und für das Schwarzbrot kriegen wir oft nicht Mehl genug ... Jetzt kann der Lehrbub, der Ottl, die Arbeit leicht machen. Aber auch der wird bald fort müssen. Er ist erst siebzehn Jahr' alt ... Nachher muß halt ich wieder backen ... Hmhm, wo das noch hinführen soll!«

Die verzwergte »alte Resl« lachte mich breit an. Ihre zahnlosen Kiefern malmten. Glotzend sahen mich ihre Froschaugen an. »Oka! ... Maxl nimma kimmt«, plapperte sie.

In einem Lehnstuhl vor dem Haus saß die lungenkranke Emma in der Sonne und gab mir ihre dünne, kalte, etwas feuchte Hand. Ihre schönen dunklen Augen hatten einen matten Glanz. Ihr durchsichtiges Gesicht war sehr blaß, aber auf den eingefallenen Wangen schimmerte es unnatürlich rot. Verträumt sagte sie mit ihrer sanften Stimme: »Ich hab' jetzt soviel Zeit. Alle verzärteln mich so ... Den ganzen Tag kann ich schwärmen. Ich les' jetzt oft, was sie im Reichstag sagen. Der Bethmann Hollweg muß ein feiner Mann sein. Er hat neulich in einer Rede gesagt: ›Deutschland, dein ärmster Sohn ist auch dein getreuester!‹ Ist das nicht schön? So ein Dichter hat es geschrieben, ich weiß seinen Namen nicht ... Du willst doch auch ein Dichter werden, Oskar, hm?« Sie umstrich mich gleichsam mit ihren zärtlich melancholischen Blicken. »Seltsam, bei dir kann ich mir das gar nicht vorstellen, bei dir kommt's mir immer vor, als tät'st du an nichts wirklich hängen ...« Sie hielt kurz inne, dachte nach und setzte schnell dazu: »Ja, an der Mutter hängst du, das mag sein ... und vielleicht hängst du auch ein bißl an mir ... Aber weißt du, ich mein' immer, so ein Dichter, der muß an etwas Großem hängen ...«

»Vielleicht kommt's bloß drauf an, was man so ›groß‹ heißt ... Unsere Mutter ist mir jedenfalls lieber als das ganze schöne Daherreden von diesem ›Großen‹«, sagte ich. Sie schaute mir wieder in die Augen, war noch immer im Nachdenken und lächelte dünn: »Wer weiß, vielleicht hast du schon recht! Ich schwärm' bloß immer so gern ...« Sie schwieg ein wenig und fing nüchterner zu erzählen an: »Der Maurus ist in der Etappe in den Vogesen, da ist's gar nicht gefährlich. Er ist Koch und hat viel Zeit. Er zeichnet jetzt immer, aber auf seinen Bildern sieht man nie was Landschaftliches ... Auch nichts, wie's da draußen an der

Front eigentlich ausschaut ... Er zeichnet immer bloß die Gesichter von seinen Kameraden.«

»Wahrscheinlich interessieren ihn nur die Menschen«, meinte ich. – So geruhig redete ich oft mit ihr. Sie hatte das gern. Ihre Stimme tat wohl. Sie schien, grade weil sie so krank war, über vieles innerlich hinausgewachsen zu sein. –

Auf den Feldern arbeiteten nur noch alte Leute und Kinder. Im Dorf war es sehr still. Unser Grauschimmel stand zwar noch im Stall, aber sonst waren vor den Fuhrwerken statt der Pferde meist langsam dahintrottende Ochsen. In der Kirche wurde sonntags stets für die Gefallenen gebetet. Wenn der Pfarrer die Namen vorlas, kamen immer wieder neue hinzu.

»Unteroffizier Max Graf, Bäckermeister von Berg«, hallte es monoton aus dieser Aufzählung.

»Der Herr gib ihm die ewige Ruhe, und das ewige Licht leuchte ihm«, antworteten die Beter. Die Moni fing heftig zu weinen an, daß alle auf sie schauten. Unsere Mutter stand im Betstuhl, sah mit trübem Blick geradeaus, und ihre verschränkten, zerarbeiteten Finger zuckten ganz leicht. Ihre ausgetrockneten, dünnen Lippen bewegten sich leise. Sie stand da, traurig und geduldig. Einmal schaute sie schwer atmend in die Höhe, gleichsam als wolle sie sich ein wenig recken. Und ihr Gesicht sagte ungefähr: »Herr, wie du willst.« Da sie so humpelte, wurde ihr das Gehen immer schwerer. Ich gab ihr meinen stützenden Arm und merkte, wie dankbar sie war. Wir gingen langsam auf dem Hügelkamm-Weg dahin, wo sie so oft mit der Leni gegangen war. Ich mußte unwillkürlich an sie denken, und eine Rührung flog mich an.

Von hier aus sah man über die hängenden Felder, hinunter nach Oberberg. Friedlich lag das sommerlich umgrünte Dorf da. Lieblich schimmerte tiefer der blaue See. Oft und oft mußte Mutter stehenbleiben. »Hmhm, gar nichts mehr bin ich, hmhm«, sagte sie verschnaufend. Ihr Blick lief über die Abhänge. »Wie sauber alles abgemäht ist! ... Jetzt, wo so wenig Leut' daheim sind, kann man die

Mähmaschinen gut brauchen ...« Sie dachte ein wenig nach und schüttelte ihren alten Kopf: »Hmhm, ich kann's gar nicht verstehn, wie das sein kann! Nicht leicht in einem Jahr sind Weizen und Korn so gut und schön gestanden, und doch gibt's nichts! ... *Muß* denn jetzt der Krieg sein?«

»Er muß nicht! Keiner will ihn, aber das ist ja das Sonderbare – keiner macht was dagegen«, sagte ich. Doch das schien sie nicht zu begreifen.

»Wie's wohl dem Maurus gehn wird? ... Und dem Eugen und dem Lenz in Amerika?« kam aus ihrem Nachdenken, und wieder schüttelte sie den Kopf: »Hm, wenn das so weitergeht, da seh' ich keinen mehr.«

Wir kamen an der Anna-Kapelle vor unserem Holz vorbei.

»Da schau, die Schatzlin hat die Kapelln neu streichen lassen ... Jaja, der Valentin ist ihr gefallen, und der Pauli ist im Westen«, redete sie weiter, und es konnte ungefähr bedeuten: »So ist's nun schon, was kann man dagegen machen. Es läßt sich nur auf den Herrgott hoffen, vielleicht hat der ein Einsehen.« Auf Gedeih und Verderb war der Mensch verstrickt ins irdische Dasein, was blieb weiter als der, der über uns allen steht!

Als wir das Dorf erreicht hatten, wandte sie mir auf einmal ihr faltiges Gesicht zu und fragte schmerzhaft: »Und du mußt auch wieder ins Feld?«

»Jaja«, nickte ich.

»Mein Gott, ist dir das was!« schloß sie bedrängt. –

Obgleich der Major einen neuen Mann gefordert hatte, schickte man mich wieder. Als ich unverhofft und unerwünscht wieder in dem kleinen Grenzflecken Marggrabowa auftauchte, war er verblüfft und ungehalten. Auch der Unteroffizier unseres Stabes wußte keine rechte Beschäftigung für mich. Ich wurde endlich wieder mit der Versorgung unserer Bagage-Pferde und der Offiziersgäule beauftragt und hauste in einem kleinen, ramponierten Häuschen weitab von unserer Stabsvilla. Nur zum Essen kam ich dorthin.

Es war Winter geworden und schneidend kalt. Das Wasser im Kübel, das ich vom Brunnen in den Stall schleppte, bekam in den paar Minuten eine ganz dünne Eisschicht. Die Armeen an der Front rückten unaufhaltsam vor, immer tiefer nach Polen hinein. Wir zogen dahinter her, nisteten uns in den zerstörten eroberten Städten ein, bekamen jedesmal sogenanntes Kontributionsgeld und versoffen es, sobald irgendeine Kneipe, deren Besitzer geblieben war, auftauchte. Mit den paar scheuen Juden, die hin und wieder zum Vorschein kamen, trieben wir Handel oder raubten die verlassenen Häuser aus. Jeder nahm mit, was ihm gefiel, Offiziere wie Mannschaften. Kaum aber saßen wir wieder, ging's auch schon wieder weiter. Unser langer Bauzug schnaubte durch die trostlosen, verlassenen, unendlichen polnischen Schneeflächen. Nur selten ragten abgebröckelte, viereckige Ziegelkamine aus den Ruinen der niedergelegten Dörfer. Wie dunkle Flecke lugten Teile von zerfallenen Möbeln, demolierten, zurückgelassenen Geräten oder erstarrte Pferdekadaver aus dem Schnee. Dann wieder zogen sich, gleich wirren Spinnwebhäuten, Stacheldrahtverhaue hin, an denen Fetzen von Menschenkörpern hingen. In den langen Schützengräben standen noch aufrecht die gefrorenen, überschneiten russischen Soldaten. Ihre verrosteten Gewehre lagen hin und wieder noch auf der Grabenkante.

Als wir in Kowno über die Njemenbrücke kamen, lagen auf einem Platz grölende Menschenknäuel mit schäumenden Eimern. Sie hatten sich der übriggebliebenen Kellereien einer bombardierten Brauerei bemächtigt, und – alles Grauen und Elend vergessend – soffen sie nun schon tagelang sinnlos weiter. In Wilna knieten abgerissene Weiber und bärtige Männer in langer Reihe vor einer dunklen Kathedrale und küßten immerzu den schmutzigen Boden. Daneben, in lauten Kneipen, boten Mütter oder betrunkene Väter ihre Töchter dem Meistbietenden an, und oft waren sie zufrieden mit einem Laib Brot, einer Kanne voll rotem Viehzucker oder einigen Pfund Salz. Als wir nordostwärts Dünaburg zufuhren, stand eine Mutter mit ihren drei kaum erwachsenen Töchtern im hohen Schnee. Alle vier schrien flehentlich und hatten ihre Röcke bis zum Bauch hinauf gehoben.

Wir froren. Ich lag bei den Pferden im Viehwagen und rührte mich nicht mehr. Jede Bewegung schmerzte derart, als hätte ich lauter Nadeln im Körper. »Kaputtgehn«, war mein einziger Gedanke. Der Zug hielt endlich in dunkler Nacht, und der beflissene Unteroffizier kam mit der Taschenlaterne: »Graf, ausladen! Wir sind da! Rakischki heißt das Nest. Zieh die Pferde auf die Rampe!«

»Ich kann und ich will nicht! Hau ab, sonst passiert was!« knirschte ich reglos aus dem Dunkel. Er begann zu kommandieren und drohte. Ich riß mich mit aller Kraft in die Höhe. Jäh wie ein sengendes Feuer durchfuhr mich der Schmerz. Ich kannte mich kaum mehr vor Wut und Jammer, riß mein Bajonett aus der Scheide und wollte ihm brüllend nach. Er lief angstgepeitscht den Zug entlang und ich hinter ihm her, bis ich stolpernd in den Schnee fiel. Er verschwand im Waggon. Ich ging wieder zurück zu meinen Pferden und legte mich von neuem ins Stroh. Die Kameraden kamen und redeten auf mich ein, halfen mir, zogen die Pferde auf die Rampe, schirrten sie an.

»Ich mach' nicht mehr mit! Für mich ist der Krieg aus!« weinte ich grimmig. Sie setzten mich wie eine steifgefrorene Puppe auf den Wagen, einer lenkte die Pferde, wir holperten in die schneeige Finsternis, und als wir in dem Dörfchen vor einem niedrigen Haus anhielten, waren die drei Offizierspferde, die hinten an den Wagen gebunden waren, nicht mehr da. Schrecken ergriff meine Kameraden. Da ich mich nicht mehr rührte, schirrten sie die zwei Wagenpferde rasch aus, führten sie in ein kleineres Nebenhaus und begaben sich auf die Suche. Ich ließ mich einfach im stockfinsteren Raum auf die Erde fallen und schlief erstarrt ein. Erst um das Morgendämmern kamen die Kameraden zurück und hatten die Pferde gefunden. Sie weckten mich. Ich knirschte sie giftig an. Die Wintersonne fiel durchs zerschlagene Fenster. Fröstelnd schlug ich die Augen auf, biß die Zähne aufeinander und rieb unausgesetzt mit meinen Händen an meinem Körper. Mühsam richtete ich mich auf. Drüben in der Stube standen unangehängt, mit froststräubten Haaren und hungrig wiehernd die Pferde. Eins lag aufgebläht am Boden und war verendet. Der Leutnant kam kurz darauf und schrie mich an. Er befahl mir, dem Kadaver die Haut abzuziehen. Ich beteuerte, kein Metzger zu sein. Er schrie noch mehr und tappte nach Wiederholung seines Befehls davon. Ich warf das tote Pferd mit Hilfe von zwei gefangenen Russen in eine Grube und schüttete sie zu. »Wo ist die Haut?« fragte der nach zwei Stunden zurückkommende Leutnant. »Hier ruht das Pferd«, sagte ich frech und deutete auf den Erdhügel. Er fing kreischend zu bellen an und gab mir den Befehl, in zwei weiteren Stunden feldmarschmäßig in der Kanzlei zu erscheinen. Als ich vor ihm stand, eröffnete er mir, daß ich mich sofort zur preußischen Eisenbahnbaukompanie zu begeben hätte, um dort Dienst zu tun. Stumpf nahm ich stramme Haltung an und verweigerte kaltblütig den Befehl. Der Major kam vom Nebenraum hereingestürzt. Er und die beiden Leutnants schrien auf mich ein: »Kriegsgericht! Ab! Marsch!« Noch immer plärrten sie, als ich zur Türe hinaustappte.

»Sofort aburteilen! Füsilieren!« hörte ich die krächzende Stimme des Majors. Gleich darauf kam der Leutnant mit zwei fremden Soldaten, die auf ihre Gewehre das Bajonett aufgepflanzt hatten. Er las mir ein langes Dekret vor. Ich hörte kaum hin und verstand nur wieder etwas von kriegsgerichtlicher Aburteilung.

»Weg mit ihm! Ab! ... Bei Fluchtversuch wenden Sie Gewalt an!« befahl er kurz und ging. Die zwei Soldaten nahmen mich in ihre Mitte und führten mich ins Arrestlokal.

»Wenn schon krepiert werden muß, dann nur durch mich selber!« dachte ich verbissen und verweigerte das Essen. Ich hungerte zehn Tage und brach zusammen, wurde in ein zurückliegendes Kriegslazarett gebracht und kam von dort in die Heimat. Mit Verwundeten aus allen Fronten lag ich eines Tages in einem brandenburgischen Spital und fing wieder mein krachendes Lachen an. »Idiot« lautete die ärztliche Diagnose für mich, doch dahinter war immerhin ein Fragezeichen. Als solcher wurde ich in die nahegelegene Irrenanstalt gebracht und sprach dort fünf Monate keinen Ton mehr. Die Antwort auf jede Frage schrieb ich stets auf einen Zettel. Die Ärzte rätselten um mich herum und glaubten vielleicht, ich sei wirklich stumm geworden. Ich wurde in eine bayerische Irrenanstalt überführt. Da besuchten mich Mutter und Theres. Sie erschraken, als ich nur stotternd lachte und all das, was ich sagen wollte, aufschrieb. Erschüttert sah mich Mutter an. Dicke Tränen rannen über ihre eingefallenen Wangen.

»Jaja, mein Gott! Ja um Gottes willen, Oskar?« fragte sie ohnmächtig, »Oskar, das auch noch! Oskar, bist du denn nicht mehr recht im Hirn?« Ich glotzte sie an und, um mich nicht zu verraten, stieß ich ein paar viehisch klingende Lachlaute aus mir heraus.

»Der Krieg! Der Scheißkrieg! ... So was, hm, so was!« weinte meine Mutter zerstoßen. Theres hatte ängstliche Augen. Sie fuhren heim und erzählten im Dorf, ich sei schwachsinnig geworden und komme mein Leben lang nicht mehr aus dem Irrenhaus. In ihren einsamen Nächten grämte sich meine Mutter tränenlos und betete, bis ihr die Augen zufielen. Sie ließ Messe um Messe lesen. Mit ihrer ganzen geduldigen Kraft hing sie unverändert an mir. Nun schien auch dieser helle Fleck aus ihrem Leben weggewischt zu sein. –

Als die ersten regnerischen Septembertage begannen, wurde ich aus dem Militärdienst entlassen. Ich hatte über den Krieg gesiegt, doch er war noch nicht zu Ende. Während meiner Abgeschlossenheit war nichts von den Geschehnissen zu mir gedrungen. Nun bedrängte es mich gleichsam von allen Seiten. In Rußland war unter Kerenski die Märzrevolution ausgebrochen. Den Zaren hatten sie abgesetzt und mit der ganzen Familie verhaftet. Verstimmt durch den nunmehr unbeschränkt durchgeführten deutschen U-Boot-Krieg war Amerika auf seiten Englands und Frankreichs in den Krieg getreten. Immer deutlicher zeigte sich, daß die Berliner Reichskanzlei nur noch eine ausführende, untergeordnete Agentur der Militärs war. Die deutsche »Oberste Heeresleitung« hatten Hindenburg und Ludendorff übernommen. Der eine unterschrieb jedes Dekret, das man ihm vorlegte, und der andere diktierte.

Soldaten und immer wieder Soldaten forderte Ludendorff für seine Schlachten. Der letzte Mann, der halbwüchsige Junge, Kranke und sogar halbe Krüppel mußten an die Front.

Die streng zensurierten Berichte von den Kriegsschauplätzen wurden immer wortkarger. Durch die Straßen der Städte zogen graue Züge abgemagerter Frauen und schrien nach Brot. Sie wollten vor die Regierungsgebäude oder Rathäuser. Die Polizei hieb sie auseinander. Sie sammelten sich immer wieder. »Brot und Friede!« stand jetzt auf ihren rasch angefertigten Transparenten, die sie mit sich trugen.

Auch im Reichstag und in der Presse wurden die ersten Stimmen für Frieden laut. –

Mutter und Schwestern waren irritiert, als ich nun doch und so unerwartet auch noch heimkam. Mit verschwiegener Angst, furchtsam fast empfingen sie mich.

»Ich jedenfalls bin frei! Frei!« sagte ich. Eigentlich konnte ich es selber noch nicht ganz fassen. Mit behutsamer Verzagtheit musterte mich Mutter manchmal unvermerkt. Sicher dachte sie sich: »Jetzt haben sie ihn heimgelassen, damit sie nicht mehr für ihn aufkommen müssen. Jetzt haben ihn wir, und wer weiß, ob er nicht auf einmal wieder närrisch wird.« Die Moni betrachtete mich ungefähr wie ein wildes, reißendes Tier, und auch die Dorfleute mieden mich, so gut es ging. Ein Irrer gilt stets als gefährlich. Eine ganze, lange Weile bangten alle, ich könnte in meiner Unzurechnungsfähigkeit plötzlich etwas Schreckliches anstellen. Erst als ich wieder jedem gewohnt war, erzählte ich der Mutter alles. Sie wurde nicht im geringsten bestürzt und hörte zu, als erzählte ich etwas ganz Selbstverständliches.

Sie mußte sogar hin und wieder leicht lachen und schüttelte dabei den Kopf: »Hmhm, hmhmhm.«

»Warum hast du mir denn das nicht gesagt im Irrenhaus?« meinte sie endlich, »von mir hätt's doch nie einer erfahren.« Verständnisinnig blinzelte sie mich an. Eine große Erleichterung hellte ihre Züge auf. Ihre alte, gesunde, derbe Lustigkeit glomm über ihr zerlittenes Gesicht, und verschmitzt sagte sie: »Haha! Du hast einfach jedesmal alle ausgelacht? ... Haha, jaja, der Dümmste bist du noch lang nicht!« Sicher war sie tief in ihrem bäuerlichen Herzen zufrieden darüber, daß man sogar der allmächtigsten Obrigkeit mit gerissener Schlauheit ein Schnippchen schlagen konnte. Das entsprach ihr ganz und gar.

Es gab wenig Arbeit im Haus. An allem war Knappheit. Ich buk das wenige schwarze, mit Kleie vermengte Brot, das wie ein haltloser Brei auseinanderlief, solange es noch Teig war. Schnell bekam es im Ofen eine steinharte Kruste und blieb inwendig doch klebrig und feucht. Kaum einen Tag alt, begann es zu schimmeln.

»Batzen! ... Früher sind nicht einmal die Hundslaibeln so gewesen«, sagte die Mutter.

Der Maurus kam auf Urlaub heim. Sie müßten jetzt weg aus den Vogesen und kämen in die mörderische Schlacht vor Verdun, berichtete er bedrückt.

»Und nicht hören sie auf, nicht!« sagte Mutter bekümmert. »So schlecht, wie's jetzt ist, ist's anno 70 nie gewesen ...« Sie blickte traurig auf Maurus. Der Zwist zwischen ihm und mir war längst verweht. Wir verbrachten die kurzen Tage wie in unseren glücklichsten Zeiten. Als er wieder fort mußte, sah unsere Mutter sehr mitgenommen aus. Heimlich packte sie ihm einen doppelt geweihten Rosenkranz in den Proviant, den sie für ihn zusammengespart hatte. Als er ihr dann die Hand drückte, hielt sie sich standhaft und meinte nur: »Ich bet' schon, daß dir nichts passiert ... Und gell, bet' halt du auch hie und da!«

Ich fuhr mit Maurus nach München. Auf dem Bahnhof sagte ich zu ihm: »Warum machst du eigentlich den ganzen

Schwindel weiter mit? Hau doch einfach einen Unteroffizier oder Feldwebel über den Haufen! Du wirst sehn, sie stecken dich genau so ins Irrenhaus wie mich und lassen dich schließlich laufen ... Nur so kommt man gegen diesen Irrsinn auf!«

Ihm aber kam das unmöglich vor. Er war zwar sehr spöttisch, manchmal sogar zynisch, doch stets durchdrungen von einer fast ängstlichen Ordentlichkeit. Wehmütig nahmen wir voneinander Abschied ...

Unter irgendeinem Vorwand fuhr jetzt die Moni manchmal in die Stadt, oder sie besuchte ihre Eltern in der Ammerseegegend. Jedesmal zog sie ihr bestes Kleid an und besprenkelte sich mit Duftwasser.

An einem dieser Abende, nachdem ihre Kinder zu Bett gebracht worden waren, saßen wir in der Kuchl. Draußen riß ein trockener Sturm an den Fensterläden. Mutter stopfte Socken. Emma, die nicht gern allein sein mochte, saß im hohen Lehnstuhl und hüstelte hin und wieder trocken. Dann nahm sie einen Suppenlöffel voll brauner Medizin, die ihr ein Kurpfuscher gegeben hatte, der ihr empfohlen worden war. Sie schwor auf ihn, und es schien auch, als bessere sich ihr Gesundheitszustand. Theres machte Eintragungen in die Geschäftsbücher, und ich las die Zeitung. Sie interessierte mich in letzter Zeit sehr. Gespannt verfolgte ich die spärlichen Nachrichten über die russische Revolution. Zum erstenmal tauchten die Namen Lenin und Trotzki auf.

»Die Moni geht auf Brautschau ... Das beste ist's auch, wenn sie wieder heiratet«, sagte die Theres, ohne von ihren Büchern aufzuschauen.

»Jaja, es schaut ganz danach aus«, meinte unsere Mutter.

»Uns gehört ja doch nichts mehr, und schließlich – ihre Kinder müssen doch wieder einen Vater haben«, redete die Theres weiter. Unsere Mutter bekam besorgte Stirnfalten: »Hm, was aus denen einmal werden soll?« Der ältere vom Maxl war erst sieben Jahre alt. Alle drei Buben hingen viel mehr an unserer Mutter als an ihrer eigenen.

»Jedenfalls, wenn sie heiratet, die Moni, da muß alles genau gerichtlich gemacht werden, daß die Kinder nicht zu kurz kommen«, meinte die Theres resolut.

»Ja, und wir? ... Sollen wir denn wieder ins Kramerhaus ziehn? ... Die Emma ist doch so krank, und du mit deiner Hutmacherei, das bringt doch jetzt auch nichts ein!« wandte Mutter ein.

»Ich? ... Ich bin bald wieder gesund, Mutter! Ich spür's, es geht aufwärts mit mir. Die Medizin ist ein wahres Wundermittel!« mischte sich nun auch Emma ein. An jedem Wort hing eine fast kindliche Zuversicht.

»Und du?« sah mich Theres schräg an, »du kannst doch auch nicht ewig daheim bleiben! Es ist doch gar nichts zu tun da.«

»Ich kann jederzeit gehn«, erwiderte ich frostig, weil mich dieser Ton ein wenig an den Maxl erinnerte.

»Hm«, machte Mutter, und wie um mich zu trösten, fügte sie hinzu: »Es ist auch nichts mehr in dem Haus, wo ich mich so viel geschunden und geplagt hab' ... Wenn ein Fremder reinheiratet, geht alles auseinander. Dann weiß keiner mehr, wo er hingehört.« Sie sah schwer und schweigend vor sich hin. Ihr faltenüberzogenes Gesicht bekam einen Ausdruck, als würde ihr in diesen kurzen Augenblikken die ganze, grenzenlose Vergeblichkeit ihres Mühens bewußt. Emma, der dies nahe ging, schaute zärtlich nach ihr. »Mutter, schau«, fing sie an, »diesmal ist's nicht mehr so arg wie das erstemal, wie du weg bist vom Haus ... Unsere Möbel stehn ja noch beim Kramer droben. Wir brauchen bloß hinaufgehen ... Und verlaß dich drauf, wir machen's schon recht gemütlich ... Plagen brauchst du dich auch nicht mehr soviel!« Wortlos fragend sah ihr unsere Mutter in die Augen, als wollte sie sagen: »Mein Gott, Emma, was redest du denn? Das Plagen ist's doch nicht ... Hm, und du bist auch bloß noch ein halber Mensch!«

Der Zwerg in der Kanapee-Ecke plapperte hinein: »Maurus fort, weid foord ...«

Am andern Tag fuhr ich in die Stadt. Vor dem Weggehen

raunte mir Mutter sonderbar geschwind zu, fast so, als vertraue sie mir ein Geheimnis an: »Komm nur öfter, Oskar! . . . Ich bin jetzt oft so allein.«

Ich nickte mechanisch und suchte erstaunt ihre Augen: »Du hast doch die Emma und die Resl, Mutter! . . . Und der Moni ihre Kinder sind auch immer um dich rum . . .«

»Jaja, schon, schon«, erwiderte sie und wiederholte: »Gell, komm nur, Oskar, komm öfter! Mit dir ist am besten zu reden . . .«

Der große Irrtum

Nach dem neuen Kriegsgesetz sollte ich mich in der Stadt eigentlich zum sogenannten »Vaterländischen Hilfsdienst« melden, um in einem militärwichtigen Betrieb zu arbeiten. Ich fand aber sehr schnell eine Stelle als Bäcker und kümmerte mich nicht weiter. Ich verdiente gut und stahl – wie das alle taten – Keks, Fett, Eier, Mehl und Zucker und hatte keinen Mangel.

An den Sonntagen besuchte mich hin und wieder meine jüngere Schwester Anna, die inzwischen ausgelernt hatte und noch immer beim gleichen Friseur war. Sie war ein geweckter, frisches Mädchen geworden und lebte auf, wenn wir uns gegenseitig von unserer frühesten, glücklichen Jugend erzählten.

»Du«, sagte Anna einmal, »die Leut' sind jetzt frech! Neulich hat ein Herr bei uns im Laden gesagt, der ganze Krieg ist ein Schwindel, und der Kaiser wird bald davongejagt.«

»So? . . . Hm! . . . Und das hat er ganz offen im Laden gesagt?« forschte ich interessiert.

»Jaja, ganz offen. . . Und es ist ein ganz feiner Herr gewesen«, bestätigte Anna. Sonderbarerweise versetzte mich dies in Unruhe. Wenn man es schon wagt, so herumzureden, dann mußte es bereits viel mehr Kriegsgegner geben, als ich annahm.

Ich war stets ein motorischer Arbeiter. Der Grund war nicht etwa kriegerischer Fleiß. Ich werkelte mehr aus einer dumpfen Wut heraus, unentwegt und finster und immer mit dem Gedanken, alles schnell hinter mich zu bringen. Denn im Grund genommen betrachtete ich das alles für vorübergehend. Annas Worte hatten mich, ich wußte nicht warum, in einen rebellischen Schwung versetzt. Sonst kam ich jeden Abend auf mein Zimmer, schlang rasch irgend etwas in mich hinein, legte mich hin und schlief ein. Jetzt war auf einmal alle Müdigkeit verschwunden. Eine unerklärliche Spannung trieb mich Abend für Abend durch die Straßen der Stadt, in die Bierlokale und Kaffeehäuser.

Die politischen Ereignisse zogen mich in ihren Bann. Es war so viel geschehen in der letzten Zeit!

Den Kerenski hatten die russischen Bolschewiki unter Lenin und Trotzki verjagt. Mit einem Funkspruch »An alle!« wandten sie sich an die Völker der Welt und forderten sie auf, gegen ihre Regierungen zu kämpfen, um einen raschen, allgemeinen Frieden zu erzwingen. »Es lebe die Weltrevolution!« stand stets unter ihren Manifesten. »Revolution« war jetzt kein verschwommener historischer Begriff mehr, sondern etwas durchaus Vorstellbares geworden. Zwar mußten die Bolschewiki sich zunächst von den Generalen Ludendorffs einen harten Frieden diktieren lassen, doch die Sympathie der deutschen Arbeiter und Frontsoldaten wandte sich ihnen mehr und mehr zu.

Dazu kamen bei uns die Gerüchte vom Versagen unserer Fronten, von Hungerkrawallen und lokalen Streiks, und von Zeit zu Zeit sah man auch in München immer wieder einen Zug von Frauen, die, ihre Transparente »Brot und Frieden« vorantragend, zum Rathaus oder ins Regierungsviertel zogen.

Meine innere Erregung stieg.

Warum eigentlich? Glaubte ich wirklich an eine Revolution?

Ich wußte nur dies: Seitdem mich bei Kriegsausbruch jene Intellektuellen, denen ich völlig vertraut hatte, durch ihr Freiwilligmelden so tief enttäuscht hatten, verachtete ich die Menschen und zweifelte an allem. Geblieben waren nur Verbitterung, Mißtrauen und Unsicherheit.

Ich traf einen Arbeiter aus dem ehemaligen Mühsamkreis. Er erzählte mir, daß Mühsam in einem Internierungslager in der Nähe von Rosenheim sei und Schreibverbot hätte. Dann aber berichtete er von einem Lokal in der Schillerstraße, in welchem jeden Donnerstag Kriegsgegner und Sozialisten illegal zusammenkämen. In der darauffolgenden Woche ging ich dorthin und traf meinen alten Freund Georg wieder. Er hatte sich mit vielen Listen vom Kriegsdienst befreit. Er arbeitete irgendwo als Konditor und malte wieder.

Frauen, Arbeiter und einige Intellektuelle saßen in dem kleinen, rauchigen Nebenzimmer. Etliche standen am Fenster und spähten ab und zu vorsichtig auf die dunkle Straße.

Kurt Eisner, ein Schriftsteller und linker Sozialist, der gleich vielen seiner Genossen mit der alten Sozialdemokratie gebrochen hatte, hielt eine beißende Rede. Er sah aus wie ein grauhaariger Christus, der etwas zu klein geraten war. Der scharfe Kneifer auf seiner Nase zitterte bedrohlich, wenn er sich erregte. Er wußte unbekannte Dinge über die Vorgänge in der Reichskanzlei, an der Front und in der Obersten Heeresleitung. Ludendorff hatte es rasch verstanden, alles seinem Willen untertan zu machen. Er herrschte mit blinder Strenge und berief sich stets auf seine »Verantwortung dem Feldheer gegenüber« oder auf die »Stimmung des deutschen Volkes«. Er entrechtete nicht nur die Reichsregierung, sondern auch den ehemals so draufgängerischen Kaiser. Er schrieb ihm jede Handlung vor und zwang ihn, auch genau dieselbe Meinung wie die Oberste Heeresleitung zu haben.

Der allmächtige General bestimmte, daß das eroberte Polen zu einem Königreich unter deutschem Protektorat erhoben werden müsse, und entfernte jeden Staatsmann, der sich dagegen widersetzte. Er ging weiter. Er forderte verlängerte Arbeitszeit in den Kriegsbetrieben und verbot gleichzeitig jede Lohnerhöhung. Er wies dabei stets auf die »Helden im Felde« hin, und daß kein Deutscher es besser haben dürfe als die! Die darüber murrten oder revoltieren wollten, wanderten in die Zuchthäuser oder wurden in die gefährlichsten Schützengräben gesteckt. Karl Liebknecht und Rosa Luxemburg hatten bei der zweiten Abstimmung über die Bewilligung der Kriegskredite als einzige Sozialdemokraten dagegen gestimmt und waren gegen den Eroberungskrieg aufgetreten. Seither saßen sie im Zuchthaus. Nun gesellten sich Hunderte neuer Häftlinge dazu.

Die gesetzlichen Einschränkungen waren peinlich genau festgelegt, aber jeder Mensch, der nur halbwegs leben wollte, mußte sie notgedrungen umgehen und wurde dadurch zum Staatsschädling. Davon sprach Kurt Eisner mit ätzender Empörung. »Den breitesten Massen wird die Demoralisation geradezu aufgezwungen!« schrie er, »alles treibt einer Korruption zu, die schließlich der Untergang unseres ganzen Volkes werden wird!« Er zitterte, bekam einen roten Kopf, und seine Schläfenadern schwollen an. Seine wenig klangvolle Stimme überschlug sich. Seine Worte hämmerten gleichsam.

Eines Tages tauchte Erich Mühsam wieder auf in diesem Kreis. Es stand einmal ein junger Mensch mit scharf ausgeprägtem, fast schön zu nennendem, gelblich bleichem Gesicht vor uns. Tiefdunkle, fanatische Augen und volles, schwarzes, lockig zurückfließendes Haar hatte er. Er machte große Gesten, wenn er sprach, und er sprach mit dichterischem Feuer. In den mörderischen Schlachten an der Westfront verbluteten Hunderttausende. Der junge Mann rief mit seiner lauten, volltönenden Stimme: »Brüder und Schwestern! Mütter! Laßt das sinnlose Opfern eurer Söhne und Väter nicht mehr zu! Macht euch nicht mitschuldig am größten Massenmord! Verlangt energisch das Ende des Blutvergießens!« Die Frauen waren hingerissen. Manche weinten. Wir alle klatschten begeistert.

»Der?« klärte mich mein Freund Georg auf, »das ist ein

Heidelberger Student, der als Kriegsfreiwilliger hinaus ist ... Aber jetzt ist er bekehrt. Er heißt Ernst Toller.« Nach dem Vortrag lernte ich Toller kennen. Er arbeitete in der Sozialistischen Studentenbewegung illegal gegen den Krieg und versuchte angesehene Professoren oder andere berühmte Persönlichkeiten dafür zu gewinnen. Ich bewunderte seine heftige Energie. Da er jedoch Kriegsfreiwilliger gewesen war, gewann ich kein Vertrauen zu ihm. Er blieb mir irgendwie fremd.

»Geh mir zu! Er ist ein Intellektueller! ... Die haben uns schon einmal verraten!« sagte ich zu Georg. Der aber verteidigte Toller und nannte mich einen Spießbürger.

»Bloß der Spießbürger ändert sich nie!« schloß er. –

Ich warf meine Arbeit hin und trieb nun alles, was ein aufgeschreckter junger Mensch in jenen Zeiten treiben konnte. Ich nährte mich von einem schwunghaften Schleichhandel mit Lebensmitteln, verbreitete verbotene Flugschriften der Eisnerleute und machte Propaganda für einen allgemeinen Munitionsarbeiterstreik, der im Januar einsetzen und dem Krieg ein Ende machen sollte. Kurz vor seinem Ausbruch wurde ich mit Georg verhaftet, ebenso Eisner und seine nächsten Mitarbeiter. Bei den Verhören aber gab ich derartig dummdreiste, unbefangene Antworten, daß der Kriminalkommissar nicht viel mit mir anfangen konnte. Mitten in den gefährlichsten Fragen sagte ich unvermittelt: »Ich bin Katholik, Herr Kommissar.« Ich hatte nämlich einen Deserteur bei mir aufgenommen und versteckt.

»Wieso, das gehört doch nicht hierher!« fauchte mich der Kommissar an.

»Ja, wissen Sie, bei uns im Katechismus steht: ›Du sollst die Obdachlosen aufnehmen‹ und ›Wenn dich wer bittet, so gib‹ ... Danach hab' ich mich gehalten«, antwortete ich. Er ließ mich abführen, bald darauf wurde ich entlassen. Die Polizei aber überwachte uns.

Durch die Gegenpropaganda der kaisertreuen Sozialdemokraten war der Munitionsarbeiterstreik zusammengebrochen. Es gab verschärfte Maßnahmen gegen die Arbeiterschaft. Doch jetzt wurden viele von Tag zu Tag waghalsiger. Offen schimpfte jeder gegen Krieg und Ludendorff. Nun gab es in allen Schlupfwinkeln zahllose Deserteure, die einfach die Schützengräben verlassen und sich in die Heimat durchgeschlagen hatten. Niemand verriet sie. Die Geldentwertung setzte allmählich ein. Die Bauern auf den Dörfern widersetzten sich gegen die amtlich vorgeschriebene Abgabepflicht und verkauften ihre Produkte lieber den hoch zahlenden Schleichhändlern, die wie ein unsicherer Schwarm das Land überzogen. Jeder begann auf eigene Faust zu handeln, und ganz nach dem Grundsatz: »Rette sich, wer sich retten kann!« Das Takelwerk des bisher geordneten Allgemeinlebens verhaspelte sich immer mehr.

Mein Freund Georg wurde mit jedem Tag hochgestimmter. Mit fiebernder Spannung verfolgte er die Zeitungen.

»Alles bricht krachend zusammen!« rief er pathetisch und lief in seinem schäbigen Atelier auf und ab. »Nietzsche sagt: ›Zerbrecht, o zerbrecht mir, meine Brüder, die alten Tafeln!‹ ... Genau wie in Rußland stehn die Massen überall auf gegen die Blutsauger.«

»Du mit deinen Massen ... Schau doch genauer herum ... Das Volk will gar keine Revolution, das Volk will bloß Frieden«, sagte ich. Er berichtete mir von neuen Streiks, von den großen Friedensdebatten im Reichstag.

»Denk dir doch einmal!« rief er, »sogar der kaisertreue Sozialdemokrat Scheidemann verlangt jetzt schon einen Frieden ohne Annexionen! ... Siehst du denn die täglichen Hungermärsche nicht? ... Der Ludendorff wird bald ausregiert haben ... Das Heer will nicht mehr mitmachen!«

O ja, das stimmte alles. Ich sah die Hungermärsche, ich las von den Streiks, aber Ludendorff saß noch sehr fest im Sattel. Er hatte den Kanzler Bethmann Hollweg abgesetzt und einen neuen, völlig unbekannten, unfähigen Beamten namens Michaelis ernannt. Papst Benedikt X. hatte vor einiger Zeit der gläubigen Menschheit ein Friedensmanifest übermittelt und ließ in den Kirchen dafür beten. Ludendorffs neuer Kanzler mußte nun darauf antworten und hielt eine große Rede im Reichstag. Ja, ganz gewiß, auch Deutschland sei durchaus für den Frieden, aber – so meinte der Kanzler wörtlich – für einen Frieden, wie *er* ihn auffasse. Das verstimmte sogar die gemäßigten Parlamentarier, die bisher den Ludendorff-Kurs mitgemacht hatten.

Woodrow Wilson, der Präsident der Vereinigten Staaten, zeichnete mit seinen berühmten »14 Punkten« zum erstenmal das Bild eines allgemeinen Weltfriedens und schlug einen Völkerbund vor. Bulgarien, das mit Deutschland verbündet gewesen war, schloß mit der Entente einen Sonderfrieden. In Österreich zogen die Soldaten barfuß und nur noch mit dünnen Fußlappen an die gebirgige italienische Front. Die jahrhundertelang unterdrückten Tschechen in diesen Regimentern liefen scharenweise zum Feind über, der für sie ein Freund war. Die Ungarn meuterten. In Wien starben Menschen auf der Straße Hungers, und im bolschewistischen Rußland hatten England und Frankreich einen erbarmungslosen Bürgerkrieg angezettelt.

»Du bist ein ganz und gar unmöglicher Mystiker!« tobte Georg. »Immer quatscht du da was vom ›Volk‹ ... Das Volk, das sind die Arbeiter und Soldaten und vielleicht – wenigstens in Rußland, aber nicht bei uns – die Bauern. Die wollen alle das gleiche!«

»Gut, daß du das so deutlich gesagt hast«, diskutierte ich weiter. »Wie ist's denn wirklich gewesen bei uns? ... Ich les' jetzt immer unsere Geschichte, ich dank' schön, was da herauskommt! ... 1525, da sind die Bauern gegen die Grundherrn aufgestanden, weil sie die Ausbeutung einfach nicht mehr ausgehalten haben – und was ist geschehn? Die Fürsten, Bischöfe und Könige haben sich schnell geeinigt und haben die ganze deutsche Bauernfreiheit ein für allemal auf Jahrhunderte erschlagen. Und der Luther, das war sicher auch so ein Intellektueller! Geh mir bloß zu mit dem! ... Zuerst hat er den wilden Mann gemacht und gegen den Papst gekämpft, und jeder hat gemeint, der macht Ernst mit dem, was in der Bibel steht ... Zuerst haben die

Bauern gemeint, er steht auf ihrer Seite, und derweil hat er sie verraten und verkauft, der Kerl! Lies doch das einmal ... Ja, meinetwegen, der Thomas Münzer, der war ein ehrlicher Revolutionär, meinetwegen. Aber der Luther – du siehst's doch –, der war sozusagen der ›große Deutsche‹, dieser Unteroffiziersschädel, dieser zweideutige Arschkriecher und Verräter! ... Geh mir bloß zu! Lies doch seine Schriften gegen die Bauern ... Das sind ja die reinsten Gebrauchsanweisungen für die Mörderbanden, die sich die Fürsten und Staaten halten ... Und du weißt ja, was geschehen ist. Tausende und Tausende Unschuldiger und Schuldiger haben die Horden der Fürsten zu Tod gemartert, gefoltert, gerädert und gejagt – weil's der dicke Schuft in Wittenberg empfohlen hat ... Seitdem hat der Bauer nie wieder eine Rolle in unserer Politik gespielt, er ist einfach zum stumpfen, geduldigen Volk geworden ... Das mein' ich doch damit, verstehst du mich denn nicht!? ...«

Ich hatte einen heißen Kopf. Mein Freund war erstaunt. Bisher hatte er mich noch nie so reden hören, und ich war schon im Fluß. »Und 1848, als unsere biederen, ehrlichen Demokraten ein einiges, wirklich freies Deutschland haben machen wollen, da haben dieselben deutschen Fürsten, die uns jetzt immer von ›vaterländischer Opferbereitschaft‹ was vorfaseln, da haben diese Schufte auch diese harmlose Revolution zusammenhauen und niederkartätschen lassen – und wohlgemerkt von Soldaten, die nichts anderes waren als du und ich! Das Schreckliche ist doch, daß sich eben immer Menschen hergegeben haben zum Soldatenmachen ... Da liegt doch der ganze Grund, warum ich nicht an eine Revolution glauben kann bei uns! Seit die 48er Revolution kaputtgeschlagen worden ist, haben die Kaiser und Könige bei uns mit dem Volk machen können, was sie wollten! Der Bismarck ist nicht anders gewesen als der jetzige Kaiser und der Ludendorff ... Du wirst immer gleich giftig, wenn ich so skeptisch bin und immer vom Volk rede! ... Schau doch mich an! Ich bin halb ein Bauer, halb ein Arbeiter und vielleicht auch ein bißchen ein zerfahrener Intellektueller! Mir hat auch einmal so ein Militärschädel jede Selbständigkeit aus den Knochen geschlagen und aus dem Hirn herausgeprügelt. Das verliert sich nicht so schnell! Du wirst wieder sagen, ich bin ein sentimentaler Scheißkerl, aber das ist mir ganz gleich – das Volk, ich seh's immer wieder und immer deutlicher, das Volk, das sind die Schwachen, das sind die, die mißtrauisch sind, wenn man ihnen so die Ohren vollredet von Freiheit und Gerechtigkeit – das Volk ist wirklich wie meine Mutter daheim! ... Die hat sich das Glauben an die Menschen abgewöhnt, und, naja, da glaubt sie eben bloß mehr an den Herrgott ... Ich aber kann überhaupt an nichts mehr glauben, das ist schlimm!«

Mein Freund schaute mich fragend an und schüttelte den Kopf. »Herrgott, Mensch, was in deinem Hirn alles vorgeht! ... Das ist ja lauter dummes, wirres Zeug! ... Wart ab, wir kriegen eine Revolution! Wart ab!« In seiner eigentümlichen Weise rannte er wieder hastig auf und ab und fuhr sich dabei immer in die Haare. »Hmhm! Hmhm!« Er schaute auf mich und fragte in ganz anderem Ton: »Warum hast du denn dann doch die Courage aufgebracht und dich allein, ganz allein gegen deine Offiziere und den Krieg gestellt? ... Du hast's sogar besser gemacht als tausend andere!«

Ich überlegte.

»Tja«, sagte ich, »wenn's nicht pathetisch klingen tät', möcht' ich fast sagen, weil ich einfach fürs Leben war und nicht für den Tod!« Ich wurde plötzlich rot wie ein beschämtes Kind und setzte dazu: »Und ganz ehrlich gesagt, siehst du, ich hab' mir, und nur mir allein, dabei auch ein bißchen bestätigen wollen, daß ich doch noch einen eigenen Willen hab' ...«

»Hm, du bist ein komischer Mensch. Dein Tolstoi, überhaupt die ganzen Bücher, die verderben dich ganz und gar!« schloß mein Freund.

Die schlecht beleuchteten nächtlichen Straßen waren menschenleer, als ich heim in mein Logierzimmer ging. Ein Besoffener schrie heiser: »Haut den Lu-hu-udendorff! Haut sie alle, die Preißn!«

Er klammerte sich torkelnd an einen Laternenpfahl und sackte immer wieder grölend zu Boden ...

Es war schon hoher Sommer, da kam ich einmal in den Friseurladen zu Anna. Sie hatte ein ernstes Gesicht.

»Die Emma ist schwer krank«, sagte sie, »ich kann nicht vom Geschäft weg und fahr' am Sonntag erst heim. Du hast doch Zeit jetzt, besuch sie doch!« In der brodelnden Hitze der Ereignisse hatte ich die Mutter und Emma fast vergessen.

»Sie haben sich jetzt sehr nett eingerichtet und kaufen jetzt das Kramerhaus. Der Maurus will auch sein Geld beisteuern, damit er weiß, wo er hin soll, wenn er vom Krieg heimkommt ... Die Moni hat einen ganz groben, dummen Kerl geheiratet. Der mag sie und die Kinder nicht. Er hat, scheint's, bloß ihr Haus und Geschäft wollen«, erzählte sie.

Tags darauf fuhr ich heim.

Das, was geschah, schien meinem Freund recht zu geben. Mitten in alle dumpfe, mürrische Unentschiedenheit hinein drangen die Alarmnachrichten von der Meuterei der deutschen Hochseeflotte. In Kiel hatten die Matrosen ihre Offiziere abgesetzt, rote Fahnen auf den Schiffen gehißt und revolutionäre Matrosenräte gebildet. Die Admiralität gewann doch wieder die Oberhand und ließ die Führer der Matrosen, Reichpietsch und Köbes, standrechtlich erschießen. Doch die Rebellion ging weiter und wirkte ansteckend auf die anderen Hafenstädte. Die Reichsregierung – schon wieder war ein neuer Kanzler da – schickte den Sozialdemokraten Gustav Noske als Vermittler nach Kiel.

Kurz vor meiner Heimfahrt suchte ich Georg noch einmal auf.

»Die Revolution marschiert!« schrie er mir schon an der Tür entgegen und war außer Rand und Band vor Freude. »Alle Macht den Räten! Genau wie Lenin in Rußland es macht!« Er schwang die Zeitung und sagte immerzu: »Na? Na? ... Und was sagst du jetzt? ... Stell dir vor – rote Fahnen in Deutschland! Revolution bei uns!«

Auch mich packte langsam die fiebernde Erregung. Immer wieder lasen wir die Nachrichten.

»Was? Und jetzt fährst du heim auf dein Dorf? Jetzt! ... Mensch!« rief er fast vorwurfsvoll. Zaghaft schaute ich ihn an. Ich fuhr heim. Es war schon zu spät. Emma lag schon im Aufkirchner Leichenhaus.

Meine Mutter grüßte mich kurz und hob ihr verweintes Gesicht, als ich in die winzige Kuchl des Kramerhauses trat.

»Mein Gott, schrecklich! So schnell!« konnte ich nur herausbringen. Meine Glieder füllten sich mit bleierner Schwere. Etwas aus meinem Leben war weggelöscht, das ich nicht vermissen wollte. Mutter wischte sich die nassen Augen aus und hockte sich hin.

»So klar hat sie noch denken können, die Emma, so genau«, sagte sie mit gebrochener Stimme, und ihre schmerzlichen Züge wurden immer haltloser. »So standhaft, wie die gestorben ist! ... Mutter, hat sie noch gesagt, Mutter, und spart beim Einkochen nicht wieder so mit dem Zucker, sonst verderben die ganzen Himbeeren wieder bis zum Winter ... Ich bin ja nicht mehr da jetzt. Und grüßt mir noch alle, ja? Besonders den Oskar und die Nanndl! ... Jetzt wird's gleich aus sein, ich spür's! Sie hat schneller geredet ... Mutter, hat sie gesagt, und gräm dich nur ja nicht so wegen meiner! Plag dich nicht immer so! ... Resl, sei recht gut zur Mutter, ja? ... Und nachher hat sie auf einmal nasse Augen gekriegt und geschnauft hat sie nochmal und ›schad‹ hat sie gesagt, dann ist's aus gewesen.« Sie brach in ein verzagtes Weinen aus und zerstoßen kam es aus ihr: »Hm, so gern hab' ich sie gehabt, die Emma! So ein gutes Ding ist sie immer gewesen und immer so lustig ... Wär' besser ich gestorben wie sie! ... Recht viel Rosen und Tag- und Nachtschatten soll ich ihr aufs Grab pflanzen, hat sie sich gewünscht ...« Jetzt verlor sie alle Kraft und weinte die letzte Träne aus sich heraus. Ich konnte nichts sagen und legte nur meine Hand auf die ihrige, die naß war vom Weinen. Die Kehle war mir zugeschnürt, und wie ein Stein lag's auf meiner Brust.

Ich stand auf und ging nach Aufkirchen.

Die Glastür des Leichenhauses war verschlossen. Von vielen Blumen und frischen Kränzen bedeckt lag die aufgebahrte Tote im Sarg. Ihr blasses, abgemagertes, immer noch schönes Gesicht zeigte ein winziges, friedliches Lächeln. Groß und starr waren ihre dunklen, guten Augen. Mir kam alles unbegreiflich vor. Überwältigt drückte ich mein Gesicht an die Scheiben und weinte: »Emma! Emma! ... Arme Emma!« Wie ein Kind sagte ich diese Worte immer wieder, ganz hilflos.

Am anderen Tag begruben wir sie. Die Kirche war voll. Alle waren gekommen, die Emma gekannt hatten. Hernach, um unser Grab, standen die Leute Kopf an Kopf. Die Schulkameradinnen, mit denen sie ständig im Kirchenchor gesungen hatte, sangen der Toten ein frommes deutsches Lied, als man den Sarg in die Erde senkte.

Später, als alle Verwandten und Bekannten bei Bier und dünnem Malzkaffee im Garten der Klostermaier-Wirtschaft beisammen saßen, wußte jeder etwas Rühmendes über die Emma zu erzählen. Sie hatte wirklich keinen Feind gehabt, und alle hatten sie auf ihre Weise geliebt.

»Ich bin ein altes Weib, und sie hat so gern gelebt«, sagte Mutter öfter. »Hmhm, wär' wirklich besser gewesen, ich wär' gestorben ... Nichts Schönes erleb' ich ja doch nicht mehr!« Ihre Schwestern, unsere bäuerlichen Basen aus Aufhausen, Deining und Beuerberg nickten und zerdrückten hin und wieder eine Träne. Die Roßkopfin war auch da. Sie redete viel, und ihre etwas grelle, klanglose Stimme drang überall durch. Mit gemachtem teilnehmenden Schmerz wiederholte sie von Zeit zu Zeit: »Ja, sie ist ein sehr sauberes Ding gewesen, die Emma! So fein und zart ist sie gewesen ... Hmhm, Bäckermutter, uns laßt er alt werden, der Herrgott, und so junge Dinger müssen hinsterben, hmhm.«

Mir fiel der Quasterl ein, und ich warf einen bösen Blick auf sie.

»Was machst du denn eigentlich immer?« fragte Theres mich zwischenhinein.

»Nichts ... Wirklich nichts!« antwortete ich in einem Anflug des Mißbehagens über mich selbst, und das entsprach – wenn ich's genau bedachte – vollkommen der Wahrheit.

»Hm! Nett, so was! Nett!« warf Theres etwas beleidigt hin und wandte sich den anderen zu. Mir war elend zumute. Ich wußte in diesem Augenblick wahrhaftig nur das eine, daß ich losgerissen war von diesem haltbaren Frieden und sinnlos in einer wirren, lauten Welt herumtrieb ohne rechten Sinn und Zweck.

Herumtrieb! ... Treiben lassen! Das klingt so farblos. Für mich spielte der Sinn dieser Worte eine verheerende Rolle. Alles, was mit mir geschah, erspürte wohl mein dumpfer Instinkt, doch selten sprach mein Wille mit. Einmal war mir ein Satzfetzen eingefallen: »Dies ist furchtbar, daß wir alle, wie wir sind, geschehn«, und ich machte ein Gedicht daraus. Mir kam es wirklich zuweilen vor, als würde ich einfach »geschehen«. Ich hatte eines Tages in jener bewegten Zeit in einem Anflug von jähem Mitleid eine kranke, häßliche, weit ältere Frau geheiratet. Ich liebte sie nicht. Zeitweise empfand ich quälenden Ekel vor ihr. Sie gebar ein Kind, und ich lief ihr davon, um wieder mein eigenes, zerfahrenes Leben zu führen.

»Was macht denn Lina?« erkundigte sich meine Mutter über diese Frau, als wir von Aufkirchen heimwärts gingen. Alles, was geschehen war, widerstrebte ihr, aber sie nahm es hin wie ein Mißgeschick oder ein unvermeidliches Unglück, gegen das der Mensch nicht aufkam. Auch sie konnte mit Lina nichts anfangen, aber jetzt war sie eben meine Frau, fertig.

»Ich glaub', es wär' besser, wenn sie mir dein Kind geben tät'«, redete Mutter im Dahingehen weiter, »ich hab' ja jetzt Zeit und kann es aufziehen.« Ich nickte wortlos, und wir schauten beide in die nachmittägig-dunstige Sommerluft hinein ...

Die Versammlungen des Kurt-Eisner-Kreises wurden jetzt immer erregter, obgleich man Eisner monatelang im

Gefängnis behalten hatte. Jetzt, da er wieder frei war und der überwachenden Polizei gegenüber jede Vorsicht fallen ließ, wirkte er erst recht als ermutigendes Beispiel auf viele. Immer zahlreicher wurden seine Anhänger. Seit dem Kieler Matrosen-Aufstand hatte sich die Lage in ganz Deutschland gründlich verändert. Das verbündete Österreich zerfiel zusehends. Vor zwei Jahren war der alte, starrsinnige Kaiser Franz Joseph gestorben. Sein junger Nachfolger Karl I. versuchte verzweifelt, diesen Zerfall zu verhüten. Durch einen seiner Verwandten, den Prinzen Sixtus von Parma, hatte er der Entente einen Sonderfrieden anbieten lassen. Das war ruchbar geworden und erregte in den Berliner Regierungskreisen und bei der Obersten Heeresleitung größte Unruhe. Aber, kaum richtig bekannt, wurde dieses Ereignis von einer Sturzwelle anderer, weit schrecklicherer Nachrichten überflutet. Unter der neuen, einer alles zermalmenden Dampfwalze ähnlichen, erbarmungslosen Offensive des französischen Generalissimus Foch begannen die Heere Ludendorffs zu wanken. Überall brach die deutsche Front ein. Unaufhaltsam wichen die erschöpften, aufgelösten Armeen zurück. Immer näher und näher rückte der Krieg und flutete ins Hinterland. Über München tauchten die ersten italienischen Bombenflugzeuge auf, und über den rheinischen Städten kreisten französische, amerikanische und englische. Ein lähmendes Grauen erfaßte die Volksmassen. Bis jetzt hatten sie gemurrt, geschimpft und verwünscht, aber außer einem geringen Teil immer noch mehr oder weniger an die Unüberwindlichkeit des deutschen Feldheeres geglaubt. Nun wich diese Illusion jäh der hilflosen Angst und dem Entsetzen, denn auch Ludendorff und seine Generale verloren den Kopf und wandten sich in ihrer Ausweglosigkeit auf einmal an dieses jahrelang niedergehaltene, gehorsame Volk. »Sofortige Aufnahme der Waffenstillstandverhandlungen mit den Feinden!« verlangten *sie* jetzt! Der alte christlich-konservative Kanzler Hertling mußte weg. Der als Demokrat bekannte Prinz Max von Baden kam an seinen Platz. Überstürzt befahl die Oberste Heeresleitung schleunige Parlamentarisierung und verlangte Wahlen! Sie forderte sozusagen von oben herab auf der Stelle die Demokratisierung, um jede Verantwortung am Zusammenbruch von sich abzuwälzen. Ludendorff trat zurück. Der bei allen Parteien beliebte General Gröner ersetzte ihn und nahm sogleich Verhandlungen mit den staatstreuen Sozialdemokraten auf. Jeder rätselte, riet und versuchte. Die ganze, gewaltige, uhrwerkähnliche deutsche Kriegsmaschine schnurrte auseinander. Das Tägliche verlor die Richtung und wurde unsicher.

»Schluß machen! Schluß!! An den Galgen mit Ludendorff! Nieder mit dem Krieg!« brüllten die dichtgedrängten schwarzen Massen, die jeden Tag die Straßen und Versammlungslokale überfüllten. Ludendorff, der Kaiser und viele Prinzen waren aber schon außer Landes geflüchtet. Irgendwo – so fühlte ungefähr jeder Mensch – führten noch irgendwelche Leute die Regierungsgeschäfte, doch das schien auf einmal ziemlich überflüssig geworden zu sein. Gleich einem aus dem Bett getretenen, haltlosen Strom floß das Volk durch die Städte. Es marschierte unentwegt und wußte nicht, wo aus und wohin.

Es war Herbst 1918. In der Frühe eines klarsonnigen Novembertages wanderten mein Freund Georg und ich mit Tausenden zur Theresienwiese unter das Monument der »Bavaria«, wo die Sozialdemokraten und die Eisner-Anhänger Versammlungen im Freien einberufen hatten. Auf den Straßen war kein Polizist mehr zu sehen. An den Wänden klebten fettgedruckte Erlasse des Kriegsministeriums und der Polizeidirektion, die schärfste Maßnahmen gegen Ausschreitungen androhten. Keck rissen lachende Passanten sie herunter und zerfetzten sie.

»So ist's richtig!. . . Ganz recht!« zollten Vorübergehende Beifall. Arglos heiter und fast ausgelassen waren die Menschen, als ginge es zu einem riesigen Volksfest.

Wir standen noch gar nicht lange in der Masse der Eisner-Leute, als der hagere Feldsoldat und Sekretär Eisners, Felix Fechenbach, laut vom Abhang herunterschrie: »Genossen und Genossinnen! Reden sind genug gehalten worden! Wer *für* die Revolution ist, mir nach, uns nach! Vorwärts!« Ein ungeheurer Jubel brach los. Alles rannte den Abhang hinauf. Unsere dichten Scharen füllten die Straßen und marschierten schnellschrittig auf die Kasernen zu. Die meisten ergaben sich ohne Widerstand. Etliche Schüsse fielen. Niemand erschrak sonderlich darüber, und offenbar war keiner getroffen. Wir kamen zum Militärgefängnis und befreiten die Inhaftierten. Die wollten sich an ihren Wächtern rächen, doch diese waren längst verschwunden. Unsere mehr und mehr anwachsende, schreiende Masse wälzte sich in die Stadt zurück. Die Rolläden der Geschäfte sausten herunter. Hin und wieder, wenn ein zufällig des Weges daherkommender, überraschter Offizier auftauchte, gab es eine Stockung. Flüche schwirrten auf, Fäuste hoben sich. Der Mensch wurde aschfahl, sah verschreckt und flehend um sich, die Achselstücke und Kokarden wurden ihm heruntergerissen, er erhielt derbe Stöße und machte sich, so gut das bei dem Gedränge und Geschiebe ging, davon.

Obgleich die Sozialdemokraten dies alles verhindern und nur ruhig vor das Regierungsgebäude ziehen wollten, um einige Forderungen vorzubringen – bei Hereinbruch der Nacht hatten die Eisner-Leute die Macht in ihrer Hand. Der alte König war mit seiner Familie ins Gebirge geflohen. Rote Fahnen wehten auf allen Amtsgebäuden und sogar auf den Türmen der Frauenkirche. Am andern Tag verkündete ein Aufruf der »provisorischen Regierung« Eisners, der in allen Zeitungen stand und an den Litfaßsäulen klebte, daß Bayern eine Republik sei und eine sozialistische Freiheit aufgebaut wurde. – Es war wie an einem ungewöhnlich lebhaften Sonntag. Die meisten Läden waren geschlossen. Niemand dachte an Arbeit. Wie neubelebt gingen dichte Scharen Neugieriger spazieren, freuten sich und wußten nicht warum.

»Na, und wer hat jetzt recht behalten, du Idiot?« spöttelte mein begeisterter Freund. »Die Massen haben gesiegt!

Jetzt hast du's doch selber mitgemacht – das Volk macht Revolution!«

»Ob das eine Revolution ist, weiß ich ja noch gar nicht. Gestern hat sie angefangen, heut ist schon wieder alles aus«, widerstritt ich ebenso. »Hm, auf einmal redest du auch vom Volk! Das Volk will ja nur keinen Krieg mehr und seine Ruhe haben! Du siehst's doch, in den Kasernen zerbrechen die Soldaten ihre Gewehre oder verkaufen sie für ein paar Mark an den Nächstbesten. Sie werfen einfach alles hin und gehn heim ... Das Volk ist bloß müd.« Dennoch war ich nicht weniger glücklich als er. Es hielt mich nirgends. Fortwährend durchwanderten wir zwei die belebten Straßen, um Neues zu sehen und zu erfahren.

Die Arbeiterräte tagten in der großen Halle des »Mathäser-Bräu«, die Soldatenräte in den verschiedenen Kasernen, und die Vertreter der Parteien, welche für eine republikanische Staatsform waren, diskutierten im Landtagsgebäude. Öfter fuhren vollbesetzte Lastautos mit wehenden roten Fahnen und aufmontierten Maschinengewehren daher. Ihre bewaffneten Insassen wurden von der Menge johlend begrüßt und warfen Flugblätter ab. Jeder haschte gierig danach, denn durch sie erfuhr man die letzten Nachrichten.

In ganz Deutschland hatten die Revolutionäre die vielen Landesfürsten und alten Regierungen vertrieben und die Republik ausgerufen. Aber schon saßen – von niemand gerufen und beauftragt – im Berliner Reichstagsgebäude die sozialdemokratischen Parteiführer Ebert und Scheidemann mit Genossen und einigen Linksradikalen und zerbrachen sich die Köpfe darüber, wie denn nun eigentlich regiert werden sollte. Es waren lauter Männer, die aus den Unterklassen, aus dem Volk, stammten: Ebenso unsicher, ebenso überrumpelt von dem, was gekommen war, und ihr ganzes Leben hindurch nicht weniger als dieses gewohnt, sich einer Disziplin unterzuordnen, die von den Herrschenden in Jahrhunderten ausgedacht worden war. Bieder und redlich versuchten sie, in das jäh hereingebrochene Neue, das ihnen im Grund genommen tief fremd blieb, eine sinnvolle Ordnung zu bringen, und wurden dabei immer ratloser.

Wer nie danach getrachtet hat, einen Staat zu leiten und ein Volk zu regieren, und es nun auf einmal soll, dem ergeht es zunächst ungefähr wie einem bettelarmen Menschen, der plötzlich eine Million bekommt: Er bleibt nicht mehr er selber, wird verwirrt, und es befällt ihn zuletzt sogar Angst vor dem, was er tut. Schließlich geht er zu jenen, die das Geschäft des Regierens bisher betrieben haben, und fügt sich, ohne es eigentlich zu wollen, ihrem Rat.

Darauf hatten die revolutionsfeindlichen Generale nur gewartet, und mit behutsamer, hartnäckiger Geschicklichkeit vernichteten sie wieder alles, was wirklich nach beginnender Republik und Demokratie aussah. Ohne ihr Zutun kam ihnen dabei viel Unverstand der übrigen Welt zu Hilfe. Denn es war erstaunlich und erschütternd: Jene Massen, die gleich meiner Mutter den ganzen Krieg hindurch bis zur Erschöpfung gedarbt hatten, jene tapferen Millionen, die noch gestern im Grauen der Schützengräben gestanden, einen Zusammenbruch sondersgleichen erlebt hatten und nichts, aber auch schon gar nichts mehr vom Leben erwarteten – sie gingen schon nach wenigen Wochen der ersten Verwirrung wieder an den Pflug, in die Werkstätten, in die Fabriken und Büros und arbeiteten mehr denn je, ohne sich sonderlich darum zu kümmern, wer sie nun von neuem mißleiten und betrügen wollte. Ruhe, ein einigermaßen gesichertes Fortkommen und ein bißchen Glück wollten sie alle, weiter nichts.

Und – seltsam – *das* glaubte ihnen niemand mehr auf der Welt! »Boches« und »Hunnen« nannte man sie in den anderen Ländern, dachte dabei an Ludendorff, an den Kaiser und deren aggressive Hintermänner – und für *deren* Taten wollten nun die Sieger dieses Volk züchtigen!

In Versailles diktierten die Häupter des Sieges den deutschen Abgesandten einen gefährlichen Frieden.

Den Generalen war dadurch die Arbeit leicht gemacht. »Seht!« sagten sie, »so gehn die Feinde mit euch Millionen um! Und ihr? Was tut ihr? Statt euch zu einigen und diesem unerträglichen Zustand ein Ende zu machen, laßt ihr euch von hergelaufenen Revolutionären verwirren und um den letzten Rest eurer Kräfte bringen. So geht alles zugrunde, so wird nichts besser, so bleiben ganze Generationen bei uns tributpflichtige Sklaven!«

So redeten sie, so manifestierten sie sich, so ließen sie ihre Zeitungen schreiben, und niemand verwehrte es ihnen.

Um Weihnachten herum krachten um den Münchner Hauptbahnhof heftige Schüsse. Offiziere und beschäftigungslose, gedungene Soldaten versuchten einen Putsch gegen die Regierung Eisner. Die schwache »Republikanische Schutzgarde« und die schnell zusammengeströmten Arbeiter stürmten den Bahnhof. Tote und Verwundete lagen auf dem schneeigen Pflaster, aber die Putschisten waren vertrieben. Sie hatten Erich Mühsam in ein unbekanntes Zuchthaus verschleppt. Lange blieb sein Schicksal ungewiß.

Am Morgen besuchten Tausende den weiten Bahnhofsplatz.

»Da! Da sieht man noch das Blut!« sagte manchmal jemand, und alle sahen auf den rotgefärbten Schnee.

»Und da schaut! Die vielen Kugelspuren! ... Allerhand das, allerhand!« meinten andere, und alles betrachtete neugierig die Einschüsse an den Hauswänden und die zersplitterten Fenster.

In Berlin weigerten sich die Betriebsarbeiter für Löhne zu arbeiten, mit denen sie nicht einmal einen Laib Brot kaufen konnten. In alten Militäranzügen und dünnen, zerfetzten Mänteln, der eine oder andere wohl bewaffnet, so bewegten sich diese Streikerzüge zum Reichstagsgebäude. Es war ein bitterkalter Januartag. Sie schlotterten frierend, und ihre leeren Mägen knurrten. Eine dumpfe Wut war in jedem. Sie verlangten Abhilfe, Enteignung der Fabrikherren und Verstaatlichung der Betriebe. Sie forderten das Kontrollrecht ihrer gewählten Arbeiterräte.

Doch die »Provisorische Regierung der Volksbeauftragten« empfing nicht einmal ihre Delegationen. Ebert, Scheidemann und ihr »Kriegskommissar« Gustav Noske riefen die kaiserlichen Generale zu Hilfe, denn es mußte »Ruhe und Ordnung« sein, damit die Republik aufgebaut werden könne. Die Generale hatten längst wieder aus abenteuerlichen Taugenichtsen und kriegsverwahrlosten Landsknechten eine Truppe zusammengebracht und zeigten sich sehr bereitwillig. Sie zogen mit Kanonen, Flammenwerfern, Panzerwagen und Maschinengewehren gegen die Arbeiter, die sich rasch in den Zeitungsgebäuden und hinter hastig errichteten Barrikaden verschanzt hatten. Ein erbitterter, tagelanger Kampf entbrannte. Hunderte von Arbeitern starben für die erhoffte Freiheit, im Glauben an die siegreiche republikanische Gerechtigkeit. Jeder von ihnen, der vor der Übermacht nicht fliehen konnte und sich ergab, hatte sein Leben gnadenlos verwirkt. Wahllos füsilierten die Soldaten. Karl Liebknecht und Rosa Luxemburg, die erst nach Ausbruch der Revolution aus dem Zuchthaus gekommen waren, wurden gefangen und viehisch ermordet.

In ganz Deutschland erhoben sich die erregten Arbeitermassen gegen die gedungenen Schlächter. Ein latenter Bürgerkrieg war im Anzug. In ihrer Hilflosigkeit sandten Ebert und Scheidemann abermals Noske und die Generale mit den verhaßten »Freiwilligenverbänden« ins Land. Sie sangen Spottlieder auf die Republik und spielten kaiserliche Parademärsche. Das Volk, das allein einem Staat Leben geben kann, wurde – wie die Offiziere forsch zu sagen pflegten – »kurz und klein gehauen und kirre gemacht«. –

Einmal im Februar dieses schreckerfüllten Jahres 1919 erwachte ich in meinem kalten Atelier. Die Glocken aller Kirchen der Stadt läuteten dumpf. Ich kleidete mich rasch an und lief voll dunkler Ahnungen dem Stadtzentrum zu. Kurt Eisner war von einem jungen bayerischen Adeligen auf dem Wege zum Landtagsgebäude erschossen worden. In der Promenadestraße war noch die frische Blutlache. Einige Kränze lagen herum, zwei Soldaten standen da, und abgehärmte Frauen weinten leise. Auch harte Männer bekamen nasse Augen, wenn sie stumm stehen blieben und den Hut abnahmen.

Eine Zeitlang schien es, als sei die ganze Stadt gelähmt. Dann griff jäh eine wilde Panik um sich. Vollbesetzte Lastautos rasten durch die Straßen, darauf standen bewaffnete Rotgardisten und schrien gellende Racherufe in die wintergraue Luft. Schon wieder hörte man das Herunterrasseln der Rolläden, und kein besser gekleideter Mensch war mehr zu sehen.

Die Arbeiter sammelten sich in den großen Sälen. Schreck und Wut lag auf ihren Gesichtern. Im Landtagssaal, wo die Abgeordneten zusammengetreten waren, schoß ein Metzgergeselle den sozialdemokratischen Fraktionsführer und Minister Auer in die Brust. Ein zweiter Schuß traf den katholischen Abgeordneten Ösel, der tot umfiel, ein dritter einen Major. In kopfloser Panik rannten alle durcheinander, hinaus auf die menschenwogenden Straßen.

Die revolutionären Arbeiterräte verhafteten ungefähr ein Dutzend hoher Offiziere und Adelige, die im Verdacht standen, mit dem Attentat auf Eisner zusammenzuhängen, und sperrten sie in die besten Zimmer des Hotels »Bayrischer Hof«. Die Sozialdemokraten befreiten sie schon nach einigen Stunden. Inzwischen hatten die Arbeiterräte Mitglieder des gegenrevolutionären Geheimklubs »Thule-Gesellschaft« festgenommen und brachten sie als Geiseln in das Luitpoldgymnasium, um weitere Befreiungsversuche zu verhindern.

Eine merkwürdig unschlüssige Zerfahrenheit herrschte überall. Das tägliche Leben schien aus den Fugen. Unruhig und ziellos trieben die Menschen herum. Die Reichsregierung hatte Aufrufe zur Wahl einer Nationalversammlung verbreiten lassen. Frauen und Männer rissen die Anschläge von den Wänden, reckten die Fäuste und schrien: »Nieder mit der Verräter-Regierung Ebert-Scheidemann! Nieder mit dem Bluthund Noske!«

Die Sozialdemokraten in Bayern, die bis jetzt – wenn auch nur widerwillig – mit Eisner die »provisorische Regierung« gebildet hatten, zogen sich mit den bürgerlichen Ministern nach Bamberg zurück und tagten als reichstreues

Rumpfparlament weiter. In München dagegen riefen die Arbeiter eine »Räterepublik« aus. Zuerst leiteten Eisnerleute sie, dann die Kommunisten. Erregte Versammlungen und Debatten im Landtagsgebäude gab es. Bald zogen die Anhängerscharen der einen, dann wieder der anderen durch die Stadt. Doch das sonstige Leben wurde nicht einmal besonders gestört dadurch. Erst als die Bamberger Regierung Freiwillige anwarb und Noske zu Hilfe rief, strömten die Münchner Betriebsarbeiter zusammen und bewaffneten sich zur Abwehr. Eine »Rote Armee« wurde gegründet, die der Matrose Egelhofer leitete. Ernst Toller führte ein Kommando. Intellektuelle und Kommunisten waren Offiziere. Es mangelte an allem: an Geschützen, Gewehren, Munition und an erfahrener militärischer Führung.

Draußen aber auf dem Land, in den Marktflecken und Gebirgsdörfern tauchten sehr leutselige, und wie sich bald herausstellte, auch sehr bemittelte Herren auf, denen es nie darauf ankam, zwei und drei Lagen Bier in den Wirtschaften zu zahlen. Sie gaben vor, glücklich aus der Münchner »Hölle« entwischt zu sein, und berichteten die furchtbarsten Dinge: Kein ordentlicher Mensch sei da drinnen seines Lebens mehr sicher, die Roten würden jeden Tag scharenweise umbringen und Frauen vergewaltigen, würden rauben und morden wie Wilde.

»Und bald kommen sie auch zu euch raus, Bauern! Nichts ist mehr sicher vor ihnen!« sagten sie, und da wurden die Landleute und ganz besonders die vom Krieg heimgekommenen Soldaten wild und drohten: »Sollen nur kommen, die roten Lumpen!« Und fast in jedem Haus war ein Militärgewehr, war noch Munition, die der Feldsoldat heimgebracht hatte. Die Herren bezahlten noch mehr Bier und meinten: »Da hilft gar nichts ... Ausräuchern müßt' man die Roten, weg samt Butz und Stengel müssen sie!« Bald waren viele Bauernburschen »Freiwillige«, und denen, die genug von dieser ewigen Kriegführerei hatten, kauften die Herren die Gewehre und die Munition ab. –

Hoch in den dunstigen Morgenwolken über München

tauchten Flugzeuge der Bamberger Regierung auf, flogen surrend Kreise und warfen Kundgebungen ab, worin die »Bevölkerung und die sozialdemokratischen Gesinnungsgenossen« zum Ausharren ermuntert wurden, denn bald komme die »Befreiung von der gesetzlosen roten Schrekkensherrschaft«, aber die Regierungstruppen kämen nicht etwa als »Gegenrevolutionäre«, nein, der Minister Noske sei selbst Sozialdemokrat und stelle lediglich die Ordnung wieder her. In Wolfratshausen, Starnberg, in der Erdinger Gegend und bei Dachau gab es heftige Scharmützel. Die roten Truppen mußten der Übermacht weichen. Noskes vorrückende Freiwilligenverbände riegelten jede Lebensmittelzufuhr nach München ab und nahmen in jedem Dorf standrechtliche Erschießungen vor. Am 1. Mai schlugen die Eisnerianer mit Toller an der Spitze die Waffenstreckung vor und gaben ihre Gewehre in den Fabriken ab. Friedlich demonstrierten sie auf den Straßen mit den noch vorhandenen Sozialdemokraten für den »Weltfeiertag der Arbeiter«. Die Kommunisten verschanzten sich in den großen Gebäuden. Wegen der vielen Füsilierungen gefangener Rotgardisten erschossen sie die Geiseln im Luitpoldgymnasium.

Die Truppen Noskes drangen in die eroberte Stadt. Kanonen krachten, Schrapnells barsten pfeifend in der Luft, Häusermauern brachen ein und begruben die Einwohner. Entsetzt rannten die Menschen ins Freie, jammerten, weinten und schrien. Die bessere Bürgerschaft, die auf einmal wieder da war, jubelte den Regierungstruppen zu. Tagelang gab es Erschießungen. Alle Gefängnisse waren überfüllt. Die sogenannten »Kriegsgerichte« arbeiteten Tag und Nacht. Ich saß wie Tausende in einer gestopft vollen Gefängniszelle, in welcher sich unter anderen auch zwei Rotgardisten befanden, die auf die Geiseln im Luitpoldgymnasium auf Befehl des Zellenleiters geschossen hatten. Sie wurden schon nach zwei Tagen an die Wand gestellt. Es knallte oft und oft im Gefängnishof.

Als ich nach ungefähr acht Tagen endlich zur ersten Vernehmung geführt wurde, sah ich im Zimmer des Kommissars einen vollbärtigen, schwächlichen Mitgefangenen, der laut und erregt schimpfte: »Abgesehen davon – ein Irrtum kann ja vorkommen, Herr Kommissar, aber ich bin doch schon dreißig Jahr' Sozialdemokrat!« Die Stimme war mir bekannt. Geschwind überflog ich das Gesicht noch einmal.

»Ich war nirgends dabei ... Minister Noske ist doch Parteigenosse von mir!« suchte sich der Mann zu verteidigen, aber die zwei Polizisten, die ihn gebracht hatten, zerrten ihn schon vom Schreibtisch weg. Jetzt trafen sich unsere Augen. Ich stutzte und – wie mir schien – er stutzte auch.

»Bist du nicht der Oskar? ... Herr Graf?« rief er hastig. Ich nickte. Ich erkannte den Michael Beckenbauer.

»Du kennst mich ... ich bin nie Kommunist gewesen! Wir Sozi –«, hastete er erregt heraus und stemmte sich gegen den einen Polizisten.

»Los! ... Wir geben dir gleich einen Sozialdemokraten! Vorwärts! Los!« knurrte der andere Polizist und versetzte ihm einen derben Stoß ins Kreuz, daß er taumelnd torkelte. Die Türe schlug zu. Ich hörte heftig lautes Schimpfen und Geraufe im Gang. –

Die Bamberger Regierung übersiedelte nach München, doch sie mußte sich auf Geheiß der Generale umformen und bürgerliche Minister aufnehmen.

Die Räterepublik war zu Ende. Aus den Kriegsgerichten wurden »Volksgerichte«, die nicht weniger erbarmungslos aburteilten. Nur die Offiziere fehlten jetzt bei ihren Sitzungen, doch die Richter standen ihnen in nichts nach und ersetzten sie vollauf. Für mich ist diese Zeitspanne entscheidend geworden, als ein Miterlebender habe ich vieles später geschildert.

In der Goethestadt Weimar trat kurz darauf um die Sommermitte die gewählte deutsche Nationalversammlung zusammen und nahm nach vielen Beratungen eine Verfassung an, die die schönen Sätze enthielt: »Das deutsche Reich ist eine Republik. Die Staatsgewalt geht vom Volke aus ...« Friedrich Ebert wurde einstimmig zum Präsidenten ernannt, Philipp Scheidemann war der Reichskanzler. Die neuen Reichsfarben waren Schwarzrotgold.

Der große Irrtum, die deutsche Republik, an die nach all dem Vorhergegangenen selbst der Gutwilligste nicht mehr glauben konnte, begann. –

Ich saß nach meiner Entlassung aus der Haft einmal dösig in meinem öden Atelier. Es klopfte.

»Oskar, mach auf, wir sind's!« rief Maurus, der längst vom Felde zurückgekehrt war und eben anfing, im Kramerhäusl eine Konditorei einzurichten. Er hatte die Mutter mitgebracht. Ich riß die Türe weit auf und rief ergriffen: »Mutter, Herrgott, Mutter!!«

Sie lächelte ein wenig und sagte, während sie eintrat: »Jaja, jetzt bin ich da! Auf die Straß' bringt mich keiner mehr!«

»Sie will mit dir reden ... Ich muß allerhand Geschäftliches erledigen ... Ich hol' sie nachher wieder ab«, meinte der Maurus und ging fort. Bedächtig setzte sich Mutter auf das eingedrückte Sofa und schaute im hohen Atelier herum.

»Hmhm«, fing sie an, »soso, da wohnst du? ... Wird denn das im Winter warm mit dem kleinen Ofen? ... Hmhm?« Sie blickte wieder schräg auf mich und fuhr fort: »Und eingesperrt bist du gewesen? ... Jaja, bei uns sind auch Soldaten durch. Sie haben mir gar nicht gefallen. In jedes Haus sind sie, und grad geschnauzt und regiert haben sie ... Ob kein Roter da ist, haben sie wissen wollen, und da bist du mir auf einmal eingefallen. Aber der Maurus hat gemeint, du wirst schon so gescheit gewesen sein und dich zur rechten Zeit versteckt haben. Laß dir sagen, mir ist wirklich angst worden um dich, hmhm. In Starnberg, laß dir sagen, da haben die Soldaten vier Arbeiter erschossen und einen Bahnwärter, der sieben Kinder gehabt hat ... Hmhm, wenn das recht sein soll, ich weiß nicht ... Das macht kein gutes Blut. Jetzt, sagt der Maurus, ist ja wieder alles 'rum, Gott sei Dank!«

»Jaja, hm, vorbei, alles vorbei«, murmelte ich mehr für mich.

»Der Maurus hat ja gewußt, daß s' dich eingesperrt haben, aber er hat mir nichts sagen wollen«, redete sie darüber weg und lugte wieder nach mir. »Wie geht's dir denn jetzt?«

»Es geht eben so ... Wie geht's denn dir, Mutter?« fragte ich.

»Tja, es muß schon gehn, was will man denn machen. Wenn bloß der Maurus und die Resl gut miteinander auskommen«, fuhr sie fort und erzählte geruhig weiter: »Bei der Leni bin ich gewesen. Sie geht jetzt bald nach Afrika mit einer Mission. Du, die sieht recht gut aus, und ganz zufrieden ist sie.«

»Bei der Leni? ... Hm«, machte ich und starrte vor mich hin. Alles fiel mir wieder ein.

»Sie hat extra Ausgang 'kriegt ... Nach dir hat sie auch gefragt«, erzählte Mutter. Eine warme Welle durchzog mich. Ich wollte nachdenken, aber Mutter redete weiter: »Die Lina hat geschrieben, sie kann nicht arbeiten, wenn sie das Kind versorgen muß, und du gibst ihr auch nichts. Hm, du hast doch selber nichts. Ich will jetzt das Kind zu mir nehmen. Was sollst du denn anfangen damit! Du bist doch ein Mannsbild ... Ich hab' meine Kinder richtig auf'zogen und dem Eugen seine Peppi, da geht's auf das deine auch nicht mehr z'sammen.«

Ich war verblüfft und beschämt und brachte nicht gleich ein Wort heraus.

»Der Maurus bringt mich nachher hin zu der Lina. Du brauchst nicht mitgehen«, meinte Mutter, »sie fängt sonst gleich wieder 's Streiten an.«

Ich schwieg und, um auf etwas anderes zu kommen, brümmelte ich nachdenklich heraus: »Hm, die Leni? ... Die geht nach Afrika, hm , hm ...«

»Ja, ich glaub', die ist die Vernünftigste gewesen. Sie ist doch versorgt und gut aufgehoben in ihrem Orden. Und was hat man denn auf der Welt gar Schönes!« sagte Mutter und setzte mit leichter Bewegung dazu: »Ich hab' sie so gern gehabt, die Leni ...«

»Ja ... ich auch«, kam es zögernd aus mir. Wenn ich's

recht bedachte, kam es mir fast auch so vor wie der Mutter: Die Leni hatte vielleicht den besten Weg eingeschlagen.

Der Maurus kam zurück, und wir redeten noch eine Weile. Es war sehr hart für ihn, sich eine Existenz in dieser Zeit aufzubauen.

»Und jetzt will die Mutter auch noch mein Kind mitnehmen«, sagte ich zwischenhinein wie entschuldigend, aber gleich wehrte sie ab: »Da brauchst du dich nicht kümmern, Oskar ... Man kann doch die Kinder nicht verkommen lassen. Und ich hab' ja jetzt Zeit! ... Zeit genug!« Und als ich wieder irgend etwas erwidern wollte, meinte sie fast leichthin: »Es war mir sowieso oft langweilig ... Ich hab' mir schon Hennen angeschafft, daß sich wieder was rührt.« Und wieder blickte sie auf mich und schloß: »Du kannst dich verlassen drauf, Oskar, bei mir wird dein Kind schon ein ordentlicher Mensch ...« Fast drängend sagte sie das.

»Mein Gott, Mutter, sonderbar! ... Sonderbar!« rief ich auf einmal, »dich kann nichts umbringen! ... Du bleibst ewig, was du bist!«

»Jaja, ha-ha«, lächelte sie so dünn wie immer, »was soll denn aus einem solchen alten Weib noch anders werden! ... Wenn ich bloß g'sund bleib', nachher geht's schon.«

Ihr altes, faltiges Gesicht hellte sich leicht auf. Ich brachte sie zum Bahnhof, als sie mit dem Kind kamen.

»Gesund«, sagte der Maurus einmal, daß es Mutter nicht hörte, »gesund ist unsere Mutter wie Eisen. Die überlebt uns alle.« Das tat mir wohl.

»Herrgott, froh bin ich aber jetzt, wenn ich wieder daheim bin«, meinte Mutter, als ich ihr über die Waggontreppen hinaufhalf. »Jetzt b'hüt dich Gott, Oskar ... Und komm nur öfter!«

Die Eindringlinge

Während Stadt und Land von der erschreckend ansteigenden Flut der Inflation mitgerissen wurden und dadurch eine nie geahnte Umschichtung aller so sicher abgegrenzten Gesellschaftsklassen vor sich ging, blieb das Leben unserer Mutter unverändert.

Sie war jetzt fast fünfundsechzig Jahre alt, dünn- und grauhaarig, sehr knochig und gefestigt durch eine eigentümlich robuste Gesundheit, die in allen Menschen, welche ihr begegneten, den Eindruck erweckte, als gäbe es für sie nie einen Tod. Sie fürchtete diesen Tod, doch sie glaubte im Innersten nie, daß er sie treffen würde. Ihre stehende Redensart war: »Weiß's, ob ich bis dahin noch leb'«, aber wenn man genau nachdachte, war es bei ihr, als sei sie so sehr mit allem, was sie täglich und jahrelang umgab, zusammengewachsen, daß sie sozusagen gar nicht daraus brechen konnte. Im Winter schüttete sie die Asche in den verschneiten kleinen Gemüsegarten und meinte: »Das ist für den Boden gut, da wachsen die Bohnen und der Salat recht schön her.« Im Frühjahr, wenn sie das Gärtchen umgrub und die Beete besteckte und besäte, sagte sie: »Da, mein' ich, pflanz' ich gleich gar Kraut her. Nachher haben wir was bis zum Herbst.« Im Sommer hob sie die Lederäpfel auf und kochte die Himbeeren oder Zwetschgen ein und äußerte: »Die Äpfel werden erst gut um Weihnachten rum, und das Ein'kochte taugt für die Nudeln.« Ganz und gar war sie in diesen Jahrlauf hineingefügt, fast wie die Bäume und Pflanzen.

Obgleich im engen Kramerhaus weit weniger für sie zu tun war, werkelte sie wie ehedem. In der Frühe, wenn noch kein Fenster in den Nachbarhäusern leuchtete, stand sie auf, wusch sich ein wenig, betete ihre gewohnten paar Vaterunser und kochte den dunklen, dicken Malzkaffee. Hin und wieder, wenn sie ein Verdruß plagte, humpelte sie nach Aufkirchen zur Frühmesse und kam zurück, wenn Maurus und Theres aufstanden. Sie versorgte die kleine Annamarie, mein Kind, spülte die paar Tassen und Teller ab, räumte die winzige Kuchl auf und überlegte, wie man in diesen teuren Zeiten am billigsten ein Mittagessen machen könnte. Sie half dem Maurus in der noch sehr provisorischen Konditorei, ging ab und zu in den Laden, der erst fertig geworden war, und sie wusch die Wäsche für alle. Sie spaltete Holz für ihren Herd und für Maurus' Backofen, jeden Samstag putzte sie alle Böden auf den Knien heraus, und wenn sie Strümpfe stopfte, dann war das ein Rasten für sie.

Die Theres, die nun die Näherei der Emma übernahm und das wenig einträgliche Hütemachen nur noch nebenbei betrieb, hatte wenig zu tun. Es gab keinen Stoff. Mehl, Eier, Butter und Zucker waren rare Dinge und kosteten viel Geld, also haperte es mit der Konditorei vom Maurus auch noch sehr. Er verlegte sich zunächst auf einen schwunghaften Handel mit allerhand Likören und kam oft in die Stadt, um einzukaufen. Von Mal zu Mal hatte er größere Mengen von Inflations-Banknoten bei sich, denn die deutsche Mark galt fast nichts mehr, und allem lag der stabile Dollarkurs zugrunde. Die bisherigen Wertbegriffe hatten sich völlig verschoben. Das Papiergeld, auf das jeden Tag höherstellige Zahlen gedruckt wurden, schien überhaupt nur noch eine Fiktion, über die man sich in wirrer Hilflosigkeit allgemein geeinigt hatte. Unerrechenbar dagegen stiegen die Sachwerte wie Grund und Boden, Vieh, Häuser, Diamanten, Gold, alte Kunstwerke, Musikinstrumente und Möbel. Während die Arbeiter und Angestellten in den Städten sogleich nach ihrer Lohnauszahlung mit den vielen buntbedruckten Geldscheinen laufen mußten, um noch für einen einigermaßen erschwingbaren Preis einige minderwertige, kärgliche Lebensmittel zu bekommen, während alte, solide Geschäfte zu Dutzenden bankrott machten und in rasendem Tempo eine Unmenge neuer, höchst fragwürdiger Unternehmungen, Spekulationsbanken und weitverzweigter Konzerne entstanden, die oft ebenso schnell wieder zusammenbrachen, um abermals neuen Platz zu machen – in all diesem unaufhörlichen Zerfallen, diesem schwindelnden Absturz ins Ungewisse, den offenbar niemand aufhalten konnte, wurde als einziger der Bauer reich und immer reicher. Er hatte, was die anderen brauchten, und feilschte jetzt gleichsam aus Rachsucht, weil er früher stets zu kurz gekommen war, mit der geringsten Kleinigkeit hartnäckig, ehe er sie weggab. Schnell kannte er den Kurswert der ausländischen Valuten, und der Dollar zog ihn am meisten an. Er bekam zu dieser Zeit Summen in die Hand, mit denen er sich alles leisten konnte.

In Berg war es nicht anders als in jedem Dorf. Der Maurus konnte gar nicht genug Liköre und seltene Delikatessen herbeibringen. Die übermütigen Dörfler bezahlten jeden Preis in Inflationswährung. Nach Jahrhunderten lebten die Bauernleute zum ersten Male aus dem Vollen, kümmerten sich um nichts anderes als um ihr jähes Wohlleben und verloren nach und nach jedes Maß. Sie spekulierten und soffen, sie stellten ihre heimeligen Stuben mit geschmacklosen, teuren Möbeln voll, kauften Klaviere, Grammophone und Motorräder und ließen ihre Häuser und Ställe von Grund auf renovieren.

Unsere Mutter saß in der niederen, einfensterigen Kuchl und fertigte, wenn sie Zeit dazu fand, aus alten, zusammengenähten Stoffresten warme Hausschuhe an, die sie ab und zu verkaufen konnte. Die paar verdienten Banknoten wollte sie als Spargroschen für schlechtere Zeiten zurücklegen, doch der Maurus klärte sie auf.

»Die gelten doch morgen schon wieder weniger, Mutter! Bloß weg mit den Papierfetzen, sonst kannst du sie in einem Monat verbrennen!« sagte er. Sie war überrascht und betrübt und begriff durchaus nicht.

»Tja, wenn das Geld nichts mehr gilt, nachher geht doch alles zugrund!« rief sie und schüttelte den Kopf. »Da mag ja überhaupts keiner mehr arbeiten! ... Hm, ist das eine Welt! ... Ich versteh' gar nicht, wie es jedem im Dorf so gut gehen kann! Der Kagerbauern-Hans tragt jetzt bloß noch seidene Hemden, hmhm, und sagen tut er, die groben leinenen kratzen ihm die Haut auf. Holzhandeln tut er und ist sein Lebtag ein Tagwerker gewesen! ... Der Schreiner-Michl hat sich ein Motorrad gekauft, und um den sündteuren Schnaps raufen sie sich bei dir, hmhm! ... Die Schatzl-Kathl hat sich jetzt in der Stadt drinnen ein Miethaus gekauft. Da, sagt sie, liegt 's Geld am sichersten ... Früherszeiten haben doch die Bauernleut' nicht so viel Geld gehabt ... Wie kommt denn das?« Der Maurus und die Theres lächelten mitleidig und versuchten ihr alles klar zu machen. Sie sagten viel vom Dollar.

»Hmhm, jetzt so was! Früher ist das ein falsches Geld bei uns gewesen ... Hmhm! Ich kenn' mich da nimmer aus!« brümmelte sie noch immer kopfschüttelnd. Vor einiger Zeit hatten endlich der Eugen und der Lenz wieder aus Amerika geschrieben, wie es ihnen in den Kriegsjahren ergangen sei. Der Eugen berichtete, er habe eine gutgehende Bäckerei in Montana, die im Krieg geschlossen worden sei, aber jetzt sei wieder alles »allright«. Der Lenz sei Bäckergeselle im Mittelwesten, aber ein ganz unmöglicher Mensch. Er saufe bloß immer, aber er werde ihm schreiben, daß er auch etwas hören lasse. Der Lenz schrieb auch etliche Briefe, aber darin stand nichts von seinen Erlebnissen während der Kriegszeit. Er schrieb belustigend wirres Zeug, ungefähr so: »Ach mein liebes Bruderherz Maurus, weißt du, ich hab' da die Bibel gelesen. Da steht immer drinnen, du mußt ein good man sein, but das ist ja Unsinn, da kommt man nicht weiter ... Und dieser Nietzsche, weißt du, der läßt auch viel zu wünschen übrig ...« So ging das oft etliche Seiten lang weiter. Maurus und ich schrieben dem Lenz, er sollte doch von sich und dem, wie er die Zeit überstanden habe, was schreiben. Im nächsten Brief befaßte sich der Lenz mit Tolstoi und schrieb wiederum: »Weißt du, das ist so ein Apostel. Der läßt auch viel zu wünschen übrig ...« Aber Eugen und auch er schickten mit der Zeit Lebensmittel, und nach und nach kamen auch einige Dollars von ihnen.

Mutter aber gab das Hausschuhe-Machen nicht auf. Wenn Geld aus Amerika kam, kaufte sie sich ausnahmsweise eine Halbe Bier. Um recht lang davon zu haben, schüttete sie es in einen Milchweigling, brockte Brot hinein und löffelte es mit großem Genuß langsam aus. Den Rest des Geldes gab sie meist der Theres.

Der Maurus schlug vor, ein junges Ferkel irgendwo einzuhandeln und es aufzumästen, dann habe man den ganzen Winter gutes Fleisch. Das freute die Mutter. Mit liebevollem Eifer versorgte sie die fettwerdende, heranwachsende Sau und griff sie jeden Tag ab. »Das gibt ein Kernfett«, war ihre Meinung. Sie hob jede Kartoffelschale auf, ging auf die abgeernteten Felder und sammelte mit der kleinen Annamarie liegengelassene Ähren, mengte alles mit sonstigen Speiseresten ineinander und kochte ein kräftiges Saufutter. Oft in der Nacht stand sie noch einmal auf und ging in den Holzschuppen, um nachzusehen, ob die Sau nicht gestohlen worden sei, denn die Not der Armen war groß, Einbrüche und Diebereien gab es nicht selten. Eine Weile blieb sie, über die Bretterplanke des viereckigen Stalles gebeugt, in der frischen Mondnacht stehen und schaute zufrieden auf die schnarchende, dick daliegende Sau. Dann drehte sie sich endlich um, schaute zum sternenübersäten Himmel empor, machte ein Kreuz und ging langsam wieder zu Bett. Ihre Frömmigkeit, von der sie nie ein Aufhebens machte, wirkte immer noch gleichermaßen als gelassene Lebenskraft in ihr. Vor zirka fünfundfünfzig Jahren, als sie noch ein Schulkind gewesen war, hatten ihre Eltern sie in die Erzbruderschaft »Maria zum Troste« aufnehmen lassen. Sie trug noch immer den dünnen ledernen Gürtel um den bloßen Leib und betete täglich die vorgeschriebenen zwölf Vaterunser. Sie verschwieg das alles, fast so als schämte sie sich, aber mit jener nüchternen, natürlichen Derbheit, die ihr eigen war, entledigte sie sich all ihrer religiösen Pflichten.

Ich besuchte sie öfter, und das schien ihr stets wohl zu tun.

»Mutter?« fragte ich einmal lächelnd, »jetzt sag mir doch einmal – du hast doch vor lauter Arbeit zu nichts Zeit, und wenn du dich hinsetzt, fallen dir die Augen zu – sag mir doch einmal, wann betest du denn eigentlich deine zwölf Vaterunser am Tag?«

Obgleich sie wußte, daß wir über ihren Glauben manchmal spöttelten, nahm sie das nie im geringsten übel. Sie lächelte und rief auf meine Frage erstaunt: »Tja, hm, jetzt du bist gut! ... Ich hab' doch einen guten Stuhlgang!« Ich begriff nicht, wieso ein guter Stuhlgang mit ihrer religiösen Vorschrift zusammenhängen konnte, aber sie kam mir zuvor.

»Wo will ich's denn beten, die zwölf Vaterunser!« sagte sie, als wäre das das Selbstverständlichste von der Welt, »aufm Häusl halt! ... Da hab' ich doch am besten Zeit dazu!« –

Pius, der neue Mann von der Moni, war sehr schlecht auf unsere Mutter zu sprechen. In seinem verschlagenen Geiz wollte er ihr das gerichtlich festgelegte Ausgedinge streitig machen. Er gehörte zu jenem weitverbreiteten bäuerlichen Typ in unserer Heimat, der die Ansicht vertritt, ein »Austrägler« hätte eigentlich nicht mehr allzu viel zu suchen auf der Welt, und am besten wäre es, man würde ihn möglichst kurz halten, damit er bald abkratze. Es gab an jedem Monatsersten Reibereien, die sich schließlich so zuspitzten, daß Maurus an Mutters Stelle gegen ihn prozessierte. Er kam damals oft zu mir in die Stadt, und wir suchten einen Anwalt auf. Es gab mehrere Gerichtsverhandlungen. Wütend und verdrossen kehrte der Maurus stets nach Hause zurück und erzählte, daß noch nichts entschieden sei. Pius hatte es verstanden, durch allerhand Machinationen die Sache stets vertagen zu lassen und in die Länge zu ziehen. Unsere Mutter wurde von Mal zu Mal unruhiger und betrübter. Seit eh und je mißtraute sie ja allen Ämtern und Gerichten und erwartete nie etwas Gutes von ihnen. Am liebsten hätte sie auf alles Ausgedinge verzichtet, nur um die Feindseligkeiten und Streitigkeiten loszubekommen.

»Am besten wird's sein, ich hau' den Pius einmal recht durch! Den bringt bloß so was zur Vernunft!« stieß der Maurus einmal drohend heraus. Er war in seinem Jähzorn am Ende seiner Geduld und fürchtete keinen. Unsere Mutter erinnerte sich wahrscheinlich an die blutigen Schlägereien Maxls und wehrte sich heftig dagegen. Unglücklich und angstvoll flehte sie ihn an: »Laß doch das, um Gottes willen, bleiben! ... Ich bin ein altes Weib, was brauch' ich denn noch! ... Der wird auch nicht glücklich –«

»Aber du bist doch im Recht, Mutter!« drang der Maurus in sie. Sie sah ihn wehmütig zweiflerisch an.

»Ah, Recht? ... Recht! ... Auf der Welt kommt immer bloß die Schlechtigkeit obenauf. Die ist nicht umzubringen. Unser Herrgott wird's dem Pius schon noch einmal beibringen!« meinte sie. Doch der Maurus gab nicht nach. Nach einer abermaligen Gerichtsverhandlung bekam er, was er wollte. Der Pius mußte zudem auch noch die Gerichtskosten tragen. Das wurmte ihn. Hinterhältig grinsend ging er herum und schwor, auf seine Weise Rache zu nehmen. Dem Maurus aber, vor dem er Angst hatte, wich er aus, wo es ging.

Zu dieser Zeit mußte sich unsere Mutter wieder einmal hinlegen. Ihre offenen Füße trugen sie nicht mehr. Sie bekam wieder »Rotlauf« und lag droben in der sonnigen Kammer, deren Möbel stets zu wackeln anfingen, wenn man fest auf den nachgiebigen Boden trat. Der gewohnte, jetzt schon grauhaarig gewordene Doktor kam wieder.

»Schauderhaft sehn sie aus, Ihre Füß', Frau Graf, aber zum Sterben ist's noch nicht ... Das heilt sich schon wieder aus«, sagte er nach der Untersuchung, »aber liegenbleiben müssen Sie mir, haben S' mich verstanden? ... Sonst kann sein, daß's wirklich einmal schnell dahingeht.« Sie nickte lächelnd, obwohl ihre unsicheren Augen bang waren.

»Ja, mein Gott, Herr Doktor, sterben müssen wir ja alle einmal«, sagte sie leichthin. Der Doktor reinigte die Wunden, stopfte mit Salbe beschmierte Wattepfropfen in sie und verband sie wieder: »So, und jetzt Ruhe ... Ruhe heilt am besten!« Dann ging er.

Mutter lag allein da. Vor den Fenstern griffen die kahlen Bäume in die graue Winterluft. Auf ihren rostbraunen, verwitterten Ästen lag – langen, dicken Raupen gleich – der glitzernde Schnee. Der ferne, sonnenerhellte Himmel schien farblos wie eine langweilige Unendlichkeit. Wie durch eine

Vermummung dringend klangen alle Laute, die vom Haus unten oder von der Straße heraufkamen. Unsere Mutter rastete.

»Bäckin? ... He!« schrie es auf einmal von unten herauf.

»He! Bäckin!« wiederholte sich's auf der Straße. Die Kranke richtete sich ein wenig auf und wollte aus dem Bett, aber sie war zu schwach. Sie konnte ihren Kopf nur näher an die Scheiben bringen.

»He! Alte!« plärrte der Pius da drunten und grinste zu ihr hinauf.

»Ja, was ist's denn?« gab sie schwach an. Er mußte es gehört haben.

»Geht's schon bald dahin mit dir?« fragte der hagere, glucksend in sich hineinlachende Mann weiter. »Jetzt wär's grad g'schickt! Jetzt brauch' ich keinen Sarg mehr kaufen für dich, weil's Holz so rar ist. Jetzt wirft man deine Leich' einfach in einen Papiersack und grabt dich ein!« Nach dem letzten Gerichtsbeschluß nämlich war er verpflichtet, im Todesfalle Mutters die Beerdigungskosten zu zahlen. Ohne eine Antwort abzuwarten, ging der belustigte Pius schnell weiter. Sicher murmelte er zufrieden in sich hinein: »Hahaha, jetzt hab' ich's ihr aber geben, dem alten Vieh!«

Als ich bald darauf zu Besuch heimkam und vor ihrem Bett saß, erzählte mir die Mutter ganz unverbittert, ja sogar lachend, wie drollig doch der Pius hie und da in seinem dummdreisten Geiz sei.

»Ha! Hahaha, hast jetzt schon so was g'sehn, in einen Papiersack!« lachte sie noch mehr. »So was hat ihm wieder gefallen, dem damischen Kerl, dem damischen!« Nichts von all der Roheit hatte sie getroffen, gar nichts.

»In einen Papiersack! Haha-ha!« mußte sie immer wieder auflachen.

Nach einem Monat konnte sie wieder aufstehen. Das lange Liegen hatte sie ein bißchen steif gemacht, doch sie war seltsam froh und frei. Der Tod war wieder in weite Ferne gerückt. Immer wieder fielen ihr Pius' Worte ein, und immer wieder konnte sie bis zu Tränen lachen. An ihrer unfaßbaren, schmerzgewohnten Mitleidlosigkeit gegen sich selbst prallte jede Erniedrigung und Beleidigung ab, wurde klein und lächerlich, ja, belustigte sie sogar. War das nun etwas, das man gemeinhin Charakterlosigkeit nannte, oder war es mehr? Ihr Herz war nicht stumpf, im Gegenteil, es geriet stets in einen wehen, kummervollen Aufruhr, wenn sie andere leiden sah.

Die drei hinterlassenen Buben vom Maxl, die den Pius nicht mochten, waren meist um sie wie die Annamarie. Die Kinder machten ihr zuweilen viel Ärger. Sie bettelten bei ihr um Geld, stahlen ihr auch sonstige Dinge. Sie neckten die Sau, daß die Mästung nicht anschlug. Immer fiel ihnen etwas anderes ein, und unsere Mutter mußte hinter ihnen her sein. Sie schimpfte, doch die Kinder nahmen es nicht ernst. Sie grollte ihnen, aber kaum kamen sie einmal einen Tag nicht, dann fragte sie den Maurus und die Theres nach ihnen. Allem Anschein nach brauchte sie Kinder um sich, und Verdrießlichkeiten gehörten eben dazu. Der kaum fünfjährige Lenzl von den drei Buben verbrühte sich einmal mit kochendem Wasser den ganzen Hals. Die Haut sprang platzend ab, und das blutig rote Fleisch kam zum Vorschein. Unsere Mutter erschrak heftig, als sie es hörte, und, obgleich Theres und Maurus es ihr verwehren wollten, wenn auch der Pius sie haßte und verachtete – sie lief, so wie sie war, ins alte Bäckerhaus hinunter und legte dem jammernden Lenzl kühlende, ölgetränkte Lappen auf, tröstete ihn zärtlich und ging erst, als der Doktor gekommen war.

»Ja, Herrgott, sie sollen sich doch selber um ihre Kinder kümmern! Der Doktor wird den Lenzl schon kurieren!« murrte die Theres, als sie heimkam ins Kramerhaus.

Der Maurus legte die Zeitung hin und schimpfte ebenso: »Ich versteh' dich nicht, Mutter! Du hast schon gar keinen Stolz! Wie du nur zu *dem* Kerl noch ins Haus gehen kannst! Das sind doch nicht *deine* Kinder!«

»Ich hab' doch mit dem Pius gar nicht geredet«, sagte sie verständnislos, »was haben sie denn schon Schönes, dem

Maxl seine Kinder? Die Moni kümmert sich nicht um sie, und der Pius mag sie nicht ... So können sie doch nie was Rechtes werden!«

Nein, so nicht! Was galt da starrer Stolz, wenn's um Kinder ging! Unsere Mutter wußte es tiefer als alle, daß kein Mensch »was Rechtes wird«, wenn er in der Kindheit nicht geliebt wird. Nachdenklich schüttelte der Maurus den Kopf: »Hm, Mutter, du bist was Unbegreifliches! Du lebst nur, wie der Augenblick dich braucht! ... Sonderbar!« Er sah ihr in die Augen und merkte, daß sie nichts verstand und wahrscheinlich noch immer glaubte, man schimpfe sie. »Verstehst du? Wir sind alle anders als du... Ich hab' den ganzen Krieg mitmachen müssen, jetzt bin ich daheim – na, gut, leben kann ich schlecht und recht, mit dem Schnaps verdien' ich was, aber in der Konditorei sieht's schlecht aus. Weiß Gott, ob ich mir überhaupt jemals eine richtige Existenz aufbauen kann. Jetzt gibt's wieder kein Mehl, keinen Zucker! Zum Todärgern! Immer schlechter wird's. Ein Mensch, der bei uns einen guten Beruf gelernt hat, kommt nicht weiter damit ... Die Nanndl hat ganz recht, daß sie nach Amerika geht ... Ja, wir sind ganz anders, aber du? Du, Mutter, bist, glaub' ich, fast mehr wert wie wir alle ... Hmhm! Sonderbar!« Zuerst war er noch verzagt und mürrisch gewesen, nun lebte sein Gesicht wieder auf.

»Ah, die Nanndl wird doch nicht nach Amerika gehn! Geh, so weit weg! Sie hat doch jetzt ausgelernt und ihr Fortkommen«, sagte Mutter in sein Nachdenken hinein. Schon lang wußten wir, daß Anna zu Eugen und Lenz über den Ozean wollte, nur sie wollte es nicht wahrhaben. Der Maurus ging nicht auf ihre Worte ein. Immer noch in Gedanken redete er weiter: »Ja, Mutter, du bist aus einer anderen Welt ... Vielleicht bist du sogar wirklich glücklich ... Wir haben Nerven und haben lauter so fixe Ideen vom Leben. Wir sind viel schwächer, wir sind vielleicht alle krank – du? Du bist gesund, du allein! Du lebst einfach und weiter gar nichts!«

Unsere Mutter verstand kein Wort.

»Hm, was du da daherredest!«sagte sie halb wegwerfend. »Außer der Emma ist doch jedes gesund von euch!« Der Maurus gab die Unterhaltung auf. Er nahm die Zeitung wieder in die Hand und erzählte: »Jetzt haben die Generale wieder alles durcheinander gebracht! In Berlin ist der Kapp-Putsch! ... Sie sind einfach mit ihren alten Regimentern eingezogen und haben die Ebert-Regierung davongejagt! Faktisch gibt's jetzt überhaupt keine Regierung! ... Was das wieder alles wird! Nichts hält mehr! Für unsereinen wird's immer noch schlechter!« Sicher dachte Mutter: »Was geht denn uns das alles an! Ob die Herren gut oder schlecht regieren, ausbaden müssen's ja doch nur immer wir!«

Interessiert las der Maurus für sich weiter: Der General Lüttwitz, ein giftiger, herausfordernder Hasser der Republik, den die republikanische Regierung trotz alledem zum Befehlshaber der ehemaligen Potsdamer Garderegimenter ernannt hatte, sammelte schon lange vor aller Augen die Kaisertreuen und Ludendorff-Anhänger um sich. Alle stellungslosen Offiziere und verärgerten Soldaten, die sich nicht mehr in den Frieden hineinfinden konnten und wollten, strömten ihm zu. Die ostpreußischen Grundbesitzer, die verstimmten Adeligen und die rheinischen Industriellen unterstützten diese Verschwörertruppe reichlich mit Geldmitteln. Die Inflation hatte alles zersetzt. Das Leben war hart. Jeder verlangte nach dem rettenden »starken Mann«, der endlich doch kommen mußte. Nun war Lüttwitz in Berlin, die geflohene Ebert-Regierung in Stuttgart, und ein sogenanntes ›Direktorium‹ mit dem Königsberger Landschaftsrat Knapp an der Spitze versuchte die Macht an sich zu reißen. Ludendorff, der längst aus seinem schwedischen Exil zurückgekommen war, tauchte ebenfalls in Berlin auf.

In der Reichshauptstadt lagerten die Lüttwitzgarden auf den Straßen. Maschinengewehre drohten überall, Stacheldrähte waren gezogen. Republikaner wurden verhaftet, und auf allen Amtsgebäuden wehten wieder die Kaiserfahnen. Als erstes setzte das Direktorium die Todesstrafe auf Widerstand und Streik.

Die Ebert-Regierung in Stuttgart hatte dagegen einen »Aufruf an das deutsche Volk« erlassen und forderte die Arbeiterschaft zum Generalstreik auf. Und nun geschah das Unglaubliche:

Die Züge blieben auf offener Strecke stehen oder fuhren nicht mehr aus. Post und Telegraph funktionierten nicht mehr. Zum größten Teil waren die Licht- und Wasserleitungen unterbrochen. Die Massen strömten aus den Betrieben und bewaffneten sich notdürftig. In kaum zwei Tagen lag in fast allen deutschen Städten die Arbeit still. Alles geriet ins Stocken! Und nicht nur das! Die von der Republik tief enttäuschten, so oft und so schändlich im Stich gelassenen, verratenen Arbeitermassen zogen gegen die militärischen Aufrührer, opferten zu Tausenden ihr Leben und – siegten!! In knapp einer Woche konnte die Ebert-Regierung wieder in Berlin amtieren. Reichskanzler war der Sozialdemokrat Müller, an Noskes Stelle wirkte der ewig lächelnde Demokrat Geßler, und der undurchsichtige General von Seeckt war Chef der Reichswehr.

In München, wo außer einigen Teilstreiks alles ziemlich ruhig geblieben war, hielten die politischen Parteien Versammlungen ab und berieten über die Lage.

»Wenn bloß jetzt die verdammte Inflation nicht noch ärger wird, dann geht's noch!« sagten die Leute am Biertisch. Jeder war zufrieden, daß der störende Putsch so schnell zusammengebrochen war.

»Diesmal hat die Republik immerhin die Kraftprobe bestanden! Du siehst ja, sie hat auch an Boden gewonnen! Sogar die Indifferenten atmen auf!« sagte mein Freund Georg zu mir. »Aber grad das ist gefährlich! Jetzt muß es weitergehen. Raus aus der bürgerlich-kapitalistischen Republik! Die Arbeiter müssen endlich alle Macht erobern! Es ist die letzte Chance!«

Und bei meinem nächsten Besuch daheim sagte der Maurus: »Du weißt ja, gar zu viel hab' ich für deine Arbeiter nicht übrig. Sie sind gegen den kleinen Geschäftsmann und wollen alles gleichmachen ... Aber diesmal haben sie endlich gezeigt, daß sie wissen, was sie wollen. Sie haben der Oberklasse einmal einen gehörigen Dämpfer aufgesetzt, das war gut!« Er kümmerte sich höchstenfalls dann um Politik, wenn sie unmittelbar in sein Leben einzugreifen drohte. So wie er aber dachten damals viele.

Die Berliner Regierung handelte anders. Sie leugnete, jemals einen amtlichen Befehl zum Generalstreik gegeben zu haben. Sie schlug ihren Rettern, den Arbeitermassen, jede Forderung nach gründlicher Reinigung der Reichswehr und der Beamtenschaft von unzuverlässigen Elementen ab.

Bestrafung der Putschisten, Festigung der Republik, Erweiterung des Betriebsrätegesetzes und schärfere Kontrolle der lebenswichtigen Industrien verlangten die Arbeiter. Sie blieben unter Waffen, nahmen die Arbeit nicht wieder auf und warteten auf Antwort. Die Regierung fand das anmaßend. Drohend befahl sie die sofortige Arbeitsaufnahme.

Das war zuviel!

Die empörten Arbeiter kämpften weiter. Der General Seeckt bekam viel zu tun. Mit neu formierten, gefährlich zusammengewürfelten Brigaden und mit den berüchtigten Lüttwitzgarden, deren Offiziere nur zum Teil entfernt worden waren, stellte der neue Befehlshaber die »Ruhe und Ordnung« wieder her.

In Sachsen, in Mitteldeutschland, in Hamburg und Bremen und im Ruhrgebiet wurde wochenlang erbittert gekämpft. Die Arbeiter wichen nicht.

Die Berliner Regierung wurde unruhig. Sie ernannte den Sozialdemokraten Severing zum Schlichtungskommissar. Dieser ehemalige Metallarbeiter sollte vermitteln. Er schlug dem Ruhrgebiet, dem stärksten Widerstandszentrum der Arbeiterschaft, Verhandlungen in der rheinischen Industriestadt Bielefeld vor. Abgesandte der Ruhrkämpfer und Berliner Delegierte trafen sich dort. Ein Regierungsversprechen besagte, daß die Reichswehr abziehe, daß für die kampfbeteiligten Arbeiter Straflosigkeit herrsche, daß auch ihre Anführer nicht verfolgt würden, und endlich wurden Zugeständnisse in der Lohnregelung gemacht.

Die Generale und ihre Regimenter aber hielten sich an all das nicht im mindesten. Für sie war die Berliner Regierung nicht maßgebend. Noch während der Verhandlungen drangen sie überraschend vor und begannen die wirr gewordenen Arbeitermassen bestialisch niederzumetzeln. Die Irreführung mit dem »Bielefelder Abkommen« verhalf ihnen zu einem »glänzenden Sieg«.

Im ganzen, weiten, unglücklichen Land wurden auf Geheiß der Berliner Regierung die letzten Legionen der gläubigen, standhaften Republikaner von ihren Todfeinden geschlagen und zertrampelt. Die Reichswehr diktierte. Die Reaktion hatte freie Bahn. Die Fememorde – ausgeheckt von chauvinistischen Verschwörergruppen und gefördert von der Generalität – begannen ihr Unwesen. Es wurde gefährlich, sich offen zur Republik zu bekennen.

»Jetzt ist alles verloren! Jetzt müssen wir uns wieder ducken, mehr wie zur schlimmsten Kaiserzeit!« sagte Georg bedrückt zu mir und fing an, jedem Menschen zu mißtrauen. Wir mieden politische Gespräche, wenn Fremde um uns waren.

In München wurde eines Nachts der Eisner-Sozialist Gareis, der im Parlament gegen die Untaten der Fememörder gesprochen hatte, auf dem Heimweg erschossen. Die Täter konnten von der Polizei nicht ermittelt werden.

Ein Volksgericht verurteilte den Führer des mitteldeutschen Aufruhrs, Max Hölz, zu lebenslänglichem Zuchthaus. Knapp entging er dem Tod.

In dem kleinen badischen Kurort Griesbach wurde der katholische Reichstagsabgeordnete Matthias Erzberger aus dem Hinterhalt niedergeknallt. Er hatte es gewagt, im Interesse der erschöpften Reichsfinanzen die allzu groß gewordenen Vermögen empfindlich zu besteuern.

Die Reichsregierung ließ seinen Plan sofort fallen.

Der deutsche Außenminister Walter Rathenau wurde ein

Opfer nationalsozialistischer Attentäter. Viele bekannte und unbekannte Republikaner fielen so.

Die Inflation stieg. Das Schieber- und Neureichentum wuchs, die Not und das Elend breiteten sich aus.

»Die ganze Welt hat sich gegen uns verschworen«, sagten die Arbeiter verbittert, »das Ausland sieht nur noch unsere Generale und Militaristen ... Und die Regierung? ... Der gleiche Lug und Trug wie zu Kaisers Zeiten ... Zu was haben wir eigentlich Revolution gemacht? ... Überhaupt, zu was sich noch für was rumschlagen ... Als Dank dafür kriegen wir höchstens eine aufs Dach!« Viele wollten von dem »politischen Rummel« nichts mehr wissen und versuchten auf ihre Weise, ganz privat, durchs Leben zu kommen. Von der Republik erwarteten sie nichts mehr.

Die Arbeitslosigkeit nahm zu und zu. Die Produktionsziffern sanken mehr und mehr. Die französische Regierung verlangte peinliche Erfüllung des Versailler Vertrags und ernannte Reparationskommissare, die als Beobachter in den größeren deutschen Städten residierten.

»Die reden und schreiben immer, wir können zahlen, wir können leisten, wir wollen bloß nicht«, hieß es bei den Arbeitern und kleinen Leuten, die von der Inflation ruiniert wurden, »die Herren wohnen in den feinsten Hotels, aber in den Armenvierteln hat man noch nie einen gesehn! Die Schieber sind für sie Deutschland!«

Nur Amerika schickte Lebensmittel in die deutschen Hungergebiete. Sie gelangten aber nicht selten in ganz andere Hände. Nach Wilsons 14 Punkten war das Selbstbestimmungsrecht der kleinen Nationen proklamiert worden. Nun wurde in den deutschen Randgebieten Eupen-Malmedy, Nordschleswig, Ost- und Westpreußen und Oberschlesien abgestimmt. Blutiger Kleinkrieg und schauerlicher Terror herrschten dort. Eine ungeheure Ratlosigkeit, eine blinde Erbitterung hatte alle ergriffen.

»Das rächt sich, das rächt sich bitter, wirst sehn«, sagte Georg zu mir, als wir einmal die schöne, breite Ludwigstraße hinuntergingen, »das ist die beste Propaganda für einen neuen, noch reaktionäreren Nationalismus bei uns ... Ich versteh' das nicht! Sehn denn das die Franzosen und Engländer nicht? Oder will man's nicht sehn?«

»Da, schau hin, da! ... Man merkt's ja schon! Schau doch!« rief ich und zeigte auf ein riesiges, flammendrotes Plakat mit einem Hakenkreuz, das dicht mit fetten Lettern bedruckt war. »Jetzt heißt's, die Juden sind an allem schuld ... Wirst sehn, das zieht ... Wenn in einer Misere ein Sündenbock gefunden ist, geht's auch weiter ...« Stehenbleibend lasen wir einige Sätze: »Deutsches Volk! Vier Jahre hast du in einem mörderischen Krieg gegen eine Welt von Feinden standgehalten! Jetzt regieren dich Schieber und Drückeberger, die nie einen Schützengraben gesehen haben! Das internationale Judentum schwingt tagtäglich die Hungerpeitsche über dich, und die angstschlotternden Berliner Regierungsbonzen machen schmutzige Handlangerdienste! Dafür dürfen diese ehemaligen Arbeiter in Frack und Smoking mit den ausländischen Schacherern und Blutsaugern prassen! Du, deutscher Arbeiter und Bauer, du, deutsche Mutter und Frau, deutscher Geschäftsmann und Gewerbetreibender – ihr alle müßt hungern und darben, damit der Versailler Raubvertrag, dieses satanische Versklavungswerkzeug der internationalen Geldjuden, erfüllt wird! Wehre dich, ausgehungertes deutsches Volk! Steh auf! Schart euch alle um die Nationalsozialistische Deutsche Arbeiterpartei! Kommt zur Massenversammlung im Zirkus Krone! – Redner Adolf Hitler.«

»Ah, den Blödsinn nimmt doch kein Mensch ernst!« meinte Georg verächtlich. »Dieser Hitler ist doch bloß so ein verrückter Sektierer!«

Meine Schwester Anna hatte ihre Stellung bei dem Münchner Friseur aufgegeben und war heimgefahren, um alles zu ihrer Überfahrt nach Amerika zu regeln. Wir wollten uns noch alle daheim treffen und Abschied feiern. Der Maurus, der jetzt seine Konditorei etwas ausgebaut hatte und schon mehr Kuchen backen konnte, empfing mich mit den Worten: »Es ist gut, daß du kommst. Die Mutter ist arg niedergeschlagen ... Du weißt doch, sie hängt doch so an der Nanndl.«

Ich kam in die winzige Kuchl. Die Tür stand offen. Draußen im sonnigen Garten saßen Mutter, Theres und Anna um einen weißgedeckten Tisch.

»So, da bist du ja jetzt!« sagte Mutter und goß mir Kaffee ein. Das Gespräch blieb eine Weile ziemlich einsilbig. Mich beschäftigten noch immer die politischen Ereignisse. Ich war noch gar nicht richtig da. Ziemlich teilnahmslos hörten die drei zu, als ich davon zu reden anfing.

»Ja, unser Pfarrer hat gesagt, der Hitler ist gegen den Glauben, er kommt vom Antichrist«, sagte meine Mutter einmal nebenher. Ich wunderte mich über das Wort »Antichrist«, denn es klang im Mund der Mutter, die so komplizierte Fremdwörter nie gebrauchte, ungewöhnlich.

»Jaja, Antichrist hat er gesagt, unser Pfarrer«, wiederholte sie auf meine Frage und setzte dazu: »Der ist ärger wie der Teufel! Wenn der einmal kommt, heißt es, dann steht die Welt nicht mehr lang.« Theres, Anna und ich lächelten ein wenig. Wir erinnerten uns, daß wir das einst aus der katholischen biblischen Geschichte in der Schule gelernt hatten.

»Ah, die Welt untergehn! ... Mutter, was dir schon der Pfarrer alles sagt!« warf Theres hin, und Mutter fixierte uns mit einem geschwinden Blick und meinte: »Jaja, ihr glaubts ja alle nichts!« Sie fand Annas Augen und setzte verborgen bittend dazu: »Wennst in der Welt draußen bist, Nanndl, verlier mir fein deinen Glauben nicht ... Geh fein öfter in die Kirch' und beicht zu Ostern.« Sie war ernster geworden und fragte traurig: »Wann willst du denn morgen fahren?«

»Mittags mit dem Schiff nach Starnberg. Da sind wir ungefähr um zwei Uhr in der Stadt, und abends geht unser Zug nach Hamburg ab«, erwiderte Anna, und als sie Mutters wehmütiges Gesicht sah, schloß sie: »Du brauchst dich nichts zu kümmern, Mutter! Der Oskar begleitet mich ja bis Hamburg, und ich fahr' doch zum Lenz und zum Eugen.«

So, als habe sie das alles nicht gehört, schaute Mutter wieder vor sich hin in die warme, beschattete Luft, und wie abwesend redete sie weiter: »Ich weiß noch gut, wie anno 83 die Stasl fort ist nach Amerika ... Dann ist der Eugen hinüber ... Den Lenz haben wir gar nicht mehr gesehn, wie er abgefahren ist ... Jetzt sind bald mehr von uns in Amerika wie daheim ...« Wieder streifte ihr Blick die Anna, und schmerzhaft bekümmert meinte sie: »Gell, ich hab' dir einen Rosenkranz und ein Gebetbuch gekauft, Nanndl! Ich hab's in deinen Handkoffer 'packt. Gell, du gehst mir schon in die Kirch' in Amerika, Nanndl!«

»Jaja, Mutter«, versprach die Anna. Fliegen und Bienen summten. Der große Birnbaum warf breite Schatten. Der Himmel war blaßblau und wolkenlos. Beim Schatzl im Stall brüllte eine Kuh, und auf dem Misthaufen gackerten einige Hennen. Dieser Frieden wurde mir auf einmal bewußt. Ich lehnte mich zurück und drückte die Augen zu, um ihn ganz auszukosten und alles Gewirr, das noch in meinem Hirn war, zu vergessen.

»Hm, so still, so schön ist's bei euch draußen«, sagte ich und reckte mich wohlig.

»Gell! Gell, du sagst es auch, gell!« fiel Mutter ein, und es klang wie: »Und da will sie jetzt weggehen! So weit weg! Und bei uns weiß sie doch immer, sie ist daheim und gehört her!«

Der Maurus kam, brachte eine Torte und süßen Likör und setzte sich zu uns. Er schenkte die Gläser ein, wir prosteten der Anna zu. »Denk manchmal an uns, Nanndl«, sagte der Maurus, »laß dir's gut gehn!«

»Jaja, viel Glück! Viel Glück!« redete die Mutter dazwischen, stellte das Gläschen hin und zerkaute langsam und appetitlos ein Stück Torte. Die kleine Annamarie war herzugekommen und schaute lachend auf uns. Mutters schwere Hand strich unablässig über ihr blondes Haar.

Am andern Vormittag kamen die drei Buben vom Maxl, die Moni und einige Nachbarsleute, um sich von der Anna zu verabschieden. Jeder brachte ein kleines Geschenk mit wie bei einer Hochzeit. Mutter wischte sich in einem fort die nassen Augen aus und arbeitete zerstreut. Nur hin und wieder wechselte sie mit den Leuten ein paar Worte. Erst als ganz kurz vor unserem Weggehen der Zwerg, die »alte Resl«, dahertappte, vor Anna stehenblieb, mit ihren ausdruckslosen Froschaugen emporsah und aus sich herausplapperte: »Ann'l, weit furt! Nimmer kimmt«, brach unsere Mutter jäh in ein kurzes, haltloses Schluchzen aus und umschloß – was kaum jemals bei ihr vorkam – die Anna mit ihren zitternden Armen. Sie brachte kein Wort heraus, drückte ihr verhärmtes Gesicht auf dasjenige der Anna, und dicke Tränen rannen über ihre Wangen. Auch Anna weinte und sagte immerzu: »Mutter, ich schreib' schon gleich ... Ich geh' ja zum Eugen! Sei nur still, Mutter!« Theres, Maurus und ich standen da und schwiegen betroffen. Der Zwerg plapperte noch immer. Die kleine Annamarie schrie plötzlich und riß am Rock der Mutter. –

Auf der Fahrt nach Hamburg machten Anna und ich in Berlin zwei Tage Halt. Wir besuchten alte Bekannte von früher. Die ewig bewegte Stadt war ruhig. Jeder ging seinen Geschäften nach. Gerade durch diese Zwischenstationen, glaubte ich, müßte meine Schwester das schnelle Wechseln von Heimat und Fremde leichter hinnehmen. In den Hamburger Auswandererhallen aber, als sie die vielen Menschen aus den Balkanländern sah, die eben entlaust worden waren, bekam sie plötzlich eine große Angst und peinigendes Heimweh. So rauh und schroff kam ihr diese Massenunterkunft vor, daß sie auf der Stelle wieder umkehren und heimfahren wollte.

»Nein! Nein! Da bleib' ich nicht! Auf keinen Fall! ... Nein! Nein, das tu' ich nicht!« rief sie unausgesetzt und klammerte sich an mich wie ein störrisches, verschrecktes Kind. Endlich, als ich eine private Unterkunft für diese eine Nacht gefunden hatte, beruhigte sie sich. Am anderen Tag brachte ich sie auf das Schiff. Sie lachte wieder ihr gesundes Lachen, aber es war doch irgendeine flackernde Ungewißheit in ihren Augen. Als die Schiffssirene brüllte, als es langsam ans Abfahren ging und der mächtige Rumpf des Ozeandampfers die Wellen aufwirbelte, winkte sie nervös lachend zurück und rief: »Und du sagst der Mutter, es ist alles gut gegangen, gell! Gell, bestimmt!«

Ich blieb eine Woche in Hamburg, suchte Bekannte auf und fuhr nach Berlin zu meinem Verleger, denn ich hatte mir mit den Jahren doch einen bescheidenen Ruf als Schriftsteller errungen. Es fiel mir auf, als ich nach zirka vierzehn Tagen in den Zug stieg, daß die Reisenden wirr, bedrückt und unruhig waren. Ich sah in die Zeitung und begriff.

Wegen saumseliger Erfüllung der Versailler Vertragspflichten hatten die Franzosen das Rhein- und Ruhrgebiet besetzt.

»Deutsche Mark auf dem Nullpunkt – Staatsbankrott – Präsident Ebert beruft reines Beamtenkabinett – Beratung wegen passiven Widerstands gegen die rechtswidrige Besetzung!« sprang in dicken Schlagzeilen in meine Augen.

»Was denn, was denn? *Passiver* Widerstand! ... Quatsch!« rief ein stiernackiger, elegant gekleideter Mann mit vielen Schmissen im roten Trinkergesicht. »Entweder gibt's Krieg, oder die Juden müssen radikal weg! Nur diese Sippschaft hat das wieder angezettelt!« Böse funkelten seine Augen, als warteten sie auf einen Gegner. Aber niemand sagte ein Wort. –

Kurz nachdem die Anna beim Eugen in Amerika angekommen war, schickte der dem Maurus und der Mutter empörte Briefe. Anna hatte ihm offenbar mein freies »Künstlerdasein« in München derart geschildert, daß er als der Älteste es für gut fand, dagegen einzuschreiten. Der ordentliche Mann, der sich nach harten Mühen in Amerika eine schöne Existenz geschaffen hatte, erging sich in wilden Ausbrüchen über mein »Luderleben«.

»Hmhm, man merkt, wie weit er weg ist ... Komisch, daß ein Mensch noch so weit in der Welt herumkommen darf und doch nicht anders wird«, meinte der Maurus und reichte mir den Brief. Ich las ihn mit glucksender innerer Belustigung.

»Hm, der meint, du bist noch immer der Schulbub«,

sagte unsere Mutter gelassen, »wir sollten dich nicht mehr zu uns reinlassen, schreibt er! Was sich der alles einbildet! ... Ins Irrenhaus sollen wir dich tun, hmhm!« Sie sah, wie interessiert ich las, und glaubte wahrscheinlich, es würde mich verstimmen, was der Eugen da alles vorbrachte.

»Ärgere dich nicht, Oskar! Das geniert uns gar nicht, was der schreibt!« versuchte sie zärtlich zu trösten. »Der tut jetzt auch schon wie der Maxl! Er möcht' uns kommandieren!«

Ich hob das Gesicht und lachte sie breit an.

»Gell, mußt auch bloß lachen!« sagte sie erlöst.

Als ich wieder nach München kam, schrieb ich dem Eugen einen langen spöttischen Brief, den er sehr übel nahm. Von dieser Zeit ab blieben wir Feinde. –

Schlechte Saat und bittere Ernte

Die Dinge verwandeln sich stumm und unbemerkt vor deinen Augen. Du lebst mit ihnen, als gehörten sie zu dir. Du gehst tausendmal an ihnen vorüber, und es fällt dir nichts Besonderes auf. Einmal aber – du kannst nicht einmal sagen, warum – siehst du: Es ist vieles ganz, ganz anders geworden! Du wunderst dich, schaust deutlicher hin und erschrickst darüber, daß du solange an all dem vorbeigelebt hast.

Sooft ich in all den bewegten Jahren des Krieges, der mißratenen Revolution und des schwelenden Bürgerkrieges in meinem Heimatdorf gewesen war, es hatte eigentlich immer so ausgesehen, als sei dieser Fleck ziemlich unberührt vom Zeitwandel geblieben. In Starnberg stieg ich aus dem Münchener Zug, ging zum Landungssteg und fuhr mit dem Dampfschiff über den See. Die auseinanderfallenden Wellen am Bug schäumten weiß. Die bewegte Wasserfläche lag graublau da. Ein grämlicher Nebel lastete auf ihr und verhüllte die umliegenden Ufer. Oder es war ein heller, heiterer Sommertag. Dann glänzte die spiegelglatte Wasserfläche blaugrün. Die ewig junge Sonne strahlte im hohen, klaren Himmel. Die saftgrünen Uferhänge mit den stillen Dörfern und den vielen Herrschaftssitzen lächelten friedlich, und in der Ferne zackten sich die leicht umdunsteten, blauen Berge.

In Berg stieg ich aus dem Schiff. Da stand noch immer das klotzige, inzwischen etwas verwitterte »Grand Hotel am See« von Wolfgang Bock. Um die beiden Eheleute, die einst durch ihren kühnen Unternehmungsgeist und ihr sonderbares Gehaben den Angestellten gegenüber soviel Aufsehen und Unmut hervorgerufen hatten, war es still geworden. Während des Krieges war einmal der Verdacht aufgekommen, die Bocks seien Engländer. Einmal nachts wurden ihre Hotelfenster eingeworfen. Die Übeltäter konnten nicht ermittelt werden, aber im Starnberger ›Land- und Seeboten‹ erschien daraufhin eine polizeiliche Erklärung, die besagte, daß Herr und Frau Bock aus Norddeutschland stammten, sehr gute Patrioten seien und eine erhebliche Summe als »Kriegsanleihe« gezeichnet hätten. Immerhin, der Stachel blieb, die Bocks wurden nie richtige Berger und jetzt, in der Inflationszeit, da die Bauern reich geworden waren, lieferte ihnen selbst zu den höchsten Preisen niemand Milch, Mehl, Butter, Eier oder Fleisch. Der Herr Bock mußte jeden Tag nach Starnberg oder gar nach München fahren, um das Notwendigste aufzubringen.

Ich ging eine kurze Strecke am Ufer entlang, an der ehemaligen »Knecht-Villa« vorüber, beim Fischer Liedl vorbei, der einst dabeigewesen war, als man den König Ludwig II. aus dem See gezogen hatte. Noch immer kam sich der Liedl als gewichtige Persönlichkeit vor, denn – so verbreitete er stets – »das, was in derselbigen Nacht passiert ist, muß ich als Geheimnis ins Grab nehmen«. Es hieß, er habe als Schweigepreis vom damaligen Prinzregenten das schöne Fischerhaus geschenkt bekommen, und er bestritt es nie. Ach ja, der gute, alte Fischer Liedl! Im Krieg stand er oft in der nebeligen Frühe auf dem Dampfschiffsteg und spähte mit einem teuren Feldstecher die dicht verschleierte Seefläche ab. Einmal fragten ihn welche, und er antwortete gewichtig: »Es solln Unterseeboot' rumschwimmen ...« Jeder lachte, aber der Liedl forschte noch lange unbeirrbar.

Wie verändert sah denn auf einmal das alte Haus aus! Der Laden war ziemlich weit auf die Seite der Vorderfront verlegt und verkleinert. Auf dem alten Platz war alles frisch gemauert und gestrichen. Über einer weit aufstehenden Tür prangte eine verschnörkelte Inschrift: »Künstler-Wein-Diele, Café und Teesalon von Mary Hofmann«. Ich dachte nach. Nein, einen solchen Namen gab es in der ganzen Gegend nicht.

Das ehemalige Weinzierl-Gasthaus, in welchem seinerzeit die geschäftige Frau Selzle manchem Mann den Kopf verdreht hatte, gehörte nunmehr dem derben Bauernwirt Matthias Bichler. Elendiglich war der Weinzierl an einem Magenkrebs gestorben. Darauf verschwand die Frau Selzle. Die Familie Weinzierl verkaufte Gasthaus und Brauerei und zog ebenfalls fort. Das Brauhaus wurde aufgelassen und diente jetzt als Mietshaus. Kurz vor dem Krieg hatte man das baufällige Baderhaus niedergerissen. Lange noch lag der riesige Schutthaufen da, und die Kinder spielten darauf. Nun hatte ein Handelsgärtner das Grundstück erworben. Sein kleines, sauberes Häuschen zierte den Platz. Der alte, große Obstgarten, den der »Rote Kaspar« so oft geplündert hatte, war geblieben. Viele Gemüse-, Blumenbeete und Glashäuser waren dazugekommen.

»Du mit deiner Politik! Geh bloß zu!« sagte der Maurus nach dem kurzen Gruß ärgerlich im kleinen Laden. »Diese Burschen, die uns jetzt regieren, haben doch keinen Dunst, wie sie alles ruinieren! Den ehrlichen kleinen Mann lassen sie zugrund' gehn, und das Gesindel kommt obenauf! Alle sollt' man aufhängen und davonjagen!« Er war äußerst mißlaunisch und, als ich nach dem Grund forschte, räsonierte er weiter: »Hast du's nicht gesehn, was der Pius und die Moni gemacht haben? ... Sie haben die Bäckerei verpachtet, und irgendso ein hergelaufenes Weibsbild hat bei ihnen eine Animierbude eingerichtet! Sie legen sich auf die faule Haut und haben nichts anderes im Kopf, als mich und die Mutter zu Tod' zu ärgern!« Ich verstand nicht recht, was das mit Politik zu tun haben sollte.

»Jaja, so bist du! So seid ihr alle in der Stadt drinnen!« rief der Maurus und schimpfte weiter: »Ihr seht ja die kleinen Leute nie ... Die Politik, das ist für euch ganz was Abstraktes! Drum kommen wir nicht aus dem Dreck! ... Du mußt dir nämlich denken, dieses Frauenzimmer, die Frau Hofmann – du hast ja alles drunten gesehen, wie du vorbeigegangen bist –, diese Frau Hofmann ist aus dem Rheinland ... Kommt sie da eines schönen Tages daher und läßt sich bedauern als Ruhrflüchtling, verstehst du? ... Ihr Mann kriegt natürlich sofort in München eine Bürostellung. Sie macht sich an die Moni heran und redet ihr den Kopf voll von Künstlerkneipe und so weiter, und die ist natürlich sofort Feuer und Flamme ... So – und das Schönste ist, diese Frau Hofmann kriegt natürlich im Handumdrehen von Amts wegen die Konzession zu einem Wirtschafts- und Kaffeehausbetrieb, und *ich*, ich kann mir die Hacken ablaufen, kann Eingaben machen, soviel ich will, wenn's auch der Schatzl-Pauli als Bürgermeister jedesmal befürwortet, mir gibt man einfach die Konzession nicht! Wir sind seit Jahrhunderten in Berg – nein, Fremde werden bevorzugt, und noch dazu, was für Fremde! ... Ist das vielleicht eine Regierung? Das ist ein ganz gemeines, ganz bestechliches Schwindlerpack, weiter nichts!«

Unsere Mutter tauchte im Türrahmen auf. Ich war noch nicht einmal aus dem Laden in die Kuchl gekommen.

»Ja, der Oskar!« grüßte sie. »Was habt ihr denn? Was streit'ts denn?«

»Ah, wir streiten doch gar nicht!« wandte sich der Maurus an sie. »Ich hab' ihm bloß von dieser sauberen Frau Hofmann erzählt und von Moni und Pius, wie sie uns Tag und Nacht ärgern! ... Entweder ist unsere Regierung strohdumm oder einfach gemein ...«

»Die Herren Regierungsräte, die Bezirksamtsmänner bis hinab zum schäbigsten Landgendarm, die schikanieren uns!«

Das begriff auch unsere Mutter.

»Ja, ja, da hat er einmal gewiß recht, der Oskar! ... Beim Gendarm geht's schon an!« pflichtete sie bei, und ich argumentierte weiter: »Je kleiner das Amt, um so gewichtiger kommt sich so ein Idiot vor, um so tyrannischer ist er, wenn er's sein kann! So ist's immer, mag eine Regierung sein, was für eine auch! ... Denk doch nach, wir haben den Krieg verloren, wir haben die Revolution nicht durchgeführt ... Wir sind außerdem ein besiegtes Land –«

»Tja«, fiel mir der ergrimmte Maurus ins Wort, »und nichts Dümmeres als die, die uns besiegt haben ... Was erreichen sie denn mit ihrer Rheinlandbesetzung? Wart einmal ab, da wird bald jeder Deutsche rebellisch! Auf einmal fangen sie dann wieder an mit Vaterland und Patriotismus und diesem ganzen Blödsinn, und womöglich lassen sie sich wieder in so einen saudummen Krieg hetzen! ... Herrgott, ich glaub' fast, du hast recht, Revolution müßt' man machen, aber eine richtige!«

Die Mutter, die ihren Kaffee auslöffelte, mischte sich ein und sagte wie nebenher: »Sie sagen, jetzt kommt der Hitler ... Der will alles ganz anders machen, und da wird's dann besser ... Hm, ich weiß nicht, es ist noch nie was Besseres nach'kommen!«

Die kleine fünfjährige Annamarie kam mit hochroten Backen zur Tür hereingelaufen, grüßte mich geschwind und zeigte eine Menge kleiner Blätter, die wie Inflationsbanknoten aussahen.

»Jaja, wo hast denn jetzt du das viele Geld her?« fragte unsere Mutter ein wenig erschrocken und nahm so ein Blatt.

»Das ist doch gar kein echtes Geld, Großmutter!« lachte meine Tochter und erzählte, daß drunten auf der Straße ein Lastauto mit Uniformierten durchgefahren sei, die hätten die Scheine heruntergeworfen. Maurus und ich sahen uns die Blätter genauer an. Auf ihrer Rückseite trugen sie ein Hakenkreuz, und dann war darauf zu lesen: »Deutscher Bauer! Mit diesen wertlosen Papierfetzen schwindelt dir die Berliner Judenregierung deine Produkte ab! Wehre dich dagegen, eh du ganz ausgeplündert bist! Verjage die Juden von deinem Hof! Weg mit der Bonzensippschaft in Berlin! Nieder mit dem internationalen jüdischen Schandvertrag von Versailles! Deutsches Volk, erwache! Kämpft alle mit der Nationalsozialistischen Deutschen Arbeiterpartei Adolf Hitlers gegen Aushungerung, Schmach und Schande!«

»Soso! *So*weit ist's schon!« sagte ich gedehnt und innerlich aufgeschreckt. »Bis zu euch dringen die schon, hmhm!«

»Siehst du, ich hab' mich nie um Politik gekümmert! Mir ist dieses ganze Zeug ekelhaft und zuwider«, redete der Maurus weiter und wurde von Wort zu Wort bitterer, »aber, sag doch selbst, wer kümmert sich in diesem Staat eigentlich wirklich um uns, um die kleinen Leute? Keiner, radikal keiner! ... Und wir sind doch schließlich Deutschland! Wenn wir nicht schuften und rackern, was wird denn nachher? ... Mensch, ich bin im Krieg draußen gewesen und bin heimgekommen. Ich hab' mich geschunden und geplagt, daß ich durch meine Konditorei wieder eine einigermaßen ordentliche Existenz krieg'. Und was ist's jetzt? ... Nichts hat mehr einen Halt! Alles ist Schwindel und Krampf! Schau dir doch rundrum die Leut' an ... Im Grund ist jeder ein gieriger Halsabschneider geworden! Jeder schaut bloß, daß er aus dem ganzen Abrutsch möglichst viel Vorteil 'rausschindet ... Schau bloß die Bauern an! Das sind jetzt die abgefeimtesten niederträchtigsten Wucherer! ... Alles verkommt! Kein Mensch glaubt mehr an irgendeine Zukunft! Es gibt eigentlich auch gar kein richtiges Deutschland mehr! Es gibt nur noch den Dollar! ... Das ist doch unmöglich! So kann's doch einfach nicht weitergehn! *Dafür* sind wir doch nicht im Schützengraben gelegen!« Sein sonst stets spöttisches, blasses Gesicht war wutrot: »Und jetzt kommen die Krachmacher, die Hitlers! ... Paß auf, wie schnell die Zulauf kriegen, wart ab! ... Stell dir doch die Ungerechtigkeit vor, der Pius und die Moni, die halten sich ganz einfach an den Austragsvertrag und geben unserer Mutter jeden Monat hundert Mark, und da tun sie noch, als wie wenn sie weiß Gott wie anständig wären, denn auf dem Papier steht ja bloß, daß sie fünfunddreißig Mark kriegt ... Mensch, und da kannst du jetzt prozessieren, wenn du magst ... Ist denn das noch eine Gerechtigkeit!«

Mit hundert Mark konnte man sich damals grad eine Semmel kaufen. Ich wollte viel dagegen sagen, aber unsere Mutter mischte sich jetzt wieder ein: »Geh mir bloß zu! Nochmal aufs Gericht! Nicht um viel Geld ... Was ich brauch', hab' ich immer noch ... Laß bloß das Prozessieren bleiben!« Sie stand auf und ging in den Garten, um frische Gurken zu holen. Während sie durch die offene Tür ging, sagte sie: »Bis dem Maxl seine Buben groß sind, wird's wieder ganz anders sein ... Wir alten Leut' erleben nichts Gescheites mehr!«

»Siehst du, so ist das Volk, von dem du immer soviel schreibst und sprichst ... Da hast du's jetzt einmal gesehen ... So Leut' wie unsere Mutter, die machen eigentlich den Staat, und die läßt man eingehn wie das Vieh!« raunzte der Maurus. Die Theres kam von oben herunter, goß sich Kaffee ein und setzte sich an den Tisch. Die kleine Annamarie saß auf der Bank und spielte mit den bunten Flugzetteln. Einige Sekunden schwiegen wir alle. Mutter kam wieder herein und, offenbar, weil ihr diese Bedrücktheit nicht gefiel, weil sie sich endlich wieder ein bißchen freuen wollte, daß ich da war, sagte sie: »Wir haben doch noch Dollar, Maurus! ... Und der Eugen will doch wieder was schicken. Er hat's doch geschrieben!«

»Jaja!« meinte der Maurus, »jaja ... Herrgott, Mutter, wenn ich doch bloß auch einmal so sein könnt' wie du! Dir kann nichts an!« Er stand auf und ging in die nebenanliegende Backstube.

»Was hat er denn auf einmal?« fragte mich Mutter.

»Nichts, gar nichts ... Er hat ja recht, Mutter! Er macht

sich halt Sorgen, wie alles weitergehen soll«, suchte ich sie zu beruhigen.

»Da braucht er sich doch nicht so kümmern ... Wir haben doch noch haufenweise Fleisch von der Sau, und im Garten steht's auch alles recht schön ... Wir sind doch nicht verloren«, sagte sie und begann die Gurken zu schälen. Theres nahm so einen bunten Flugzettel, musterte ihn genau und lächelte: »Das ist aber originell! ... Darauf fällt im ersten Moment jeder rein.«

Wie verwässerte bläuliche Milch rann der erste Dämmer durch das hohe Fenster meines Ateliers, das ich seit dem Weggang von meiner Frau bewohnte. Der hohe, primitiv eingerichtete Raum, den ich zum größten Teil selber möbliert hatte, lag im ersten Stock eines versteckten, alten Hinterhauses. Im schmalen Hof befanden sich einige Grabstein- und Gipsformatoren-Werkstätten. Jeden Morgen weckten mich die Stimmen der Arbeiter, ihr Hämmern und Werkeln. Doch ich schlief meist bald wieder ein, denn ich arbeitete nachts und pflegte erst gegen Mittag aufzustehen.

Im zweiten Stock, in einem winzigen Zimmer schlief meine nunmehrige Frau, mit der ich seit langem zusammenlebte. Wir waren glücklich und überstanden dadurch schlecht und recht die drangvollen Zeiten. Sie war in einem Fabrikbüro Auslandskorrespondentin und verdiente gerade soviel, daß wir leben konnten. Die schmalen Honorare, die ich von meinen ersten Büchern und Zeitschriftenbeiträgen bekam, fielen kaum ins Gewicht.

Diesmal redeten die Arbeiter im Hof heftig ineinander. Immer lauter wurden sie, und kein Hämmern setzte ein. Ich erwachte völlig und lauschte.

»Ganz recht! ... Alle sollten sie niedergeschossen haben!« schimpfte einer wütend. »Muß denn ewig der Wirbel sein, daß es immer noch schlechter wird? Die sollen doch arbeiten, die Hammel, die plärrmäuligen! Da vergeht ihnen gleich der ganze Unsinn!«

»Nie-der-ge-schossen ...?« brümmelte ich und lauschte gespannter.

»Und jetzt ist's aus mit ihrer ganzen Herrlichkeit!« hörte ich die höhnische Stimme eines anderen Arbeiters. »Ein paar haben sie erschossen, dann ist die ganze Heldenschaft auseinandergelaufen. Den Ludendorff sollen sie verhaftet haben, den damischen Saupreußen, und der Hitler ist auf und davon! Ein sauberer Führer, das! Zuerst macht er Sprüch' und dann ist er der erste, der sich wegmacht!«

Ich sprang aus dem Bett. Kalt war es im Atelier. Es war der Revolutionstag, der neunte November. Mich fror, aber mein Herz schlug erregt.

»In der Stadt drinnen sind überall Drahtverhaue und Maschinengewehre. Die berittene Polizei hat den Odeonsplatz abgeriegelt. Militärpatrouillen gehn überall rum«, vernahm ich abermals.

»Jeder Hanswurst will heut Revolution machen!« schrie der höhnische Arbeiter wieder. »Wir haben's ja gesehn, wie's das erste Mal gewesen ist!«

Was war geschehen? Wilde Mutmaßungen durchzogen mein Hirn. Ich wusch mich rasch, zog mich an und wollte fort. Da klopfte es aufgeregt trommelnd an meine Türe. »Polizei!« dachte ich blitzschnell und zögerte atemlos. Das Trommeln wurde zum Hämmern. »Mensch! Oskar, mach doch auf! Schnell! Mensch!!« schrie eine bekannte Stimme keuchend, und als ich öffnete, stürzte ein kleiner, rothaariger Arbeiter ins Atelier, mit dem ich von der Eisnerzeit her befreundet war. Er drückte hastig und ängstlich die Tür zu und fing sprudelnd zu reden an: »Mensch! Du liegst im Bett, und jede Viertelstunde können sie kommen und dich holen.«

»Wer denn?« unterbrach ich ihn.

»Wer? ... Ja, weißt du denn nichts? ... Der Hitler hat heut nacht einen Putsch gemacht. Vom Bürgerbräukeller aus sind sie in die Stadt! Alles ist voll von bewaffneten Nazis! Es heißt zwar, die Regierung Kahr hat die Macht in der Hand, aber es sieht nicht danach aus! Am Odeonsplatz hat's ein Feuergefecht gegeben ... Die Nazis sind wohl auseinander, aber in der Ludwigstraße haben sie ein Anwerbebüro für die neue nationale Armee, die gegen Berlin ziehen soll. Sie ziehen ganz grob und frech jeden Passanten von der Straße hinein und zwingen ihn, einen Meldebogen auszufüllen und gleich da zu bleiben! Und wehe, wenn sie von uns einen erwischen! Es sieht wüst aus in der Stadt! Man kennt sich vorläufig überhaupt noch nicht aus! Mensch, geh bloß gleich mit! Wir mischen uns unter die Massen, da erwischen sie uns nicht.«

»Warum erwischen?« fragte ich.

»Wir wissen doch durch die Unsrigen, daß sie Listen angelegt haben ... Da sind wir sicher drauf«, klärte er mich auf. Später erfuhr ich auch wirklich, daß ich als einer, der sofort »umzulegen« sei, auf so einer Liste stand.

»Aber du weißt doch, daß der Ludendorff verhaftet ist, und der Hitler ist davon«, sagte ich, während wir gingen. Er stutzte kurz.

»Woher weißt *du* denn das?«

Ich erzählte ihm, was die Arbeiter im Hof gesprochen hatten.

»Auf jeden Fall komm! ... Wir müssen uns orientieren«, trieb er an.

Es war kalt und trotz der hohen Sonne noch nebeldunstig auf den Straßen. Der Asphalt glänzte feucht. Da und dort lagen zerknüllte, zerrissene Flugblätter. »Mit Adolf Hitler an der Spitze« und »Berliner Regierung abgesetzt« entdeckte ich darauf. Die raschen Schritte der vielen Menschen hallten seltsam deutlich, denn nur wenige wechselten hie und da ein Wort. Die meisten raunten sich flüsternd etwas zu. Straßenbahnen und Autos waren kaum zu sehen. Ab und zu sahen wir an den Wänden und Litfaßsäulen Fetzen heruntergerissener Plakate. »Erschossen –« oder »An das deutsche Volk« war noch darauf zu lesen. Unwillkürlich fielen mir die Gespräche der Arbeiter in meinem Hinterhof ein.

»Heut nacht hat er die Macht gehabt, der Hitler!« sagte

mein Begleiter. »Hm, und jetzt ist sie schon wieder verweht ... Schnell geht das heutzutag'«, erwiderte ich ironisch.

Je näher wir dem Odeonsplatz kamen, um so dichter stauten sich die aufgeregten Menschen und schoben sich vorwärts. Verstärkte Militärpatrouillen und Schutzleute drängten sie auf die Trottoire, doch sie flossen immer wieder herunter.

»Schon regieren *die* wieder!« sagte jemand giftig. Es war unklar, wen er meinte: Die Patrouillen oder die Massen.

Der schwere Strom wälzte sich der weithin sichtbaren Feldherrnhalle auf dem Odeonsplatz zu. Vor dem Kriegsministerium, an dem wir vorüberkamen, standen sogenannte »Spanische Reiter« aus Stacheldraht und drohende Maschinengewehre. Feldgraue Wachtposten mit Stahlhelm, umgehängten Handgranaten und aufgepflanztem Bajonett gingen stumm auf und ab.

»Wo sind denn die Werbebüros der Nazis?« fragte ich meinen Begleiter und suchte rundherum. Er deutete auf die großen Fenster der Hofgartenkaffee-Häuser, die auf die Ludwigstraße führten. Etliche waren eingeschlagen.

»Da, da waren sie! ... Weg sind sie!« erwiderte der Befragte.

»Halt! Weitergehen verboten!« riefen auf und ab gehende Soldaten. Unsere Menschenmauer stand auf einmal vor den prallen Pferdehintern feldgrauer Reiterpatrouillen, die den Zugang ins Stadtinnere abriegelten. Lanzen mit weißblauen, winzigen Wimpeln trugen die Reiter.

»Kosaken!« schrie ein Mann. Irgendwo entstand ein jähes, fast wortloses Geraufe. Dann schleppten Schutzleute einen schimpfenden, blutiggeschlagenen Mann in die nahe Residenzwache. Die Pferde der Lanzenreiter trippelten unruhig auf dem feuchten Pflaster. Ab und zu – blitzschnell aus der dichten Menge hervorschießend und wieder in ihr verschwindend – stieß jemand den Spazierstock in so einen Pferdehintern. Der Reiter schwankte kurz, da das erschrokkene Pferd hochging, preßte seine Schenkel fester zusammen und zog die Zügel straff. Der Gaul trappte erregter auf seinem Platz.

»Schufte! Volksverräter!« schrie es da und dort.

»Judenknechte!« gellte es weithin. Finstere Gesichter wurden sichtbar. Fäuste reckten sich. Ein kurzer, schneidend scharfer Kommandoruf zerriß die geladene Luft. Die Reiter machten plötzlich eine Wendung auf uns zu. Die Pferdehufe begannen gleichmäßig zu klappern. Der Menschenstrom wich zurück. Einige fingen kopflos zu laufen an und überrannten die vor ihnen Hergehenden. Frauen schrien schrill auf.

»Auseinandergehn! Auseinandergehn!« riefen die Schutzleute und Militärpatrouillen von beiden Seiten. Hin und wieder, wo die Laufenden übereinander gepurzelt waren, entstand eine gefährliche Stockung.

»Nur langsam gehn! Ruhig! Geh ja nicht in eine Seitengasse!« warnte mich mein Begleiter und deutete hastig nach rechts und links: »Da, siehst du? Die machen sich verdächtig und werden verhaftet.« Ich sah hin und bemerkte mehrere solche Festnahmen. Die Verhafteten plärrten, stritten, wehrten sich heftig und wurden mit Gummiknüppeln überwältigt.

»Soviel ist sicher, die Nazis sind geschlagen«, raunte mein Freund abermals, und wir atmeten erleichtert auf. Als wir schon weit abgedrängt waren, sahen wir auf einer Litfaßsäule an der Ecke Theresienstraße ein frisch angeklebtes, weißblau umsäumtes Riesenplakat mit der Überschrift: ›An das bayrische Volk!‹ Und die ersten Worte lauteten: »Durch schändliche Erpressung und schmählichen Verrat unverantwortlicher Elemente wurden heute nacht anläßlich einer friedlichen Versammlung vaterländischer Kreise im Bürgerbräukeller der Herr Generalstaatsanwalt Ritter von Kahr und der Kommandant der Münchener Garnison, Herr General von Lossow, dazu gezwungen, eine angebliche, sogenannte ›Nationale Regierung‹ mit politischen Scharlatanen und Abenteurern zu bilden ...« Bärtige Bürger mit weißblauen Armbinden verteilten ebenso lautende Flugblätter. Daraus erfuhren wir, was sich inzwischen schon allgemein herumgesprochen hatte: Hitler war in der vorhergehenden Nacht mit einem Trupp bewaffneter Verschwörer in den dichtbesetzten Versammlungssaal gedrungen, hatte – um eine Panik hervorzurufen – ein paarmal in die Luft geschossen, war auf die Rednertribüne gesprungen und hatte die überraschten staatlichen Würdenträger gezwungen, eine von ihm verfaßte Proklamation zu verlesen, welche die nationale Diktatur verkündete. Schnell war Ludendorff geholt worden, der die Armeeleitung übernehmen sollte. In der Zwischenzeit hatten sich die Nazis mit der mitverschworenen Mannschaft einiger Kasernen bemächtigt. Sie sollten Post und Telegraph, den Bahnhof und die Amtsgebäude besetzen und – nachdem der Putsch gelungen war – eine kriegsähnliche Mobilmachung durchführen. In den darauffolgenden Tagen war der Marsch gegen Berlin geplant, um die dortige Regierung zu stürzen und die Macht über ganz Deutschland an sich zu reißen. Den keineswegs damit einverstandenen katholisch-monarchistischen Kreisen um Kahr und Lossow, die auf eine langsame, legale, unanfechtbare Unterwühlung und Abwürgung der Republik hinzielten, war es aber gelungen, rasch die treugebliebenen Regimenter in Aktion zu setzen. Die Menge marschierte, vermehrt durch bewaffnete Hitlergruppen, vom Bürgerbräu in die Stadt, doch am Odeonsplatz standen schon Infanteristen mit angelegtem Gewehr. »Halt!« schrie ein Offizier. Hitler und Ludendorff, die an der Spitze gingen, wurden aschfahl, machten noch etliche Schritte.

»Halt, oder –« warnte die metallische Stimme des Offiziers.

»Vorwärts marsch!« schrien etliche im Zug. Da krachten die Salven. Hitler und Ludendorff warfen sich kriegsgeübt auf den Boden, die neben ihnen hergehenden Anhänger sanken getroffen vornüber. In panischem Schrecken lief alles auseinander. Zuletzt lag nur noch der plumpe Körper Ludendorffs auf dem wüsten, leeren Platz. Die Sanitäter wollten ihn auf die Bahre heben. Er hob den Kopf, schaute verdutzt rundherum, stand auf und ging, ohne von einem Polizisten behelligt zu werden, fast beleidigt in die Residenzwache. Die Soldaten und Reiter nahmen unwillkürlich stramme Haltung an und sahen ihrem ehemaligen allmächtigen Führer aus dem Weltkrieg staunend nach. In seinem kotbespritzten, verschobenen, graugrün gesprenkelten Sportanzug hatte er so gar nichts Imponierendes mehr. Er wurde nicht auf der Wache behalten. Er konnte nach Hause gehen. Die bewaffneten Nazis, die sich im Zuge und in den Kasernen befunden hatten, wurden ebenfalls nicht verhaftet. Sie brachten die ganze Nacht hindurch auf Lastautos ihre Waffen aus der Stadt und vergruben sie in den umliegenden Wäldern oder versteckten sie bei sympathisierenden Bauern und Villenbesitzern. Niemand verfolgte sie, niemand verhinderte sie. Jeder, der etwas von ihrer nächtlichen Arbeit verraten wollte, wurde von ihren Fememördern umgebracht, und nie fand die Polizei den Übeltäter.

Der Belagerungszustand wurde über München verhängt. Auf Straßen und Plätzen rotteten sich zuweilen noch Menschen zusammen, doch die Polizei konnte sie mühelos zerstreuen. Hitler, der sich seit seiner Flucht in der Villa der Familie Hanfstaengl im Gebirge versteckt hatte, wurde nach einer Woche verhaftet. In Berlin übergab der Reichspräsident Ebert dem Chef der Heeresleitung, General Seeckt, die ausschließliche, diktatorische Gewalt über ganz Deutschland. Der löste die Hitlerpartei und ihre Nebenverbände auf. Weit schärfer aber ging er gegen die unzufriedenen sozialistischen und inzwischen wieder erstarkten kommunistischen Arbeiterorganisationen vor. Für die vielen Fälle von Hoch- und Landesverrat wurde in Leipzig ein eigenes, höchstes »Reichsgericht« geschaffen. Bei den Verhandlungen wirkte stets ein hoher Reichswehroffizier mit. Rote Funktionäre, Journalisten und Schriftsteller wurden dort abgeurteilt und jahrelang in die Gefängnisse und Zuchthäuser geschickt. Die Urteile waren unwiderruflich. Auf Betreiben einflußreicher nationaler Kreise aber, die sich bis in die höchsten

Ämter erstreckten, stellte Bayern für Hitler und seine mitverhafteten Anhänger ein »Volksgericht« zusammen.

»Zum Kotzen! Wir sind wieder soweit – die Generale regieren wie eh und je!« sagte mein Freund Georg.

»Aber was fällt dir ein! Du kennst eben unsere Verfassung nicht!« spöttelte ich sarkastisch. »Die Staatsgewalt geht vom Volke aus!«

Eine fast krankhafte Unruhe zog durchs ganze Land. Nicht weit von Berlin, in der Festung Küstrin, versuchten geheime Naziverbände, die mit Wissen der Generale in der Reichswehr untergebracht worden waren, einen Putsch zum Sturz der Regierung. Dieselben Generale, die sie gedungen hatten, schlugen aus Angst vor ihrer eigenen Kompromittierung die Revolte nieder. Unvermindert wüteten die Fememorde. In Bayern begannen offene monarchistische Umtriebe, die französischerseits gefördert wurden. Im besetzten Rheinland sagten sich die von Frankreich begünstigten Separatisten vom Reich los, versuchten eigene Republiken zu gründen und terrorisierten die Bevölkerung. Das gab den nazistischen Abwehrgruppen neuen Auftrieb. In seinem Prozeß vor dem Volksgericht in München verteidigte Hitler, sekundiert von Ludendorff und den anderen Angeklagten, den Bräuhausputsch als »nationale Tat«. Seitenlang berichteten die Zeitungen darüber, und die scheinbar niedergerungene Nazibewegung wurde jetzt erst bekannt und populär in den Bürgerkreisen. Dunkle in- und ausländische Geldquellen der arbeiterfeindlichen Industrie erschlossen sich ihr. Ludendorffs Glorie verblaßte. Hitler trat eine milde, eineinhalbjährige Festungshaft in Landsberg am Lech an und schrieb dort sein Buch ›Mein Kampf‹.

Und die Flut der Verwirrung schien alles mit sich zu reißen. Unter der Losung »Nationale Einheitsfront zur Befreiung Deutschlands! Nieder mit dem Versailler Vertrag!« versuchten jetzt auf einmal die Kommunisten die verärgerten Nazimassen zu gewinnen. Der aus Moskau herbeigeeilte Delegat Karl Radek predigte in großen Massenversammlungen den offenen Kampf gegen die ungerechtfertigte Rheinlandbesetzung und stellte den von der französischen Besatzungsbehörde erschossenen deutschen Nazisaboteur Schlageter als Helden hin. Ein Kopfschütteln ging durch die Arbeiterscharen, die an der internationalen Tradition des Sozialismus hingen.

In all diesem uferlosen Bankrott übernahm Gustav Stresemann das Reichskanzleramt. Die Regierungen der Siegermächte hörten allmählich seine Stimme und ließen sich endlich auf friedfertige Verhandlungen ein. Die deutsche Währung wurde stabilisiert. Die Mark war wieder eine Mark, und der Dollar notierte wie in guten Zeiten 4,20 Mark. Amerikanische Riesenanleihen flossen ins Land, und die Wirtschaft belebte sich wieder. Als Stresemann nach einigen Monaten sein Amt dem Katholiken Marx übergab und die Leitung der deutschen Außenpolitik übernahm, wuchs mehr und mehr das Vertrauen des Auslandes. Die Jahre der großen internationalen Verhandlungen begannen. Die bis zur tödlichen Gleichgültigkeit gediehene Erschöpfung der breiten Volksmassen verwich nach und nach wie ein Fieber, das langsam abebbt.

Mein Freund Georg verkaufte schon hin und wieder ein Ölbild, und auch ich hatte mein Auskommen als freier Schriftsteller.

»Nein, ich will absolut nichts mehr wissen von dem ganzen politischen Mist«, wehrte sich der Arbeiter, der mit mir den Hitlerputsch miterlebt hatte. »Mir ist alles wurscht jetzt! ... Ja! Ja, wir haben eine Revolution machen wollen, hm, und was ist draus geworden – diese Republik! Jetzt ist der Ebert gestorben, und der kaiserliche Feldmarschall Hindenburg ist Reichspräsident! Den Bock haben sie zum Gärtner gemacht! Allmächtiger Strohsack! ... Was ist da noch zu hoffen! ... Mensch, Oskar, und dazu war ein Krieg, eine sogenannte Revolution und der ganze Verhau mit der Inflation notwendig! Geändert hat sich nichts, gar nichts! ... Mir ist jetzt alles wurscht! Ich weiß wenigstens wieder, wenn ich meinen Wochenlohn krieg', daß ich mir das Notwendigste kaufen kann ... Das ist aber auch alles!«

Millionen seinesgleichen dachten so – und handelten danach.

Ruhigere Jahre hatten begonnen. Die einzigen, die noch eine Zeitlang unzufrieden waren und verärgert blieben, waren die Bauern. Sie trauerten der Inflation nach, die ihnen soviel gebracht hatte. Es ist eben nicht so leicht, aus einem allzu schnell gewonnenen Reichtum in die Grenzen des natürlichen Bescheidens zurückzumüssen.

Unsere Mutter brauchte jetzt keine Stoffhausschuhe mehr zu machen. Der Maurus machte mit seiner Konditorei gute Geschäfte, und die Theres konnte sich sogar ein Lehrmädchen nehmen.

Alljährlich wurde in München die berühmte »Auer Dult« abgehalten, ein bunter Jahrmarkt, der viele Leute anzog: Neben dem gewöhnlichen, billigen Schund gab es dort auch Trödlerbuden, die antike Kunstgegenstände feilhielten. Mancher Sammler entdeckte dort ein verschollenes, unbeachtetes Gemälde eines alten Meisters. Ich schnüffelte gern in diesen Trödlerläden herum.

Es war ein stiller Werktag im Vorherbst. Nach einigen vergeblichen Versuchen machte ich mich auf den Heimweg. Auf der breiten, mildbesonnten Straße fiel mir irgendein Gesicht in die Augen. Ich stockte, und mein Herz hörte eine Sekunde lang zu schlagen auf.

»Ja-ja, Oskar? ... Du? ... Grüß Gott!« sagte das braune, knochige Gesicht mit den ruhigen Augen und lächelte leicht.

»Mein Gott, Leni? ... Leni!« brachte ich nur heraus. Klein, schmalschultrig stand sie in ihrer schlichten blauen Klostertracht vor mir. Sonst war alles an ihr in den langen Jahren unverändert geblieben wie ein nicht vergilbtes Bild.

»Hm, hm ... Leni?« konnte ich immer nur stottern.

Da merkte ich, daß sie einen Huscher lang rot wurde.

»Wie geht's denn? ... Was treibst du denn jetzt?« fragte sie, und ich fragte ähnlicherweise. Immerzu sahen wir einander in die Augen – ich, der Dreißiger, und sie, die Fünfzigjährige. Es schien keine Zeit zwischen uns vergangen zu sein.

»Mir geht's soweit ganz gut ... Ich bin schon einmal in Afrika bei den armen Negerkindern gewesen. Arg heiß ist's halt dort, und vor dem Gelben Fieber muß man achtgeben«, erzählte sie. Jetzt erst, da der Klang ihrer Stimme die Befangenheit verscheucht hatte, wagte ich sie genauer anzusehen und so, als wollte ich in diesen kurzen Augenblicken alles zurückrufen, was einst so schön zwischen uns war, sagte ich: »Hm, Leni? ... Nicht im geringsten hast du dich verändert! Nicht einmal älter bist du geworden! Wenn du deine Klostertracht nicht anhätt'st, ich könnt' fast meinen, du kommst von daheim.« Arglos sah sie mich an, und wieder lief ein lächelndes Zucken um ihren schmalen Mund.

»Tja«, meinte sie, »unser Herrgott läßt mir schon zum Altwerden keine Zeit, Oskar!« Und als sie erfuhr, was ich inzwischen geworden war, und daß es mir nicht mehr schlecht ginge, rief sie fast zärtlich: »Gott sei Dank, da erlebt deine Mutter auch noch was Schönes! ... Bist oft daheim?«

»Jaja«, antwortete ich, »sie sind wieder im Kramerhaus ... Die Resl macht ihre Schneiderei, und der Maurus hat eine kleine Konditorei ... Leider, die zwei kommen nicht recht gut aus, und da hat die Mutter zu leiden ...«

»Hm«, machte sie nachdenklich, »hm, schad' ... Ich bet' oft für die Mutter ... Sie hat mich ja einmal besucht. Da hab' ich grad gemeint, ich bin wieder daheim.«

»Ich wenn mit ihr beisammen bin, mir geht's genau so, Leni«, gab ich mit leichter Rührung zurück.

»Ja, ich muß jetzt gehn, Oskar ... Bevor ich weg muß, besuch' ich die Mutter vielleicht noch«, sagte sie und wandte sich zum Gehen. Noch einmal drehte sie sich rasch um und rief: »Und gell, wennst heimkommst, grüß mir fein die Mutter recht, recht gut!« Ich nickte, und sie grüßte kurz. Eine kleine Weile blieb ich stehen und sah ihr nach, bis sie um die Hausecke verschwand. Ihr faltig-wallender, langer Rock schleifte leicht am Boden. Ihr kleiner Kopf war gesenkt, und allem Anschein nach hatte sie die Hände gefaltet. Vielleicht flüsterte sie schnell ein Vaterunser für die Mutter.

Das war unsere letzte Begegnung. Später erfuhr ich, daß sie wirklich am Gelben Fieber gestorben sei. Mir aber war, während ich sinnend weiterging, als hätte mich jemand ganz zart gestreichelt ...

In einer stürmischen Herbstnacht, kurze Wochen danach, saß ich mit Maurus und Mutter daheim. Warm und heimelig glomm im Herd das Feuer. Theres und Annamarie, die jetzt schon zur Schule ging, waren zu Bett gegangen. Mutter stopfte an einem Strumpf, und manchmal fielen ihre Augen hinter den Brillengläsern zu.

»Geh doch auch ins Bett, Mutter ... Du bist doch so müd«, sagte ich. Sie aber richtete sich immer wieder auf und bestritt alles Müdsein.

»Soso, die Leni hast du gesehn ... Hmhm«, fing sie gemächlich an, »hm, die Leni? ... Ich weiß nicht leicht einen Menschen, der so gut gewesen ist wie sie ... Bis auf Afrika geht's wieder? ... Hmhm, wie die umeinandergeschickt werden! ... Wenn s' kommt, die Leni, nachher mach' ich ihr extra schöne Schmalznudeln, die hat sie allweil so gern gehabt ...« Alles war in ihren Worten: Wehmut und Zärtlichkeit, etliche gute Erinnerungen und der Trost, daß die Leni so geblieben war, wie sie sich einen rechtschaffenen Christenmenschen vorstellte.

»Hmhm, die Leni! Hmhm!« murmelte sie oft und oft vor sich hin, während der Maurus und ich politisierten. Stresemanns geduldige Zusammenarbeit mit dem gleichgestimmten französischen Außenminister Briand hatte allmählich die Räumung der besetzten Gebiete gebracht. Wahrhafte Verständigung und aufrichtige Friedlichkeit machten diese beiden Staatsmänner zu Freunden. Deutschland war in den Völkerbund aufgenommen worden. Der Deutsche und der Franzose hatten je die Hälfte des Friedens-Nobelpreises bekommen. Ihre klug abwägende Politik beeinflußte die Haltung ganz Europas. Kurz bevor der letzte Teil des Rheinlandes geräumt wurde, war Stresemann plötzlich an Überarbeitung gestorben.

»Um den ist's wirklich schad'«, sagte Maurus leicht bewegt, »er war ein wirklicher Staatsmann. Er hat uns Deutschen wieder Respekt verschafft in der Welt ... Jetzt hat er seinen größten Triumph nicht einmal erleben dürfen, und wirst sehn, vielleicht lügen sie ihm den auch noch weg! ... Herrgott, da haben wir was verloren ... Ich glaub', jetzt wird's wieder schlechter ...« Er reichte mir die Kopfhörer seines primitiv zusammengebastelten Radioapparates, der ihn jetzt tage- und nächtelang beschäftigte, und sagte in anderem Ton: »Da, hör doch einmal! Ganz deutlich und rein klingt's! ... Hörst du? So deutlich ist's, als ob der Mann bei uns in der Kuchl sitzt.« Ich preßte mechanisch die Hörmuscheln des Kopfhörers an meine Ohren und nickte. Maurus bekam ein strahlendes Gesicht.

»Ist das nicht wunderbar? ... Was doch das menschliche Hirn alles ausdenkt! Es ist einfach ungeheuer! In Stuttgart oder noch viel weiter weg redet einer, und wir hören es! Ich kann im Bett liegen und mir von irgendwoher die schönste Mozartmusik anhören – großartig! Und du wirst sehn, wie schnell sie das noch verbessern! Zuletzt hört man die ganze Welt in seiner kleinen Kuchl!« rief er begeistert und preßte der erwachenden Mutter die klemmenden Hörer auf: »Da, Mutter, hör doch einmal. Das kommt bis von Stuttgart! Bis von Stuttgart! Hörst du's?«

»Jaja, ich hör' schon was«, nickte unsere Mutter ziemlich gleichgültig.

»Hm, sonderbar«, sagte ich von irgendeiner nachdenklichen Rührung angeweht und schaute auf Maurus, »da fällt mir immer der selige Pfarrer Jost ein ... Ich weiß noch gut, ich bin damals noch in die Schule gegangen, wie er fort hat müssen ... Weißt du's noch? ... Da hat doch der Maxl gesagt, er kann jeden Tag fortmüssen, es gibt Krieg wegen Marokko ... Kannst du dich denn gar nicht mehr erinnern?«

Der Maurus schüttelte den Kopf und schien den Zusammenhang nicht recht zu verstehen. Mutter, die immer interessierter wurde, wenn man von Pfarrern und religiösen Dingen sprach, sah fragend nach mir.

»Da, in seiner Predigt damals, da hat der Jost gesagt: ›Haltet euch an die Werke des Friedens, denn sie haben der Welt stets Dauerhafteres gegeben und sie mehr verändert als alle Werke des Krieges!‹ ... Weißt du das nimmer? Oder warst du damals nicht in der Kirche?« fragte ich Maurus, doch der entsann sich nicht. Aber offenbar hatten ihm die Worte gefallen, denn nach einigem Nachdenken sagte er plötzlich: »Du, das ist eigentlich sehr gescheit! ... Hm, sonderbar, wie du dir alles merken kannst!« Er nahm den Kopfhörer wieder und redete ebenso weiter: »Wirklich, das ist ausgezeichnet! Sehr gut! ... Das sehn wir ja jetzt am besten am Radio.«

»Ja, ich geh' jetzt ins Bett«, meinte Mutter. Vom Sitzen etwas steif geworden, erhob sie sich, gähnte und streckte sich leicht und sah mich an: »Soso, an den Jost denkst du noch hie und da? ... Der liegt jetzt auch schon lang unter der Erd'n. An die fünfzehn oder siebzehn Jahr' kann's schon her sein, daß er gestorben ist ... In Aufkirchen hat er sich eingraben lassen ... Soviel Leut' wie auf dem seiner Leich' hab' ich nie wieder gesehn ...«

Sie wünschte uns eine gute Nacht und humpelte müde über die knarrende Holzstiege hinauf. – –

Was bleibt? ... Die Hühner

In jener verhältnismäßig ruhigen Zeit sprach der Vatikan den bayrischen Mönch Peter Canisius heilig, der um 1543 in unserer Heimat so erfolgreich gegen die vordringende lutherische Reformation gewirkt hatte. Aus diesem Anlaß eröffnete Papst Pius XI. ein »Heiliges Jahr«.

Die Katholiken der ganzen Welt waren hochgestimmt.

Mehr denn je fühlten sie sich in diesen ungewissen Zeiten mit Rom verbunden. Von Rußland her drohte der gottlose Bolschewismus, in Italien hatte Mussolini mit Blut und Mord seine glaubensfeindliche faschistische Herrschaft aufgerichtet, und in Deutschland wirkten Hitler und sein antisemitischer Anhang nicht minder gefährlich gegen Religion und Kirche. Jeder Gläubige betrachtete sich gleichsam als Streiter gegen diese antichristlichen, höllischen Mächte.

Mit den kirchlichen Festlichkeiten fiel die Tausendjahrfeier des eben befreiten Rheinlandes zusammen. Hindenburg bereiste die dortigen Städte. Er wurde – nach Zeitungsmeldungen – überall jubelnd empfangen, aber der Jubel blieb sehr formell, denn seltsamerweise wurde Stresemanns Verdienst an dieser Befreiung höchstenfalls einmal in Nebensätzen der offiziellen Kundgebungen gestreift. Viel stärker als alle politischen Manifestationen wirkte die Predigt, die der sonst so vorsichtige päpstliche Nuntius Pacelli im Kölner Dom gegen den krankhaften Chauvinismus und die um sich greifende Glaubenslosigkeit hielt. Sogar unsere Mutter, die aus dem wöchentlichen ›Kirchenanzeiger‹ nur die Messen und Begräbnisse herauslas, erfuhr davon.

Die Leute beteten viel eifriger, füllten weit zahlreicher die mit frischem Birkenlaub gezierten Kirchen, und an jedem Sonntag gab es eine feierliche Prozession. Jahrmärkte wurden in den Pfarrdörfern abgehalten, und die Händler mit geweihten Wachsstöcken und Rosenkränzen, mit Gebetbüchern und frommen Canisius-Bildnissen machten gute Geschäfte. Aber auch die Wirte kamen dabei nicht zu kurz. Die zusammengeströmten Beter drängten sich nach dem Kirchgang in ihren Stuben. Sie aßen und tranken reichlich. Schließlich – den frommen Zweck in allen Ehren – jeden Tag gab es keine solche Gelegenheit der Zusammenkunft. Der eine hatte eine Tochter oder einen Sohn zu verheiraten, ein Roß war ihm feil oder er wollte ein Grundstück verkaufen. Hartnäckig wurde über die Tische hinweg gelobt und gefeilscht. Immer lustiger und lauter wurden die Gäste während dieser Handelschaften, denn das Bier war wieder gut, und an Fleisch und Würsten gab es keinen Mangel mehr.

In den meisten Pfarreien fanden sogenannte »Missionen« statt, wobei fremde, wortgewaltige Mönche acht Tage lang durch ihre eindringlichen Predigten die Frommen zu neuem Glaubenseifer anspornten. Die Gläubigen festigten ihre alten Gelübde oder legten neue ab, machten Wallfahrten und veranstalteten Pilgerzüge nach Rom.

Unsere Mutter schien viel geweckter zu sein. Die Arbeit ging ihr schneller als sonst von der Hand. Jeden Tag suchte sie mit der kleinen Annamarie zwei- oder dreimal die Pfarrkirche auf und blieb stundenlang. Es regnete in Strömen. Nur mühsam kam sie auf der aufgeweichten, matschigen Straße vorwärts, aber nichts hielt sie ab von der frommen Pflicht. Tropfnaß kam sie heim, und das Kind fror.

»Geh, Maurus, gib mir ein bißl Rum für den Tee. Mir ist ganz schwummelig«, sagte sie und schüttelte sich.

»Ist dir nicht gut?« fragte der Maurus.

»Naß sind wir worden«, war ihre Antwort. Sie ging von der Backstube in die Kuchl. Auch der heiße Tee mit dem Rum wärmte sie nicht auf. Immer noch ging – wie sie sagte – »das Blut nicht durch«. Sie fröstelte noch mehr, wurde blaß, und der kalte Schweiß trat auf ihr Gesicht.

»Großmutter, was hast du denn?« fragte die kleine Annamarie ängstlich.

»Ah, nichts«, erwiderte Mutter und sah starr ins Leere.

Der Maurus kam in die Kuchl. Sie versuchte aufzustehen und sank, wie von einem Schwindel ergriffen, wieder auf die Bank nieder. Hart und trocken atmete sie und hatte die Lippen fest geschlossen. Jetzt wurde ihr Gesicht jäh hochrot und heiß.

»Mutter, wie siehst du denn aus? Du bist doch krank!« rief der Maurus erschrocken und machte ihr leicht erzürnte Vorwürfe: »Wie kannst du aber auch mit deinen offenen Füßen bei so einem Wetter – –« Er brach ab. Mutter war nach vorne gesunken. Er konnte sie gerade noch halten. Sie richtete sich wieder halbwegs auf, schüttelte den Kopf und brümmelte wie für sich: »Hmhm, was ist denn jetzt das? ... Hast du schon einmal so was g'sehn, hmhm!« Der Maurus schrie der Theres. Sie brachten die Fiebernde ins Bett. Sie konnte sich nicht mehr dagegen wehren. So schwach und matt war sie, daß ihre heiße Hand die kleine Annamarie, die an ihrem Bett saß, nicht mehr fand.

»Großmutter? Großmutter, du darfst nicht sterben! Gell, du stirbst nicht, Großmutter!« rief die Kleine fortwährend und fing zu weinen an.

Die Kranke lag reglos da. Ihre brennend heißen Augenlider waren geschlossen. Sie rang schwer nach Luft und griff manchmal bangend an ihr Herz. – –

»Herr Graf! Herr Graf!« schrie ein Arbeiter vom Hof herauf, und als ich endlich aus dem Schlaf schreckte, ergänzte er: »Ans Telefon! ... Ein Anruf aus Schloß Berg!« Eilig sprang ich aus dem Bett, schlüpfte in die Hosen und kam in die Steinmetz-Werkstätte hinunter.

»Ja, Oskar, bist du es? ... Ja, hier Maurus!« hörte ich aus der Ohrmuschel des Hörers.

»Ja, was ist's denn?« fragte ich.

»Komm sofort! Mutter ist schwer krank! Sie wird heute operiert und liegt im Starnberger Krankenhaus ... Sie stirbt wahrscheinlich! ... Ich bin am Bahnhof, wenn du kommst! Fahr gleich ab!« rief Maurus heftig laut und hastig. Ich ließ alles liegen und stehen und fuhr nach Starnberg. Der Maurus hatte ein mitgenommenes, fahles Gesicht. Mit unruhigen Augen sah er mich an und sagte: »Das wird sie nicht mehr überstehen ... Sie ist doch schon siebzig Jahr' alt! ... Einen Tumor hat sie im Bauch ... Der Doktor sagt, er kann für nichts garantieren, aber operiert muß werden ... Jetzt ist's ein Uhr. Um vier oder fünf Uhr können wir wieder im Krankenhaus fragen, wie alles verlaufen ist.«

Lange Zeit gingen wir ziemlich einsilbig im belebten Bezirksort herum und wanderten dann auf der Landstraße nach Berg weiter. Jeder hing seinen bedrückenden Gedanken nach. Ich sehe uns noch heute gehen, ich rieche die

Herbstluft noch, und der bleigraue Himmel hängt noch in meinen Gedanken, wenn ich mir alles vergegenwärtige.

»Hm, schrecklich, hm ... Unser Mutter«, brachte Maurus einmal stockend heraus. »Sie *will* gar nicht, daß es ihr einmal gut geht ... Unbegreiflich! ... Da rennt sie beim größten Regen nach Aufkirchen ... Ich wett', sie hört gar nicht, was eigentlich gepredigt wird, sie schläft doch sofort ein ... Du weißt doch noch, wie wir sie als Kinder oft auf den Leim geführt haben ... Heim ist sie gekommen vom Hochamt und hat gesagt: ›Schön hat er heut predigt, der Pfarrer! Schön hat er's g'macht‹, und wenn wir sie dann gefragt haben, was er gesagt hat, hat sie so ein seltsames Gesicht gemacht und gesagt: ›Ja, ich weiß's jetzt gar nicht, ich glaub', von Johannes dem Täufer ...‹ Wir haben jedesmal lachen müssen, wir haben doch gewußt, daß sie geschlafen hat ... Und ihr Beten! Ob sie dabei überhaupt was denkt? Ich glaub's nicht. Das ist alles bei ihr ewige Gewohnheit ... Und doch, sie glaubt, sie betet, sie kann ohne Herrgott und Kirch' nicht sein! ... Rätselhaft, hm, unbegreiflich!« Er sah geradeaus. Es fing dünn zu regnen an. Der See sah grau und grämlich aus. Die Kempfenhauser Felder hingen schleierig überzogen talwärts. Die verfärbten Laubbäume im Park der Barjatinsky-Villa tropften eintönig.

»Weißt du, manchmal mein' ich, unsre Mutter ist wie ein Tier oder ein Baum. Sie lebt eben dahin, ob das Sinn hat oder nicht, darüber denkt sie nie nach.« – »Hm«, sagte ich im gleichen Ton wie Maurus, »wenn sie jetzt stirbt, hm, grausam – sie hat gar nie richtig gelebt wie ein andrer Mensch ...«

Maurus nickte traurig.

»Wer wohnt denn jetzt in der Barjatinsky-Villa?« fragte ich endlich, um das quälende Gespräch in eine andere Richtung zu bringen.

»Da? ... Die Villa wollen jetzt die Jesuiten kaufen. Sie ist doch schon lang leer«, erwiderte der Maurus. »Entweder wollen sie *die* Villa kaufen oder die Rottmannshöh' ... Dort ist auch schon lang kein Sanatorium mehr. Seltsam, die Pfaffen und die Nationalisten, die werden wieder mächtig jetzt . . .«

»Ja, der Katholizismus und die ›Nation‹ – wenn man genauer nachdenkt, so stehn sich bloß die zwei Mächte gegenüber. Im Grund genommen ist zum Beispiel der Bolschewismus nichts anderes als ein letzter Ausläufer des Katholizismus, verstehst du, wie ich's meine? Er ist international, übernational und will eine neue Art Gemeinschaft . . . Vielleicht ist der Nationalstaat zu eng für die Zukunft . . . Mir war Nation immer zuwider, zu provinziell . . .«, diskutierte ich weiter. Da standen wir schon an der Stelle, wo eine Straße nach Unterberg abbiegt.

»Wollen wir heimgehn?« fragte Maurus.

»Ja, mir ist's gleich«, meinte ich, und er sagte: »Ach nein, gehn wir lieber zur Mutter . . .« Wir kehrten um, kamen wieder an den verlassenen Villen vorüber, bogen in den Fußweg ein, der die Felder durchschneidet und direkt zur Würmbrücke führt, und gingen wieder nach Starnberg hinein.

»Und wenn sie jetzt stirbt, die Mutter, dann geht alles weiter. Weiter wie immer«, verfiel der Maurus wieder ins traurige Betrachten. Kurz vor der Brücke kam uns ein Kaminkehrer entgegen, und plötzlich, als wären wir wieder Kinder, schaute mich der Maurus hoffnungsvoller an und rief: »Sie stirbt nicht!« Er besann sich geschwind und verbesserte sich gleichsam verlegen: »Vielleicht stirbt sie wirklich nicht, wer weiß!«

»Komisch, warum glauben wir eigentlich an einen solchen Unsinn!« warf ich ein, und doch wurde uns Augenblicke lang leichter. »Wahrscheinlich, weil wir's ganz fest wünschen«, erwiderte der Maurus belebter, »weiß der Teufel! Es ist schrecklich, daß wir nicht mehr glauben können! Wir sind nur sentimental und denken!«

Es war schon vier Uhr. Im Krankenhaus erfuhren wir, daß die Operation gut verlaufen sei, wir könnten aber die Patientin erst übermorgen besuchen. Erleichtert gingen wir auseinander.

In München, nach meiner Rückkehr, sagte meine Frau: »So eine schwere Operation mit siebzig Jahren, ich weiß nicht! ... Wenn ihr Herz gut ist, kann's vielleicht gut gehen.«

»Ach was!« widersprach ich ihr grundlos zuversichtlich, »unsere Mutter stirbt nicht! Die ist gesünder als wir alle!« In der gleichen Nacht hatte ich einen grausigen Traum. Ich sah den nackten, blutüberströmten Körper meiner Mutter auf dem Operationstisch liegen. Gräßlich sah ihr aufgeschnittener Leib aus, die Därme lagen bloß und rannen haltlos auseinander. Ihre zwei dunkelrot angelaufenen, dikken, offenen Füße streckten sich starr. Ihr Gesicht war unkenntlich.

Ich erwachte wie gerädert und telefonierte an das Starnberger Krankenhaus. »Nacht ist normal verlaufen, Patientin befindet sich wohl«, war der knappe Bescheid. Mit wachsender Unruhe wartete ich, bis endlich der Besuch erlaubt war. Wir kauften Obst und Wein und fuhren nach Starnberg. Als wir – meine Frau und ich – beklommen in den hellen, vom Geruch scharfer Medikamente geschwängerten Krankensaal traten, blieben wir betroffen stehen und staunten starr. Die Mutter saß aufgerichtet im Bett und – lächelte. Ihr blaugeädertes, vielfaltiges Gesicht hatte eine fahle Totenfarbe, doch in ihren Augen schimmerte es fast listig-froh. Ehe wir etwas sagen konnten, rief sie heiter: »Ha, ja! Jetzt hätt's bald dahingehen müssen! Genau hab' ich's beinand' g'habt!«

Jetzt wußte ich, sie übersteht es! Denn wie sie das gesagt hatte, das klang beinahe wie ein verhaltenes Kichern nach einem gefährlichen Schrecken, der jetzt alles Schreckliche verloren hatte. Sie hatte meine Frau noch nicht oft gesehen, und nun freute sie sich, weil ich sie mitgebracht hatte.

»Soso, seids mitm Zehn-Uhr-Zug kommen«, fing sie zu plaudern an, als ob gar nichts sei. Sie mußte steif liegen und musterte mit schrägem Blick die schönen Orangen und den Rotwein, indem sie sagte: »Die Orangen geb' ich der Annamarie, die ißt sie so gern ... Und den Wein, den spar' ich mir für Weihnachten ... Da mach' ich einen Punsch.« Sie rechnete also schon wieder in die nächste Zeit hinein wie immer. Es trat mehr Farbe auf ihre eingefallenen Wangen, und obgleich ihre frisch vernähten Operationsschnitte bei der geringsten Bewegung schmerzten, obgleich sie möglichst still liegen sollte, lachte sie glucksend und flüsterte verschmitzt: »Ha, der Doktor meint, ich soll bloß von Zeit zu Zeit ein Maul voll Wasser nehmen, damit mein Gaumen nicht so trocken wird, aber der kann mich ja gern haben. Ich hab' ihn schon ausg'schmiert! ... Die Kandler-Marie hat mir drei Flaschen Bier hereingeschmuggelt, hahaha. Es darf's aber keiner wissen! Die hab' ich unterm Kopfkissen versteckt ... Eine hab' ich schon ausgetrunken.« So belustigend fand sie diese schlaue Umgehung der ärztlichen Vorschrift, daß ihr vor Vergnügen die Tränen in die Augen traten. Die besorgten Einwendungen meiner Frau waren vergeblich.

»Haha, den hab' ich schön hinters Licht geführt ... Ich kann doch nicht verbrennen vor lauter Durst! Was glaubt denn der!« redete die Mutter. Ihre Zuversicht, daß ihr das nichts schade, war entwaffnend.

»Mutter, ich glaub', du überlebst uns alle!« lächelte ich ebenfalls aufgemuntert. Ihr Gesicht bekam einen undefinierbar zufriedenen Ausdruck. –

Nach ungefähr einem Monat war sie wieder gesund und stiftete insgeheim für die Aufkirchner Pfarrkirche eine große, geweihte Kerze. Sie schien rüstiger denn je.

»Ganz leicht ist mir inwendig, seitdem der ganze giftige Dreck 'raus ist. Er versteht doch was, der Doktor Magg ... Seinen Vater selig haben wir noch in Aufhausen gehabt«, erzählte sie wie neubelebt. »Wenn ich meine offenen Füß nicht hätt', tät' ich meinen, ich wär' noch eine Junge ...«

Zum erstenmal kamen meine Frau und ich auf eine Woche ins Kramerhaus zu Besuch.

Es war hoher Sommer. Maurus und Theres hatten viel zu tun, denn es waren nun wieder wie ehedem jeden Sommer viel fremde Herrschaften da.

Stillsitzen mochte unsere Mutter nicht. Sie wollte dem

Maurus in der Konditorei helfen, doch der hielt die Kinder dazu an. Sie suchte immer wieder eine neue Beschäftigung, aber wir verwehrten es ihr. Öfter brachten wir sie nach langem Zureden dazu, mit uns spazierenzugehen. Scheu und wie beschämt schaute sie dabei auf die arbeitenden Leute in den Feldern, denn ihr kam es sündhaft vor, an Werktagen müßig zu bleiben. Deswegen wählte sie auch stets abgelegene Waldwege. Meine Frau bot ihr den stützenden Arm und hielt behutsam mit ihr Schritt. Daß jemand um sie so besorgt war, rührte sie. Einmal sah sie meine Frau von der Seite an und sagte verhalten zärtlich: »Du bist ein gutes Ding, Mirjam! Da kann der Oskar froh sein.«

Wir kamen aus dem schattenden Buchenwald, der sich vom Leoniger Seeufer heraufzog, und die sanft gewellten Felder lagen da. Rechts auf einer runden Höhe ragte das breit angelegte, von einem mächtigen viereckigen Obelisk gekrönte Bismarckdenkmal in die Höhe. Protzenhaft und so, als stieße es gleichsam mit den derben, eckigen Ellenbogen seines Quadersockels die kunstvoll angelegten Zedern rundherum beiseite, so stand es da. Gewaltsam, drohend und unschön wirkte es in der friedvollen Landschaft.

Tief aufatmend blieb die Mutter auf der leicht abschüssigen, blumigen Wiesenfläche stehen und sah über das weite, ruhige belebte Land bis ins blaue Gebirge hinein.

»Hm, wie schön das ist, hmhm«, brümmelte sie zufrieden. »Ganz wohl tut einem das! ... Hmhm, wie schön!« Vielleicht war's das erste Mal, daß sie die innige Landschaft ihrer engen Heimat so anschaute. Das in den Bäumen versteckte Dorf Allmannshausen im Hintergrund und das Dörflein Assenhausen linker Hand vor uns – jedes Haus, jeden Menschen kannte sie und erzählte im langsamen Vorübergehen irgendeine Geschichte darüber. Jeder Baum und Strauch, der stille Himmel und der See drunten, alles lebte beziehungsvoll in ihr.

Jetzt, da sie Greisin geworden war, zwang sie das zunehmende Alter zu einer beschaulichen Gemächlichkeit. Oft an den Sonntagnachmittagen hockte sie mit Verwandten oder zufälligen Gästen am runden Tisch im Garten, trank den gewohnten Kaffee mit ihnen und plauderte. Wer dazukam, war ihr recht. Es schien, als habe sie unter den Eingesessenen im Dorf und in der umfänglichen Pfarrei keinen Feind. Die Gleichaltrigen sagten »Bäckin« zu ihr. Die Jüngeren nannten sie »Bäckermutter« oder kurzweg »Mutter«. Noch als Kinder hatte sie die meisten gesehen. Vor ihren Augen waren sie aufgewachsen und zu bärtigen Männern oder blühenden Müttern geworden. Für sie blieben sie wie die Kinder von einst, und sie rief sie stets mit den schmeichelhaft abgekürzten Vornamen, die ihnen die kosenden Mütter in frühester Jugendzeit gegeben hatten: das »Treuterer Marei« oder der »Kramerfeicht-Martei'«.

Nichts liebte sie mehr als lustige Unterhaltungen, und je derber und drastischer es dabei zuging, um so fideler wurde sie. Es kam hin und wieder ein verkrümmter, glotzäugiger Vetter aus der weiteren Verwandtschaft, der Heiraten zusammenkuppelte, den Bäuerinnen die Stalldirnen vermittelte und sonstige kleine Gelegenheitsgeschäfte betrieb. Für ihn hatte sich die Zeit nicht verändert. Er lebte ärmlich und ein bißchen verwahrlost in der Wolfratshauser Gegend. Er ging alle Strecken zu Fuß. »Denn«, sagte er, »die Eisenbahn ist mir zu unsicher.« Beim Akkordmähen hatte er sich viele Inflationsbanknoten verdient, die er stets in einem kleinen Koffer mit sich herumtrug. »Mein Häusl könnt' mir ja abbrennen, wenn ich grad nicht daheim bin, oder es könnt' ein Lump einbrechen und mir das ganze Geld stehlen«, meinte er und war nicht davon zu überzeugen, daß dieses Geld nur noch wertloses Papier sei.

»Was? ... Was? ... Ah, das gibt's ja alsdann doch nicht! ... Ausgeschlossen! Das wär' ja der höhere Schwindel, wenn die droben uns armen Leut'ln ein falsches Geld geben würden, und sie tät'n das ganze Gold- und Silbergeld b'halten! ... Ah! Ah, geh!« stritt er. »Du schlenkst mich nicht, Maurus! Wenn die Lumpen droben einen solchen Schwindel macherten, tät' ihnen doch kein Mensch mehr trau'n und folgen!« Mit »die da oben« oder »die Lumpen droben« meinte er die Regierung, von der er nichts weiter wußte. Für ihn gab es nur den Papst in Rom, das Bezirksamt und die Gendarmen. Das fand er auch vollauf genug.

»Geh doch einmal aufs Bezirksamt nach Wolfratshausen, Vetter, und sag, du willst für dein Papiergeld Silbergeld ... Geh nur hin, dann wirst es schon sehen!« riet ihm der Maurus. Und wirklich – eines Tages kam der Vetter vor so ein Schalterfenster in Wolfratshausen.

»Grüß Gott! ... Ich bin der Hans von Weidach, Herr ... Ich möcht' da gern«, fing er an und kramte umständlich seine ersten Banknoten aus. Der Beamte war fassungslos und versuchte den Vetter zuerst herablassend als Schwachsinnigen zu behandeln, aber der wurde nach und nach ziemlich geradezu und aufsässig.

»Was? ... Was, das gilt nichts? Was, du Saulump, du! ... Was? Ein falsches Geld habts uns geben, was?!« belferte er, und seine Glotzaugen traten noch mehr heraus. Er schlug seinen Koffer zu und plärrte zuletzt. Er wurde schließlich vom Gendarmen abgeführt und ein paar Tage eingesperrt, aber seinen Koffer gab er nicht aus der Hand. Er kam zu uns und stellte sich breitbeinig vor den Maurus: »Jetzt du bist doch ein ganz Raffinierter! ... Haha, hm, schickt er mich da auf Wolfratshausen mit meinem Geld, und die sperren mich ein! ... Du bist ein ganz großer Lump!«

Doch auch das hatte seinen Glauben an die Gültigkeit der Inflationsbanknoten nicht im geringsten erschüttert.

»Ich bin der Dümmere noch lang nicht!« sagte er verschmitzt. »Wart nur ab ... In zehn oder zwölf Jahr', wenn sich mein Geld richtig abgelegen hat, wird's einen Haufen wert sein ... Mich schlenkt keiner mehr!« Als echt bäuerlicher Mensch hoffte er, doch zu guter Letzt über alle zu triumphieren. Es brauchte zu allem nur Geduld und List.

Dieser Vetter war mit unserer Mutter aufgewachsen und hatte sie als junges Mädchen offenbar einmal verehrt.

»Resei!« fing er jedesmal an, wenn sie ihm statt des Kaffees einen Krug Bier hinstellte, »Resei, kannst dich noch erinnern, han? ... Wenn deine Mutter mögen hätt', dich hätt' ich glattweg geheiratet!«

»Ja, aber du bist mir zu klein und zu windig g'wesen, Hans!« lachte unsere Mutter.

»Was ... Zu klein und zu windig!« ereiferte sich der Vetter und schob seinen abgeschabten, grünen Filzhut ins Genick. »Jetzt da schau her! ... Ich hab' mehr Kraft gehabt wie dein kleins bißl Bäcker-Maxl! ... Ich hätt' dir fünfundzwanzig Kinder hergemacht, daß du grad so g'schaut hätt'st, und keins wär' g'storben!«

»Ich hab' mir schon an den meinen genug gehabt, du Tropf, du!« gab sie ihm belustigt hinaus. »Gar so stierige Mannsbilder, die taugen meistens nicht zu der Arbeit ... Geh zu!« Das brachte den Vetter erst recht in Rage, und unsere Mutter lachte vergnüglich. Er fing von seinen körperlichen Vorzügen zu reden an, und daß er oft fünf und sechs Stunden hintereinander akkordgemäht habe, aber abgegangen wär' ihm nichts, wenn ein Weibsbild noch was wollen hätte von ihm. Für empfindlichere Naturen war so eine Unterhaltung nichts, Mutter und Hans aber fanden es kreuzgemütlich. Bald lachten sie gelassen, dann wieder sich schüttelnd.

»Herrgott, Hans, bist dir du ein Tropf!« lobte Mutter dann den Vetter, und die Augen gingen ihr über vor Lachen. Nur vor einem hütete sie sich, den guten Vetter über Nacht zu behalten, denn er schiß ins Bett dabei. Alle Verwandten wußten ein Lied davon zu singen. In der Frühe stand er unangerührt da und sagte: »Herrgott, Basei, gell ich hab's Häusl nicht gefunden ... Es ist mir zu schnell auskommen.« Ruhig ließ er sich zusammenschimpfen, und beim Abschied sagte er ganz gemütlich: »Jetzt b'hüt dich Gott, Basei! Ich bin halt ein alter Saubär, weißt du!«

Um dieselbige Zeit machte ein stigmatisiertes Bauernmädchen, die »Theres von Konnersreuth« im ganzen Lande großes Aufsehen. Sie hatte Erscheinungen, lag wochenlang im Bett, aß nichts, sprach einfältig mit Jesus Christus und der heiligen Maria, und während dieses Trancezustandes bluteten ihr Gesicht und Hände. Kirchliche Behörden, Ärzte und Wissenschaftler befaßten sich mit dem Fall, die Zeitungen brachten Artikel, und scharenweise pilgerten Neugierige und Fromme nach Konnersreuth. Auch unser Weidacher Vetter machte sich auf den Weg. Eine wochenlange Wanderschaft wurde daraus, und endlich kam er wieder zu uns, um unserer Mutter von den Wundern zu erzählen.

»Drinnen liegen tut s' und hat ein weißes Hemd an«, berichtete er weit ausholend, »die Augen hat sie verdreht, und nachher kommt ihr das Blut wie bei unserm Herrn Jesus Christus ... Und grad Leut' kommen in einem fort, grad Leut' ... Ich hab' mir denkt, wenn die was verlangen täten, da könnten s' ein schönes Geld verdienen! Ganze Massen Leut' kommen ... Laß dir sagen, Resl, wer das einmal g'sehn hat, der kriegt einen ganz festen Glauben ... Mir ist's ganz unheimlich dabei worden.« Unsere Mutter war ganz Ohr. Man sah ihr an, daß sie sich alles sehr deutlich vorstellte, denn auch sie erschauerte leicht. Das Unerklärliche fürchtete sie. »So, Resl, für das, daß ich alles so schön erzählt hab', darfst du mir auch schon eine Maß Bier geben«, erinnerte der Vetter. »Und Hunger hab' ich auch von dem Marsch.« Schweigend stellte ihm unsere Mutter zu essen hin und ging ums Bier zum Bichler. Auf der Dorfstraße lief ihr die Annamarie entgegen, die von der Post-Station kam. Einen Brief schwingend schrie sie: »Großmutter, der ist von der Tante aus Amerika!«

»So ... Ja, ich komm gleich! Der Maurus soll ihn nur lesen«, antwortete die Mutter und ging geschwinder. Als sie mit dem schäumenden Bierkrug zurückkam, stand der Maurus im Türrahmen und sagte: »Mutter, die Nanndl kommt ... Vielleicht in vierzehn Tagen oder drei Wochen ist sie schon da.« Er reichte ihr ein Foto. Mutter stellte dem Vetter das Bier hin, ließ sich auf einen Stuhl sinken, setzte ihre Brille auf und betrachtete das Bild.

Nein, das war ihre Jüngste, die Nanndl, nicht mehr. Eine kunstvoll frisierte, etwas puppenhaft aussehende Dame schaute ihr aus dem Bild entgegen.

»So verändert«, murmelte Mutter, »hm, ich kenn' sie gar nimmer.« Sie gab sich einen Ruck, sagte zum langsam kauenden Vetter: »Ja, Hans, ich hab' jetzt nimmer Zeit für dich ... Ich muß jetzt gleich die gute Kammer herrichten.«

Auch uns in München hatte Anna geschrieben. Da meine Frau keine Zeit hatte, ging ich an einem hellen Sommertag allein zum Bahnhof. Eine auffallend elegante Dame stieg aus dem Zug. Ich stutzte. Da lachte sie mich an, und ich erkannte meine jüngste Schwester. Im Trubel und Geräusch des Bahnhofs verstand ich kaum, was sie sagte. Erst als wir auf die Straße kamen, merkte ich, daß sie englisch sprach und offenbar ihre Muttersprache vergessen hatte.

»Aber, aber – das geht doch nicht, Nanndl!« rief ich betroffen. »Stell dir doch vor, unsere Mutter weint sich ja die Augen aus, wenn du sprichst, daß sie dich nicht versteht!« Sie war reisemüde, lächelte leicht verwirrt, ergriff meinen Arm und zog mich weiter: »O yes, Oskar! Ich versteh' ... Come on, trinken wir! In Amerika ist Prohibition!« Der Morgen überlachte die heiteren Straßen. Zum Wirtshausgehen war das eigentlich keine Zeit, aber wir fanden schließlich ein Restaurant, das ganz leer war und noch von den Gästen der vergangenen Nacht den Geruch in allen Nischen hatte. Anna bestellte Kognak. Zwei kleine Gläschen wurden gebracht.

»Ha! O no! No, no!« rief Anna, »a bottle! ... Eine Flasche!« Ich war baff.

»Ja, Menschenskind, willst du denn das *jetzt* alles aussaufen?« fragte ich, sie aber goß schon ein und schüttete Glas um Glas hinunter. »Well, in Amerika hat man keine Zeit ... Da muß man schnell lustig werden!«

Wir tranken und tranken und bekamen einen leichten Rausch, aber auf einmal fiel meiner Schwester wieder der urbayerische Dialekt ein.

Mutter hatte sich so gefreut auf Annas Wiederkommen und saß oft stundenlang mit ihrer Jüngsten beisammen, aber eine Welt trennte sie.

»Mein Gott, Nanndl, so verändert bist du!« sagte Mutter oft zwischenhinein, »hmhm, hmhm.«

Endlich einmal fing Anna halb bitter, halb traurig zu erzählen an: »Ja, weißt du, Mutter, wißt ihr – das versteht ihr nicht. Amerika ist ein hartes Land ... Ich hab' viel durchmachen müssen und war ganz fremd ... Wenn man keinen mehr versteht, ihr glaubt das nicht, wie weh das tut ... Aber die Amerikaner sind einfache Menschen. Ganz Fremde haben mir mehr geholfen als der Eugen und der Lenz ... Die sind ja ganz, ganz anders, Mutter! ... Tja, es ist a hard work in Amerika ...« Sie hielt inne und sah geradeaus.

»Ich war in Billings und habe jede Nacht vor Heimweh geweint. Kein Mensch war da ... Da hab' ich von irgendwoher eine deutsche Melodie gehört! ... Oh, ich war so traurig! ... Seitdem liebe ich deutsche Musik über alles! ... Oh, Bach, Mozart, Beethoven! ... Wenn ich die höre, meine ich immer, ich bin bei euch allen!« redete sie etwas wehmütig-schwärmerisch aus sich heraus. Ihr langes, hageres, durch die Schminke noch blasser erscheinendes Gesicht, das dem Vater ähnelte, bekam einen melancholischen Ausdruck. Sie raffte sich geschwind zusammen und rief lebhaft: »Aber ich liebe Amerika! Ja, ich liebe es sehr! ... Bei euch ist alles so klein ... Amerika ist ein großes, freies Land! Oh, ich liebe es!«

Unsere Mutter sah die Sprechende unverwandt an. Sie begriff nichts von alledem.

»Daß du so weit weg bist, das tut mir weh«, sagte sie einfach und zärtlich.

Im Kramerhaus war die Eintracht verwichen. Maurus und Theres vertrugen sich nicht mehr. Sie lagen oft im Streit und wollten Anna jeweilig für sich gewinnen. Die aber wollte nach schweren, bitteren Jahren in der Fremde ausrasten und wollte der Mutter gute Tage machen. Eine eigentümliche Unrast trieb sie dazu, fortwährend kleinere und größere Reisen zu machen. Für unsere Mutter war das nicht das Rechte. Sie liebte stillzusitzen, doch Anna drängte sie, mit ihr einige Gebirgsorte zu besuchen, in Hotels zu übernachten, mit der Eisenbahn herumzufahren. Nein, unsere Mutter sagte nichts – aber sie fühlte sich todunglücklich dabei. Bei so einem Frühstück im Hotel saß sie beengt und unbehaglich da, hatte keinen rechten Appetit und murmelte öfter: »Hm, was werden sie machen, die zwei, der Maurus und die Resl, hm ... Wann fahren wir denn wieder?«

»Ach, laß sie doch streiten, Mutter! Laß dir's doch gut gehen!« wollte ihr die Anna zureden. Vergeblich. Wenn sie aber endlich wieder heimkam, rühmte sie alles, was sie gesehen hatte – und sie hatte doch nichts, gar nichts gesehen! Sie war doch beständig mit ihren ganzen Sinnen daheim gewesen, und sonst nirgends.

Anna besuchte uns nun öfter und klagte über die Zwietracht daheim. Wir machten kleine Festlichkeiten und zechten mit Bekannten. Manchmal fuhr die ganze Gesellschaft nach Berg und trank im Obstgarten Kaffee. Theres setzte sich dazu und plagte sich zu einem süßsauren Lächeln, Maurus unterhielt sich über Literatur, aber es kam keine gute Stimmung auf.

Mutter beugte sich zu mir und lispelte mir ins Ohr: »Ich bin froh, wenn ihr da seid, da können sie wenigstens nicht streiten ... Ganz arg ist's wieder.« Ich sah sie an und merkte, wie niedergeschlagen sie war. Zwischen Menschen leben, die sich tief mißtrauten und nichts kannten, als einander ihren Zank entgegenzustellen – was war das für ein Leben für sie, die immer nur Frieden wollte.

Und Anna? Wie weggewachsen war sie von alledem! Noch in der Inflationszeit war sie nach Amerika gegangen. Die Veränderungen, die inzwischen in der Heimat vor sich gegangen waren, begriff sie nicht mehr. Sie glaubte noch immer, die deutsche Mark sei nichts wert, und hütete mißtrauisch ihre Dollars, die sie in einem ledernen Beutel auf ihrer nackten Brust trug. Mit Schweiß und Schmerz war dieses Geld verdient. Nun wollte Theres, daß ihr Anna im Geschäft helfe. Sie hatte Schulden gemacht und schlecht gewirtschaftet. Zudem war sie krank. Eines Tages ließ sie alles liegen und stehen, übergab der Anna die nötigsten Aufträge und fuhr irgendwohin ins Gebirge zur Kur. Anna war hilflos, kannte sich nicht aus. Mutter wurde immer vergrämter. Theres kam heim und machte der Anna bittere Vorwürfe. Der Maurus mischte sich ein und verteidigte Anna.

»Nein, da kann ich nicht bleiben, Mutter ... Nein, nein!« sagte Anna verstimmt und fuhr nach Berlin. Sie nahm eine Stellung dort, kam nach einigen Monaten wieder zu uns nach München. Überall war ihr, als verstünden sie die Menschen nicht mehr. Enttäuscht fuhr sie wieder nach Amerika.

»Arme, arme Nanndl«, sagte die Mutter. »Geheiratet sollt' sie haben ... So in der Fremd' draußen und keinen Menschen haben, hmhm, das geht doch nicht! ... Ja, die seh' ich nicht mehr!«

Das Leben zwischen dem jähzornigen Maurus und der unnachgiebigen Theres wurde immer quälender für sie. Darüber konnte sie auch die heranwachsende Annamarie, an der sie mit ihrer ganzen Großmutterliebe hing, nicht hinwegtrösten. Aber – ganz ohne etwas, das sie ablenkte und wenigstens zeitweise über diese Trostlosigkeit hinaushob, konnte sie nicht leben.

Was tat sie? Sie kaufte sich wieder Hühner, nachdem sie die damaligen aufgegeben hatte. Eifrig befaßte sie sich mit ihnen, ließ sie brüten und zog Küken auf. Das war immerhin ein winziges Stück aus früheren, ruhigeren Zeiten.

»Weißt du, wenn ich da in der Früh' aufsteh', und es gackert schon so, das bin ich gewohnt«, sagte sie zu mir, »da mein' ich, ich hab' noch den Stall voll Vieh ...«

Zu Hühnern hatte sie überhaupt ein eigenes Verhältnis. Die ihrigen hütete sie ängstlich, fremde schienen ihr irgendwie störend und gewissermaßen sogar hassenswert. Mit eigentümlich erregtem Gesicht schlich sie in den Garten, wenn eine Nachbarshenne dort gackerte und herumscharrte. Geschwind schaute sie rundherum, und wenn sie niemanden sah, fing sie zu locken an: »Bibibi! ... Bibibi!« Ihre sonst so ruhigen Augen funkelten listig auf. Eine seltsame Erregung flirrte in ihrem Gesicht.

»Bibibi ... Bibibi!« wiederholte sie arglos, bis das Huhn herangekommen war, und blitzschnell griff sie danach, umspannte mit Daumen und Zeigefinger den zuckenden Hühnerhals – drehte ihn um. Ein kurzes Gurgeln, ein Herumschlagen der Flügel, und rasch verbarg sie die tote Henne unter der breiten Schürze, ging schnell die Stiege hinauf, in ihre Kuchl. Sie atmete fliegend vor Lust und strahlte geradezu. Auf der Stelle begann sie die tote Henne zu rupfen, auszuweiden und zum Braten zurechtzumachen.

»Ja, Großmutter, hast du schon wieder eine Henne stibitzt?« fragte die dazukommende Annamarie mit schulmädchenhafter, frecher Unschuld und freute sich ebenso.

»Pssst! Red nicht!« hastete ihr die Mutter halblaut zu, »daß du es fein ja keinem sagst, gell! ... Da gibt's heut mittag was Fein's!« Erregt lächelte sie: »Haha, ein Griff, und sie hat mir gehört!«

Gegen Mittag, wenn die Nachbarin Futter streute und ihre Hennen zusammenlockte, stieg die Lustigkeit unserer Mutter erst recht. Mit diebischer Schadenfreude fing sie schüttelnd zu lachen an: »Haha, da schreit sie jetzt und lockt und lockt, die Schatzlin! Hahaha, wie sie rumschaut! *Das* wenn sie wüßt', daß das dumme Vieh schon in meinem Bratrohr brutzelt, hahaha! ... Jaja, da kannst du lang lokken und schrein, Schatzlin! Deine Henne g'hört schon mir!« Ganz außer Atem kam sie vor Fidelität. Niemals kam ihr dabei in den Sinn, daß sie etwas Unrechtes getan hatte. Mit jener listigen bäuerlichen Einfalt spöttelte sie: »Zu was muß denn die saudumme Henne auch gleich hergehn, wenn ich sie lock'! Was hat sie denn in unserm Garten verloren!«

Um sie zu necken, sagte ich einmal zu ihr: »Aber, Mutter, das ist doch eine Todsünde ... Du bist doch sonst nicht so?« Nein, sie war sonst nicht so, im Gegenteil, sie war grundehrlich, aber: »Ah! Ah!« verteidigte sie sich unangefochten, »wenn's schon eine Sünd' ist – was soll ich altes Weib denn in einem fort beichten! ... Die Schatzlin hat Hennen genug!«

Lachend spöttelte ich weiter: »Jetzt begreif' ich's erst ... Du stibitzt so Hennen bloß, damit du wieder was zum Beichten hast ...«

»Geh! ... Du! ... Spott nur!« wehrte sie sich heiter und gutmütig.

USA besucht uns

Wie in einer kleinen, beengenden Nußschale spielte sich das Leben im Kramerhaus ab. Der Maurus hatte endlich die Konzession für einen Kaffeehausbetrieb erhalten und baute neben der Backstube einen Raum für die Gäste aus. Die Zeit war gut. Er spürte neuen Auftrieb, und der Erfolg hatte ihn unternehmungslustig gemacht. Doch seine Interessen und die der Theres stießen sich beständig. Der Maurus war für Zusammenwirken, sie aber wollte für sich sein, war mißtrauisch und glaubte sich übervorteilt. Die Gegensätze platzten aufeinander. Heftige Streitigkeiten brachen immer wieder aus. Die Nußschale drohte manchmal zu zerspringen: Bruder und Schwester trennten schließlich den Haushalt. Mutter, die durch all diese giftigen Reibereien sehr mitgenommen worden war, zog mit Theres in den ersten Stock und wirtschaftete für sie und Annamarie. Maurus nahm sich eine Helferin, und der Lenz, vom gefallenen Maxl der jüngste Sohn, arbeitete als Lehrling bei ihm. Manchmal im hohen Sommer, wenn viel zu tun war, kam Mutter herunter und wollte mithelfen.

»Nein, wir brauchen dich nicht«, sagte der Maurus. Er war verbrummt und gereizt, und er kannte die kleinliche Theres zu gut. Auf keinen Fall wollte er sich von ihr nachsagen lassen, daß er die Mutter ausnütze.

»Nein-nein, Mutter«, wiederholte er, da sie noch immer

zögernd dastand. Er wollte ihr nicht weh tun, aber ihr tat es weh. Sie wandte sich um und ging wieder nach oben.

Die Nußschale war erfüllt von gefährlichen Spannungen. Die drückten am meisten auf die Mutter.

Dabei schienen gerade jetzt draußen in der weiten, großen Welt die Spannungen weit geringer zu sein. In Paris unterzeichneten fast alle Regierungen der Welt den Kriegsächtungspakt, den der Amerikaner Kellogg vorgeschlagen hatte. Es gab Abrüstungs- und Weltwirtschaftskonferenzen, welche die Mißhelligkeiten und sonstigen Schwierigkeiten zwischen den Nationen ausgleichen sollten. Der Wille zum Frieden und zur einträchtigen internationalen Zusammenarbeit schien sich mehr und mehr auszubreiten und zu festigen. Der Sinn für Technik und Höchstleistung war voll erwacht. Er strahlte aus bis ins kleinste Dorf. Ohne allzu große Übertriebenheit, fast selbstverständlich und gelassen nahmen die Leute die Neuerungen hin. In jedem Bauernhaus stand jetzt ein guter Radio-Apparat, durch den man die Wetterberichte und Marktpreise für landwirtschaftliche Produkte erfuhr, und nach Feierabend gab es gute Unterhaltungsmusik oder sonst etwas Interessantes zu hören. Viele Bauernsöhne hatten teure Motorräder und machten sonntags große Touren ins Gebirge oder sonst ins weite Land hinein. Autobusse verbanden die Dörfer enger miteinander. Ja, mehr noch – alle Länder standen in friedlichem Wettstreit. Vor einem Jahr hatte der junge Lindbergh den Ozean von Westen nach Osten überflogen. Ihm folgten seine Landsleute Chamberlin und Levine, und nun war es auch den Deutschen Köhl, Hünefeld und Fitzmaurice gelungen, in entgegengesetzter Richtung nach Amerika zu fliegen. Im kleinsten Dorf sprach jeder Mensch von diesen kühnen Männern. Der italienische General Nobile wollte mit dem Luftschiff ›Italia‹ den Nordpol erreichen und scheiterte. Der alte Polarheld Amundsen, der mit dem Flugzeug aufstieg, um ihn zu retten, blieb verschollen. Überall betrauerte man ihn. Auf der Zeppelin-Werft in Friedrichshafen am Bodensee wurden Riesenluftschiffe erbaut, die einen regelmäßigen Transozean-Verkehr eröffnen sollten. Die Erdteile waren einander näher gerückt. Entfernungen galten nichts mehr. Friede und Stabilität schienen auf lange gesichert. Sogar die politischen Gegensätze hatten sich allem Anschein nach gemildert. An der Spitze der deutschen Republik stand eine sogenannte »Regierung der großen Koalition«, die mit Ausnahme der Rechts- und Linksradikalen alle Parteien umschloß. Der Sozialdemokrat Hermann Müller war Reichskanzler, und es hieß, er verstehe sich mit dem kaisertreuen Präsidenten Hindenburg ausgezeichnet.

Ja, die Zeit war gut. Leute wie der Maurus konnten ohne Ängstlichkeit für ihre Zukunft planen. Und trotz allem verhaltenen Weh, das innerlich an ihr nagte, seitdem Maurus' und Theres' Feindschaft sich gänzlich versteift hatte, wußte auch meine Mutter aus manchem dieser Tage ihre kleinen Freuden herauszuholen. Es gab keinen Mangel mehr. Alles gab es wieder wie früher: Butter und Eier, gutes Fleisch und Würste, weiße, knusprige Semmeln und Bier. Beim Kochen brauchte sie nicht mehr zu sparen.

»Herrgott, Oskar, weilst nur du wieder da bist ... Das tut mir ganz wohl«, sagte sie jedesmal, wenn ich zu ihr kam. »Jetzt setz dich nur hin, ich hab' schon was ...« Und dann stellte sie die frisch gestockte Schweinssülze hin, von der sie wußte, wie sie mir schmeckte.

»Da iß jetzt ... Und wenn's nicht langt, ich hab' schon noch eine«, redete sie mir zu, und ich fing mit vollem Behagen zu essen an, mit solchem Behagen, daß auch sie davon erfaßt wurde. Da stand sie, die Arme in die Hüften gestemmt, betrachtete mich wahrhaft wohlgefällig und sagte wiederum: »Herrgott, Bub, grad gut zuzuschauen ist dir, wie du essen kannst ... Gleich selber Appetit kriegt man dabei.« Starke Esser liebte sie.

»Ja, so iß doch, iß doch, Mutter!« drang ich in sie, aber nein, sie sah mich nur an. »Zeckenfett wirst du jetzt, hmhm ... Dein Geschäft muß doch ganz gut sein. Wieviel wiegst du jetzt?«

»Zweieinhalb Zentner«, antwortete ich und nagte einen saftigen Schweinsknöchel ab.

»So ... Hmhm«, machte sie. Daß man mit Bücherschreiben, mit einer Arbeit, die keine schwieligen Hände machte, Geld verdiente, ging ihr nicht in den Kopf.

»Soso, und da brauchst du bloß den ganzen Tag hinhokken und so was zusammenschreiben? Schwitzen mußt du nie dabei, was? ... Jaja, da glaub' ich freilich, daß du gern Bücher schreibst«, redete sie zufrieden weiter. Mir ging es gut – das tat ihr wohl.

»Du hast was von dem alten Kastenjakl«, meinte sie. »Der hat auch lauter so sonderbar's Zeug im Kopf gehabt und hie und da was hingeschrieben.« Sie stellte den anderen Teller her: »Herrgott, magst du essen, hmhm ...« Ihr faltiges Gesicht bekam den schönsten Glanz, und endlich brachte ich sie doch dazu, wenigstens mitzuhalten. Bedächtig kaute sie. »Die ist grad recht geworden ... Hübsch Fleisch is' an die Knöcheln ...«

Eine Weile belebte nur unser Schmatzen den stillen, fliegendurchsummten Raum ihrer jetzigen Kuchl.

»Vor vier oder fünf Wochen hat der Eugen einmal geschrieben, daß er kommen will, aber ich glaub's nicht«, sagte sie endlich wieder und nahm die leeren Teller vom wachstuchüberzogenen Tisch. »Soso ... Hm, der sieht mich nicht«, meinte ich. Sekundenlang furchte sich ihre Stirn.

»Der kommt ja doch nicht«, tröstete sie sich.

Aber der Eugen kam wirklich, und dieses Kommen verursachte von Anfang an beträchtliche Unruhe. Nichts erfüllt so sehr mit Bangigkeit als plötzliche Telegramme. Sie brachten meist nur die Nachricht von der schweren Erkrankung eines nahen Verwandten oder gar von einem Tod.

Unsere Mutter stand im Garten und holte Suppengrün.

»Bäckermutter! Ein Telegramm!« rief die hagere Posthalterin und reichte ihr das Blatt über den Zaun.

»Jesus, was ist denn jetzt das wieder!« fuhr Mutter auf, wurde jäh blaß und ging eilsam zum Maurus in die Backstube. »Da, ein Telegramm! ... Was ist denn passiert?« Der Maurus las laut: »Fahren eben mit Car von Bozeman ab. Sind Anfang August bei Euch – Eugen, Peppi.«

Mit offenem Mund stand Mutter da. Das Wort hatte es ihr verschlagen.

»Tja, hm – deswegen braucht er einen doch nicht so erschrecken! Zu was denn telegraphieren!« sagte sie endlich aufatmend. Die Annamarie rannte aus der Backstube nach oben: »Tante Theres! Der Onkel Eugen kommt!« Die Mutter brachte schon das Telegramm.

»Na, wenn der kommt, wird sich ja verschiedenes klären«, sagte Theres vieldeutig. Aber die Mutter hörte es schon nicht mehr. Eine hitzige Unrast hatte sie befallen. Schnell stellte sie die Suppe auf und ging sogleich in die nebenanliegende, helle, vierfenstrige »Gute Kammer«.

»Hmhm, jetzt kommt der auf einmal so schnell daher!« brümmelte sie und glaubte wahrscheinlich, Eugen komme morgen oder übermorgen schon. Sie überdachte alles Notwendige. Nach dem Mittagessen besorgte sie Kalk, Farbe und einen Maurerpinsel und fing an, die Wände zu tünchen. Endlich fertig damit, putzte sie den an manchen Stellen nachgebenden Kammerboden heraus und legte ihren schönsten selbstgewirkten Bauernteppich hin. Sie suchte die besten Federbetten aus, überzog sie mit dem blühweißen Linnen und machte hübsche Vorhänge an die blitzblanken Fenster. Die Annamarie war beständig hinter ihr her und fragte und fragte, ob ihr der Onkel Eugen auch was Schönes mitbringe, ob er auch so dick sei wie ich, ihr Vater, und weiß Gott was noch alles.

»Jaja, jaja, er bringt dir schon was«, antwortete Mutter nebenhin. »Auf der letzten Photographie sieht er hübsch dick aus ...«

Endlich, als die Kammer frisch, neu und freundlich aussah, blieb Mutter an der offenen Tür stehen, betrachtete noch einmal alles prüfend und meinte, sich den Schweiß aus dem Gesicht wischend: »So, jetzt kann er kommen, der Eugen ... Da sind sie nobel untergebracht.« Sie tauchte ihre zerschundenen Finger in das Weihwasserfäßchen, das an der Wand hing, und besprenkelte den Raum.

Die Aufregungen hörten nicht auf. Jeden zweiten oder dritten Tag kam ein Telegramm von Eugen. Meistens stand nichts weiter darinnen als etwa: »Sind in Chicago bei Anna. Stadt sehr schmutzig.« Oder: »New York großartig. Morgen Abfahrt.« Alles nützt sich schließlich ab. So war's auch mit den Telegrammen, die daherflogen. Zuletzt öffnete der Maurus keines mehr und steckte es einfach hinter den Spiegel.

»So was kost't doch einen Haufen Geld!« sagte Mutter. Die neugerichtete »Gute Kammer« hatte sie abgesperrt, aber jeden Abend, bevor sie zu Bett ging, schaute sie noch einmal hinein.

Vom Eugen hörte man auf einmal nichts mehr. Die Mutter arbeitete wieder wie immer. Jeder Tag war hell und heiß. Die Leute werkelten auf den Feldern. Volle Heufuhren ächzten auf der Dorfstraße.

Die Mutter jätete im Pflanzgarten Unkraut aus den Beeten. Ein Automobil fuhr über den kleinen Berg herauf und hielt vor dem Haus. Ein beleibter Mann in sportlichem Reiseanzug stieg aus und kam in den Garten. Fremde Leute waren unserer Mutter immer irgendwie verdächtig. Entweder kamen sie vom Steueramt oder wollten sonst etwas Geschäftliches vom Maurus oder der Theres.

»Grüß Gott«, sagte der dicke Mann stehenbleibend. Mutter hielt nicht in der Arbeit inne, grüßte und sagte nicht gerade freundlich: »Der Maurus ist im Laden vorn! Gehn S' nur vor zu ihm.«

»Grüß Gott!« wiederholte der fremde Mensch wiederum und wich nicht von der Stelle. Mutter hob das Gesicht und wunderte sich, weil der Grüßende so vertraulich lächelte. Da endlich sagte der: »Ja, grüß Gott, Mutter! ... Kennst du mich denn nimmer?« Mit einem raschen Ruck richtete sie sich auf und wußte vor Staunen und freudiger Verwirrung nicht gleich, was sie tun sollte.

»Ja! Jajaja, jetzt so was ... Jaja, Eugen! Bist jetzt endlich da? Jajaja, geh nur gleich rein ... Gleich werd' ich einen Kaffee machen!« sprudelte sie aufgefrischt heraus, lächelte, wischte sich schnell die kotigen Hände am Schurz ab und trat aus dem Gartenbeet. »Ja, jetzt dich hätt' ich nimmer kennt! ... Jaja, jetzt bist du da! ... Wo hast denn deine Frau? ... Geh nur weiter, der Maurus ist schon –« Sie brach ab, denn Theres, Annamarie, Maurus, der Lenz und Mimi, die Helferin, waren aus dem Haus gekommen und grüßten laut und lustig. Die Mutter musterte den Eugen währenddessen von der Seite und sagte heiter: »Hm, mager bist du nicht, aber der Oskar ist viel fetter wie du! Der wiegt jetzt schon gut seine zwei Zentner.« Eugen, der nichts von mir wissen wollte, ging schnell darüber hinweg und fragte: »Ja, habt ihr denn mein letztes Telegramm nicht bekommen?«

»Ja, schon«, antwortete der Maurus, und die Mutter fügte dazu: »Du hast ja jeden Augenblick telegraphiert. Zuerst hat uns das immer erschreckt, aber die letzten haben wir gar nicht mehr ang'schaut.« Das irritierte den Eugen, aber sie zogen ihn schon in die enge Kuchl vom Maurus. Der holte die ungeöffneten Telegramme hinter dem Spiegel hervor und fand das letzte, das also lautete: »Ankomme Dienstag nachmittag, Verwandte verständigen – Eugen, Peppi.« Eine Sekunde lang schauten Maurus und Theres auf den etwas betroffenen Eugen, aber schon meinte Mutter wieder: »Ja, ha, du bist ja gut! Die Verwandten? Jetzt im Sommer hat doch kein Mensch Zeit! Da ist doch alles aufm Feld! ... Und unsere Verwandtschaft? ... Du weißt doch, wie weit die alle weg sind. Die täten ja gar nicht einmal Platz haben bei uns! Hmhm.« Auch diese kleine Mißhelligkeit war bald überwunden. Man setzte sich zusammen und fing lebhaft zu plaudern an. Eugen saß da wie ein Mensch, den diese Enge geniert. Die Fragen, wie lang er gefahren sei, ob's in Amerika jetzt auch Sommer wäre und wie sein Geschäft jetzt weitergehe, wenn er fort sei, schienen ihn auch nicht besonders zu interessieren.

»Ich hab' euch die gute Kammer neu hergerichtet«, sagte Mutter mittenhinein und wollte ihn hinaufführen, doch

Eugen schaute rundherum und meinte: »Neinnein, Mutter, wir wohnen im Seehotel drunten ... Ihr habt doch viel zu wenig Platz ... Der Cecil ist doch auch dabei.« Die Mutter stockte ganz kurz. »So? ... Soso«, sagte sie nur. Eine kaum bemerkbare Verzagtheit tauchte auf ihrem Gesicht auf und verschwand wieder.

»Geh! ... Im Seehotel? Beim Bock drunten? ... Das ist doch sündteuer! ... Ich hab' mir doch soviel Müh' gegeben!« rief sie, und der Eugen wurde ein wenig verlegen. Er gab einige Erklärungen und blieb beim Seehotel. Seine Frau und sein jüngster Sohn Cecil waren bei Peppis Mutter in Starnberg geblieben. Er holte sie, brachte alle Koffer ins Seehotel, und am Abend endlich saßen alle lustig bei Bier und Schnaps in der oberen Kuchl der Mutter. Spät in der Nacht, als Eugen mit Frau und Kind fortgefahren waren, murrte Mutter leicht beleidigt: »Hm, bei uns ist's ihm nicht nobel genug! ... Hmhm! ... In der guten Kammer hätten sie doch Platz gehabt!« Sie seufzte ein paarmal in sich hinein, und als die kleine Annamarie sagte: »Aber Großmutter, der Onkel Eugen ist doch ein ganz reicher Mann ... Der wohnt vielleicht in Amerika in einem Schloß«, da murmelte sie nur noch in sich hinein: »Jaja, ist schon recht!« drehte sich um, nahm einen Spritzer Weihwasser, bekreuzigte sich und ging ins Bett.

Vor dem Krieg von 1914, als der Eugen dagewesen war, hatten ihm die meisten Verwandten mißtraut. Damals war er noch arm gewesen, jetzt aber hatte er es durch Energie und Weitsicht zu einem beträchtlichen Vermögen gebracht, und mit Recht war er stolz darauf. Er besaß eine Großbäkkerei in Bozeman, im Staate Montana, und von seinen fünf Kindern waren schon einige soweit herangewachsen, daß sie ihn jetzt, während seiner Abwesenheit, vertreten konnten.

Was aber geschieht mit einem Menschen, der sehr jung in die Welt hinausgeht und jahrelang in einem fremden und noch dazu in einem so hochentwickelten Riesenland wie Amerika lebt und wirkt? Umgebung und Tempo, die Art der Menschen und der Geschäfte formen ihn um, er wächst nach und nach ganz in dieses neue Leben hinein, und alles Frühere verschwimmt. Nur noch das Gegenwärtige, das Greifbare und Nächste bestimmen ihn. Von der alten Heimat bleibt nichts mehr in ihm lebendig als die Erinnerung, und diese Erinnerung bleibt stehen, während sich täglich alles an ihm und um ihn fortentwickelt und verändert. Und weil das so ist, darum kann sich ein solcher Mensch nicht mehr vorstellen, daß sich inzwischen auch sein Heimatdorf, seine Familie, kurz, das Land, aus dem er einst gekommen, gewandelt und verändert haben. Dem Eugen erging es nicht anders. Er sah den starken Autoverkehr, sah Flugzeuge in der Luft, sah in München moderne Geschäftshäuser, die alle Neuerungen hatten, und er mußte erleben, daß die einfachen Bauern, seine ehemaligen Schulkameraden, sich über nichts mehr wunderten. Sie freuten sich, daß einer der Ihrigen in Amerika reich geworden war, und fanden es nett, wenn er sie besuchte, sie in seinem Auto spazierenfuhr und sie manchmal recht generös bewirtete, aber er merkte, daß ihnen das nicht allzu sehr imponierte. Das verstimmte ihn insgeheim.

»Hm, jaja, die amerikanischen Wagen«, sagte beispielsweise der Schatzl-Pauli, als Eugen ihm seinen Studebaker zeigte, »für unsere Straßen sind die viel zu leicht gefedert.« Fast geringschätzig drückte er an die Karosserie, und als der Wagen sich federnd bewegte, meinte er abermals: »Für uns wären solche Autos nichts. Wir haben keine Luxusstraßen. Da muß so ein Vehikel stabiler gebaut sein.« Den Eugen überkam eine leichte Mißstimmung. Er war ein Mensch wie jeder andere. Er hatte es weit gebracht und wollte doch wenigstens spüren, daß man ihn bewunderte. Vergeblich. Überall erlebte er so ziemlich das gleiche. Da schwand seine Freude.

Einmal in der Frühe kam er am Kramerhaus vorgefahren, trat reisefertig in den Laden vom Maurus und sagte, da sie gerade dastand: »Mutter, komm! Zieh dich an! Wir fahren nach Rom.«

Nach Rom? Da wurde sogar der Maurus baff.

»Wa-was? Was? . . . Nach Rom?« fuhr unsere Mutter fast erschreckt auf und schaute den Eugen entgeistert an, »nach Rom??«

»Ja! Jaja! Komm doch! Zieh dich an, pack dir ein paar Sachen ein! Wir fahren gleich weg ... Peppi ist schon im Wagen«, drängte der Eugen. Unsere Mutter zweifelte an seinem Verstand. Außer ins Pfarrdorf Aufkirchen war sie fast dreißig Jahre nicht mehr in die nächstliegenden Dörfer gekommen, ein- oder höchstens zweimal im Jahr fuhr sie aus einem wichtigen Anlaß nach München, und das kam ihr schon jedesmal wie eine Weltreise vor! Und jetzt? Jetzt – nach Rom?

Rom? Das war doch unvorstellbar weit weg! Das war doch unmöglich! Da fuhren – wie sie vage aus dem Kirchenanzeiger wußte – doch nur in den heiligen Zeiten einmal Bischöfe hin!

Sie starrte noch immer auf den Eugen und murmelte kopfschüttelnd: »Geh! *Ich* und nach Rom?! ... Das geht doch nicht! Was tut denn so ein altes Weib in Rom? ... Geh, was dir nicht alles einfällt!«

Kurzum, erst nachdem Eugen, seine Frau, die Theres und der Maurus sie lange beredet hatten, erst nachdem sie vom Heiligen Vater erzählten, den sie sehen würde, gab sie zögernd nach.

»Ja! Ja! ... Jetzt! Ja ... ja! Da weiß ich ja nimmer –«, stotterte sie verwirrt und geärgert, »und wie lang fahren wir denn da?«

»Wie lang? ... Wir machen's uns ganz gemütlich ... Hab doch keine Angst, in Amerika sind solche Strecken nichts Besonderes!« versuchte sie der Eugen zu beruhigen. Sie stand schließlich da in ihrem schwarzen, einfachen Gewand und Mantel und schaute todunglücklich drein. Nicht gar vertrauensvoll stieg sie zur Peppi ins Auto: »Tja, ja, hast jetzt schon sowas g'sehn! Nach Rom? Was euch alles einfällt! Hmhm!« Maurus, Theres und die Annamarie mit dem kleinen Cecil standen auf der Straße und grüßten winkend, als das Auto wegfuhr. Unbehaglich hockte Mutter im weichen Sitz, hatte den Kopf umgedreht und lugte in einem fort wehmütig durch das kleine Hinterfenster auf das verschwindende Dorf. Ihre Hände waren gefaltet. Es war ihr schwer ums Herz. Mit fast schwebender Leichtigkeit surrte das Auto den Aufkirchner Berg hinauf. Da stand die uralte Pfarrkirche. Ihre Wettermauer war ziemlich abgebröckelt.

»Jaja, zwanzig Jahr' ist's jetzt her, daß sie die Kirch' nimmer renoviert haben ... Notwendig braucht sie 's Richten!« murmelte unsere Mutter und sah *ihre* Kirche an. Aber das Auto lief und lief. Es trug alles weg. In der Talmulde an der Straße stand der große, breit auseinanderlaufende Heimrathhof von Aufhausen. Da war sie zur Welt gekommen, da hatte sie ihre schwere und doch so heitere Jugend erlebt, da hatte sie herausgeheiratet.

»Da schau! Hmhm! Die Stallwand hat immer noch den Schwamm«, sagte sie und blickte durch das Autofenster, »und den Misthaufen haben sie jetzt hinten. Zu meiner Zeit ist er noch über der Straß' gewesen ... Die neue Bäuerin will alles modern ...« Unablässig schaute und schaute sie um, bis das Auto im dichten Fichtenwald weiterfuhr. Dann kam der trostlose Vilz mit seinen armen, im Moorgrund eingesunkenen Häusern. Alte Erinnerungen stiegen in ihr auf. Durch Wolfratshausen brauste das Auto, und langsam rückte das Gebirge näher und näher. Geruhige Ortschaften flogen vorüber, behäbige Marktplätze weiteten sich, Wälder und Felder wechselten, und auf einmal ragten ringsum die Berge ins Blau.

»Da schau, Mutter! Schau doch! Das ist ja großartig! Wunderschön! ... Die Berge!« riefen Eugen und Peppi zugleich und wurden begeistert. Indessen sie, die im Flachland aufgewachsen war und die weite Sicht schätzte, sagte nur: »Hmhm, so was, ha! ... Wo du hinschaugst, Berg', hmhm!« Die steilragenden Wände schienen sie eher zu bedrücken. Eugen und Peppi schwiegen. –

Es kamen steile Bergstraßen, und sie zitterte angstvoll. Sie sah nichts, gar nichts.

»Paß fein auf, Eugen! Paß auf!« warnte sie immer wieder. In Innsbruck übernachteten sie, aber sie schlief nicht. Schon um vier Uhr früh stand sie im fremden Hotelzimmer und dachte sicher nur eins: »Wenn's nur schon vorbei wär'!« Kopfweh hatte sie und übernächtig war sie.

»Wie weit ist's denn noch?« erkundigte sie sich in einem fort. Was konnte ihr die Herrlichkeit der Landschaft geben? Was die plötzlich aufgerollte Ebene Italiens? Heimzu dachte sie. Hier war die Fremde. Ihren Rosenkranz hatte sie zwischen den Fingern, ihre Lippen bewegten sich, und hin und wieder nickte sie ein.

In Rom war es glühend heiß. Sie fuhren durch die kochende Stadt, suchten die antiken Ruinen auf und stellten sich mit dem aufgeschlagenen ›Baedeker‹ davor. Unsere Mutter troff vor Schweiß und war unglücklicher als während der ganzen Fahrt. Unbegreiflich fand sie, warum man diese alten, umgefallenen Säulen und Mauerreste so lange besichtigte.

»Tja, was stehts denn jetzt da so lang her!« rief sie endlich, »das ist doch noch gar nicht fertig!«

Eugen und Peppi lächelten und fuhren weiter. Und wieder Hotelzimmer, wieder die fremde Umgebung, die fremden Laute und Gerüche.

Am andern Tag sah sie mit vielen Pilgern den Heiligen Vater und empfing den üblichen Segen. Als gute Katholikin rührte sie das – und in der Kirche war's kühl, da fühlte sie sich halbwegs geborgen. Dann kam die lange, lange Heimfahrt mit all den Ängsten, den Müdigkeiten. Endlich, endlich, als das Auto wieder vor dem Kramerhaus anhielt und sie ausstieg, rief sie wie erlöst: »Das ist der schönste Moment von der ganzen Fahrerei! Gott sei Dank! Gott sei Dank, daß ich wieder daheim bin!« Sie sah auf die lachenden Gesichter und brummte: »Aber jetzt will ich meine Ruh' haben, gell! Gefahren bin ich mir jetzt g'nug!«

Nicht lange darauf fuhr Eugen mit Frau, Kind und Studebaker wieder über den Ozean. Sicher war ihm die ganze

Zeit zumute gewesen, als hätte er ein völlig fremdes Land und nicht seine Heimat besucht. Seine Heimat war Amerika geworden.

Ich hatte weder ihn noch die Seinen gesehen, obgleich Mutter es gern gehabt hätte. Unsere Feindschaft war geblieben. Einige Tage nach der Abreise »unserer Amerikaner« saß ich bei meiner alten Mutter in der Kuchl, und sie sah aus wie immer. Sie rühmte Eugens Freigebigkeit und nannte ihn »durchaus nobel«.

»Aber«, meinte sie so nebenher, »ich weiß nicht, er und die Peppi sind ganz andere Leut' worden! Gar keinen Humor hat der Eugen. Du meinst oft grad, er plagt sich, wenn er lacht ...«

Bier stand auf dem Tisch. Sie hatte Dollars bekommen.

»Ja, und wie ist's denn dann beim Heiligen Vater gewesen, Mutter?« begann ich ein bißchen spöttisch zu fragen. »Schön, was?« Sonderbar, sie bekam ein enttäuschtes Gesicht.

»Naja, naja«, fing sie mit fast gleichgültiger Geringschätzung gemächlich zu berichten an, »jaja, soweit ist ja alles ganz schön gewesen ... Arg groß ist sie, die Peterskirch', und wo du hinschaust, Gold und nichts als Gold! ... Und den heiligen Segen, jaja, den hab' ich auch kriegt, ja schon! ... Aber vorstellen tut er nicht recht viel, unser jetziger Papst!« Mit ihrer ausgestreckten Hand deutete sie dessen ungefähres Körpermaß an. »Wie groß wird er sein? ... So groß vielleicht! Größer ist er ganz g'wiß nicht ... Ein mitterner Mensch ist er.« Ich verkniff das Lachen und versuchte ernsthaft zu bleiben.

»Ja, aber Mutter, du versündigst dich doch, wenn du so daherred'st! Das ist doch der Heilige Vater!« rief ich mit gespieltem Vorwurf. Doch sie erschrak nicht. Sie fand durchaus nichts Unrechtes an dieser Schilderung.

»Freilich ist er heilig ... Er mag ja recht religiös sein!« fuhr sie ungeschreckt fort, »aber für einen Papst sollten sie doch einen größer gewachsenen Menschen rausgesucht haben! ... So ein mitternes Mannsbild, das wo nichts vorstellt! ... Da ist der König Ludwig schon ein anderer gewesen ... Zu dem hat man 'naufschauen müssen, so groß ist er g'wesen, aber der Papst, ich weiß nicht! ... Wenn einer gar so wenig vorstellt!«

Mit aller Gewalt plagte ich mich, sie unverdächtig zum weiteren Erzählen zu bringen.

»Ja, mein Gott, der König Ludwig! Der war eben eine Ausnahme!« warf ich ein. Das wirkte. In mir gluckste es.

»Der? Der König Ludwig? ... Mein Lieber, das ist ein Mannsbild gewesen! Viel größer wie jeder, breit und um und um sauber! Da hast du schon Respekt gehabt, wenn du ihn von weitem g'sehn hast. Und« – sie machte eine verbildlichende Andeutung – »solche Händ' hat er g'habt! ... Magst sagen, was du willst, zum Papst sollten s' doch schon ein festres Mannsbild rausgesucht haben.«

Der heiligste Mensch, der Stellvertreter Gottes auf Erden mußte nach ihrer Meinung auch körperlich jeden überragen. Dieses Bild, das sie sicher ihr Leben lang in ihrer frommen Seele getragen hatte, war nunmehr durch die profane Wirklichkeit zerstört worden. Darüber konnte ihr schlichtes Herz nicht schweigen. Doch ihr einfacher Glaube wurde dadurch nicht erschüttert.

Gott allein war groß. –

Der Maurus wurde immer unternehmender. Er verbesserte die Ausstattung seines Kaffeehauses und legte überall Lautsprecher an. Voll Neid beobachtete Theres dieses geschäftliche Aufblühen. Sie hatte sich ganz in sich verkrochen. Ihr starrer Eigensinn und ihr Mißtrauen nahmen zu, und da sie nie eine Zeile las, nie dem Radio zuhörte und eng und bissig dahinlebte, hatte unsere Mutter keine guten Tage bei ihr. Sie brummte beständig in sie hinein und unterschob dem Maurus die bösesten Absichten. Der aber hatte ganz andere Sorgen und andere Freuden. Er las wie immer sehr viel, diskutierte oft nächtelang mit mir über Literatur, und zu ihm kamen jeden Sonntag zahlreiche Gäste aus München, die allerhand Anregung brachten. Sie rühmten seine guten Kuchen und den Kaffee, fanden es gemütlich bei ihm, wurden oft recht lustig und fragten allerhand.

»Soso, Schriftsteller ist Ihr Bruder Oskar? Jaja, ich erinnere mich. Sein Name wird jetzt öfter erwähnt«, sagte einmal ein soldatisch auftretender Mann im Garten, als das Gespräch auf mich kam. Maurus, dem das schmeichelte, wurde redseliger. Mit leichter Ironie erzählte er, daß nun sogar unsere Mutter ein Buch von mir gelesen habe, weil ihr der Pfarrer gesagt habe, ich sei »ein ordentlicher Bücherschreiber, auf den sie stolz sein könne«. Die Mutter, durch dieses Lob verlegen geworden, lächelte dünn. Der fremde Mann musterte sie mit geringschätziger Herablassung und fragte weiter: »Und im Krieg war Ihr berühmter Sohn auch, was, Frau Graf?«

»Ja, schon, der Oskar, der Maurus und der Maxl sind im Krieg gewesen. Der Maxl ist gefallen«, erwiderte sie.

»Hm, jaja, im Krieg war er auch, der Oskar«, ergänzte der Maurus lächelnd, »aber er hat ihn nicht mögen. Er hat einfach den Befehl verweigert ... Er erzählt das sehr drollig in seinem Buch ... Das müssen Sie lesen.«

»Soso, hm! Das interessiert mich«, sagte der Mann, erkundigte sich genauer nach dem Buch, bezahlte, stand auf, schlug die Hacken zusammen und verabschiedete sich. Als sein Auto den kleinen Dorfberg hinuntersurrte, sagte die Mutter zum Maurus: »Du mußt doch nicht jedem sagen, was der Oskar im Krieg gemacht hat.« Neugierige Fremde waren ihr am zuwidersten, denn sie suchten immer nur Abträgliches auszukundschaften.

»Ah!« wehrte der Maurus ab, »der interessiert sich doch bloß für die Bücher vom Oskar!«

Die Hitlerpartei war längst wieder erlaubt. Der fremde Herr kam öfter, machte bei Maurus einen kurzen Besuch und fuhr dann in der Gegend herum. Er tauchte in den verschiedenen Wirtshäusern auf, machte reichliche Zechen und hing dann ein Propagandaplakat der Nazis an die Wand.

In meinem Wohnviertel in München hielten die Hitlerleute wöchentlich in der »Schwabinger Brauerei« eine Versammlung ab. Ein Redner nannte einmal unter anderm meinen Namen und drohte: »Wir haben jeden notiert! Keiner kommt uns aus! Die Burschen, die sich im Krieg gedrückt haben und daheim bei der roten Revolution mitgemacht haben, die kommen zuallererst an den Galgen!« In dem Haus, in welchem ich wohnte, waren Tag für Tag frische Hakenkreuze an die Wände gemalt. Wenn ich nach Berg fuhr und die Leute fragte, ob sie denn für den Hitler seien, lächelten sie schief und meinten verächtlich: »Ah, der? ... Der schreit bloß noch mehr wie die andern. Ist ein Schwindel wie der andere!«

Warum sie denn dann die Naziplakate hängen ließen, forschte ich weiter. Und wieder sagten sie: »In jeder Wirtsstube hängt doch lauter so Zeug! Das schaut doch kein Mensch an! Wer wird sich denn für so politische Sachen interessieren!«

Auf den Gartenzäunen und Hauswänden, an Bäumen und Telegraphenstangen tauchten immer mehr kleine antisemitische Klebezettel auf. Das Hakenkreuz drang – ohne daß sie es merkten – in die Hirne der Landleute.

Ich machte Spaziergänge mit der Annamarie, und wir rissen die Zettel ab. Heimkommend, zeigte ich sie Maurus und wollte diskutieren. Der aber haßte das Politisieren und zeigte mir seine neuesten Kakteen, die er in der letzten Zeit leidenschaftlich liebte.

»Da, das mußt du dir einmal genauer anschauen«, rief er, »ist das nicht weit interessanter als der ganze politische Schmarren, wie so eine Pflanze nach und nach eine ganz sonderbare plastische Form kriegt? ... Neulich hat mir einer erzählt, daß auch der alte Goethe ein Kakteenzüchter war! Ich versteh' nicht, daß dich das nicht interessiert! ... Immer kommst du mit deiner Politik! *Die* wird doch immer ohne uns gemacht.« Er fuhr behutsam mit der Innenfläche seiner Hand über die stachligfeinen Borsten und bekam dabei ein fast zärtliches Gesicht.

»Gegen Hitler müssen wir arbeiten! ... Wenn die Nazis

an die Macht kommen, dann gnade uns!« wollte ich erneut anfangen.

»Hm, du bist ein sonderbar nüchterner Kauz! Ganz verrannt denkst du bloß immer in einer Richtung!« wehrte er ab. »Mensch, so ein Kaktus ist doch tausendmal wichtiger und interessanter wie dieses ganze Zeug!« Die Ladenglocke läutete. Ich ging zur Mutter hinauf.

»Jaja«, sagte die, »grad notwendig haben sie's jetzt mit ihrem Hitler! ... Ich bin schon öfter in der Nacht aufgewacht, weil sie durchmarschiert sind. Ich hab' beim Fenster 'nausg'schaut ... Lauter so junge Spritzer sind's. Ganz wie beim Militär geht's zu ... Hmhm, was die wieder wollen!«

»Was die wollen?« versuchte ich ihr begreiflich zu machen, »ans Ruder wollen sie und die kleinen Leut' wieder recht schikanieren! ... Und wenn sie's Heft in der Hand haben, machen sie wieder Krieg!«

»Hm, Krieg?... Krieg will doch kein Mensch!« sagte sie. »G'fallen tut mir das ganze Zeug nicht!« Sie nahm den Milchkübel und wandte sich zum Gehn: »Hm, Krieg? Ist doch jeder Mensch froh, daß er wieder seine Ruh' hat ... Hmhm, ist das eine Zeit!« Sie ging zum Schatzl hinüber.

Als sie zurückkam, erzählte sie mir halblaut und eilsam, als fürchte sie einen unerwünschten Lauscher, daß der Maurus das Heiraten im Sinn habe.

»Er sagt nichts und deut't nichts! ... Ich leg' ihm doch nichts in den Weg!« klagte sie leicht. »Hm, die Mimi will er heiraten! ... Er könnt' doch eine viel bessere Partie machen.«

Die Mimi, die jetzt schon mehrere Jahre beim Maurus arbeitete, war eine sehr stille Person. Irgend etwas eigentümlich Eingeschüchtertes lag in ihrem Wesen, und immer schien sie ein wenig traurig zu sein. Der Maurus war ein flinker, hitziger Arbeiter, mit dem nicht leicht auszukommen war. Der ewige Streit mit der Theres hatte ihm hart zugesetzt, in seiner Reizbarkeit konnte er sehr heftig und grob werden, doch Mimi war ungemein nachgiebig und verläßlich, und das wirkte stets ausgleichend. Unsere Mutter aber mochte Mimi nicht. Vielleicht fühlte sie, daß ihr durch eine solche Heirat viel genommen würde, denn sie hing in ihrer Art an dem jähzornigen Maurus. Vielleicht aber wollte sie für ihn doch eine reiche Bauerntochter, mit der man sich – wie sie sagte – »sehen lassen konnte«. Der alte bäuerliche Kastengeist war nicht erstorben in ihr, und die Mimi hatte kaum ein Vermögen, war so gar keine Person, die »was vorstellte«, und wollte auch nichts Ähnliches sein. Ihre Sparsamkeit und Bescheidenheit legte Mutter als Geiz und Falschheit aus.

»Man wird nicht warm bei ihr«, charakterisierte sie die zukünftige Schwiegertochter. »Bevor die ein Wort ’rausbringt, kriegt eine Kuh ein Kalbl.«

Nichts von alledem war ihr auszureden.

Mich erheiterte es, daß der Maurus seine Absichten so verschwieg. Ich kannte ihn zu genau. Aus einer gewissen Lust an findigen Redewendungen gebärdete er sich zuweilen als zynischer Weiberverächter und zitierte dabei Schopenhauers Auslassungen. Ich sagte nichts und wartete ab.

Er kam um jene Zeit öfter nach München, und wir verdiskutierten lange Nächte. Einmal aber, als er wieder bei mir auftauchte, hatte er ein verschmitztes Zucken um den Mund und fragte unvermittelt: »Also zwölfmal fünfunddreißig, das sind doch vierhundertzwanzig, oder?«

»Ja, warum?« fragte ich begriffsstutzig. Das störte ihn nicht.

»Und fünfmal vierhundertzwanzig, das sind zweitausendeinhundert, ja?« redete er weiter und schien ganz und gar mit diesem Rechnen beschäftigt. »Kommen noch neunhundert oder tausend Mark dazu – das sind dann runde dreitausend.«

»Ja, was willst du denn eigentlich damit?« fragte ich wiederum. Er grinste noch verschlagener und wurde ein ganz klein wenig verlegen. Arglistig beschnüffelte er mich gleichsam mit seinen flinken Augen.

»Ja, weißt du«, gestand er bäuerlich sachlich. »Ich hab' mir das überlegt – der Mimi zahl' ich jetzt einen Monatslohn von fünfunddreißig Mark. In fünf Jahren macht das ein ganz hübsches Vermögen ... Außer dem, was ich ihr sonst noch an Essen und Trinken geben muß, ist das zweitausendeinhundert. Neunhundert oder tausend Mark hat sie sich erspart ... Ich will sie doch heiraten, das ist billiger.« Er lachte dünn.

»Ja, hm, und habt ihr euch denn gern?« wollte ich wissen.

»Naja, gern?« erklärte er, befriedigt über seine Schlauheit: »Gern? Ich will dir sagen – ich könnt' ja auch, wie's unsere Mutter will, eine reichere Partie machen, aber weiß man denn, was man da für eine kriegt? Die Mimi kenn' ich jetzt in- und auswendig. Sie ist nicht herrschsüchtig, sie folgt mir, und – wir haben uns aneinander gewöhnt ... Ich glaub', da mach' ich keinen Fehler.«

Unwillkürlich mußte ich an die Heirat von Vater und Mutter denken.

»Ja, Maussei«, spöttelte ich, und ich wußte, er konnte diesen Kosenamen nicht leiden, »Maussei, jetzt fahr nur heim! ... Ich bin neugierig, wie du dich als Ehemann ausnimmst.« Er nahm es hin, wie es gemeint war, und lustig gingen wir zum Bahnhof.

Bald darauf heiratete er ganz unauffällig. Manche Tochter aus der Nachbarschaft verübelte ihm das insgeheim, doch Mimi hing mit einer verborgenen Dankbarkeit an ihm, und es wurde eine recht gute Ehe.

Unsere Mutter aber gewöhnte sich nur schwer daran. Manchmal hockte sie allein in ihrer Kuchl droben und war traurig. Nur die kleine Annamarie erhellte ihre einsamen Tage ...

Ein Abschied

Es war ein Mann – etwas über fünfzig und noch rüstig –, der erwachte an jedem Morgen, sah seine magere Frau an, seine zwei dürren Kinder, die noch schliefen, atmete schwer und stieg verdrießlich aus dem dämpfig-warmen Bett. Im kahlen Zimmer war es kalt, in der nebenanliegenden, winzigen, säuerlich riechenden Küche war es ebenso kalt, und die Fenster waren von oben bis unten dick gefroren. Die graue Winterhelle von draußen drang kaum durch sie. Es herrschte eine farblose, unbestimmbare Dämmerdüsternis im Raum. Der Mann knipste das elektrische Licht an. Es brannte nicht. Er ging an den Gasherd, wollte die Flamme anzünden. Das Zündholz verglomm. Das Gas kam nicht. Es war abgesperrt worden.

Eine Sekunde lang starrte der Mann störrisch vor sich hin. Seine aufeinandergebissenen Zähne knirschten. Er begann fröstelnd zu schlottern. Endlich gab er sich einen resoluten Ruck, ging an den Wasserhahn, wusch sich geschwind, kämmte sich, schabte die letzten Tabak-Krümel in seiner Rocktasche zusammen, stopfte seine Pfeife, zündete sie an, zog die ersten Züge Rauch gierig in sich hinein und verließ die trostlose Wohnung.

Auf den überschneiten Straßen war es schneidend kalt. Manchmal fiel den Dahinschreitenden eine eisige Windwelle an. Er hatte keinen Mantel. Seine Hände steckten tief in den Hosentaschen, sein schmaler Rockkragen war hochgestülpt, seinen Kopf hatte er eingezogen, und seine Nase tropfte. Fast wütend griffen seine Beine aus, aber es fror ihn immer noch mehr. Die Trambahnen fuhren dumpf krachend vorüber, ein Lastkraftwagen schepperte schwer, die leblosen Auslagenfenster glotzten in den fahlen Tag, und eben verlöschten die hohen Bogenlampen. Hin und wieder sah der Mann einen Rudel Menschen, die den Schnee wegräumten. Der Stadtmagistrat hatte ihnen für kurze Zeit Beschäftigung gegeben. Der Mann blickte gramvoll neidisch auf sie. Mancher von ihnen hatte ein verkratztes, zerschundenes Gesicht. Sie hatten sich am Morgen um diese schlechtbezahlte Arbeit geschlagen. Mit Fäusten und Schaufeln waren sie aufeinander losgegangen, denn keiner wollte zurückstehen, jeder wollte wenigstens zu diesem Verdienst kommen. Die Polizei mußte eingreifen. Einige gefährlich Verwundete waren in die Krankenhäuser gebracht worden.

Der Mann kam endlich im großen Gebäude des Städtischen Arbeitsamtes an. Alle Gänge waren vollgepfropft. Die Luft war stickig. Es roch überall nach ungelüfteten Kleidern, nassem Leder und kaltem Tabakrauch, und die Menschen hatten böse Gesichter. Knurrend stießen sie aneinander, schoben sich vorwärts, drängten sich. Doch nach einer guten Weile fühlte der Mann erleichternde Wärme, und sein Körper verlor die Starrheit. Er stand stundenlang und stundenlang mit vielen anderen in einem Raum, kam endlich vor ein Schalterfenster und zeigte seine Stempelkarte.

»Noch nichts?« fragte er stumpf.

»Bäcker sind Sie? ... Nein, da ist nichts frei!« erwiderte der Beamte gleichgültig und schlug den Stempel auf das steife Stück Papier.

»Auch keine andere Arbeit? ... Irgendeine?« fragte der Mann wieder.

»Nichts! Wird doch überall abgebaut ... Und übrigens ist das nicht mein Ressort!« gab der Beamte abermals zurück, prüfte die Stempelkarte genauer und fuhr fort: »Ihre Arbeitslosen-Unterstützung läuft diese Woche ab. Sie werden dem Städtischen Wohlfahrtsamt überwiesen.« Er nahm den Federhalter, beugte sich über die Karte und kritzelte irgend etwas darauf.

»Wieso denn? Warum denn? ... Ich war vier Jahre im Krieg, hab' Frau und zwei Kinder! Ich will Arbeit und kein Almosen!« schrie der Mann, aber die hinter ihm Nachdrängenden schoben ihn schon weiter. Millionen teilten mit ihm das gleiche Schicksal.

Wie war das eigentlich gekommen? Vor ein paar Jahren sah es doch noch weit besser aus?!

Wirtschaftskrisen durchzogen alle Länder. Es hatte damit begonnen, daß auf einmal die internationalen Anleihen stockten. Banken krachten zusammen, und ungezählte Sparer verarmten in einer Nacht. Die Regierung mußte zu drakonischen Maßnahmen greifen, aber sie steigerte damit nur die allgemeine Erregung gegen das ganze »System« und richtete wenig aus. Die Weltmärkte fanden keinen Absatz mehr. Die Betriebe rationalisierten unbarmherzig. Eine lähmende Ausweglosigkeit breitete sich aus. –

Als der Mann nach einigen Tagen die letzte Arbeitslosenunterstützung erhielt, kam er heim, legte zwei Heringe auf den Tisch und zählte das übrige Geld hin.

»Ich hab' gleich die elektrische Rechnung und das Gas bezahlt,« sagte er.

Seine Frau nickte, rechnete nach und kaufte Milch, Zukker und Brot für die Kinder. Auch für ein bißchen Grieß reichte das Geld noch.

»So, Kinder, jetzt kriegt ihr gleich was Warmes,« tröstete sie die hungrigen Kleinen. Friedlich aßen allesamt das wenige auf.

»Als Bäcker krieg' ich keine Arbeit ... In der Schellingstraße sucht eine Knopf-Firma Hausierer«, meinte der Mann nach einer Weile, »ich will einmal hingehen. Vielleicht hab' ich Glück.«

»Jaja, tu das! Geh gleich, jaja!« ermunterte ihn seine Frau und bekam seltsam flimmernde Augen. Zärtlich streichelte sie seine Hand. Er ging, aber er hatte kein Glück. Hunderte waren schon dagewesen. Er kam nach Hause. Seine Wohnung war aufgebrochen. Es roch nach Gas in den öden Räumen. Die Nachbarn kamen mit angstvolltraurigen Gesichtern und erzählten, daß sich seine Frau mit den Kindern gasvergiftet habe. Die Rettungsgesellschaft habe nur noch die Leichen herausschaffen können. Der Mann sagte nichts und ging davon. Zufällig las ich in einer lakonischen Zeitungsnotiz, daß er Michael Beckenbauer geheißen hatte. Wochenlang versuchte ich vergeblich, ihn irgendwo aufzuspüren. Vielleicht war er in den Tod gegangen. –

Der Kanzler, der jetzt die absterbende Republik leitete, war der fromme, fast mönchisch gesinnte Katholik Dr. Heinrich Brüning. Er vertraute nur auf Gott und den alten Reichspräsidenten Hindenburg. Er lebte einfach und bedürfnislos und wollte auch das Volk durch strengste Sparsamkeit aus dem hereingebrochenen Elend herausführen. Es fehlte ihm nicht an Energie. Er schaltete den Reichstag aus, schickte die Abgeordneten auf unbestimmte Zeit nach Hause und regierte mit Hilfe seiner wöchentlichen, sogenannten »Notverordnungen«, die der Präsident stets unterschrieb.

In kurzen Intervallen entließen die Fabriken immer neue Scharen von Arbeitern. Die Erwerbslosenziffer stieg auf fünf, dann auf sechs, sieben und schließlich auf acht Millionen. Ein Jahr, zwei und drei Jahre blieb das Leben junger Lehrlinge, arbeitserfahrener Männer, schulentlassener Mädchen und abgerackerter Mütter so:

Im Winter überfüllten sie die Stempelstellen und warteten. Im Sommer bevölkerten sie zu Hunderten die städtischen Grünanlagen, trieben kärgliche Glücksspiele, feilschten mit irgendwelchen Kleinigkeiten oder lagen draußen vor der Stadt, an den kühlen Ufern der Flüsse und Bäche. Sie stahlen Obst und brieten die unreifen Kartoffeln, die sie aus den umliegenden Äckern der Bauern gerissen hatten. Polizisten tauchten auf und vertrieben sie. Fluchend wanderten sie weiter und lagerten auf versteckteren Plätzen. Die Nacht brach herein, und außer denjenigen, die einfach im Freien kampierten, wußten die meisten nicht, was sie anfangen sollten. Die Mädchen gingen auf die nächtlichen Straßen und boten sich dem nächstbesten Liebhaber an. Auch die Jungen fanden manchmal einen freundlichen Herrn, der sie bewirtete und mit nach Hause nahm.

In den Parks hockten die mürrischen Männer und schauten verloren ins Dunkel. Und jeder dachte stumpf: »Wie lang soll das so weitergehn?« Ein fremder Mensch setzte sich zu ihnen und fing ein Gespräch an.

»Jaja, Kamerad, ich kenn' das! Mir ist's genau so gegangen«, sagte der Fremde, wenn sein Gegenüber mürrisch klagte: »Dieses System ruiniert uns alle.«

Er lud den Verzagten ein, gab ihm zu essen, stellte Bier hin, politisierte behutsam weiter und meinte schließlich: »Übrigens, ich kenn' dich ja nicht! Vielleicht bist du ein Kommunist oder Sozi! Ganz gleich! Aber wir zwei sind eben doch deutsche Männer vom gleichen Fleisch und Blut.«

Es klang warm, fast herzlich. Er schenkte von neuem Bier ein. Schüchtern sah der arme Mann in der kleinbürgerlich möblierten Wohnung herum.

»Du siehst, ich bin kein Kapitalist«, sagte sein Gastgeber witternd, »mir kann es morgen genau so ergehn wie dir. Gibt uns etwa die Regierung Arbeit? Schert sich vielleicht die Judenrepublik um uns, was? Nein! Du kannst ihretwegen verkommen wie hunderttausend andere! Wenn bloß die Bonzen ihre Ministersessel behalten!« Er musterte den benommen schweigenden Gast sichtlich mitleidig und fuhr fort: »Da, melde dich in unserm ›Braunen Haus‹, wenn du willst ... Du brauchst nichts weiter tun, als eine Nacht Wache stehn, und kriegst in der Früh' deine zwölf Mark ... Es ist eine leichte Arbeit, und sie verpflichtet dich zu nichts ... Probier's mal! Wir verlangen von keinem, daß er gleich Mitglied bei uns wird. Nationalsozialist *ist* man oder man ist es eben nicht.«

Zwölf Mark? Das war fast ein halber Wochenlohn. Der arme Mann war seit seiner Lehrlingszeit Gewerkschafter und Sozialdemokrat. Er haßte die Nazis. Er schämte sich – aber wie hatte sein freundlicher Gastgeber gesagt, wie? »Es ist eine Arbeit wie jede andere, und sie verpflichtet zu nichts.« Wenn man satt ist, kann man leicht Charakter haben und wählerisch sein. Der arme Mann stand einmal Wache, stand öfter Wache, und zuletzt wurde er »geheimes Mitglied« der Nazipartei ... da merkte es niemand ...

In- und ausländische Industrielle gaben Unsummen für diese Partei. Sie konnte militärische Formationen aufstellen, konnte jede Versammlung zusammenhauen lassen und war schon ein eigener Staat im Staate. Sie konnte ihren Mitgliedern etwas bieten und schwoll ins Millionenfache.

In der Reichskanzlei wurde rastlos gearbeitet. Der Kanzler ließ sich durch nichts beirren. Die Kriegsschulden, deren Höhe von den Siegern erst jetzt – nach fast vierzehn Jahren! – festgelegt werden sollte, drückten schwer auf das Land. Nichts hatte eine Zukunft, und die Gegenwart war zermürbend. Das Geld war erschreckend knapp geworden. Verängstigt durch die vielen Zusammenbrüche der Banken hatten die Leute ihre letzten Ersparnisse abgehoben und hielten sie zurück. Die Krämer klagten über die hohen Schulden ihrer Kunden. Die Metzgerläden blieben leer, denn die Schlächterinnungen hatten die Regierung gezwungen, ein strenges Gesetz zu erlassen, demzufolge kein Bauer irgendein Stück Vieh mehr selber schlachten durfte. Nur bei Unglücksfällen im Stall war ihm eine sogenannte »Notschlachtung« gestattet. Jeden Ochsen, jede Kuh, jedes Kalb und Ferkel mußte der Metzger bekommen, und die Preise für dieses Lebendvieh wurden rigoros herabgesetzt, während das Frischfleisch von Tag zu Tag teurer wurde.

»Jeder muß opfern! Bald sind wir am Ziel!« verkündete der unverzagte Kanzler bei jeder neuen Notverordnung und setzte erhöhte Steuern fest. Die kleinen Bauern verarmten zusehends und verwünschten die Regierung. Sie konnten die Steuern nicht aufbringen, und das Vieh wurde ihnen aus den Ställen gepfändet. Es gab Dorfkrawalle. Die paar Gendarmen, die den Gerichtsvollzieher begleiteten, waren machtlos gegen die rebellische Bauernschaft und mußten fliehen. Ein größeres Polizeiaufgebot mußte kommen. Die Erbitterung stieg.

Gegen Macht half nur List. In der Nacht stieg der Bauer in den dunklen Stall, band einer Kuh das Maul zu und schlug ihr mit einem stumpfen Hammer das Bein ab. Der »Unglücksfall« war gegeben, es konnte notgeschlachtet werden, und so kam man wenigstens halbwegs zu Geld.

In den Städten gärte es gefährlich. Wütend über die vielen Entlassungen, ergrimmt wegen der dauernden Lohnkürzungen streikten die Arbeiter. Es kam zu blutigen Zusammenstößen mit der Polizei oder mit den Nazis. Die beiden Arbeiterparteien – Sozialdemokraten und Kommunisten – bekämpften einander blind und beraubten sich ihrer besten Kraft. Ihr Zwiespalt machte viele irre, die zu Hitler übergingen. Den förderten nun auch die Generale offener. Die Gerichte schonten die gewalttätigen Nazis, und wie eine feindliche Besatzungsarmee überzogen ihre militanten Formationen das Land mit Terror.

Der Kanzler Brüning zerdachte sich das Hirn.

Hinter ihm standen die bürgerlichen Parteien, weil sie eine Revolution fürchteten. Die Sozialdemokraten tolerierten seine Regierung, um wenigstens noch halbwegs die Grundrechte der Arbeiter zu sichern sowie ihre Machtpositionen gegen die Nazis und Kommunisten. Die ostpreußischen Junker dagegen verlangten vom Kanzler eine ausgiebige Sanierung ihrer heruntergewirtschafteten, verschuldeten Güter und erhielten trotz aller Geldknappheit Millionen und Abermillionen aus der Steuerkasse. Sie begannen wieder in ganz großem Stil zu leben und hatten zunächst nichts gegen den Doktor Brüning einzuwenden.

Der Kanzler versuchte eine Streichung der Kriegsschulden zu erwirken, aber nun herrschte auch in Frankreich, England und Amerika eine heftige wirtschaftliche Krise. Er erreichte nichts. Das Ziel rückte in die weite, nebelige Ferne.

Um wenigstens im Inland Ruhe zu gewinnen, verhängte der Kanzler das Verbot über die Hitlerpartei und ging scharf gegen die Kommunisten vor. Der Terror stieg bürgerkriegsähnlich. Im stillen begann der Kanzler mit einer Annäherung an die zu mächtig gewordenen Nazis. Vergeblich. Endlich wollte er dem Bauernelend zu Leibe rücken und schlug ein großes Siedlungsprogramm für gefährdete Kleinbauern vor. Dabei machte er Andeutungen über eine teilweise Parzellierung des unrentablen junkerlichen Großgrundbesitzes. Das wirkte alarmierend auf die Junker. Sie hatten den Reichspräsidenten inzwischen durch Schenkung eines Gutes zu einem der Ihrigen gemacht und bestürmten ihn nun. Der vergeßliche Soldat war erbost über den »roten Kanzler«. Er schrieb sich einige Fragen auf einen kleinen Zettel und reiste ungesäumt nach Berlin.

Erst vor kurzem war in zwei hartnäckigen, ungemein erbitterten Wahlgängen um die Verlängerung der Amtsperiode des Präsidenten gerungen worden.

Als Gegenkandidat des alten Feldmarschalls war zum ersten Male Hitler aufgetreten und hatte dreizehneinhalb Millionen Stimmen erhalten, doch der Doktor Brüning erfocht seinem Hindenburg mit neunzehn Millionen Stimmen den unbedingten Sieg. Jetzt, aus Ostpreußen zurückgekehrt, rief der wiedergewählte Präsident seinen treu ergebenen Kanzler zu sich und zwang ihn kurzerhand, zu demissionieren.

Er berief Franz von Papen, den er schon deswegen schätzte, weil er einst ein schneidiger, eleganter Reiteroffizier gewesen war, in die Reichskanzlei. Es war wieder wie in der Kaiserzeit: Nach eigenem Gutdünken ließ der Präsident die Kanzler kommen und gehen, ohne daß ihn jemand daran hinderte.

Das Verbot der Nazipartei wurde aufgehoben. Die Unruhe im Land stieg. –

Am selbigen Allerseelentag fuhr ich wie gewöhnlich nach Berg, um mit meiner Mutter im Pfarr-Friedhof an das Grab unserer Familie zu gehen. Wenn ich einmal zu Weihnachten, Ostern oder Pfingsten nicht kam, das verübelte sie nicht weiter. Zum Grabgang aber *mußte* ich kommen.

Der diesmalige November war lau. Die Tage leuchteten in der milden Sonne. Die gewellten, abgeernteten Felder verströmten in der Ferne und flossen in das blasse Blau des Himmels. Der leicht bewegte See roch fischig, und die noch nicht ganz entblätterten Laubwälder der umliegenden Ufer zeigten noch hin und wieder kärgliche Herbstfarben. Weit weg ragten die Berge aus dem dünnen, schleierigen Dunst und sahen aus wie zackig geschnittene Kulissen.

Ich atmete tief auf, als ich in Berg aus dem Dampfschiff stieg. Es war still wie immer. Die dürren Blätter raschelten unter meinen Füßen. Gedankenversunken ging ich durch das Dorf.

Ein schrecklich zerhetzter, aufregender Sommer lag hinter mir. Schon eine lange Zeit konnte ich nicht mehr schriftstellerisch arbeiten, und jeder Tag war für mich stets so verlaufen: Am Morgen durchflog ich die Zeitungen, und Unrast und Spannung ergriffen mich.

»Die Radionachrichten sind noch fürchterlicher!« sagte meine Frau. Sie war blaß, sah mitgenommen aus, hatte tiefe Ränder um die Augen und klagte über Kopfweh. Keine Nacht konnte sie mehr schlafen.

»Komm, geh mit! Ich halte es daheim nicht aus! Gehn wir!« sagte ich, doch sie lehnte ab und erwiderte niedergeschlagen: »Nein, geh nur allein! Ich rege mich zu sehr auf. Ich erfahr' ja sowieso alles durchs Radio.« Ein schwerer Druck legte sich auf meine Brust. Ich kam auf die Straße und durchwanderte unablässig und ohne jedes Ziel die Stadt. Ich kam vor die Zeitungsgebäude, las mit vielen anderen, die ebenso stumm dastanden wie ich, die letzten Telegramme und trottete wieder weiter. Ich mengte mich in dicht gedrängte, heftig diskutierende Gruppen und schnappte Gerüchte auf, besuchte Genossen und besprach mit ihnen die politische Lage. Ich kam in wilde politische Versammlungen, geriet in Tumult und Gedränge und hatte nicht selten Schlägereien mit Nazis. Einzeln kam man nicht mehr auf gegen sie. In Gruppen schlugen wir uns.

Müde, zerschlagen und noch bedrückter kam ich nach Hause.

»Die Stimmen der Nazis nehmen zu und zu. Hitler kommt ganz legal an die Macht«, sagte meine Frau und stellte das Radio ab.

»Ich weiß, ich weiß! Es ist schon Bürgerkrieg! ... Eigentlich Bandenkrieg!« erwiderte ich verdrossen. »Die Hitleristen stechen und schießen und zertrampeln jeden Gegner, und die Polizei schützt sie noch obendrein ... Ach, und die Arbeiter sind uneinig! ... Zum Verzweifeln!«

Mein Kopf war leer. Immer noch schwang der Straßenlärm durch mein Hirn.

Als ich jetzt am stillen Berger Schloß vorüberging und aufwärtsstieg, war mir, als sei ich einer gefährlichen Feuersbrunst entronnen.

Seit dem Sturz Brünings wurde unentwegt gewählt: für den Reichstag, für die Landesparlamente und Gemeinden. Tag für Tag surrten Autos mit bellenden Lautsprechern durch die Straßen und spien Tausende von Flugblättern. Die Plakatschlachten und Kämpfe der Klebekolonnen nahmen nie dagewesene Dimensionen an. Die Litfaßsäulen wurden mit Petroleum übergossen und angezündet. Knisternd fingen die angeklebten Plakate Feuer, rollten verkohlt zusammen. Die emporlodernde Flamme trieb ihre Reste mit dem dicken Rauch in die Luft. Berittene Polizei sprengte heran. Tumulte gab es. Schlägereien, Schießereien und willkürliche Verhaftungen ereigneten sich Nacht für Nacht. Verwundete wurden in die Krankenhäuser gebracht, und die Toten waren oft so zerschunden, daß man sie nicht gleich identifizieren konnte.

»Im Namen der Nation! Für Deutschland!« verbreiteten Hitlers bewaffnete Garden überall Angst und Schrecken.

Um ihnen den Wind aus den Segeln zu nehmen und die gemäßigten Nationalisten für sich zu gewinnen, hatte der neue Kanzler sofort nach seiner Amtseinsetzung aus eigener Machtvollkommenheit die sozialdemokratische Regierung des Landes Preußen abgesetzt und die Minister gewaltsam aus ihren Amtsräumen entfernen lassen. Die Linken tobten, aber die Rechten fanden den neuen Mann sehr brauchbar und energisch. Er setzte Neuwahlen an, hob viele Notverordnungen auf und erließ eine umfangreiche Amnestie für politische Gefangene, um sich Sympathien zu schaffen. Doch die Nazis schränkten ihren Terror nicht ein, und bei den Arbeiterparteien wurden strenge Waffensuchen durchgeführt. Endlich aber mußte Herr von Papen doch ein neues Gesetz erlassen, das jede politische Untat mit dem Tode bestrafte. Nach dieser Amtshandlung begab er sich zur internationalen Konferenz nach Lausanne und erreichte – was man seinem Vorgänger nie zugestanden hätte – von England und Frankreich, daß die Höhe der Kriegsschulden auf zwei Milliarden Goldmark festgelegt wurde. Auch Zugeständnisse einer Zahlungserleichterung erhielt er. Tagelang brachten die großen Zeitungen der Welt sein Bild.

Aber: »Zwei Milliarden Goldmark!? Zwei Milliarden? Zweimal tausend Millionen. Zwanzig hundert Millionen Goldmark!« fegte es durchs Land, und solange trommelte die nationalsozialistische und reaktionäre Opposition die Zahl dieser unvorstellbaren Summe in die Hirne, bis jeder Mensch sagte: »Hm, das ist doch ganz und gar unmöglich! Da zahlen wir ja bis zum fünften oder sechsten Glied! Ausgeschlossen – so kann's nicht weitergehen!«

Und es wurde weitergekämpft und weitergewählt. Die Republik war längst zerfallen, und die hinausgeworfenen sozialdemokratischen Minister, die vor dem Reichsgericht wegen ihrer ungesetzlichen Absetzung prozessierten, zogen sich das Gelächter aller zu. Hitler durchflog im eigenen Flugzeug das Land und hielt seine militärisch aufgezogenen Riesenversammlungen ab.

Bedrängt von all diesen Erlebnissen blieb ich in der Mitte des Bergweges, der sich nach Oberberg hinaufzog, stehen. Ich schaute hinunter auf die graublaue Seefläche, hinüber nach Starnberg und in die Richtung, wo München lag. Es war nichts zu sehen als ferne, umdunstete, bewaldete Hügelkämme und der herbstliche Himmel. Ich schluckte trokken und ging weiter.

Im Oberdorf lief mir Annamarie bereits lachend entgegen. Vierzehn Jahre war sie schon alt geworden. Munter hing sie sich an meinen Arm.

»Vater! Die Großmutter fragt schon den ganzen Tag, wann du kommst!« plauderte sie und erzählte von dem neuen Rad, das ich ihr vor kurzem gekauft hatte. »Es läuft sehr gut ... Ich fahr' schon schneller als alle Buben.« Übermütig hüpfte sie. »Das wird die Großmutter freuen, daß du da bist! Wie lang bleibst du denn?«

Sonderbar, bei dem Gedanken, wieder in die Stadt zu müssen, wurde ich unruhig.

»Nicht gar lang«, sagte ich, »morgen oder übermorgen fahr' ich wieder weg!«

»Ah, geh! Bleib doch einmal länger!« rief sie unbekümmert, »immer gehst du gleich wieder. Die Großmutter wird jedesmal so traurig, wenn du wegfährst!« Und leise und geschwind erwähnte sie von den Streitigkeiten, die der Maurus und die Theres hatten.

»Das tut ihr so weh«, sagte sie von der Mutter. Kurz darauf, als ich in der wackeligen Kuchl stand, befiel mich eine jähe Bedrängnis.

»Mein Gott, Mutter! ... Jetzt kommt eine ganz furchtbare Zeit! Ganz entsetzlich kann's werden!« sagte ich. Sie schaute mich an und meinte unberührt: »Ja ja, man sagt's überall ... Ich bin froh, daß ich ein altes Weib bin und nichts mehr erleb' ... Das Schönste haben wir hinter uns.«

Sie musterte freudig den großen Schinken und die Flasche Wein, die ich mitgebracht hatte, und redete weiter: »Soviel Geld gibst du immer aus! Das braucht's doch nicht!« So ungefähr redete sie jedesmal.

Ich blickte sie unvermerkt an. Ihre breiten, eckigen Schultern hingen ein bißchen nach vorne. Das graue, durchsichtig dünne Haar schmiegte sich karg und glatt an ihren rundgewölbten Kopf. Der Knoten im Nacken war noch winziger geworden. Ihr Gesicht hatte eine gesunde braune Farbe und erinnerte mich an gegerbtes Leder. Die Schläfen waren tief eingebuchtet, und die hervortretenden Backenknochen fielen jetzt mehr auf, da sie nur noch wenige Zähne hatte und das Gebiß, das sie sich zu Vaters Zeiten einmal hatte machen lassen, nie benützte. Immer noch glänzten ihre kleinen, tiefliegenden Augen verschmitzt, lebhaft und zugleich gelassen. Langsam und bedacht schienen ihre Bewegungen, aber durchaus noch sicher. Es ging mir durch den Kopf: »Sie wird auch die schlimmste Hitlerei nicht ändern! Hm, und so wie sie gibt's doch Tausende? ... Wer ist eigentlich stärker? Die Macher oben oder diese Kleinen unten?«

Laut aber fragte ich sie: »Was machen denn deine offenen Füß'?«

»Die ... Ja, arg steif sind sie in der Früh', wenn ich aufsteh', aber sie laufen sich nach und nach schon wieder ein«, antwortete sie.

Die Annamarie brachte Bier und stellte es auf den Tisch.

»Vater«, sagte sie verschnaufend, »jetzt solltest du da sein! Wie's jetzt oft zugeht bei uns ... Jede Nacht marschieren sie zur Übung, bald sind's die Hitler, dann wieder die ›Bayernwacht‹ ... Und grad krachen tut's, die Großmutter schreckt jedesmal aus dem Schlaf ...«

»Ja«, meinte die Mutter ungut, »und nachher saufen sie beim Hofmann drunten und plärren herum, daß du kein Aug' zubringst ... Auf einmal haben sie's wieder mit der Soldatenspielerei ... Wenn's ernst wird, werden sie gleich anders schauen ...«

»*Die* bringen ja die schönen Zeiten! ... Die bringen auch wieder den Krieg!« sagte ich. »Wenn nichts mehr stimmt im Staat – was tut man? Man fängt wieder mit dem Militär an, und Militär ohne Krieg gibt's nicht ... Annamarie, die dummen Kerl sind lauter Taugenichtse.«

Ich trank mein Bier aus und ging zum Maurus hinunter. Er und seine Frau arbeiteten ohne Hast, denn jetzt im Herbst war stillere Zeit.

Maurus redete erst, was man eben so redet. Dann wurde er ernst, schaute mir in die Augen und sagte sonderbar verhalten: »Oskar, hm, ich denk' in der letzten Zeit oft an dich. Ich weiß gar nicht, woher das kommt, hm, sonderbar!« Er hielt inne, schnaubte schwer und fuhr fort: »Es ist vielleicht alles bloß Einbildung, aber wenn ich dir raten darf, kümmere dich lieber nichts mehr um die politischen Sachen! ... Ich les' jetzt grad immer die Römische Geschichte! Das kommt mir oft vor wie heut ... Da haben sie sich auch alle nacheinander umgebracht ...«

»Ja«, sagte ich, »da kannst du recht haben.« Er rührte den Kuchenteig ineinander, und die Mimi schüttete Rosinen und Weinbeeren dazu.

»Der kleine Mann wird immer beschissen, weil er sich nicht wehrt«, redete er während des Rührens, »das Volk, von dem du immer sprichst, ist wie unsere Mutter ... Mit dem kann man alles machen.«

»Weil wir uns eben nichts kümmern um das Volk«, fiel ich ein, »was hilft da die ganze Bücherschreiberei.«

»Ich seh' schon, du änderst dich nie«, warf er hin und lächelte mich an, »hm, ein sonderbar verbohrter Kauz bist du.« Ich ging in den Garten und blieb eine Weile unter dem dicken Birnbaum stehen, ohne etwas zu denken. Ich hörte nur die Hühner gackern, weiter nichts.

Abends, als Mutter ins Bett gegangen war, saßen wir in der engen Kuchl vom Maurus. Er ließ das Radio spielen.

»Annamarie, was ist das?« fragte er lächelnd.

»Das? ... Schubert! ... Das Forellen-Quintett!« antwortete sie, und seine Augen blitzten freudig auf, indem er sagte: »Siehst du! ... Sie war ganz unmusikalisch! Genau wie du! ... Ich bin's auch gewesen, aber wenn man immer das gleiche hört, hat man auf einmal wirklich einen Genuß davon ... Der Mensch kommt nur weiter, wenn er wirklich geduldig über alles nachdenkt! ... Hör doch, wie schön das ist!« Er beschrieb ein paar anmutige Takte mit der Hand.

»Jetzt hast du genau das gesagt, was ich meine«, rief ich. »Wenn man immer das gleiche hört, sagst du ... Das macht der Hitler! Aber wir müßten es genau so machen, bloß – wir müssen das Richtige in die Massen bringen.«

»Ah, die Massen!« wehrte er ab, und wir redeten von etwas anderem. –

Am andern Tag standen wir im Aufkirchener Gottesacker zwischen den frisch geschmückten Gräbern. Die feuchtglänzende schwarze Erde auf unserem Grab war noch gehügelt. Vor einiger Zeit war der Zwerg, die »alte Resl«, gestorben. Späte Rosen und »Tag- und Nachtschatten« hatte Mutter an den Grabrand gepflanzt, und wieder, wie stets, wenn sie so dastand, sagte sie: »Die hat die Emma sich gewünscht. Die hat sie so gern gehabt.«

Da standen wir: der Maurus und die Theres, die Annamarie, die drei Buben vom gefallenen Maxl, die Moni, ich und unsere Mutter. Das ganze Leben mit all seinen Gegensätzen, seinen Streitigkeiten und dem wenigen an Freude und Glück wucherte in jedem von uns. In dem einen heftiger, in dem anderen ruhiger, aber jetzt schwieg wenigstens für die kurze Zeit alles. – –

Ich blieb länger, als ich wollte, drei Tage. Meine Mutter war glücklich.

»Ich versteh' das gar nicht, wie man immer streiten kann!« klagte sie mir öfter über Theres und Maurus. »Grad' ist's, als ob sich jedes selber nicht mag! … Ich weiß nicht, Oskar, du bist doch gar nicht so! Mit dir kann man alles reden … Warum kommen denn die zwei nie aus?«

»Ich bin ja auch nicht dauernd daheim, Mutter«, meinte ich, »weiß Gott, ob ich nicht auch streiten tät' …«

Komisch, das glaubte sie nicht.

»Tu mir den Gefallen, red doch du einmal mitm Maurus und mit der Resl.«

Schon oft hatte ich es versucht. Immer war es vergeblich gewesen. »Tja, du hast auch deine Sorgen … Du brauchst deinen Kopf für was anderes«, meinte sie und sah mir wehmütig in die Augen. »Hm, und jetzt gehst du wieder fort, hm … Komm doch öfter! Das tut mir jedesmal so wohl.« Ich nickte und versprach es.

Drunten ging ich noch in die Nähstube zur Theres, mit der ich nie viel anzufangen wußte, und verabschiedete mich, dann kam ich zum Maurus.

»So fährst du jetzt wieder?« sagte der. »Wart, ich hab' ein paar gute Zigarren für dich!« Er holte aus dem Laden ein kleines Päckchen. »Und das andere ist für die Mirjam.«

Ich drückte der Mimi die Hand, und er brachte mich zur Tür. Dort schaute er mich nochmal an und sagte: »Schau dir einmal die Römische Geschichte an, und denk an mich … Laß dir's gut gehen, Oskar! …« Wir drückten einander die Hand, und schnell ging ich weiter. –

Die regengepeitschten Novemberstürme kamen. Die

Straßenkehrer fegten die letzten Wahlzettel und Flugblätter weg. Die naßkalten Winde heulten durch die Straßen und Gassen. Das Leben bekam wieder sein mürrisch-tristes Gesicht. Alle wirtschaftlichen und politischen Experimente der Regierung Papen waren im Nichts verlaufen. Nur eins war endgültig gewiß geworden: Die Republik hatte aufgehört. Ihre Spielregeln nahm kein Mensch mehr ernst. Es schien überhaupt, als ob auch niemand mehr die Politik ernst nähme. Jeder ließ sich einfach fatalistisch treiben.

Ohne Überraschung, fast mit demselben Gleichmut, mit dem sie eines Morgens erwachten und den dick herniederfallenden Schneeflocken zusahen, lasen die meisten Leute, daß das Kabinett Papen zurückgetreten sei. Der Reichspräsident hatte den General von Schleicher mit der Neubildung der Regierung betraut.

»Zuerst ein Katholik, dann ein Adliger, jetzt ein General – so kommt die Republik zu Fall«, witzelten einige, und gleichgültig meinte man von der Generalsregierung: »Na, es wird eine Militärdiktatur so ungefähr wie unter dem Kaiser! Das sind wir wenigstens gewohnt.«

Indessen, der Skandal von der verschwenderischen Sanierung der ostpreußischen Großgrundbesitzer war inzwischen ruchbar geworden. Der Reichstag zeigte sich noch einmal aktiv und verlangte eine Untersuchung. Der neue Kanzler drohte mit abermaliger Parlamentsauflösung und Neuwahlen, und wie einst Brüning deutete er etwas an von Parzellierung der unrentablen Gutshöfe. Die Junker fuhren zu ihrem Hindenburg. Der Reichspräsident verweigerte dem Kanzler, den er lediglich als seinen militärischen Untergebenen betrachtete, die Genehmigung zur Reichstags-Auflösung. Drei Tage darauf demissionierte die Schleicher-Regierung.

Jetzt überstürzten sich die Ereignisse.

Im Präsidenten-Palais tauchte wiederum Herr von Papen auf und verhandelte lebhaft. Von Schleicher hieß es, er verhandle mit rheinischen Stahlmagnaten, und es sei bereits ein genau durchdachter Staatsstreich mit der Armee besprochen. Dabei sollte sogar Hindenburg als Verhafteter ins Lager Döberitz gebracht werden.

Im Hotel »Kaiserhof« hatte Hitler die Seinen um sich versammelt. Elegante Autos fuhren vor. Ihnen entstiegen Großindustrielle und Bankiers, deutschnationale Parlamentarier und Prinzen. Es ging ein und aus, aus und ein. Draußen – abgeriegelt von einer starken Polizeikette – stauten sich erwartungsvolle nationalsozialistische Massen, die man geschickt hierher dirigiert hatte. Sie verlangten immer wieder nach ihrem »Führer« und brachen bei jeder Gelegenheit in wilde »Heil«-Rufe aus. Passanten, die nicht mitmachten, wurden verprügelt.

Über allem Leben aber lag ein lähmender Druck. In jeder Stadt, in jedem Dorf konnten die übermütigen SA-Leute Hitlers Überfälle auf Gegner machen, und die Polizei hielt sich zurück, kam stets zu spät oder verhaftete jene, die die Nazis »provoziert« hatten. Ein verstummtes Grauen ging um. Die Menschen waren tief eingeschüchtert wie nach einem brutalen feindlichen Überfall. Sie gingen aneinander vorüber, grüßten nicht mehr, musterten sich gegenseitig mit Raubtierblicken, und kein politisches Wort fiel mehr. –

Es war ein früher Januar-Vormittag. Starr ragten die Hauswände empor. Auf den vorspringenden Dächern der altmodischen Erker und Verzierungen lag der angeschwärzte, gefrorene Schnee.

Unruhig wie Tausende gingen meine Frau und ich durch die Straßen. Die Sonne hatte sich endlich aus dem dunstigen Himmel geschält. Klar und warm fiel sie in die tiefen Häuserschächte. Von den Dächern tropfte der nunmehr zergehende, schmutzige Schnee. Merkwürdig verstummte Menschengruppen sammelten sich vor den gelb leuchtenden Telegramm-Anschlägen.

Herausfordernd spazierten volluniformierte SA- und SS-Trupps von sechs bis zwölf Mann durch das Publikum und rempelten Passanten an. Die gingen mit scheuen Blicken an ihnen vorüber. Ab und zu blieb der Trupp der Uniformierten stehen und musterte so einen Zivilisten von oben bis unten, von unten bis oben höhnisch. Sekundenlang sah der angstbeklommene Mensch drein wie ein gefangenes Tier.

»Na, laßt ihn laufen ... Es kommt uns keiner aus!« rief der SA-Führer, und seine Begleiter grinsten vielsagend. Der angehaltene Zivilist ging geduckt weiter. Er bog um eine Hausecke und beschleunigte seine Schritte.

Nervös patrouillierten die verstärkten Polizeistreifen, die diesmal seltsamerweise wieder zu sehen waren. Da und dort wurde ein Jude vom Trottoir hinuntergestoßen, griff nach seinem heruntergefallenen Hut und ging über die Straße. Plötzlich plärrten Passanten hinter ihm her: »Haut ihn nieder, die Judensau! Nieder!« Die SA-Männer sahen befriedigt auf, wenn etliche nicht uniformierte Nazis zu laufen begannen. Selbstbewußt gingen sie den Laufenden nach. Über der Straße reckten sich Fäuste, die Schutzleute rannten herbei. Der Jude verschwand im Gewühl. Ordinäre Flüche flogen ihm nach, und »Heil! Heil Hitler!« brüllten einige im Menschengemeng.

Wir sahen nicht mehr auf die Telegramme. Wir wußten es: Hitler war Reichskanzler geworden!

Wir konnten nicht nach Hause gehen und wanderten ziel- und planlos weiter. Manchmal hörten wir ein wüstes Geschrei von weitem, und die Leute rannten nach dieser Richtung. Irgendwo hatten Nazis ein Schaufenster eingeschlagen oder einen Menschen verprügelt, vielleicht auch totgeschlagen. Wir gingen und gingen. Wir merkten kaum, daß es dunkel wurde. Gelb fiel das Licht der Gaslaternen herab. Aus verschiedenen Wirtshäusern drang der Gesang der grölenden Männerstimmen und wurde zuweilen von kurzen, kommandoscharfen Rufen unterbrochen.

»Heil-Hitler! Deutsch-land er-wache! Sieg Heil!« bellte es schmetternd, und ein viehisches Singen hub wieder an.

»Es ist aus! Alles aus!« brachte ich endlich würgend heraus und sah ohnmächtig auf meine Frau. Jetzt erst fiel uns auf, daß wir die ganze Zeit kein Wort geredet hatten. Sie nickte schluckend. Stumm gingen wir weiter ...

Bald darauf bekam ich ein Telegramm von den österreichischen Genossen: »Vortragstournee für dich perfekt! Sofort kommen!« Am 24. Februar, in einer grauen Winterfrühe, fuhr ich der Grenze zu. Der Tag bleichte langsam aus. Im Zug war es eigentümlich stumm und tot, als reisten lauter Leichen. Die Menschen saßen unbeweglich da, atmeten nur manchmal vernehmbar und wichen einander mit den Blicken aus. Ich sah zum Fenster hinaus auf das verschneite, friedliche Flachland meiner Heimat und suchte irgend etwas in der unbestimmten Ferne. Verschlafene Dörfer flogen vorüber, einsame, schneevermummte Bauernhäuser mit dick rauchenden Kaminen. Der Nebel verschleierte das Gebirge.

Kurz vor der Grenze sah ich eine eisgraue, leicht gekrümmte Bäuerin mit stoischem Gesicht vor der Tür eines niederen Hauses stehen. In der einen Hand hielt sie ein kleines flachsblondes Mädchen, das winkte.

»Eine Mutter wie die meine«, fiel mir von ungefähr ein ...

Ich war drei Tage in Wien, da brannte in Berlin das Gebäude des deutschen Reichstages. Es hieß, die Kommunisten hätten es in Brand gesteckt. An der Brandstelle sprach Hitler die verräterischen Worte: »Das ist ein von Gott gegebenes Zeichen! Niemand wird uns nun daran hindern, die Kommunisten mit eiserner Faust zu vernichten!« Und ebenso schrie jeden und jeden Tag die Stimme des neuernannten Reichspropaganda-Ministers Goebbels aus den Lautsprechern der Radios: »Zerstampft den Kommunismus! Zerschmettert die Sozialdemokratie!«

Trotz dieses selbstgelegten Brandes und trotz all ihres Terrors brachte die Wahl am zehnten März den Nationalsozialisten nicht die erwünschte Mehrheit. Nur dadurch, daß sie die deutschnationalen Junker nach einigen fetten Zugeständnissen gewonnen hatten, konnten sie regieren.

Tags darauf stieg meine Frau aus dem Zug, bleich und verstört.

»Die Nazis riegeln die Grenzen ab, dann haben sie alle Gegner in der Mausefalle, und verlaß dich drauf, die schonen keinen«, sagte sie und hatte recht. Als wir aus dem Bahnhof gingen, schaute ich hoch in den farblosen Winterhimmel und suchte die Richtung Deutschland. Dort war eine Zeit angebrochen, in der jeder vor jedem Furcht hatte. Es war mir auf einmal, als fiele vom hart schweigenden Himmel ein riesiger, blutiger Vorhang herab, der alle Sicht verhinderte.

»Sieh doch, was mir geschah!
Was such' ich da?
Was such' ich dort?
Mein Vaterland ist fort!«

Dieser Vers, den ich einmal irgendwo gelesen hatte, durchzog Augenblicke lang meinen Sinn. Kein Heimweh mengte sich darein, als ich darüber kurz nachdachte, kein Gefühl, als hätte ich etwas verloren. Etwas unbestimmbar Grenzenloses wurde tief wirklich in mir.

Staunend dachte ich weiter: »Hm, merkwürdig ... Vaterland?«

Wie abstrakt, wie leblos war das immer für mich gewesen!

Ich lebte stets nur da, wo ich meine Mutter fühlte und wußte. *Diese* Heimat blieb unverlierbar. –

Wir waren schon monatelang, von allem abgeschnitten, in Wien, da überbrachte uns ein Genosse, der als illegaler Kämpfer öfter über die deutsche Grenze ging, einen Brief. Ich öffnete ihn klopfenden Herzens und erkannte die langgezogenen Buchstaben, in denen soviel Sehnsucht mitschwang. Die einfachen Worte lauteten:

»Lieber Oskar!
Wann werden wir uns wiedersehen? Wie geht es dir? Kannst du uns nie schreiben? Ich habe mir schon viel Kummer gemacht, wie es dir geht, wann man soviel liest in der Zeitung. Ich bin godseidank gesund, aber offne Füsse hab ich noch immer. Die Theres und Annamarie sind auch gesund. Dem Maurus geht es auch gut. Die Anna schreipt imer aus Amerika wie es dir geht.

Vergis nur deinen Gott nicht. Der macht alles wieder recht. Herzlichen Grus von deiner Mutter
– Auf Wiedersehen!«

Ich habe sie nie wiedergesehen ...

Epilog und Verklärung

Es war weit, weit entfernt von meiner Heimat, in Tiflis, in den letzten Septembertagen 1934 – da dachte ich mit Sehnsucht und Rührung an meine alte Mutter und an ihr einfaches Leben.

Auf einer sehr abwechslungsreichen Studienreise mit Freunden durch einen Teil des sowjetrussischen Südens, nach sorglos-heiteren Wochen in einer ungewohnten Fremde, die voll von ermutigenden Erlebnissen gewesen waren, befielen mich diese Gedanken ganz plötzlich, fast übermächtig. Vergeblich suchte ich mir zu erklären, aus welchen Zusammenhängen sie so jäh hervorgebrochen sein mochten, doch je mehr ich mich damit beschäftigte, um so überraschter wurde ich.

Unvergeßliche Eindrücke, fremde Städte und Landschaften, eine kaum entwirrbare Vielfalt unbekannter Volksstämme mit eigentümlichen Sitten und Gebräuchen, junge und alte Menschen aus allen Berufen mit völlig anderen Lebensformen, unvergleichliche soziale Einrichtungen, mächtige Industrieanlagen, kleinere und größere landwirtschaftliche Kollektive, herrliche Erholungsheime für Arbeiter und Bauern – einen erstaunlich lebendigen Riesenstaat, eine Welt, die von Grund auf anders aussah als diejenige, aus der ich gekommen war, hatte ich kennengelernt. Phantastisch erschien mir die Veränderung, wenn ich das Rußland der letzten fünfzig Jahre, von dem ich durch das Studium seiner Geschichte und Politik, seiner Literatur und sozialen Lage ein halbwegs zutreffendes Bild gewonnen hatte, zum Vergleich mit heute heranzog. Und nichts an dieser glücklich verwirrten, hingerissenen Stimmung verwehte, wenn bei beruhigtem, nüchternem Nachdenken alle Dinge und Erscheinungen wieder die faßbare Form und ihr menschliches Maß angenommen hatten.

Diesem Nachdenken nämlich drängte sich sonderbarerweise stets die Erinnerung an das langsame Werden meines Heimatdorfes auf, von den Erzählungen meiner Eltern bis zu meinen frühesten Jugenderlebnissen, und dabei wurde das Überraschende und scheinbar Fremde auf einmal leicht und gewohnt.

Ich glaubte daheim zu sein, wenn ich in einem Sowjetdorf die Kinder und Kollektivbauern betrachtete, mit welch erregter Neugier sie einen neu angekommenen Traktor oder eine komplizierte Erntemaschine anstaunten und scheu betasteten, mit welch unverkennbarem anfänglichem Zweifel, aber gespannt und nach und nach fast andächtig sie den Erklärungen des Maschinisten zuhörten und seine Handgriffe verfolgten, wie sie kurz erschraken, wenn der Traktor zu fauchen begann, und wie sie schließlich vor wilder Freude laut auflachten, brüllten, sprangen und jubelnd mitliefen, wenn das ungeschlachte Ding sich in Bewegung setzte und mit der Maschine auf das Feld rollte.

Wann hatte ich Ähnliches erlebt?

Daheim als Zehnjähriger!

Schon wochenlang war in unsrem Dorf heftig darüber gesprochen worden, daß der Kramerfeicht in der Stadt einen Elektromotor bestellt hatte. Es wurde bezweifelt, wenngleich der Bauer kein Geheimnis daraus machte. Es wurde auch insgeheim verübelt. Es schien unglaubhaft, denn der Kramerfeicht war doch ein ganz nüchterner Mensch, der durchaus am Alten hing. Zudem war er ein sehr genau rechnender Geizhals. Er, sein Weib und seine Kinder rackerten vom frühesten Morgen bis spät in die Nacht hinein fast unausgesetzt. Sie gönnten sich nichts, nicht einmal einen ausgiebigen Schlaf. Allem, was außer ihrer Arbeit und ihrem ererbten Glauben lag, waren sie unzugänglich.

Der Kramerfeicht zimmerte ein hölzernes Gehäuse in seiner Wagenremise. Wir Kinder sahen, wie der Maurer einen Betonsockel auf dem Boden anlegte. Einmal fuhr der Bauer auf die Bahnstation nach Starnberg, am anderen Tag arbeiteten zwei fremde Männer in blauen Monteuranzügen im Holzverschlag der Remise an einem schwerfälligen, mit grünem Blech umkleideten Ding, das an der Seite ein größeres und ein kleineres Schwungrad hatte und auf dem Betonsockel stand. Sie zogen Drähte, prüften die Enden, dabei zuckten kleine Funken auf. Sie verbanden diese Drähte über dem Gehäuse, und oben im Gebälk der Remise leuchteten endlich Glühbirnen. Der eine Monteur riß einen Hebel nach rechts, und auf einmal fingen die zwei Schwungräder an dem grünen Ding surrend zu laufen an.

Wir Kinder liefen nach Hause und schrien, zur Kuchltür hereinstürzend: »Er hat einen Montor! Er hat ihn schon laufen lassen! Er hat einen Montor!«

Am anderen Tag in aller Frühe erschreckte ein eigentümliches Surren die Nachbarn. Der Kramerfeicht drosch elektrisch! Alles lief zu ihm hinüber und schaute verwundert auf den kleinen grauen Kasten, an dessen Schwungrad ein langer Treibriemen war, der von der Remise bis zur gegenüberliegenden Scheune lief und dort das viel größere Schwungrad der Dreschmaschine trieb. Die Leute standen und starrten.

»Hmhm, jetzt sowas! Sowas! ... Rein wie gehext geht das! ... Man glaubt's kaum, hmhm! ... So ein kleiner Kasten und treibt das ganze Werk!« redeten sie durcheinander und kamen in die Scheune. Vom hohen Strohstock herunter warf der Sepp die aufgeknüpften Weizenbündel, droben auf der Maschine stand der Kramerfeicht und warf sie mit größter Flinkheit in die Holzrinne, das Takelwerk erfaßte sie und ratterte ohrenbetäubend. Die Bäuerin auf dem Tennenboden hatte alle Hände voll zu tun, um das herausfliegende Stroh wegzuräumen. Breit lachte der Bauer auf die verblüfften Leute herunter und schrie ohne einzuhalten: »Gell, da schaut's! Das hat Schwung! ... Jetzt kann der Martl mit den Ochsen derweil ackern, und übermorgen ist ausgedroschen!« Bisher hatte er dazu fast zwei Wochen gebraucht. Die Leute waren nachdenklich geworden, sie schüttelten die Köpfe.

»Ein ganz raffiniertes Patent!« murmelten sie, »ganz raffiniert! Keinen Ochsen und kein Roß brauchst du mehr, hmhm! Es geht drei- und viermal so flink! Malefizisch praktisch so was!« Und heftig diskutierend gingen sie aus der Scheune. Wir Kinder waren wie behext. Die ganzen drei Tage liefen wir zwischen Motor und Dreschmaschine hin und her und entdeckten immer wieder etwas Neues, Überraschendes und Wunderbares.

Wochenlang redeten die Dorfleute von nichts anderem. Alles, was für und was gegen so einen Elektromotor sprach, erwogen sie. Nach jeder Kleinigkeit fragten sie den Kramerfeicht, nach den Anschaffungskosten und der Leistung; mißtrauisch und genau prüften sie, ob die Ähren auch völlig ausgedroschen waren und errechneten die Ersparnisse an Geld und Zeit. Nach einem knappen Jahr hatten die größeren Bauern bei uns und in der Umgebung Elektromotoren. Bald folgten auch die kleineren. – – –

Vor einigen Wochen hatten wir Reisenden unter Führung eines österreichischen Ingenieurs die riesige Kraftwagenfabrik »Stalin« besichtigt. Von der Gießerei kamen wir ins Walzwerk, von den Preßhämmern zu den Stanzmaschinen und von da zum laufenden Band. Unserer Delegation hatten sich vier bäuerlich aussehende, schweigsame Russen angeschlossen, die ein wenig verlegen und beunruhigt, aber mit ungemeinem Interesse jede Kleinigkeit an den Maschinen beobachteten. Sie fielen uns auf.

»Was sind das für Leute, Genosse? ... Etwa von der GPU?« fragte ich den Ingenieur geradewegs in deutscher Sprache.

»Von der GPU? ... Nein, nein!« sagte er mit leichtem Spott, sah geschwind auf die vier Männer und maß uns mit kurzen, fast mitleidigen Blicken: »Das sind ungelernte Arbeiter aus dem Schwarzerdgebiet, die müssen sich erst an die Maschinen gewöhnen ... den Schrecken verlieren, verstehen Sie? ... Früher, als noch Mangel an gelernten Arbeitern war, hat man in dieser Hinsicht große Fehler gemacht. Man hat solche Genossen sofort an die Maschinen gestellt, und fragen Sie nicht, was da alles passiert ist! ... Es gibt nichts Neugierigeres als den Russen! Er will immer *hinter* jedes Ding kommen ... ›Genosse‹, hat man die Leute belehrt, ›paß genau auf, so geht das! Du mußt diesen Hebel mit einem Ruck nach rechts ziehn und die Maschine läuft. Verstehst du? Nur *den* Hebel, ja? ... Der und der Hebel, die gehn dich nichts an! Wenn du da dran rührst und rückst, haut's den elektrischen Strom 'raus. Es gibt Kurzschluß, und die Maschine wird defekt dabei. Also *nie* an *diese* Hebel gehn! ...‹ Das war vollkommen aussichtslos! Den Genossen haben gerade diese Hebel keine Ruhe gelassen. In den Fingern hat es ihnen geprickelt. Sie mußten sehn, ob das wahr war mit dem Kaputtgehn, und – ratsch! – eines Tages manipulierten sie daran. Das Malheur war da! ... Jetzt ist man durch den Schaden klug geworden. Man gewöhnt sie erst daran.«

Wir mußten laut auflachen. Die vier, die wohl gemerkt haben mußten, daß über sie gesprochen worden war, sahen noch verlegener drein und versuchten, gefroren zu grinsen. Mir wurde warm ums Herz. Die Erzählungen meines Vaters fielen mir ein, vom ersten Dampfschiff auf dem Starnberger See, vom versenkbaren Tisch des Königs Ludwig II., der durch einen Knopfdruck fertig gedeckt in die Zimmermitte stieg, und endlich die Geschichte von einem unserer Vettern, dem es nicht in den Kopf gehen wollte, daß durch das Ziehen an einer einzigen Notbremse ein ganzer Zug zum Stehen gebracht werden konnte. Ich hörte gleichsam jedes seiner Worte wieder.

»Recht und schön! Jeder Wagen hat eine Bremse, das kapier' ich, aber, aber – ah, ah, ausgeschlossen! ... Das ist ja ganz und gar unmöglich!« hatte jener Vetter sich ereifert,

»es mag ja sein, daß der Zug ein bißl langsamer fährt, daß die Lokomotive fester ziehn muß, aber daß alles – eins, zwei, drei – steht, das macht mir keiner weis! Ausgeschlossen!« Er ging zur Station, löste eine Fahrkarte, hockte eine Zeitlang im Abteil mit anderen Leuten, plötzlich sprang er auf und riß wortlos, mit aller Kraft, die Notbremse herunter. Die Fahrgäste glotzten, wichen entsetzt aus, erhoben sich und fingen entgeistert zu fragen an, was denn passiert sei. Unser Vetter ließ sich auf seinen Sitz fallen, hob leicht lächelnd den Zeigefinger und sagte seelenruhig: »Jetzt bin ich neugierig, wer recht hat!« Der Tumult der Leute kümmerte ihn nicht im geringsten. Er war nur gespannt. Nach kaum einer halben Minute stand der schüttelnde Zug.

»Sakra! Jetzt stimmt's also doch!« rief der verblüffte Vetter und schlug die riesigen Hände klatschend auf seine prallen Schenkel. Der Unfug kostete ihn eine ziemlich hohe Geldsumme. – –

Wenn ich mir jetzt die vier Arbeiter aus der Moskauer Fabrik anschaute oder sah, wie neugierig und respektvoll die Kolchosbauern unsere Autos betrachteten, dann heimelte mich das an. Dann durchlief ich noch einmal meine früheste, schönste Jugend. Ich sah mein Heimatdorf, wie es langsam wuchs und zum vielbesuchten Fremdenort wurde. Es fiel mir ein, wie die Alten und Jungen bei uns einst die ersten auftauchenden Automobile umstanden, wie wir die moderne Brauerei vom Weinzierl von außen und innen bewunderten.

Wohin ich bis jetzt gekommen war im ungestüm werdenden Sowjetland, immer bedrängten mich solche Erinnerungen. Ich war wieder jung und glücklich und hatte das Gefühl, als finge jetzt erst mein eigentliches Leben an. An die Zeit, die zwischen dem Damals und Heute lag, dachte ich nicht mehr. Sie war ausgelöscht. Sie hatte sich gleichsam unbemerkt von mir abgelöst wie ein sinnloser innerer Ballast, wie etwas Gewesenes, das nie ganz zum Leben gekommen war.

Tiflis aber erweckte gerade dieses Gewesene wieder. Hier

zerriß die Illusion des eben Erlebten, und mein Erinnern verlief in einer anderen Richtung, in einer weit persönlicheren, privateren!

Außer einem modernen Postamt, einigen administrativen Neubauten und den üblichen Sowjetbeamten konnten wir hier von dem Neuen, das uns überall begegnet war, nicht allzuviel entdecken. Diese uralte, verwitterte, wahllos zusammengewürfelte, wuchernd umgrünte Gebirgsstadt, die – wie man uns erzählte – wegen ihrer heißen, heilkräftigen Schwefelquellen im Verlaufe einer jahrhundertelangen, unausdenkbar grausigen Geschichte abwechselnd von persischen, türkischen, mongolischen oder hunnischen Eroberern zwanzigmal dem Erdboden gleichgemacht und immer wieder auferstanden war, sie schien von der Gegenwart kaum berührt und bot ein sonderbar verworrenes Bild jener längstverflossenen Zeiten. Auf der Reise hatten unsere russischen Begleiter Tiflis als ein bedeutendes Kulturzentrum gerühmt. Nun machte alles eher den bedrückenden Eindruck eines absteigenden oder zum mindesten stehengebliebenen Lebens, das tausendfach von Zufall und stumpf ertragenem Schicksal gestempelt war.

Schon die düsteren Zwingburgen ehemaliger Despoten aus dem dunkelsten Asien und dem nahen Orient, mehr aber noch die Straßenschilder in tatarischer, türkischer, arabischer, persischer, hebräischer oder grusinischer Sprache legten Zeugnis davon ab. Ganz selten sah man russische Schriftzeichen. Zäh und unausrottbar ist der menschliche Trieb zur Selbsterhaltung. Er paßt sich der größten Unterdrückung an, macht hoffnungslos, ungläubig und gleichgültig. Seine geduldige, friedfertige Kraft scheint jeder geschichtlichen Veranstaltung standzuhalten und sie schließlich zu überdauern. Die Mächtigen hatten gewechselt, die Völker waren geblieben. Alles, was einst aus fernen Ländern nach Tiflis gezogen und was von den damaligen blutigen Vernichtungskriegen übriggeblieben war, das lebte sein unzerstörbares eigenes Leben weiter und wirkt heute noch in dieser kochend heißen, verwirrend bunten, schrecklich lärmenden Stadt: Perser und Tataren, Armenier und Kurden, Menschen, die Nachkommen irgendwelcher ausgestorbener Rassen sind, Tscherkessen und Georgier, kaukasische Bergjuden, Türken, Daghestaner und Angehörige kleiner, unbekannter Stämme, die noch die Blutrache ausüben. Sie tragen die unveränderte Tracht ihrer Urväter, ihre Häuserviertel sind im Stil ihrer Herkunft, und ihre Gewohnheiten, Beschäftigungen und religiösen Sitten sind noch wie vor hundert und aberhundert Jahren. Der Jude geht in seinen Tempel und der Mohammedaner in die Moschee.

Und immer noch treibt der heiße Wind den dicken Steppenstaub in die eingekesselte Stadt. Er bleibt liegen auf den Häusern und Fenstern, auf den exotischen Pflanzen und Straßen und bildet eine kalkfarbige Kruste.

Mit einem grusinischen Schriftsteller, der vor dem Weltkrieg einige Jahre in München gelebt hatte und sehr gut deutsch sprach, schlenderte ich durch die lauten Straßen und wurde benommen von dem unbeschreiblichen, aber durchaus patriarchalischen Durcheinander. Noch benommener aber machten mich die unablässigen Gedanken an meine Mutter. Ich sah zwar alles und unterhielt mich angeregt, doch die Erinnerung an sie gewann nach und nach eine so unbegreifliche Macht über mich, daß mir zumute war wie einem Menschen, der versunken eine fremdartige Umgebung erlebt und dabei die Empfindung hat, als habe er alles schon einmal gesehen und wisse nur nicht, wo und wann. Ich hatte noch nie so selbstvergessen, so nachhaltig an meine Mutter gedacht. Alles, was mir begegnete, bekam einen Hauch von ihr.

Wir kamen in die persischen Basare, wo von der elfenbeingeschnitzten Brosche, vom handgestickten Tatarenkäppchen bis zum schönsten kaukasischen Schmuckstück, vom Gebetsteppich bis zum silberverzierten Dolch alle Herrlichkeiten der Handwerkskunst zu haben waren. Man erriet schnell, daß sich der Preis der Ware ganz nach dem Gesicht des Käufers richtete. Hartnäckig und verschlagen wurde gefeilscht.

War das nicht in Starnberg oder Wolfratshausen, in einem vollgepfropften Kaufladen, wo es Wäscheleinen und fertiges Bettzeug, irdene Töpfe, buntbemalte Kaffeeservice und ganze Speisegarnituren aus Porzellan gab? Stand ich nicht neben meiner Mutter und sah, wie sie Stücke für die Aussteuer meiner Schwester aussuchte oder ein Hochzeitsgeschenk für einen Verwandten kaufte? Jede Tasse klopfte sie ab und jeden Teller, den Leinenballen hob sie und sagte zweifelnd: »Gewicht hat er keins ... Das ist ein Unterschied zwischen dem, wo *ich* mitkriegt hab'!« Bedächtig betrachtete sie noch einmal das Kaffeeservice, schaute auf, lächelte ein wenig und sagte: »Zwölf Mark soll's kosten? ... Sagen wir zehn, ja?«

Wir durchstreiften die beängstigend engen, sonnenlosen, gleichsam wie ein Labyrinth verzweigten Gassen des grusinischen Viertels mit den schmutzstarrenden Häusern, die kaum einmal ein Fenster zeigten. »Hm«, würde meine Mutter gesagt haben, »wie bei uns! Wie in Farchach! ... Genau so vermufft und eng, und jedes Haus steht arschlings an der Straße.«

Wir erreichten den Fluß, der die Stadt zerteilt. Wie luftige Vogelbauer hingen die hölzernen, anmutig bemalten, terrassenförmig übereinander gebauten Tatarenhäuschen an den steilen Felshängen des anderen Ufers. Schön zum Anschauen wie die putzigen Villen an den Ufern des Starnberger Sees hätte Mutter sie gefunden, aber spielerisch und unsolid.

Laut und schrill, lustig und hurtig ging es auf dem armenischen Markt, wo alle Völker vertreten waren und jede Sprache gesprochen wurde, zu. Früchteverkäufer mit ihren korbbeladenen Eseln standen da und boten klebrige Trauben und Feigen an; Tataren hielten farbenreiche, handgeknüpfte Teppiche feil; Juden bedrängten uns und redeten ein seltsam klingendes Deutsch; schmutzige Orientalen buken in steinernen Trögen, über einem offenen Feuer, das dünn ausgewalzte, zähe Brot; halbnackte Kinder krochen unter den beladenen Tischen herum; herrenlose Hunde beschnupperten das Fleisch oder die gedörrten, sehr scharf riechenden Fische, und seitab, auf einem trockenen Fleck des besudelten Bodens, hockten Kurden und würfelten unter heftigem Geschrei. Ab und zu kam ein Zug kaukasischer Reiter auf kleinen, zottelhaarigen Pferden, mit hohen Pelzmützen, Dolchen, altertümlichen Flinten und umgeschnürten Patronengürteln an. Er machte Halt und mischte sich lärmend in das Getriebe. Es roch nach Zwiebeln und Obst, nach Fisch und gebratenem Hammelfleisch, nach Lederzeug und Pferdeurin, nach Menschenschweiß und eingemotteten Pelzen. Und die Sonne brannte schonungslos.

Sechsundsiebzig Jahre war meine Mutter jetzt alt und noch immer hatte sie ähnliche Märkte in unserem Pfarrdorf oder in den Wallfahrtsorten gern. In ihren Mädchenjahren kamen dorthin noch unheimliche Zigeuner und Wahrsagerinnen, denen sie auswich. Sie trank Met mit den Burschen, und nachher kauften ihr diese ein Lebkuchenherz oder eine porzellanene Nippessache. Und sie wiederum beschenkte sie nach altem Brauch mit Schnaps. Als Mutter brachte sie uns Kindern allerhand Tand mit, und heute bringt sie der Annamarie und den Buben vom Maxl Geschenke . . .

»Wollen Sie baden?« fragte mich mein Begleiter unvermittelt.

»O ja, gern«, erwiderte ich, und wir gingen weiter. Im dampfenden Schwefelbad massierte mich ein muskulöser Türke nach uralter Art und war dabei schweigsam wie bei einer religiösen Zeremonie. Er sprang auf mich und massierte meinen dicken Leib, als sei er ein zäher Teig.

Als wir ins Freie traten, sahen wir schwatzende Frauen mit tiefschwarzem Haar bunte Wäsche in den heißen Quellen schwenken. »Stalin ist aus Tiflis. Er hat lange hier gelebt«, sagte mein grusinischer Freund.

»Ja, ich weiß«, sagte ich und schaute auf die waschenden Frauen. Sie wuschen nicht anders als meine Mutter daheim. Ihre Handgriffe waren dieselben.

Auf einer breiten Straße zog eine Kamelkarawane langsam neben den Autos vorüber. Die bedächtigen, schwerfälligen Tiere sahen gleichmütig drein. Die kurzen Schreie und derben Püffe ihrer Lenker schienen sie nicht zu beachten. Auf den Straßen abgelegener Dörfer in meiner Heimat, dachte ich, trotten die Kühe und Ochsen so dahin.

Nach dem Nachtmahl im Hotel fuhr ein Teil unserer Gesellschaft mit der Bahn weit in das fruchtbare Land hinaus, um in einer einsamen Gegend ein Weinlesefest der Bergvölker zu besuchen. In der dünn verregneten grauen Frühe hielt der Zug an. Die Station war ein weit auseinandergezogenes Dorf mit niederen Holzhäusern und einigen Ziegelbauten. In den strotzend vollen Obstgärten liefen dicke Schweine und Hühnerrudel umher.

Nach stundenlanger Autofahrt über weglose, zerklüftete Steppe, vorüber an vielen mit malerischen Teppichen überspannten, zweiräderigen, hohen Ochsengespannen kamen wir endlich tief am Vormittag auf einem struppigen, weiten Platz an, der halbkreisförmig von den nahen, umnebelten Bergen umsäumt war. Nichts als eine einzige altertümliche Kirche in unrussischer Bauart, halb gotisch und halb romanisch im Stil, stand da. Eine zerfallene, abgebröckelte Mauer umgab sie. Wahrscheinlich war innerhalb derselben einmal der Friedhof gewesen. Jetzt hatten unter ihrem mächtigen Torbogen Händler ihre Buden aufgeschlagen, die neben Nützlichem allerhand Tand – geflochtene Bastmatten, Holzschnitzereien, zierlich eingelegte kaukasische Schuhe, buntbemalte Töpfe, Dolche, aber auch fromme Andenken und Amulette – verkauften. Sogar der Schnellphotograph, der seine primitiv gemalten Hintergründe an die Mauer gehängt hatte, fehlte nicht. Auf dem umfänglichen Platz tummelten sich heiter-lärmende Menschen. Da sang einer, und viele fielen ein. Ein Rotgardist spielte auf der Ziehharmonika, Tscherkessen warfen den Dolch in die Erde und tanzten, jemand schoß in die Luft, allmählich sangen alle. Die Körper fingen an, sich zu wiegen, der laute, wilde Tanz wurde allgemein. Er bekam nach und nach etwas von einer hemmungslos lachenden, schreienden, stampfenden Raserei.

Wir traten in die schmutzige Kirche, die ungemein verwahrlost war, und staunten verblüfft. Auf der einen Seite kauerten Mohammedaner in ihrer typischen Gebetshaltung, und halbvermummte Türkinnen krochen auf dem Pflaster, streichelten die Steine, küßten ein eingelassenes Bild oder schmiegten die Wange an den Zierat der Mauer. Und auf der anderen Seite knieten allem Anschein nach orthodoxe russische Christen, hatten andächtig die Hände gefaltet und sahen inbrünstig flehend zu dem verschnörkelten, schon etwas abgebröckelten Hochaltar empor. Wenn ein Flügel der Tür aufging, drang von draußen das wüste Schreien herein und gab im hohen Gewölbe einen schwingenden Nachhall, der die Beter nicht im mindesten irritierte.

»Ist das nun eine Moschee oder eine Kirche?« fragten wir unsere Tifliser Begleiter.

»Es gibt eine Sage«, erklärte einer von ihnen, »in der wird behauptet, der Baumeister sei ein Muselmann gewesen, man habe ihn aber seinerzeit gezwungen, den russischen orthodoxen Glauben anzunehmen. Als er mit dem Bauen fertig war, ist er noch einmal hinaufgestiegen und hat die Kuppelhöhe geprüft. Er strauchelte, fiel herab und war tot. Beim Herabstürzen soll er ›Allah‹ gerufen haben. Seither sagen die Muselmänner, er ist einer von den Ihren gewesen. Die Russen glauben nicht daran und behaupten das Gegenteil. Seither betrachten Muselmänner wie Russen die Kirche als die ihrige und besuchen sie – da die einen, hier die anderen – oft und oft. Nun, sollen sie schon! Die Sowjetregierung unterdrückt keine Religion.«

Wir waren, obgleich der letzte Satz ein wenig unecht geklungen hatte, im ersten Augenblick sprachlos.

»Eine seltsame Toleranz«, sagte einer von uns.

»Kommen Sie«, riefen die Tifliser, und wir gingen in die Sakristei. Wir trauten unseren Augen nicht. Ein bösartig keifender, bärtiger Pope in abgewetztem, schmierigem Ornat stand hinter einem schiefen Notenpult. Um ihn standen Männer und Frauen mit neugeborenen Kindern auf dem Arm, die sie taufen lassen wollten. Es waren Kommunisten und Kommunistinnen unter ihnen. Man erkannte sie an den fast zur Uniform gewordenen Lederjacken. Die Tifliser bestätigten dies auch.

Aber das war noch nicht einmal das Seltsamste. Unglaublich benahm sich der Pope. Auf dem Notenpult lag ein kleines Stück Papier. Darauf hatte er die Namen der Täuflinge der Reihe nach notiert. Er trat watschelnd auf so einen Taufvater oder auf eine Taufmutter zu, legte zwei Finger auf die Stirn des wimmernden Babys, schnitt ihm von seinen kaum sichtbaren Haaren etliche ab, plapperte dabei etwas und ging wieder hinter das Notenpult. Er legte die Haarlocke neben den Namen, zückte ein kleines Stümpchen Bleistift und schrie, streng schimpfend, irgendwelche Worte. »Was schimpft er denn so? Was heißt denn das?« fragten wir die Tifliser.

»Er sagt den Namen des getauften Kindes und verlangt sieben Rubel. Die meisten wollen nicht so viel geben. Sehn Sie, drei, vier Rubel ziehen sie! Schauen Sie den Popen an! Er gibt nicht nach. Er preßt ihnen die letzten Kopeken ab!« erzählten diese lächelnd. Wirklich, der Pope zankte wie ein ordinäres Weib. Er schüttelte voll Grimm den dicken Kopf und fing langsam an, den Namen mit dem Bleistift durchzustreichen.

»He! He!! He!!!« meckerte er scharf und zitterte am ganzen Körper vor Wut. Nun endlich holte der Beschimpfte die fehlenden Rubel aus der Tasche. Der Pope beruhigte sich im Nu, murmelte wiederum etwas, unterstrich jetzt den Namen, und die Taufe war gültig.

Wir schüttelten den Kopf.

»Ein widerwärtiger Handel! Schauderhaft!« murrten einige von uns. Die Tifliser zuckten nur mit der Achsel und meinten wieder so sonderbar gewohnt, wer sich nicht aufklären lasse, verdiene nichts anderes, als vom Popen betrogen zu werden.

Auch *das* war ein Stück vom Leben meiner Mutter. Glaube und Aberglaube wirkten von Kind auf unvermindert in ihr. Hatte nicht einst *ihre* Mutter, als sie allein daheim war, beschwörenden Zigeunern sämtliche Mieder, silbernen Geschnüre und goldgewirkten Riegelhauben ihrer fünf Töchter gegeben, auf daß sie nur ja nicht Haus und Vieh verfluchten? Glaubte sie – meine Mutter – nicht heute noch, daß dies das einzig Richtige gewesen sei? Sie fürchtete die Zigeuner und sprengte Weihwasser in Stube und Stall, wenn sie auftauchten oder durchs Fenster lugten. Sie zögerte nicht, ihnen zu geben, was sie verlangten, wenn der Vater und die älteren Geschwister sie nicht daran gehindert hätten. Die aufdringlichen Bettelmönche jagten ihr fast eine ähnliche Ehrfurcht ein, und insgeheim gab sie ihnen mehr als genug. Je mehr so ein Kuttenbruder redete, um so freigiebiger wurde sie, und sie bewegte während des Gebens betend die Lippen. Ihr Gesicht bekam dabei einen leidvollen, demütigen Ausdruck. – –

Draußen vor der Kirchhofsmauer, auf dem weiten Platz, lagerten die zusammengeströmten Stämme. Immer noch kamen Fuhrwerke und Reitertrupps an. In Lauben aus grünem Gezweig, rund um ein qualmendes Feuer, über dem ein brodelnder Kessel hing, hockten die Familien, vom eisgrauen, verwitterten Greis bis zum schreienden Wickelkind. Der unablässige dünne Regen hatte den Boden aufgeweicht und schlammig gemacht, aber das beirrte die schwatzenden, singenden, schmausenden und saufenden Menschen nicht. Sie hatten sich gemüht und geplagt, nun wollten sie rastend feiern. Und sie feierten derb und wild, wie nur Bauern zu feiern verstehen. Ihre trunkene, alles vergessende Heiterkeit riß mit.

Stets, wenn wir in eine Laube traten, stellte ein Tifliser uns vor. Der Älteste maß jeden mit schlauen, lustigen Blikken, grinste ein wenig und dichtete gelassen einen Spottvers auf den eben Vorgestellten. Er sprach ihn ein- oder zweimal seiner Runde vor, dann sangen sie ihn alle in der Art unserer oberbayerischen »Schnadahüpferl« und lachten unbändig dabei. Zum Schluß bot man uns Wein und Essen an. Es war eine gastfreie, brüderliche Kirchweih, wie meine Mutter sie liebte.

Bei der Abfahrt begleiteten uns Reiter eine Strecke Weges. In rasendem Galopp jagten sie hinter unseren Autos her, jauchzten, warfen die blitzenden Dolche in die Luft und fingen sie auf, schließlich kehrten sie um und winkten noch lange.

Es ging wieder rüttelnd und schüttelnd über die schon dämmerige, endlose Steppe. Während der Fahrt kam der grusinische Schriftsteller, der mich durch Tiflis geführt hatte, unter anderem auf Stalins Mutter zu sprechen. Sie lebte immer noch so althergebracht, bescheiden und völlig zurückgezogen dort.

»Sie nennt ihren großen Yossif heute noch Soso«, sagte der Grusinier und fuhr fort: »Irgendein europäischer Journalist hat sie einmal aufgesucht und sie ausfragen wollen. Dem hat sie gesagt, Soso sei immer ein guter Junge gewesen. Recht viel mehr hat sie nicht gesagt.«

Wie kommt er nur darauf? dachte ich. Weiß er denn, an was ich beständig denke, seit ich in Tiflis bin?

Meine Müdigkeit schwand.

»Einmal hat sie Stalin nach Moskau in den Kreml geholt, seine Mutter«, berichtete unser Freund und setzte dazu: »Die Geschichte ist sehr bekannt und oft gedruckt worden. Ekaterina ist auch wirklich nach Moskau gefahren. Über einen Monat ist sie ausgewesen. Sie war todunglücklich und ganz verwirrt im Kreml. Sie hat sich nicht erklären können, was ihr Sohn eigentlich arbeitet, um sein Brot zu verdienen. Sie fand, er tat gar nichts Ordentliches. Sie ist wieder zurückgekommen aus Moskau und hat geraunzt: ›Ich versteh das nicht!‹ Aber sie war zufrieden, weil es Soso gut ging.«

Einige lächelten. Ich aber hätte glauben können, es sei von meiner Mutter die Rede gewesen. Nicht anders verhielt sie sich.

Beim Anbruch der Nacht kamen wir in Tiflis an. Uns zu Ehren wurde ein Bankett gegeben. Der grusinische Wein machte heiter. Die üblichen Trinksprüche wurden gewechselt, und die Reihe kam auch an mich. Ich stand auf und erhob mein Glas. Merkwürdig, ich war wehmütig und glücklich zugleich.

»Genossen«, sagte ich, »ich kann nicht reden. Die ganze Zeit, seit ich in Tiflis bin, denke ich immer nur an meine alte Mutter. Ich weiß nicht einmal warum. Aber wenn ich alles zusammennehme, was ich in den paar Tagen hier gesehen und erlebt habe, so kommt es mir vor, als wenn Tiflis das Leben meiner Mutter wäre. Ich kann das nicht anders erklären, liebe Genossen. Meine Mutter ist nur eine alte Bäuerin, sonst nichts. Tiflis ist wie sie! Ich trinke auf das Wohl meiner Mutter!« Mit guten Gesichtern, freudig und heiter, stießen alle an mein Glas, und einige Male hörte ich rufen: »Lang lebe die Mutter!« Ich war verwirrt und eigentümlich erregt.

Bald darauf ging man auseinander. Es war tiefe Nacht. Riesenhoch, dunkel und blank hing der grusinische Himmel über der Stadt. Glitzernd leuchteten die Sterne.

Es war der 27. September.

Nach ungefähr einer Woche kamen wir nach Moskau zurück. Dort lagen Telegramme und Briefe von daheim, die meine Frau mir aus der Tschechoslowakei nachgeschickt hatte. In der gleichen Nacht, zur selben Stunde, da ich über sie gesprochen hatte, war meine Mutter gestorben. Ein Brief mit Trauerrand von Maurus erzählte folgendes über ihr Ableben:

» ... Am Donnerstag abend war sie noch bei mir in der Küche, beklagte sich, daß es kalt werde und sie friere. Ich drängte sie an den Ofen. Sie wärmte sich etwas, ließ sich aber durchaus nicht halten.

›Ich muß die Milch beim Schatzl holen, ich komme ja zu spät!‹ sagte sie. Ich wollte ihr die Milch vom Mädchen holen lassen.

›Ja, freilich, das wär' noch schöner!‹ sagte sie und weg war sie. Anderntags will sie noch aufstehen, daß ja die Theres und die Annamarie nicht aufstehen brauchen, aber ihre Kräfte lassen nach. Sie muß sich wieder hinlegen. Du weißt,

lieber Oskar, daß sich Mutter nur dann hinlegte, wenn es wirklich nicht mehr anders ging.

Sie bekam Blutvergiftung, verlor schon am dritten Tag das Bewußtsein, und vom Mittwoch auf Donnerstag in der Frühe um halb ein Uhr verschied sie sanft.

Wenn ich ihr Leben überdenke, überkommt mich eine unwillkürliche Rührung. Elf Kinder hat sie geboren und acht davon aufgezogen, und jetzt hat sie Deine Tochter und dem Max seine Buben auch noch großgezogen. Wie ein Mythos aus einer längst verklungenen Zeit war dieses Leben. Vergiß Deine Mutter nie! Sie war eine tapfere Dulderin, eine Heldin der Arbeit. Ich grüße Dich herzlich –«

Ich schaute von meinem Moskauer Hotelfenster hinunter auf die leuchtende, rauschende Stadt. Ich weinte nicht. Wie von ungefähr fiel mir der seltsame Satz ein: »Moskau glaubt nicht an Tränen!«

Nein! Nicht nur Moskau, dachte ich, das *Leben* glaubt nicht an Tränen! Es bleibt ewig, und auch jenes, das, als ich es gleichsam beschwor, verlöschte, bleibt unvergeßlich.

Es ergriff mich mit seiner ganzen Kraft. –

Der erste Band dieses Buches wurde 1938 in Brünn in der Tschechoslowakei geschrieben, der zweite Band in New York City und in Yaddo/Saratoga Springs, N. Y., im Frühjahr und im Sommer 1940.

Editorisches Nachwort

Als biographische Chronik von außergewöhnlicher stofflicher Reichweite, als Epitaph auf eine zerfallende, auseinandertreibende Familie, als kulturgeschichtliches Panorama der Provinz, als Geschichtsgemälde entschwindender bäuerlicher Tradition fordert dieses Buch einen eigenartigen Platz in der deutschen Literatur der ersten Jahrhunderthälfte. Es handelt von einer abgeschlossenen Welt unscheinbaren Alltags und von abgelegenen, spracharmen Menschen, ist gleichsam außerhalb jenes Erfahrungshorizonts angesiedelt, der in der realistischen Literatur einen Anspruch auf Typik und auf repräsentative Gültigkeit von Einzelfiguren verbürgt. Aber wegen dieser geradezu exterritorialen Randständigkeit behauptet diese Prosa Oskar Maria Grafs ihren Rang als vielleicht bedeutendster erzählerischer Gegenentwurf zur intellektuellen Großstadtliteratur.

Beeindruckt von Leo Tolstoi, den Graf seit 1913 las, aber auch geprägt von Maxim Gorkis ›Mutter‹-Buch, schrieb Graf ein Epos von großgearteter kunstvoller Einfachheit.

Dieses Buch entzieht sich wegen der Vielfalt seiner verschlungenen Handlungslinien, der räumlichen Gliederung seines Stoffes, seines episodischen Reichtums jeder Gattungsbezeichnung. Der Erzähler setzt ein im Jahre 1857 mit der Geburt der Therese Heimrath, um ihre Lebensgeschichte zu verfolgen, blendet jedoch wenige Seiten nach diesem chronologischen Beginn einer Lebensgeschichte zurück auf Vorgeschichten: zu Plünderung und Mord im Dreißigjährigen Krieg, zu Schwedeneinfall und Pest, zu magischem Teufelsglauben, zu den flackernden, irrlichternden Nachrichten aus dem 17. Jahrhundert. Als Biographie begonnen, als Dorfroman an der Zeitgrenze der Erfahrung fortgesetzt, bewegt er sich im gelassenen Erzählfluß um Jahreszeiten, gleichmütige Beobachtungen, unerhörte Begebnisse, um Anekdoten von reichen, geizigen Bauern und »Notschnappern«, um Geburt und Sterben und erfülltes Arbeitsleben und dessen Vergeblichkeit, gemächlich und gemessen. Scheinbar absichtslos und selbstvergessen notiert der Erzähler eine Chronik in provinzieller Gegend, in die kaum ein Lufthauch der allgemeinen Geschichte dringt, verschreibt er sich einem immerwährenden Kalender von Haus- und Hofgeschichten, um aus der Fülle dieses gleichförmigen Alltags zwei Familiengeschichten herauszulösen: die Biographie der Bauerntochter Therese Heimrath und den Lebenslauf des armen Stellmachersohnes Max Graf. So läuft das Geschehen, durch Erfahrung und Erinnerung beglaubigt, fast unmerklich in die zielsichere Form der Biographie, um doch Raum zu gewähren für novellistisch verkürzte Nebengeschichten um den Märchenkönig Ludwig II., um Spekulanten und Selbstmörder, einen jüdischen Viehhändler und arme Leute, Sonderlinge, Zwerge, Fratzen, verkrüppeltes Elend und geldbesessene Honoratioren. Von den ›Menschen der Heimat‹ im ersten Teil wechselt Oskar Maria Graf im zweiten (des ursprünglich auf drei Teile geplanten Buches) zum Ich-Bericht über die Beziehungen zwischen ›Mutter und Sohn‹ über: von der Chronik und Biographie zur Konfession über die Mutter bis zu ihrem Tod 1934.

Zweifellos liegt mit ›Das Leben meiner Mutter‹ das Hauptwerk des Schriftstellers vor. Den autobiographischen Stoff, den er bereits einmal ausschnitthaft in dem Roman ›Die Chronik von Flechting‹ (1925) sowie in vielen Dorfgeschichten und weißblauen Kulturbildern bearbeitet hatte, verdichtete und erweiterte er in einem abschließenden, umfassenden Sinn. Auf der Grundlage von »Forschung und Erinnerung« (wie er im Vorwort schreibt) geht er zurück bis zum mythischen Sagendunkel des Familienschicksals, führt das Geschehen jedoch auch bis zu einer Gegenwart heran, die zwischen dem zeitlichen Endpunkt der Handlung und dem Abschluß der Niederschrift nur einen geringen Abstand läßt. Was dem Autor aus der Vorzeit in seine Exiljahre hineinscheint, verbürgt er über das persönliche Erlebnis und die individuelle Erfahrung hinaus – durchaus symbolhaft im goetheschen Sinne – als allgemeines Bild »von der stillen, unentwegten Arbeit, von der standhaften Geduld und der friedfertigen, gelassenen Liebe«. Und er fügt (wiederum im Vorwort) hinzu: »Mag sein, daß damit das Leben der Mütter in allen Ländern erzählt worden ist.«

Therese Graf, geb. Heimrath, das vierte von neun Geschwistern, stammt aus einer Familie, für die »muß es nie etwas anderes gegeben haben als Geborenwerden, Aufwachsen, unermüdliche Arbeit, demütige Gottesgläubigkeit und Sterben«. Bereits die achtjährigen Kinder haben Schwerarbeit zu verrichten, Therese Heimrath muß mit zwölf bereits einen Knecht ersetzen. Sie beurteilt früh die Menschen nicht nach ihrem Vermögen, sondern nach ihrer Arbeitskraft; von »engstirnigem Bauernstolz« weiß sie sich frei, die Arbeit erträgt sie mit Heiterkeit.

Die Heirat wickelt sich ab nach den Regeln eines übersichtlichen Geschäfts. Für den tüchtigen und aufstrebenden Max Graf sucht ein Wirt die Passende heraus; es genügt, daß sie »ein schönes Heiratsgut« erhält und »eine fleißige Person« ist; Gefühle sind kaum im Spiel. Zwischen Werbung und Heirat wird ein Viehkauf getätigt: die Parallelen drängen sich auf. Kaum ist vom Prachtstück eines Rindes die Rede, da denkt Max Graf mit »verhaltenem Triumph« unwillkürlich an seine zukünftige Frau. Der Heiratstermin wird nach dem Zeitpunkt des geringsten Arbeitsanfalls bestimmt. In der Ehe kommt es sogar dem Mann vor, »als habe die Resl sich freudlos in ein notgedrungenes Geschick gefunden wie etwa eine verkaufte Sklavin«.

Nach der Geburt des elften Kindes im Alter von 41 Jahren steht die Mutter wenige Tage später bereits wieder am häuslichen Herd. Ihre »offenen Kindsfüß« hindern sie nicht, ihre tägliche Arbeit wie gewohnt zu verrichten. Als die Siebzigjährige schwer erkrankt, bemerkt eines der Kinder: »Wenn sie jetzt stirbt, hm, grausam – sie hat ja gar nie richtig gelebt wie ein andrer Mensch.«

Ihre demütige Ergebung stammt aus der instinktiven Gewißheit der Religion und ist als bäuerliches Gesetz unabdingbar, fern jeder Reflexion, in der Welt. Ernst Bloch hat in einem Essay über Hebel und Gotthelf als Volksschriftsteller (1926) diesen Gleichmut, den Natur, ererbte Geschichte und Frömmigkeit speisen, mit einer altchinesischen Glaubenstradition verglichen: »Tao, ein Wort ganz aus diesem bäurischen, familiären Volk heraus, das Haus gut in Gang, das Leben und sein Streben gut im Lauf, woran Segen ist, ein verborgener und doch öffentlicher Zustand, den man vom Bauerntum her sicherer versteht als aus den üblichen Vergleichungen mit entlegener Mystik. Wobei noch eine andere Einbettung der politisch-sektorenhaft so verschiednen und doch im kleinen Kreis wohnenden Erzähler wichtig ist: die ins Fraulich-Waltende an so vielen Orten, wie es dem altbäurischen Tao durchaus entspricht.«

Therese Graf erscheint ihrem Sohn Maurus eingefügt in den Jahreslauf, als Organ von Natur: »Weißt du, manchmal mein' ich, unsre Mutter ist wie ein Tier oder ein Baum. Sie lebt eben dahin, ob das Sinn hat oder nicht, darüber denkt sie nicht nach.« Dieses Bild ließe sich in seiner handgreiflichen Anschaulichkeit zurückführen bis auf Demeter, die griechische Göttin des Erdsegens und der Fruchtbarkeit, die Allmutter des Lebens und Gesetzgeberin.

Aber Graf ist weit davon entfernt, seine Mutter zu mythologisieren, der archaischen Männlichkeit des Nationalsozialismus mit einem Ideologem von natürlicher Weiblichkeit zu begegnen. Er begrenzt dieses Bild der gütigen Mutter im Verlauf des Buches durch Verweise auf ihre enge Frömmelei, ihren Hang zur Flucht aus Realität und Gegenwart. Der Aberglaube, die magisch besetzte Angst begleitet die Heimraths durch ihre Familiengeschichte. Am Beginn des Romans, am Grund des Zeittrichters, aus dem er sich entwickelt, liegt ein Fluch. Als der Name der Familie zum erstenmal in der Pfarr-Chronik erwähnt wird und mit seiner Schriftlichkeit in die Dorfgeschichte tritt, wird er vom Erzähler mit einem Nachtmahr-Gespenst verbunden: »ein rotfeuriger böser Geist« wollte dem Knecht Heimraths Gewalt antun; erst das Versprechen, sich der Gnadenmutter Maria zu widmen, habe dagegen geholfen. Der Fluch lebt fort in der Familie, pflanzt Furcht und Bedrückung in Kind und Kindeskinder. Man vernimmt mit Grausen eine unbekannte nächtliche Stimme und spürt ein Würgen am Hals; man beschenkt die unheimlichen Zigeuner mit den Trachtengewändern der Töchter, damit sie nur rasch abziehen. Später sagt der Volksmund, König Ludwig II. sei von Bismarck verhext worden. Die Geburt eines Kindes am Sterbetag des Regenten gibt Grund zu düsteren Vorahnungen. Und wann immer ein aufdringlicher Bettelmönch um Geld bittet, wird er von der Mutter hastig und überreichlich beschenkt, damit keine Verwünschung auf Haus und Hof falle.

Der Aberglaube, die rückständige Form der Frömmigkeit, das Murmeln einer undurchschauten Lebensangst, die Ohnmacht und Passivität verbürgt, das Vexierbild der Frömmigkeit, diese »kranke Bigotterie« (ein mehrmals wiederholtes Wort) verschatten das Bild der Mutter.

Therese Graf ist, nicht ohne Tragik, der Typus der bäuerlichen Frau, die ein Geschick vollzieht, das aus alten Zeiten herrührt. Sie gerät mit ihrer Bereitschaft, die Grenze zur Selbstaufgabe und zur Passionsbiographie zu überschreiten, gleichsam aus der Gegenwart. Gebannt in einen Zirkel aus Arbeit und Genügsamkeit, reflexhafter Ergebung und unbefragter Gläubigkeit, vermag sie über ihren beschränkten Horizont zwar nicht hinauszusehen: »Sie hatte nichts gegen all das Neue, das sich allenthalben so sichtbar und fühlbar ausbreitete, aber sie nahm nicht teil daran. Sie blieb unverändert. Für sie bedeutete das alles nur immer mehr und immer mehr Arbeit, die eben bezwungen werden mußte.« Aber sie bietet für die in Hader und Zwist zerfallende Familie durch ihre unzeitgemäße Aufopferung einen gewissen, zeitweiligen Halt. Ihre Furcht vor Veränderung, ihr hartnäckig konservatives Festhalten an einer Ordnung, die entschwindet, bietet die Gewähr einer Sicherheit und Ruhe gerade für den Sohn Oskar, der in München ein Vagabundenleben führt, kaum einer geregelten Arbeit nachgeht, seinen Bruder um Geld betrügt, in der Großstadt umgetrieben wird, eine qualvolle Selbstfindung versucht. Ein paradoxer Sachverhalt: die bis zur Begriffsstutzigkeit reichende Rückständigkeit der Mutter gibt einen immer wieder bestätigten Wert für den Sohn, der in anarchistischen Zirkeln und bei Künstlerdiskussionen die utopische Gemeinschaft einer Neuen Zeit erprobt. Mit Thomas Manns Lob, daß dieses Mutterporträt »ein wahres Monument der Pietät und Liebe« darstelle, ist nur eine Seite charakterisiert. Spürbar ist auch der Abstand, aus dem Graf von der Ohnmacht und Passivität seiner Mutter erzählt. Er versagt sich dabei jeden kommentierenden, kritisierenden Einwurf, bleibt ganz bildhaft objektiv. Aber zweifellos sind in dieses Porträt ambivalente Gefühle eingegangen.

Sie werden anschaulich durch die Kontrastierung ihrer Geschichte mit dem Lebensbild des »sonderbaren Stellmachers Graf mit seinem schweigsamen Weib und sieben hungrigen Kindern«. Als einziger bricht der junge Max Graf aus dem Zirkel von Enge, Not und Bedrückung, die unter den Familienmitgliedern eine schwelende Feindschaft erzeugt haben. Er arbeitet sich hoch, indem er ein altes Privileg, die »Gerechtsame«, nutzt und gegen den Widerstand des Dorfes eine Bäckerei aufmacht. Von den Bauern als »Eindringling« zunächst mißtrauisch abgelehnt, weiß er den Kampf mit List, Berechnung und unkalkuliertem Mut aufzunehmen – den Kampf gegen Verhältnisse wie diese: »Echte Bauern finden die Not bei andern verächtlich, dulden sie aber herablassenderweise. Kommt aber ein solcher Armer durch eigene Kraft in die Höhe, überflügelt er gar manchen eingesessenen Bauern an Wohlhäbigkeit, dann hält man ihn insgeheim für einen tief unreellen Kerl, der rücksichtslos jeden Schwindel betreibt.« Nüchtern und praktisch, aber auch verbissen und verbohrt, arbeitet er sich aus einer waghalsig aufgebürdeten Schuldenlast, besteht die geheime Auseinandersetzung der »Bäckerischen« mit den Bauern und bringt es, ganz Geschäftsmann der Bismarck-Zeit, zu Wohlstand.

Doch die Ehe mit der völlig entgegengesetzten Therese Heimrath mißlingt: es stehen einander bald »zwei feindliche Parteien« gegenüber: Max Grafs ausgreifende Vernunft ihrer Einfalt, sein Tatendrang ihrer Passivität, sein Oppositionsgeist ihrer unangreifbaren Verträglichkeit, sein Unglaube ihrer Bigotterie. In dieser wechselseitigen Kontrastierung nimmt der Erzähler nicht Partei, er beläßt es bei der Zuspitzung der Gegensätze. Deshalb wird das Bild der Mutter mit ihrer Geduld und Güte relativiert.

Max Graf ist der Typus des Rebellen – wie sein Onkel, der Kastenjakl, der sich in abenteuerlichen Spekulationen verliert. Dessen letzte Aufzeichnungen weisen auf die Streitsucht und Zerfallenheit in der Familie Graf hin, sie geben auch im Ton einer biblischen Weissagung eine Vorausschau: »Ist ja nach dem, was man uns von alters her angetan hat, gar nicht anders zu denken, als daß sich bei uns die Rachsucht gegen diese Menschensippschaft von einem auf den andern vererbt. Bis ins letzte Glied wird das gehen.« Der Kastenjakl und Max Graf sind von einer Kampfbereitschaft geprägt, die, in der Familie ausgetragen, etwas von Selbstzerstörung hat. Nur vordergründig ist der Onkel das Opfer einer Spekulation, der er nicht gewachsen war; dahinter stellt er sich als Opfer seines selbstzerstörerischen Willens um Aufstieg, Geld und Anerkennung, einer animalischen Kraft, heraus.

Die Mutter, die »alles mit sich geschehen (ließ) wie ein Mensch, der sich ohnmächtig seinem Geschicke ergibt«, und der Vater, der gegen das Diktat der Armut rebelliert, wobei er sich aufzehrt und früh stirbt, stellen zwei Pole dar, in denen auch eine Selbstdeutung Oskar Maria Grafs enthalten ist. In der Geschichte der Eltern faßt er zwei Motive, die sich durch sein ganzes Werk ziehen, auf intime Weise zusammen.

In ›Das Leben meiner Mutter‹ setzt sich Graf unausgesprochen in einen schroffen Gegensatz zur nazistischen Blut- und Bodenliteratur. Er scheint vorzugeben, von nichts anderem zu erzählen als von dem, was reaktionäre »Heimatkunst«, die ideologische Vorläuferin der »völkischen« Literatur, mitzuteilen weiß: vom Immergleichen des Stirb und Werde, von einem übergreifenden und unabänderlichen Schicksal, von der sonnenbeglänzten Enge des Winkels, vom Lob der Scholle und der Gegend, vom »gesunden« einfachen Menschenverstand. Aber Grafs ›Mutter‹-Buch wurzelt in anderen als solchen ideologischen und sentimentalen Schichten einer zur Natur verklärten Rückprojektion. Er steht in jener Tradition eines Hebel und Gotthelf, wie sie Ernst Bloch beschrieben hat: »Dies Schrifttum ist selber, was sein erstes Aroma angeht, Dorfleben aus Haus, Acker und Jahreszeiten, aus Arbeit, Kirche und Tod; ein Kreislauf, reich gesprenkelt wie das Wetter, fest wie der Kalender. Hebels und Gotthelfs Schrifttum also wird, in Gesinnung und Landstrich, gar Auftrag, immer getrennter; dennoch, wie blüht noch der Acker darin gemeinsam, wie verbindet sie das Volkshafte, kapitalistisch noch Unausgewaschene, die Bauernblume und das Schwarzbrot ihrer Sprache. Bis in die letzten Winkel ist ihr Satzbau vom Mundklang des Dialekts erfüllt, von der Sonne eines Bibeldeutsch beschienen, das zu den Bauern wieder zurückkehrt.« Bloch hat die Grenze dieser ländlichen Volksschriftsteller mit der bürgerlichen Revolution von 1848 und der Entfaltung des kapitalistischen Geld- und Warenverkehrs angesetzt; mit dem Rückgriff auf die Zeit davor wehre sich der Schweizer Pfarrer Gotthelf gegen die neue Zeit. Graf erweitert diese Tradition und führt sie mit ›Das Leben meiner Mutter‹ legitimerweise fort, indem er die Veränderungen genauestens registriert, die zu ihrem Ende führen. Von der leeren Archaik der Blut- und Bodenliteratur grenzt er sich durch seinen untrüglichen Blick für den historischen Wandel ab. So ist die Erzählung von der Mutter – »wie ein Mythos aus einer längst verklungenen Zeit war dies

Leben« – eingebettet in ein sozialgeschichtliches Bild des Dorfes, das aus der alten Zeit fällt. Es ist in diesem Buch, seinem gravitätischen Tonfall, in diesem Universum aus einfachen Sätzen eine Meisterschaft zu spüren, die nicht aus der Bewegung des Heimwärts oder Rückwärts, sondern aus der Erfahrung der Trennung herrührt. Die erzählerische Ruhe und Gelassenheit entstammen dem Abstand: kein Schmerz buchstabiert ein Verlustlatein über das Gewesene, Entschwundene; die Vergegenwärtigung dessen, was einmal war, läuft auf das Bild dessen hinaus, was ist in der Welt. Die Provinzialität der Mutter, die »immer nur Berg, Leoni, Aufkirchen, Kempfenhausen, Aufhausen, Farchach und Bachhausen oder Wolfratshausen« kannte, erweist sich als Gegenkraft zum nationalistischen Deutschland; mit ihr, »die immer nur Frieden wollte«, ist die Gegenfigur zum faschistischen Männlichkeitsidol zu sehen.

Gegen den Begriff der völkischen Literatur setzte Graf den Begriff des »Volkes«. Mit ihm identifizierte er seine Mutter, ihre Geschichte weist zurück auf dessen Situation. Wie jenes ist sie duldend und passiv, auf Ausgleich bedacht, unkriegerisch und – ganz im Sinne Tolstois – gütig. Das Volk liebt seinen Märchenkönig Ludwig II., wundert sich über dessen Merkwürdigkeiten und ist bereit, sie zu bezahlen. Ihre Verfassung findet der Autor wieder in der willigen Ergebung der Bevölkerung nach dem Scheitern der Münchner Räterepublik: »Jene Massen, die gleich meiner Mutter den ganzen Krieg hindurch bis zur Erschöpfung gedarbt hatten, jene tapferen Millionen, die noch gestern im Grauen der Schützengräben gestanden, einen Zusammenbruch sondergleichen erlebt hatten und nichts, aber auch schon gar nichts mehr vom Leben erwarteten – sie gingen schon nach wenigen Wochen der ersten Verwirrung wieder an den Pflug, in die Werkstätten, in die Fabriken und Büros und arbeiteten mehr denn je, ohne sich sonderlich darum zu kümmern, wer sie nun von neuem mißleiten und betrügen wollte. Ruhe, ein einigermaßen gesichertes Fortkommen und ein bißchen Glück wollten sie alle, weiter nichts.« Das Volk ist weit davon entfernt, als Subjekt der Politik zu handeln; es bleibt Objekt von Kräften, die es nicht einmal zu durchschauen vermag. Nach der Konsolidierung des Nationalsozialismus in Deutschland und mitten im Krieg, zur Entstehungszeit des Buches, formuliert Graf damit seine Skepsis gegenüber der Handlungsfähigkeit der Massen. Zugleich steckt in der Deutung des Volkes durch das Lebensbild der Mutter eine geheime Kraft. »Ich wollte ja versuchen, die Arbeit an sich einmal von allem Klassenkämpferischen loszulösen, ich wollte auch ein bißl zeigen, daß ›Volk‹ (wenn man schon den abgebrauchten Ausdruck, den heute so viele im Munde führen, ohne das Geringste davon zu wissen und ohne damit etwas zu tun zu haben, hierhersetzen will) – ich wollte zeigen, daß Arbeit und Volk etwas durchaus Mütterliches, Bauendes und Schöpferisches ist (. . .)« (Brief an Gustav und Else Fischer vom 4. 4. 1944).

Ähnlich hat Graf die Geschichte seiner Familie und ihren Zerfall mit der staatlichen Entwicklung in eine Parallele gebracht, wie sich überhaupt im intimen Rahmen familiärer Historie eine Fülle von Verweisen auf ökonomische, politische und soziale Ereignisse von weitreichender Bedeutung finden. Romanhafte Fiktion und Erinnerung, chronikalische Belege und Quellenmaterial verbinden sich in diesem Buch auf einzigartige Weise.

Kunstvoll und lakonisch einfach hat Oskar Maria Graf unterschiedliche Zeitempfindungen und Lebenstakte gegeneinandergesetzt. Im Buch sind die Menschen anfangs (wie die Mutter noch am Schluß) in einen unwillkürlichen kreatürlichen Kreislauf eingespannt: »Der Mensch war nichts anderes als das Tier. Die Pflanzen des Gemüse- und die Bäume des Obstgartens, der Wald, die Äcker und Felder unterlagen denselben Wandlungen. In dieser Allgegenwart von Keimen, Reifen und Vergehen lebten die Aufhauser Kinder seit Anbeginn, und jahrauf, jahrab nahmen der Sinn und das Auge diesen ewigen, gleichmäßigen Wechsel ohne

Staunen und Ergriffenheit wahr.« In diesen sich als ewig und unabänderlich verstehenden Zeitfluß des natürlichen Kreislaufs bricht immer wieder der Tod ein: jäh, unerwartet und schrecklich wie beim alten Heimrath-Bauern, dessen letzte Laute sich anhören »wie das hilflose Brüllen eines verendenden Tieres«; als Erstarrung beim »schwarzen Peter«; als unaufklärbare Schreckenstat, wenn der Much-Girgl ermordet im Schnee aufgefunden wird; als Erlösung aus der Armut wie beim alten Stellmacher Graf; als überfälliges Ereignis beim Kastenjakl, der nach seinem geschäftlichen Zusammenbruch schon längst vergessen ist, bevor er in einer abgeschiedenen Kammer stirbt.

Durch Glaube und Ritus sind diese Tode, so unbegreiflich sie auch den Lebenden erscheinen mögen, noch einzugemeinden in die ererbten Anschauungsweisen bäuerlichen Lebens, bestätigen bisweilen geradezu den Zeitfluß und die Schicksalsmelodie, die der Erzähler anzustimmen scheint, um sie als unabänderlich zu setzen. Aber gegen den ewig tönenden Gleichklang von Natur, Glauben und bäuerlicher Tradition setzt Oskar Maria Graf den schrillen Diskant einer Veränderung der Zeiten. In die Weiler und Dörfer um den Starnberger See brechen übermächtige Ereignisse ein und stülpen Zeitgefühl wie eingeschliffene Ordnung um: Den Ausbruch des Deutsch-Französischen Krieges von 1870/71 kommentiert man noch ganz im bäuerlichen Verständnis als unwillkommene Beschwerlichkeit: »Hm, jetzt Krieg? So mitten im Sommer, wo die meiste Arbeit ist?« Als die Sieger heimkehren, verwandelt sich die Provinz gründlich: mit dem Hofstaat des Königs, der zu Geld gekommen ist, bricht das städtische Bürgertum herein, lokkert die Sitten, verführt zu raschem Gewinn und zur Bodenspekulation; der beginnende Tourismus erschließt sich die abgeschiedene Gegend, Maschinen und elektrischer Strom werden angeschafft. Die Reichsgeschichte, vormals eine ferne, kaum besprochene Angelegenheit, hält Einzug in der Provinz: Bismarcks Kulturkampf weckt den Zorn der Bewohner, die neue Gewerbefreiheit nimmt den Handwerkern die angestammten Vorrechte, die illustrierten Nachrichten von Kriegen, Schrecknissen, Attentaten, Kaisern und Königen besetzen die Vorstellungswelt der Kinder. »Ohne daß sie es gewahr wurden, ergriff die eifernden Bauern die Politik.« Im Ersten Weltkrieg verödet die Gegend, in der Inflation weiß sich der Bauer mit seinen Naturalien gegen die hereinbrechenden Städter instinktiv zu behaupten, aber »die alten Zeiten«, die ererbte Ordnung, das statuarische Leben sind zerstört. Wie in dem Roman ›Unruhe um einen Friedfertigen‹ schildert Graf, daß die Provinz durch den Anprall von Politik, überwältigender Geschichte und wirtschaftlichen Veränderungen, durch Zwänge von undurchschaubarer, überpersonaler Macht aus ihrer eigenen Geschichte gedrängt wird. Graf registriert diesen Wandel ohne schmerzliche Resignation, nüchtern, kühl, interessiert aus dem Blickwinkel des Kulturhistorikers, der auf die Summe der Einzelheiten und minutiösen Regungen dieses Wandels bedacht ist.

Über die Daten der Niederschrift gibt Oskar Maria Graf in einer Nachbemerkung zur deutschen Erstausgabe Auskunft. »Der erste Band dieses Buches wurde 1938 in Brünn in der Tschechoslowakei geschrieben. Der zweite Band in New York City und in Yaddo/Saratoga Springs N. Y. im Frühjahr und im Sommer 1940.« In seinem Bericht ›Reise in die Sowjetunion 1934‹ findet sich ein Hinweis auf auslösende Momente des Schreibprozesses. Am 27. September 1934 hält Oskar Maria Graf in Grusien (Georgien) eine Rede, in der er diese Provinz mit Bayern vergleicht und über seine Mutter spricht: »Meine Mutter ist eine echte Bäuerin. Sie arbeitet für das Leben und lebt für die Arbeit, sie ist gar nichts weiter als eine Mutter vieler Kinder. Sie kennt nichts von der Welt und weiß nichts von der Politik (...)« Am gleichen Tag ist Therese Graf in ihrem Dorf gestorben. Erst drei Wochen später erfährt ihr Sohn, der zum Allunionskongreß der Schriftsteller gefahren war, in Moskau von ihrem Tod. »Es will mir nicht aus dem Sinn gehen, daß ich in den Augenblicken ihres Absterbens an sie dachte. Mit ihr starb das Letzte, was mich mit meiner Heimat verband.« Der Hinweis auf die zweifache Trennung (von Mutter und Heimat) ist bedeutsam: ohne die Erfahrung des Exils hätte dieses Buch wohl nicht geschrieben werden können. Der stoffliche Reichtum und die Bildgewißheit dieser Prosa befreiten sich in der Fremde. Den Stoff hat Graf wohl schon lange vor 1933 mit sich herumgetragen, wie ›Die Chronik von Flechting‹ beweist. Und die im Buch erwähnten örtlichen Quellen kann er nur vor der Emigration studiert haben.

Die unweigerliche Entfernung vom Erfahrungsbereich und vom autobiographischen Gelände der Kindheit hat Graf nach seiner Emigration in den Februartagen des Jahres 1933 immer wieder überspielt. So etwa in der ›Reise‹: »Heimweh? Schon zwei Jahre lang lebte ich als Emigrant in fremden Ländern und nie – nicht einmal eine Sekunde lang – hatte ich ein solches Gefühl gehabt. Beim besten Willen hätte ich nicht sagen können, was das für eine Empfindung sei.« Mit ›Das Leben meiner Mutter‹ wird die Nähe und Vertrautheit dessen, was Graf verlassen hatte, episch zurückgeholt, aber nicht in sentimentaler Verklärung, sondern im Wissen um einen endgültigen Abschied, der mit dem Tod der Mutter am Schluß des Buches feststeht. So steht die Familiengeschichte unwillkürlich, ohne kommentierende Erklärung oder rhetorische Beglaubigung, für das Exil selbst.

Der Chronik sind Notsignale von Ausstoßung und Vertreibung, Szenen des Abschieds und der Trennung, Fluchtpunkte der Ferne und Fremde eingegeben. Die Urahnen der Grafs, so behauptet der Kastenjakl in seinen Aufzeichnungen, seien als Waldenser aus dem Salzburgischen verjagt worden. Oskar Maria Graf verweist damit indirekt auf seine eigene, geistige Emigration. Wenn er die Anhänger des Peter Waldes mit dem Satz charakterisiert: »Ihr Ziel war: eine soziale Gemeinschaft von Gleichen, in welcher der Grundsatz des gegenseitigen Helfens oberstes Gesetz war«, so umschreibt er auch das – von Tolstoi und Gustav Landauer erworbene – Jugendideal des pazifistischen Anarchismus, der angesichts des Nazideutschland ferner denn je gerückt ist.

Einige Familienmitglieder verlassen die Not und Enge, um in Amerika eine neue Existenz aufzubauen. Dort stößt einer von ihnen auf eine Vorgeschichte der Emigration: Im Haus eines Maurers Graf soll Thomas Jefferson 1775 die amerikanische Unabhängigkeitserklärung entworfen haben. Als die Familiengeschichte auf den Erzähler selbst zuläuft, schildert er seine erste Flucht in die Großstadt München, wodurch er der drakonischen Strenge seines Bruders entlief: »Mit einer Militärknute hieb er auf mich ein, schlug und schlug. Das Blut rann mir an allen Seiten herab, aber ich schrie nur ein paarmal und weinte nicht mehr. Auch die Schläge spürte ich nicht mehr. Himmel und Hölle hatten zu schnell gewechselt für mich. Etwas war für immer zu Ende.

Am selben Abend lief ich davon. Ich floh in die unbekannte Stadt.«

So wurde die Zwangsemigration vom 16jährigen Graf längst empfunden, bevor sie der Nationalsozialismus nahelegte.

›Das Leben meiner Mutter‹ erschien erstmals im November 1940 in einer gekürzten amerikanischen Ausgabe. Graf bemühte sich selbst um den Vertrieb mit, doch blieb ein Verkaufserfolg trotz eines bemerkenswerten und insgesamt positiven Presseechos aus. Der Verlag ging einige Zeit später in Konkurs, so daß an einen längerfristigen Verkauf der amerikanischen Ausgabe nicht zu denken war. Die deutsche Ausgabe, mit der Lizenznummer 101 der Kontrollkommission ausgewiesen, erschien beim Kurt Desch Verlag in München 1946; es war das erste Buch, das von Graf im Nachkriegsdeutschland veröffentlicht wurde. Der Text folgt dieser Fassung.

Wilfried F. Schoeller